한국 자본주의

Capitalism in Korea

경제민주화를 넘어 정의로운 경제로

한국 자본주의

장하성 지음

자본주의

Capitalism in Korea

헤이북스

차례

제1부 한국 자본주의 톺아보기

제1장 고장 난 한국 자본주의   015

제2장 뒤죽박죽 한국 시장경제   075

제2부 한국 자본주의 따져 묻기

제3장 주주 자본은 자본주의 모순의 근원인가?   147

제4장 한국 경제는 정말 먹튀에 휘둘렸나?   267

제5장 삼성은 왜 스스로 적대적 M&A 논쟁을 일으켰나?   335

제3부 한국 자본주의 고쳐 쓰기

제6장 자본주의에서의 경쟁, 공정, 정의   401

제7장 정의롭지 못한 한국 자본주의   457

제8장 함께 잘사는 정의로운 자본주의를 위하여   521

주석   605

후기 | 결국, 사람과 돈의 문제다   692

감사의 말   694

찾아보기   696

참고 문헌   708

세부 차례

제1부 한국 자본주의 톺아보기

제1장 고장 난 한국 자본주의

번져가는 자본주의 회의론   017

소득재분배 정책의 실패   024
악화되는 소득 불평등 | 확대되는 양극화

3無 성장: 고용, 임금, 분배   029
고용 없는 성장 | 고용 없는 제조업 성장 | 임금 없는 성장 | 분배 없는 성장

벼랑 끝 비정규직 노동자   040
악화되는 비정규직 문제 | 기간제 노동자 보호법의 배반

기업과 가계의 불균형 성장   044
노동자와 주주의 몫이 줄었다 | 줄어든 가계소득, 늘어난 기업소득 |
줄어든 가계 저축, 늘어난 기업 저축

기업의 과다한 내부유보금   056
투자가 아니라 소비가 부족하다 | 재벌과 대기업의 꼼수

경제민주화가 화두인 이유   065
헌법 제119조 | 더 넓은 경제민주화를 향하여

제2장 뒤죽박죽 한국 시장경제

계획경제체제의 유산　077
'경제개발 5개년 계획'부터 'MB 물가지수'까지 | 사회주의적 발상

보수 우파의 박정희 향수　086
향수인가, 환상인가? | 자기모순에 빠진 보수 우파

진보 좌파의 박정희 향수　095
'시장＝신자유주의'? | 좌우로 오락가락 | 진보 좌파의 박정희 복원

시장경제 이후의 시장경제　104
시장경제 20년의 상반된 평가 | 한국은 '규제 왕국'? | 전경련의 진실 왜곡 |
WEF 세계 경쟁력 보고서 | IMD 세계 경쟁력 연보 | 전경련 '규제 개혁 보고서'

한국에서의 신자유주의 신화　120
막연하게 뭔가 나쁜 것 | 마르크스주의자들의 신자유주의 | 신자유주의의 기원 |
신자유주의 남용과 범람 | 파란색 칠하기와 빨간색 칠하기

경제 권력은 재벌로 넘어갔다　136
아전인수 격 시장경제 해석 | 반시장적인 재벌과 대기업 | 반시장적인 정치권과 관료들

제2부 한국 자본주의 따져 묻기

제3장 주주 자본은 자본주의 모순의 근원인가?

왜 주주 자본주의를 논의하는가?　149
주주 자본과 부채 자본의 선택　153
내 돈과 남의 돈 | 개인 입장에서의 자본 선택 | 기업 입장에서의 자본 선택

주주 자본주의 비판과 왜곡　165
주주 자본에 대한 의혹들 | 투기적이고 단기적인 주식 투자 |
단기 성과주의의 전도된 인과관계 | 보완과 절충의 노력들

한국에서의 단기 투자와 단기 성과주의의 유령 | 주주 중심 경영은 원죄? |
주주가 주식회사의 주인인 이유

이해당사자 자본주의   191
이해당사자 이론의 근원 | 경영 이론에서 체제 이론으로 | 죄수의 딜레마와 레몬 시장

노동자와 주주, 함께 갈 수 없나?   200
노동자와 주주의 공동 결정: 독일의 공동 결정 제도 |
노동자와 주주의 결합: 종업원 주식 소유제

주주 없는 기업 1: 노동자가 주인인 회사   210
출자자인 노동자, 노동자인 출자자 | 노동자협동조합

노동자협동조합이 주식회사의 대안이 될까?   225
성공의 조건 | 극복해야 할 문제들

주주 없는 기업 2: 공급자나 채권자가 주인인 회사   236
공급자의 동질성이 전제 | 채권자가 주인이 되면?

주주 없는 기업 3: 국가가 주인인 회사   243
국가가 지배하는 기업 | 국가자본주의 | 중국의 국가자본주의 | 국가자본주의의 문제 |
국가자본주의도 주주 자본을 활용한다

주주 자본 아니면 어떤 선택을 할 것인가?   259
현실적인 대안들과 더욱 현실적인 제약들 | 비판을 위한 비판

제4장 한국 경제는 정말 먹튀에 휘둘렸나?

외국인의 주식 자금과 부채 자금   269
1997년 외환 위기 상황에서의 외국 자본   274
외국인 부채 자금 | 외국인 주식 자금 | 떠난 부채 자금, 들어온 주식 자금

2008년 금융 위기 상황에서의 외국 자본   284
외국인 부채 자금 | 외국인 주식 자금

두 번의 위기 경험에서 얻은 교훈   288
부채 자금보다 안정적인 주식 자금 | '풍랑 효과'와 '욕조 효과'의 함정

론스타의 '외환은행 먹튀' 논쟁   295

먹튀 정확히 이해하기 | 실패한 코메르츠방크, 성공한 론스타 | 헐값 매각 논란 |

외환카드 주가 조작 사건 | 은행 인수 자격 논란 | 투기꾼의 투자 |

먹튀 논쟁에 대한 두 가지 답

소버린의 'SK 경영권 분쟁' 논쟁   309

최대 주주가 된 투기꾼 | 먹튀는 맞다, 국부 유출은 아니다 |

일찍 떠난 것이 오히려 다행이다

상하이차의 '쌍용차 기술 먹튀' 논쟁   318

기술 도둑인가, 돈 잃은 먹튀인가? | 이해당사자 모두가 행복하려면

먹튀 논쟁, 그 너머를 보라   324

먹튀가 투자할 때, 왜 팔았나? | 국경 넘은 투자의 역지사지 | 불편한 진실들

제5장 삼성은 왜 스스로 적대적 M&A 논쟁을 일으켰나?

외국인 적대적 M&A 논란   337

외국인 투자자를 바라보는 시선 | 외국인 지분 50% | 삼성전자의 외국인 주주들

적대적 M&A 시나리오의 비현실성   346

천문학적 자금이 필요하다 | 주식 매수 과정이 복잡하다 | 역사상 전례가 없다

삼성전자도 인수·합병될 수 있다?   355

예외는 없다 | 최선의 방어는 경영을 잘하는 것 | 당신은 삼성전자 주식을 갖고 있나요? |

외국인 투자 한도로 지킨다? | 상장폐지해서 지킨다? | 50%+1주 확보해서 지킨다?

삼성그룹 소유 지배 구조   378

현대차는 적대적 M&A 걱정이 없는가? | 물고 물리는 돌려 막기

누구를 위한 경영권 보호인가?   387

경영을 잘해야 한다 | 경영권은 없다 | 황제 경영을 깨뜨려라

제3부 한국 자본주의 고쳐 쓰기

제6장 자본주의에서의 경쟁, 공정, 정의

자본주의 버릴 것인가, 고쳐 쓸 것인가?　　　　　　　　　403
드러나는 모순들 | 자본주의 대안 찾기 | 자본주의 대안 1: 공산주의 |
자본주의 대안 2: 사회민주주의 | 사회주의는 대안이 될 수 있는가?

자본주의 고쳐 쓰기　　　　　　　　　　　　　　　　419
제3의 체제는 없다 | 함께 잘사는 정의로운 자본주의 |
'정의로운 자본주의'의 철학적 배경

자본주의에서의 소유와 정의　　　　　　　　　　　　429
정의로운 소유

자본주의에서의 경쟁과 정의　　　　　　　　　　　　433
경쟁의 자기 소멸 모순 | 정의로운 경쟁 | 공정한 시작 | 공정한 과정

자본주의에서의 분배와 정의　　　　　　　　　　　　447
분배의 공정성과 정의 | 기여도에 따른 분배는 정의가 아니다 | 정의로운 분배

제7장 정의롭지 못한 한국 자본주의

한마을 이야기　　　　　　　　　　　　　　　　　　459
정의롭지 못한 소유　　　　　　　　　　　　　　　　468
한국 자본주의의 색다른 발전 경로 | 얼룩진 축재

불공정한 경쟁　　　　　　　　　　　　　　　　　　478
사업 낚아채기 | 일감 몰아주기 | 부당 내부 거래 | 독과점 기업들의 담합 |
원청기업의 '갑질'

정의를 가로막는 걸림돌　　　　　　　　　　　　　　489
정의와 의리 사이 | 현실과 정의 사이

재벌과 한국 경제의 모순　　　　　　　　　　　　　　494

재벌 편중과 재벌 양극화 | 구성의 모순: 효율성 이론과 경쟁의 효율성 |
모든 것을 다 한다! | 모든 것을 다 잘한다? | 죽 쒀서 절대 남 안 준다! |
끝도 시작도 없는 소유의 미로

재벌은 한국 경제의 미래인가?   511
삼성전자와 현대차는 미래다 | 재벌 2세, 3세에 매달린 한국 경제

제8장 함께 잘사는 정의로운 자본주의를 위하여

무엇을 할 것인가?   523
사회적 합의, 정책 그리고 실천 | 초과 내부유보세: 돈 부지런하게 만들기 |
비정규직 해소: '사람'에서 '일'로 | 증세가 필요하다 | 집단소송제와 징벌적 배상제

재벌 정책, 무엇을 고칠 것인가?   548
소유 구조 개선 | 경영 행태 개선

자본세 도입 논쟁: 피케티 자본세와 한국의 현실   562
선진국과 한국의 차이 | 피케티 '자본세'의 이론적 배경 | 자본세보다 더 급한 것들

어떻게 이룰 것인가?   571
재벌과의 사회적 대타협은 없다 | 미국은 어떻게 했을까? |
한국의 정책 역량은 충분하다

함께 잘사는 정의로운 자본주의로 가는 길   588
평등과 불평등의 하모니 | '바보야, 문제는 정치야' |
새누리민주당과 새정치도로민주당 | 강북 우파와 기억상실 투표 | 민주주의가 희망이다

주석   605
후기 | 결국, 사람과 돈의 문제다   692
감사의 말   694
찾아보기   696
참고 문헌   708

일러두기

이 책의 분량이 적지 않다. 많은 분량이 부담스런 독자에게 1부와 3부를 먼저 읽어보기를 권한다. 1부에서는 한국 자본주의의 현실을 진단하고 발전 과정을 톺아본다. 2부에서는 한국 자본주의의 현실적인 이슈들에 대한 논쟁들을 비판하고 재구성한다. 그리고 3부에서는 한국 자본주의의 대안을 논의하기 때문이다. 특히 3부의 6장은 자본주의 체제에서의 공정성과 정의에 대한 논의이며, 이는 7장과 8장에서 필자가 제안하는 정의로운 자본주의에 대한 이론적인 틀이다. 필독을 권한다.

이 책에서 필자는 가능한 많은 통계를 인용했다. 한국의 현실에 근거한 논리 전개를 하고자 함이다. 아쉽게도 이 책에는 통계를 한눈에 볼 수 있는 표가 없고, 그림마저도 단 네 개뿐이다. 때문에 독자가 글을 따라가기에 조금 불편할 수 있다. 그럼에도 불구하고 이 책의 내용이 단순한 사실의 제시가 아니라 한국 자본주의가 안고 있는 문제의 원인과 발생 과정을 설명하며, 대안을 논의하고 제시하는 것에 초점이 맞춰져 있기 때문에 독자가 인내를 가지고 끝까지 읽기 바라는 것이 필자의 욕심이다. 독자의 불편을 해소하는 방안으로 이 책에서 논의되고 있는 통계 중 일부분을 아래의 인터넷 사이트에 표와 그림으로 올려놓았다. 블로그에서 내려받기 할 수 있다.

네이버 블로그 http://blog.naver.com/k_capitalism

다음 블로그 http://blog.daum.net/k_capitalism

제 1 부

한국 자본주의 톺아보기

민영화 성장률 노동자 사내유보 고용없는 성장 계획경제 외환위기 가계소득 자본주의 성장 고용률 정의 스웨덴 애덤 스미스

김대중 3무성장 고용 분배 일자리 재벌 진보좌파 시장경제 평등 보수우파 가처분소득 OECD 국민소득

국부 유출 노동분배 소득불평등 소득불평등 경쟁 칼 마르크스 임금

분배없는 성장 임금없는 성장 공정 양극화 경제민주화 시장근본주의 민주주의 비정규직

박정희 향수 기업소득 존 롤스 금융위기

제 1 장

고장 난 한국 자본주의

번져가는
자본주의 회의론

세계경제가 유례없는 장기 침체의 늪에 빠져 있다. 글로벌 금융 위기가 발생한 초기에는 몇몇 부실한 금융기관과 기업들에 대한 구제금융과 일부 금융 시스템의 개혁으로 위기가 극복될 수 있을 것으로 기대하는 비교적 낙관적인 전망들이 지배적이었다. 일부에서는 1920년대 대공황에 버금가거나 그보다 더 길고 더 큰 파장을 불러올 위기라고 경고했지만, 대부분은 이를 항상 있어 왔던 비관론자들의 극단적 예견으로만 치부했다. 그러나 위기의 진원지인 미국과 영국은 2008년과 2009년 두 해에 연속적으로 마이너스성장을 이어가면서 금융 위기는 경제 위기로 확대되었다. 선진국의 경제 위기는 전 지구적으로 확산되었고, 급기야 2009년에는 세계경제가 마이너스성장을 기록했다. 세계은행(IBRD, International Bank for Reconstruction and Development, 국제부흥개발은행)이 세계경제성장률

자료를 공식 집계하기 시작한 1960년 이후 50년 만에 처음 있는 심각한 상황이었다.[1]

글로벌 금융 위기가 시작된 2008년부터 2012년까지 5년 동안 세계경제의 연평균 성장률은 1.7%로 이전의 절반 수준으로 떨어졌다.[2] 위기를 초래한 장본인인 미국과 영국은 같은 기간 동안 연평균 성장률이 각각 0.8%와 -0.6%였다. OECD(Organization for Economic Cooperation and Development, 경제협력개발기구) 회원국들의 연평균 성장률도 0.6%로, 선진국 경제 전체가 문자 그대로 멈춰서버린 상태다. EU(European Union, 유럽연합) 27개 국가들의 연평균 성장률은 -0.2%로 유럽 경제 전체도 초유의 침체 상태에 빠져 있다. 특히 그리스, 이탈리아, 스페인 등의 남유럽 국가들은 금융 위기 이후 마이너스성장에서 벗어나지 못하고 있는 등 경기 축소가 장기화되는 상황이다.

선진국들은 경제 위기에 대응하기 위해서 전 지구적인 정책 공조의 범위를 G7(미국·일본·영국·프랑스·독일·이탈리아·캐나다 등 선진 7개 국가)에서 G20(G7에 속한 7개국과 유럽연합 의장국을 비롯한 한국·아르헨티나·오스트레일리아·브라질·중국·인도·인도네시아·멕시코·러시아·사우디아라비아·남아프리카공화국·터키 등 신흥 시장 12개국을 더한 20개 국가)으로 확대했다. 많은 나라들은 통화량을 늘리고 재정 적자를 감수하면서도 정부의 재정지출을 확대해서 수요를 진작시키는 등 경제 회복을 위한 온갖 노력을 기울이고 있다. 그러한 노력의 결과 덕분인지 세계경제는 일단 마이너스성장에서 벗어나서 파국은 면한 듯 보인다. 그러나 유례없는 전 지구적인 정책 대응에도 불구하고 위기가 발생한 지 6년이 경과한 현재까지도 세계경제는 침체의 늪에서 빠져나올 뚜렷한 징후를 보이지 않고 있다.

지금의 상황은 경기 부양책이나 부분적인 금융 규제의 개혁으로 극복될 수 있는 일시적인 경기순환상의 침체가 아니라, 자본주의 시장경제가 가지고 있는 본질적인 모순이 금융 위기를 통해서 현실화된 것으로 보는 견해들이 지배적이다. 자본주의 체제 자체에 대한 회의론이 제기되고, 대안 체제의 모색에 대한 논의가 활발해질 정도로 자본주의는 전례 없이 심각한 체제 전환기에 직면해 있다.

자본주의(Capitalism)에 대한 회의론이 설득력을 갖게 된 것은 단지 세계경제가 침체의 늪에 빠졌기 때문만은 아니다. 1980년대 초부터 지난 30년 동안 미국과 유럽의 선진국들이 시장 근본주의적인 자본주의를 추구한 결과로 경제구조뿐만 아니라 사회구조에도 부정적 결과들이 구조화되었다. 무엇보다도 경제성장의 성과를 소수의 부자들이 대부분 차지하고 보통 사람들과 노동자들이 혜택을 누리지 못함으로써 계층 간 불평등이 확대되고 양극화가 갈수록 심화되었다. 한마디로 지난 30년의 시장 근본주의적 자본주의는 경제 정의에 역행하는 결과를 가져왔다. 시장 근본주의(Market Fundamentalism)는 한국에서 통상 신자유주의(Neo-Liberalism)로 알려져 있다. 신자유주의 또는 시장 근본주의를 어떻게 정의할 것인가에 대한 다양한 견해와 이에 대한 논쟁은 제2장에서 논의한다.

자본주의는 과거 1929년 대공황 이후에도 장기적인 침체 국면을 겪었고, 1990년대 초반에도 3년여 동안 저성장을 기록했다. 금융 위기 이후에도 선진국들의 성장률은 낮지만 신흥 시장 국가들과 중진국들의 성장률은 체제 위기라 할 만큼 낮은 것은 아니다.[3] 자본주의라는 체제의 위기는 경기가 침체해서만은 아니고 경제가 성장 잠재력을 잃어서도 아니다. 체제 위기란 그 체제가 정당성을 잃었다고 믿을 때 온다. 지금의 체제 위기 핵심은 성장으로 얻은 부가 공평하게 분배되고 있지 않다고 보기 때문이다. 경제는 호황기도 있고 불황기도 있으며, 경기순환적인 부침은 수없이 경험해 왔다. 그럼에도 불구하고 현재의 문제는 경기순환과 관계없이 소득과 부의 불평등은 지속적으로 악화되어 가고 있다는 점이다.

미국의 경우 1970년대, 1980년대 그리고 1990년대 연평균 성장률이 각각 3.5%, 3.1%, 3.2%로 별반 차이가 없다. 하지만 소득이나 부의 불평등 정도는 1980년대 이후 지속적으로 악화되고 있어서,[4] 불평등 심화의 원인이 성장률의 둔화 때문이 아니라는 점을 말해주고 있다. 한국도 1997년 외환 위기 이후에 지속적으로 불평등이 심화되고 있다.[5] 그러나 한국이 외환 위기를 극복한 1999년부터 2012년까지의 연평균 성장률이 4.8%로 OECD 국가 중에서 가장 높고, OECD 평균인 2.0%의 두 배 이상을 기록했다는 점을 감안하면 단지 저성장 때문에 분배가 악화된 것이 아니라는 것을 알 수 있다. 결국 자본주의 위기론은 성장의 둔화가 아니라 불평등 구조의 심화 때문이며, 성장의 결실이 일반 국민들의 삶으로부터 유리되었기 때문이다.

소득과 부의 불평등 심화 현상은 어느 특정 국가에 국한된 것이 아니며 거의 모든 선진국에서 발생했다. OECD가 조사한 결과에 따르면, 시장 근본주의가 본격적으로 자리 잡았던 1980년대 중반부터 글로벌 금융 위기가 시작된 2008년까지 거의 모든 선진국에서 소득분배의 불평등 정도가 급격하게 악화된 것으로 나타났다.[6] 가계소득의 변화를 보면 상위 10% 부자들의 소득이 하위 10% 빈곤층의 것보다 훨씬 많이 증가했다.

이러한 소득 불평등과 부의 양극화 현상은 특히 시장 근본주의적 자본주의를 가장 앞장서서 시행했던 대표적인 나라인 미국과 영국에서 더욱 심각하게 나타났다. 같은 기간 중 미국의 경우에 상위 10%의 소득은 연평균 1.5% 증가했지만 하위 10%의 소득 증가는 연평균 0.1%에 불과했다. 영국도 상위 10%의 소득은 연평균 2.5% 증가한 반면에 하위 10%의 소득은 연평균 0.9%의 증가에 그쳤다.[7]

복지국가를 지향하는 북유럽의 대표적인 나라인 스웨덴의 경우에는 소득분배가 다른 나라들보다 비교적 평등하게 나타났다. 하지만 스웨덴조차도 소득 불평등이 악화되고 양극화가 진행되기는 마찬가지였다. 스웨덴은 OECD 국가 중에서 지니계수(Gini係數)가 가장 많이 상승했으며, 상위 10%의 소득은 연평균 2.4% 증가한 반면에 하위 10%의 소득은 연평균 0.4% 증가에 그쳐서 부유층과 빈곤층의 소득 격차가 벌어지는 속도가 가장 빠른 나라가 됐다.[8] 물론 이러한 변화에도 불구하고 스웨덴은 금융 위기 이전이나 지금이나 여전히 소득 불평등이 가장 낮은 나라다.

주목할 만한 사실은 지난 30년의 자본주의는 스웨덴과 같이 경제사회적 평등 구조를 중요시하는 나라를 포함해서 거의 모든 나라에서 양극화가 심화되었다는 것이다. 금융 위기 이후에도 이러한 추세는 더욱 확대되고 있다. 소득 불평등은 금융 위기가 시작된 이후 2010년까지 3년 동안, 그 이전 12년 동안보다도 더 많이 악화되었다.[9]

시장 근본주의가 지배했던 지난 30여 년 동안 선진국들의 자본주의 체제는 소득 불평등과 계층적 양극화를 악화시킨 것 이외에도 또 다른 문제들을 드러냈다. 경제가 성장하는데도 일자리가 늘어나지 않는 고용 없는 성장이 구조화되었고, 저임금 노동자와 비정규직 노동자가 증가하는 등 고용 조건 악화와 불안정 고용 증대라는 노동 구조의 악화도 진행되었다.

시장 근본주의 자본주의는 금융 위기를 통해서 그 진면목이 명백히 드러났다. 시장 근본주의자들은 정부의 시장 개입을 축소하고, 정부 지출도 축소하며, 규제를 대폭 완화하면 시장 경쟁의 효율성이 높아져 성장도 가속화될 것이라 호언장담했다. 하지만 자유방임 시장에서의 경쟁이란 그 과정에서 소수의 기득권자들에게 유리하게 작동했고, 경쟁의 결과도 소수의 승자들만이 독식하는 구조를 강화시켰을 뿐이다. 정부 규제가 완화된 경쟁은 효율성을 제고하기보다는 시장 실패라는 극단적인 결과를 가져왔다. 따라서 지난 30여 년의 자본주의가 소수의 부자와 기득권 세력만을 위한 체제로 전락했다는 비판이 제기되고, 나아가 자본주의 자체의 작동에 대해서 근본적인 회의론이 제기된 것은 너무도 당연한 결과다.

한국 자본주의도 선진국들과 마찬가지로 소득 불평등과 양극화가 심화되고, 고용 없는 성장이 지속되는 문제를 가지고 있다. 뿐만 아니라 한국은 선진국들에는 없는 문제들도 가지고 있다. 극도로 불공정한 시장의 경쟁 구조, 재벌의 과도한 경제력 집중, 그리고 비정규직과 자영업 노동자 비중이 대단히 높은 불안정한 고용구조 등이 그러하다. 그리고 선진국들이 복지로부터 후퇴하고 있는 반면에 한국은 이제야 복지를 시작하고 있다. 선진국들의 정부가 시장을 규제하는 역할을 줄여가기 시작한 1980년대에 한국은 계획경제를 하고 있었고, 선진국에서와 같은 경쟁 시장은 존재하지 않았다.

따라서 한국 자본주의가 가지고 있는 문제들은 그 원인과 과정이 선진국들과는 크게 다르다. 선진국들의 문제들이 시장 근본주의적인 정책의 산물이라면 한국의 문제들은 시장경제를 제대로 해보지도 못하고 발생한 문제다. 이 책의 제2장에서는 한국 자본주의 시장경제의 발전 과정을 설명하고, 한국의 상황이 미국과 유럽에서의 시장 근본주의와 어떻게 다른가에 대해서 논의한다. 이에 앞서 지금의 한국 자본주의는 어떤 모습을 하고 있는가를 먼저 살펴보기로 한다.

소득재분배
정책의 실패

| 악화되는 소득 불평등 |

한국도 소득 불평등과 양극화 심화, 고용 없는 성장, 고용구조와 질
의 악화 등 선진국 자본주의 체제가 드러낸 구조적인 문제를 마찬가
지로 가지고 있다. 예를 들어, 지니계수로 측정한 한국의 소득 불평
등은 1990년 이후 20년간 지속적으로 악화되고 있는 추세다. 1997
년 외환 위기 이후 급격하게 악화되기 시작했으며, 외환 위기를 벗어
난 2000년 이후에도 소득 불평등은 계속 심화되고 있다.[10]

단지 불평등이 심화되는 속도만 빠른 것이 아니라 다른 나라들
과 비교했을 때 소득 불평등 정도에서도 상위군의 나라에 속한다.
가처분소득을 기준으로 한 OECD 통계에 따르면 한국의 소득 불평
등은 OECD 회원국 중에서 중간 정도에 속한다.[11]

그러나 한국의 소득 자료에는 상위 소득자들의 소득이 누락되거나 낮게 보고되고 있어서 이를 반영해 보정한 자료에 의하면 미국과 비슷한 수준으로 소득 불평등이 가장 심한 나라인 것으로 나타났다.[12] 연구에 따라서 약간의 차이는 있지만, 1990년 이후 지난 20년 동안 소득 불평등의 정도가 약 60% 정도로 급격하게 악화되었다.[13] 소득 계층 간의 소득 격차로 본 불평등 역시 다른 나라들과 비교해서 높은 편에 속한다. 가처분소득을 기준으로 최상위 10%의 소득은 최하위 10%의 소득보다 4.8배 높으며, 이는 OECD 회원국 중에서 여덟 번째로 높다. 최상위 20%의 소득은 최하위 20%의 소득보다 5.7배 높으며 이는 아홉 번째로 높다.[14]

소득 중에서 가장 큰 부분을 차지하는 것은 노동의 대가로 받은 근로소득, 즉 임금이다. 한국에서 소득 불평등이 확대되고 있는 가장 주요한 요인은 계층 간 임금 불평등이 악화되었기 때문이다.[15] 특히 글로벌 금융 위기 이후에 소득 불평등이 확대된 것은 근로소득이 절대적인 요인으로 작용했다.[16] 또한 다른 나라와 비교해서도 한국은 근로소득의 불평등이 심한 나라에 속한다. 한국은 OECD 회원국 중에서 상용 근로자의 임금 소득 불평등 정도가 가장 심한 나라 중 하나로 나타났다. 상용 근로자 총소득의 분포에서 한국은 임금 수준 최상위 10%가 최하위 10%의 4.8배로 OECD 회원국 중에서 세 번째로 격차가 크다. 뿐만 아니라 2000년에는 4.0배였으나 2005년에는 4.5배로 격차가 더욱 확대되었고, 2010년에는 4.7배, 2011년에는 4.8배로 지속적으로 확대되는 추세여서 임금 소득의 불평등이 갈수록 심해지고 있다. 또한 중간 임금의 3분의 2 수준보다 낮은 임금을 받는 저임금 노동자가 전체 노동자의 25.2%를 차지하고 있어, 이는 미국과 함께 OECD 국가 중에서 가장 높은 비율이다. 이와 같은 저임금 노동자의 높은 비율은 2000년 이후에 전혀 개선되지 않고 있다.[17]

소득 불평등 확대의 근본적인 원인은 근로소득의 불평등이지만, 이차적인 원인은 이를 교정할 노력이나 수단이 미흡한 한국의 현실 때문이다. 소득 불평등을 완화시키기 위한 제도적 장치가 미흡할 뿐만 아니라 그나마 정부가 소극적으로 대처했기 때문이다. 소득재분배 정책이 제대로 작동하지 않고 있다는 증거는 시장 소득과 가처분소득의 차이이다. 시장 소득이란 일해서 받은 근로소득과 이자와 배당 등 투자로 번 재산소득을 합한 총액의 개념이다. 가처분소득은 시장 소득에서 세금 납부액을 제외하고 연금, 정부 보조금, 복지 지원 등을 반영한 소득이다. 따라서 가처분소득은 시장 소득에서 정부의 조세정책과 복지 정책 등의 소득재분배 정책이 반영된 소득을 의미한다. 한국은 OECD 국가 중에서 시장 소득으로 측정한 소득 불평등보다도 가처분소득으로 측정한 소득 불평등이 더욱 심한 것으로 나타난다.[18] 물론 OECD 통계는 앞서 설명한 것처럼 고소득 계층의 소득이 누락된 문제가 있다. 하지만 이 통계가 보여주는 것은 한국에서는 정부의 소득재분배 정책이 다른 나라들에서처럼 소득 불평등을 완화시키는 기능을 거의 못하고 있다는 것이다.[19]

| 확대되는 양극화 |

소득 불평등의 문제와 함께 한국에도 양극화의 문제가 심각하다. 양극화의 상황을 이해하기 위해서는 먼저 소득 불평등과 양극화의 개

넘 차이를 이해해야 한다. 소득 불평등(income inequality)은 소득분포가 얼마나 특정 계층, 특히 상층에 집중되어 있는가를 의미한다면, 양극화(polarization)는 소득분포가 상층과 하층 양쪽으로 쏠리면서 중산층이 줄어드는 현상을 의미한다.[20] 소득 불평등이 높다고 해서 반드시 양극화가 심한 것은 아니다. 소득 불평등이 악화되어도 양극화가 함께 심화될 수도 있고 또는 어떤 경우에는 개선될 수도 있다.[21] 그럼에도 불구하고 양극화 이슈가 소득 불평등과 더불어 중요한 이유는 양극화 지수가 높아진다는 것은 중산층이 줄어들고 소득 계층이 상층과 하층의 양 극단의 계층으로 분할되는 것을 의미하기 때문이다. 계층 간 간극이 벌어진다는 것은 결국 사회 갈등이나 사회적 불안정의 위험이 커지는 것을 의미한다.[22]

한국의 양극화는 1980년대에 지속적으로 완화되었고, 1990년대에 들어서는 외환 위기 이전까지는 안정적인 수준을 유지했으나, 외환 위기 이후에 급격하게 심화되기 시작했다.[23] 특히 외환 위기 상황이었던 1998년에는 중산층이 급격하게 줄어들고 소득 상층과 하층이 증가하는 현상이 뚜렷하게 나타나기 시작했다.[24] 2000년대에 들어서도 양극화 심화 추세는 계속되었는데, 2000년 초반에는 양극화의 심화 속도가 소득 불평등의 악화 속도보다 빨랐으며, 다른 나라와 비교해서도 상당히 빠른 속도로 진행되었다.[25] 이러한 양극화의 결과로 2000년에서 2010년 사이에 중간 소득 계층이 5.8%포인트 감소했는데, 이는 중산층이 11%나 감소한 것을 의미한다. 중간 소득 계층에서 이탈한 사람들 중에서 62%는 저소득 계층으로 하락했고, 38%는 고소득 계층으로 이동했다.[26]

이러한 양극화가 심화되는 것에는 임금 소득의 양극화가 가장 주요한 원인이며,[27] 또 다른 두드러진 특징은 양극화가 경기변동과 관계없이 지속적으로 확대되는 추세를 보이고 있는 것이다. 이는 경제가 성장한다고 해서 양극화 문제가 해결되는 것이 아니라는 심각성을 보여준다.[28] 경제가 호전되어도 많은 국민들은 점점 더 하층으로 몰린다는 사실은 체제를 위협할 수 있는 대단히 위험한 현상이며, 그로 인한 사회 갈등의 위험이나 긴장의 수위가 높아지는 것은 어쩌면 당연한 귀결이라 할 수 있다.

3無 성장
: 고용, 임금, 분배

| 고용 없는 성장 |

경제성장에도 불구하고 소득 불평등이 악화되고, 경기 호황이나 불황에 관계없이 양극화가 확대되는 현상이 중첩되어 나타나고 있는 것은 이러한 문제들이 일시적인 현상이 아니라 구조적인 문제라는 것을 의미한다. 소득 불평등과 양극화가 동시에 진행되는 일차적인 원인은 경제성장만큼 일자리가 만들어지지 않기 때문이다. 그 다음으로는 경제성장의 결실이 공평하게 분배되지 않는 분배 정책과 이를 보완할 복지 제도가 턱없이 미흡하기 때문이다. 성장 자체가 경제의 궁극적인 목적이 될 수 없으며 단지 잘사는 수단이나 과정일 뿐이다. 잘살기 위해서는 소득이 있어야 하고, 소득이 있기 위해서는 일자리가 있어야 한다. 일자리가 없어도 잘살 수 있는 사람들은 자산가 계층뿐이며, 극소수에 불과한 자산가들이 체제의 정당성을 확보해주지는 못한다. 경제가 성장하면 일자리가 늘어나야 하고, 일자리가 늘어나야 경제가 지속적으로 성장한다.

그러나 한국은 경제가 성장하는 만큼 일자리가 늘어나지 않을 뿐만 아니라 성장의 일자리 창출 효과가 과거보다 크게 줄어들었다. 1997년 외환 위기 이후 지속적인 성장에도 불구하고 2000년대에 들어서서 고용률이 오랫동안 정체 상태에 머물러 있어서 한국에도 '고용 없는 성장'이 현실이 되어 가고 있다.[29] 이론적으로 보자면 경제성장과 고용 증가가 반드시 일치하는 것은 아니다. 경제는 노동과 자본의 투입만이 아니라 기술적 발전이나 혁신 등의 요인으로도 성장하기 때문에 고용이 반드시 경제가 성장한 만큼 비례적으로 증가하는 것은 아니다. 일부 연구에서는 한국의 고용증가율이 낮아진 원인을 과거보다 성장률 자체가 낮아진 데서 찾기도 한다. 또한 한국의 고용증가율이 경제성장률보다 더 낮아졌는가에 대해서 의문을 제기한 연구도 있다.[30] 하지만 분명한 것은 OECD 국가들 중에서도 한국의 고용률은 낮으며, 지난 10여 년 이상 경제성장에도 불구하고 고용률 정체 상태가 지속되고 있고, 경제성장이 일자리 증가로 이어지는 연결 고리가 1990년대부터 크게, 그리고 지속적으로 약화되어 왔다는 사실이다.[31]

고용과 관련해서 한국은 다른 나라들과 비교할 때 매우 기이하고 특징적인 현상을 가지고 있다. 한국은 외환 위기 때를 제외하고는 오랫동안 실업률이 가장 낮은 나라였으며, 최근에는 OECD 회원국 중에서 실업률이 가장 낮았다.[32] 실업률이 가장 낮다는 사실로만 판단한다면 한국은 다른 나라들처럼 일자리가 사회적 문제가 될 상황이 아니어야 한다. 그럼에도 불구하고 일자리 문제는 한국에서 가장 중요한 경제 이슈 중의 하나다. 그 이유는 한국은 실업률뿐만 아니라 고용률도 낮기 때문이다. 한국의 고용률은 OECD 회원국 중에서 지난 10여 년간 지속적으로 중간 이하로 낮은 나라에 속한다.[33] 한국이 다른 선진국들과 비교해서 실업률과 고용률이 모두 낮다는 것은 앞뒤가 맞지 않다. 실업률이 낮다는 것은 일자리를 구하지 못하는 사람이 적다는 것이고, 고용률이 낮다는 것은 일하는 사람이 많지 않다는 것이다. 다시 말해서 일하고 싶다면 일자리를 찾을 확률이 높은데도 일하는 사람이 많지 않다는 지극히 비정상적인 상황인 것이다.[34]

한국이 다른 나라와 비교해서 '일자리를 구하려고 노력하지 않는 사람이 많다'는 것은 노동시간이 길고 취업 전쟁이 치열한 한국의 현실에 비춰볼 때 상식적으로 납득할 수 없다. 한국인들이 특별히 일하기 싫어한다고 가정하는 것은 어불성설이며, 오히려 근면하기로는 세계에서 으뜸이다. 그렇다면 일하고 싶어 하는 사람이 적다는 것은 바로 일자리가 부족하기 때문에, 그리고 일자리를 구할 가능성도 낮기 때문에 아예 취업 전선에 뛰어들지 않는다는 것을 의미한다. 대표적으로 여성이 그렇고 저학력 계층이 그렇고 고연령 계층이 그렇다. 이들은 어차피 의미 없는 취업 경쟁에서 애당초 제외되기 때문에 일자리를 찾지도 않는다. 또한 정부가 제시하는 실업률이 현실과는 동떨어진 엉터리 통계이기 때문이다. 심지어는 수많은 기업들이 파산하고 노동자들이 대량으로 해고되고 길거리에 노숙자가 넘쳐날 정도로 실업 문제가 심각했던 외환 위기 때조차도 한국의 실업률은 OECD 회원국 중에서 중간 정도에[35] 불과했을 정도로 한국의 실업

률 통계는 신뢰할 수 없다.[36]

| 고용 없는 제조업 성장 |

실업률이 낮은 것은 엉터리 통계 탓이라고 해도, 한국이 다른 나라들과 비교해서 높은 경제성장률에도 불구하고 고용률이 낮은 것도 정상적인 것으로 이해할 수 없는 현상이다. 한국의 경제성장률은 OECD 국가들 중에서 매우 높다. 지난 10년 동안 한국의 연평균 성장률은 3.6%로 OECD 회원국들의 평균인 1.7%보다 두 배 이상 높았으며, 이는 34개 회원국들 중에서 일곱 번째로 높다. 글로벌 금융위기 이후만 봐도 연평균 성장률이 2.9%로 OECD 회원국 평균인 0.6%를 크게 앞질러 다섯 번째로 높은 수준이다. 그러나 한국의 고용률은 10년 동안 1.3%포인트 증가에 그쳐서 OECD 국가들 중에서 중간 수준에 머물고 있다. 한국이 다른 나라들보다 경제가 훨씬 더 많이 성장했는데도 불구하고 고용률이 오랫동안 정체 상태에 머물고 있다는 것은 한국 경제가 일자리를 창출하는 역량이 크게 낮아졌다는 심각한 상황을 말해준다.

경제가 성장하는 만큼 고용이 늘어나지 않는 문제의 원인 중 하나는 한국 산업구조에서 찾을 수 있다. 이러한 현상은 고용 창출 효과가 적은 제조업의 비중이 다른 나라들보다 높을 뿐만 아니라 갈수록 높아지는 추세인 것이 주요한 원인 중 하나다. 고용유발계수는 10억 원 규모의 생산에 필요한 일자리 수를 나타낸다. 한국의 2011년 고용유발계수는 제조업이 5.5명이고, 서비스업은 11.5명이다. 같은 금액의 생산을 하는데 서비스업이 제조업보다 두 배 이상으로 고용 창출 효과가 크다는 것이다. 한국에서 전통적으로 제조업은 고용 창출의 원동력이었다. 하지만 그것은 제조업 자체의 성장이 빨랐을 뿐만 아니라 다른 산업, 즉 서비스업의 성장이 훨씬 더디었기 때문이다. 워낙 가난한 나라에서 서비스업이란 일종의 낭비라는 인식이 팽배했으며, 서비스 상품에 대한 지출 여력도 없었기 때문이다. 하지만 제조업은 본래 서비스업보다 고용 창출 효과가 낮을 뿐만 아니라, 지난 10여 년 동안 서비스업보다 고용 창출 효과가 훨씬 더 큰 폭으로 감소했다.[37] 그럼에도 불구하고 한국의 산업구조는 10년 전과 비교해서 국내총생산(GDP, gross domestic product)에서 고용 효과가 낮은 제조업의 비중은 증가했고 고용 효과가 높은 서비스업의 비중은 오히려 약간 줄어들었다.[38] 특히 금융 위기 이후에 국내총생산에서 제조업이 차지하는 비중은 증가했으나, 전체 고용 중에서 제조업의 고용 비중은 크게 변화가 없었다. 반면에 국내총생산 중에서 서비스업이 차지하는 비중은 감소했는데도 불구하고 고용 비중은 오히려 증가했다.[39] 금융 위기 이후 서비스업의 이러한 현상은 서비스업에서 질이 낮은 일자리가 늘어난 것을 의미한다.

한국은 국내총생산에서 제조업이 차지하는 비중이 33.8%로 34개 OECD 회원국 중에서 두 번째로 높다.[40] 일본은 21.9%, 미국은 16.2%, 그리고 독일은 26.2%인 것과 비교하면 한국의 제조업 비중이 다른 나라들보다 크게 높은 것을 알 수 있다. 이같이 높은 제조업의 비중에 비춰보면 일부에서 제조업이 점점 사라지는 소위 '제조업 공동화' 때문에 고용이 늘지 않는다는 주장은 근거가 희박하며, 설사 제조업이 더 늘어난다고 해도 고용 창출 효과는 기대하기 어렵다. 반면에 고용 창출 효과가 높은 서비스업의 비중은 매우 낮다. 한국의 2011년 서비스업이 차지하는 비중은 57.6%로 OECD 회원국들 중에서 세 번째로 낮다.[41] 일본은 71.4%, 미국은 78.8%, 독일은 68.3%로 한국보다 월등히 높다. 다른 나라들은 고용 효과가 큰 서비스업의 비중이 높아지는 반면에 한국은 고용 효과가 낮은 제조업이 오히려 증가하는 추세이기에 '고용 없는 성장(jobless growth)'의 문제는 산업구조로 인한 당연한 결과다.

　한국인들 사이에는 제조업 제일주의라는 경제 인식이 뿌리 깊게 자리 잡고 있다. 워낙 성장이 빨랐던 시기에는 제조업이 고용을 스펀지처럼 흡수할 수 있었기 때문에 제조업의 고용 창출 효과는 문제가 되지 않았다. 하지만 경제가 성숙 단계에 들어서도 제조업이 계속 큰 비중을 차지한다면, 사실 정상적인 발전 경로라고 볼 수 없다. 왜냐하면 고용 측면에서는 동맥경화 현상을 초래할 수 있기 때문이다. 일반적으로 경제가 발전하고, 특히 성숙 단계에 접어들면 경제는 서비스화 되어 간다. 한국에서는 이를 '산업구조의 고도화'라고 부르고, 경제학에서는 '경제의 서비스화'라고 부른다.[42] 이러한 현상의 기저에는 제조업 자체가 갖는 상대적으로 빠른 생산성 증가와 더불어 소비의 대중화가 작용하기 때문이다. 즉 생산성 증가가 빠른 제조업에서는 오히려 고용이 축소되고, 이때 서비스 부문은 제조업에서 방출된 노동을 흡수하게 된다. 여기에서 전제는 제조업에서 창출한 고부가가치가 서비스 상품에 대한 소비 여력을 만드는 것을 가정하고 있다. 즉 제조업으로 번 돈을 서비스업에 쓰는 것을 말한다. 성장이 궁극적인 목적이 아니라 잘살기 위한 수단일 뿐이며, 성장한 만큼 가계소득이 늘어나고 소비가 증대하는 것이 당연한 귀결이다. 하지만 이러한 현상은 고부가가치를 생산한 제조업의 성장이 소비로 연결되도록 부의 재분배가 이뤄져야만 가능하다. 만약 제조업만 기형적으로 성장하고 그것이 경제의 나머지 부문에 확산되지 못한다면 경제는 불균형 상태에 머물 수밖에 없다. 이때 부의 재분배는 제조업 종사자의 임금이 상승하든지 또는 정부의 재분배 정책을 통하여 여타 부분으로 확산시킴으로써 가능하다. 과연 한국은 제조업이 성장하고 고부가가치를 창출한 것이 경제 전체에 기여하는 것일까?

| 임금 없는 성장 |

'고용 없는 성장'과 더불어 한국 경제의 또 다른 심각한 현상은 '임금 없는 성장'이다. 글로벌 금융 위기 이후 한국은 경제성장에도 불구하고 노동자들의 실질임금이 정체 상태에 머무르는 '임금 없는 성장' 구조에 빠져 있다.[43] 2002년부터 2012년까지 10년 동안의 연평균 경제성장률은 3.8%를 기록했으나 실질임금 증가율은 2.1%에 그쳤다. 지난 10년 동안 경제 전체는 45.6% 성장했는데도 실질임금은 이것의 절반인 23.2% 증가에 불과했다. 이같이 경제성장과 실질임금 증가 간의 격차는 갈수록 확대되고 있으며, 특히 글로벌 금융 위기 이후 5년 동안 더욱 커졌다. 2008년부터 2012년까지 5년 동안의 연평균 성장률은 3.2%였으나 실질임금 증가율은 0.5%에 불과했다. 결과적으로 금융 위기 이후 5년 동안 경제는 17% 성장했지만 노동자들의 임금은 고작 2.5% 증가에 그쳐서 경제성장의 성과로부터 노동자들이 갈수록 배제되는 구조가 고착화되고 있는 상황이다.[44]

임금 상승은 1인당 국민소득의 증가와 비교해도 마찬가지로 상당한 격차를 보인다. 2002년부터 2012년까지 10년 동안 1인당 국내총생산은 38.8%가 증가해서 연평균 성장률이 3.3%이다. 그러나 앞서 말한 바와 같이 실질임금은 같은 기간 동안 23.2% 증가해서 연평균 증가율이 2.1%였다. 2007년부터 2012년까지 금융 위기 이후 5년 동안 1인당 국내총생산은 13.7%가 증가했으나 실질임금은 2.5% 증가에 그쳐 경제성장과 큰 격차를 보였다.[45] 국가 경제가 성장하는데도 임금이 증가하지 않는다는 것은 경제성장의 성과가 노동자들에게 배분되지 않았다는 것을 의미한다. 국가 경제 전체가 성장하고 1인당 국민소득도 증가했는데도 노동자의 실질임금은 정체 상태에 머물러 있는 '임금 없는 성장'은 보통 국민들 입장에서는 도대체 무엇을 위해서 경제성장을 하는가를 묻지 않을 수 없다.

또한 '임금 없는 성장'은 단지 성장의 과실을 누가 더 가져가는가의 분배 문제만이 아니다. 앞서 말한 바와 같이 성장과 과실이 시장 참여자들에게 균형적으로 분배되는 것은 분배 정의 차원에서뿐만 아니라 더 많은, 그리고 지속적인 성장을 위한 필요조건이다. 노동자들의 임금이 성장과 비례적으로 증가해야 시장 수요를 창출하고 투자를 유인하며 고용을 창출할 수 있다. 뒤에서 논의하겠지만, 성장의 결과로 임금이 늘지 않으면서 기업의 소득은 증가했다. 그러나 늘어난 기업소득이 모두 투자로 이어지지도 않았다. 성장의 과실이 임금으로 분배되어 수요가 창출되고, 새로운 수요가 투자를 유인하는 순환이 이뤄져야 성장이 지속 가능하다.

| 분배 없는 성장 |

경제가 성장했다는 것은 기업이 만들어내는 부가가치가 증가한 것이다. 그렇기 때문에 경제가 성장했는데도 실질임금이 증가하지 않았다는 것은 기업이 만들어낸 부가가치에서 노동자들에게 배분하는 몫이 줄어든 것으로 봐야 한다. 국민 계정(national account) 통계를 보정하여 추정한 노동소득분배율 연구에 의하면 한국의 노동소득분배율은 지난 10년 동안 지속적으로 감소하는 추세를 보이고 있다.[46] 특히 주목할 점은 최근 몇 년 동안의 노동소득분배율은 공식 통계가 집계된 1975년 이후 40여 년 기간 중 가장 낮은 수준이라는 것이다. 이 연구에 의하면 노동소득분배율은 1998년 80.4%였으나, 2000년 75.4%로 낮아졌다. 그리고 금융 위기가 발생한 2008년에는 70.9%로 더 하락했으며, 2011년 67.6%, 2012년 68.1%로 이 통계가 작성된 1975년 이후 가장 낮은 수준이다.[47] 자영업자 소득 중에서 일부를 노동소득으로 보정하는 방법을 달리하여 추정한 다른 연구에서도 노동소득분배율이 1990년 이후 지속적으로 감소했으며, 최근의 노동소득분배율은 지난 20년 동안 가장 낮은 것으로 나타났다.[48]

경제성장에도 불구하고 노동자들의 실질임금이 증가하지 않기 때문에 노동소득분배율이 하락하고, 이는 궁극적으로 가정살림이 나아지지 않는 상황으로 이어진다. 한국은 다른 나라들과 비교해서도 경제성장률과 가계소득 증가율의 격차가 크며, 이 격차는 점점 더 커지고 있는 추세다.[49] 한국은 지난 2002년부터 2012년까지 10년 동안 연평균 경제성장률은 3.8%였으나 실질가계가처분소득의 연평균 증가율은 1.8%여서 가계소득의 증가가 경제성장률보다 연평균 2.0%포인트 낮았다. 결과적으로 10년 동안 경제는 45.6% 성장했는데 가계소득의 증가는 17.1%에 불과해서 가정살림과 국가 경제성장 사이의 격차가 매우 크게 벌어졌다. 글로벌 금융 위기 이후 5년 동안에도 경제는 17% 성장했는데 실질가계소득은 경제성장의 3분의 1 정도밖에 되지 않는 5.3% 증가에 그쳤다.[50]

한국의 이러한 가계소득 증가율과 경제성장률의 격차는 OECD 회원국 중에서 다섯 번째로 크다. 지난 10년 동안 26개 국가 중에서 12개 나라는 가계소득 증가율이 경제성장률보다 높았으며, 나머지 14개 나라는 가계소득 증가율이 경제성장률보다 낮았다.[51] 글로벌 금융 위기 이후에 세계경제가 침체된 상황에서도 28개 국가 중에서 16개 나라는 가계소득 증가율이 경제성장률보다 높았고, 금융 위기를 만든 장본인인 미국과 영국마저도 가계소득 증가가 경제성장을 앞질렀다.[52] 한국은 다른 나라들보다 글로벌 금융 위기의 영향이 비교적 적었는데도 불구하고 경제가 성장한 만큼 가계 살림이 나아지지 않는 현상은 오히려 더 심화되었다.

일반적으로 국민들이 더 잘살게 되면 예금이나 투자와 같은 금융자산을 더 늘릴 수 있는 여유가 생기기 때문에 경제가 성숙 단계에 들어서면 근로소득의 비중은 줄어들고 자산소득의 비중이 늘어나는 것은 당연히 나타나는 현상이다. 그러나 한국은 국민소득이 높아졌는데도 가정살림을 꾸리는 데에서 임금으로 받는 근로소득에 대한 의존도가 더욱 높아진 것도 주목할 만한 현상이다. 2012년 가계소득 중에서 근로소득이 차지하는 비중은 86.3%였는데, 이는 1990년대에 비해서 오히려 높은 수준이다.[53] 근로소득의 비중이 높아졌다는 것은 그동안 경제가 성장했는데도 국민 대부분은 일해서 번 돈으로 재산을 형성하지도 못했고, 가계 살림은 더욱 더 일해서 버는 근로소득에 의존할 수밖에 없는 상황이 된 것이다. 한 가정에서 한 사람 이상 일하는 경우들이 많아져서 그나마 가계소득 증가 속도가 임금 상승보다는 높지만 경제 전체의 성장에는 훨씬 미치지 못했다. 가계소득 중에서 근로소득이 차지하는 비중이 높기 때문에 '임금 없는 성장'과 '분배 없는 성장'이라는 상황이 시속되는 한 가계소득이 늘어나지 않는 것은 너무도 당연한 결과다.

벼랑 끝
비정규직 노동자

| 악화되는 비정규직 문제 |

한국 노동시장의 가장 핵심적인 문제는 비정규직이다. 비정규직 노동자의 비중이 높을 뿐만 아니라 줄어들지도 않고 있다. 정규직과의 임금격차도 지나치게 클 뿐만 아니라 그 격차가 갈수록 더 커지고 있다. 어떤 고용 형태를 비정규직으로 볼 것이냐에 따라서 정부, 학계, 노동계 사이에 비정규직의 규모에 대한 의견 차이가 크고, 비정규직 통계에도 차이가 있다.[54] 또한 정부의 통계도 OECD와 같은 국제기구의 기준과도 달라서 국제 비교에도 어려움이 있다. 비정규직과는 다른 개념이지만 OECD가 작성하는 임시 고용 노동자의 비율은 24%로 OECD 회원국 중에서 네 번째로 높다.[55] 정부 통계에 의하면 자영업자를 제외한 임금노동자 중에서 비정규직의 비중은 2013년에

32.6%이다.[56] 임시직과 일용직을 비정규직에 포함하는 노동계의 통계에 따르면 비정규직의 비중은 45.9%이다.[57]

정부 통계를 따르더라도 현재 전체 임금노동자의 3분의 1이 비정규직이다. 비정규직은 10년 전인 2003년에도 33%였으며, 2004년에는 37%까지 증가했으나 2007년에 기간제 노동자 보호에 관한 법이 통과된 이후에 일시적으로 줄어들었다.[58] 그러나 그 이후 다시 10년 전의 수준으로 늘어나서 비정규직 노동자가 좀처럼 줄어들지 않고 있다. 비정규직과 정규직의 임금격차가 크며, 과거보다 격차가 오히려 확대되고 있는 것은 더욱 심각한 문제다. 비정규직과 정규직 간의 월평균임금격차는 2003년 61%에서 2007년에는 64%까지 약간 개선되기도 했다. 하지만 금융 위기 이후에 격차가 급격하게 확대되어 2013년에는 정규직의 절반 수준인 56%까지 떨어졌다. 비정규직은 정규직보다 노동시간이 짧은 점을 감안하여 시간당 임금으로 비교하자면, 2003년에 비정규직의 시간당 임금은 정규직의 72%였으나 2013년에는 65%로 역시 격차가 더욱 확대되었다.

노동계의 통계에 따르면 비정규직 비중은 46%로 이는 전체 임금노동자의 절반에 가까운 숫자다.[59] 2003년 55%였던 비정규직의 비율은 10년 후인 2013년 46%로 줄어들었는데, 이는 장기 임시 근로자가 줄어든 것이 주요 요인으로 작용했다. 이 통계에 따른 비정규직의 임금은 정규직의 절반 수준이다. 2003년에 비정규직 노동자의 월평균임금은 정규직의 51%였으나 2013년에도 50%로 변화가 없다. 시간당 임금은 2003년에 53%였고, 2013년에도 53%로 차이가 없다. 정부의 통계에 의하면 10년 전과 비교해서 임금격차가 확대되었고, 노동계의 통계에 의하면 임금격차가 개선되지 않았다. 어떤 통계를 사용하든지 정규직과 비정규직의 임금격차는 개선되지 않고 있는 것은 사실이다. 비정규직 노동자들은 임금격차 이외에도 복지 혜택에서도 크게 불리한 상황에 처해 있다. 정규직 노동자들의 국민 연금 가입률은 81%인 반면에 비정규직 노동자는 40%로 전체 비정 규직 노동자의 절반에도 미치지 못하고 있다. 고용보험과 건강보험 가입률은 정규직이 각각 71%와 83%인 반면에 비정규직은 43%와 46%로 큰 차이가 있다. 퇴직금과 상여금 수혜율도 정규직은 80%가 넘는 반면에 비정규직은 40%만이 혜택을 받고 있다. 시간외 수당을 받는 비율도 비정규직은 25%에 불과하고, 유급휴가를 받는 비율은 33% 정도다. 또한 정규직 노동자들의 노조 가입률이 17%인데 반해 서 비정규직 노동자들의 노조 가입률은 3.0%로 실제 노동조합의 보 호를 받는 비정규직은 극히 소수다.

| 기간제 노동자 보호법의 배반 |

비정규직 중에서 가장 많은 비중을 차지하는 부분은 '기간제' 노동 자다. 극단으로 치닫고 있는 비정규직 문제 해결의 일환으로 2007년 기간제 노동자 보호법이 제정되었으며, 이 법은 기간제 노동자를 정 규직으로 전환하는 기준을 규정하고 있다. 이에 의하면 동일한 노동 자가 2년 이상 비정규직으로 근무하면 반드시 정규직으로 전환되도 록 강제적으로 정하고 있다. 그러나 2007년 이후 이 법이 시행된 지 6년이 지난 2013년까지 임금노동자 중에서 비정규직의 비율은 줄어 들지 않았다.[60] 이 법에도 불구하고 기간제 노동자가 줄어들지 않는 이유는 사업자들이 비정규직 기간제 노동자를 정규직으로 전환하기보다는 2년 기간이 채워지기 바로 직전에 계약을 종료하고 다른 노동자를 다시 비정규직으로 채용하고 있기 때문이다. 이렇게 법을 피해가는 교묘한 편법 때문에 비정규직이 정규직으로 전환되는 비율이 매우 낮다.

비정규직 문제는 특히 청년 세대에게는 심각한 사회적 문제다. 전체 청년 취업자의 36%가 첫 일자리를 계약직인 비정규직으로 시작하며, 이 중에서 90% 이상이 1년 이하 또는 일시적인 일자리다. 이러한 청년 세대의 불안정한 고용은 지난 10년 동안 지속적으로 증가하고 있다.[61] 첫 일자리를 비정규직으로 시작하더라도 2년 후에 정규직으로 전환이 되거나 또는 첫 직장에서 쌓은 경험과 경력으로 다음 직장에서 정규직으로 채용된다면 비정규직은 일종의 정규직으로 가는 징검다리가 될 수도 있다. 그러나 비정규직이 정규직으로 전환되는 비율이 매우 낮은 한국의 현실에서 비정규직은 정규직으로 가는 징검다리가 되기보다는 다음 일자리도 계속해서 다시 비정규직으로 이어지는 일종의 함정이 된다. 비정규직 문제의 원인과 현황 그리고 이를 교정하기 위한 대안은 제8장에서 보다 상세하게 다룬다.

기업과 가계의
불균형 성장

| 노동자와 주주의 몫이 줄었다 |

기업이 만든 이익은 이익을 만드는 데 기여한 여러 이해당사자
(stakeholder)에게 배분된다. 노동자에 대한 임금은 비용으로 차감
되고, 그 나머지인 이익은 주주·채권자·국가에게 배분된다. 주주
는 배당을 받고, 채권자는 이자를 받으며, 국가는 세금을 거두어간
다. 기업이 만들어낸 부가가치 중에서 노동자에게 배분되는 몫이 지
속적으로 줄어들었다는 것은, 누군가가 지속적으로 이익을 더 많
이 가져갔다는 의미가 된다. 일부에서는 주주 자본주의(Shareholder
Capitalism)가 강화되어 주주들이 더 많은 이익을 배당으로 가져갔기
때문에 노동자 몫이 줄어든다는 주장을 한다. 그러나 한국 기업들이
노동자들에게 지급한 인건비와 주주들에게 지급한 배당금을 비교해

보면 그러한 주장은 사실과는 다른 잘못된 것이다.

한국은행의 기업 경영분석에 의하면 2004년부터 2012년까지[62] 인건비는 지속적으로 증가했다. 그러나 배당금은 어떤 해에는 늘어나고 어떤 해에는 줄어들어서 지속적으로 증가하지 않았다. 통계에 의하면, 2012년 배당금 총액은 2007년보다 적으며 2010년, 2011년 보다도 크게 줄어든 금액이어서 기업이 성장하는데도 배당금은 늘지 않았다는 것을 보여주고 있다.[63] 또한 배당금 총액은 인건비 총액과 비교해서 지극히 적은 규모이며, 이 비율이 연도별로 증가 또는 감소를 반복해서 뚜렷한 지속적 증가 추세는 보이지 않고 있다.[64] 예를 들어 2012년의 경우 배당금은 인건비의 4.5%에 불과하며, 최근 이 비율이 가장 높았던 2004년 9.7%의 절반에 불과하다.[65] 실질 인건비 상승률은 비록 경제성장률에도 미치지 못하고 있지만 2004년 이후 완만하게 증가해 왔다. 하지만 불변가격으로 전환한 배당금은 오히려 줄어드는 추세를 보이고 있다.[66]

기업의 이익은 해마다 영업 상황에 따라서 증가하거나 감소할 수 있기 때문에 배당금 자체의 변화만으로는 주주가 이익 중에 더 많은 배당을 지급받았는지를 판단하기 어렵다. 따라서 기업이 만들어낸 이익 중에서 주주들에게 배당으로 지급한 금액의 비율을 살펴볼 필요가 있다. 순이익 중에서 배당으로 지급한 금액의 비율을 배당성향이라고 한다. 최근 10년간을 보면 한국 기업들의 배당성향은 전체 이익의 약 5분의 1인 20% 수준이다. 2002년부터 2012년까지의 배당성향은 지속적으로 늘어나거나 또는 줄어드는 특별한 추세 경향을 보이지 않고 있다.[67] 장부상의 자본금 대비 배당 지급액의 비율을 계산해도 지난 10년 동안 오히려 감소하고 있어서 배당을 더 많이 지급했다고 볼 근거가 없다.[68] 이러한 배당금 변화 추세에 비춰볼 때 주주들이 더 많은 배당을 지급받았기 때문에 노동자들에게 지급하는 임금을 줄였다고 판단할 근거가 없다.[69]

자세한 공시 자료로 정확한 분석이 가능한 상장회사의 경우를 보면, 배당 때문에 임금이 상승하지 못했다는 것이 사실이 아니라는 것을 더욱 확실히 알 수 있다. 주식시장에 상장된 기업들은 1990년대보다 2000년대에 배당을 크게 늘렸다. 그 결과로 2000년부터 2012년까지의 연평균임금 증가율은 8.7%인 반면에 배당 증가율은 10.4%로 배당 증가율이 임금 증가율을 앞서고 있다.[70] 따라서 상장회사에 국한한 경우에 배당이 늘어나서 노동에 배분되는 몫이 줄어들었다는 주장을 할 수도 있다. 그러나 이 경우에도 상장회사들의 배당은 반드시 임금과 제로섬(zero-sum) 관계가 아니다. 즉 임금을 제한 이익의 전부를 배당하는 것이 아니라 사내유보를 하기 때문이다. 이 기간 중에 상장회사들의 사내유보율이 더 많이 늘어났는데 이렇게 보면 사내유보, 배당, 임금의 순서로 늘어났다고 볼 수 있다. 따라서 반드시 배당 때문에 임금 몫이 줄어든 것이 아니라 임금을 더 지불할 여력이 있음에도 불구하고 임금을 늘리지 않고 사내유보금을 늘렸다고 볼 수 있다. 노동자와 주주보다 회사가 가장 많은 이익을 차지한 셈이다. 또한 상장회사들의 임금 대비 배당의 비율도 2003년부터 2007년까지 증가했지만 금융 위기 이후에는 다시 감소해서 2012년에는 2000년 수준으로 하락했다.[71] 금융 위기 이후에 노동분배율은 감소하고 배당성향은 늘어나지 않았으나 사내유보율만은 증가했다.

한편 비상장회사의 현황은 이와는 좀 차이가 있다. 상장회사는 수만 또는 수십만 명에 이르는 불특정 다수의 일반 투자자들이 주식을 보유한 반면에, 대부분의 비상장회사는 창업자를 비롯한 소수가 기업을 소유하고 있다. 따라서 상장회사가 배당하는 것은 수많은 주주들이 이익을 공유하여 소득분배 효과가 크지만, 비상장회사의 배당은 소수의 주주들에게 국한되어 있기 때문에 소득분배 효과가 제한적이거나 오히려 소득 불평등을 악화시킬 수 있다. 비상장사의 배당에 대한 자료의 제한 때문에 정확한 분석은 어렵지만, 최근에 비상장회사들이 대주주에게 순이익의 13배를 배당하거나 심지어는 손실이 발생했는데도 대주주와 가족들에게 배당하는 소위 '배당 잔치'가 문제가 되기도 했다.[72] 이는 한국 기업들이 상장 전에는 과도한 배당으로 소수의 대주주들에게 이익의 큰 몫을 돌려준 반면, 일단 상장을 한 이후에는 수많은 소액주주들에 대한 배당에 인색하다는 점을 보여준다.

기업이 만들어낸 부가가치 중에서 노동이 얼마나 가져가는가는 주주들에게 배분되는 배당만이 아니라 다른 여러 가지 요인들에 영향을 받는다. 노동자들이 노동조합을 결성해서 교섭력이 커지면 노사 협상을 통하여 보다 많은 임금을 받을 수 있다. 또한 생산기술이 진보해서 생산성이 높아지면 노동자들에게 배분되는 몫이 늘어날 수도 있으며, 해외로 생산 기지를 옮겨가거나 또는 수입이 커져서 국내 생산을 대체하면 노동자들에게 배분되는 몫이 줄어들 수도 있다. 이렇게 노동소득분배율을 결정하는 다양한 요인들을 함께 고려하여 분석한 연구에서도 기업의 배당성향이나 금융자산의 증가가 노동소득분배율에 영향을 미친 것은 아니었다는 결과를 보여주었다. 1991년부터 2009년까지 한국 제조업을 대상으로 분석한 결과에 의하면

'배당률과 고정자산 대비 금융자산 비율 등 금융화 관련 변수는 노동소득분배율의 하락과는 무관한 것으로 나타나, 주주 권한을 강화하는 기업 지배 구조 개편과 경제의 금융화가 노동소득분배율을 악화시킨다는 포스트 케인스주의자들의 견해는 실증적으로 입증되지 않았다'고 결론짓고 있다.[73]

배당이 노동소득분배를 악화시키지 않았다는 결과는 임금과 배당의 본질적 특성의 차이를 이해한다면 그리 놀라운 사실이 아니다. 임금은 회사와 노동자 간의 계약으로 그 금액이 정해져 있다. 임금은 이익 규모와 관계없이 항시 지급해야 하며 극단적으로 회사가 파산할 정도로 어려운 상황이 아니라면 임의로 줄일 수 없다. 설령 회사가 손실이 났어도 임금은 약속대로 지급해야 한다. 그러나 배당은 약속된 금액이 없기 때문에 회사가 이익이 발생하면 배당할 수도 있지만 손실이 발생한 경우에는 배당하지 않는다. 또한 배당은 임금, 이자, 세금을 모두 지급하고 남은 이익으로 배분하는 것이기 때문에 회사의 이익 규모에 따라 늘어나기도 하고 줄어들기도 한다. 실제로 이익이 증가했어도 배당을 늘리기는커녕 지급하지 않는 경우조차 있다. 즉 임금은 금액이 확정적으로 정해져 있고 증가하는 성향을 가지고 있지만, 배당은 확정적인 금액이 없을 뿐만 아니라 이익에 따라 변하는 특성을 가지고 있다. 따라서 일반적으로 임금 증가와 배당 증가 간에 일정한 관계가 성립되기 어렵다.

더구나 한국에서는 미국이나 영국에서와 같은 주주가 경영진에게 더 많은 배당을 지급하도록 압력을 행사하는 경우를 찾아보기가 어렵다. 따라서 주주들의 배당 요구 부담 때문에 임금 상승이 압박을 받는다고 주장할 수 있는 기업이 있는지조차 의문이다. 뿐만 아니라 한국 기업들은 이익이 많이 발생했다고 해서 배당을 더 지급하는 경향도 없다. 실제로 한국은 주가에 대한 배당금의 비율인 배당수익률은 2003년에 2.1%였는데, 2012년에는 오히려 이보다 줄어든 1.1%에 불과했다. 한국 기업들의 배당수익률은 지난 10여 년간 증가하기는커녕 지속적으로 감소 추세를 보여 왔으며, 다른 나라들과 비교해서도 배당을 가장 적게 지급하고 있다.[74] '미국의 경우는 기업이 이익을 배당으로 지급하는 비율이 높다. 따라서 배당의 증가가 전문 경영자 보수나 가계의 배당소득의 증가로 이어지면서 가계와 기업 간의 평균적인 소득 불평등은 완화되는 효과가 있었다. 그러나 배당 증가가 임금 억제의 요인이 되어 계층 간 소득과 임금의 양극화가 진행되었다. 그러나 한국에서는 대주주 또는 지배주주의 영향력이 강해서 배당성향이 낮고 기업 이윤이 사내유보 되는 비중이 높아서 소득이나 임금의 계층 간 양극화는 덜 진행되고 가계·기업 간 소득 불평등이나 노동분배율 하락이 더 두드러지게 나타난 것으로 추정된다.'[75]

다양한 방법으로 살펴보았지만 한국에서 주주가 배당을 더 많이 받았기 때문에 임금으로 배분되는 몫이 줄었다고 볼 근거는 없다. 또한 배당금을 늘린다고 해도 배당금의 크기가 인건비와 비교해서 현저히 적은 금액이기 때문에 배당금 증가가 노동소득분배율에 영향을 줄 만큼도 되지 못한다. 예를 들어 2012년에 배당금 총액은 인건비 총액의 4.5%에 불과했기 때문에 설령 배당금을 획기적으로 늘려 20% 더 많이 지급하는 경우에도 배당금의 증가액은 인건비 총액의 0.9%에 불과하다. 이같이 한국에서는 노동소득분배율이 지속적으로 줄어든 이유가 배당의 지속적인 증가로 인한 것이 아니라는 주장은 한국 기업들의 배당 관행과 임금 변동 추세에 비춰볼 때 자명하다. 따라서 한국에서는 주주에 대한 배당이 늘어나서 노동자들에 대한 배분이 줄어들었다고 주장하는 것은 현실과 다르다. 어쩌면 한국에서 노동자와 소액주주들은 기업 성장의 성과에서 배제되었다는 공동 운명의 배를 타고 있는지도 모른다.

| 줄어든 가계소득, 늘어난 기업소득 |

노동자들에게 분배되는 몫이 지속적으로 감소했을 뿐만 아니라 주주들에게 배당으로 배분하는 몫도 늘어나지 않았다면 기업이 만들어낸 이익은 도대체 어디로 사라졌을까? 이는 사라진 것이 아니라 기업이 배분하지 않고 내부에 가지고 있는 것, 즉 대부분 사내유보의 몫으로 돌아갔다. 경제 전체로 본다면 경제활동을 통해서 만들어진 모든 소득을 국민총소득(GNI, gross national income)이라고 하며, 이는 가계소득, 기업소득, 그리고 정부 소득의 합이다.[76] 한국은 지난 20여 년 동안 국민총소득에서 가계소득이 차지하는 비중이 지속적으로 줄어들고 있고, 기업소득이 차지하는 비중은 지속적으로 증가했으며, 정부 소득의 비중은 안정적이다. 결과적으로 경제활동으로 만들어낸 부가가치가 가계소득이 아니라 기업소득으로 다시 환류됨으로써 기업은 갈수록 부자가 되고 있고 가계 살림은 오히려 어려워지는 구조가 고착화되어 가고 있는 것이다.

　1990년대에는 국민총소득 중에서 가계소득과 기업소득은 경제가 성장한 만큼 비슷하게 증가했다. 기업과 가계의 실질소득 증가율은 1990년부터 1999년까지 기업이 6.0%, 가계가 5.7%로 큰 차이가 없었다. 같은 기간 동안 실질 국민총소득의 연평균 증가율도 5.9%였기 때문에 국가 경제가 성장하는 만큼 가계와 기업의 소득이 함께 증가했다고 볼 수 있다.[77] 그러나 2000년대에 들어서는 기업소득의 증가가 가계소득 증가를 크게 앞질러서 경제성장의 성과 중에서 기업이 가져가는 몫이 갈수록 커졌고 가계에게 배분된 소득의 몫이 지속적으로 줄어들었다.[78] 2000년부터 2009년까지 실질 국민총소득의 연평균 증가율은 3.5%였는데, 실질 기업소득의 연평균 증가율은 이보다 훨씬 높은 7.5%였다. 그러나 실질 가계소득의 연평균 증가율은 국민총소득 증가율보다 낮을 뿐 아니라 기업소득 증가율의 3분의 1에도 미치지 못하는 2.4%에 불과했다. 경제가 어려웠다는 글로벌 금융 위기 이후 기간을 보더라도 2008년부터 2012년까지 실질 국민총소득의 연평균 증가율은 2.1%였고 기업소득은 이보다 높은 5.1%인 반면에 가계소득은 1.4%에 불과했다. 경제 사정의 좋고 나쁨에 관계없이 기업소득은 항상 많은 부분을 차지하는데 가계 몫은 갈수록 줄어들고 있는 것이다.[79]

이러한 가계소득과 기업소득 간의 격차가 지속적으로 벌어지면서 국민총소득 중에서 가계소득의 비중이 1990년에는 71.5%였으나 2000년 68.7%로, 그리고 2012년 62.3%로 더욱 축소되었다. 반면에 기업소득의 비중은 1990년에는 16.1%였으나 2000년 16.5%로 약간 증가했고, 이후로는 크게 증가해서 2012년 23.3%로 늘어났다.[80] 결과적으로 지난 10여 년 동안 경제성장의 성과 중에서 가계에 배분된 몫은 6.4%포인트가 줄어든 반면에 기업소득의 몫은 그와 거의 비슷한 6.8%포인트가 증가한 것인데,[81] 이는 줄어든 가계의 몫만큼 기업이 가져간 것이라는 것을 의미한다.

　한국은 가계소득이 국민총소득에서 차지하는 비중이 다른 나라와 비교해서 상당히 낮은 편이다. 2011년에 한국의 가계소득 비중이 61.6%인데, 이는 OECD 평균인 69.0%보다 크게 낮은 것이다. 반면에 국민총소득 중에서 기업소득이 차지하는 비중은 2011년에 한국은 24.1%인데 이는 OECD 평균인 18.1%보다 크게 높은 것이다. 또한 한국 가계소득 비중이 하락하는 추세와 기업소득 비중이 증가하는 추세가 다른 나라와 비교해서 매우 급격하다.[82] 한국은 OECD 회원국 중에서 2000년부터 2010년까지 10년 동안 가계소득에 반해서 기업소득이 가장 빠른 속도로 증가한 나라다.[83] 이같이 경제가 성장하는 만큼 임금이 늘어나지 않았고, 노동소득분배가 줄어들었으며, 결국 가계 살림이 나아지지 않는 상황은 기업들이 경제성장의 성과를 더 많이 가져갔기 때문이라고 볼 수 있다.

| 줄어든 가계 저축, 늘어난 기업 저축 |

기업이 이익을 노동자나 주주와 나누지 않고 기업 내부에 보유하는 행태는 기업 재무 자료에서도 분명하게 나타난다. 기업은 순이익 중에서 일부만을 배당으로 지급하고, 나머지를 재투자하거나 아니면 잉여금으로 기업 내부에 적립한다. 사내유보율은 이익잉여금과 적립금 중에서 회사 내부에 유보한 금액의 비율인데, 이는 기업이 경영 성과를 처분하지 않고 보유하는 비중을 의미한다. 한국 기업들의 사내유보율은 2002년 89.5%, 2003년 88.4%, 2004년 88.9%로 안정적이었으나 2005년 90.9%, 2006년 92.1%, 그리고 2012년 95.2%까지 이르렀다.[84] 이는 기업이 처분 가능한 이익 중에서 2002년에는 10.5%를 배분했지만 2012년에는 4.8%만을 배분하고 나머지를 모두 회사가 보유했다는 의미다. 1990년부터 제공되는 제조업 통계에 따르면 제조업의 사내유보율은 마찬가지로 1990년 83.1%였으나 2012년에는 94.7%로 증가했다. 이는 1990년에는 처분 가능한 이익 중에서 17%를 배분했는데 2012년에는 5%성노만을 배분했다는 것을 의미한다.

　한국의 기업 저축률이 증가하는 것은 기업들이 이익을 배분하지 않고 내부에 유보하기 때문에 나타난 당연한 결과다.[85] 글로벌 금융 위기 이후 기업 저축률은 한국은행이 통계를 작성하기 시작한 1975년 이래 지난 40여 년 동안 가장 높은 수준에 이르렀다. 기업 저축률은 1980년대와 1990년대에 11%에서 12% 사이를 유지했다. 그러나 2000년대에 들어서는 증가하기 시작해서 글로벌 금융 위기가 발생한 2008년 16.8%, 그리고 2010년 19.7%로 사상 최고치를 기록했다.[86] 한국의 기업 저축률은 OECD 국가 중에서 두 번째로, 가장 높은 편에 속한다.[87] 금융 위기 이전인 2000년부터 2007년까지 연평균 기업 저축률은 15.1%로 열한 번째였던 것과 비교하면 금융 위기의 영향을 상대적으로 적게 받은 한국 기업들이 다른 나라들의 기업과 비교해서도 금융 위기 이후에 급격하게 내부유보를 늘려간 것이다.[88]

　기업 저축률은 사상 최대치를 기록할 정도로 급격하게 증가한 반면에, 가계 저축률은 급격하게 줄어들어서 지난 40여 년 동안 가장 낮은 수준에 머물고 있다. 가계의 순저축률은 1990년대 중반까지는 20%를 넘었으나, 2007년 이후에는 2%에서 4% 사이로 크게 줄어들었다. 가계 저축률이 이렇게 떨어졌다는 것은 1990년대에는 가계들이 소득 중에서 5분의 4를 소비하고 5분의 1을 저축했는데, 최근에는 소득의 거의 대부분을 생활비로 쓰고 있을 만큼 가계 살림에 여유가 없다는 의미다. 다른 의미로 해석하면 1990년대에는 5년이 지나면 1년 소득만큼의 재산을 모으게 되었는데, 이제는 20, 30년이 지나야 1년 소득만큼의 재산을 모을 수 있다는 계산이다. 한국의 가계 저축률은 과거보다 크게 낮아졌을 뿐 아니라 OECD 국가 중에서도 낮은 편이며, 금융 위기 이후에 더욱 낮아졌다. 금융 위기 이전인 2000년부터 2007년까지 한국의 연평균 가계 저축률은 5.6%로 열한 번째였는데, 금융 위기 이후인 2008년부터 2012년까지 기간에는 3.8%로 스무 번째다.[89] 많은 나라들은 금융 위기 이후에 가계 저축률이 오히려 증가했는데 한국은 반대로 감소했다. OECD 회원국 중에서 15개 국가는 증가했고 12개 국가는 감소했는데, 한국보다 더 많이 감소한 나라는 6개 국가뿐이다. 이들 국가들은 대부분 금융 위기의 영향을 직접적으로 받아서 금융 위기 이후에 마이너스성장을 한 나라이거나 한국보다 성장률이 크게 낮은 나라들이다.[90]

금융 위기의 영향을 다른 나라보다 적게 받은 한국의 성장률은 금융 위기 이후 기간에 OECD 회원국 중에서 다섯 번째로 높았다. 성장률이 크게 높았는데도 불구하고 가계 저축률은 다른 나라들보다 더 많이 낮아졌다는 것은 금융 위기 이후에 경제성장의 성과가 가계에 배분되는 정도가 더 악화되었을 가능성을 의미한다. 한국의 총저축률은 OECD 회원국 중에서 금융 위기 이전 10여 년 동안 매년 1위에서 3위 사이에 해당할 정도로 높았다. 금융 위기 이후에도 한국의 총저축률은 금융 위기 이전과 비슷한 수준이었으며, OECD 국가 중에서 2위 또는 3위로 가장 높은 나라다.[91] 국내총생산 대비 저축률도 OECD 국가 중에서 2위에 해당할 정도로 높으며, 금융 위기 전후에 큰 변화가 없다. 이렇게 한국 총저축률은 다른 나라보다 높은데도 가계 저축률이 낮다는 것은 경제성장의 성과가 가계로 배분되는 몫이 적다는 것을 의미한다.

한국의 가계 저축률이 과거보다 크게 낮아진 이유는 가계의 고정 소비 비중이 증가한 것도 하나의 원인이지만,[92] 그렇다고 해서 금융 위기 이후에 소비지출이 급격하게 증가했기 때문은 아니다. 이는 앞서 살펴본 바와 같이 실질임금이 정체 상태에 있고 노동분배율이 낮아져서 가계소득의 증가가 매우 미미했기 때문으로 추정할 수 있다. 기업은 소비하지 않기 때문에 기업 저축은 곧 기업의 가처분소득과 같은 것이며, 언젠가는 배당하거나 아니면 투자 재원으로 쓰여야 할 몫이다. 그러나 한국의 최근 10년을 보면 배당도 투자도 늘어나지 않고 사내유보만 마냥 쌓여가고 있는 기이한 상태가 지속되고 있다.

기업의 과다한
내부유보금

| 투자가 아니라 소비가 부족하다 |

기업이 만들어낸 이익을 임금이나 배당으로 배분하면 가계소득이 증가하고, 가계가 이를 소비하거나 또는 저축해서 이것이 다시 투자를 촉진하여 성장에 기여하는 것이 선순환 구조다. 앞서 설명한 바와 같이 한국의 가계 저축률은 5%에도 미치지 못하는 수준으로 떨어져 투자 재원으로서의 기능을 상실하고 있다. 또한 가계소득의 95%가 소비로 지출되고 있어서 가계소득이 증가하지 않는 한 지금의 가계 소득수준에서는 더 이상 소비를 늘려 경제성장을 촉진할 여지도 없다. 한편 기업의 내부유보금은 미래에 배당이나 임금으로 재분배되거나 또는 투자 재원으로 활용될 수 있다. 그러나 한국 기업들의 이제까지의 행태를 미뤄 보면 미래에도 배당이나 임금으로 배분할 것은 기대하기 어렵다. 따라서 기업이 축적한 이익의 대부분을 언젠가는 투자에 사용할 것으로 추정할 수 있다.

기업 이익 중에서 기업 내부에 축적하는 것과 임금으로 가계에 배분한 것 중에서 어느 것이 더 성장에 도움이 되는가를 판단하기 위해서는 소비와 투자 간에 성장 기여율을 따져보면 된다. 국민총소득의 성장률에서 소비와 투자가 기여한 비중을 비교하면 한국은 소비가 투자보다 경제성장에 대한 기여도가 훨씬 더 크며 점점 더 커지고 있는 것으로 나타났다. 1990년대에는 소비가 투자보다 성장 기여도가 평균적으로 더 컸지만 그 차이가 크지 않았다.[93] 그러나 2000년대 들어서는 소비의 기여도가 투자의 기여도보다 훨씬 더 컸으며, 글로벌 금융 위기 이후 투자는 오히려 경제성장에 마이너스 기여를 했다. 가장 최근인 2012년 국민소득 성장률에 대한 최종 소비지출(소비)의 기여도는 75.0%였으나 총고정자본형성(투자)의 기여도는 -25.0%였다.[94]

소비 중에서 정부의 소비를 제외한 민간의 소비 대부분은 가계 소비에 해당한다. 투자 중에서도 고용과 직접적으로 관련된 부분은 생산 설비에 해당하는 설비투자다. 민간 소비와 설비투자, 이 두 부문만을 비교해도 민간 소비의 성장 기여도가 훨씬 크다. 설비투자는 비록 민간 소비보다 기여도가 작기는 하지만 그래도 항시 경제성장에 기여를 했다. 그러나 설비투자의 경제성장 기여도는 2000년대에 들어서는 1990년대보다 낮아졌으며, 민간 소비 기여도와의 격차도 더욱 커졌다. 뿐만 아니라 지난 10년 동안 네 번이나 경제성장에 마이너스 기여를 해서 경제성장에 도움이 된 것이 아니라 오히려 걸림돌이 되기도 했다.[95] 2008년 글로벌 금융 위기 이후 5년 동안은 기업소득과 내부유보가 급격하게 증가했기 때문에 기업이 보유한 자본이 크게 증가한 기간이었다. 그럼에도 불구하고 투자가 소비보다 경제성장에 대한 기여도가 크게 낮을 뿐 아니라, 5년 동안 총투자는 네 번, 설비투자는 세 번이나 경제성장에 마이너스 기여를 했다는 것은 기업이 노동자와 주주들에게 배분하는 몫을 줄여서 늘려온 기업소득의 증가가 경제성장에 도움이 되지 않았다는 것을 보여준다.

한국 국내총생산 대비 투자의 비중은 2000년대에 들어서서 경제개발 시대나 1990년대보다 크게 줄어들었다. 그래서 일부에서는 한국 경제가 성장을 유지하려면 투자를 더 늘려야 하고, 투자를 촉진하기 위해서는 규제를 완화해야 한다고 주장하고, 많은 국민들도 이를 믿고 있다. 최근에 박근혜 대통령이 규제를 '암 덩어리, 원수'라고 일갈하자 정부가 규제 완화에 열을 올리고 있다. 사실 박 대통령뿐만 아니라 역대 대통령들이 걸핏하면 재벌 총수들에게 투자를 호소했던 점을 보면 그들 역시 기업 투자의 고용 창출 효과를 굳게 믿었던 것으로 보인다. 규제가 투자의 걸림돌이 되는 경우들이 있지만 모든 규제가 '암 덩어리이고 원수'는 아닐 것이다. 시장경제가 제대로 작동하기 위해서 경쟁이 공정해야 하고, 정부의 규제와 개입이 없으면 시장에는 불공정한 경쟁이 난무해서 시장 실패로 이어질 수 있다.[96] 규제를 완화한다고 해서 투자가 늘어나는지도 의문이지만, 투자의 성장 기여도가 소비보다 크게 낮은 사실에 비춰 본다면 역대 정부가 가계소득을 높이거나 소비를 촉진시키는 정책에는 관심이 없고 투자 촉진에만 열을 올리는 접근 방법을 택한 것은 전혀 번지수를 잘못 찾은 것이다.

정부뿐만 아니라 일부 정치권과 언론, 재계, 심지어는 학계에서

조차 한국이 투자가 늘어나지 않아서 경제가 성장하지 못한다고 믿는 경향이 있다. 그러나 앞서 살펴본 것처럼 투자의 경제성장에 대한 기여도는 낮아지고 있다. 더욱이 한국은 투자가 부족한 나라가 아니다. 한국은 국내총생산 대비 투자의 비중이 2012년에 OECD 회원국 중에서 두 번째로 높다. 1990년대에도 줄곧 1위였는데, 투자 비중이 줄어든 2000년대에 들어서도 여전히 1, 2위다. 투자 중에서도 건설투자는 압도적 1위였으며, 설비투자는 1990년대에는 2위, 2000년대는 5위로 최상위권에 속한 나라다.[97] 2008년 금융 위기 이후에 국내총생산 대비 투자의 비중이 줄어들었다. 그러나 이는 건설투자가 줄어든 것이며, 설비투자가 줄어든 것은 아니다. 금융 위기 이후에 건설투자가 줄어든 것은 주택 미분양 사태가 날 정도로 주택 시장이 크게 위축되었기 때문이고, 세계적인 경기 불황에도 불구하고 설비투자는 줄지 않았다. 투자의 비중이 OECD 회원국 중에서 가장 높은 수준이라면 결코 투자 부진이 성장 지체의 주요 요인이라고 할 수 없으며, 연구 결과들도 한국의 투자 수준이 선진국들과 비교해서 오히려 높은 수준이며, 성장과의 균형 수준에서 벗어난 것은 아니라고 보고하고 있다.[98]

그렇다면 성장 동력이 떨어지는 원인은 투자 부족이 아니라 소비 부족이라고 할 수밖에 없다. 사실 투자, 특히 제조업의 설비투자는 노동 절약형이기 때문에 고용을 방출할 수밖에 없다. 동일한 기술을 반복해서 수평적으로 설비투자를 늘리는 것은 오히려 기업 경쟁력을 악화시킨다. 제조업은 항상 부가가치 제고를 위하여 기술혁신을 추구할 수밖에 없고, 혁신을 바탕으로 한 신규 투자는 고부가가치를 달성하지만 고용을 줄이는 결과를 초래한다. 그런데 제조업의 고부가가치화가 성장에 기여하는 체제는 제조업에서 달성한 고부가가치가 경제 전체의 소비력을 진작시키기 때문인데, 이를 위해서는 먼저 제조업의 부가가치가 사회 전체에 확산된다는 것을 전제하고 있다. 앞서 설명한 바와 같이 고부가가치 부문의 종사자들이 소득이 오른 만큼 삶의 질을 높이는 소비를 하게 되고, 이것이 서비스 부문의 성장을 촉진하고 고용을 창출하게 된다. 하지만 한국처럼 임금도 정체되어 있고, 가계소득도 늘어나지 않고, 소비도 늘어나지 않으며, 서비스업도 정체되어 있고, 고용도 늘어나지 않는다면 제조업이 아무리 고부가가치화 되고 투자가 늘어난다고 해도 성장에 기여할 수 있는 길이 막혀 있는 것이다.

더욱 우려스러운 것은 최근 소비와 경제성장과의 격차가 갈수록 확대되고 있는 추세다. 1997년 '외환 위기 이전에 한국은 국내총생산과 민간 내수의 장기 성장률이 서로 비슷한 수준이었으나, 2000년 이후에는 민간 내수 증가율이 국내총생산 성장률보다 크게 낮으며 그 격차는 2006년 이후 더욱 벌어졌다.'[99] 특히 '민간 소비 증가율은 국내 경제에 특별한 충격이 없는 상황에서 12분기 연속(2009년 3/4분기부터 2012년 2/4분기까지)으로 국내총생산 성장률을 하회하였는데, 이는 1990년대 이래 처음으로 나타나는 현상이다.'[100] 한국의 2000년 이후 소비 수요 부진은 다른 나라들과 비교해서 매우 심각한 상황이다. '국내총생산 성장률과 민간 내수 증가율 간의 격차를 비교하면 통계 비교가 가능한 OECD 국가 중 2000년부터 2008년까지 기준으로 한국이 아이슬란드에 이어 두 번째로 격차가 크고, 2000년 이후 10년간 기준으로는 아이슬란드, 아일랜드, 헝가리에 이어 네 번째로 크다. 한국보다 격차가 큰 국가들은 2008년 금융 위기를 직접적으로 겪었던 국가들이란 점에서 이들 금융 위기 국가를 제외하면 한국이 OECD 내에서 가장 격차가 크다.'[101]

| 재벌과 대기업의 꼼수 |

한국은 글로벌 금융 위기 이후에 기업소득이 크게 증가하고 내부유보금이 급격하게 늘어나서 기업들의 투자 자금 여유가 과거 어느 때보다 풍부한 상황이다. 기업이 유보이익으로 축적한 자금을 미래 투자에 사용하거나 노동자에게 임금으로 지급하거나 또는 주주에게 배당으로 지급하는 데 사용한다면, 기업소득이 증가하는 것이 단기적으로는 임금이나 배당으로 배분되는 몫이 줄어드는 문제를 만들지만 장기적으로는 좋을 수도 있다. 그러나 최근의 한국 상황을 보면 기업이 유보한 자금을 임금이나 배당으로 배분하는 데 사용하지 않고 있는 것은 물론이고 투자에도 적극적으로 사용하고 있지 않으며, 이런 상황이 가까운 장래에 변할 가능성도 커 보이지 않는다.

'2004년 이후 2011년까지 기업들은 매년 벌어들이는 당기순이익에 비해 차기로 이월하는 이익잉여금이 매우 빠른 속도로 증가했다.' 그 결과로 '2004년 차기 이익잉여금은 당기순이익의 100%정도였다가 불과 7년 만인 2011년에는 311%로 세 배가 늘어났다.' 기업의 차기 이월 잉여금이 매년 빠른 속도로 증가한다는 것은 '기업들이 누적된 이익금을 재원으로 투자나 고용을 활발하게 하기보다는 잉여금 형태로 그냥 쌓아두기만 한다는 것을 의미한다.'[102] 외환 위기 이후에 기업들이 보유한 현금이 크게 늘어났지만 보유 현금 대비 투자 비율은 많이 하락했으며,[103] 기업들이 축적한 유보금을 설비투자에 사용한 비율은 당좌자산이나 증권 자산과 같이 실물 투자와 관계없는 자산을 취득하는 데 사용한 비율보다 훨씬 더 적은 것으로 나타났다.[104]

기업이 구체적인 계획도 없는 미래 투자를 위해서 굳이 내부 자금을 쌓아가는 것은 자금 운용상 비효율적이다. 당장 투자할 자금이 필요한 경우에는 내부 자금을 사용하는 것이 효율적일 수 있다. 그러나 구체적인 투자 계획이 없이 언젠가 투자에 사용할 것이라는 식의 막연한 내부유보는 기업이 자본을 비효율적으로 활용하는 것일 뿐만 아니라 경제 전체의 자금순환에도 부정적인 영향을 갖는다. 기업이 주식이나 채권 발행을 통해서 외부에서 자금 조달을 할 수 있는데도 굳이 내부유보를 쌓아서 투자 자금으로 쓰고자 한다면 이것은 새로운 주식이나 채권 발행에 따른 시장의 감시와 견제를 피하고자 하는 것이다. 한국의 대기업들, 특히 재벌 기업들은 과거 어느 때보다도 주식이나 채권을 발행해서 외부에서 투자 자금을 조달할 수 있는 여력이 충분하고 여건도 유리하다. 그럼에도 불구하고 내부 자금을 늘려가는 것은 오히려 높은 자본비용을 치르고, 도덕적 해이(moral hazard) 등의 위험을 증대시키는 원인이 되고 있다. 먼저 채권 발생이나 차입금으로 부채 자금을 조달할 수 있는 여력이 크게 높아졌다. 2013년 회사채 이자율은 3.2%로 역사상 가장 낮은 수준이기 때문에 부채 조달로 인한 자본비용은 과거 어느 때보다 저렴하다. 또한 기업들의 부채비율도 글로벌 금융 위기 이후 계속해서 낮아졌고, 특히 제조업 대기업의 경우에는 2012년 부채비율은 85.2%로 사상 최저 수준이다.[105] 상대적으로 신용도가 높은 상장회사들의 부채

비율도 2008년에 일시적으로 상승한 것을 제외하고는 지속적으로 낮아져서 2013년에는 90%이다.[106] 이같이 과거보다 크게 낮아진 부채비율과 사상 최저 수준의 이자율에 비춰볼 때 최소한 대기업들과 상장회사들은 외부에서 부채로 자금을 조달할 여력이 충분하다.

일반적으로 수익성이 좋고 부채 상환 능력이 충분한 기업의 경우에는 부채로 자금을 조달하는 것이 세금 절감 효과 때문에 주식 발행이나 내부유보금 적립보다 비용 면에서 더 유리하다.[107] 그리고 이익 유보로 조달하는 내부 자금과 주식 발행을 통한 조달 자금 사이에는 자본비용 측면에서 별다른 차이가 없다.[108] 따라서 내부유보금을 늘려갈 여력이 있을 정도로 수익성이 좋은 기업들이 내부 자금보다는 채권이나 주식을 발행해서 외부 자금을 조달한다고 해서 비용 면에서 더 불리한 것은 아니며, 오히려 유리한 면이 있다. 또한 부채가 아니더라도 상장 대기업들은 주식을 발행해서 신규 투자 자금을 조달할 여력이 충분하다. 하지만 한국 대기업들은 주식 발행을 통한 자금 조달을 극도로 꺼리고 있다.

한국 주식시장에서 가장 규모가 크고 신용도가 높은 시가총액 상위 10대 기업들은[109] 지난 10여 년 이상 주식 발행으로 자금을 조달하지 않았다. 시가총액 1위인 삼성전자는 1999년 이후 지난 15년 동안 단 한 번도 주식을 발행해서 자금을 조달한 적이 없다. 2위인 현대자동차와 3위인 포스코(Posco)는 1998년 이후에 주식을 발행하지 않았다. 금융 기업을 제외한 시가총액 상위 10대 기업 중에서 지난 12년 동안 일반 투자자들 대상으로 주식을 발행해서 자금을 조달한 기업은 단 한 기업도 없었다.[110] 만약 이 기업들의 자본조달이 다른 기업들의 자금 조달 여건을 악화시킨다면, 국제적인 신용도가 높은 이들은 굳이 국내가 아니라 해외 주식시장에서도 자금을 조달할 수 있는 여력이 충분하다. 그럼에도 불구하고 국내시장에서든 해외시장에서든 주식으로 투자 자금을 조달하지 않고 내부유보금만을 사용하고 있는 것이다. 이렇게 대기업들이 비용이나 수익 측면에서 훨씬 유리한 외부 자금의 조달 방식을 꺼리는 이유는 따로 있다. 주식을 발행해서 자금을 조달하려면 투자자들에게 기업의 경영 상황을 상세하게 공개하고 자금 조달 목적을 설명하는 등 시장에서 검증을 받는 과정을 거쳐야 한다. 따라서 경영진의 입장에서는 내부 자금을 사용하는 것이 투자 목적을 밝히지 않고 시장의 검증을 피하는 편한 방법이다.

대기업들이 주식 발행을 통한 자금 조달을 회피하는 더 직접적인 이유는, 매우 적은 지분으로 경영권을 장악하고 있는 총수들이 자신들의 지분을 유지하기 위한 개인적인 동기가 강하게 작용하고 있다. 주식을 발행하면 할수록 총수의 지분은 축소될 것이고, 경영권 장악도 약화될 것이기 때문이다. 하지만 기업이 내부 자금을 사용하는 것은 시장의 검증과 감독을 거치지 않기 때문에 도덕적 해이를 유발하는 요인이 될 수 있다. 특히 대주주나 지배주주가 경영권을 장악하고 외부의 감시 감독이 효과적으로 작동하지 않는 기업에서는 도덕적 해이의 위험은 더욱 커질 수밖에 없다. 실제로 최근에 여러 재벌 그룹에서 총수들이 회사 자금을 개인 돈처럼 유용하거나 계열사 지원에 부당하게 사용하는 등의 도덕적 해이의 사례들이 빈번하게 발생하고 있는 점을 감안하면, 굳이 외부에 경영 상황을 검증받고 공개해야 하는 외부 조달을 꺼리는 이유를 능히 짐작할 수 있다.

경제민주화가
화두인 이유

선진국에서 자본주의 체제에 대한 대안론이 본격적으로 제기된 계기
는 2008년 금융 위기였다. 하지만 금융 위기는 직접적인 계기이지만
그 근저에는 지난 30년간 시장 근본주의 정책을 추진하면서 쌓여 왔
던 각종 모순들이 표출되었기 때문이다. 대표적인 자본주의 국가인
미국에서조차 1980년대 초부터 소득 불평등이 악화되기 시작해서
지금은 100년 전에나 볼 수 있었던 최악의 상황으로 빠져들었다. 각
나라에서 국민들의 불만은 모순에 비례해서 나타났고 드디어 행동
으로까지 옮겨졌다. 자본주의의 심장이라 일컬어지는 뉴욕 월스트
리트 한복판에서 '점령하라!(occupy wall street)' 시위가 1년 이상 지
속되었고, 결코 좌파라고 생각할 수 없는 제프리 삭스(Jeffrey Sachs)
같은 경제학자까지 시위대를 이끌었다. 자본주의가 고장 났다는 진
단에 조셉 스티글리츠(Joseph Stiglitz)나 폴 크루그먼(Paul Krugman)

같은 노벨경제학상 수상자들까지 합세했다. 한국의 사정도 이들 나라들과 비슷하다. 소득 불평등 확대, 양극화의 심화, 고용 없는 성장 등과 같은 모순적 현상들을 한국도 겪고 있다. 또한 '점령하라' 운동과 비슷한 '경제민주화' 운동이 있다. 경제민주화가 국민적 화두로 대두된 것은 최근이지만 굳이 원조를 따지자면 1990년대 중반부터 시작되었으며 이런 의미에서 한국이 훨씬 앞선다.

하지만 현상이 비슷하다고 해서 원인도 같은 것은 아니다. 선진국의 경우 시장 근본주의라는 틀 아래에 극단적인 시장 자율화, 도를 넘어선 규제 완화, 무리한 재정 축소와 복지 삭감 등 몇 가지 대표적인 정책 메뉴를 꼽을 수 있다. 이를 대중적인 표현으로 소위 '신자유주의'라고 부르고 있다. 한국 진보 진영에서는 한국에서도 선진국과 유사한 모순들이 표출되는 것을 목격하면서 이를 '신자유주의' 정책 때문이라고 진단하고 있다. 과연 그럴까?

1997년 외환 위기와 동시에 집권한 '국민 정부'는 위기 극복과 개혁이라는 두 가지 숙제에 당면해 있었다. 외환 위기는 당장 눈앞에 닥친 심각한 문제이기는 하지만, 유동성 확보라는 비교적 해결 가능한 범주에 속한 문제였고 정치적 리더십의 문제였다. 하지만 개혁은 보다 근본적이고 광범위한 과제였다. 여기에는 위기에 이른 원인에 대한 진단이 앞서야 했다. 단기적으로는 김영삼 정부의 무분별한 자본시장 자유화와 턱없이 미비한 금융시장 규율 때문에 외환 유동성의 위기를 겪었던 것이다. 하지만 보다 근본적인 진단은 박정희식 국가 주도형 발전 모델이 한계에 도달했을 뿐만 아니라 각종 모순을 양산하는 원인이라는 점에서 많은 전문가들이 동의했다. 박정희식 모델의 특징은 계획경제, 자원 동원, 정부 주도와 이로 인해 발생하는 부정부패, 지연·학연·혈연을 앞세우는 정실주의(Cronyism), 도덕적 해이, 불균형, 불균등 성장이다. 여기에는 시장이 끼어들 여지도 없었으며, 굳이 표현하자면 정경 유착과 관치 경제로 '끼리끼리 해먹는' 무원칙하고 무질서한 시장이었다. 공정 경쟁이나 투명 경영이란 교과서에서나 나오는 원칙일 뿐, 현실은 오히려 정반대였다. 때문에 외환 위기 이후 개혁이란 특정한 이념에 기반을 두었다기보다는 기본적인 시장 질서라도 갖추자는 큰 틀에서 접근한 것이었고, 구체적인 정책들은 '시장의 정상화'라고 봐야 할 것들이었다. 물론 여기에는 과거에 비하여 상당 정도로 시장 논리가 관철되는 정책 메뉴도 있었고, 소위 '신자유주의' 노선에 근접한 것도 일부 있었다. 하지만 외환 위기 이후 한국의 변화 과정 전체를 '신자유주의'라고 일괄하기에는 큰 무리가 있다.

한국에서 국민들이 경제민주화에 관심을 갖기 시작한 것은 최근의 현상이지만 시민 단체들과 진보와 좌파 진영에서는 오래전부터 경제민주화를 주장하고 시민운동을 통해서 이를 실천해 왔었다. '경제민주화'를 한국 사회의 구체적인 과제로 처음 제기한 것은 시민 단체인 참여연대였다. 1994년에 창립한 참여연대는 1996년에 '경제민주화위원회'를 설치하고 재벌의 경제력 집중과 계열사들 간의 부당한 거래의 문제를 제기하고, 재벌 총수들과 가족들이 불법과 편법으로 가져간 회사 재산을 되돌리기 위한 소송을 제기했다. 때로는 주주총회에 참석해서 이를 지적하고, 때로는 재벌 가족들의 부당한 상속이나 증여에 과세를 요구하는 활동들을 전개했다. 참여연대보다 먼저 1989년에 창립한 경제정의실천연합(경실련)은 '경제 정의'라는 기치 아래 재벌과 부유층의 부동산 투기 문제를 제기했고, 이후에 주거 안정과 토지 공개념을 주장했으며, 금융실명제 도입에 주도적인 역할을 하는 등 경제 정의를 세우기 위한 활동을 활발하게 전개해 왔다. 경실련의 '경제 정의'라는 기치나 활동은 그 내용과 실질에 있어서 경제민주화와 궤를 같이한 것으로 볼 수 있다.

| 헌법 제119조 |

경제민주화의 개념을 정리하자면 자본주의가 공정하고 정의로운 결과를 만들어내도록 민주주의가 자본주의를 통제하고 제어하는 체제로써 작동하도록 자본주의와 민주주의가 조화롭고 균형 있게 결합하는 것으로 이해할 수 있다. 따라서 참여연대와 경실련의 경제민주화 활동이 1987년 6월 항쟁으로 정치적 민주화를 이뤄낸 이후에 시작된 것은 한국 사회 발전의 필연적인 과정이었다. 경제민주화는 단지 일부 학자나 시민 단체가 주장하는 것이 아니라 대한민국 헌법 제119조에 구체적으로 명시되어 있다. 1987년 6월 항쟁 이후 1988년에 개정된 헌법 제119조는 다음과 같이 적고 있다.

① 대한민국의 경제 질서는 개인과 기업의 경제상의 자유와 창의를 존중함을 기본으로 한다.
② 국가는 균형 있는 국민경제의 성장 및 안정과 적정한 소득의 분배를 유지하고, 시장의 지배와 경제력의 남용을 방지하며, 경제주체 간의 조화를 통한 경제의 민주화를 위하여 경제에 관한 규제와 조정을 할 수 있다.

1항은 한국의 경제체제를 시장경제로 규정했고, 2항은 경제민주화의 내용을 규정했다. 특히 2항은 소득 불평등이 심해지거나 재벌과 같은 특정한 세력이 시장을 지배하고 경제 권력화될 경우에 국민들이 민주적인 절차를 통해서 이를 규제하고 조정할 권리를 가지며, 정부는 이를 시정할 의무를 갖는다는 것을 말하고 있다. 1988년 헌법 개정 시에 이 조항을 만드는 데 기여한 것으로 알려진 김종인은 제119조 2항의 '경제의 민주화를 위하여'라는 부분은 '양극화 등으로 경제, 사회적 긴장이 고조되어서 자본주의와 민주주의가 근본적으로 위협받거나 흔들릴 우려가 커질 때 정부가 자본주의와 민주주의의 붕괴를 막기 위해 원용할 수 있는 비상 안전장치를 염두에 둔 것'[111]이라고 밝히고 있다. 그는 '경제민주화는 민주주의와 자본주의의 공생 원리'라고 규정하며, '경제민주화의 뜻은 어느 특정 경제 세력이 나라를 지배하지 않도록 하자는 것'[112]이라고 설명한다.

《정의론(A Theory of Justice)》의 저자인 존 롤스(John Rawls)가 규정한 정의의 두 가지 원칙 중에서 '차등의 원칙'으로 알려진 두 번째 원칙은 다음과 같이 기술되어 있다.

> 사회적, 경제적 불평등은 다음의 두 조건을 충족시켜야 한다. (a) 사회의 최소 수혜자 성원에게 최대의 기대 이익이 되어야 하고, 그리고 (b) 공정한 기회균등이라는 조건 아래 모든 이에게 개방된 직책과 직위에 결부되어야 한다.[113]

롤스는 시장경제에서 발생하는 불평등은 그 자체가 불의가 아니라 '사회적, 경제적 불평등을 인정한다면 사회 구성원 가운데 가장 어려운 사람들에게 유리한 불평등'이라면 정의로운 것이라고 규정하고 있다.[114] 즉 시장경제 때문에 발생한 불평등과 양극화를 저소득 계층들에게 유리하도록 바로잡는 것이 정의로운 것이라는 의미다.

한국의 헌법이 규정하고 있는 경제민주화는 정확하게 롤스의 정의에 부합하는 것이며, 한국 사회에서 가장 어려운 처지에 있는 빈곤층, 저소득 계층에게 가장 유리한 분배가 이뤄지도록 자본주의 시장경제를 제어하고 조정함으로써 정의로운 자본주의 시장경제를 만들어야 한다는 것이다.

일부에서는 경제민주화를 민주주의의 절차적 평등을 단순하게 경제체제에 확대한 것으로 보는 견해가 있다. 민주주의가 1인 1표의 평등한 정치 참여를 기본 원리로 삼기 때문에 경제문제에서도 1인 1표 원칙이 지켜지는 것을 경제민주화라고 생각하는 것이다. 그러나 경제민주화는 평등한 참여의 기회가 주어지는 것만이 아니라 공평한 분배가 이뤄지게 하는 것이 핵심적인 이슈다. 민주주의에서의 정치 참여는 1인 1표를 통해서 정치권력을 만들어내지만, 그렇게 만들어진 권력은 모든 투표 참여자에게 분배되는 대상이 아니다. 그러나 시장경제에서 만들어진 부가가치는 모든 시장 참여자에게 분배되는 것이다. 정치적 민주주의의 절차적인 평등은 1인 1표의 투표 행위로 끝난다. 그러나 경제민주화는 평등한 참여의 기회만이 아니라 그 결과의 공정한 배분을 다루는 문제다. 일부에서는 정치적 절차로서의 1인 1표를 경제적 분배에 적용해서 모든 사람들에게 똑같이 분배하는 것으로 주장하는 경우도 있지만, 그러한 분배는 사회주의 (Socialism)에서도 불가능한 것이다. 따라서 경제민주화를 정치적 민주주의의 1인 1표의 개념으로 파악하는 것은 단순 논리이며 경제민주화를 잘못 이해한 것이다. 경제민주화는 민주주의가 자본주의 시장경제가 만들어낸 불평등과 양극화를 해소하고, 재벌과 같은 특정 세력이 국가 경제를 지배하는 경제 권력화하는 것을 방지함으로써 정의로운 경제를 만들어내는 것이다.

공정한 경제적 분배가 이뤄지지 않는 평등한 정치적 참여는 공허하다. 경제민주화는 평등한 정치적 참여를 통해서 분배의 정의가 실현되노록 하는 것이며, 그렇게 함으로써 절차석 민주주의가 실질적 민주주의로 이행되도록 하는 것이다. 한국이 민주주의를 정치제도로 선택한 것이 사회적 합의로 이룬 정치적 결정이었던 것과 마찬가지로 경제민주화는 실질적인 민주주의의 실현을 위한 공정한 분배를 이루는 경제체제를 선택하는 것이다. 최근에 경제민주화가 새로운 화두로 떠오른 것은 국가 경제가 성장하는데도 중산층과 서민들의 삶이 나아지지 않고, 불평등과 양극화가 갈수록 심해지는 구조적인 문제에 대한 국민들의 분노를 반영하고 있는 것이다.

| 더 넓은 경제민주화를 향하여 |

헌법 제119조에 규정된 경제민주화는 사실 상당히 광범위한 가치들을 담고 있다. 반면에 참여연대나 경실련이 추진해 왔고, 현재 정치권을 비롯한 한국 사회에서 논의하는 경제민주화 운동은 이보다 훨씬 협의의 경제민주화라 할 수 있다. 이들의 운동은 주로 시장의 기본 질서를 확립하는 것에 주목하고 있으며, 급진적인 체제 혁신을 주장하는 것은 아니다. 예를 들어 탈세 방지나 부동산 투기 방지, 재벌

총수의 전횡을 고발하거나 부당한 배임, 횡령을 바로잡자는 것은 군이 경제민주화를 내세우지 않아도 현행 법체계에서 엄연히 불법과 탈법으로 규정하고 있다. 하지만 현실은 그렇지 못하다. 배임·횡령을 해도 재벌 총수는 봐주고, 부동산 투기를 하고 탈세를 해도 지도층은 인사청문회를 통해서 면죄부를 받는다. 국가기관이 조사조차 하지 못하고, 주주가 법으로 보장된 당연한 권리를 행사하는 것조차도 거의 불가능하다. 사유재산제도가 한국 체제의 기초임에도 불구하고 돈의 많고 적음에 따라 재산권 행사도 차별을 받는 경우들도 있다.

이렇게 현재 있는 법도 지키지 못하는 상황에서 좀 더 적극적인 분배와 경제 정의를 위한 새로운 제도의 도입이란 버거운 일이었다. 따라서 지난 시절의 경제민주화 운동이란 이미 존재하는 법과 제도라도 지킨다든지, 기본적이고 기초적인 시장 질서라도 확립할 수 있다면 현 상황보다는 훨씬 나아지리라는 기대의 소산이었다. 앞선 경제민주화 운동의 성과를 폄하할 필요는 없다. 적어도 그들은 국민들에게 형편이 나아지지 않는 원인의 일부는 한국 사회 기득권들의 퇴행적 행태 때문이라는 점을 각인하는 계기를 마련했기 때문이다. 또는 지난 50년 동안 박정희식 발전 모델이 더 이상 유효하지 않으며, 그로부터 이탈하는 것에 대한 두려움을 털어버릴 수 있는 계기를 마련하였다. 적어도 이제는 경제민주화 이슈를 꺼내도 몇 년 전과 같이 '빨갱이'라는 소리는 듣지 않게 되었다.

하지만 과거와 같은 협의의 경제민주화로는 현재의 한국 자본주의의 산적한 모순을 극복하기에는 역부족이다. 소득 불평등, 양극화, 중산층의 몰락, 고용 없는 성장, 임금 없는 성장, 가계 살림의 붕괴, 질 나쁜 일자리 양산, 청년 세대 실업 등 체제 자체가 위험할 정도로 모순과 긴장의 수위는 높아지고 있다. 여기에 재벌 문제, 노사 갈등, 지역 간 불균형, 노령화, 교육 붕괴, 저출산율과 고령화, 노인층 빈곤, 세계 최고의 자살률 등 다른 나라가 하나씩 가지고 있는 문제들을 한국에 총집합시켜 놓은 양상이나 다름없다. 한국이 이 상태로 지속될 수 있다고 보는 사람은 많지 않을 것이다. 만약 그런 사람이 있다면 현재의 모순 구조에서 반사이익을 취하는 기득권 세력들뿐이다. 한국의 자본주의는 바뀌어야 하고 바뀔 수밖에 없다. 그렇지 않으면 지속 가능할 수가 없다.

이 책은 한국 자본주의의 그늘과 실상이 어떠한가에 대해서 보다 자세하게 살펴보면서 무엇을 바꿔야 하고, 어떻게 바꿔야 하고, 또 실제로 바꿀 수 있는 것인가에 대한 현실적인 논의들을 이어간다.

제
2
장

뒤죽박죽 한국 시장경제

계획경제체제의
유산

| '경제개발 5개년 계획'부터 'MB 물가지수'까지 |

한국은 1960년대 초부터 본격적인 산업화를 시작했고, 경제 운영의 틀이 계획경제였다는 사실에 대해서는 이론의 여지가 없다.[1] 5·16 군사 쿠데타로 정권을 잡은 박정희 군사정부는 '경제개발 5개년 계획'으로 경제를 운영했다. 계획경제의 시작 단계에서는 계획이 체계적으로 설계된 것도 아니었고 목표치도 희망 섞인 과대치나 정치적 메시지의 성격이 짙었다. 하지만 쿠데타로 정권을 탈취한 군사정부는 자율적인 시장보다는 훈련된 관료와 군대식 명령 체제로 움직이는 계획경제를 선호할 수밖에 없는 운명을 안고 시작했다. 모든 사회 세력으로부터 견제를 차단하고 절대적 자율성을 확보한 군사정부는 애당초 시장의 효율성을 믿었던 것도 아니었고, 시장이란 것

을 제대로 이해한 것도 아니었다. 하지만 자원 동원력을 가진 정부, 또는 넓은 의미의 국가는 선택과 집중 전략으로 경제개발에서 상당한 성과를 거두었다. 자원 배분의 전권을 가진 정부는 시장의 승자를 간택할 수 있었으며, 역량이 입증되지 않는 기업이나 특정 개인에게까지 지원과 특혜를 제공해서 성공하게 만들 수도 있었다. 이렇게 30년 이상 소위 '개발 연대'가 지속되었고, 경제체제는 계획과 명령, 순응과 복종의 미덕이 자리를 잡게 된 반면에 시장의 자율성이란 혼란과 무질서, 탐욕과 이기주의라는 말과 등치되는 의식이 일반 국민들 사이에 자리 잡게 되었다. 오죽하면 2000년 즈음까지도 중고등 경제 교과서에서 경제활동의 목적을 '국가 경제에 이바지하기 위해서'라고 규정했겠는가.

계획경제체제에서도 당연히 시장이 존재했고, 정부가 개입하지 않는 분야에서는 시장 기능이 작동했다. 그러나 계획경제체제에서는 정부의 역할이 경제개발 계획을 수립하고 예산을 집행하는 것에 국한된 것이 아니라, 국유화와 공기업 설립을 통해 기업을 소유하고 자원을 배분하며 가격을 통제하거나 심지어는 직접 결정했다. 따라서 계획경제 시대에도 시장이 존재하고 일부 경쟁 구조가 작동하고 있었지만 시장경제와는 상당히 거리가 있는 체제였다. 군사정권에서의 관료들은 거의 무소불위에 가까운 권력을 가지고 있었다. '똑똑한' 관료들이 별로 복잡하지도 않은 산업구조에서 무엇을 어떻게 해야 할지 가장 잘 알 수 있었다. 혹여 잘못된 선택을 할지라도 '잘되게 만들 수' 있는 권한과 수단도 있었다. 품목과 사업자를 선정하고, 사업할 수 있는 환경과 조건을 만들어주고, 모자라는 역량은 특혜와 보조로 메워주었다. 뒷주머니를 차는 사업자에게서는 사업권을 회수해버리고, 잘하는 사업자는 더 큰 사업권을 보장해줄 수 있는 당근과 채찍도 가지고 있었다. 이 과정에서 권력자들이 혹여 '떡고물'을 챙기더라도, 이는 그저 일을 되게 만드는 부수적인 필요악이거나 적어도 '떡' 만드는 일을 망치지는 않을 정도라고 항변했다. 이것이 한국 계획경제 운영의 틀이었다. 이런 식의 설명은 적어도 개발 경제 시대에 한국 경제의 발전 과정과 시장이 어떻게 발생하고 어떤 방식으로 작동했는지의 실상을 설명하는 데 틀림이 없다. 세계에서 가장 유별난 관치 경제의 틀에서 '한강의 기적'이라고까지 불린 눈부신 산업화를 이룩했던 한국식의 발전 패러다임은 1960년대 초부터 1997년 외환 위기를 맞을 때까지 40년 가까이 지속되었다.

한국이 개발 연대의 계획경제체제에 변화를 시도하고 시장경제체제로의 전환을 시작한 것은 1990년대 중반으로 볼 수 있다. 1960년대 초에 본격적인 산업화를 시작하면서 정부는 1962년부터 '경제 개발 5개년 계획'이라는 이름부터 '계획경제'임을 명시하고, 경제를 5년 단위로 운영하였다. 이 체제는 4차까지 이어져 1981년에 종료되고, 1982년부터는 '경제사회 발전 5개년 계획'이라는 이름으로 7차까지 지속되었고, 7차 계획 종료 이후에도 경제는 여전히 그 이전의 방식과 틀에 따라 운영되었다. 계획경제의 마지막 단계이자 시장경제로의 전환의 일환으로 김영삼 정부는 출범과 함께 '신경제 5개년 계획'을 1993년부터 추진했지만 1996년에 조기 종료되었다. 하지만 김영삼 정부의 5개년 계획은 몇 가지 의미 있는 개혁을 했다. 1993년에는 모든 금융거래에 실명을 의무화하는 '금융실명제'가 도입되었다. 1994년에는 계획경제의 상징이자 주무 부처였던 경제기획원이 폐지되고, 재무부와 통합되어 재정경제원으로 변신하였다. 시장경제로의 전환을 위한 실질적인 조치로써 1995년부터 민영화를 포함한 시장 자유화 정책들이 추진되었다. 이렇게 보면 계획경제에서 시장 경제로 전환된 것은 1995년이라 볼 수 있다. 1980년대 초에 부분적 인 시장 자유화 정책이 시행되었기에 일부 학자들은 이때부터 자유 주의적인 시장경제가 시작되었다고 보는 견해도 있다. 그러나 '1980 년대의 자유화 정책은 국가를 시장으로 대체하기 위한 것은 아니었 다.' 이는 '국가 개입의 새로운 형태일 뿐, 독점자본과 시장, 그리고 노동에 대한 국가의 주도성을 포기한 것은 결코 아니었다. 즉 1980 년대 대내적 자유화 정책은 어디까지나 독점자본(재벌)의 합리화를 위한 국가 주도의 정책이었다.'[2]

지금 생각하면 우스꽝스럽게 보일지 모르지만, 계획경제 시절에 는 정부가 음식 값, 목욕탕 요금, 여관 숙박료, 미용실 요금, 그리고 심지어는 다방 커피 값까지 결정했다. 예를 들어 목욕탕 요금을 업주 들이 자율적으로 결정할 수 있게 된 것은 1990년 9월이었다.[3] 그러 나 자율화 이후에도 오랫동안 정부는 소위 '행정지도'라는 명목으로 목욕탕 요금을 규제해서 목욕탕 주인들과 마찰을 빚기도 했다. 아래 는 계획경제 시대에 정부가 어떻게 목욕탕 요금, 다방 커피 값, 그리 고 자장면 값을 통제했는가를 보여주는 기사를 발췌했다.

창원과 마산시 등은 4일부터 시기동단속반을 구성하는 한편 읍면동 직원들까지 동원해 인상된 요금표를 철거하는 등 강제적으로 요금을 환원토록 하고 이에 불응할 경우 위생 검사와 세무조사, 경영사항제 출명령권을 발동하겠다고 밝히고 있다.……(중략)……(목욕탕)업주들 은 "지난 1990년 9월 이후 목욕 요금이 자율화됐는데도 행정기관이 공권력을 이용해 근거도 없는 단속을 하고 있다."며……(중략)……도와 시군에서는 "(목욕탕)업소들의 사정을 이해하지만 연말 물가를 잡으라는 상부 지시로 단속하지 않을 수 없다."면서 "업소들의 호소에는 뚜렷하게 반박할 논리가 없다."고 단속의 어려움을 밝혔다.[4]

〈〈연합뉴스〉, 1996년 11월 5일자 기사)

서울시는 8일 최근 일부 대중음식점을 중심으로 음식 값 인상 움직임을 보이자 강력한 행정지도를 통해 가격 인하를 유도키로 했다. 시는 최근 일부 중국음식점에서 짜장면 가격을 1400원에서 1500원으로 100원 인상한 것을 비롯하여, 대중음식점들이 가격 인상 움직임을 보임에 따라……(중략)……음식점 가격 관리를 강화하고 가격을 인상한 업소에 대해서는 가격 인하를 유도키로 했다. 시는 이와 같은 조치에도 불구하고 업체들이 가격을 인하하지 않을 경우 위생 점검을 실시하거나 국세청에 세무조사를 의뢰할 방침이다.[5]

〈〈연합뉴스〉, 1991년 11월 8일자 기사)

공무원들이 비록 자신들의 '행정지도'의 부당성을 알면서도 상부 지시 때문에 목욕탕 업주들에게 부당한 가격 인하 압력을 행사하는 상황을 기사는 전하고 있다. 정부가 목욕탕 요금이나 자장면 값과는 아무런 관계가 없는 위생 검사와 세무조사를 압박 수단으로 업주들에게 가격을 내리게 했다는 것은 지금의 시장경제에서 보면 황당한 일이다.

이러한 정부의 시장 개입 관행은 시장경제로 전환한 이후에도 좀처럼 사라지지 않는다. 가장 대표적인 사례가 이명박 정부의 'MB

물가지수'다. MB 물가지수는 쌀, 라면, 배추, 화장지와 같은 생활필수품의 가격을 정부가 관리하겠다고 이명박 정부 초에 추진한 정책이다. 그러나 MB 물가지수에 포함된 품목들의 가격은 오히려 소비자물가지수보다 더 많이 올라서 아무런 실효성이 없었고,[6] 박근혜 정부에 들어서 폐기되었다.

| 사회주의적 발상 |

한국이 계획경제 시대에 실시했던 '경제개발 5개년 계획'에 대한 이해를 돕기 위해서 경제 전문가 외에 일반 국민들에게 잘 알려지지 않은 두 가지를 소개한다.

먼저 '경제개발 5개년 계획'은 5·16 군사 쿠데타 이후에 박정희 정부가 시작한 것으로 알려져 있으나, 사실 그 시작은 이승만 정부였다. 이승만 정부는 1958년에 '경제개발 3개년 계획(1960~1962)'을 수립했고, 다음 해인 1960년 4월 15일에 국무회의에서 의결했으나 4·19 혁명으로 정권이 무너져서 이를 실행에 옮기지 못했다. 1960년 4·19 혁명 이후에 같은 해 8월 출범한 장 면 정부도 '경제개발 5개년 계획'을 수립해서 1961년 초부터 실행에 들어갔으나, 같은 해 5월에 일어난 5·16 군사 쿠데타로 정권이 무너져서 이 계획은 중단되었다.[7] 따라서 5·16 군사 쿠데타 이후 군사정부가 1962년에 '제1차 경제개발 5개년 계획'을 시행한 것은 사실 이승만 정부, 그리고 뒤이은 장 면 정부의 5개년 계획에 바탕으로 두고 이어받은 것이다.[8]

군사정부는 이런 종합 계획을 수립할 시간적 여유도 없었고, 전

정권의 계획을 일부 수정하여 발표했던 것이다. 계획이 정치한 것도 아니었고 구체성도 부족했다. 하지만 계획서는 군부의 경제에 대한 시각을 명확하게 밝히고 있다. 당시 군사정부는 1962년 〈경제백서〉에서 '제1차 경제개발 5개년 계획의 기본 목표는 경제의 자립화와 공업화를 위(해서)……강력한 계획성이 가미된 자유경제원칙의 테두리 안에서 경제성장을 극대화하여 자립 경제를 이룩하는' 것이라고 밝히고 있다. 이때 방점은 군사정부를 의심의 눈초리로 바라보던 미국에 대한 립서비스(lip-service)로 언급한 '자유경제원칙'이 아니라 '강력한 계획성'이었다. 돌이켜보면 전쟁으로 경제가 피폐해진 1960년대 초는 외국 원조로 근근이 먹고살던 시절이었다. 오죽하면 경제정책의 목표가 '자조, 자립, 자주'를 할 수 있는 나라를 만들어 원조 경제를 탈피하는 것이었겠는가. 여기에 자유로운 시장의 작동으로 효율성을 통한 고도성장을 달성하겠다는 생각을 할 수도 없었다. 이후에 경제개발 5개년 계획은 군사정부에 이어서, 김영삼 정부에서 수립한 신경제 5개년 계획까지 30년 이상 지속되었다.[9]

비교적 잘 알려지지 않은 또 다른 사실은 북한이 한국보다 앞서 경제개발 계획을 먼저 실시했으며, 1970년대 중반까지는 북한이 한국보다 잘살았다는 것이다. 북한은 한국전쟁 직후인 '1954년부터 경제 부흥 3개년 계획, 1957년부터 제1차 5개년 계획을 시행함으로써 성공적인 전후 복구를 달성하고 연평균 20% 안팎의 급속한 경제성장'을 이루었다.[10] 제1차 계획은 목표를 계획보다 일찍 달성했고, 곧 이어서 실시된 중공업 육성에 초점을 맞춘 '제1차 7개년 계획(1961~1967)'은 계획보다 3년이 늦춰진 1970년에 완료되었다.[11] 1961년부터 1970년까지의 기간 동안 북한의 공업은 연평균 12.8%

의 높은 성장률을 기록했다.[12] 이렇게 한국보다 먼저 계획경제를 실시해서 북한은 1970년대 중반까지 한국보다 경제 규모가 더 컸고, 1인당 국민소득도 한국보다 더 높았다. 일부 연구에서는 북한의 1인당 국민소득이 1980년대 중반까지 한국보다 높았다는 결과도 있다.[13] 1960년대에 선진국에서 발표된 논문 중에 '코리아의 기적 (korean miracle)'이라는 말이 드물지 않게 등장하는데, 이는 남한이 아니라 북한을 의미하는 것일 정도였다.[14]

계획경제를 근간으로 하는 공산 체제인 북한에서 경제개발 계획을 한국보다 먼저 시작한 것은 당연한 것이었다. 계획경제의 시초는 구소련 초기인 1921년에 레닌(Vladimir Ilich Lenin)이 수립한 신경제계획이었다. 이후 스탈린(Iosif Vissarionovich Stalin)이 1928년에 수립한 '제1차 국가 경제 5개년 계획'으로 이어졌고, 1991년에 구소련이 해체될 때까지 13차에 걸친 5개년 계획을 실시했다.[15] 5개년 계획을 시행하고 있는 또 다른 대표적인 나라인 중국의 경우도 마찬가지다. 중국은 1953년에 제1차 계획을 시작해서 현재까지 제12차 계획(2011~2015)을 시행중이다. 이같이 계획경제는 사회주의(Socialism) 공산 체제의 산물이다. 한국은 1948년 건국 헌법에서는 사회민주주의(Social Democracy)적인 경제체제를 채택했다가 1954년 헌법 개정에서 자본주의 체제로 전환했다.[16] 한국이 지금의 스웨덴이나 독일처럼 사민주의체제로 시작해서 시장경제로 전환하고서는 경제 발전은 오히려 공산주의(Communism) 방식인 계획경제를 통해서 달성했다는 것은 역사의 아이러니다.

계획경제는 구소련이나 북한과 같이 정부가 경제활동뿐 아니라 경제정책을 실행하는 데 걸림돌이 될 수 있는 정치 활동까지 통제하는 중앙집권적인 독재 정부가 아니면 시행하기 어렵다. 그러나 한때 한국보다 앞섰던 북한 경제가 최근에 빈곤 상황으로까지 곤두박질한 것에서 볼 수 있듯이 독재 정부라고 해서 반드시 계획경제로 경제성장에 성공하는 것은 아니다. 중국도 1978년에 개혁개방정책을 채택하기 이전까지 네 번의 5개년 계획을 추진했지만 경제 발전에는 그다지 성공하지 못했다. 중국이 지난 20여 년 동안 급속한 경제성장을 이룬 것은 개혁개방으로 사회주의에 시장경제를 도입한 것이 중요한 이유이지만 중국 정부가 정치, 경제, 사회 등 모든 분야를 통제할 수 있는 공산당 일당 독재 체제를 유지했기 때문에 가능했던 것으로 보인다. 한국이 계획경제로 고도성장을 달성한 것도 박정희 정부의 독재정치와 무관하지 않다. 그리고 군사정권이 청산되고 민주화가 이뤄진 김영삼 정부에서 계획경제가 시장경제로 전환된 것도 그러한 맥락에서 이해될 수 있다.

보수 우파의
박정희 향수

| 향수인가, 환상인가? |

여기서 한 가지 짚고 넘어갈 것이 있다. 한국 사회 곳곳에 아직도 계획경제 시대의 잔재가 뿌리 깊게 남아 있다. 최근에 50대, 60대 이상에서 소위 '박정희 향수'라는 현상이 폭넓게 나타나고 있는데, 보수 우파에게는 큰 정치적 자산을 제공하고 있다. 박정희 향수의 실체가 무엇인지에 대해서는 객관적으로 조사된 것이 없지만, 계획경제 시대의 고도성장이 재현되기를 바라는 것과 대통령의 강력한 리더십을 바라는 것 두 가지로 짐작해볼 수 있다. 박정희의 리더십을 말할 때 그 개인의 역량이나 자질에 초점을 맞추는 주장들이 있다. 하지만 박정희의 강력한 리더십은 5·16 군사 쿠데타로 시작해서 유신헌법(維新憲法)으로 이어진 독재 체제였기 때문에 가능했다. 따라서 독재 체제의 배경을 배제하고 박정희 리더십을 논의하는 것은 무의미하다. 박정희의 리더십을 민주화 시대에 다시 재현한다는 것은 현실성이 없을 뿐 아니라 이 책의 취지와도 거리가 있기 때문에 논외로 하고, 여기에서는 계획경제 시대의 높은 성장률 재현을 기대하는 '박정희 향수'에 대한 것으로 국한하고자 한다.

혹자는 박근혜 대통령 당선을 일정 부분 '박정희 향수' 덕분이라고 보고 있는데, '박정희 향수'를 가지고 있는 사람들이 박정희 시대의 고성장을 기대했기 때문일 것이다. 그러나 박근혜 정권이든, 그와 동일한 선상의 정권이든 아니면 어떤 정권이든 박정희 시대에 이루었던 고성장을 다시 재현할 수는 없다. 그것은 향수가 아니라 환상일 뿐이다. 여기에는 세 가지 이유가 있다. 첫째는 경제법칙 때문이고, 둘째는 한국 내부 요인 때문이고, 셋째는 외부 환경 때문이다.

첫 번째 이유는, 박근혜 정부가 무능해서가 아니라 국민소득이 높아지고 경제 규모가 커진 성숙 단계에 진입하게 되면 더 이상 개발도상 단계의 고성장을 지속할 수 없기 때문이다. 박정희 집권 첫해인 1961년 한국의 1인당 국민소득은 92달러였고, 이는 세계 78위였다. 그리고 박정희 집권 18년 동안 한국 경제는 연평균 8.3%의 높은 성장률을 기록했으며, 집권 마지막 해인 1979년 1인당 국민소득은 1,747달러에 이르러 세계 48위로 상승했다.[17] 그러나 당시에도 국민소득 2,000달러가 되지 않은 개발 도상 단계의 후기 또는 중진국 초기 단계에 머물고 있었다. 여기에서 훨씬 더 나아가 국민소득 2만 달러가 넘는 박근혜 시대에 국민소득 2,000달러도 되지 않았던 개발도상국에 머물러 있던 30년 전 박정희 시대의 8~10%의 고성장을 다시 달성하는 것은 구조적으로 불가능한 일이다.

경제 원론에 '수확체감의 법칙'이 있다. 생산 규모가 커지면 커질수록 투입하는 요소에 비례하여 생산, 즉 수확이 증가하는 속도는 점점 더 떨어지게 된다고 한다. 요소 투입의 효과가 시간이 지날수록 처음보다 떨어진다는 것이다. 이 법칙을 경제 전체에 적용해도 마찬가지의 결과가 나온다. 산업화 초기에는 조금만 투자를 해도 생산이 급격하게 증가하지만, 경제가 성숙 단계에 접어들면 초기 단계만큼의 투자 효과에는 미치지 못한다.

한국이 국민소득 1만 달러를 달성한 해는 1995년이다. 그 이후 10년 동안의 경제성장률은 1만 달러를 달성하기까지 걸린 10년 동안의 성장률보다 크게 하락했다. 그리고 2만 달러를 달성한 2007년의 전후를 비교해도 마찬가지로 2만 달러를 달성한 이후에 성장률은 더욱 하락했다.[18] 이러한 국민소득 상승과 경제 규모의 거대화에 따라서 성장률이 둔화되는 추세는 선진국들의 발전 과정에서도 마찬가지로 나타났다. OECD(경제협력개발기구) 회원국들의 경험에서도 국민소득 1만 달러와 2만 달러를 기준으로 전후 10년 기간의 성장률을 비교해보면 각 단계마다 성장률은 뚜렷한 하락 추세를 보이고 있다.[19]

두 번째 이유는, 경제체제와 정치체제의 변화에 있다. 박정희 시대는 정부가 경제를 직접 운용하는 계획경제체제였다. 노벨경제학상 수상자인 아마티야 센(Amartya Kumar Sen)은 한국을 정부가 광범위하게 시장에 개입하고, 강력하게 통제한 것은 세계 어디에서도 찾아보기 어려운 사례라고까지 평할 정도였다.[20] 독재 체제인 박정희 시대의 계획경제체제에서는 정부가 경제뿐만 아니라 정치, 사회 모든 분야에서 절대적인 통제력을 가지고 있었다. 그러나 지금은 그때와 비교할 수 없을 정도로 시장의 영역과 자율성이 확대되었고, 민주주의가 자리 잡아가고 있는 상황에서 정부가 독재 체제에서나 가능했던 통제력을 행사할 수 있다는 것은 상상할 수도 없는 일이다.

박정희 시대는 정부가 자원을 직접 배분하고 가격을 통제할 뿐만이 아니라, 공공 목적이라는 명분으로 사유재산권을 제한하기도 했다. 노동자들의 당연한 권리인 노동조합 결성도 정부의 허가를 받아야 했고, 임금은 정부의 소위 '임금 가이드라인'에 따라서 결정되었고, 소비자와 투자자들의 권리라는 개념조차 없었다. 뿐만 아니라 사회는 전체주의(Totalitarianism)나 다름없는 숨 막히는 통제 체제 하에 있었다. 젊은이들의 머리카락과 치마의 길이는 사회 순응의 정도를 가늠하는 척도였다. 경찰이 머리가 '불온하게' 길다 싶은 청년들을 붙잡아 길거리 한복판에서 가위로 머리를 자르는 장발 단속을 했고, 잣대를 가지고 다니면서 '풍속을 해친다'고 여성들의 치마 길이를 단속할 정도로 국민들의 일상생활까지 통제하는 사회였다. 대통령을 언급하는 것은 찬양 외에 비판은커녕 대중문화의 소재로만 삼아도 '국가원수 모독죄'라고 하는 코미디 같은 법으로 처벌을 받았다.

계획경제 시대에 정부의 통제가 극에 달한 것이 유신 체제였다. 유신 체제에서 대통령은 국회의 동의 없이 '긴급조치'라는 이름으로 법을 스스로 만드는 권한도 가졌다. 긴급조치 중에서 가장 우스꽝스러운 것이 1975년 4월에 고려대학교를 대상으로 만들어진 '긴급조치 7호'였다. 그 내용은 고려대학교에 휴교를 명하고, 군대가 학교를 점령하고, 고려대학교 내의 시위를 금지하며, 이를 어기면 법관의 영장 없이 체포하고, 3년 이상 10년 이하의 징역에 처한다는 것이다.[21]

대통령이 특정 대학교를 대상으로 법을 만들고, 시위하면 3년 이상의 징역에 처하는 것은 지금으로서는 상상도 할 수 없는 초법적인 것이었다.

이렇게 박정희 시대에는 정치, 경제, 사회, 문화 등 모든 분야에서 정부 시책에 걸림돌이 되는 어떠한 장애도 허용하지 않은 철저한 통제가 이뤄졌다. 설혹 독재 정권의 통제 체제가 고성장의 기반이었고, 그래서 지금의 시장경제를 다시 계획경제로 되돌리고 싶다고 해도, 어렵게 쟁취하고 25년 이상 발전해 온 한국의 민주주의가 이를 용인할 수 없다.

세 번째 이유는, 지난 30년간 한국을 둘러싼 세계경제가 개방체제로 전환되었기 때문이다. 개방경제체제 하에서는 각국의 경제는 정부의 미시적인 시장 개입조차도 감시와 견제를 받는다. 각종 정부 보조와 지원은 통합된 세계시장에서 공정한 경쟁을 훼손하는 요인이라고 보기 때문이며, 이를 준수하지 않으면 개방경제체제의 일원이 될 수가 없다. 더구나 수출로 먹고살고 있는 한국으로서는 개방체제에 역행하는 정책을 시행할 경우에 치명적인 결과를 초래할 수도 있다.

계획경제 기간 동안 한국은 일종의 변형된 폐쇄경제를 유지했었다. 적극적인 수출 지향 정책을 채택했기 때문에 얼핏 개방경제체제로 보일 수 있으나, 수입은 철저하게 통제했다. 외환은 단 1달러 소지도 불법이었고, '국가 안보' 차원에서 철저하게 관리되었다. 수출 경쟁력이 떨어진다 싶으면 각종 특혜와 지원금, 보조금으로 수출 단가를 맞춰주었다. '낭비성' 품목은 수입 금지 품목으로 지정하든지, 아니면 매우 높은 관세를 부과해서 실질적으로 수입을 막았다. 반대로 수출 원자재나 중간재의 수입 물가가 오른다 싶으면 관세를 깎아주거나 면제시켜주었고, 운송료도 보조해주었다.

이렇게 수출과 수입에 대한 비대칭적인 통제 정책이 가능했던 것은 WTO(World Trade Organization, 세계무역기구) 체제 이전의 GATT(General Agreement on Tariffs and Trade, 관세 및 무역에 관한 일반 협정) 체제 하에서 한국이 개발도상국의 지위를 인정받아 높은 관세 등으로 수입을 규제하면서도 정부가 기업에 수출 보조금을 지급하는 것을 허용하고, 선진국들이 한국 상품에 대해서 낮은 수입관세를 적용하는 등의 혜택을 누렸기 때문이다.[22] 경쟁 국가들의 불평도 있었으나 한국의 최대 시장이었던 미국은 '반공'의 최첨단에 서 있는 한국을 지원, 옹호하였다.

하지만 경제 규모, 특히 무역 규모가 커지면서 더 이상 이런 폐쇄 체제를 유지하기 어렵게 되었고, 한국 정부는 1995년에 창설된 WTO에 가입하면서 개방체제로 전환했다. WTO 체제 하에서는 더 이상 수출과 수입에 대해서 한국에게만 유리한 비대칭적인 규제를 할 수 없으며, 만약 그런 규제를 하게 되면 교역 상대국으로부터 보복 조치를 당할 것이고, 수출에 의존하고 있는 한국 경제에 역효과를 가져올 수도 있다. 박정희 시대 고성장의 가장 중요한 엔진은 수출이었으며, 수출의 폭발적인 성장은 극도로 왜곡된 비대칭적 무역체제에 근거한 것이었다. 때문에 과거와 같은 고성장 시대를 부활시키기 위해서 다시 폐쇄경제로 회귀해야 하는데, 한국의 경제구조에서 이는 자살행위에 가까운 것이 될 것이다.

실제로 개방경제로 전환한 이후에 정부가 과거와 유사한 방식으로 수입 규제 조치를 취해서 심각한 국제분쟁이 발생한 사례도 있다. 국내보다 가격이 훨씬 싼 중국산 마늘의 수입으로 마늘 생산 농가들이 상당한 타격을 입게 되자, 2000년 6월 한국 정부는 중국산 마늘에 대한 수입관세를 대폭 인상해서 수입을 억제하려고 했다. 이에 대해 중국은 일주일 후에 보복 조치로써 한국산 휴대폰과 폴리에틸렌에 대한 수입 금지 조치를 취했다. 한국 정부는 마늘 관세 인상이 국내 산업 보호를 위해서 허용되고 있는 WTO 규정에 합당한 조치라고 주장했지만, 중국 수출에 의존하고 있는 한국 경제의 구조상 중국에 대한 협상력을 가질 수 없었다. 당시에 중국산 마늘의 연간 수입액은 1,800만 달러였지만 휴대폰과 폴리에틸렌의 중국 수출액은 8억 달러로 마늘 수입액의 무려 50배가 넘은 규모였기 때문에 '마늘 분쟁'으로 인한 피해는 한국이 훨씬 클 수밖에 없었다. 결국 분쟁이 시작된 지 두 달 만에 한국 정부는 수입관세를 다시 낮추고 중국은 수입 금지 조치를 해제하는 데 합의했다.[23]

| 자기모순에 빠진 보수 우파 |

한국 경제의 어려운 상황이 여러 해 동안 지속되고 있기 때문에 개발 경제 시대의 주역이었던 지금의 50대, 60대 이상의 세대가 박정희 시대의 고도성장을 그리워하는 것은 심정적으로 이해된다. 소위 '산업 역군'이었던 세대들이 열심히 일해서 오늘날의 풍요를 이루었지만 정작 자신들의 노후 대책조차 제대로 준비하지 못했고, 그나마 평생 모은 돈으로 마련한 유일한 재산인 집조차도 값이 하락하는 것을 목도하면서 불안감이 더 커질 수밖에 없었을 것이다. 그러나 앞서

설명한 바와 같이 현재 선진국 단계에 들어선 한국의 경제구조는 고도성장을 누리던 개발 경제 시대와 너무도 다를 뿐만 아니라 한국을 둘러싼 세계경제구조조차 너무나 많이 변했다. 고도성장을 꿈꾸는 '박정희 향수'는 그저 좋았던 옛날에 대한 추억이며, 다시는 돌아갈 수 없는 환상일 뿐이다.

'박정희 향수'는 50대, 60대 이상의 세대만이 아니라 한국 보수 우파들이 가지고 있는 정서적 공감대이기도 하다. 보수 우파는 자유민주주의 시장경제를 주창하고 있다. 보수 우파의 정치 세력을 대표하는 새누리당의 당헌은 '자유민주주의와 시장경제를 기본 이념'으로 설정하고 있으며, 보수 우파의 경제 세력을 대표하는 전경련(전국경제인연합회)도 '자유 시장경제의 창달'을 비전으로 제시하고 있다.[24] 그러나 이들이 좇는 이념과 박정희 향수라는 정서 사이에는 어떤 합리적 설명으로도 메울 수 없는 간극이 있다. 박정희 정권은 정치적으로는 개인의 자유가 제한된 반민주적인 독재 체제였으며, 경제적으로는 시장경제와는 정반대인 계획경제체제였다. 따라서 한국에서 보수 우파 세력들이 지향하는 정치적 자유가 허용된 자유민주주의도 아니었고, 개인의 자유로운 선택과 경제적 자유가 보장된 시장경제도 아니었다. 결과적으로 보수 우파의 '박정희 향수'는 자신들이 주창하는 자유민주주의 시장경제를 스스로 부정하는 형용모순이며 시대착오적이다.

보수 우파들의 박정희 향수나 박정희 찬양은 어떤 수단과 방식을 통해서든 경제성장을 가져왔으니 괜찮은 것 아니냐는 결과론적인 정당화이며, 기껏해야 전체주의적 발상의 애국주의이지 '자유주의'에 바탕을 둔 이념적 신념이라고는 볼 수 없다. 아니면 개발 경제

시대에 정치권과 재계가 공생하는 정경 유착으로 자신들의 확고한 기득권을 향유했던 시절을 그리워하는 것이 아닌가 싶다. 왜냐하면 그들이 말하는 자유란 기득권이 침해당하지 않는 자유를 의미하여, 그런 자유를 반대하거나 걸림돌이 된다면 '자유민주주의'라는 이름 아래 반대파의 자유를 억압할 수 있는 자유를 말하는 것이다. 또한 그들이 말하는 시장이란 이미 기득권을 차지한 세력들이 아무런 간섭을 받지 않고 무엇이든 할 수 있는 방임을 의미하며, 공정하고 투명한 경쟁을 위한 규칙이나 질서 따위는 그저 능력 없는 군상들의 시기어린 질투이거나 아니면 소위 '좌빨'들의 이념 공세일 뿐이라는 것이다. 진정한 보수 우파라면 박정희 체제를 비판하는 수준은 아니더라도 적어도 극복이나 청산해야 할 과제라는 자기 고백 정도는 있어야 하지만, 아직 그런 보수 우파를 본 적이 없다.

진보 좌파의
박정희 향수

| '시장=신자유주의'? |

보수 우파뿐 아니라 일부 좌파 지식인들 사이에도 '박정희 향수'라
는 정서에서 그다지 자유롭지 못한 것으로 보인다. 그들은 직접적으
로 또는 공개적으로 박정희를 정당화한 적이 없지만, 그들의 주장에
는 놀라울 만큼 뿌리 깊은 박정희식 방식에 대한 회귀 의식이 잠재
해 있음을 발견할 수 있다. 보수 우파의 관점에서는 진보 좌파 진영
은 '그 나물에 그 밥' 정도의 '좌빨'로 별반 차이가 없어 보일지 모르
겠지만, 진보 좌파 진영 내에서는 시장에 대해 어떤 관점을 갖는가에
따라서 스펙트럼이 다양하게 구분된다. 시장과 정부의 관계를 기준
으로 구분하자면 진보는 시장 실패를 교정하기 위해서 정부의 역할
이 필요하다는 입장이며, 특히 시장 질서를 확립하고 공정한 경쟁 구

조를 만들기 위해서라면 정부의 적극적인 역할을 주문한다. 한편 좌파 성향이 보다 강한 진영에서는 이보다 더 나아가 시장보다는 정부가 중심이 되는 시장을 지향한다고 볼 수 있다. 원래 시장은 실패할수밖에 없는 구조적 모순을 가지고 있으며, 시장에서의 경쟁을 혼란과 낭비로 보며 무질서와 부패의 원인으로 보는 시각이다. 이들은 경제 일부에서 시장의 기능과 역할을 인정하지만 성장과 발전의 궁극적인 주체는 정부 또는 넓은 의미의 국가가 책임져야 한다는 것이다.

진보 좌파 진영의 일부 세력들은 '신자유주의'라는 한 단어로 한국 경제가 가지고 있는 모순과 원인에 대한 진단을 한다. 앞서 제1장에서 논의한 바와 같이 선진국의 소위 '신자유주의'는 미국과 유럽에서 1980년대 초부터 시작된 극단적인 시장 근본주의를 말하는 것이고, 제2차 세계대전 이후 경제정책의 틀이었던 케인지언(Keynesian) 패러다임으로부터의 전환을 의미한다. 여기에서는 그간 지속적으로 확대되어 왔던 복지 비용 부담이 단지 정부 재정을 압박하는 것에서 그치는 것이 아니라 성장 동력 자체를 훼손한다는 시장 근본주의자들의 진단에 근거한 것이었다. 복지 예산의 삭감을 위한 재정 감축에서 출발했던 논의가 한발짝 더 나가서 일반적인 감세 논쟁으로 이어지고, 기업 활동의 자유를 극단적으로 허용하는 자유방임과 규제 완화 논쟁으로 발전하였다. 떡 본 김에 제사 지낸다고 노조 때문에 기업 경쟁력이 저하된다고 노동시장의 유연성 논쟁으로 번지더니, 아예 노조에 적극적으로 공세를 펼치는 정치적 이념으로까지 치달았다. 이것이 신자유주의의 선봉 격인 레이거니즘(Reaganism)과 대처리즘(Thatcherism)이 등장한 배경이다. 서구의 '신자유주의'는 먼저 사상적으로는 자유주의 세례를 받은 사회가 한쪽 극단으로 경사되는 조류를 말한다. 그 배경에는 서구 자본주의를 뒷받침해 왔으며 역사적으로 형성된 '자유 지상주의'와 '공동체주의(Communitarianism)'의 양극단 사이에 존재했던 다양한 이념들 간의 조화와 긴장 관계가 깨진 것이다.

하지만 짧은 역사를 가진 한국의 자본주의가 드러낸 문제들의 근원은 미국과 유럽에서 나타난 현상과는 상당히 거리가 멀다. 한국의 경우는 선진국과 문제의 기원 자체가 다르며, 한국 경제가 시장 근본주의로 경사된 적도 없다. 외환 위기 이후 개혁의 일환으로 시장 기능을 '과거에 비해' 상당한 폭으로 확대했다. 하지만 이는 상대적인 비교이지, 이를 서구와 같이 시장 근본주의 정책이라고 간주하는 것은 침소봉대 격이다. 일부 좌파에서 한국 자본주의의 모순 구조를 '신자유주의' 때문이라고 진단하면서 이 단어는 한국 사회의 모든 문제의 기원을 일컫는 '주홍 글씨'가 되어버렸다. '신자유주의'라는 단어는 일종의 '모순'이라는 말과 등치되어 사용되면서 용어의 편리함은 있지만 진단에서 틀렸고, 틀린 진단에 근거한 대안에서도 심각한 오류를 불러올 수 있다. 더욱이 그나마 아슬아슬하게 이끌어 온 시장 개혁을 수포로 돌릴 위험도 가지고 있다.

첫째, 한국은 서구와 같이 케인지언 정책을 추진한 적도 없고 복지의 부작용은커녕 복지 자체가 거의 없다시피 했다. 한국에는 고복지 비용을 부담하기 위한 고세율 정책도 없었고, 더구나 과도한 재정 적자와 그로 인한 인플레이션(inflation)이 성장을 저해하고 실업을 양산하는 경험 따위는 들어본 적도 없다. 물론 표면적으로 보면 정부의 시장 개입이라는 점에서 공통점도 발견할 수 있다. 하지만 정부의 적극적인 기능과 개입이라고 해서 모두 동일한 선상에 놓고 볼 수는 없다. 규제라고 모두 같은 규제가 아니다. 서구의 규제가 시장의 안정과 질서, 그리고 시민의 안전과 복리에 집중된 반면, 한국은 특정 부문, 특정 기업, 심지어는 특정 개인을 승자로 만들기 위한 규제로 점철되었다. 정부 규제의 입안부터 추진까지 최소한 전제되어야 할 엄정성과 공정성은 찾아보기 어렵고 코에 걸면 코걸이, 귀에 걸면 귀걸이 식으로 관료의 임의에 따라 얼마든지 해석이 달라질 수 있는 규제였다.

산업 정책에서도 선진국 정부가 시행한 산·학·연·관 협력 체제를 도모하는 방식의 정부 이니셔티브(initiative) 정책을, 한국 정부가 특정 기업과 개인에 대한 특혜와 지원을 제공한 정책과 동일시할 수는 없다. 물론 선진국에도 특정 부문이나 기업을 지원하는 산업 정책이 있었지만 그 경우에도 시장의 효율성을 심각하게 훼손하지 않을 범위 내로 한정하려는 노력이 경주되었고, 산업 정책이 시장을 능가할 만한 증거와 정당성이 증명되어야 했다. 국가마다 차이는 있지만, 절차와 평가에서 투명성과 공정성을 위한 제도적 뒷받침이 전제되었다. 특정 주체를 지원 대상으로 선정한다면 적어도 사회적 기회비용을 낭비하지 않도록 그 주체가 다른 경쟁자보다 역량이 뛰어나다는 점을 증명하기 위한 최소한의 내부 경쟁 과정을 거쳐야 했다. 정책이 실패한 경우에도 철저한 사후 평가가 이뤄져 최대한 학습 효과를 얻고자 노력했다. 이러한 과정도 관료의 임의적 직관에 의지해 결정되는 것이 아니라 엄격한 법과 규칙에 따라서 추진되었다. 이같이 선진국에서 산업 정책이 정착된 진화 과정과 제도적 장치를 간과한 채 후견주의(Clientalism), 정실주의(Cronyism), 정경 유착으로 점철된 한국의 산업 정책과 동일시하는 것은 선진국 정치과정과 민주주의의 엄격성을 폄하하는 것이다.

둘째, 일부 좌파 세력들이 범하고 있는 오류는 한국이 가지고 있는 문제의 근원에 대한 진단이 오락가락한다는 점이다. 과거 계획경제 패러다임에서는 한국 경제가 가지고 있는 문제들이 관치 경제, 불공정, 불균형, 불평등을 초래하는 갈등 구조에서 기인한다고 보았다. 즉 문제의 원인을 박정희식 발전 모델에서 찾았다. 하지만 외환 위기 이후 시장경제 패러다임으로 전환하기 시작하자 한국 경제를 신자유주의 모델로 규정하고 많은 문제를 신자유주의 탓으로 돌리고 있다. 물론 소득 불평등, 양극화 심화나 고용 없는 성장 등의 현상들이나 문제점들이 나타난 것은 제1장에서 설명한 바와 같이 선진국들과 유사하다. 하지만 현상이 유사하다고 해서 반드시 원인이 동일한 것은 아니다. 더구나 한국에서는 그러한 문제들이 서구보다 극명하고 매우 빠른 속도로 진행되고 있는데, 그렇다고 해서 한국이 서구보다 더 심각하고 극단적인 신자유주의 체제이기 때문에 그런 현상이 나타난 것은 아닐 것이다.

| 좌우로 오락가락 |

한국 시장경제의 모순 구조는 하루아침에 나타난 것이 아니며, 더욱이 외환 위기 이후 추진된 시장경제의 정착 과정에서 나타난 것도 아니다. 오히려 개발 연대에 고착화된 성장 방식과 관행들이 외환 위기 이후에 교묘하게 시장 개혁 조치들과 맞물려서 더욱 증폭된 형태와 규모로 나타난 것들이다. 특히 재벌을 비롯한 대기업들은 박정희 시대에 시장 경쟁의 기본 원칙조차 무시한 온갖 특혜와 지원으로 성장했으면서, 시장 개혁 이후에는 정부로부터 규제 없는 자율성을 요구하고 있다. 그들의 영향력과 경제력 지배가 정부와 정치를 넘어서서 경제 권력화된 지금에는 시장의 기본 질서를 세우기 위해서 필요한 규제조차도 정부의 간섭이나 개입이라고 주장하고 있는 것이다.

바로 이렇기 때문에 일부 좌파의 '신자유주의' 진단에 위험성이 있다. 만약 그들의 진단이 옳다면 현재의 모순 구조를 교정하기 위해서는 지난 20년 가까이 추진해 온 시장 개혁을 다시 되돌려야 한다. 그렇다면 다시 정부의 적극적인 역할과 기능을 복구하는 것일 터인데, 그때 일부 좌파 이론가들이 의미하는 것은 단지 선진국과 같은 복지 정책의 도입과 확대를 위한 정부의 역할만을 의미하는 것이 아니다. 사실 더욱 방점이 찍힌 것은 과거 박정희 시대에 추진했던 정부의 시장 개입, 즉 산업 정책의 복원을 말하는 것이다. 왜냐하면 그들은 박정희를 공개적으로 칭송하지는 않아도 박정희 정책의 적자인 대기업과 재벌의 유용성을 강조하고 있기 때문이다. 그들은 과거에 그랬던 것처럼 앞으로의 경제성장도 재벌들을 통해서 이룰 수 있다고 믿고 있는 것으로 보인다.

박정희식 경제구조를 지향하는 일부 좌파는 비록 보수 우파와 이념적, 정치적 지향성은 다르지만 적어도 재벌 문제에 대해서는 보수 우파와 유사하게 박정희 향수에 젖어 있다. 개발 연대의 성공 원인을 재벌에서 찾고 있으며, 향후의 성장을 위해서도 그들을 적극 활용해야 한다는 주장은 보수 우파와 일치한다. 그들은 시장보다 정부의 역할을 강조하고 주주 자본을 자본주의 모순의 근원으로 보는 점에서는 마르크스주의 경제학자들과 일맥상통하지만, 마르크스주의자들이 비판하는 독점자본인 재벌을 옹호한다는 점에서는 전혀 상반된 입장이다. 또한 마르크스주의자들이 자본주의의 모순을 자본과 노동의 갈등 구조에서 찾는 데 반하여, 일부 좌파는 민족적 관점에서 자본을 구분하고 국적을 문제 삼고 있다. 즉 재벌은 독점자본이기 이전에 민족자본이며, 재벌에게 문제점이 없는 것은 아니지만 적어도 '먹튀'만을 일삼아 국부를 유출하는 외국 자본보다는 낫다는 것이다.

| 진보 좌파의 박정희 복원 |

일부 좌파 학자들이 이런 입장을 취하는 이유는 박정희 모델이 성공했다고 보고 있으며, 그 성공의 핵심이 재벌 육성이라고 보기 때문이다. 세계에서 가장 가난한 나라가 살아남기 위해서는 대표 선수를 선발하여 그들을 집중 육성하는 방법밖에 없었다는 논리다. 소위 '선택과 집중' 전략을 말하는 것이다. 또는 많은 개발도상국들이 독재 체제 하에 있었으나 독재를 하고도 성공한 나라는 한국밖에 없다는 것이다. 여기에는 절대 빈곤으로부터 탈출하게 한 독재라면 어느 정도 용인할 수 있지 않느냐는 주장이 암묵적으로 깔려 있다. 하지만 이런 주장은 결과론일 뿐이다. 앞서 논의한 바와 같이 재벌이 잘해서 성공한 것이 아니라 재벌을 '성공하게 만든 것'이다. 이를 위하여 온 국민이 치러야 했던 비용에 대해서는 언급이 없다. 박정희 시대의 경제성장은 노동 탄압과 통제를 통한 무노조, 저임금 정책으로 달성된 것이다. 이 때문에 국민들은 자신들의 노동에 대한 정당한 배분은커녕 국민으로서 권리인 기초적인 복지마저도 부재한 상황에서 '산업 역군'으로서 마냥 일만 열심히 했던 것의 결과일 뿐이다. 그렇기 때문에 계획경제 시대에 '산업 역군'으로 일했던 지금의 60대, 70대 이상의 세대들은 자신들이 일구어낸 지금의 경제적 성과에도 불구하고, 절반이 빈곤층에 속하는 상황에 처하게 되었다.[25] '산업 역군'들은 자신들이 경제성장에 기여한 만큼의 몫을 배분받지 못한 결과로 한국의 노인 빈곤율은 OECD 평균의 세 배로 OECD 국가 중에서 가장 높을 뿐 아니라 노인 자살률도 가장 높다.

또한 한국의 경제적 성공이 재벌 때문이 아니라 근면하고 우수한 자질을 가진 국민 덕이라면 독재 체제와 경제성장의 상관관계는 애초부터 성립하지 않는다. 설혹 독재 체제가 부족한 가용 자원을 동원하기 위해서 어쩔 수 없었다는 상황 논리를 주장한다 해도, 선진국의 성숙된 민주주의 정도는 아니더라도 민주 시민으로서 당연한 최소한의 권리까지 부정하는 극단의 독재란 어떤 변명으로도 정당화될 수 없다. 백 번 양보해서 일부 좌파들의 독재-재벌-성장의 인과관계를 인정한다 해도, 이는 심각한 철학의 문제다. 즉 그들의 주장은 '배고픈 자유인보다 배부른 노예가 낫다'는 논리밖에는 안 된다. 현재의 모순을 극복할 미래의 대안에 있어서도 그러한 해법은 전혀 현실적이지 않다. 그들은 과거와 같이 적극적인 산업 정책을 추진하면 재벌이 투자할 것이라고 믿는 듯 보인다. 하지만 지금은 재벌들이 자본이 부족해서 투자하지 않는 것이 아니라 오히려 현금을 쌓아놓고도 투자하지 않고 있다. 설혹 투자 자금이 필요하다 해도 자본시장이 발달한 지금 재벌들이 정부로부터 투자 재원을 받을 이유도 없고, 정부가 육성이 필요하다고 판단하는 분야에 재벌이 반드시 투자하지도 않는다. 또한 정부와 재벌 간의 관계도 과거 계획경제 시대와는 전혀 다르다. 과거에는 재벌들이 특혜와 지원을 받기 위해서 정부와 정치권에 로비를 했지만, 지금은 자신들에게 유리한 환경을 조성하는 동시에 정부의 간섭을 받지 않기 위한 정치적 압력을 행사하는 성격이 강하다.

과거와 같이 정부가 경제 전반에 걸쳐 무소불위의 통제력을 복원하고자 한다면 아마도 이를 가장 기피할 주체는 오히려 재벌들일 것이다. 재벌 체제를 옹호하는 일부 좌파 논리의 가장 근본적인 오류는 만약 재벌들이 더욱 성장한다면 국민들의 삶의 질이 자연스럽게 향상될 것이라는 암묵적 의식이다. 이것은 우파들이 주장하는 '낙수 효과'나 마찬가지로 근거 없는 낙관론일 뿐이다. 과거 독재 정부가 계도하듯 재벌들이 '국가 경제에 이바지하기 위해서' 기업하는 것이라고 생각한다면 너무도 순진한 발상이다. 가난한 집안에서 온 가족의 희생으로 장차 가족의 생계를 짊어질 자식 하나를 대표 선수로 키워놓았는데, 성공한 자식은 자신의 영화만 누릴 뿐 가족들은 염두에도 없는 형국이다. 박정희 시대로 돌아가는 것은 시대착오적인 것일 뿐만 아니라 가능하지도 않은 일이다.

시장경제
이후의 시장경제

| 시장경제 20년의 상반된 평가 |

한국은 1990년대 중반부터 시장경제로 전환한 지 이제 20여 년이 되었다. 그러나 과연 현재 한국은 시장경제체제의 모습을 갖추고 있는가? 이 질문에 답은 이념과 이해관계에 따라서 크게 엇갈린다. 보수 우파들이나 재벌과 같은 기득권 세력들은 정부의 규제가 많아서 시장경제가 제대로 안되고 있다고 주장한다. 중도·진보 세력의 일부는 재벌들의 경제력 집중이 너무 크고 독과점과 불공정거래로 인해서 시장경제가 제대로 작동하지 않고 있다고 주장한다. 반면에 일부 좌파와 노동계에서는 한국이 지나치게 시장경제에 의존하고 있으며, 따라서 한국의 많은 문제들이 시장 근본주의적인 '신자유주의' 때문에 발생한 것이라고 주장하고 있다. 한쪽 끝에서는 시장경제를 제대로 하고 있지 않다고 주장하고, 다른 한쪽 끝에서는 지나치게 시장경제를 하고 있다고 평가하고 있는 것이다. 이렇게 상반된 주장들에 대한 객관적인 평가를 위하여 시장경제의 핵심적인 작동 원리와 시장과 정부의 관계에 대해서 살펴보기로 한다.

시장경제의 핵심은 사유재산권과 경쟁이다. 사유재산권은 각자의 노력으로 얻은 결과에 대한 소유권을 보호함으로써 스스로 최선의 노력을 하게 만드는 원리다. 인간은 이기심과 이타심을 동시에 가지고 있다. 하지만 자신의 이익을 위한 이기적인 동기가 이타적인 동기보다 더 큰 것이 일반적인 성향이며, 그래서 남보다 더 많은 것, 더 좋은 것을 갖기 위한 이기적인 동기에서 경쟁을 한다. 나눌 전체의 몫이 정해진 제로섬 게임(zero-sum game)에서 경쟁은 당연한 것이고, 모두가 더 많이 가질 수 있는 포지티브섬 게임(positive-sum game)에서도 남보다 더 갖겠다는 이기심은 여전히 작동해서 경쟁하게 된다. 즉 사유재산권을 인정하는 한 어떤 상황에서도 경쟁은 일반적인 현상이다.

이렇게 경쟁은 이기적인 동기 때문에 발생하지만 경쟁 과정에서 가격이 결정되고 자원이 배분되며, 그 결과로 분배가 이뤄진다. 그리고 경쟁을 통해서 결정된 가격은 효율적인 자원 배분을 유도함으로써 궁극적으로 전체의 몫이 커지는 효과가 있을 수 있다. 그러나 경쟁은 경쟁자들 사이에 갈등을 초래하고, 개개인의 이기적인 목적이 공동체 전체가 지향하는 목적이나 가치와 일치하지 않을 수도 있는 위험을 가진다. 또한 경쟁 자체가 무질서하고 불공정할 경우에는 효율적인 분배는 물론 더 많은 몫도 만들어내지 못할 뿐만 아니라, 경쟁 참여자들이 경쟁의 결과를 인정하지 않고 더 이상 경쟁이 지속되지 않아서 경쟁 자체가 소멸되는 자기 파괴적인 모순을 갖는다. 따라서 시장경제의 성패는 개인의 이기적 목적과 사회적 목적의 일치 여부와 공정한 경쟁을 보장하는 제도 여부에 달려 있다. 한편 이런 것들이 보장된다고 해도 시장이 때로는 실패할 수 있으며, 시장이 해결할 수 없는 사회문제도 있다. 따라서 경제사회적 문제들 중에서 시장 기능에 맡길 부분과 정부 개입으로 해결할 것들을 결정하는 제도적인 장치와 운영 방식에 따라서도 시장경제의 성패가 달려 있다.

보수 우파와 진보 좌파 사이에서 한국의 시장경제에 대한 평가가 엇갈리는 것은 이러한 문제에 대한 각각의 입장이 다른 데서 시작된다. 더구나 진영 간뿐만 아니라 각 진영 내에서도 서로 다른 의견들이 존재한다. 보수 우파 진영 내에서는 모든 것을 시장에 맡기고 정부는 시장 체제 유지를 위한 최소한의 역할에만 국한하라는 시장 근본주의적인 이념적 주장이 있는가 하면, 재벌들은 여기에서 더 나아가 자신들의 기득권에 도움이 되는 규제는 유지하고 방해가 되는 것은 완화 또는 폐지해달라는 지극히 현실적이고 편의주의적인 주장을 하고 있다. 그러나 보수 우파들 내부에서는 상호 간에 갈등을 조장할 정도로 의견 차이는 크지 않다. 자신들의 주장을 관철하고 기득권을 지키기 위해서 전경련, 상공회의소, 각종 업종별 협회와 일련의 이익 단체들은 충분한 자금력과 인력, 네트워크를 동원하여 일관된 목소리를 내고 조직적인 활동과 정치적인 로비를 활발하게 전개하고 있다.

반면에 진보 좌파 진영의 내부 사정은 우파 진영과는 상당히 다르다. 여기에서는 이념과 현실 진단에 따라서 다양한 입장들이 존재하고, 때로는 입장 차이 때문에 서로 충돌하기도 한다. 한국의 시장경제에 대한 진보 좌파 진영의 입장은 보수 우파와 같이 기득권을 지키기 위한 것은 아니며 자신들의 이론과 이념에 근거한 학자들의 주장이 주종을 이루고 있는데 그 견해들이 참으로 다양하다. 한국 경제체제 자체를 노동과 자본의 대립 또는 자본의 노동 착취로 보는 반자본주의적인 입장과, 자본주의를 인정하지만 모순을 극복하기 위한 정부의 적극적인 시장 개입을 주장하는 입장 사이에 다양한 복합적인 견해들이 서로 얽혀 있다. 반자본주의적인 성향을 가진 좌파들 중에도 자본 자체를 부정하는 교조적인 입장과, 부채 자본이나 국가자본은 인정하지만 주주 자본만을 부정하는 입장이 서로 다르다. 또한 주주 자본은 부정하지만 재벌 자본은 인정하는 모순된 입장으로도 나뉜다. 또는 세계화에 반대하기 때문에 외국 자본은 부정하고 재벌을 민족자본이라고 보고 옹호하는 폐쇄적 국수주의적인 입장이 함께 존재한다. 그런가 하면 시장경제를 제대로 하기 위해서는 재벌들의 경제력 집중을 규제하고 불공정거래를 엄단해야 한다는 입장과, 재벌들이 경제성장의 주축이기 때문에 정부가 재벌들을 규제해서는 안 된다는 주장이 함께 존재한다. 또한 일부 좌파들은 박정희 시대의 개발 경제체제에서처럼 정부가 시장에 더 많이 개입해야 한다는 주장을 함으로써 좌인지 우인지조차 헷갈리는 경우도 있다.

이같이 진보 좌파들은 같은 진영 내에서도 한국 경제 현실에 대한 평가의 편차가 너무 크기 때문에 자신들의 일관된 주장을 펴지도 못하고 있고, 집단적인 영향력을 행사할 조직조차 갖지 못하고 있다. 일부 진보 좌파들은 자신과 대립되는 보수 우파보다는 자신의 입장과 차이를 갖는 중도나 진보를 보다 큰 적으로 삼고 비판의 칼날을 세우기도 한다. 노동자 이익 단체인 한국노총(한국노동조합총연맹)이나 민주노총(전국민주노동조합총연맹)조차도 사안에 따라서 입장이 크게 차이가 나며, 일부 대기업 노동조합들은 자신들의 기득권을 지키기 위한 경우를 제외하면 일관된 정치적 영향력을 행사하지 못하고 있는 것이 현실이다. 경제사회적인 정의를 위한 공정한 시장경제를 주장하는 중도 또는 진보적인 입장을 가진 경제개혁연대, 참여연대, 그리고 경실련과 같은 시민 단체들도 있지만, 이들 시민 단체들은 정치적 영향력을 행사할 정도의 조직력을 갖고 있지 못하다.

이같이 진보 좌파는 자신의 이념과 신념을 구현하기 위해서, 그리고 보수 우파는 자신들의 기득권을 지키기 위한 입장 차이에서 한국의 시장경제를 달리 평가하고 있다. 진보 좌파와 보수 우파 사이의 극단에 있는 주장들은 한국의 시장경제를 보는 시각 차이가 너무도 커서 일반 국민들을 매우 혼란스럽게 한다. 진보 좌파의 한쪽 극단에서는 한국이 모든 것을 시장에 맡기는 시장 근본주의적인 신자유주의 시장경제를 하고 있다고 주장하고, 보수 우파의 다른 한쪽 극단에서는 정부의 지나친 규제와 시장 개입으로 인해서 한국의 시장경제가 제대로 작동하지 않고 있다는 주장을 한다.

한국이 시장경제체제를 지향하고 있는 것만은 분명하다. 그러나 실제 작동 방식에서는 심각한 결함을 갖고 있으며, 특히 공정한 경쟁이 이뤄지는 시장경제를 하지 못하고 있다. 시장에서 불공정한 경쟁이 판을 치고 있는데도 정부가 시장 질서를 바로 세우는 감시자 역할조차 제대로 하지 않고 있다. 정치권이 정치적 목적을 위해서 시장에 개입하고 심지어는 개별 기업에 압력을 행사하기도 한다. 사회적 약자에 대한 배려의 부족으로 인해서 경쟁에 참여할 공정한 기회가 주어지지 않고 있다. 공정한 분배가 이뤄지지 않아서 소득 격차와 계층 간 양극화가 갈수록 심화되고 있다. 다른 한편으로 교육, 의료, 복지 분야에서는 사회문화적인 공동체 가치를 지키기 위해서 정부가 역할을 하고 시장 기능을 제한적으로만 허용해야 하는데, 현실은 이러한 분야에서도 시장이 과도하게 작동하고 있다. 특히 교육 분야에서는 사교육 시장이 공교육을 능가하고 있고, 보육과 노인복지에서도 이미 시장이 정부보다 앞서가고 있는데도 정부가 제대로 역할을 하지 못하고 있는 상황이다. 그렇기에 한국은 시장경제를 하고 있지만 시장경제를 제대로 하고 있는 것이 아니다.

이러한 한국의 시장경제와 상황에 비춰볼 때, 한국이 경쟁과 시장으로 모든 것을 해결하려는 신자유주의적인 시장경제를 하고 있다는 일부 좌파들의 주장과 반대로 정부의 지나친 규제 때문에 시장경제를 제대로 하지 못하고 있다는 일부 우파들의 주장이 얼마나 설득력이 있는 것인가를 살펴보기로 하자.

| 한국은 '규제 왕국'? |

기득권 우파의 대표적인 이익 단체인 전경련은 정부 규제가 너무 많아서 한국이 시장경제를 제대로 하지 못하고 경제가 어렵다고 주장한다. 전경련의 이러한 주장은 선거 때마다, 그리고 정권이 바뀔 때마다 반복되고 있다. 2002년 대통령 선거를 앞두고 전경련은 규제 완화를 위해서 개헌까지 필요하다는 극단적인 주장을 했었고,[26] 2007년 대통령 선거를 앞두고는 〈규제 개혁 종합 연구 보고서〉를 정

부에 전달했으며,[27] 2012년 대통령 선거를 앞두고는 〈규제 개혁 보고서〉를 발행했다.[28] 매번 정권 말기에 대통령 선거를 앞두고 규제 개혁을 반복적으로 주장하는 것은 대통령 선거에 정치적 영향력을 행사하려는 의도로 보인다. 그리고 정권을 잡은 대통령들은 임기 초에 '경제 살리기'를 위해서 재벌들에게 투자를 구걸하고 규제 완화를 약속했다. 진보적인 좌파 성향이었던 노무현 대통령도 당선자 시절에 경제정책의 밑그림을 삼성경제연구소에 의뢰했을 정도였다. 그리고 친기업적인 정부를 자처한 이명박 대통령 임기 초에 공단 진입에 방해가 되는 전봇대를 뽑아내도록 직접 지시한 일화는 규제 개혁의 상징이 되기도 했다. 그럼에도 불구하고 전경련에 따르면 '이명박 정부에서 규제가 30%가량 증가'했다는 것이다.[29] 고도성장을 바라는 '박정희 향수'에 힘입어 들어선 박근혜 정부에서는 규제 완화를 주장하는 전경련의 주장은 더욱 거세고 대담해졌다.

전경련은 "1%대의 (낮은) 경제성장에 만족하는 공직자는 옷을 벗어라."라고 경제 관료들을 겨냥한 발언을 서슴지 않고,[30] 한국을 '규제 공화국의 오명을 벗어나기는커녕 규제 왕국'이라고 규정하면서 규제 완화를 통해서 기업의 투자를 촉진하고 일자리를 만들어서 '경제 살리기'를 해야 한다고 주장했다.[31] 박근혜 대통령은 '투자하는 분들은 업고 다녀야 한다'고 화답하고, 경제부총리가 실제로 기업인을 업어주는 해프닝을 연출하면서 규제 완화를 약속하고 나섰다.[32] 대통령 선거 중에 박근혜 후보의 가장 중요한 공약이었던 경제민주화와 관련된 정책들은 이미 정권 초기에 후퇴하기 시작했다. 심지어는 시장경제의 공정한 경쟁을 해치는 재벌들의 가장 심각한 불공정한 행위인 계열사 '일감 몰아주기'에 대해서도 세금 부과를 완화하겠다고 약속하기도 했다. 공정거래위원장은 경제가 어려운 '지금은 경제민주화보다 경제 활성화가 더 중요하다'며, '기업들의 투자를 저해할 소지가 있는 규제에 대해서는 범위와 속도를 조절해서 추진할 것'이라고 약속했다. 경제 활성화를 위해서라면 불공정거래에 대한 규제까지 완화하겠다고 하니 경제민주화를 약속한 박근혜 정부도 앞선 노무현, 이명박 정부의 전철보다 더하면 더했지 더 나을 것이라고는 기대하기 어렵다.

| 전경련의 진실 왜곡 |

과연 한국은 규제 왕국이고, 규제 때문에 경제성장이 어려운 것인가? 전경련은 한국을 '규제 왕국'이라고 부르고, '한국에 규제가 많아지다 보니 국가 경쟁력 비교에서 규제 경쟁력은 세계 최하위로 한국 국가 경쟁력 순위를 떨어뜨리는 요인으로 작용하고 있다'고 주장한다.[33] 그러한 주장의 근거로 전경련은 WEF(World Economic Forum, 세계경제포럼)[34]과 IMD(Institute of Management Development, 국제경영개발원)[35]가 발표하는 '세계 경쟁력 조사 결과'를 제시하고 있다. 전경련은 WEF 보고서에서 한국의 국가 경쟁력 순위는 144개 조사 대상 국가 중에서 20위권이지만 정부 규제 부담 순위는 117위로 최하위권에 속한다는 것과, IMD 보고서에서도 60개 조사 대상 국가 중에서 한국의 국가 경쟁력 순위는 20위권이지만 기업 관련 법규 분야의 경쟁력은 40위권이라는 것을 들고 있다.

그러나 전경련의 이러한 주장은 사실의 왜곡이며, 진실과는 거리가 멀다. 전경련이 제시한 보고서 어디에도 한국이 규제 때문에 국가 경쟁력이 낮아졌다거나 또는 경제가 어렵다는 내용을 분석한 것이 없으며, 단순하게 국가 경쟁력 순위와 규제 부담의 순위만을 제시하고 있을 뿐이다. 단순하게 규제가 많다거나 규제의 부담이 큰 것이 국가 경쟁력을 약화시키는 것이 아니다. 규제가 필요한 이유에 따라서는 규제 부담이 클수록 오히려 국가 경쟁력이 더 높아지기도 한다. 예를 들어 불공정 경쟁이 판을 치는 구조에서는 당연히 이를 규제하는 법규가 더 많아져야 하고, 그러한 규제로 인한 부담이 늘어나지만 국가 경쟁력은 오히려 높아지게 된다. 규제 부담이 아니라 규제가 만들어지는 원인이 국가 경쟁력을 약화시키는 것이다. 사회 안전이 위협받으면 경찰을 늘려야 하고, 경찰을 늘리면 비용 부담이 커질 수밖에 없지만 결과적으로 사회는 보다 안전해지는 것과 같은 이치다. 규제 부담이 큰 이유를 살펴보지 않은 전경련의 주장은 사회가 불안전해서가 아니라 경찰이 많아서 비용 부담이 크고 그래서 국가 경쟁력이 낮아졌다고 주장하는 것과 같다. 최근 '세월호 참사'는 이를 극명하게 보여주고 있다. 운항 안전에 대한 규제도 허술하고 그나마 있는 규제조차 지키지 않았기 때문에 참사가 발생했는데, 안전 규제를 늘리고 감시를 철저히 하면 비용이 더 들기 때문에 '세월호'의 경쟁력이 약화된다는 주장이나 다름없다. 합리적인 안전 규제와 철저한 감시는 최소한의 안전도 지키지 않은 '청해진해운사'의 경쟁력을 약화시킬지는 몰라도 결국 승객의 안전과 여객선 산업, 그리고 국가 경쟁력을 강화시키기 마련이다.

따라서 규제 때문에 국가 경쟁력이 낮아졌다거나 또는 국가 경제가 발전을 못하고 있다고 주장하려면 규제가 많아진 이유를 먼저 따져봐야 할 것이다.

|WEF 세계 경쟁력 보고서|

전경련은 규제가 국가 경쟁력을 낮춘다는 근거로 WEF 보고서의 세 가지 항목의 순위를 들고 있다. 정부 규제 부담 항목이 117위, 규제 개선에서의 법체계의 효율성 항목이 97위, 그리고 분쟁 해결에서의 법체계의 효율성 항목이 84위라는 것이다.

WEF 보고서에는 기업과 관련된 항목들 중에서 전경련이 제시한 세 가지 항목들보다 순위가 더 낮은 항목들이 여러 개가 있다. 기업의 이사회가 경영진을 감독하는 기능을 효과적으로 하고 있는가의 항목에서 한국은 121위이며,[36] 소액주주들의 이익이 잘 보호되고 있는가의 항목은 109위다. 소수 기업들이 시장을 지배하고 있는가의 항목에서는 99위로, 한국은 소수 기업의 시장 지배가 매우 심한 나라다. 노사 관계가 협력적인가는 129위이며, 고용과 해고가 규제로 인해서 어려운가의 항목에서는 109위이고, 정리 해고의 비용에서는 117위다. 담보 없이 좋은 사업 제안만으로 은행의 신용 대출을 받을 수 있는가의 항목은 115위이며, 또한 여성의 노동 참여는 94위다.

이렇게 한국이 최하위 수준을 기록하고 있는 항목들은 대부분 기업 자체에서 해결해야 할 경쟁력에 관련이 있는 것들이다. 이와 같은 사례는 국가 경쟁력 저하가 정부 규제 부담 때문이라고만 하는 전경련의 주장이 얼마나 왜곡된 것인가를 보여주고 있다.

노사 관계가 협력적이지 않은 것에 대해 사용자와 노동자 중에서 어느 쪽의 책임이 더 큰가는 정확하게 따져봐야 한다. 하지만 노사 갈등이 심해지면 잠재 성장이 하락하여 경제적 비용이 커질 뿐 아니라 사회적 갈등이 커지기 때문에 노사 양자 간에 스스로가 해결하지 못한다면 규제를 통해서 조절하는 것은 당연하다.[37] 이사회의 기능과 소액주주의 보호는 기업 지배 구조의 핵심적인 요소임에도 불구하고 기업들이 자발적으로 개선하지 않기 때문에 규제를 통해서라도 개선해야 한다. 재벌들이 계열사에 일감 몰아주기를 하는 것과 같은 불공정한 거래가 만연한 상황에서 불공정거래에 대한 규제를 더욱 강화하는 것이 마땅하다. 재벌들의 경제력 집중이 갈수록 높아져서 중소기업과 대기업의 격차가 더욱 확대되고 있기 때문에 친재벌을 표방한 이명박 정부조차 국가 경쟁력을 높이기 위해서 동반 성장을 위한 규제를 도입했던 것이다. 중소기업들이 은행에서 대출을 받기 어렵다면 당연히 은행들을 규제해서 원활한 대출이 이뤄지도록 해야 한다. 여성의 경제활동 참여도가 높아지면 경제성장이 높아질 것이기 때문에 여성 고용을 늘리기 위한 규제를 강화해야 한다. 결과적으로 이러한 규제들은 기업들에게 부담을 늘리게 되지만, 국가 경쟁력을 낮추는 것이 아니라 반대로 높이는 결과를 가져오는 것들이다.[38]

| IMD 세계 경쟁력 연보 |

전경련이 규제 완화를 주장하는 또 다른 근거로 IMD 세계 경쟁력 연보(World Competitiveness Yearbook)에서 기업 관련 법규 분야가 조사 대상 60개 국가 중에서 39위라는 것을 들고 있다. 그러나 같은 보고서가 경쟁력 요소로 분류하는 20개 분야 중에서 기업 경영 관행 분야에서 한국은 50위로 전경련이 내세운 기업 관련 법규 분야보다 더 낮은 최하위권에 속한다. IMD 보고서의 기업 경영 관행 분야에는 모두 9개 항목이 있다. 이들의 한국의 순위는 다음과 같다.

60개 조사 대상 국가 중에서 감사와 회계 관행이 잘 시행되는가의 항목에서 한국은 58위이고, 이사회가 경영진을 효과적으로 감독하는가의 항목은 57위, 그리고 사회가 경영자를 신뢰하는가의 항목은 52위다. 기업이 윤리적인 관행을 지키고 있는지에 대한 항목은 48위, 재계 지도자들의 사회적 책임이 높은가의 항목은 46위, 경영자들이 건강·안전·환경에 대한 관심이 높은가의 항목에서는 46위, 기업계에 경영자의 기업가 정신이 널리 퍼져 있는가의 항목은 42위, 기업이 변화에 잘 적응하는가의 항목은 31위, 기업이 고객 만족을 중요시하는가의 항목은 8위다. 중간 정도인 환경 변화에 대한 적응력과 상위권인 고객 만족을 제외하고 나머지는 모두 하위권 또는 최하위권에 속한다. 경영 관행 이외의 기업의 효율성 분야에는 우울한 항목들이 더 있다. 노동시간은 3위이고, 노사 관계는 56위이며, 주주 권리가 잘 보호되는가는 51위다.

IMD 보고서의 이러한 결과들을 정리 요약하면 이렇다. 한국 기업과 경영자들은 환경의 변화에 대해서는 그럭저럭 대응하지만, 기업가 정신이 낮고, 사회적 책임을 중요시하지 않으며, 그다지 윤리적이지도 않다는 것이다. 회계장부도 믿기 어렵고, 이사회는 경영진을 감독하지도 않으며, 주주들의 이익에도 관심이 없다. 노동자들은 세계에서 가장 많이 일하는데, 경영자들은 근로자의 건강이나 안전 그리고 환경에 대한 관심이 낮고, 노사 관계는 최악이다. 그래서 한국 경영자들은 사회적으로 신뢰받지 못한다. 고객만큼은 매우 중요시하지만 노동자·주주·사회에 대한 책임이나 투명 경영이나 윤리 경영에도 관심이 없다.

WEF나 IMD의 보고서가 절대적인 것도 아니고 측정 방법도 주관적이다. 하지만 전경련 스스로가 증거로 제시한 이 보고서들만 봐도 국가 경쟁력 저하가 전경련의 주장처럼 기업 관련 법규 때문만이 아니라는 점을 역설적으로 증명하고 있다.

| 전경련 '규제 개혁 보고서' |

한국이 규제 왕국이고 규제 때문에 기업이 어렵고 국가 경쟁력이 낮아진다는 전경련 주장의 사실 규명을 위해서, 전경련이 지목한 규제의 내용이 무엇인지를 확인해봐야 한다.

전경련은 한국의 규제가 1만 4,796건에 이르고,[39] 이 중에서 '기업하기 좋은 환경'을 만들어 국가 경쟁력을 높이기 위해서 고쳐야 할 가장 중요한 핵심 과제로 207개를 선정해서 〈규제 개혁 보고서〉를 낸 바 있다.[40] 전경련이 핵심 규제 개혁안으로 내놓은 207개의 내용을 분석해보면 절차적인 개선을 요구하는 것이 54건으로 가장 많으며 전체의 26%를 차지한다. 그리고 독과점, 불공정거래, 지배 구조와 관련된 규제를 완화해달라는 것이 45건으로 20%를 넘고, 세금이나 비용을 낮춰달라는 내용이 33건으로 16%이다.[41]

절차적인 개선은 사소한 것일지라도 불필요한 것이라면 경쟁적인 환경을 만드는 데 중요하기 때문에 규제 개혁안에 포함되는 것은 당연하다. 그러나 재벌들의 시장 지배력이 높고 지배 구조가 세계적으로 나쁜 평가를 받고 있는 현실에 비춰볼 때 불공정거래나 지배 구조와 관련된 규제를 완화해달라는 것은 오히려 공정한 시장경제에 역행하고 국가 경쟁력을 저해하는 것들이다.

세금과 비용을 낮춰달라는 요구도 설득력이 약하다. 한국 기업의 이익에 대한 '공식적인' 세금 부담은 IMD 보고서에서는 60개 국가 중에서 26위로 중상위권에 속하고, WEF 보고서에서는 144개 국가 중에서 34위로 상위권에 속하고 있어서 다른 나라와 비교해서 한국 기업의 세금 부담이 높은 것은 아니다.[42] 한국 기업에 부과되는 법인세율은 지난 20년 동안 계속해서 인하되었을 뿐만 아니라 대기업들은 여러 가지 세금 감면 혜택 때문에 실제로 부담하는 세율은 법정 법인세율보다 훨씬 낮다. 예를 들어 2009년 삼성전자의 경우 실세 부담한 법인세율은 11.0%였고, 현대자동차 15.6%, LG전자 10.0%, 포스코(Posco) 16.2%, 현대중공업 14.2%였다. 전경련을 주도하는 대기업들이 실제로 부담한 세율은 중산층 개인들의 소득세율보다 낮았다.[43]

국가 경쟁력 강화를 위한 207개 규제 개혁안에 포함된 것들 중에는 쉽게 수긍이 되지 않는 내용들도 여러 가지가 있다. 예를 들어 규제 개혁안에는 '동물원의 총포 소지 허용'이 들어 있다. 동물원에서 긴급한 상황이 발생했을 때 관람객의 안전을 위해 총포를 소지하는 것을 허용해달라는 것은 충분히 이해할 만하다. 그러나 동물원에서 총포를 소지하는 것이 가장 중요한 207개 개혁안에 들어갈 만큼 중요한 것인지에 대해서는 수긍하기 어렵다. 이뿐만이 아니다. '회원제 골프장에 대한 개별소비세 면제'와 '초지 내 승마장 설치 제한 폐지'도 있다. 한국 기업들 중에서 승마장을 만들지 못해서 어려운 기업이 몇 개나 될 것이고, 골프장 소비세를 면제해준다고 기업 경쟁력이 높아질 것인지 의문이다. 그리고 자동차의 '방향지시등 배광 측정 방식 변경'과 '특수자동차 정기 점검 수검일 조정'도 포함되어 있다. 방향지시등 측정 방법의 개선은 자동차 기업들에게는 중요한 문제일 것이다. 그러나 이것이 한국의 가장 중요한 207대 규제 개혁 과제에 들어간다는 것은 어리둥절할 따름이다.

전경련의 규제 개혁안에는 한국 경제의 가장 중요한 문제의 하나인 노동문제와 노사 관계와 관련된 항목이 단 한 가지도 없다. 노사 관계는 WEF 보고서에서는 144개 국가 중에서 129위이며, IMD 보고서에서는 60개 국가 중에서 56위로 최하위권이다. 비정규직 문제와 대립적인 노사 관계는 세계적으로 최악의 상황이라는 점은 누구나 알고 있다. 삼성그룹은 76년간 무노조를 고수해서 노동계와 대립하고 있고, 현대차그룹은 강성 노조와의 끊임없는 마찰로 큰 비용을 치르고 있는 등 재벌 그룹 사이에서도 노사문제는 의견 차이가 큰 매우 중요한 사안이다. 지금의 경직되고 대립적인 노사 관계가 국가 경쟁력에 도움이 되지 않는다는 것은 상식적인 판단임에도 불구하고 전경련의 규제 개혁에는 노동 관련 규제가 단 한 건도 포함되지 않은 것도 쉽게 이해할 수 없는 일이다.

전경련이 '한국은 규제 왕국'이라고 규정한 근거인 1만 4,796개에 이르는 규제 중에서 가장 중요하다고 제시한 207개의 규제 개혁안에는 실제로 시장 진입을 어렵게 하거나 정부의 행정 편의로 인해서 기업의 부담이 커지는 것들과 같은, 개선이 필요한 중요한 사안들도 많이 있다. 그러나 동물원 총포 소지, 골프장 세금 폐지, 경마장 설치 허용, 방향지시등 측정 방법 개선, 그리고 정기 점검 수검일 조정과 같은 것이 포함되어 있고, 노사 관계 규제는 단 한 건도 포함되어 있지 않다면 나머지 1만 4,500건이 넘는 규제 내용이 과연 국가 경쟁력을 약화시키거나 또는 경제성장을 어렵게 하는 원인으로 지목할 만한 것들인가를 의심케 한다. 더구나 시장경제의 발전을 저해하는 재벌들의 경제력 집중과 불공정거래를 방지하는 규제와 후진적인 지배 구조를 개선하려는 규제를 경제성장을 저해하는 원인이라는 전경련의 주장은 설득력을 갖기 어렵다.

한국에서의
신자유주의 신화

| 막연하게 뭔가 나쁜 것 |

정부의 지나친 규제 때문에 시장경제를 제대로 하지 못하고 있다는 일부 우파들의 주장은 자신들의 기득권 보호 차원의 과장된 주장으로 설득력이 없다. 그렇다면 한국은 경쟁과 시장으로 모든 것을 해결하려는 시장 근본주의적인 시장경제, 또는 신자유주의적인 시장경제를 하고 있다는 일부 좌파들의 주장은 얼마나 설득력이 있는 것일까?

이 질문에 답하기 위해서는 신자유주의가 무엇인지를 먼저 설명해야 한다. 신자유주의가 한국의 많은 경제적, 사회적 문제들의 원인이라고 진단하는 주장들은 '신자유주의'가 무엇인지에 대해서 언급조차 없이 신자유주의를 '모두가 당연히 알고 있는 내용'으로 취급하는 경우가 대부분이다. 그러나 경제학자들 사이에서도 '신자유주의가 무엇인가에 대한 공통된 이해가 아직 형성되어 있지 않았으니'[44] 일반 대중들이 쉽게 이해할 수 있는 신자유주의에 대한 간명한 정의를 내리기는 결코 쉬운 일이 아니다.[45]

일반 대중들은 신자유주에 대해서 '뭔지 잘 모르겠지만 막연하게 뭔가 나쁜 것'[46]이라는 인식을 가지고 있다. 일반 대중들은 어떤 특정한 경제정책이 신자유주의적인 것인지 아니면 케인스주의적인 것인지 대해서 별 관심이 없다. 관심이 있다고 해도 대중들을 상대로 신자유주의와 케인스주의를 구분해서 설명하는 것은 쉽지 않은 일이다. 신자유주의가 무엇인지에 대한 정확한 이해가 없는데도 불구하고 대중들이 신자유주의를 '뭔가 나쁜 것'이라는 인식을 갖게 된 것은, 소위 '전문가'라는 사람들이 어떤 경제정책이나 현상을 반대하기 위해 '신자유주의적'이라고 단순화하고 대립화하는 무책임한 비판들을 함으로써 기여한 부분이 크다. 이러한 단정적 비판은 신문이나 인터넷 매체에 기고하는 짧은 글들이나 대중 영합적인 책들에서 무수히 발견된다. 자본주의 비판에 관한 번역서의 경우에는 원제목에 없는데도 불구하고 '신자유주의'를 번역서 제목에 넣은 경우들이 있으며, 심지어는 책의 제목만이 아니라 내용에도 '신자유주의'라는 단어가 단 한 차례도 등장하지 않는데도 제목에 '신자유주의'가 들어가는 경우들도 있다.[47]

신자유주의가 나쁜 것인지 아니면 좋은 것인지에 대한 판단은 비판을 제기하는 사람의 가치관과 이념에 따른 주관적인 선택이다. 따라서 비판의 내용에 동의하지 않는다고 해도 사회의 균형적 발전을 위해 필요한 다양성 차원에서라도 그러한 비판들은 존중되어야 한다. 그러나 만약에 신자유주의를 나쁜 것이라고 규정하고, 어떤 경제정책을 신자유주의적인 것이라고 범주화하면 그 정책은 나쁜 것이라는 가치판단의 결론을 유도하게 된다. 어떤 경제정책이 신자유주의적인 것인지 아닌지는 개인의 가치관에 따른 선택의 문제가 아니라 객관적인 증거에 근거해야 한다. 자신이 비판하는 신자유주의가 무엇인지를 정확하게 정의하지 않고서 다만 주관적인 판단만으로 어떤 경제정책을 신자유주의로 규정하는 것은 위험한 일이다.

| 마르크스주의자들의 신자유주의 |

신자유주의에 대한 진지한 논의들에도 주장자의 이념적 좌표에 따라 신자유주의의 정의는 큰 차이를 보이고 있다. 마르크스주의 경제학자들은 신자유주의를 모든 사회적 관계를 시장경제적 관계로 재편하거나 시장경제적 관계에 최대한 종속시킴으로써 자본 운동의 자유를 극대화하려고 하는 정치적 이념이자 운동이라고 정의한다.[48] 그렇기 때문에 이들에게는 반독점 정책이나 공정거래 정책과 같이 시장경제에서 나타나는 독점으로 인한 폐해나 불공정거래를 바로잡기 위해서 국가가 개입하는 것조차도 신자유주의다. 또한 불평등한 소득분배로 인한 양극화와 같은 계급 대립적인 경향을 만들어내는 자본주의 문제들을 바로잡기 위한 복지 정책을 시행하는 것과 같은 국가 개입도 신자유주의다.[49] 사회적 경제도 시장경제를 중심으로 한 경제정책적 영역과 시장경제적 업적을 기초로 사회 구성원의 복지를 보장하기 위한 사회정책적 영역이 결합된 것이기 때문에 신자유의적인 신조에 기초하고 있다고 주장하며,[50] 재벌 개혁 정책도 자본의 효율성을 극대화하는 신자유주의적 개혁이라고 주장한다.[51]

마르크스주의 경제학자들이 독과점 규제 정책, 복지 정책, 재벌 개혁 정책 그리고 사회적 경제까지도 신자유주의로 보는 것은 이러한 정책들이 '국가독점자본주의의 구조적 축적 위기를 반동적인 방식으로 대처하기 위해서',[52] 다시 말하면 시장경제의 위기를 극복하고 시장경제를 유지하기 위한 수단으로 보기 때문이다. 마르크스주의 경제학자들은 자본주의와 시장경제 자체를 부정하는 이념에 기초하고 있기 때문에 자본주의의 모순을 교정하려는 어떠한 노력이나 시도도 모두 신자유주의이며, 시장경제를 유지하기 위한 정치적 이념으로 본다. 그렇기 때문에 마르크스주의 경제학자들의 신자유주의에 대한 비판은 자본주의에 대한 비판이며, 이를 달리 표현하면 자본주의 비판을 신자유주의 비판으로 옮겨놓은 것이다. 그렇기 때문에 그들의 글에서 '신자유주의'라고 표현한 부분을 '자본주의'로 대체해도 글의 의미가 크게 달라지지 않는다.

신자유주의와 자본주의를 동일한 선상에 놓고 있는 마르크스주의 경제학자들이 정의하는 신자유주의는 1980년대 초부터 미국과 유럽에서 시작된 현실적인 조류로서의 신자유주의와는 매우 동떨어진 것이다. 또한 많은 신자유주의 논쟁들이 '모두가 당연히 알고 있는 내용'으로 간주하는 신자유주의와도 상당한 거리가 있는 것이다. 그러나 마르크스주의 경제학자들의 신자유주의에 대한 비판은 자신들만의 분명한 신자유주의에 대한 정의에 근거하고 있다는 점에서 일관성을 가지고 있다. 그들의 신자유주의에 대한 정의와 비판에 대한 동의 여부를 떠나서 적어도 그들의 주장은 분명 일관성이 있다.

신자유주의를 정확하게 정의하지 못하거나 않으면서 애매모호한 개념에 근거해서 한국의 많은 문제들을 '신자유주의 때문'이라고 단정하는 얼치기 주장들보다는 최소한 그들의 주장의 실체에 대해서 이해할 수는 있다.

| 신자유주의의 기원 |

한국 사회에 발생하는 많은 문제들을 신자유주의 때문이라고 주장하는 논쟁이나 글들이 각각 다른 의미로 신자유주의를 사용하고 있기 때문에 일반 대중들이 이를 쉽게 이해하도록 단순 명료하게 설명하기란 어려운 일이다. 신자유주의는 '학문적 토론의 산물이 아니고, 1970년 후반부터 영국과 미국에서 대처 정부와 레이건 정부가 시행한 일련의 정책들이 가지고 있는 정치 이데올로기로 시작되었기 때문에 엄격한 개념 설정이 사실상 쉽지 않다.'[53] 미국과 유럽에서 신자유주의적인 정책들이란 그 이전 단계의 미국과 유럽에서 주류를 이루었던 경제정책들에 대비한 개념들이다. 특히 한국에서는 이러한 정책들이 존재하지 않았기 때문에 미국과 유럽에서 신자유주의 개념을 한국 현실에 바로 적용할 경우에 혼란이 생기는 것은 피할 수 없는 것이기도 하다.

　신자유주의 조류에서 공통적으로 발견되는 최소한의 개념으로 요약한다면, 신자유주의는 '시장의 기능과 역할을 확대하고 정부의 경제 운용의 역할과 시장 개입을 축소'하는 것으로 이해할 수 있다. 그러나 이렇게 요약한 개념은 많은 신자유주의 논쟁들에서 발견되는 '최소한의 공통점'을 정리한 것일 뿐이기 때문에 이를 일반화하거나 또는 정확한 개념으로 확정지을 수는 없다. 신자유주의는 이를 논의하는 사람의 이념적 좌표의 차이, 비판이나 논의의 대상이 되는 경제 현상이나 경제정책에 대한 인식의 차이, 그리고 경제 이념의 역사적 변화에 대한 인식의 차이에 따라서 그 의미가 크게 달라진다. 신자유주의를 시장 또는 경제적 영역에 국한하여 보지 않고 사회구조의 전반적인 영역까지 확대해서 적용하는 것으로 정의하기도 한다.[54] 또한 정부가 시장을 유지하는 역할을 인정하는 것을 신자유주의로 정의하는 것에서부터,[55] 시장의 불완전성과 결함을 고쳐가는 것도 시장 기능의 일부이기 때문에 이런 부분도 정부의 개입을 완전히 배제하는 것을 신자유주의로 정의하는 것까지 그 범위가 매우 넓다.[56] 또한 신자유주의를 시장 확대를 위한 핵심 이론으로 규정하는 이유는 시장이란 스스로 자발적 질서를 만들고,[57] 경쟁을 통해서 효율성을 달성하는 메커니즘(mechanism)으로 보고 있기 때문이며,[58] 이와는 별도로 자본가의 자유를 확대하기 위한 것으로 보는 견해도 있다.[59]

영국과 미국에서의 신자유주의 개념과 유럽 대륙 국가들의 신자유주의 개념에도 차이가 있다.[60] 영국과 미국에서의 신자유주의란 1980년대 초부터 그 이전의 케인스주의 정책 패러다임으로부터의 결별을 의미한다. 즉 1929년 대공황 이후에 정부가 적극적으로 재정 정책 등을 통해서 경제에 개입하고 공정한 시장 질서를 유지하기 위한 규제를 도입했던 케인스주의에 대한 반격으로서 시장 근본주의에 가까운 개념으로 이해할 수 있다.[61] 그러나 영미식 시장 근본주의도 경제사회적 모든 문제에서 정부의 역할을 최소화해야 한다는 자유방임적 자유주의와는 다르다.[62] 유럽에서의 신자유주의는 케인스주의적 정책에 대한 반격뿐만 아니라 강력한 노조와 광범위한 복지정책에 대한 반격으로[63] 정부의 역할을 축소하고 시장 기능을 강화하는 것으로 이해할 수 있다. 영미형과 북유럽형의 자본주의는 둘 다 '시장경제와 민주주의를 기본으로 하지만 전자가 시장 효율성과 경쟁을 상대적으로 더 중시하는 입장이라면, 후자는 민주주의와 공정성, 연대 등을 더 중시하는 것'[64]으로 차이가 있기 때문에 기존 체제에 대한 반동으로 나온 신자유주의의 개념도 다를 수밖에 없다.[65]

이같이 신자유주의는 어떤 정형화된 이념이나 이론이 아니라 나라들마다 서로 다른 정책들의 집합체다. 최장집은 사회학자인 모니카 프라사드(Monica Prasad)가 미국, 영국, 독일, 프랑스 네 나라 사례에 대한 비교를 통해 신자유주의 경제정책의 태생과 실행 과정에 대해 연구한 결과를 바탕으로 다음과 같이 신자유주의를 정리한 바 있다.

'프라사드의 주장은, 흔히 신자유주의라고 말하는 정책 프로그램은 어떤 정연하게 체계화된 경제 이론이나 원리에서 비롯된 것이 아니라, 각 나라가 처한 정치경제적 현실에서 경쟁하는 정치 세력들이 선거 승리를 위해 유권자들에게 제시했던 임의적으로 만들어진 일련의 정책 대안들의 집합이라는 것이다.'[66]

신자유주의에 관한 많은 연구들은 신자유주의를 경제 이념으로 논의하기보다는 1980년대 초부터 미국과 영국 그리고 유럽에서 나타난 규제 완화, 개방화, 민영화, 자유화, 세계화, 작은 정부 등으로 상징되는 일련의 시장 기능의 확대와 정부 역할의 축소를 특징으로 하고 있는 경제정책들로 정의한다. 1979년에 마거릿 대처(Margaret Thatcher)가 영국 수상이 되고, 1980년에 로널드 레이건(Ronald Reagan)이 미국 대통령이 되면서 규제 완화와 민영화를 통한 정부의 역할을 축소하고 시장의 역할을 확대하는 일련의 정책들을 시행하면서 신자유주의가 시작되었다고 보는 견해가 지배적이다. 여기에 추가로 미국의 중앙은행 역할을 하는 연방준비제도(Federal Reserve System) 의장인 폴 볼커(Paul Volcker)가 통화주의(Monetarism) 정책으로 인플레이션을 관리하기 시작한 시점도 신자유주의가 시작된 시기로 보는 견해도 있다.[67] 이러한 신자유주의 정책들은 대공황 이후에 50여 년 동안 자본주의 시장경제체제에서 주류를 이루었던 케인스주의적 경제정책이 한계에 이른 경제 상황과, 구소련과 동구권의 공산주의 붕괴에 대한 반동으로 나타난 보수적 자유주의 또는 구자유주의의 20세기 형태라고 할 수도 있다.[68]

| 신자유주의 남용과 범람 |

미국과 유럽 또는 남미에서의 신자유주의 논쟁은 좌파와 우파의 정치적 대립 가운데 경제체제의 선택과 그에 따른 정책의 변화를 논하는 내용들이다. 그런데 한국 지식인들이 벌이고 있는 신자유주의 논쟁들은 미국과 유럽에서의 논쟁의 연장선에서 이뤄지는 경향이 있다. 신자유주의라는 개념 자체가 수입된 것이기에 그러한 경향은 당연한 측면이 있지만, 다른 한편으로는 한국의 현실과는 동떨어진 미국과 유럽에서 전개되고 있는 문제들에 대한 논쟁을 여과 없이 적용한 것들도 적지 않다.

한국이 계획경제체제를 포기하고 시장경제체제로 전환하기 시작한 시기를 1990년대 중반이라고 본다면, 이는 미국과 유럽에서 신자유주의적 정책들이 시행되기 시작한 시기보다 15년이나 지난 후다. 또한 이러한 한국에서 시장경제로의 전환 배경은 미국과 유럽에서처럼 케인스주의적 시장경제에서 신자유주의적 시장경제로 전환한 것과는 판이하게 다르다. 미국과 유럽에서 신자유주의가 등장하게 된 배경은 정부의 적극적인 재정 정책과 규제를 통한 시장 개입, 강력한 노조 그리고 광범위한 복지 정책 등으로 대표되는 케인스주의 정책이었다. 미국과 유럽에서 신자유주의가 출현한 1980년대 초 이전에 '1950년대부터 1970년대까지의 30여 년의 기간은 의료·교육·사회 서비스를 더 많은 사람들이 이용하게 하고 그 질을 개선하는 복지국가의 역할이 확대된 복지국가의 황금시대였으며, 조직된 노동의 조직적 힘과 영향력이 증대한 기간이었다.'[69]

미국과 유럽에서 신자유주의적 정책들이 출현한 배경인 광범위한 복지 제도나 강력한 노조 같은 현상들은 한국의 개발 경제 시대에는 존재하지도 않았다. 미국과 유럽에서 신자유주의가 꽃을 피우던 1990년대 중반까지도 한국에서는 목욕탕 요금과 자장면 값까지도 정부가 규제하는 계획경제를 하고 있었다. 계획경제 하에서의 정부의 시장 개입은 주로 재정 정책을 통한 케인스주의적 시장 개입 정책과는 근본적으로 다르다. 다시 말하면 한국에서는 케인스주의적 시장경제체제 단계가 존재하지도 않았다. 한국에서의 신자유주의 논쟁들은 이러한 차이를 무시한 채 계획경제에서 시장경제로 전환하는 과정에서 시장경제를 구축하기 위한 정책들을 신자유주의로 규정하고 미국과 유럽에서의 논쟁을 바로 연장하는 오류를 범하고 있다.

1995년 김영삼 정부에서 시작한 시장경제로의 전환 시도 이후에 곧바로 1997년 외환 위기를 맞게 되어 민영화·자유화·개방화 등의 정책들이 가속화되었고, 이러한 일련의 정책들은 미국과 유럽에서 진행된 신자유주의적인 정책들과 맞물리게 되었다. 그렇기 때문에 일부 학자들은 미국과 유럽에서의 신자유주의적 정책들과 유사한 이러한 정책들 때문에 한국이 계획경제에서 케인스주의적 시장경제나 복지국가 단계를 거치지 않고 곧바로 신자유주의로 이전되었다고 주장하기도 한다.[70] 그리고 '한국은 케인스주의적 복지국가 단계가 없었기 때문에 훨씬 더 비인간적이고 잔인하고 사람이 살기 어려운 시장만능주의' 또는 극단적인 신자유주의 체제라고 규정한다.[71]

한국이 케인스주의적 복지국가 단계를 뛰어넘었다는 주장은 논리적으로 박정희 시대의 계획경제체제를 미국과 유럽에서의 케인스주의적 시장경제 이전의 구자유주의 단계와 같은 동일한 것으로 규정하는 것이나 마찬가지다. 또는 1990년대 중반부터 시작된 시장경제 전환 시도 중에서 복지 확충과 같은 케인스주의적인 제도 도입조차도 시장만능주의로 규정하는 형국이다. 한국이 계획경제에서 시장경제로 전환하는 과정에서 민영화·자유화·개방화 정책들이 시행되었고, 이러한 정책들은 '대처리즘과 레이거노믹스(Reaganomics)로 대변되는 신자유주의적 흐름의 한국적 반영'인 부분들이 있다. 그러나 그것들의 실제 내용들은 과도한 계획경제나 폐쇄경제의 일부분을 교정하고자 하는 시도이지 영미식 시장 근본주의 정책들과는 차이가 있다.

앞서 설명한 바와 같이 1990년대 중반까지도 한국에서는 상업은행의 이자율, 환율, 임금에서부터 설탕·라면·자장면 값과 목욕탕 요금 같은 기본적인 생활 물가까지도 정부가 직접 통제 관리했다. 이런 배경에서 가격 자율화 정책이란 최소한의 범위에서 시장 기능의 복원이며 경제를 활성화하기 위한 것이지 신자유주의적인 처방과는 근본적으로 다르다. 또한 자유화와 개방화도 극도로 폐쇄적인 무역체제로는 더 이상 경쟁국의 압력을 감당하기 어려워진 상황에서 수출 방어를 위한 조치의 성격이 강했다. 정부가 수출 촉진 정책의 일환으로 수출 기업에 낮은 이자율의 특혜 금융과 보조금을 지급하는 한편, 높은 관세를 통한 수입통제나 금지로 일관하던 폐쇄적인 무역정책을 폐기하고 개방화 정책을 선택한 것을 영미식 개방화 정책과 동일시하는 것은 침소봉대다. 사실 영미식 개방화 정책은 상대국에 대해 적극적이고 공격적인 조치로써 상품 시장보다는 주로 자본시장에 집중된 것이었다. 하지만 한국의 경우는 여느 나라와 유사한 수준에서 수출입 자율성의 폭을 확대한 수세적인 개방화 정책의 성격이 강하다. 스스로 선진국 단계에 진입했다고 선포했으며, 교역 규모가 세계 최상위권에 이른 한국이 마냥 국내시장을 닫고 있을 수만은 없었고 세계화라는 세계경제 질서의 재편을 거부할 수 없었기 때문에 불가피하게 받아들여야 했던 정책이었다.

한편에서는 영미식 신자유주의 정책들도 포함되어 있었다. 예를 들어 미국과의 자유무역협정(FTA, Free Trade Agreement)은 불가피한 것도 아니었고 한국이 선택한 것이었으며, 방어적인 것이 아닌 적극적인 개방화 정책이었기 때문에 신자유주의적인 정책이라고 볼 수 있다. 민영화 정책도 엇갈린 형태들이 보인다. 예를 들어 담배인삼공사를 KT&G(케이티앤지)로 민영화한 것은 적절한 조치였다고 보인다. 왜냐하면 담배와 인삼 사업은 공공성이 없을 뿐만 아니라 수입 담배와 국산 담배가 경쟁하는 시장구조에서 국가가 독점적으로 직접 사업을 영위하는 것은 비효율적이며 재정수입의 확보에도 도움이 되지 않는다. 따라서 담배인삼공사의 민영화는 신자유주의적인 것이라 할 수 없다. 그러나 철도·지하철·공항·의료 산업 등과 같이 공공성이 매우 높을 뿐만 아니라 복수의 경쟁적 사업 구조를 만들기도 어렵고, 효율성이 궁극적인 목적이 되어서는 안 되는 부분을 민영화하는 것은 신자유주의적인 것이다. 또한 경쟁력을 상실하거나 경영 부실에 이른 기업들이 구조 조정의 일환으로 어쩔 수 없이 노동자를 해고하는 것은 시장의 경쟁 구조에서는 불가피한 조치로 볼 수 있지만, 경영 효율성을 높인다는 명분으로 전체 임금노동자의 절반에 가까운 노동자들을 불안정한 고용 상태인 비정규직으로 허용하는 것이나 정당한 노조 활동을 억압하기 위한 구조 조정은 신자유주의적인 것이다.

　한국에서 복지 제도의 최초 시도라고 볼 수 있는 실업 급여를 제도화한 고용보험법이 실시된 것은, 미국과 유럽에서 과잉 복지에 대한 논쟁이 시작된 지 15년이 지난 후인 1995년이다. 또한 소득이 최저생계비에 미치지 못하는 빈곤층을 지원하기 위한 기초생활보장법이 시행된 것은 이보다 훨씬 뒤인 2000년이다. 한국은 미국과 유럽에서 케인스주의의 흔적을 지우고 신자유주의적 정책들이 정착한 시기에 오히려 복지 제도를 도입하기 시작했다. 그리고 국민연금이나 의료보험과 같은 기초적인 복지 정책들은 오히려 1997년 외환 위기 이후에 확대 실시되었으며, 한국에는 미국과 유럽에서 1980년대 초 신자유주의를 태동하게 한 원인의 하나로 지목되는 강력한 노조가 일부 대기업에 국한된 예외적인 것이며 과다한 복지 부담은 아직까지 존재하지도 않는다.

이같이 1997년 외환 위기 이후에 실시된 민영화·자유화·개방화 정책들을 미국과 유럽에서의 신자유주의적인 정책과 같은 것으로 비판하는 것은 한국의 현실을 고려하지 않은 것이며, 이는 한국의 '일부 진보파들이 구미의 진보파를 잘못 모방'하고 있는 것이다.[72] 다만 민영화·자유화·개방화 정책들이 적절한 전략과 절차를 통해서 바람직한 방향으로 추진되었는지는 검토 대상이다. 하지만 한국에서는 이러한 정책들 중에는 시장경제체제를 자리 잡기 위해서 시행된 정책들이 대부분이며, '한국의 경우, 노동 친화적인 케인스주의적 정책을 경험해보지 못했고 (계획경제체제에서) 시장과 경쟁, 개방의 폐해를 국가가 규제를 통해 억제했다기보다는 국가가 대자본을 위해서 시장·경쟁·개방을 억압했다고 하는 점에서 경제 위기 이후의 시장 친화적인 정책들을 모두 신자유주의라고 하기는 어렵다.'[73] '다른 한편으로는 박정희 모델(계획경제)의 한계를 극복하기 위한 지배블록 내부의 자구 노력',[74] 즉 다시 말하면 이미 한계를 노정한 박정희식 계획경제로부터 시장경제로의 전환을 위해 기초적인 제도들을 구축하려는 정책들이라고 봐야 할 것이다. 따라서 한국에서 실시된 이러한 정책들이 신자유주의적인 성격이 있다고 해도 '노사 간의 사회적 타협을 파기함으로써 노동계급에 대한 (독점)자본의 지배를 재확립하고자 하는 영미식 신자유주의와는 근본적으로 다른 것이다.'[75] 한국의 현실과는 동떨어진 미국과 유럽의 문제에서 발생한 논쟁으로 한국 경제를 진단하는 것은 '내 다리가 가려운데 옆 사람 다리를 긁는 것'과 마찬가지다.

| 파란색 칠하기와 빨간색 칠하기 |

한국이 계획경제에서 시장경제로 전환하는 과정에서 실시된 정책을 모두 신자유주의로 규정한다면 신자유주의 비판자들의 많은 주장들은 자기모순에 빠지게 된다. 미국과 유럽에서 신자유주의적인 정책이 반노동적이고 복지 축소 지향적이라는 평가는 정당하다. 그러나 이러한 주장을 그대로 한국에 적용하면 '신자유주의 시대'라고 규정한 지금보다 계획경제 하에서 노동자들이 더 많은 권리를 누렸고, 국민들이 더 많은 복지 혜택을 보았다는 것으로 잘못 이해될 수도 있다. 미국과 유럽에서 신자유주의로 인해서 복지가 축소되었다는 것은 계획경제 시대에 복지가 없었던 한국과는 아무런 상관이 없는 일이다. 서구에서 신자유주의가 축소한 복지를 한국은 이제야 겨우 한 걸음을 시작한 정도다. 노동자의 권리도 마찬가지다. 재벌 기업 중에도 현대자동차는 강력한 사업장 단위 노조가 존재하지만 삼성전자는 무노조를 고수하고 있다. 또한 전체 노동자의 90% 이상이 노동조합에 가입하지 않고 있으며, 미국이나 유럽에서와 같은 강력한 노조와 산업별 노조는 아직도 한국에 존재하지 않는다. 비정규직은 날로 늘어나고 있지만 대기업의 기득권 노조들이 비정규직을 조합원으로 인정하지 않는 '노노 갈등' 양상까지 빚어지고 있다. 1997년 외환 위기 이후에 노동자들이 더욱 어려운 처지에 몰렸지만 그러한 현상이 미국과 영국에서처럼 강력한 노조에 대한 신자유주의 세력의 정치적 반격으로 노동자의 영향력이 약화된 현상과는 전혀 다르다. 재벌과 관료의 결탁은 가장 좌파적인 정권이었던 노무현 정부도 손대지 못했을 정도로 그 영향력이 갈수록 커지고 있다. 이러한 한국 경제의 현재 상황을 모두 신자유주의라고 규정한다면 신자유주의가 아닌 것이 무엇인지를 정의할 수 없는 모순이 생긴다.

계획경제에서 시장경제로 전환하는 단계에서 '정부의 역할을 축소하고 시장 기능을 확대하는 정책을 무조건 싸잡아 신자유주의라고 부르는 경향'[76]은 신자유주의 비판의 남용이다. 한국에서 신자유주의 비판의 남용은 '부도난 기업에서 인력을 감축하는 구조 조정과 재벌 총수들의 불법행위를 견제하는 소액주주들의 권리 행사도 신자유주의로 비판'[77]할 정도다. 하청기업을 착취하는 재벌 기업의 불공정한 거래들은 반시장적인 것이다. 또한 산업자본인 재벌들이 은행까지 장악해서 자신들의 경제 권력을 확대하는 것도 반시장적인 것이다. 극히 적은 지분을 소유한 재벌 총수들이 회사를 사적 소유물로 치부하고 노동자와 소액주주들을 포함한 이해당사자들의 이익을 탈취하는 불법행위는 반시장적인 것이다. 그렇기 때문에 시장 자유화를 시행하면서 불공정거래를 막는 정책과 재벌들의 은행 소유를 금지하는 정책은 자본주의 시장경제를 바로 세우기 위한 것이지 영미식 신자유주의 정책이 아니다. 기업 경영을 투명성과 책임성을 목적으로 하는 기업 지배 구조의 개선과 소액주주의 권리 강화는 잘못된 기업 경영을 바로잡기 위한 것이지 신자유주의적인 것이 아니다.

시장경제를 인정하거나 또는 부정하지 않으면서 시장경제를 바로 세우기 위한 정책들까지도 시장만능주의적인 신자유주의 정책이라고 비판하는 것은 잘못된 것이다. 시장 체제를 옹호하거나 또는 경쟁을 중요시하는 정책을 동의하지 않거나 반대한다면 굳이 신자유주의라는 규정을 동원할 필요도 없고 그저 자본주의나 시장경제 자체를 비판하면 된다. 그것은 각자의 이념의 자유와 신념의 영역이며 존중되어야 한다. 다만 자신이 동의하지 않거나 반대하는 대상을 정당한 근거 없이 신자유주의로 규정짓는 것은 신자유주의를 '뭔가 나쁜 것'이라고 막연하게 생각하고 있는 대중들의 인식을 악용하는 대중 영합적인 '파란색 칠하기'다. 이는 일부 보수 우파들이 공정한 분배와 정당한 노동의 권리를 주장하는 것을 '좌빨'이라고 '빨간색 칠하는 것'과 다를 바가 없다. 이러한 '단정 짓기'는 문제의 본질을 왜곡시켜서 신자유주의의 폐해를 바로잡기보다는 오히려 정상적인 시장 발전을 저해하는 오류를 초래하고, 시장의 폐해를 바로잡는 올바른 대안 모색을 방해하는 원인이 되고 있다.

경제 권력은
재벌로 넘어갔다

| 아전인수 격 시장경제 해석 |

한국 시장경제의 발전 정도에 대한 평가는 이념적 지평이나 기득권
에 따라서 엇갈리고 있다. 진보 좌파와 보수 우파의 상반된 평가는
진보적 정권이었던 김대중, 노무현 정부 때 '보수 세력은 정권이 시
장만능주의에 빠지지 않으려 하면 좌파로 몰아붙이고, 진보 세력은
정권이 시장 질서를 바로잡으려 하는 경우에도 시장만능주의로 몰
아붙이는'[78] 엇갈린 비판을 함으로써 정권이 일관된 정책을 시행하
지 못하는 혼란을 겪었다. 보수적 정권이었던 이명박 정부도 혼란
을 겪기는 마찬가지였다. 이명박 정부 초기에 '친(親)재벌, 친부자' 정
책을 표방해서 진보 좌파와 대립했다. 그러나 친재벌 정책은 재벌들
의 경제력 집중과, 대기업과 중소기업 간의 불균형을 더욱 확대시켰

고, 불공정거래로 인한 시장 질서의 교란으로 반시장적인 결과를 가져왔다. 결국은 친재벌을 표방한 이명박 정부도 정권 후기에 들어서는 대기업과 중소기업의 동반 성장 정책을 표방하고, 재벌 기업들의 내부 거래와 일감 몰아주기를 규제하면서 보수 우파와 대립하는 혼란을 겪었다. 한편 친부자 정책은 소득 불평등과 양극화를 확대해서 사회 갈등의 씨앗을 뿌린 결과를 가져왔다.

시장경제를 주장하는 보수 우파인 이명박 대통령이 '친재벌'을 표방한 것이나 진보 좌파인 노무현 대통령이 '권력은 시장으로 넘어갔다'고 말한 것은 모두 '시장'에 대한 왜곡되거나 부족한 이해 때문이다. 시장에는 기업, 소비자, 노동자 그리고 투자자와 같은 다양한 이해당사자들이 참여한다. 그리고 친시장이라면 재벌만이 아니라 시장에 참여하는 모든 이해당사자의 권익이 존중되고, 공정한 경쟁이 이뤄져야 한다. 기업은 시장 참여자의 하나일 뿐, 기업이 시장의 전부는 아니다. 따라서 시장경제를 주창한 새누리당(당시 한나라당) 이명박 정부의 '친기업' 정책이 다른 이해당사자들보다는 기업의 이익을 더 중요시하겠다는 것이라면, 이는 반드시 이해당사자들 간에 이해 상충을 초래하게 된다. 이런 식의 아전인수 격 '친시장' 정책은 결국 반(反)노동자, 반소비자, 반투자자가 될 것이기에 궁극적으로 반시장적인 것이 된다. 노무현 대통령의 '권력은 시장으로 넘어갔다'는 발언은, 그 내용을 살펴보면 재벌들이 개혁에 조직적으로 저항하는 것을 한탄한 것이기 때문에[79] '권력은 재벌로 넘어갔다'고 해야 할 말을 잘못한 것이었다. 노무현 대통령도 이명박 대통령과 마찬가지로 재벌을 시장과 동일시하는 오류를 범했다. 두 대통령 모두 시장을 기업 또는 재벌과 등치시킨 것은 단순한 용어 선택의 오류라기보다는 시장에 대한 이해의 오류였거나 재벌이 시장을 지배하는 상황을 인정한 것이다.

| 반시장적인 재벌과 대기업 |

필자는 한국이 시장경제를 '제대로' 하고 있지 않다고 생각한다. 그 이유는 규제나 신자유주의가 넘쳐나서가 아니라 가장 기초적이고 기본적인 공정한 경쟁조차 구현되지 않고 있기 때문이다. 물론 경쟁이 만능도 아니며 모든 분야에서 무차별로 경쟁 원리가 적용되어서도 안 된다. 경쟁 시장의 원리가 적용되지 못하는 시장 실패 분야에서는 국민의 대리인인 정부가 주체가 되어야 한다. 하지만 그런 부문이 아니라면 경쟁 원리가 적용되어야 하며, 시장경제가 작동하려면 공정한 경쟁이 이뤄져야 한다. 누구에게나 경쟁에 참여할 기회가 주어지고, 경쟁의 과정이 공정해야 한다. 경쟁의 출발선에서 모두가 동일한 위치에서 시작할 수는 없지만 경쟁의 과정에서 각자의 노력과 창의력으로 결승점에 이르렀을 때 출발선에서와는 다르게 순위가 뒤바뀌는 역동성이 존재해야 한다. 또한 경쟁의 결과로 얻어진 가치가 경쟁에 참여하고 기여한 사람들에게 공정하고 공평하게 분배되어야 한다. 물론 이러한 원론적인 공정한 경쟁이 완벽하게 이뤄지는 시장은 현실적으로 존재하지 않는다. 그러나 굳이 구체적인 통계와 분석을 보지 않더라도 상식적인 수준에서 '한국에서 경쟁이 공정하게 이뤄지고 있는가'라고 묻는다면 대다수 국민들의 답은 '아니다'이다.

'개천에서 용 나지 않고', '티끌 모아 태산 되지 않는' 것이 한국의 시장경제다. 경쟁은 기득권 세력들의 지배 논리로 이용되고 있다, 출발선의 1등이 결승점에서의 1등이고, 한 번 1등이면 영원한 1등이 되는 것은 경쟁이 아니다. 한국이 시장경제를 제대로 하지 못하고 있는 데에는 여러 가지 걸림돌들이 있다. 그중에서도 가장 큰 걸림돌이 되고 있는 것은 재벌의 시장 지배와 정부의 관치 경제다. 재벌들은 한국의 경제가 발전하는 과정에서 정책적으로 육성되었고 경제 성장에 주요 수단이었으며 큰 기여를 했다. 지금도 한국 경제의 성장이 재벌의 성장 여부에 따라서 결정되는 중요한 역할을 하고 있다. 그러한 재벌들이 공정한 경쟁이 이뤄지는 시장경제의 걸림돌이 되고 있다는 것은 아이러니가 아닐 수 없다. 또한 시장경제가 제대로 작동하도록 할 책임이 있는 정부와 정치권이 오히려 공정한 경쟁의 걸림돌이 되고 있다는 것도 또 다른 아이러니다.

재벌들은 하지 않는 사업이 없을 정도로 거의 모든 분야에 진출하고 있다. 그리고 각 사업 분야에서 재벌의 시장 지배력은 가히 절대적이다. 신생 기업이 재벌 기업이 하지 않은 사업을 찾아서 성장한다는 것 자체가 불가능에 가까울 정도이고, 중소기업이 재벌 기업이 하고 있는 사업에 도전한다는 것은 자살행위나 마찬가지라는 말은 결코 과장이 아니다. 소수의 재벌 그룹들이 시장을 장악하고 있는 구조에서 소기업이 중기업으로, 중기업이 대기업으로 성장하는 기업 생태계가 한국에서 작동하지 않은 지 오래되었다. 중기업이나 중견기업마저도 대기업과 경쟁하는 관계가 아니라 대기업의 하청기업으로서 성장하는 구조다. 그렇기 때문에 지금의 재벌 구조가 확고하게 자리 잡기 시작한 1980년대 중반 이후 지난 30여 년 동안 정주영, 이병철, 김우중과 같은 새로운 창업자의 성공 신화가 나오지 않고 있다.

그러한 현상을 단적으로 보여주는 것이 미국과 같이 시장경제의 역사가 오래된 나라에서도 100대 부자의 70%가 당대의 창업자인데 반하여, 한국에서는 거꾸로 75%가 물려받은 부자라는 사실이다.[80] 또한 국가 경쟁력을 발표하는 WEF의 2013년 세계 경쟁력 보고서에 의하면 한국의 국가 경쟁력은 19위이지만, '소수의 기업이 시장을 지배하고 있는가'라는 조사 항목에서는 99위로 소수 재벌 기업의 시장 지배가 매우 심한 나라다. 신자유주의 시장경제를 시작한 나라로 지목받는 영국과 미국은 각각 6위와 9위이며, 북유럽의 독일과 스웨덴도 각각 2위와 21위로 소수의 재벌들이 시장을 장악하고 있는 한국과는 전혀 다른 시장구조를 가지고 있다.[81] 또한 다른 세계 경쟁력 연보를 발표하는 IMD 보고서에 의하면 조사 대상 59개 국가 중에서 대기업과 중소기업의 효율성 차이에서 한국은 꼴찌인 59위를 기록해서 대기업과 중소기업의 불균형이 가장 심한 나라다.[82]

재벌 그룹들은 총수 가족이 소유한 회사와 계열사를 부당하게 지원하는 일을 빈번하게 자행하고, 일감 몰아주기와 같은 회사의 사업 기회조차 총수 가족이 독차지하는 것을 당연시하고 있다. 상장된 주식회사에서도 경영권을 장악하고 있는 대주주들이 회사 재산을 개인 재산과 같이 제멋대로 가져가는 횡령이나 배임과 같은 범죄 행위가 빈번하게 발생하고 있다. 재벌들이 장악하고 있는 한국의 시장에서 경쟁이란 새로운 승자를 만드는 순기능보다는 오히려 기득권을 강화해주는 역기능이 더 많이 작용하고 있다. 이러한 시장구조에서는 공정한 경쟁을 기대조차 못하는 것이 한국의 현실이다. 새로운 도전자가 성공하지 못하고 기득권을 더욱 강화하는 경쟁을 하는 시장은 제대로 된 시장이 아니기 때문에 한국은 시장경제를 '제대로' 하고 있지 않다고 평가하는 것이다.

| 반시장적인 정치권과 관료들 |

정부와 정치권의 뿌리 깊은 관치 경제도 시장경제가 제대로 시행되는 것을 가로막고 있다. 경제 관료가 '관은 치를 위해서 존재한다'고 공언할 정도로 정부의 시장 개입은 광범위하며 깊다. 정부가 시장에 개입하는 것은 시장 실패의 경우로 제한되어야 하며, 시장의 영역에서는 시장의 질서를 바로잡고 경쟁이 공정하게 이뤄지는 감시자의 역할이어야 한다. 그러나 불공정거래를 막고 독과점을 해소할 책임이 있는 경제경찰인 공정거래위원마저도 재벌들이 경제성장에 기여한다거나 투자를 촉진한다는 명분으로 그 책임을 망각하는 경우가 허다하다. 공정거래위원장이 정권의 정치적 목적을 충실하게 수행할 사람들로 임명되면서 정권이 바뀔 때마다 공정거래위원회는 재벌의 불만 사항을 들어주는 '재벌민원위원회'로 전락하고 있다. 친재벌을 표방한 이명박 정부 때는 물론이고, 경제민주화를 선거공약으로 내세웠던 박근혜 정부에서도 마찬가지다.[83] 또한 정부가 시장에서의 가격 결정에 개입하는 개발 연대 시대의 관행이 아직도 여전히 남아 있고, 정부가 민간 기업의 인사에까지도 개입하는 일들이 공공연하게 자행되고 있다. 또한 감독 책임이 있는 정부가 시스템 리스크가 있다는 핑계로 부실기업의 처리를 지연하거나 부실한 금융기관을 방치해서 정상적인 기업이나 금융기관까지 생존 위협을 받는 경우도 자주 있다. 노무현 정부 때 부실한 신용카드 회사를 구제하기 위해서 정상적인 금융회사에게 반강제로 구제금융을 갹출하게 했고, 이명박 정부 때 부실한 건설 회사를 정리하기보다는 오히려 지원 정책을 추진했으며, 또한 부실한 저축은행의 상황을 능히 짐작하고 있으면서도 파산 지경에 이를 때까지 방치한 것들은 정부가 시장이 정상적으로 작동하도록 해야 할 역할을 하지 않은 사례들이다.

또 다른 사례가 민영화로 이미 민간 기업이 된 지 오래된 예전의 공기업들의 인사에 정부와 정치권이 공공연하게 개입하는 것이다. 대표적인 공기업이었던 포스코는 2000년에, 그리고 케이티(KT)는 2002년에 민영화되었고, 이후에 정부는 단 한 주의 주식도 가지고 있지 않다. 그럼에도 불구하고 이 기업들은 정권이 바뀔 때마다 정부와 정치권의 부당한 압력 행사로 인해서 회장을 포함한 임원들이 교체되는 수난을 겪고 있다. 케이티는 정치권의 회장과 임원들에 대한 인사 개입으로 얼룩지면서 '낙하산 집합소'라는 오명을 얻을 정도다.[84] 포스코도 정권이 바뀔 때마다 회장이 임기 중에 정치적 압력에 굴복해서 중도 하차하고 정치권의 입맛에 맞는 사람이 새 회장으로 임명되는 악순환을 반복하고 있다.

정부가 감독권을 가지고 있는 금융기관에 대한 정부의 인사 개입은 도를 넘어서서 아예 '관치 금융'이라고 불린다. 이명박 정부 때는 은행권 4대 금융지주회사들의 경영진들이 정권과 관계있는 사람들로 채워졌고,[85] 박근혜 정부에서도 금융위원회가 국민은행과 부산은행의 인사에 개입했다는 논란에 휩싸였다.[86] 금융감독원의 고위 관계자가 부산은행의 회장에게 은행이 '폐쇄적인 경영'을 하고 있다며 퇴임 압력을 행사하고, 금융위원장은 재경부 관료 출신의 금융지주회사 회장 취임을 공개적으로 옹호하는 발언을 할 정도로 박근혜 정부도 시작부터 관치 금융을 드러내며 하고 있다.[87] 2002년 이후 39개가 넘는 저축은행들이 부실로 영업이 정지되었지만 금융위(금융위원회)와 금감원(금융감독원)은 이들이 망할 때까지 제대로 된 감독조차 하지 않았다.[88] 1997년 외환 위기 이후에 종합금융회사들과 은행들이 '줄파산'을 했을 때도 당시 정부의 감독 당국들에 의한 감독다운 감독조차 없었다. 2003년에 신용카드 회사들이 부실 사태에 이르를 때까지 금융감독원과 금융위는 아무런 감독을 하지 않았고 사후적으로 부실 감독의 책임도 지지 않았다. 최근의 저축은행 부도 사태에서도 저축은행에 대한 금융위와 금융감독원 감독 부재는 또다시 드러났다. 부실 감독의 실상이 이런 지경인데도 금융위원장은 또다시 관료 출신의 은행지주회사 회장 취임을 공개적으로 옹호하고 있다. 뿐만 아니라 은행과 금융기관들 임원의 17%가 감독 부처의 퇴직관료일 정도로 금융회사들은 감독 당국 관료들의 퇴직 후 배출구로 전락하고 있다.[89]

지금까지 살펴본 바와 같이 한국에서 시장경제로 전환하기 위해서 시행한 자유화와 민영화 등의 정책들은 미국과 유럽에서의 신자유주의적 정책들과는 그 배경이 다르며, 과정도 다르게 진행되었고, 결과도 전혀 다르게 나타났다. 한국에서 신자유주의적이라고 비판을 받은 정책들은 '경제 운용의 중심축을 (미국과 유럽에서처럼) 국가에서 시장으로 이동시킨 것이 아니라 국가에서 독점자본으로 이동시킨 것이었다.'[90] 다시 말하면 계획경제에서 시장경제로 전환한 결과로 경제 권력이 정부에서 시장으로 이동된 것이 아니라 재벌로 이동되었다는 의미다. 결과적으로 시장경제체제로 전환한 이후의 한국 경제는 '신자유주의 문제가 아니고 시장의 규칙이 제대로 갖춰지지 않은 천민자본주의(Pariah Capitalism)의 문제'[91]가 더 심각하게 나타나게 된 것이다. 따라서 지금의 한국의 시장경제는 시장만능주의 또는 시장과 경쟁 중심의 신자유주의 과잉이 아니라 오히려 공정한 경쟁이 펼쳐지는 시장경제의 기본적인 질서조차도 바로 세워지지 않은 상황이다. '신자유주의 과잉 및 구자유주의의 결핍이 한국 경제의 핵심 문제'이며,[92] 권력이 시장으로 넘어간 것이 아니라 재벌에게 넘어갔는데도 이를 규제하지도 제어하지도 못하고 있는 것이 한국 경제의 또 다른 핵심 문제다. 한국 경제는 '자유의 과잉'으로 인하여 신음하고 있는 것이 아니라 오히려 '자유의 결핍'으로 인하여 고통을 받고 있다. '규제의 과잉'이 아니라 경제 권력을 제어하는 '규제의 결핍'으로 공정한 경쟁이 이뤄지지 않고 있다. 한국이 시장경제체제로 전환한 지 20년이 되었지만 시장경제의 기본적인 모습이라도 갖추기에는 아직 요원하기만 하다.

국가경쟁력 WEF 우리사주조합 투자 노동자협동조합 진보좌파 경영권 외환위기 시장경제 자본주의

세계화 투명성 중국 단기성과주의 공동결정 정의론 현대자동차 기술도둑 삼성전자 재벌총수 보수우파 핫머니 몬드라곤

독점 책임성

국부유출 공동체 먹튀 투기 시장근본주의 이해당사자 스웨덴 외국자본 OECD

풍랑효과 부채자본 IMD 소버린 서울우유 적대적M&A 욕조효과 이건희

국가자본 국가자본주의 협동조합 금융위기 재벌 규제왕국

IMF

제2부

한국 자본주의 따져 묻기

제
3
장

주주 자본은 자본주의 모순의 근원인가?

왜 주주 자본주의를
논의하는가?

주주 자본주의(Shareholder Capitalism)는 회사가 주주의 이익을 위한 주주 중심 경영을 하는 것을 의미한다. 그러나 주주 자본주의에 대해서 명확하게 정의가 내려진 것이 없어 사람들마다 조금씩 다른 의미로 사용하고 있으며, 일부에서는 이를 자본주의와 같은 개념으로 확대해서 사용하는 경우도 있다. 자본주의 체제에서 가장 일반적인 기업의 형태인 주식회사에서 주주 중심 경영을 하는 행태가 지배적으로 나타나는 현상을 주주 자본주의로 지칭하는 것으로 이해할 수 있다. 한국 상법은 주식회사(株式會社), 합명회사(合名會社), 합자회사(合資會社), 유한회사(有限會社) 그리고 유한책임회사(有限責任會社)의 다섯 가지 형태의 회사를 인정하고 있다. 그러나 다양한 기업 형태 중에서 주식회사는 많은 나라에서 가장 일반적인 회사로 활용되고 있으며, 한국도 전체 회사 중에서 주식회사가 95%를 차지하고 있다.[1] 주주 자본주의는 기업형태 중에서 주식회사가 '가장 좋은' 형태의 회사라는 이론적인 근거나 주장이 아니라 '가장 일반적' 형태이며, 주식회사가 다른 이해당사자(stakeholder)보다는 주주의 이익을 중심으로 경영하는 현상을 지칭하는 것이다.

이렇게 자본주의에서 가장 일반적인 회사 형태인 주식회사가 최근 의심의 눈초리를 받고 있다. 더욱 정확하게는 주식회사의 주인인 주주 자본이 눈총을 받고 있다. 일부에서는 지난 30년간 급속도로 진행된 소득 불평등과 양극화 심화 현상의 배후에는 주주 자본의 탐욕이 자리 잡고 있으며, 경기 침체와 성장 둔화도 주주 자본주의의 모순이 드러난 것이라는 비판이 제기되고 있다. 여기에는 주주 자본의 본질이 작용하고 있기 때문이라고 한다. 주주 자본, 즉 주식 투자란 그것이 생산적이든 투기적이든 가치판단을 하는 것이 아니라 이익이 모든 투자 행동 규범의 기준이 된다고 보고 있다. 또한 투자란 항상 위험을 수반하기 때문에 미래의 불확실성을 감내하면서 기다리는 것이 아니라 이익이 실현되면 언제라도 일단 투자를 회수한다고 보고 있다. 이 때문에 주식 투자는 근본적으로 투기적인 성격이 강하고, 장기보다는 단기의 유인이 강하게 작용할 수밖에 없다는 것이다. 더불어 이러한 투기적 단기 투자 성격 때문에 주주들은 경영진에게 회사의 장기적인 성장 가능성보다는 단기 성과에 치중하도록 압력을 가하고, 회사는 여타 이해당사자의 이익보다는 주주의 이익을 중심으로 운영될 수밖에 없다는 것이다. 결국 주주 자본주의는 현재 자본주의가 드러내고 있는 모든 모순의 근원인 것처럼 설명되고 있다.

이러한 주장은 문제의 인과관계를 설명하는 데 매우 간명하고 명확하여 일반 사람들에게 상당한 설득력을 얻고 있다. 특히 한국에서는 주주 자본주의 비판이 재벌이라는 기업형태와 교묘하게 맞물려서 이상한 형국을 자아내고 있다. 일반 사람들 시각에서는 주식투자란 원래 그럴 것이라는 편견이 작용해서 주주 자본주의의 폐해를 사실로 받아들이는 분위기가 형성되었다. 재벌의 입장에서는 주주 자본주의 비판을 지배 구조 개혁 압력에 대한 방어책으로 활용하고 있다. 지배 구조 개혁이란 결국 주주들이 자신들의 이익을 지키기 위한 목적이고, 재벌 기업은 단기 이익을 추구하는 주주들의 간섭 때문에 '국가 경제의 장래를 위한 투자'를 하기 어렵다는 주장이다. '기업 살리기'가 한국 사회에서 최고의 경제 가치로 자리 잡게 되면서 기업 경영에 걸림돌이 된다고 믿는 주주 자본의 퇴행적 행태를 비판하는 데 별반 저항감이 없는 것처럼 보인다. 한쪽에는 탐욕적인 주주 자본을 대립적으로 상정하고 다른 한쪽에는 주주 외에 모든 이해 당사자를 포진하는 형국에서 대부분의 사람들이 어떤 판단을 내리는지는 설명이 필요 없다. 결론부터 말하자면 주주 자본주의 비판은 일면적 사실과 편견, 그리고 오해의 조합이 만들어낸 현실과는 거리가 먼 것이다. 따라서 원래 주주 자본주의 비판 논쟁이 갖고 있던 대안 모색의 건강성은 사라지고 일종의 진영 논리로 변질되어버렸다.

편견과 오해와 일면적 사실에 근거한 비판은 결코 건강한 대안을 제시할 수 없다. 특히 최근 한국에서 유행하는 주주 자본주의 비판은 아무도 방어하는 논자(論者)가 없는 가운데 일방적으로 진행되고 있어서 편견과 오해가 더욱 심하다. 논쟁의 일방성은 독단을 낳게 되고, 독단은 엉뚱한 대안을 초래한다. 주주 자본주의 비판을 바탕으로 제시된 소위 '재벌과의 타협론'이 그 대표적인 예다. 주주 자본주의 비판 논쟁이 건강성을 회복하기 위해서라도 그 논리 구조와 이론적 배경, 현실 적실성 등을 한번쯤은 정리하고 가는 것이 필요하다.

3장은 크게 세 부문으로 구성되었다. 첫째는 자본의 종류에 대한 설명이다. 주주 자본을 비판의 대상으로 삼는다면 주주 자본 외의 자본은 부채 자본밖에 없다. 때문에 주주 자본이 문제가 있다면 부채 자본과 비교해서 득실을 따져봐야 한다. 두 번째는 주주 자본의 '폐해'에 대해서 논의한다. 투기적 단기 투자가 과연 주주 자본의 지배적인 행태인지, 또는 적어도 이것이 한국에서 사실인지를 규명해야 한다. 또는 주식회사의 '주주 중심 경영'이 주주 자본의 속성인지, 그런 속성이 투기적 단기 투자 행태에서 기인한 것인지도 살펴보아야 한다. 세 번째는 주주 자본주의, 또는 주주 자본이 아니라면 다른 대안이 있는지, 그 대안들이 얼마나 현실적인 적실성이 있는지도 검토한다. 그래서 주주 자본주의 비판 논쟁이 한국 사회에서 갖는 경제 외적 함의를 다시 논의한다.

주주 자본과
부채 자본의 선택

| 내 돈과 남의 돈 |

사람들이 집을 사려고 할 때 모아둔 내 돈이 충분하지 않으면 은행 대출로 부족한 부분을 채운다. 회사의 경우에도 기계 설비, 장비, 건물, 부동산 등 생산에 필요한 자산을 구입할 때 자금이 충분하지 않으면 남의 돈을 빌려 충당한다. 이같이 개인이나 회사나 돈은 '내 돈'과 '남의 돈' 두 가지가 있다. 개인의 경우 내 돈은 일해서 번 돈을 아껴서 저축하거나 투자해서 모은 돈이고, 남의 돈은 가까운 친지나 은행 같은 금융기관에서 빌리는 돈이다. 기업의 경우에 내 돈은 주식을 발행해서 주주 자본으로 조달한 돈이고, 이를 자기자본(Equity Capital)이라고 부른다. 기업이 은행에서 대출을 받거나 또는 채권을 발행해서 조달하는 남의 돈을 부채 자본, 또는 타인자본(borrowed capital)이라고도 부른다.

　개인이 은행에서 대출을 받으면 원금만 갚는 것이 아니라 이자 부담이 있기 때문에 내 돈만으로 주택을 살 수 있다면 좋을 것이다. 그러나 대부분의 사람들은 저축한 내 돈이 충분하지 않기 때문에 은행에서 주택자금을 대출을 받는다. 기업도 마찬가지다. 주식을 발행해서 조달한 주주 자본이 충분하면 부채 자본을 쓰지 않아도 된다. 그러나 모든 기업들이 주식 발행으로 충분한 주주 자본을 확보할 수 있는 것은 아니기 때문에 은행에서 대출을 받거나 채권을 발행해서 부채 자본을 사용하며, 한국 기업들은 평균적으로 주주 자본보다 부채 자본을 더 많이 사용한다.[2]

　개인의 경우 내 돈이 남의 돈보다 좋다는 것은 너무도 당연해서 설명할 필요도 없다. 그렇다면 기업의 경우에도 내 돈인 주주 자본이 남의 돈인 부채 자본보다 더 좋을까? 한국에서 벌어지는 자본주의에 대한 논쟁 또는 비판들은 대부분 기업의 주주 자본에 집중되어 있고 부채 자본에 대한 것들은 매우 드물다. 또한 주주 자본에 대한 비판은 주주 자본에서 나타나는 문제만을 지적하며, 주주 자본과 부채 자본의 상대적인 장단점을 비교한 것에 근거한 것이 아니다. 이러한 주주 자본에 대한 편향된 비판을 잘못 이해하면 주주 자본이 부채 자본과 비교해서 기업이나 국가 경제에 더 '나쁜' 자본이라는 그릇된 인식을 줄 수도 있다. 이 문제는 이어지는 '기업 입장에서의 주주 자본과 부채 자본의 선택'에서 자세히 논의한다.

| 개인 입장에서의 자본 선택 |

투자 안전성

경제의 자본순환 구조에서 자본의 순수요자는 기업이고 자본의 순
공급자는 개인 또는 가계다. 자본을 공급하는 개인 입장에서 주주
자본과 채권 자본이 어떻게 다른가를 살펴보자. 개인이 열심히 일하
고 아껴서 모은 돈을 장롱 속에 보관하는 것은 현명한 일이 아니다.
은행에 예금하거나 또는 주식과 같은 증권에 투자해서 수익을 얻으
려고 하는 것은 너무도 당연한 일이다. 개인이 은행에 예금하면 그
돈은 또 다른 개인이나 기업이 빌려가는 부채 자본이 되고, 주식에
투자한다면 주주 자본이 된다.[3] 따라서 개인이 여윳돈을 은행에 예
금할 것인가 아니면 주식에 투자할 것인가를 선택하는 것은, 자금의
공급자인 개인 입장에서 주주 자본과 부채 자본 중 어떤 자본이 더
좋은 것인가를 따져보는 것과 같다.

개인이 은행에 예금하거나 또는 회사채에 투자하는 것은 모두
이자 지급과 원금 상환이 약속된 부채 자본에 투자하는 것이다. 은
행예금은 원금 상환이 약속되고 정기적으로 이자를 받는 위험이 가
장 적은 투자다. 그러나 은행예금도 원금 상환의 약속이 항시 지켜지
는 것은 아니다. 은행도 파산할 수 있으며, 은행이 파산하면 일반 기
업이 파산한 경우와 마찬가지로 빌린 돈을 다 갚지 못할 수 있기 때
문에 예금자들은 예금을 돌려받지 못할 수 있다. 현행 제도에서 은행
이 파산하면 예금은 5,000만 원까지 원금 상환이 보장된다. 그러나
이 경우에도 파산한 은행은 원금을 돌려줄 능력이 안 되기 때문에 예
금보험에서 대신 지급하는 것이며, 원금만을 돌려받는 것이지 이자

는 모두 돌려받지 못한다. 실제로 저축은행들이 파산했을 때 5,000만 원보다 많은 예금을 한 예금자들이 원금을 모두 돌려달라고 했지만 현실적으로 불가능한 요구였고, 5,000만 원 이하의 예금자들도 원금을 돌려받기까지 오랫동안 기다려야 했다.[4] 회사채나 기업어음의 경우에는 원금 상환에 대한 아무런 보장이 없고, 기업이 파산을 해서 지급할 수 없게 되면 회사의 잔여재산을 처분해서 원금의 일부 또는 전부를 돌려받을 뿐이다. 그럼에도 불구하고 채권은 회사가 파산하지 않으면 이자와 원금을 지급하기 때문에 주식보다는 위험이 적다. 은행예금이 완전히 보장된 것은 아니라 할지라도 회사채에 투자하는 것보다는 당연히 더 안전하며, 원금 회수가 불확실한 주식투자보다는 훨씬 더 안전하다.

주식에 투자한 자금은 회사가 투자 원금을 돌려주지 않을 뿐 아니라 약속된 배당금도 없다. 투자 자금을 회수하고자 할 때는 주식 시장에서 주식을 파는 것 외에는 다른 방법이 없다. 그러나 주가는 항시 변하기 때문에 주식 투자는 이익을 낼 수도 있지만 손실 발생의 위험도 따른다. 배당은 약속된 금액이 없기 때문에 회사가 이익을 많이 낸 경우에는 더 많은 배당을 받을 수 있지만, 반대로 이익을 내지 못하면 지급받지 못한다. 한국은 상장회사들이 주식에 대한 배당을 전 세계적으로 가장 적게 하기 때문에 배당으로 얻는 수익은 실질적으로 별 의미가 없고 주식 투자의 수익은 대부분 주가 차익에 달려 있다. 한마디로 주식 투자는 투자 자금의 회수와 배당금이 보장되지 않는 위험한 투자일 뿐 아니라 투자할 주식을 선택하고 투자 기간을 정하는 등의 투자 결정이 매우 어렵다.

주식과 채권의 투자 수익

주식 투자로 돈을 버는 방법은 배당을 받는 것과 주가가 낮을 때 사서 오른 때 되팔아 주가 차익을 얻는 것이다. 그러나 한국에서는 배당수익률이 낮기 때문에 주식 투자자들은 주가 차익에 보다 많은 관심을 갖는다. 주가가 언제 오르고 언제 내릴 것인지를 예측하는 것은 상당히 어렵다. 주가를 결정하는 요인이 기업 내부의 경영 실적뿐만 아니라 성장률, 이자율, 실업률과 같은 거시 경제 변수들 그리고 정치 상황, 자연재해 등 경제 외적 변수들까지 수없이 많기 때문에 미래의 주가를 예측하는 것은 이론적으로 그리고 현실적으로 불가능에 가깝다. 결론적으로 주식은 주가가 크게 올라서 큰 수익을 얻을 수도 있고, 반대로 주가가 폭락해서 큰 손해를 볼 수도 있기 때문에 주가 차익으로 얻는 수익은 매우 큰 위험이 따른다.

주식시장이 효율적으로 작동한다면 위험이 큰 주식에 투자하면 이에 따른 수익도 커지는 고위험-고수익(high risk-high return)의 원칙이 성립된다. 그러나 고위험-고수익의 원칙을 실현하기 위해서는 두 가지 조건이 충족되어야 한다. 첫째는 장기 투자하는 것이고, 둘째는 특정 주식에 집중적으로 투자하지 않고 다양한 종류의 주식에 분산투자하는 것이다. '장기적'으로 여러 주식에 분산해서 투자한다면 주식 투자는 은행예금이나 채권 투자보다 '평균적'으로 높은 수익을 얻는다.[5] 그러나 이는 '평균적'인 현상이기 때문에 특정한 주식에만 투자했을 경우 그 주식의 수익률이 은행 이자보다 더 높다는 것을 보장하는 것은 아니다. 많은 주식에 분산해서 투자를 장기간 했을 경우 평균 수익률이 은행 이자보다 크다는 의미다. 또한 '장기적'이라는 투자 기간도 매우 모호한 개념이다. 어떤 주식은 몇 달

사이에 주가가 크게 오른 경우도 있고, 어떤 주식은 수년이 지나도 오르지 않거나 오히려 주가가 떨어진 경우도 있기 때문에 '장기적'이라는 투자 기간을 어떻게 설정해야 할 것인가를 정하는 것도 쉽지 않다.

2002년 초 100만 원을 정기예금과 같은 은행의 저축성 예금에 돈을 맡겼다면 2011년 말까지 10년 동안 연평균 이자율 4.15%로 150만 원 정도로 늘어났을 것이다. 그런데 같은 기간 동안 주식에 투자했다면 종합주가지수를 기준한 연평균 수익률 7.12%로 199만 원 정도로 늘어나게 되었을 것이다. 주식 투자가 은행예금보다 연평균 3% 정도 높았고, 100만 원을 투자한 경우 10년이 지난 후 은행예금보다 50만 원 정도를 더 벌었다. 그렇다고 해서 항시 주식 투자의 수익률이 더 높은 것은 아니다. 한국이 외환 위기를 겪고 회복하던 기간인 1997년 초부터 2001년 말까지 5년 동안 은행의 저축성 예금의 연평균 이자율은 8.8%였는데, 주식의 평균 수익률은 고작 1.3%에 불과했다. 이는 외환 위기로 인하여 1997년에 주가는 폭락하고 예금 이자는 급등했기 때문이다.[6] 그러나 1997년 초부터 2011년 말까지 15년 동안의 연평균 수익률을 비교하면 주식 투자는 7.1%, 은행예금은 5.7%로 외환 위기 당시의 주가 폭락에도 불구하고 주식 투자가 더 높은 수익률을 기록했다.[7]

주식 투자와 채권 투자의 선택

자본의 공급자인 개인 입장에서는 부채 자본과 주주 자본 중 어느 것이 더 좋거나 나쁜가를 단정할 수 없다. 은행예금이 완벽하게 안전한 것은 아니지만 주식 투자보다 위험이 훨씬 작다. 그러나 은행예금의 이자율은 주식 투자의 '장기적인 평균 수익률'보다 낮다. 따라서 수익률이 낮더라도 낮은 위험을 원하는 개인은 은행예금, 즉 부채 자본을 선택하고, 위험이 높더라도 높은 수익률을 얻고자 하는 개인은 주식 투자, 즉 주주 자본을 선택할 것이다. 따라서 주식과 은행예금 중에서 어디에 투자할 것인가는 위험과 수익률에 대한 개인적 성향의 차이로 결정되는 선택의 문제일 뿐이다. 열심히 일해서 모은 돈이니 비록 더 위험해도 주식에 투자를 해서 더 많은 수익을 얻겠다는 욕심을 낼 수도 있고, 반대로 쓰지 않고 아껴서 모은 돈이니 은행에 예금해서 안전하게 보관하는 선택을 할 수도 있는 것이다. 더 높은 수익을 바라는 것은 누구나 가지고 있는 자연스러운 욕심이면서 동시에 열심히 일해서 번 돈이니 원금까지 손해 보는 위험한 투자는 하지 않겠다는 것도 당연한 선택이다.

주주 자본에 대한 비판 중에는 주주들이 탐욕적이고 자신의 이익만을 중요시하고 다른 이해당사자에 대한 배려가 부족하다는 견해가 있다. 이런 비판을 은행 예금자와 주식 투자자에 대입해보면, 은행에 예금하는 사람이 주식 투자하는 사람보다 덜 탐욕적이고 남에 대한 배려가 더 많은 사람이라는 의미로 해석될 수도 있다. 과거에는 은행에 예금을 많이 하면 성실하고 착한 사람이고, 주식 투자를 많이 하는 사람을 투기꾼처럼 인식하는 경우가 있었고 지금도 일부 사람들은 그런 인식을 가지고 있다. 그러나 은행에 예금하는 사람도 더 높은 이자를 주는 은행을 선택한다. 이자율 차이마저도 무시하고 아무 은행에나 예금하는 사람이 있다면, 그 사람은 더 이타적이고 더 성실한 사람이 아니라 바보이거나 무책임한 사람이다.

위험 부담을 안고 주식에 투자할 만한 여유 자금이 없는 사람들은 예금만을 한다. 또 여유 자금이 있다고 해도 투자할 주식을 선택하고 투자 기간을 결정할 만한 정보가 부족하거나 또는 정보를 판단할 만한 전문성이 부족한 경우도 있다. 하지만 많은 사람들은 은행예금과 주식 투자를 병행해서 하고 있으며, 그런 경우에는 동일한 사람이 은행 예금자이자 동시에 주식 투자자가 된다. 이는 자금의 공급자로서 부채 자본과 주주 자본을 함께 선택한 것이다. 따라서 주주 자본을 공급하는 주식 투자자가 부채 자본을 공급하는 은행 예금자보다 더 탐욕적이기 때문은 아니다.

주식 투자로 성과를 얻기 위해서는 장기 투자를 해야 하기 때문에 먼 미래에 쓰게 될 장기자금은 주식에 투자하고, 가까운 장래에 필요한 단기자금은 안전한 은행예금이나 채권에 투자하는 것이 합리적인 결정이다. 당장 다음 달에 자녀의 등록금으로 써야 할 돈을 주식에 투자했다면 이는 탐욕적일 뿐 아니라 어리석은 일인 것처럼, 반대로 5년 또는 10년 후에 쓰기 위해서 가지고 있는 돈을 물가 상승률보다 못한 은행예금에만 묶어둔다면 이도 현명한 선택이라 할 수 없다. 주식은 위험부담에 보다 적극적인 투자자, 장기자금을 가진 투자자 그리고 위험관리에 적극적으로 노력하는 투자자들에게는 유용한 투자 대안이다. 따라서 부채 자본과 주주 자본이 함께 존재하는 것이 개인에게는 더욱 다양한 투자 기회를 제공한다. 개인의 은행예금과 주식 투자의 선택, 즉 주주 자본과 부채 자본의 선택은 각자의 위험에 대한 태도와 여유 자금의 규모와 성격에 따라서 결정을 내리는 것일 뿐, 어느 자본이 더 좋거나 더 나쁘다고 생각해서 내리는 판단은 아니다.

| 기업 입장에서의 자본 선택 |

영원한 주주 자본, 한시적인 부채 자본

회사를 설립하고 상품을 생산하기 위해서는 자본이 필요하다. 회사가 선택할 수 있는 자본은 주식 발행으로 조달하는 주주 자본과 은행에서 대출을 받거나 채권을 발행해서 조달하는 부채 자본이 있다. 즉 기업의 입장에서도 내 돈과 남의 돈, 두 가지뿐이다.

주주 자본은 회사의 내 돈인 자기자본이기 때문에 주주에게 원금을 돌려주지 않는다. 삼성전자의 주주가 삼성전자에 가서 투자 원금을 돌려달라고 요구할 수도 없고, 요구한다고 해도 회사가 발행한 주식을 되사줄 의무도 없다. 회사가 파산하는 극단적인 상황에서도 회사의 잔여재산으로 부채를 먼저 상환하고 남은 돈이 없다면 주주 자본은 자동으로 소멸된다. 주주 자본은 한 번 주식을 발행해서 조달하면 어떤 경우에도 돌려줄 의무가 없기 때문에 회사가 존속하는 한 영원히 회사가 내 돈으로 소유하는 자본이다.

부채 자본은 돈을 빌려준 채권자에게 반드시 원금을 돌려주어야 하는 한시적인 자본이다. 은행에서 대출을 받아 빌린 돈은 대출 만기가 되면, 그리고 채권으로 조달한 빌린 돈도 채권의 만기가 도래하면 회사는 원금을 상환해야 한다. 한국에서 신용도가 높은 회사의 경우에도 채권의 만기는 대부분 3년 미만이고, 5년을 넘는 경우는 드물어서 채권의 만기는 그다지 길지 않다.[8] 부채 자본에 대한 원금의 상환 의무는 회사가 이익을 내지 못했다고 해서 면제되지 않는다. 원금을 상환하지 못하면 회사는 부도가 나고, 부도 상태가 지속되면 회사는 파산하게 된다. 회사가 망해도 채권자들은 회사의 남은 자산을 매각해서 자신들의 원금을 회수해간다. 이와 같은 두 자본의 속성의 차이를 고려하면 기업 입장에서는 주주 자본이 부채 자본보다 장기적이고 안정적인 자본이다.

배당은 안 줘도 그만, 이자는 안 주면 파산

주식회사는 자본을 사용한 대가로 주주 자본에는 배당을, 그리고 부채 자본에는 이자를 지급한다. 배당과 이자는 모두 자본비용이지만 그 성격이 전혀 다르다. 미리 정해진 금액을 약속한 이자는 반드시 지급해야 하는 의무이지만, 배당은 미리 약속된 금액이 없을 뿐만 아니라 반드시 지급해야 할 의무도 아니다. 배당은 회사가 이익을 내면 지급하고 이익을 내지 못하면 지급하지 않아도 되고, 배당을 하는 경우에도 얼마를 지급할 것인가는 경영진이 결정하기 때문에 항시 불확실하다.[9]

이익이 많을수록 더 많이 배당하는 것이 당연하겠지만, 현실은 반드시 그렇지 않다. 배당 결정은 주주총회에서 주주의 승인을 받는 형식을 취하고 있지만, 실질적으로는 회사 경영진의 전적인 재량에 달려 있다. 배당에 만족하지 않으면 실상 주주는 불평하거나 주식을 파는 것 외에는 회사나 경영진에 대해서 할 수 있는 것이 없다. 한국은 전 세계에서 배당수익률이 가장 낮아서 상장회사들이 배당 지급에 매우 인색한 나라다.[10] 한국의 대표적인 기업들은 이익을 배당으로 지급하지 않고 대부분 회사가 보유하고 있다. 현대자동차는 2003년부터, 그리고 삼성전자는 2004년부터 경영 성과와 관계없이 주당 배당금이 5,000원으로 항시 같았지만, 주주들이 불평한다고 해서 회사의 결정에 영향을 미친 적이 없다.[11] 삼성전자가 2013년에 배당으로 지급한 금액은 순이익의 12%에 불과하고, 시가에 대한 배당수익률은 1%로 매우 낮았다. 현대자동차도 순이익 중에서 배당으로 지급한 금액의 비중이 10.3%이고, 배당수익률은 0.9%에 불과했다.[12]

부채 자본에 지급하는 이자는 회사가 이익을 냈던 손해를 보았던 관계없이 반드시 지급해야 한다. 이자 지급은 주주 자본에 대한 배당보다 항시 우선권을 갖기 때문에 어떤 이유에서든지 회사가 이자를 지급하지 않으면 원금을 상환하지 못하는 경우와 마찬가지로 회사는 부도가 나거나 궁극적으로 파산을 해서 회사의 생명이 중단된다. 부채에 대한 이자는 반드시 지급해야 하는 의무이기 때문에 고정비용으로 회사에 큰 부담이 된다. 회사 입장에서 부채 자본에 지급하는 이자가 배당보다 한 가지 유리한 점이 있다. 개인의 경우에는 은행 대출금에 대한 이자 지급을 소득세 측면에서 세금 감면의 혜택이 없지만, 회사의 경우에는 세법상 배당은 비용으로 인정되지 않는 반면 이자는 비용으로 인정되어 세금을 덜 내는 절세 효과가 있다. 이같이 기업의 자본비용 부담 측면에서는 배당에 대한 확정된 금액도 없고, 지급하지 않아도 파산과는 관련이 없는 주주 자본이 부채 자본보다 더 유리하다.

일반 기업의 경우에는 주주 자본과 채권 자본 두 가지 이외의 다른 형태의 자본은 존재하지 않는다. 결론적으로 기업도 개인과 마찬가지로 부채 자본이 주주 자본보다 더 좋은 것은 아니다. 부채 자본은 주주 자본보다 단기적이고, 채권자가 주주보다 회사의 장기적인 성과에 더 많은 관심을 갖는 것도 아니며, 또한 회사가 주주보다 다른 이해당사자들을 더 많이 배려하는 것도 아니다. 그렇기 때문에 주주 자본의 대안으로 부채 자본을 주장하는 것이 아니라면, 주주 자본에 집중된 비판은 그 의도와는 무관하게 궁극적으로는 자본주의 자체를 부정하는 것으로 귀결된다. 주주 자본에 대한 부정이 자본주의 체제를 부정하기 위한 우회적인 목적이라면 그것은 전혀 다른 차원의 경제체제에 관한 논쟁이기 때문에 여기서 논의하지 않기로 한다. 다만 자본주의를 부정하려는 의도라면 비판의 초점을 '주주' 자본이 아니라 '자본' 자체에 맞추고, 대안 자본이 무엇인가를 논의하는 것이 보다 생산적인 비판일 것이다.

주주 자본주의
비판과 왜곡

주주 자본과 부채 자본 중 '어느 것이 더 좋은 것인가'라는 질문에 대한 답은 간단하다. 개인에게는 선택의 문제이고, 기업에게는 주주 자본이 더 좋은 자본이다. 그럼에도 불구하고 주주 자본에 대해서는 수많은 비판이 제기되는 반면, 부채 자본에 대한 비판은 거의 찾아볼 수가 없다. 기업의 자본은 주주 자본과 부채 자본 두 가지 이외의 다른 형태가 존재하지 않는다. 그러기에 주주 자본에 문제가 있다고 해서 이를 부정하면 그 대안은 부채 자본뿐이다. 만약에 주주 자본에 대한 비판이 부채 자본이 더 좋다는 주장이라면, 이는 두 가지 자본의 속성에 대한 이해 부족일 뿐이기 때문에 귀 기울여 들을 만한 것이 못된다. 만약 주주 자본에 대한 비판이 주주 자본의 대안으로 부채 자본을 선택하자고 주장하는 것이 아니라면, 이는 자본주의 자체에 대한 비판을 에둘러서 주주 자본을 비판하는 것으로 이해될 수 있다.

주주 자본주의에 대한 비판과 자본주의에 대한 비판은 전혀 차원이 다르다. 주주 자본주의에 대한 비판은 자본주의 체제 안에서 주주 자본이 중심이 되는 구조를 비판하는 것이고, 자본주의에 대한 비판은 체제에 대한 비판이다. 자본주의 또는 자본을 비판하거나 또는 더 나아가서 부정하는 수단으로 주주 자본을 비판하는 것이라면, 자본주의와 사회주의(Socialism) 또는 제3의 경제체제에 대한 논쟁의 범주다. 따라서 여기에서 논의는 주주 자본주의 비판의 근거가 되고 있는 주주 자본의 몇 가지 행태에 대한 논쟁에 국한하기로 한다.

| 주주 자본에 대한 의혹들 |

주주 자본에 대한 비판은 크게 세 가지로 나눠 생각해볼 수 있다. 첫 번째는 주주들의 행태에서 발견되는 현상적인 문제에 대한 비판이다. 주식 투자자들이 투기적이며, 빈번한 거래를 하는 단기 투자하는 것, 그리고 주주들이 단기 이익을 추구하기 때문에 회사가 장기적인 성장보다는 단기 성과주의(Short-Termism)를 추구한다는 것이 가장 주된 내용이다. 두 번째는 주주 가치를 극대화하는 주주 중심 경영을 하는 주주 자본주의에 대한 비판이다. 세 번째는 주주가 회사의 주인인 주식회사라는 제도에 대한 비판이다. 세 가지 비판 중에서 첫 번째와 두 번째는 주식회사 체제와 주주 자본을 인정하는 것을 전제로 이뤄지는 비판이라 할 수 있다. 그러나 세 번째 비판은 주식회사 체제에 대한 비판이기에 앞의 두 가지 비판보다는 거시적인 논쟁의 대상이다.

주주 자본의 투기성, 단기성 그리고 단기 성과주의에 대한 비판은 주주들한테서 나타나는 '행태적인 현상'에 대한 것이며, 앞서 논의한 것과 같은 주주 자본의 '본질적인 속성'에 대한 비판은 될 수 없다. 그러나 회사가 주주 중심 경영을 하는 주주 자본주의에 대한 비판과 주식회사가 중심이 되는 자본주의 체제에 대한 비판은 주주 자본의 본질적인 속성과 관련된 것이다. 주주 자본주의와 이의 대안인 이해당사자 자본주의에 대한 논의는 뒤에서 살펴보기로 한다. 여기에서는 주주들의 행태에서 나타나는 첫 번째 비판에 대한 논의를 먼저 살펴보자.

| 투기적이고 단기적인 주식 투자 |

주주는 주식시장에서 언제든지 주식을 팔아서 이익을 볼 수도 있고, 손해를 볼 수도 있고, 투자 원금의 전부 또는 일부를 회수할 수도 있다. 그렇기 때문에 주주는 언제든지 바뀔 수 있다. 심지어 하루에도 같은 주식을 샀다가 다시 파는 일일 거래자(day trader)와 같은 초단기 거래자들은 주주명부에 이름이 올라갈 시간조차 없으며, 회사 경영에 관심을 둘 이유조차 없다. 초단기 거래자는 주식에 '투자'하는 것이 아니라 주식을 '투기'의 대상으로 이용할 뿐이다. 이런 투기꾼들은 주식시장에만 있는 것이 아니라 외환시장, 채권시장, 선물시장 그리고 부동산 시장 등과 같이 거래가 쉽게 이뤄지고 가격 변동이 심한 시장에서는 어디에서나 볼 수 있다.[13] 주식거래의 투기성 때문에 주주 자본주의를 부정한다면 부동산 투기 때문에 부동산 시장 자체를 부정하는 것과 마찬가지다. 투기적 행태를 비판하는 것과 투기의 부작용이 있는 시장 자체를 부정하는 것은 전혀 다른 차원이다. 그렇기 때문에 이러한 단기 투기꾼들의 행태에 근거해서 '주주', '주주 자본' 나아가 '주주 자본주의'에 대한 비판으로 연장하는 것은 논리의 비약이다.

일일 거래자들과 같은 초단기 투기가 아닌 투자를 하는 주주들의 경우에도 주식을 보유하는 기간이 몇 달에 불과한 단기 투자자들이 적지 않다. 단기 투자하는 주주들은 주가가 올라서 주가 차익을 얻을 기회가 생기면 언제든지 주식을 판다. 실제로 한국 주식 투자자들의 평균 주식 보유 기간이 서너 달에 불과해서 단기 투자가 시장의 안정성을 해치는 문제가 심각하다.[14] 그러나 주주들의 단기 투자가 회사에 직접적으로 미치는 영향은 거의 없다. 갑이 을에게 주식을 팔았다면 두 사람 사이에 주식과 현금을 주고받는 거래가 이뤄진 것이다. 회사가 갑에게 투자 자금을 돌려주고, 다시 을한테서 투자 자금을 받는 것이 아니기 때문에 회사의 자본에는 변화가 없다. 두 사람 사이에 이뤄진 거래에 영향을 받아서 주가가 변했다면 시가로 평가한 회사의 자본금이 변한다. 그러나 회사가 신주를 발행할 계획이 있는 경우가 아니라면 주가의 변화가 당장 회사의 자본이나 경영에 미치는 영향은 없다.

갑과 을의 거래가 가져온 변화는 주주의 이름이 갑에서 을로 바뀐 것뿐이다. 그러나 주주가 갑에서 을로 바뀌었다고 해서 회사의 자본금이 변한 것도 아니며, 배당을 더 주어야 하거나 또는 덜 줄 이유가 생기는 것도 아니다. 그렇기 때문에 단기적인 거래 자체가 회사의 구조를 바꾸거나 경영 방침을 변화시키는 것은 아니다. 뿐만 아니라 주식을 서너 달 동안 보유하는 주주가 회사의 장기적인 경영에 관심을 둔다고 볼 수 없다. 또한 그렇게 짧은 기간 동안 주식을 보유하는 주주가 회사에 압력을 행사해서 주가를 오르게 하는 적극적인 행동주의(Behaviorism)를 하는 경우도 없고, 설령 그런 일이 있다고 해도 회사가 서너 달마다 주가를 오르게 할 수 있는 방법도 없다.[15] 결론적으로 서너 달의 단기 투자하는 주주들의 거래로 인해서 주주의 이름이 바뀌지만, 그 자체만으로 주주 자본이 바뀌는 것은 아니며, 그런 주주들 때문에 경영진이 단기 성과주의 경영에 집착하게 된다는 것은 현실과는 거리가 있는 주장이다.

| 단기 성과주의의 전도된 인과관계 |

경영진이 단기적인 경영 성과를 얻기 위해서 장기적인 기업 가치를 희생하는 것을 두고 단기 성과주의라고 한다. 단기 성과주의는 회사 경영뿐만이 아니라 정치와 국가행정 그리고 사회현상에서도 볼 수 있다. 회사 경영에서의 단기 성과주의는 단기적으로 주가를 높이기 위해서 당기순이익을 많이 낼 수 있도록 회계 처리하거나 회사의 장기적인 성장보다는 단기적인 성과만을 노리는 투자를 선호하는 근시안적인 경영 행태를 말한다. 단기 성과주의에 대한 문제는 자본주의 역사 속에서 계속해서 논란이 되어 왔는데,[16] 2008년 금융 위기를 계기로 영국과 미국 등에서 다시 이에 대한 비판과 대안이 제기되었다.[17] 단기 성과주의 경영 행태가 구체적으로 주주 자본과 관련되어 논의가 시작된 것은 1990년대부터라 할 수 있다. 즉 경영진들이 단기 성과 중심의 경영을 하는 이유가, 펀드매니저나 주식 분석가들이 단기적인 주가 부양만을 노리고 경영진에게 단기 성과를 내도록 압력을 가하기 때문이라는 것과, 다른 하나는 경영진 자신의 인센티브가 단기적인 주가와 연동되어 있기 때문이라는 것으로 요약할 수 있다.[18]

투기적이고 단기적인 거래를 하는 주주들의 행태 때문에 경영진이 안정적이고 장기적으로 경영하지 못한다고 비판하는 것은 단기 주식 투자와 단기 성과주의 경영을 잘못 이해하고 양자를 인과관계로 직결한 것이다. 단기 성과주의에서 의미하는 '단기'와 단기 주식 투자에서 의미하는 '단기'는 전혀 다르다. 단기 주식 투자의 문제에서 '단기'는 며칠 또는 몇 달 동안만 주식을 보유하는 것을 의미한다. 그러나 단기 성과주의는 10년, 20년을 내다보고 해야 할 투자나 연구·개발을 하지 않고, 몇 년 이내에 이익이 실현될 수 있는 경영에 초점을 맞추는 것을 의미한다. 단기 성과주의를 분석하는 연구에서 '단기'를 5년으로 상정하는 경우가 대부분이다.[19] 하루 만에 주식을 사고팔아 투기적인 거래를 하는 일일 거래자들의 '단기'는 몇 분 또는 몇 시간에 불과하다. 한국의 주식 투자자들이 평균 주식 보유 기간이 서너 달 정도이니 한국에서 단기 투자를 비판할 때 '단기'는 몇 달을 의미하는 것이다.[20] 몇 시간의 '단기' 동안 투기적인 거래를 하는 일일 거래자들은 애초부터 회사 경영 상태에 대해서 관심이 없다. 몇 달 동안 주식을 보유하는 단기 주식 투자자들도 주요 관심사는 주가 변동이며, 경영 상태에 관심이 있다 해도 몇 달 동안만 주식을 보유하면서 회사의 장기적인 투자와 연구·개발에 부정적인 영향을 미칠 만한 영향력을 행사해서 단기적인 성과를 내도록 할 수 있는 현실적인 방안도 없다.

선진국 중에서 단기 성과주의 경영이 문제가 되는 나라는 영국과 미국이며, 독일과 일본은 상대적으로 단기 성과주의 경영이 크게 문제가 되지 않는 것으로 알려져 있다.[21] 그러나 경영진이 단기 성과주의에 집착하지 않는 것으로 알려진 독일과 일본의 평균 주식 보유기간은 각각 9개월과 9.7개월인 반면에, 단기 성과주의 경영이 가장 문제가 되고 있는 영국의 주식 보유 기간은 1.5년이어서 독일과 일본보다 두 배 정도 길다. 또한 영국과 마찬가지로 단기 성과주의 경영을 하는 것으로 평가를 받는 미국의 평균 주식 보유 기간이 1960년까지는 7년일 정도로 장기 투자가 일반적이었지만 2000년에 들어서는 1년으로 짧아졌으며,[22] 최근에는 8.7개월로 독일이나 일본과 큰 차이가 없다.[23] 이러한 결과는 영국이나 미국에서 논란이 되고 있는 단기 성과주의 경영 비판은 장기적인 성장을 위한 5년 또는 그 이상의 투자와 개발보다는 수년 이내에 성과를 낼 수 있는 투자에 집중하는 것에 대한 것이지, 한국에서와 같이 서너 달 동안 주식을 보유하는 단기 투자 행태와 직접적으로 관련된 논란이 아니다.

선진국들에서 단기 성과주의에 대한 논란은 오래되었지만 이에 대한 구체적인 연구는 1990년대부터 시작되었다. 그러나 그 연구들의 결과들도 단기 성과주의가 심각한 문제가 되고 있다는 일관된 증거를 보여준 것은 아니다. 회사가 장기적인 투자로 수익 가치를 낼 수 있는데도 주식시장이 이를 지나치게 낮게 평가하기 때문에 경영진이 장기적인 투자를 꺼리게 만드는 단기 성과주의 경영의 현상을 보여주는 연구 결과들이 있다.[24] 그러나 경영진들이 증권 분석가들이나 투자자들로부터 단기적 이익 중심의 경영을 하도록 압력을 받는가에 대한 연구에서는 서로 상반된 결과를 보여주기도 했다.[25] 금융 위기 이후에 제기된 단기 성과주의에 대한 논의에서는 가장 주목을 받은 앤드루 홀데인(Andrew G Haldane)과 리처드 데이비스(Richard Davies)의 연구 결과에 의하면, 단기 성과주의가 영국에서 1990년대 중반부터 나타나기 시작했고, 금융회사만이 아니라 모든 산업에서 나타나며 특히 IT(information technology, 정보통신) 같은 위험이 큰 산업에서 더 심각하게 나타나는 결과를 보여주고 있다.[26]

이러한 단기 성과주의 경영의 문제는 한국 기업들에서 찾아볼 수 있는 현상은 아니다. 한국은 전 세계에서 주식 투자 기간이 가장 짧은 나라 중 하나임에도 불구하고,[27] 한국보다 장기적인 투자를 하는 미국이나 영국에서와 같은 단기 성과주의 경영이 나타나지 않는 것은 크게 세 가지 이유 때문이다. 첫 번째는 앞서 설명한 것과 같이 한국 주식 투자자들의 보유 기간이 몇 달에 불과할 정도로 짧기 때문에 역설적으로 회사의 장기적인 경영에 영향을 미치지 않는다는 것이다. 두 번째는 미국이나 유럽과는 달리 한국 기업들의 경영진들의 보수가 주가와 연동된 인센티브로 연결되어 있는 경우는 일부 금융회사를 제외하고는 극히 드물기 때문이다. 세 번째는 장기 투자하는 기관투자자들의 경우에도 수익 관점보다는 수익 외적 관계에 더 영향을 받고 있다는 점이다. 한국의 증권회사와 투자회사들이 재벌 그룹의 계열사이거나 또는 대기업과 투자은행(investment bank) 업무와 연관된 이해관계를 가지고 있기 때문에 주식 투자자의 이해관계보다는 회사의 영업적 이해관계에 더 얽매어 있다. 따라서 한국에서 주주가 경영진에게 이익을 배당하도록 요구하는 경우들은 있지만 단기 성과를 내도록 압력을 행사한 사례를 극히 드물다. 미국과 유럽에서 논란이 되고 있는 단기 성과주의 논쟁거리로 한국에서 주주 자본을 비판하는 것은 현실과는 동떨어진 것이다.

한국에서 단기 성과주의에 대한 비판은 미국과 유럽에서 논란이 되고 있는 단기 성과주의 경영의 폐해가 한국에서도 '그럴 것'이라는 '감'에 의존한 것이지, 구체적인 증거가 있는 것이 아니다. 또한 단기 성과주의 행태나 그것이 의미하는 기간도 크게 다르다. 미국과 영국에서는 주가에 연동된 보상이 경영진의 관심이라면, 한국 경영진들의 보상은 주가와 별반 관계가 없으며, 대부분 '임기'에 더 관심이 많다. 더구나 경영진들의 임기는 '오너(owner)' 또는 '총수'라는 사람들이 결정하고, 주주들이 경영진의 임기에 영향을 미치는 경우는 극히 드물다. 서구의 단기 성과주의 비판을 한국의 주주 자본주의 비판에 그 근거로 '끌어들인' 것은 단기 성과주의에 대한 이해가 부족한 것이거나 또는 단기 성과주의 폐해를 교정하기 위해서라기보다는 '주주 자본' 자체를 비판하기 위한 것으로 짐작된다. 단기 성과주의의 폐해는 주주들의 행태적인 현상이거나 잘못된 인센티브 제도에 기인한 것이기 때문에 제도적으로 일정하게 변화를 가져올 수 있는 것이며, 앞서 논의한 주주 자본의 근본적인 속성과 관련된 것은 아니다. 그렇기 때문에 단기 성과주의를 어떻게 극복할 것인가에 대한 많은 논의들은 장기 투자를 유도할 수 있는 제도적인 변화에 관한 것이지 주주 자본의 대안을 찾는 것과는 거리가 있다.

| 보완과 절충의 노력들 |

주주들은 주주총회에서 의결권을 행사해서 회사의 주요한 문제에 대해 최종적인 결정권을 가진다. 그러나 주식 소유가 분산된 회사에서는 주주들이 경영에 직접 참여하지 않을 뿐만 아니라 경영진에 압력을 행사할 목적으로 주주총회에서 적극적으로 의결권을 행사하는 것도 제도적으로 매우 어렵다. 따라서 주주들은 회사 경영에 관한 거의 모든 문제를 경영진이 결정하도록 위임하는 방식을 취한다. 이 경우에 경영진은 회사의 주인(principal)인 주주의 대리인(agent)으로서 주주를 위한 경영을 하는 것이 원칙이다. 그러나 주주들이 회사 경영을 감독하고 감시할 수 있는 실질적이고 구체적인 장치가 부족하기 때문에 경영진이 회사와 주주의 이익보다는 자신의 이익을 우선적으로 추구하는 도덕적 해이(moral hazard)가 발생한다. 경영진이 주주의 이익이 아니라 자신의 이익을 우선하는 모순을 주주와 경영진 간의 대리인 문제(agency problem)라고 한다. 성과급이나 스톡옵션(stock option)은 경영진이 주주와 함께 회사 경영의 성과를 나누는 인센티브를 부여함으로써 대리인 문제를 해결하는 방안으로 도입되었다.

스톡옵션은 경영진이 미래에 회사의 주식을 미리 정한 가격으로 살 수 있는 권리를 말하며, 이때 가격을 지금의 주가보다 높게 책정해놓는다. 경영진의 노력으로 미래에 회사의 경영 성과가 좋아지고 주가가 미리 정한 가격보다 더 높아지게 되면 경영진은 싼 가격에 주식을 사서 이익을 얻게 된다. 즉 주주와 경영진의 이해관계를 일치되게 만드는 인센티브 제도다. 한편 회사들이 더 일반적으로 채택하고 있는 인센티브 제도로는 이익 규모와 성과급을 직접 연동시키는 경우다. 경영진이 이익이 오른 만큼 비례해서 성과급을 받는 것을 말한다.

　그러나 이렇게 회사의 경영 성과를 높이고자 도입된 다양한 인센티브 제도가 경영진으로 하여금 단기 성과주의를 추구하게 만드는 부작용의 원인이 되기도 한다.[28] 경영진은 자신의 임기 중에 인센티브를 좀 더 많이 받을 목적으로 단기 성과에만 치중하고 심지어는 이익 규모를 조작해서 주가를 오르게 하는 반면, 회사의 장기적인 성장에 필요한 투자와 연구·개발을 포기한다는 것이다. 이는 다양한 인센티브 제도가 광범위하게 도입되어 있는 미국과 영국에서 심각하게 나타난 현상이다. 심지어는 회사가 망했는데도 경영진은 막대한 액수의 인센티브를 챙겨서 비난의 대상이 되기도 했다. 2008년 세계 금융 위기의 원인이 된 주택 담보부 파생 상품을 가장 적극적으로 투자해서 회사가 파산하게 된 미국의 투자은행이었던 베어 스턴스(Bear Stearns)와 리먼 브라더스(Lehman Brothers) 사건 때문에 주주들은 투자 자금 전부를 손해 보았다. 그러나 경영진들은 회사가 망했는데도 파산 사건 전에 결정된 인센티브 권리를 행사해서 2조 7,000억 원이라는 상식을 초월한 이익을 챙겼다.[29] 이러한 사례들은 주주의 압력에 의해서가 아니라 경영진이 성과급이나 스톡옵션으로 이익을 얻기 위해서 스스로 단기 성과주의를 추구하는 것을 보여준 사례다.[30]

　경영진의 단기 성과주의를 해결하는 방법의 하나는 경영진의 보상 체계를 회사의 장기적인 성과와 연동시키는 것이다. 이를 위해서 경영진이 재임 중에는 인센티브 권리를 행사할 수 없도록 하고, 퇴임 후 이삼 년이 지나서 행사할 수 있도록 제한하는 방안이 있다. 또한 주가는 회사의 경영 성과뿐만 아니라 경기변동과 같은 주식시장 전체에 영향을 미치는 경영 외적인 요인들에 의해서 움직이기 때문에 단순하게 주가에만 연동시키는 것이 아니라, 재임 중 회사 경영의 위험과 성과를 동시에 반영한 지표로 정하는 것도 하나의 방안이 될 수 있다. 경영진의 성과급도 매년 지급하지 않고 몇 년에 나눠 지급하는 '이연(deferred) 성과급제'를 도입하여, 장기적으로 회사의 성과가 악화되면 성과급을 지급하지 않거나 이미 지급된 성과급을 환수하는 방안도 있다. 또한 성과급을 현금으로 지급하기보다는 주식이나 전환사채로 지급하고, 퇴임 후 일정 기간이 지나야만 매도할 수 있도록 하여 경영진이 재임 시 성과와 더불어 퇴임 이후까지의 장기적인 성과를 고려한 경영을 하도록 유도하는 방안도 있다.

한편 한국에서는 경영진에 대한 왜곡된 보상 체계나 주주들의 압력으로 인해서 단기 성과주의가 나타나고 있다고 주장할 만한 근거가 매우 희박하다. 현재 한국에서는 임원 개개인의 보상을 공개하고 있지만, 스톡옵션이나 성과급이 주어진 경우는 소수의 대기업과 금융회사에 불과하다. 또한 회사의 장기적인 경영계획이나 투자 계획을 공개하지 않기 때문에 경영진 스스로가 회사의 장기적인 성장을 위한 전략을 가지고 있는지 여부조차 판단할 수 없으며, 경영 성과가 나쁜 경우에도 주주나 시장이 이를 견제하는 것이 어렵다. 그렇기 때문에 주주들이 경영진에게 장기적인 투자 계획을 포기하고 주가 상승만을 노려서 단기 성과를 내도록 압력을 행사할 만큼의 행동주의가 없다. 따라서 적어도 한국에서만은 경영진이 인센티브 때문에 단기 성과주의에 집착한다거나, 경영진의 단기 성과주의 행태가 있다 해도 그것이 주주들의 압력 때문이라고 주주 자본을 비판하는 것은 실체가 없는 근거를 바탕으로 한 현실과 매우 동떨어진 주장일 뿐이다.

| 한국에서의 단기 투자와 단기 성과주의의 유령 |

투기적인 거래와 단기 차익만을 노리는 단기 투자는 주가의 변동성을 높이고 안정적인 장기자금 조달 시장으로서의 주식시장의 기능을 저해하는 부정적인 현상이다. 따라서 이는 제도적인 장치를 통해서 규제해야 한다. 그러나 어떤 제도적인 장치를 만들어도 활발한 거래가 이뤄지고 가격 변동성이 큰 주식시장에서 이런 문제들을 완전히 해소할 수는 없다. 투기적인 거래는 금융시장이든 실물시장이든 가격 변동이 심하고 거래가 활발하게 이뤄지는 시장에서는 항시 나타나는 현상이다. 기업에게 주식자본은 영원한 장기자본이며, 주식의 투기적인 거래는 주주 자본의 속성이 아니라 주식시장의 속성이다. 이는 주택 시장에서 투기적인 거래가 이뤄지는 것이 주택의 속성이 아니라 부동산 시장의 속성인 것과 같은 이치다. 그러므로 주식시장에서의 투기적 거래를 주주 자본을 비판하거나 부정하는 근거로 삼는 것은 행태적인 현상과 본질을 구분하지 못하는 논리의 비약이다.

단기 투자 행태 역시 마찬가지다. 단기 투자가 나타나는 것은 주주 자본의 속성이라기보다는 제도적인 문제로 인해서 주식시장에서 나타나는 행태적인 현상이다. 주식회사라 할지라도 주식시장에 상장하지 않은 비상장회사는 주식거래가 이뤄지지 않고 회사를 청산하지 않으면 투자를 회수할 수 없기 때문에 장기 투자만이 가능하다. 비상장회사에 원천적으로 단기 투자 문제가 없다는 것은 단기 투자가 주주 자본의 본질적인 속성이 아니라 제도에 의해서 생겨난 행태적 현상임을 단적으로 말해준다. 기업들이 상장하는 이유는 광범위한 투자자들로부터 보다 많은 주주 자본을 확보하기 위한 것이며, 이를 위해서 주식이 시장에서 쉽게 거래될 수 있도록 만드는 것이다. 그러나 상장 주식의 거래 용이성이 곧바로 단기 투자를 의미하는 것은 아니다. 한국 주식 투자자들의 평균 주식 보유 기간은 2013년에 3.8개월이다. 이는 영국의 1.5년과 미국의 9개월과 비교해서 지나치게 짧다. 그렇다고 해서 한국의 주주 자본과 미국이나 영국의 주주 자본의 본질적 속성이 서로 다른 것은 아닐 것이다. 한국 주식시장에서도 코스닥(KOSDAQ, 한국 장외 증권시장)은 주식 보유 기간이 코스피(KOSPI, 한국 유가증권시장)보다 짧은데, 코스닥에 상장된 주식이나 코스피에 상장된 주식이나 본질적으로 같은 주주 자본인데도 불구하고 두 시장에서 주식 보유 기간이 왜 차이가 나는가를 생각해 보아야 한다.

　미국에서 두 번째로 큰 부자이고 모든 재산을 주식 투자로 모은 워런 버핏(Warren Buffett)은 "나는 주식시장이 내일 문을 닫고, 5년 후에 다시 연다고 가정하고 주식을 산다." 그리고 "가장 좋아하는 투자 기간은 영원한 것이다."라고 말할 정도로 장기 투자로 성공한 투자자다.[31] 단기 투자가 장기 투자보다 더 좋은 투자 성과를 내는 것이 아님에도 불구하고 단기 투자 행태가 나타나는 것은 주주 자본이 가지고 있는 본질적인 속성의 문제가 아니라 주식시장 제도와 기업 경영의 행태 때문이다. 따라서 장기 투자를 유도하기 위해서는 개인 투자자보다는 기관투자자들의 역할을 높이는 제도를 도입하고, 투자자들이 신뢰할 수 있는 기업 경영의 행태가 먼저 자리를 잡아야 한다.[32]

한국에서 경영에 참여하지 않는 소액주주와 같은 외부 주주들이 회사 경영에 영향을 미치는 사례는 극히 드물다. 단기 투자하는 개인 투자자들은 주식 보유 기간이 워낙 짧아서 회사의 경영에 개입할 여지가 처음부터 없는 경우가 대부분이다. 장기 투자하는 개인 투자자의 경우에도 회사 경영에 개입하기 위해서 주주권을 행사하는 것은 절차가 복잡하고 비용이 크게 들기 때문에 소액주주들에게 주주권이란 법전에만 존재하고 현실에서는 행사가 불가능한 권리에 가깝다. 또한 과다한 비용과 복잡한 절차로 인한 어려움을 극복하고 주주권을 행사해서 회사 경영에 영향력을 행사하려고 한다고 해도 대량으로 주식을 보유하고 있는 기관투자자들이 적극적으로 지지하는 경우가 거의 없기 때문에 실현 가능성이 없다. 실제로 한국에서 주주 제안이나 주주들의 압력 때문에 회사가 근시안적 단기 경영을 했다는 실질적인 사례를 찾기 어렵다.[33]

단기 투기적 거래와 단기 투자는 앞서 설명한 바와 같이 경영진의 단기 성과주의와는 직접적인 관련이 있지 않다. 단기 투자와 단기 성과주의의 공통점은 '단기'라는 같은 단어를 사용한 것일 뿐, 각각의 의미는 전혀 다르다. 한국보다 주식 보유 기간이 훨씬 더 긴 영국이나 미국에서 단기 성과주의가 심각하게 나타나고 있고, 단기 투자가 만연한 한국에서는 주주의 압력에 의한 단기 성과주의가 나타나고 있지 않은 것이 이를 설명해주고 있다. 한국의 현실과는 동떨어진 미국이나 영국과 같은 선진국에서 벌어지고 있는 상황을 한국에 그대로 대입해서 비판하는 것은 존재하지도 않는 현상을 대상으로 논쟁을 벌이는 형국이다. 한국의 대주주 경영진들이 분식 회계를 통해서 경영 성과를 왜곡하거나 내부 거래로 회사 가치를 심각하게 훼손하는 부당 행위를 빈번하게 저지르고 있다. 그럼에도 불구하고 소액주주가 경영권을 장악하고 있는 대주주 경영진들의 그러한 퇴행적인 경영 행태조차 교정할 수 있는 방안도 거의 없다. 상황이 이럴진대 주주들이 대주주 경영진에게 주가 상승을 위해서 단기 성과 중심의 경영을 하도록 압박한다는 것은 어불성설이다. 존재하지도 않는 주주들의 단기 성과주의를 비판하기보다는, 오히려 주주들이 기업들의 투명성과 책임성을 높일 수 있는 본연의 주주권을 회복시킬 수 있는 방안에 대한 논의가 필요하다.

| 주주 중심 경영은 원죄? |

주식회사에서는 회사에 자본금을 제공한 주주가 회사의 주인이 된다. 그러나 자본을 제공한 사람만이 회사의 주인이 되어야 한다는 절대 명제는 없다. 또한 회사가 '주인만을' 위해서 존재한다는 절대 명제도 없다. 기업에 자본을 공급하는 역할이 기업의 소유권이나 통제권과 분리될 수도 있다. 주주와 마찬가지로 자본을 제공하지만 채권자는 회사의 주인이 되지 못한다. 또한 회사에는 주주 이외에도 노동자, 공급자, 소비자, 채권자, 사회 등의 다양한 이해당사자가 있는데, 이러한 이해당사자 중에서 누구라도 기업의 주인이 될 수 있고, 또 실제로 그러한 기업형태들이 존재한다. 협동조합같이 주식회사가 아닌 기업형태에는 주주가 없으며, 조합원이 기업의 주인이 된다. 사회가 기업의 주인이 되는 것은 사회주의 또는 공산주의(Communism)에서 볼 수 있는 기업형태다.

주식회사는 주주에게 지급하는 배당만이 아니라 임금, 공급 대금, 이자와 같은 형태로 다른 이해당사자들에게 이익을 함께 배분하기 때문에 주주와 다른 이해당사자 간에 이해가 충돌할 수밖에 없다. 이때 경영진이 주주의 이익을 우선하는 것을 주주 자본주의라고 부른다. 노동자, 공급자 그리고 채권자와 같은 이해당사자들은 계약으로 정한 만큼만을 배분받는 반면에 주주는 다른 이해당사자들에게 배분하고 남은 이익을 배분받는다. 그렇기 때문에 이해당사자 사이의 이익 배분을 정해진 이익만큼에서 나누는 제로섬 게임(zero-sum game)으로 전제하면, 모든 이해당사자들은 자신의 이익을 더 많이 가져가려는 경향이 나타나면서 다른 이해당사자들과 갈등을 유발할 수밖에 없다. 기업을 성장하면서 가치를 창출하는 조직으로 전제한다면 이익 배분은 포지티브섬 게임(positive-sum game)이 되어서 그러한 갈등이 완화되겠지만 서로 더 많은 몫을 차지하려는 갈등은 여전히 존재한다. 따라서 이해당사자들 사이의 이해 갈등이나 충돌은 주식회사를 포함한 모든 형태의 회사 제도에서 필연적인 것이지 주주 자본주의에만 나타나는 특이한 현상은 아니다.

주주 자본주의의 주주 중심 경영 때문에 발생하는 주주와 여타 이해당사자들 간 갈등을 해소하는 가장 근본적인 방법은 주주가 없는 회사를 설립하는 것이다. 주식회사가 아닌 다른 형태의 회사에서는 주주가 아닌 다른 이해당사자가 회사의 소유권과 통제권을 갖는다. 노동자가 주인인 노동자협동조합, 원재료의 공급자가 주인인 생산자협동조합, 그리고 소비자가 주인인 소비자협동조합 등이 바로 그러한 대안적 기업형태다. 하지만 주주가 없는 형태의 회사 제도에서도 이해당사자들 간의 갈등 문제는 여전히 남아 있다.

한편 주주 자본주의에 대한 비판의 핵심은 경영자가 다른 이해당사자보다 주주의 이익을 '우선시'하는 '주주 중심 경영'의 속성을 가리키고 있다. 또한 주주 자본주의하에서는 주식 투자자들의 투기적 거래와 단기 차익을 추구하는 투자 행태 때문에 주주 중심 경영이라는 속성을 가진 회사는 단기 성과주의 경영에 집착하게 된다는 주장이다. 하지만 투기적 거래, 단기 투자, 단기 성과주의 문제는 주주자본의 '행태'에 관한 것들이며, '주주 중심'의 경영을 추구하는 주주자본주의의 '본질적 속성'과는 구분되어야 한다. 또한 '주주 중심 경영'의 속성에 대한 비판에서 '주주 이익 우선'과 '주주만을 위한 경영'의 차이를 이해하는 것이 중요하다.

주주 이익을 우선하는 주주 중심 경영에 대한 비판은 주식회사의 본질적 속성과 관련된 것이다. 주식회사는 주주가 주인이 되는 회사 제도이며, 따라서 주주 이익을 우선시하는 경영은 주식회사의 본질이다. 주주 중심 경영을 비판하는 것은 협동조합이 조합원의 이익을 우선시하는 경영 행태를 비판하는 것과 마찬가지다. 또한 주주 중심 경영의 대안을 찾기 위해서는 어떤 형태의 회사가 주식회사의 대안이 될 수 있는가에 대한 논의가 이뤄져야 한다. 주주 중심 경영의 대안으로 가장 자주 논의되는 것이 이해당사자 경영이다. 그러나 '모든 이해당사자를 위한다'는 것이 '주주만을 위한 것이 아니'라는 의도인 것은 분명하지만, 주주 이외의 다른 이해당사들 사이에도 여전히 이해 상충이 존재하기 때문에 누구의 이해를 우선할 것이냐에 대한 견해의 차이가 있다. 예를 들어 노동자들이 이해당사자 경영을 주장할 때 실질적으로 노동자의 이해를 우선하는 것을 의미하고, 환경주의자가 이해당사자 경영을 주장할 때는 환경 보호를 우선하는 것이다. 주주가 없는 형태의 회사의 경우나 '이해당사자 경영'의 경우에도 이해당사자들 사이의 이해 상충은 여전히 존재한다. 주주 이외에 가장 중요한 이해당사자인 노동자 중심의 경영을 할 경우에도 노동자의 이해가 공급자, 소비자, 채권자 그리고 사회 등의 다른 이해당사자들의 이해와 일치하는 것은 아니기 때문에 주주 중심 경영에서와 유사한 갈등 구조를 갖게 된다.

반면 '주주만을 위한 경영'의 행태는 경영 방식의 문제이기 때문에 따져볼 필요가 있다. 먼저 경영권을 장악한 대주주가 존재하는 경우에 경영자, 즉 대주주가 다른 이해당사자보다 '주주의 이익만'을 위하는 주주 중심 경영을 추구할 수 있다. 이 경우는 대주주가 경영권이라는 우월적 지위를 활용하여 회사나 이해당사자 모두를 위한 경영이 아니라 주주의 이익만을 위한 주주 중심 경영이라는 부작용이 나타날 수 있다. 미국이나 영국과 같이 주식 소유가 분산된 나라와는 달리 대부분 대주주가 경영권을 행사하는 한국의 기업에서는 오히려 이러한 주주 자본주의의 부작용이 심각하게 나타나고 있다. 하지만 이 경우도 주주 일반이 아니라 극히 소수에 불과한 경영권을 장악한 대주주, 즉 '오너'의 이익만을 위하는 부작용이 문제다. 한국의 재벌 기업에서 경영권을 가지고 있는 대주주가 자신의 이익을 위해서 내부 거래하는 것은 일반화된 현상이고, 횡령·배임·분식회계 등과 같이 불법행위를 통해서 소액주주들을 착취하는 사례들도 빈번하게 발생하고 있다. 따라서 이러한 행태는 '주주' 자본주의의 문제라기보다는 '대주주' 자본주의의 문제라고 말하는 것이 보다 적절한 표현이다.

이에 대한 보완으로써 소유와 경영의 분리를 통하여 경영자는 회사 전체의 이익을 추구하고, 결과적으로 주주를 포함한 모든 이해당사자가 이득을 볼 수 있는 구조를 만드는 것이다. 미국과 같이 주식의 소유가 분산되어 회사 경영에 참여하는 대주주가 극히 드문 구조에서는 실질적으로 전문 경영자가 회사를 경영한다. 전문 경영자 체제에서도 이해당사자들의 갈등이 여전히 존재하겠지만 적어도 주주만을 위한, 특히 대주주만을 위한 경영 행태의 부작용은 줄어들 것이다. 하지만 전문 경영자 제도도 '주주 이익 우선'이 경영의 목표인 것은 마찬가지다. 더구나 전문 경영자 제도 자체의 부작용도 있는데, 전문 경영자가 주주가 아닌 자신의 이익을 위한 경영을 하는 현상이 나타나고 있는 바, 이것을 두고 주주 자본주의에 대칭되는 의미로 '경영자 자본주의(Managerial Capitalism)'라고 부르기도 한다.

주식회사는 '주주만을 위한 경영'을 하는 것이 아니라 주주의 이익을 우선하는 '주주 중심의 경영'을 하는 것이다. '주주만을 위한 경영'을 하는 것은 도덕적으로 옳지 않을 뿐만 아니라 현실적으로 가능하지도 않다. 회사의 흥망은 모든 이해당사자들에게 직접적인 영향을 미치며, 회사가 조직으로서 문화와 가치를 갖는 공동체이기 때문에 그러한 영향은 경제적 보상을 넘어선 것이 된다. 회사란 모든 이해당사자들의 자발적인 참여로 이뤄진 조직이기는 하지만 당사자들의 이해관계 계약으로 구성되었기 때문에 주주든 노동자든 관계없이 특정 이해당사자만을 위해서 존재할 수는 없다. 그렇기 때문에 주주 자본주의를 '주주만을 위한 경영'으로 이해하는 것은 과장이며, 이해당사자 이론도 '주주 중심의 경영'에 대한 대안이지 '주주만을 위한 경영'의 대안은 아니다. 주주 중심 경영의 대안으로써 이해당사자 경영을 논의하기 이전에, 관련된 이슈들을 보다 정확하게 이해하기 위해서 먼저 주식회사에서 왜 주주가 회사의 주인이 되는가를 알아보기로 한다.

| 주주가 주식회사의 주인인 이유 |

회사의 이해당사자는 노동을 제공하는 노동자와 경영자, 자본을 공급하는 주주와 채권자, 원자재와 서비스를 제공하는 공급자, 기업이 생산하는 제품과 서비스를 구매하는 소비자, 그리고 기업이 존립하는 체제를 유지하는 사회 또는 국가가 있다.[34] 소비자는 회사의 존립에 가장 중요한 주체이지만 기업의 수익을 배분받지 않는다는 점에서 다른 이해당사자와 구분된다. 기업이 만들어낸 수익 또는 이익은 노동자의 임금, 공급자의 공급 대금, 경영자의 보수, 채권자의 이자, 국가의 세금, 그리고 주주의 배당 순서로 배분된다. 노동자의 임금과 공급자의 공급 대금은 기업이 벌어들인 수익 중에서 가장 먼저 배분받는다. 회계상 생산직 노동자의 임금과 생산에 필요한 원재료의 공급 대금은 비용 항목으로 인식하고 매출액에서 이를 차감한 금액을 매출 총이익이라고 부른다. 매출 총이익에서 사무직 노동자들의 임금, 경영진의 보수, 그리고 영업과 관련된 공급자들의 공급 대금이 지급되며, 이를 차감한 금액을 영업이익이라고 한다. 임금은 회계상으로는 비용으로 인식하지만 임금을 더 많이 지불하면 다른 이해당사자들에게 배분될 이익의 몫이 줄어들기 때문에 분배의 관점에서 임금은 기업이 벌어들인 수익 또는 이익을 배분하는 것으로 보아야 한다. 영업이익에서 먼저 채권자에게 이자를 지급하며, 이자를 지급하고도 남는 이익이 있으면 정부에 세금을 납부한다. 세금을 내고 남는 이익을 순이익이라고 한다.

임금, 공급 대금, 경영자 보수, 이자는 정해진 계약에 의한 확정 금액을 지급해야 하고, 세금은 정해진 세율에 따라 반드시 지급하는 보장성을 갖는다. 배당을 제외한 모든 지급은 계약이나 법률로 정해져 있기 때문에 법으로 보호받는 강제적 약속이다. 세금은 이자를 지급한 이후에 배분할 수 있는 이익, 즉 법인세 차감 전 이익이 있는 경우에만 지급 의무가 있다. 그러나 임금, 공급 대금, 이자 등은 회사가 수익 또는 이익이 충분하지 않아도 반드시 지급해야 한다. 임금과 공급 대금, 그리고 이자와 원금을 지급하지 못하면 회사가 파산하고 회사의 생명이 정지된다. 회사가 파산을 한 경우에도 임금과 공급 대금은 회사 자산을 청산해서 남는 자산이 있다면 반드시 우선적으로 지급해야 한다.

임금, 공급 대금, 경영자 보수, 이자, 세금 등을 모두 지급하고 남은 순이익 중에서 일부 또는 전부를 주주에게 배당으로 지급한다. 배당은 얼마를 지급해야 한다는 계약이 없다. 이같이 배당은 다른 이해당사자들에게 수익 또는 이익을 배분하고 남는 몫을 배분받아 우선순위가 가장 낮기 때문에 주주를 '잔여 청구권자(residual claimer)'라고 한다. 주식회사에서 주주를 회사의 주인으로 인정하는 이유는 단순히 자본을 제공했기 때문만은 아니다. 주주가 회사의 주인이 되는 이유는 다른 이해당사자보다 불리한 세 가지 책임을 지기 때문이다. 첫째는 다른 이해당사자에게 배분하고 남은 이익이 있을 때만 이익을 배분받는 잔여 청구권자가 된다. 둘째는 배당금을 정하지 않으며, 배당의 지급도 보장받지 않는 위험을 감수한다. 셋째는 회사에 제공한 주주 자본을 돌려받지 않는다. 주식회사 제도에서는 자본을 제공한 주주가 이와 같은 책임을 지는 것을 전제로 주주를 회사의 주인으로 정한다. 채권자도 주주와 마찬가지로 자본을 제공하지만 배당보다 우선적으로 확정된 이자를 지급받고, 원금을 돌려받기 때문에 주인이 되지 못한다.

다른 이해당사자들에 대한 지급과는 달리 배당은 지급하지 않아도 아무런 문제가 없는데, 이러한 주주의 '잔여 청구권'을 회사가 역이용하는 경우도 있다. 즉 이익금을 배당할 여건이 마련되었음에도 불구하고 회사가 특별한 이유 없이 배당금을 지급하지 않는 경우가 드물지 않게 발생한다. 2013년 12월 말에 결산한, 코스피에 상장된 691개 기업 중에서 현금 배당을 지급하지 않은 기업이 전체의 36%인 251개사다.[35] 배당을 지급하는 기업들도 배당 지급에 매우 인색해서 2013년 평균 배당수익률이 1.82%로 6개월 미만의 단기 정기예금이자율 2.54%보다 낮은 수준이었다.[36] 한국의 대표적인 기업인 삼성전자의 경우에도 보통주 배당수익률은 2009년 1.0%, 2010년 1.1%, 2011년 및 2012년 0.5% 그리고 2013년 1%로 지극히 낮은 수준이다.[37]

이같이 주식회사가 주주를 회사의 주인으로 정하는 이유는 단지 자본금을 제공해서만이 아니라 무엇보다도 다른 이해당사자들에게 배분되는 이익을 자신의 이익보다 우선적으로 보장하기 때문이다. 주주가 아닌 다른 이해당사자가 회사의 주인이 되는 경우에도 주인으로서의 책임은 비슷하게 적용되어야 할 것이다. 예를 들어 개인회사의 오너 사장이 종업원의 임금이나 공급자의 공급 대금을 지급하기 전에 자신이 먼저 이익을 가져간다면 주인으로서 책임을 다하지 않는 것이다. 그리고 회사 재산 중에서 자신의 투자 자금을 먼저 회수해가고 채권자의 원금을 상환하지 않는다면 주인으로서의 자격이 없는 것도 같은 이치다.

주주가 주인(owner)이라는 것이 어떤 의미인가를 생각해보자. 예를 들어 현대자동차 주식 10주를 가지고 있는 사람에게 '당신이 현대자동차의 주인이냐'고 묻는다면 당사자는 오히려 어리둥절해할 것이다. 현대자동차는 주식회사이니 주주가 주인이고, 10주를 가진 주주도 주인인 것이 맞는데도 불구하고 소액주주들은 자신을 오너라고 생각하지 않는다. 일반적으로 회사의 주인, 오너라고 할 때는 실질적으로 경영권을 행사하는 사람을 의미하기 때문에 소액주주를 오너라고 생각하는 사람은 없다. 또한 현대자동차 주식 10주를 소유한 주주가 현대자동차 공장에 가서 생산 시설의 일부를 자기의 재산이라고 주장하며 가져갈 수도 없다. 주주가 주인이라고 해도 주택이나 자동차를 소유한 주인의 경우와는 달리 회사의 재산에 대한 배타적이고 사적인 소유권을 갖지 않는다. 주주가 회사의 주인이라고 해서 회사에 대한 경영권이 주어지는 것도 아니고, 회사의 재산에 대한 사적 소유권을 행사할 수도 없기 때문에 일상적인 의미에서의 주인과는 그 의미가 전혀 다르다.

주주가 주식회사의 주인이라는 의미는 의결권을 갖는다는 것과 잔여 이익에 대한 청구권과 회사가 청산했을 때 잔여재산에 대한 소유권을 갖는다는 것이다. 주주가 갖는 의결권은 주주총회에서의 안건에 대한 의결권이지 회사 경영에 직접 참여하는 것을 보장하는 것이 아니다. 배당 승인도 주주총회의 안건이지만 실질적으로는 경영진이 배당을 결정하고 주주총회는 이를 추인하는 방식이기 때문에 주주가 직접 배당을 결정하는 경우도 극히 드물다. 주주가 주인으로서 행사하는 권리가 이렇게 매우 제한적임에도 불구하고 주식회사에서 주주 중심 경영이 가능한 이유는 주주가 두 가지 중요한 결정에서 의결권을 행사할 수 있기 때문이다. 첫째는 회사의 최고 경영자(CEO)를 선임하고 해임할 권한을 갖는 이사회의 이사를 선출하는 것이다. 둘째는 경영진의 임금과 보상을 주주총회에서 승인하는 것이다. 특히 경영진의 보상을 이익이나 주가에 연동시키는 경우에는, 경영진이 주가를 높이기 위한 경영에 집중함으로써 자신의 이익과 주주의 이익을 일치시키는 주주 중심 경영을 하게 된다.

한국에서는 거의 모든 기업에서 대주주가 경영권을 장악하고 있기 때문에 소액주주들이 경영진의 임금과 보상의 승인을 부결시키거나 또는 자신들이 원하는 사람을 이사로 선임하는 것이 거의 불가능해서 이러한 권한도 소액주주들에게는 큰 의미가 없다. 그러나 영국이나 미국과 같이 주식 소유가 분산되고 소액주주들이 주주총회에서 적극적으로 의결권을 행사하는 나라에서 주주의 의결권은 경영진이 주주 중심 경영을 하게 만드는 의미 있는 권한이다. 따라서 소유가 분산된 기업의 경우 주주 중심 경영으로 인한 문제를 해결하려면 주주총회가 이사 선임과 경영진 보상을 결정하는 구조를 바꾸는 것이 가장 주요한 접근이 된다. 그러나 한국 기업들처럼 대주주가 경영권을 장악하고 있는 구조에서는 이러한 접근도 실효성이 없다.

주식회사가 주주를 회사의 주인으로 정하고 있다고 해서 회사가 '주주만을 위한 경영'을 해야 한다는 것을 의미하지는 않는다. 누가 회사의 주인이 되더라도 회사는 단순하게 소유의 사적 재산이 아니라 여러 이해당사자들 간의 복잡하게 얽혀 있는 '이해관계의 결합'으로서의 공동체다. 또한 기업은 이해당사자들이 협력적인 관계를 바탕으로 가치를 창출하고 성장하는 동태적인 조직체이며 협력적 공동체다. 때문에 경영자는 모든 이해당사자의 이익을 보호하고 존중하는 경영을 해야 하고, 실제로 기업들은 그렇게 운영되는 것이 일반적이다.

이해당사자
자본주의

| 이해당사자 이론의 근원 |

주주 자본주의의 대안으로 가장 많이 논의되는 것이 이해당사자 자본주의(Stakeholder Capitalism)다. 이해당사자 자본주의는 경영학에서 기업의 관리 이론인 이해당사자 이론(Stakeholder Theory)에서 발전된 개념이다. 이해당사자 이론은 회사가 '단순하게 주주의 부를 극대화하는 것 이상으로 조직, 즉 회사의 목적을 달성하는 데 도움이 되거나 걸림돌이 되는 모든 사람들의 이해와 복지에 관심을 가지는' 경영이라고 정의한다.[38] 평범하게 말하면 '회사는 모든 이해당사자를 위한 경영'을 해야 한다는 것이 이해당사자 이론이다. 여기에서 '모든 이해당사자를 위한 경영'이라는 목적을 달성하기 위한 현실적인 접근으로써 이익을 만드는 '과정의 정의(procedural justice)'를 강조한다. 주주 중심의 경영은 주주의 이익을 극대화한다는 매우 단순한 목적으로 정의할 수 있다. 하지만 이해당사자 경영은 이해가 상충되는 많은 이해당사자들 모두의 이익을 극대화하는 목적을 달성하는 것이 현실적으로 매우 어렵다. 따라서 '목적' 자체보다는 목적을 달성하는 '과정의 정의'에 초점이 맞춰진 것으로 볼 수 있다.

이해당사자 이론은 '조직의 경영관리의 철학을 다루는 이론'으로서,[39] 윤리와 경영을 통합하고, 기업이 내린 의사 결정이 미치는 영향에 대해서 기업이 책임을 지는 원칙에 관한 것이며,[40] '도덕(moral)과 가치(value)를 조직 관리의 가장 핵심적인 개념'으로 다룬다.[41] 다시 말하면 이해당사자 이론은 기업이 이익을 만들어내는 과정이 정의(正義)롭고 공평(公平)하면 이해당사자들도 그 결과를 정의롭고 공평한 것으로 받아들이게 된다는 점에 초점이 맞춰져 있다. 그리고 과정을 정의롭게 만드는 핵심적인 방안은 이해당사자들이 의사 결정에 참여하는 것으로 삼는다. 이해당사자들은 과정에서의 참여가 많을수록 과정이 공평하고 정의롭다고 생각하고, 설사 결과가 좋지 않더라도 과정에서의 정의가 이해당사자들로 하여금 이를 받아들이게 한다는 것이다.[42]

그러나 이해당사자마다 기업과 맺고 있는 이해관계의 성격이 다르고, 이해당사자들에 따라서는 의사 결정에 참여하기 위한 대표성이나 교섭력, 조직력의 차이가 있기 때문에 의사 결정에 참여하는 방안도 이해당사자에 따라서 상당한 차이가 있을 수밖에 없다. 이해당사자 이론을 주장하는 학자들은 "모든 이해당사자가 과정과 결정에 동등하게 참여해야 한다는 것을 의미하지 않는다."[43]고 설명하고 있다. 특히 이해당사자 이론이 주장하는 '동등성'이 모두가 동일한 권리나 지분을 갖는 공평주의(Equalitarianism)나 모두가 동일한 배분을 받는 평등주의(Egalitarianism)가 아니라고 설명한다. 이해당사자 이론에서 말하는 동등함이란 능력주의(Meritocracy)에 기초한 과정상에서 '이해의 균형(balancing of interests)'을 말한다. 따라서 이익의 배분도 조직에 대한 기여와 부담하는 비용과 위험에 상응하는 비례적인 배분을 의미한다.[44] 따라서 이해당사자 이론은 평등한 배분이 아니라 평등한 참여를 핵심적인 개념으로 본다.

이해당사자 이론에서 참여는, 모든 이해당사자들이 회사의 "이사회에 참여해야 한다는 것을 의미하는 것이 아니며, 더구나 주주가 (이사회에) 참여할 권한이 없다는 것을 의미하는 것도 아니다."[45]라는 점을 강조하고 있다. 이는 이해당사자 이론이 주주 자본이나 주주의 권리를 부정하거나 배제하는 것이 아니라는 것을 강조하여, 주주를 "자본의 제공자로서 경제적 혜택의 상당한 몫을 차지할 권리가 있고, 회사가 의사 결정을 할 때 주주들의 이해에 많은 관심을 기울여야 하며, 단지 주주들이 다른 이해당사자의 이해관계에 배타적이지 않으면서 자신들의 투자에 대한 공정한 수익(fair return)을 받아야 한다."는 것을 주장하고 있다.[46] 주주 자본에 대한 이러한 견해는 이해당사자 이론을 창시하고 기업 경영관리의 이론으로 발전시켜 온 학자들에게는 지배적이며,[47] 이는 이해당사자 이론을 정치경제적인 개념으로 확대한 '이해당사자 자본주의'를 주장하는 사람들의 생각과는 상당히 거리가 있다.

| 경영 이론에서 체제 이론으로 |

이해당사자 이론은 회사의 조직과 경영관리 철학을 정립한 것인데, 이때 회사란 가장 일반적인 형태로서 주식회사를 지칭한다. 이러한 이해당사자 이론을 주식회사가 가지고 있는 주주 중심 경영이라는 한계를 극복하기 위해서 주식회사 이외의 다양한 대안적 형태의 회사로 확대하거나, 더 나아가 정치경제적인 개념으로까지 확대해서 적용한 것이 이해당사자 자본주의(Stakeholder Capitalism)이다. 이해당사자 이론이 정치적인 연관성을 갖는 의미로 사용된 계기는, 영국 전 수상인 토니 블레어(Tony Blair)가 1996년에 이해당사자 경제(stakeholder economy)를 제안하는 연설을 한 것이다. 토니 블레어는 "회사 내에서만이 아니라 사회 속에서도 신뢰의 관계를 만들어야 한다. 신뢰는 함께 일하고 함께 혜택 받는 상호 공통의 목적을 인정하는 것이다. 이해당사자 경제에서는 모두에게 기회가 주어지고, 실력에 따라 발전하고, 어떤 그룹이나 계층도 분리되거나 배제되지 않는다."는 개념을 주장했다.[48]

주주 자본주의와 마찬가지로 이해당사자 자본주의도 자본주의 체제에 관한 학술적인 용어로 명확한 정의가 내려진 것은 아니다. 자본주의 체제에서 주식회사가 가장 일반적인 기업형태로 이용되고, 또 주식회사가 '주주 중심 경영'을 하는 현상을 두고 주주 자본주의라고 지칭한다. 그러나 이해당사자 자본주의는 토니 블레어의 주장에서 보는 것처럼 회사가 '모든 이해당사자를 위한 경영'을 하는 것 이상의 사회경제적인 의미를 담고 있다. 그러기 때문에 이해당사자 자본주의는 사용하는 사람에 따라서 너무도 다른 다양한 의미를 갖게 된다. 이해당사자를 기업과 직접적인 이해관계를 맺고 있는 범주로 국한할 경우와 이해당사자를 모든 사회 구성원과 사회적 기구들까지로 확대할 경우에 이해당사자 자본주의가 의미하는 바가 전혀 달라진다.

정치경제적인 의미에서 이해당사자 자본주의를 주장하는 의견들도 모든 이해당사자를 위하는 방안으로써 '참여'를 핵심적인 개념으로 본다. 그러나 참여나 분배의 방식에 대해서는 의견이 다르다. 주주 중심 경영에 대한 대안으로써 이해당사자 자본주의를 주장하는 경우에는 독일의 공동 결정(codetermination)과 같이 주주만이 아니라 노동자가 함께 의사 결정에 참여하는 방식에 초점이 맞춰져 있다. 그러나 주주를 배제하는 협동조합과 같은 체제에서 이해당사자 자본주의를 주장하는 경우에는 참여의 방식은 물론이고 분배의 원칙도 달라진다.

이해당사자 이론을 기업의 관리 이론으로 창시하고 발전시켜 온 학자들은, 초기에는 사회의 모든 구성원을 이해당사자로 해석하고 이해당사자 이론을 경제적으로 모두가 평등한 사회주의적 접근의 자본주의로 해석하는 것을 경계하였으며, 정치경제적인 관점에서 이해당사자 자본주의로 확대하는 것에 부정적인 의견을 가졌다.[49] 그러나 나중에는 자신들이 경계했던 이해당사자 자본주의의 개념을 정의하는 시도를 했다.[50] 그들은 기존의 자본주의 이론들이 시장 참여자들이 단순히 이기적인 사람이라고 가정하고, 도덕과 번영을 상반된 개념으로 가정하는 것 자체가 오류임을 지적했다. 그리고 경제적 번영이 한정된 자원을 두고 경쟁하는 제로섬 게임으로 보는 것도 잘못된 것이라는 논지를 근거로[51] 이해당사자 자본주의를 정의하는 원칙들을 제시했다. 그들이 제시한 원칙을 요약하면 이해당사자들의 협동, 참여 그리고 책임성이 더 많은 가치를 만들어낼 수 있으며, 인간은 이기적인 것 이상을 고려하는 복잡한 존재이며, 기업은 지속적인 가치를 만드는 기구이고, 경쟁은 필요한 것이 아니라 과정에서 발생하는 것이라는 내용이다.[52]

| 죄수의 딜레마와 레몬 시장 |

이들의 주장은 이해당사자 이론을 이해당사자 자본주의에 적용하는 원칙을 언급한 것이지만, 자본주의 체제에 적용하는 현실적인 방안을 제시한 것은 아니다. 그러나 그 원칙들 중에는 현실적인 상황에 모순되거나 적용 가능하지 않은 문제가 있다. 그들이 주장하는 것처럼 사람들이 이기적인 것만은 아니고 협력을 통하여 더 나은 결과를 낼 수 있다는 것을 이해하고 있다고 해도, 현실에서는 사람마다 주어진 환경과 정보가 다르기 때문에 상호 신뢰의 관계를 형성하는 것이 원천적으로 불가능한 '죄수의 딜레마(prisoner's dilemma)'와 '레몬 시장(lemon market)'과 같은 상황이 자주 발생한다는 것을 간과하고 있는 것이다.

　'죄수의 딜레마'는 서로 협력하면 서로에게 가장 좋은 결과를 얻을 수 있지만, 서로가 소통할 수 있는 기회가 주어지지 않아서 서로를 신뢰하지 못할 때는 서로에게 가장 나쁜 결과를 가져오는 선택을 하게 되는 상황을 말한다. 한편 시장에 나와 있는 많은 물건들은 서로 품질이 다르고, 물건의 가격은 품질에 따라서 다르게 결정되는 것이 시장의 원칙이다. 그러나 물건의 품질을 구분할 수 있는 객관적인 방법이 없을 때, 소비자들은 어느 물건이 좋은 것이고 어느 물건이 나쁜 것인지를 구분하지 못할 경우 평균적인 품질에 해당하는 가격을 지불할 수밖에 없게 된다. 이 경우 좋은 품질의 물건을 생산한 사람은 받아야 할 가격보다 낮은 가격을 받게 되고, 반대로 품질이 좋지 않은 물건을 생산한 사람은 받아야 할 가격보다 높은 가격을 받게 된다. 그렇게 되면 좋은 품질을 생산하는 사람은 시장에 참여하지 않게 되어서 결과적으로 그러한 시장에는 품질이 좋지 않은 물건들만 거래되는 상황이 벌어지게 되는 것을 두고 '레몬 시장'이라고 한다.[53] 따라서 협동, 참여, 책임의 원칙이 관통되는 이해당사자 자본주의는 기본적으로 이해당사자 간의 신뢰를 전제하고 있는데, 현실에서는 그러한 신뢰가 형성되기 어려운 구조가 지배적이며, 또는 신뢰를 악용하는 사례까지 발생한다.

이해당사자 자본주의를 주장하는 사람들은 '다른 사람의 비용으로 자신의 이기적인 이해를 중요시하는 사람들은 적은 소수'라고 매우 낙관적인 주장을 하지만,[54] 현실에서는 죄수의 딜레마와 레몬 시장의 상황은 특수한 것이 아니라 일반적으로 볼 수 있는 현상이다. 따라서 참여와 협동을 가장 중요한 덕목으로 삼는 이해당사자 자본주의가 주주 자본주의의 대안이 되기 위해서는 이해당사자 간에 신뢰를 구축할 수 있는 현실성 있는 방안을 제시하는 것이 핵심적으로 해결해야 할 문제다. 토니 블레어가 주장하는 "사회 속에서도 신뢰의 관계를 만들어야 한다."는 명제의 원론적인 당위론에는 모두가 동의할 것이다. 그러나 이해가 상충되는 많은 이해당사자들 사이에 신뢰 관계를 '어떻게' 만들 것인가에 대해서는 의견이 달라질 수밖에 없다. 이 지점에서부터 이해당사자 자본주의는 '어떻게'에 대한 의견 차이에 따라서 다양한 형태로 나타나게 된다.

노동자, 공급자, 소비자, 채권자, 주주 그리고 사회로 구성된 기업의 다양한 이해당사자들이 기업의 의사 결정에 다 함께 참여하는 통합적이면서도 경영자가 쉽게 적용할 수 있는 현실적인 방안을 마련하는 것은 거의 불가능에 가깝다. 참여의 절차적인 방안을 어떻게 할 것이냐를 정하기 이전에 각 이해당사자들이 의사 결정에 참여하는 창구의 역할을 할 조직을 어떻게 만들 것이냐를 먼저 정해야 한다. 그러나 각 이해당사자들을 대표해서 이익을 대변하고 의사 결정에 참여할 실효성이 있는 조직을 만들 수 있는 여건이 이해당사자들마다 다르기 때문에 원론적인 의미에서 '모든 이해당사자들이 동등하게 참여'하는 것은 현실적으로 매우 어려운 과제다.

예를 들어 노동자는 노동조합이라는 대표성이 있고 교섭력을 갖는 조직을 가지고 있기 때문에 의사 결정에 참여하는 것이 다른 이해당사자보다 상대적으로 용이하다. 소비자의 경우에 소비자시민 단체나 정부의 소비자보호기구가 있지만, 그러한 단체나 기구는 광범위한 소비자들의 권익을 보호하기 위한 기구이지 특정 기업의 소비자를 대표하는 역할을 하는 기구가 아니기 때문에 소비자가 기업의 의사 결정에 참여하는 것도 현실성이 낮다. 노동자, 공급자, 소비자만이 아니라 주주 이외에도 자본을 제공하는 이해당사자로서 채권자와 전체 사회를 대표하는 사람이 모두 동등하게 참여하는 구조를 설계하는 것은 더욱 어렵다. 그렇기 때문에 이해당사자 자본주의를 '모든 이해당사자를 위한 경영'이라고 정의하지만 현실에서는 자신의 이해를 대변할 조직적 역량을 가진 이해당사자들만이 의사 결정에 참여하는 구조를 선택할 수밖에 없다.

　이해당사자 자본주의를 가장 성공적으로 실천하는 대표적인 사례는 독일과 북유럽 국가들이 시행하고 있는 공동 결정 모델과 협동조합이다. 공동 결정 모델은 노동자와 주주가 각자 자신들의 대표를 감독이사회에 선임하고 회사의 주요한 의사 결정을 함께 내리는 '노동자와 주주 중심 경영' 구조다. 따라서 공동 결정 모델은 '주주 중심 경영'의 대안이기는 하지만 여전히 '모든 이해당사자를 위한 경영'은 아니다. 이에 주주 중심 경영을 벗어나서 특정한 이해당사자 중심 경영을 하는 대안으로 자리 잡은 것이 협동조합이다. 노동자협동조합은 '노동자 중심 경영', 생산자협동조합은 '공급자 중심 경영' 그리고 소비자협동조합은 '소비자 중심 경영'을 하는 구조다. 협동조합은 주주 자본을 배제하고 이해당사자가 직접 자본을 제공하여 회사의 주인이 된다. 노동자협동조합은 노동자만이 조합원이 될 수 있으며, 노동자가 아닌 다른 이해당사자는 조합원이 될 수 없다. 그리고 조합원은 회사에 노동과 자본을 함께 제공한다. 즉 노동자협동조합은 공동 결정 모델과 같이 자본과 노동이 협력 관계를 갖는 것이 아니라 자본과 노동을 일치시키는 이해당사자 자본주의 모델이다. 협동조합과 같이 주주 자본을 배제한 대안적 기업형태에 대해서는 뒤에서 구체적인 설명할 것이며, 먼저 이해당사자 자본주의의 가장 대표적인 실천으로써의 노동자 경영 참여 모델인 독일식 공동 결정에 관해서 살펴보기로 한다.

노동자와 주주,
함께 갈 수 없나?

| 노동자와 주주의 공동 결정: 독일의 공동 결정 제도 |

독일의 공동 결정(codetermination)[55]은 상장회사만이 아니라 비상
장회사, 개인기업, 파트너 기업 그리고 협동조합까지 모든 형태의 기
업에 광범위하게 적용되는 제도다.[56] 공동 결정은 회사가 두 개의 이
사회를 갖는 '이중 이사회' 구조에 기초하고 있다. 첫째는 회사를 경
영하는 주체인 '경영이사회(management board)'이고, 다른 하나는
경영진을 감독하고 회사의 전략적인 의사 결정을 하는 '감독이사회
(supervisory board)'이다. 경영이사회는 한국과 같이 단일 이사회를
두는 제도에서의 이사회와 동일한 성격이고, 감독이사회는 이름이
말하고 있는 것처럼 경영이사회를 감독하고 감시하는 것이며, 회사
의 일상적인 경영에 대한 의사 결정에는 관여하지 않는다. 따라서 노

동자와 주주의 공동 결정은 '경영 공동 결정'이 아니라 '감독 공동 결정'이다.

두 가지 이사회 중에서 감독이사회에 노동자와 주주가 이사로 함께 참여해서 의사 결정을 하는 것이 공동 결정의 핵심적인 내용이다. 독일에서 이중 이사회 구조가 도입된 것은 1861년이었고, 감독이사회에 공동 결정을 도입한 것은 1922년이기 때문에 두 제도는 상당한 시차를 두고 도입되었다. 사실 감독이사회가 도입되었을 때는 노동자의 이해관계를 수용하기 위한 것이 아니라 주주가 경영진을 감독·감시하기 위한 목적이었다.[57] 공동 결정이 도입된 초기에 경영자들은 '도자기 그릇 가게에 황소를 풀어놓은 것'이라고 할 정도로 반대하고 두려워했다. 그러나 1960년대부터는 노동자만이 아니라 경영자와 정치인들까지 독일의 자랑스러운 사회경제적 제도라는 자부심을 갖는 제도로 자리를 잡았다.[58]

공동 결정을 하는 감독이사회의 구성은 회사의 종류와 규모에 따라서 차이가 있는데, 크게 구분하면 다음의 세 가지 유형으로 나눌 수 있다.[59]

첫째 유형은 2,000명 이상의 종업원을 가진 모든 회사들에 적용되는데, 감독이사의 절반을 주주가 선임하고 나머지 절반을 종업원이 선임해서 주주 대표이사와 노동자 대표이사를 동수로 한다. 그러나 이사회 의장은 주주가 주주총회에서 선임한다. 의장은 의결이 가부 동수일 경우에만 캐스팅보트(casting vote)를 갖는데, 이 때문에 감독이사회가 약간 주주 쪽에 치우쳐 있다고 볼 수 있다. 이러한 유형의 감독이사회 규정은 법으로 정해진 강제 사항이며 상장회사, 개인회사, 파트너 회사 그리고 협동조합까지도 적용된다.

둘째 유형은 종업원이 500명에서 2,000명 사이인 상장회사와 사기업에 적용되는 제도로써, 감독이사회 이사의 3분의 2를 주주들이 선임하고 3분의 1은 노동자들이 선임한다. 이 경우에는 주주 대표이사들이 감독이사회의 다수를 차지하기 때문에 주주에 치우친 구조다.

셋째 유형은 광산-철강 산업에 속하는 기업에만 적용되는 제도다.[60] 이 경우에는 노동자와 주주가 동수의 감독이사를 선임하고 이사회 의장은 중립적인 사람으로 두 그룹이 공동으로 지명하고 주주총회에서 감독이사회의 추천으로 선임한다. 따라서 노동자와 주주가 완전한 균형을 이룬 감독이사회다. 그리고 종업원 대표이사의 최소한 한 명은 반드시 관리자(manager) 또는 임원 종업원(executive employees)으로 선출해야 한다. 종업원 500명 미만의 기업과 같이 법으로 종업원 참여가 의무화되지 않은 기업들은 감독이사회를 가지고 있어도 주주들이 모든 이사를 선임하기 때문에 공동 결정에 해당되지 않는다.

감독이사회의 권한과 책임

감독이사회의 역할은 경영이사회를 감독하고 감시하는 것이다. 그러한 역할을 수행하는 데 있어서 감독이사회가 경영이사회를 통제하는 가장 강력한 수단은 경영이사회의 이사를 임명하고 해임하는 권한을 갖는 것이다. 경영이사회의 의장도 경영이사들이 선임하는 것이 아니라 감독이사회가 선임한다. 또한 감독이사회는 경영이사회 이사들의 보상을 결정할 권한을 가지며, 경영이사들의 성과에 따라서 보상을 재조정하는 권한도 갖는다.[61] 그러나 경영이사회가 결정한 사안의 시행을 보류하기 위해서는 감독이사회 전원 일치 찬성으로만 가능하도록 정하고 있어서 경영진의 경영상 판단을 존중하는 구조다.[62]

이러한 제도는 감독이사회의 역할을 일상적인 경영에 직접 개입하는 것으로 확대하지 않고, 경영이사회를 감독하고 감시하는 역할로 국한하는 것으로 해석할 수 있다.[63] 그러나 감독이사회가 감독 기능을 수행하는 데 필요한 사항들에 대해서는 법으로 강제하고 있는 사안들이 있다. 감독이사회는 모든 경영과 관련된 정보를 받을 권리가 있고, 경영이사회는 투자·재무·직원 개발과 관련된 내용, 회사의 수익성 특히 자본의 수익률에 관한 내용을 정기적으로 보고해야 한다. 그리고 회사의 경영 성과와 재무 상황, 회사의 유동성과 수익성과 관련한 중요한 거래에 대해서도 보고해야 하며, 연간 재무 보고서는 감사를 마치는 즉시 바로 감독이사회에 보고해야 한다.[64] 감독이사회는 회사의 재무제표에 대한 의견, 경영이사회를 감독·감시하는 임무를 수행한 범주와 성격, 감독이사회 개최 횟수, 감독이사회 내부의 위원회 존재 여부와 위원회 활동에 관한 내용들을 주주총회에 보고할 의무가 있다. 또한 경영이사회가 의무를 위반하고 회사에 손해를 끼쳤을 경우에는 경영이사의 책임을 추궁할 의무가 있으며, 감독이사가 회사 정보를 이용해서 이익을 취한 경우에는 경영이사와 마찬가지로 내부자 거래에 대한 형사 책임이 있다.

공동 결정에 대한 평가

최근에는 독일 내에서도 공동 결정의 문제들에 대한 비판이 제기되고 있는데, 노동자 대표 감독이사회가 과도한 보상을 받거나 회사

공금을 유용하는 스캔들이 발생하거나 전임 경영진을 감독이사로 선임함으로써 감독 기능이 약화되는 등의 문제들로 인한 비판들이다. 공동 결정에 대한 가장 일반적이고 강력한 비판은 감독이사회가 독립적이고 실질적인 감독을 효과적으로 해내지 못하고 있다는 것이다. 실제로 감독이사회의 주주 대표 이사들의 75%가 경영이사회가 추천한 사람들이며,[65] 특히 전임 경영진이 감독이사회 이사가 되는 경우가 많고, 전임 경영이사회 의장이 감독이사회 의장이 되는 경우도 자주 있어서 감독이사회를 구성하는 데 경영진이 압도적인 영향을 미치고 있다. 독일의 지배 구조 준칙은 이러한 문제를 해소하기 위해서 감독이사회의 이사 중에서 전임 경영진을 두 명 이하로 제한할 것을 권고하고 있다.[66] 감독이사회가 경영이사를 선임하는 것도 실제로는 경영이사회 의장과 감독이사회 의장이 영향력을 가지고 선정하고, 감독이사들은 추천된 후보를 승인하는 정도의 역할만 한다.[67]

감독이사회의 이사들은 고정급과 성과급을 받으며, 특히 스톡옵션을 받는 경우가 많다. 경영이사회 이사뿐 아니라 노동자 대표를 포함한 감독이사들이 스톡옵션을 받는 것은 공동 결정 모델에서도 주주 가치를 중요시한다는 것을 보여준다. 그러나 감독이사가 경영이사와 같이 성과급으로 스톡옵션을 받는 것은 이해 상충의 여지가 있으며, 경영자를 감독·감시하는 기능을 약화시킬 가능성이 있다. 경영이사회의 이사가 의무를 지키지 않아서 회사에 손해를 입혔을 때 감독이사회는 이에 대한 책임을 묻는 것이 의무다. 그러나 감독이사회가 경영진의 책임을 묻는 경우가 극히 드물다. 그 이유는 감독이사회의 이사를 다른 회사의 경영이사회 이사가 맡고 있는 경우가 많고, 감독이사회의 자리가 소수의 사람들에게 집중되어 있기 때문에 독일의 감독이사회가 명망가들의 모임으로 비유될 정도로 독립적이지 못하기 때문이다.[68]

감독이사회가 고정급만이 아니라 성과급까지 받으면서도 노동자 대표를 포함한 감독이사들이 비리와 부패에 연루되는 스캔들이 발생하기도 했다.[69] 비리와 부패의 문제들은 감독이사회가 경영이사를 선임하는 권한을 가지고 있고, 노동자 대표 이사들이 노동조합원이기 때문에 경영이사들이 노동조합에 잘 보이려고 하고, 또한 노동자 대표 이사들이 받는 보상의 일부가 노동조합의 활동비로 사용되는 이해 상충이 있기 때문에 발생한 것이다. 또한 전임 경영이사회 의장이 감독이사회의 의장을 맡으면서 경영진과 노동조합이 결탁하는 구조도 문제의 원인이 되었다. 부패 문제 이외에도 감독이사회가 원래의 책무인 경영이사회를 감독·감시하는 일에 헌신하기보다는 노동과 사회적 이슈를 논의하는 것에 주요한 활동을 한다는 비판도 제기되고 있다.

또한 21명의 대규모 이사회를 구성해서 생산적인 회의체로서 실질적인 역할을 수행하기 어렵고, 주주 대표 이사들이 노동자 대표 이사들이 있는 자리에서 경영진에게 비판적인 의견을 내는 것을 꺼려하는 것도 이유로 지적되고 있다. 경영진 입장에서는 회사의 경영 상황이 악화되어도 구조 조정과 같은 노동자의 저항이 예상되는 사안을 적극적으로 시행하지 못하는 한편, 적대적 인수 합병의 시도가 있을 때는 노동자 대표 감독이사들이 이를 반대함으로써 경영진을 방어해주는 역할을 하는 모순된 구조에 대한 비판도 제기되고 있다. 또한 같은 회사 내에서도 외국인 노동자들에게는 감독이사회의 노동자 대표 선출권이 주어지지 않는 것도 독일의 다국적기업에는 새로운 문제로 지적되고 있다.[70] 예를 들어 도이치은행(Deutsch Bank)은 독일 국내보다는 해외에 더 많은 종업원을 가지고 있지만 독일 국내 노동자들만이 공동 결정에 참여할 권한을 갖고 있어서 해외 종업원은 공동 결정에서 배제되고 있다.[71]

이러한 비판에도 불구하고 대체적으로 감독이사회를 통한 공동 결정은 이해당사자로서 노동자의 경영 참여의 성공적인 모델로 자리를 잡았고, 기업의 가치를 높이는 것으로 평가되고 있다. 공동 결정에 대한 연구[72]는 노동 집약적이거나 정보 집약적인 산업, 제조업과 같이 종업원과의 협력적 관계가 중요한 산업에서는 공동 결정이 기업 가치를 높이는 효과가 있는 것으로 보고하고 있다.[73] 대주주 지분이 높은 회사에서는 노동자 대표 감독이사의 존재 자체가 회사 가치를 높이는 결과를 보여주었는데, 이는 노동자 대표들이 대주주의 전횡을 막는 역할을 수행함으로써 소액주주들이 혜택을 보는 것으로 해석할 수 있다. 그리고 사업 다각화를 많이 한 기업일수록 노동자 대표 감독이사의 존재가 기업 가치를 높이는 것으로 나타나서 노동자 대표들이 계열사를 통한 부당 거래를 막는 역할을 수행하는 효과가 있다는 것을 시사하고 있다.[74] 또 다른 연구는 감독이사회에 노동자 대표가 절반인 기업과 3분의 1인 기업을 비교한 결과, 절반인 기업의 가치가 상대적으로 낮은 것으로 나타났는데, 이는 노동자 대표가 많은 경우 주주 가치 극대화보다는 종업원 임금 극대화에 치중하는 현상이 있음을 보여주는 것이라고 해석하고 있다.[75] 이러한 연구 결과는 주주 중심 경영에서 경영권을 가진 대주주가 소액주주를 포함한 모든 주주가 아니라 자신의 이익을 위한 경영에 치중하는 문제가 있는 것과 같은 맥락으로 노동자들이 감독이사회를 주도할 경우에 자신들의 이해관계를 우선시하는 취약점을 드러낼 수 있음을 보여준다.

| 노동자와 주주의 결합: 종업원 주식 소유제 |

'종업원 주식 소유제(ESOP, employee stock ownership plan)'는 노동자가 자신이 일하는 회사의 주식을 매입해서 주주가 됨으로써 회사에 고용된 노동자이면서 동시에 회사의 주주가 되는 제도다. 종업원 주식 소유제는 이해당사자인 노동자가 주주가 되어서 주주 중심 경영이 갖는 문제를 보완하기 위한 목적으로 고안되었다. 종업원 주식 소유제는 회사가 노동자들에게 여타 일반 주주보다는 좋은 조건으로 주식을 발행해주어 회사의 주식을 소유하도록 하는 제도다. 따라서 회사의 종업원들이 노동자인 동시에 주주가 됨으로써 임금과 배당뿐만 아니라 주가 상승에 따른 주가 차익을 얻을 수 있게 되어 회사의 경영 성과를 공유하게 하는 제도다. 주주인 노동자들은 다른 주주들과 마찬가지로 1주 1표의 의결권을 갖지만, 일반 주주들보다 회사의 경영 상황을 더 자세히 알 수 있기 때문에 내부 감시자의 역할을 할 수 있다. 또한 일반 주주들보다 회사의 장기적인 성장과 발전이 자신의 이해와 보다 밀접하게 연관되기 때문에 단기 성과주의적인 경영을 견제하는 역할도 할 수 있다.

종업원 주식 소유제가 한국에 처음 도입된 것은, 1958년 유한양행이 종업원들에게 상여금으로 주식을 매입할 수 있는 기회를 준 것이다. 제도적으로 도입된 것은 '우리사주제'라는 이름으로 1968년 자본시장 육성법에서 상장회사가 유상증자를 할 경우 새로 발행하는 주식의 10%를 종업원에게 우선적으로 배정하도록 한 것이며, 1974년에는 비상장회사로 확대되었다.[76] 우리사주제는 회사가 종업원들에게 주식 매입에 필요한 자금을 대출해주고 일반 주주보다 낮은 가격으로 주식을 발행해주는 등 노동자들에게 회사의 주주가 되는 인센티브를 제공하고 있다. 우리사주제는 주식을 발행할 때 종업원들에게 발행주식의 20%까지를 우선적으로 배정하고, 주식 매입에 필요한 자금을 회사나 한국증권금융이 대출해주며, 이에 대해서는 15%까지 세액공제를 해주는 혜택을 주고 있다. 우리사주제를 통해서 주주가 된 노동자들은 자신들을 대표해서 회사 주식의 취득과 배분 그리고 주식 취득 자금의 차입 등의 업무를 수행하는 우리사주조합을 구성할 수 있다.[77]

2013년 말 현재 3,043개 회사에서 우리사주제를 시행하고 있으며, 조합원 수는 127.6만 명이다. 상장회사의 경우에 1,720개 회사 중에서 87%인 1,498개 회사가 우리사주제를 시행하고 있어서 일반화되어 있다. 그러나 48만여 개의 비상장회사 중에서 우리사주제를 도입하고 있는 회사는 1,545개에 불과하다.[78] 비상장회사의 경우에는 상장회사와는 달리 종업원 우선 배정이 의무화되어 있지 않고, 주식이 시장에서 거래되지 않기 때문에 현금화하는 것이 어려워서 주식을 배정받아도 노동자들이 이를 매입하는 것을 꺼리기 때문에 우리사주제가 활성화되지 않고 있다.

2013년 말 현재 코스피에서 우리사주제를 통해 노동자들이 소유하는 주식은 전체 주식의 0.89%로 매우 작은 비중이며, 코스닥에서도 0.2%로 마찬가지로 매우 작은 비중이다.[79] 우리사주조합이 보유하는 주식의 비중이 낮아서 노동자들이 주주로서 경영 의사 결정에 영향력을 미치거나 경영 감시 역할도 현실적으로 하지 못하고 있다. 또한 노동자들도 우리사주조합보다는 노동자로서의 권익을 보호하는 조직인 노동조합을 통해서 결속한다. 종업원 주주들의 우리사주조합이 주주권을 행사하는 경우에도 노동조합의 교섭력을 높이는 수단으로 활용하는 사례들도 적으며, 노동자들이 종업원 지주제를 경영 참여나 경영 감시의 수단으로 생각하기보다는 재산 형성의 수단으로 여기는 경향이 높다.

회사의 이익과 노동자의 이익을 일치시키기 위해서는 노동자들이 우리사주제로 취득한 주식을 장기간 보유해야 한다. 그러나 노동자들이 우리사주제를 재산 형성의 수단으로 인식하기 때문에 주가가 오르면 주식을 매도해서 주가 차익을 실현하는 행태가 자주 나타난다. 2007년에 코스피의 우리사주조합 주식 수는 2억 7,650만 주였으나 2008년에는 1억 8,340만 주로 1년 만에 34%가 감소하는 현상을 보일 정도로 우리사주조합을 통한 주식 보유가 장기적이고 안정적인 수준을 유지하지 못하고 있다.[80] 결론적으로 한국의 우리사주제는 노동자들이 주주로서 경영에 참여하거나 경영을 감시하는 역할을 하는 경우는 거의 없고, 재산 증식의 수단으로만 여겨지고 있어서 적어도 현재까지는 종업원 주식 소유제가 노동자와 주주의 장기적인 이해관계를 일치시키는 제도의 취지를 살리지 못하고 있다.

주주 없는 기업 1: 노동자가 주인인 회사

주주 자본을 배제하면 어떤 기업의 형태가 가능하고, 그러한 기업의 주인은 누가 되는 것이며, 그럴 경우 회사의 주인은 어떤 권한과 책임을 갖게 되는지를 생각해보자. 자본주의 체제에서 회사를 설립하고 운영하려면 반드시 자본이 필요하고, 누군가는 자본을 제공해야 한다. 주주 자본이 없고 자본은 부채 자본만 존재하는 기업인 경우 회사의 이해당사자는 주주를 제외한 노동자, 경영자, 공급자, 소비자, 채권자 그리고 국가다. 이 중에서 경영자는 주인(principal)을 대신해서 경영하는 대리인(agent)이기 때문에 주인이 될 수 없다. 따라서 나머지 이해당사자인 노동자, 공급자, 소비자, 채권자 그리고 국가 중에서 누가 회사의 주인, 즉 회사를 소유하느냐에 따라서 다양한 형태의 회사 구조가 가능하다.

국가가 회사의 주인이 되는 기업형태는 국가 소유 기업(SOE,

state owned enterprise)들에서 흔히 볼 수 있다. 한국에서는 한국전력공사, 한국토지주택공사와 한국철도공사 등이 이에 해당한다. 국가 소유 기업들도 주식회사로 설립되는 경우가 흔하며, 그런 경우에는 국가가 대주주로서 직접 경영에 참여하는 것이다. 국가가 특정한 공적 목적의 사업을 수행하기 위해서 주식회사를 설립하고 대주주가 되는 경우에도 주주 자본이 존재하기 때문에 일반 투자자가 주주인 주식회사와는 정도의 차이는 있지만 주주 중심 경영을 하는 행태는 크게 다르지 않다. 예를 들어 한국전력공사는 주식시장에 상장된 회사이며, 정부가 51.1%를 가진 대주주이고, 나머지 48.9%는 일반 투자자들이 주주다. 따라서 전력의 안정적인 공급이라는 공공성을 유지하면서도 동시에 주주의 이익을 위한 경영을 한다. 뒤에서 논의하겠지만 중국과 같은 사회주의 국가에서 주주 자본을 활성화하고 시장경제를 시행하는 국가자본주의(State Capitalism)의 경우에도 주주 중심의 경영의 틀을 크게 벗어나지 못하고 있다. 그렇기 때문에 특정 기업만이 아니라 모든 기업을 국가가 소유하는 사회주의 체제가 진정한 의미에서 주주 자본이 없고 국가가 기업의 주인인 경우다.

국가 소유 기업을 제외하고 논의한다면, 주주가 없는 기업에서는 나머지 이해당사자인 노동자, 공급자 그리고 채권자가 기업의 주인자리를 놓고 다툼을 벌일 것이다. 노동자가 주인이 되는 기업형태로 노동자협동조합이나 종업원이 주주인 주식회사가 있다. 한편 생산에 필요한 원자재와 서비스를 공급하는 공급자가 회사의 주인이 되는 경우도 있다. 이때는 공급하는 원자재와 서비스 또는 토지 등의 현물이 자본으로 출자되는 경우다. 주주가 없는 회사에서 자본을 제공하는 채권자가 회사의 주인이 되는 형태도 생각해볼 수 있다. 현실적인 예로는 회사가 파산을 해서 워크아웃(workout), 즉 기업 구조 조정 체제에 들어가게 되면 주주의 권리는 정지되고 채권자가 회사의 주인으로서 경영을 책임지게 된다.

노동자, 공급자, 채권자 중에서 누가 기업의 주인 역할을 할 것인가는 사회적 계약 또는 이해당사자 간의 계약에 의해서 정하는 것일 뿐이다. 그 누구도 하늘이 내린 주인의 권리를 가지고 있다고 주장할 수는 없다. 그러나 누구든 기업의 주인이 되면 경영에 책임을 지는 것은 물론이고 주인으로서 다른 이해당사자에 대한 책임과 의무를 다해야 한다. 기업의 주인은 주식회사 주주의 경우와 마찬가지로 기본적으로 세 가지를 책임져야 한다. 첫째, 자본을 스스로 제공하거나 또는 제3자로부터 확보해야 한다. 둘째, 자신의 이익보다 다른 이해당사자의 이익을 우선적으로 보장해야 한다. 셋째, 회사가 이익을 내지 못한 때는 자신에게 배분될 이익을 포기해야 하며, 회사가 파산할 경우에는 자신이 제공한 출자 자본을 포기하는 유한책임을 져야 한다.[81] 자본을 내지도 않고, 다른 이해당사자보다 자신의 이익을 먼저 챙기고, 회사가 어려울 때 자신의 이익을 포기하지 않으면서 회사의 주인이 될 수는 없다.

| 출자자인 노동자, 노동자인 출자자 |

노동자가 주인인 회사를 설립하기 위해서는 노동자들이 설립 자본인 출자금을 내거나 또는 제3자로부터 자본을 확보해야 한다. 노동자가 주인인 회사의 대표적인 형태인 노동자협동조합의 경우에 조

합원이 되기 위한 필수 조건의 하나가 출자하는 것이다. 노동자가 자본을 제공해서 설립한 회사에서 노동자들은 노동을 제공하는 노동자로서의 역할과 자본을 제공하는 출자자(자본 제공자)로서 주인의 역할 등 두 가지 역할을 동시에 수행하게 된다. 두 가지 역할을 일치된 것으로 볼 것인지, 아니면 분리된 것으로 볼 것인지에 따라서 회사의 형태가 달라진다. 또한 두 가지 역할을 분리할 경우에 어떤 역할을 우선적으로 수행할 것인지에 따라서도 회사의 형태가 달라진다.

주인으로서의 역할을 우선한 경우

노동자가 회사의 주인으로서 역할과 노동자로서의 역할을 분리하지 않거나,[82] 또는 분리하는 경우에도 주인으로서의 역할을 우선하는 경우를 먼저 살펴보자. 회사의 주인은 자신의 이익보다는 다른 이해당사자의 이익을 우선적으로 존중해야 한다. 따라서 노동자가 주인인 회사의 형태에서 노동자는 자신의 임금을 지급하기 이전에 먼저 공급자에 대한 공급 대금과 채권자에 대한 이자와 원금을 지급해야 한다. 또한 출자하지 않은 피고용자로서의 노동자를 고용하는 경우에는 주인인 노동자들은 자신의 임금보다 피고용인 노동자의 임금을 먼저 지급해야 한다. 이같이 회사의 주인인 노동자는 피고용인 노동자의 임금, 공급자의 공급 대금, 그리고 채권자의 이자를 내고도 충분한 이익으로 자신의 임금과 이익 배분을 지급받는다.

다른 이해당사자에 대한 채무를 우선적으로 지급하고 이익이 남은 경우에는 주인인 노동자는 계약으로 정한 임금보다 더 많은 배분을 받을 수 있다. 그러나 이익이 충분하지 않을 경우에는 주인인 노동자는 정해진 임금보다 적은 금액을 받게 된다. 또한 경영 성과가 지속적으로 좋지 않아서 이익이 공급 대금과 이자로 지급할 금액보다 적을 경우에는 주인인 노동자는 임금을 받지 못하는 상황도 발생할 수 있다. 이같이 노동자가 회사의 주인으로서 역할을 우선할 경우에는 경영 성과의 불확실성이 노동자 임금의 불확실성으로 이전되어서, 노동자는 상당한 위험 부담을 안게 된다. 이러한 '회사 주인'으로서의 불확실성은 개인이 소유하고 경영하면서 동시에 자신도 노동자로서 일하는 소규모 자영업자의 경우에서 흔히 볼 수 있다. 가족들끼리 운영하는 구멍가게가 이것의 전형적인 예다. 한편 전문직 노동자들이 동업 형식으로 회사를 구성하는 경우에도 이 방식을 적극 활용하고 있다. 변호사들이 파트너 자격으로 설립한 법무 법인이나 회계사들끼리 만든 회계 법인도 이에 해당하고, 펀드매니저들만으로 구성된 펀드 회사도 이에 해당한다.

노동자들은 임금뿐만 아니라 배당을 받게 되어, 노동자로서 뿐만 아니라 주인으로서 회사에 보다 충실하고 적극적으로 노동 참여를 할 인센티브를 갖게 된다. 그러나 노동자들은 임금이 소득의 대부분을 차지하기 때문에, 주인으로서의 역할을 하는 노동자에게 임금의 불확실성은 곧 생존의 불확실성을 의미한다. 이러한 불확실성은 확정된 임금을 보장받고 임금이 다른 모든 이해당사자들의 채권보다 우선권을 갖는 구조와 비교해서 노동자에게 항시 유리한 것은 아니다. 따라서 회사의 경영 성과가 지속적으로 좋은 경우가 아니라면 노동자들이 불확실한 임금과 배당을 받는 회사를 선택하는 것은 경제적 배분 이외의 다른 목적을 달성하기 위한 경우가 아니라면 현실적으로 매우 제한적일 것이다.

노동자로서의 역할을 우선한 경우

노동자로서의 역할을 주인으로서의 역할보다 우선할 경우에는 임금 지급과 이익 배분의 구조는 주인으로서의 역할을 우선하는 경우와는 크게 달라진다. 이 경우 노동자들은 주식회사와 마찬가지로 확정 임금을 우선적으로 지급받고, 공급자·채권자 등의 다른 이해당사자에 대한 약속된 지급을 한 이후에 남은 이익은 주인으로서 배당으로 받는다. 노동자들은 임금뿐만 아니라 회사의 출자자로서 경영 성과를 배분받기 때문에 회사에 보다 충실하고 적극적으로 노동 참여를 할 인센티브를 갖게 된다. 그러나 이러한 회사 구조는 노동자가 주인이면서도 자신의 임금을 다른 이해당사자보다 우선적으로 지급받기 때문에 주식회사에서의 주주 자본을 노동자의 출자 자본으로 대체한 형태다.

노동자가 주인으로서의 역할과 노동자로서의 역할을 동시에 수행하지만, 노동자로서의 역할을 우선하는 회사의 현실적인 형태로는 노동자협동조합과 앞서 설명한 종업원 주식 소유제 두 가지를 들수 있으며, 두 가지 모두 한국에 도입되어 있다. 한국에서 종업원 주식 소유제는 주주 없는 기업의 완전한 형식은 아니지만 노동자들이 일부 주식을 소유하는 우리사주(社主)제라는 이름으로 1968년부터 시행하고 있다. 노동자협동조합은 2000년대 초반부터 설립되기 시작했지만 아직까지 활성화되지 않고 있다. 현실적으로 주주 자본을 완전히 배제하고 노동자가 주인이 되는 회사로서 존재하는 기업형태는 노동자협동조합이다.[83] 협동조합은 영리를 목적으로 하는 일반 협동조합과 비영리를 목적으로 하는 사회적 협동조합의 두 가지 형태가 있다.[84] 여기서는 주식회사와 같이 영리를 목적으로 하는 일반 노동자협동조합만을 논의하기로 한다.

| 노동자협동조합 |

협동조합은 '공통의 경제적, 사회적, 문화적인 필요와 희망을 달성하기 위해서 개인들이 자발적으로 공동 소유하고 민주적으로 통제하는 회사'로 정의할 수 있다.[85] 협동조합은 1700년대 초 영국에서 화재보험협동조합이 만들어진 것과 1750년경에 프랑스에서 치즈 생산자들이 협동조합을 만든 것으로 거슬러 올라가면 약 300년의 오랜 역사를 가지고 있다.[86] 자본이 축적되기 시작한 산업혁명 이후 현대적인 의미에서의 협동조합은 1844년 영국 북부의 로치데일(Rochdale)에서 28명의 무명(cotton) 섬유 직조공 예술가 28명이 협동조합 가게를 설립해서 밀가루, 오트밀, 설탕 그리고 버터 네 가지의 생필품을 판매하는 것으로 시작되었다.[87] 협동조합은 노동자협동조합, 생산자협동조합, 소비자협동조합, 주택협동조합, 신용협동조합, 세계적인 통신사인 AP(Associated Press)와 같은 서비스협동조합 등 조합원을 구성하는 이해당사자가 누구인가와 사업 영역에 따라서 다양하다.

노동자협동조합은 회사 설립에 필요한 자본금 전액을 노동자들이 제공해서 설립한다. 출자를 한 노동자들은 협동조합의 조합원이 되어, 노동자이면서 동시에 회사의 주인이 된다. 노동자협동조합도 주식회사와 마찬가지로 영리를 목적으로 하지만 자본의 결합이 아닌 인적 결합 또는 인적 공동체 형태의 회사다. 노동자협동조합은 주식회사와 다른 세 가지가 특징이 있다. 첫째, 1인 1표 주의를 채택하고 있어서 출자 지분과 관계없이 모든 조합원 노동자들이 동등한 의결권을 갖는다. 둘째, 노동자들은 최고 의사 결정 기구인 조합원 총회(general assembly)에서 의결권 행사를 통해서 경영에 참여하고, 이사회의 이사나 임원으로 경영에 참여할 수도 있다. 셋째, 이익인 잉여금의 처분에서 배당보다는 자본금을 충실하게 확충하는 것을 우선하며, 이익 배분 기준도 조합원의 출자보다도 조합 활동 참여, 즉 노동시간에 보다 더 큰 비중을 둔다.[88]

　1주 1표 주의를 채택하고 있는 주식회사의 경우에 50%+1주를 가진 대주주가 있다면 실질적으로 모든 의사 결정이 대주주 1인에 의해서 이뤄지며, 소액주주들의 의결권은 무의미해진다. 또한 주식 소유가 분산된 주식회사의 경우에도 소액주주들이 적극적으로 경영에 참여하는 것이 절차상 그리고 비용상 문제로 인하여 매우 어렵다. 협동조합은 1인 1표 주의를 채택하여 모든 조합원이 출자금의 크기와 관계없이 동등한 의결권을 갖기 때문에 정치적 민주주의에서와 같은 평등한 의사 결정 구조를 갖게 된다. 조합원들이 의사 결정에 참여하는 권리는 평등하지만, 임금과 배당과 같은 경제적 배분은 반드시 평등하게 이뤄지는 것은 아니다. 조합원의 임금은 노동의 종류와 맡는 역할에 따라서 차등적일 수 있다. 그러나 임금격차가 일반 회사보다는 상대적으로 작으며, 세계적으로 가장 성공적인 노동자 협동조합으로 알려져 있는 스페인 몬드라곤의 경우에는 최상위직과 최하위직 임금의 차이를 최대 8배까지로 정하고 있다.[89]

　주식회사의 순이익에 해당하는 잉여금의 배당은 노동 참여에 따른 배당과 출자금에 대한 배당 두 가지가 있다. 한국의 협동조합 기본법에 따르면 배당금의 지급은 총배당금의 50% 이상을 조합원의 사용 실적, 즉 노동 참여 실적에 따라서 배당하도록 하고, 출자에 대한 배당은 출자금의 10% 이하로 제한하고 있다. 또한 잉여금은 회사의 자본 상태를 충실하게 하는 적립금에 우선적으로 사용하고, 그 이후에 남은 금액으로만 배당으로 지급하도록 제한하고 있다. 노동자협동조합은 이익의 배분에 있어서 출자금에 대한 배당보다는 노동 참여에 대한 배당을 우선하기 때문에 자본의 지배보다는 노동자들의 참여가 우선하는 공동체 성격의 회사다.

노동자협동조합의 성공 사례: 스페인 몬드라곤

스페인의 '몬드라곤(Mondragon)'은 노동자협동조합으로 설립된 기업이 효율적인 경영을 하고 대규모 기업으로 성장할 수 있다는 것을 보여주는 살아 있는 성공 사례다. 몬드라곤에 관해서는 많은 책들과 자료들이 있기 때문에 여기서는 기본적인 기업 구조를 소개하면서 주식회사와 다른 특징과, 몬드라곤의 성공 배경에 대해서만 간단히 정리해보기로 한다. 몬드라곤은 1956년에 가톨릭 사제인 아리스멘디아리에타(Jose Maria Arizmendiarrieta) 신부와 다섯 명의 창업자들이 자신들 이름의 첫 글자를 따서 지은 울고(ULGOR)를 설립한 것으로 시작했다. 울고는 종업원 24명의 작은 난로를 생산하는 공장으로 시작해서, 몬드라곤이라는 2010년 현재 258개 기업으로 구성된 그룹으로 발전했다. 제조업과 건설업, 금융업, 소매유통업 그리고 지식 분야 연구·개발의 사업 영역에 진출하고 있으며, 그룹은 109개의 협동조합과 125개의 계열사, 그리고 11개의 재단과 해외 서비스 회사들로 구성되어 있다. 몬드라곤은 스페인 국내만이 아니라

유럽, 아시아, 아프리카 등 해외에 93개 공장을 가지고 있는 다국적 기업이다.[90]

종업원은 2010년 말 현재 8만 3,859명이며, 전체 종업원의 19%가 해외 공장의 노동자들이다.[91] 비조합원 노동자를 최대 20%까지 허용하는 원칙을 가지고 있는데,[92] 몬드라곤 그룹 내의 협동조합에 따라서 차이가 있다. 제조업과 건설업에서의 조합원 비율은 86%이지만,[93] 해외 공장과 계열사의 노동자들은 아직 조합원이 아니며, 1997년에는 소매유통업 분야의 확장으로 인해서 임시직과 파트타임(part time)이 전체 종업원의 50%를 차지한 적도 있다.[94] 몬드라곤은 노동자들이 개인적으로 산별노조에 가입해서 활동할 수 있지만 회사 내에 노동조합이 없고, 다른 기업들에서 노동조합이 하는 역할을 조합원 총회에서 선출한 사회적 평의회(social council)가 수행한다.[95]

몬드라곤의 노동자들은 조합원이 되기 위해서 첫 1년은 임시직으로 일하고,[96] 1년 후 정규직으로 채용되면서 자본금으로 출자되는 가입비를 내야 한다. 가입비는 협동조합의 자본금 변화에 따라서 달라지는데 2011년 약 1만 5,000유로(약 2,200만 원)이며,[97] 조합에 가입하는 시점에서 10%를 내고 나머지는 이후 월급에서 차감되어 출연한다. 조합 가입 1년 후 영구 조합원이 될 심사를 통과하면 다음 3년 동안 가입비의 90%를 내야 한다.[98] 조합원들이 제공한 출자금은 협동조합의 자본금으로 편입되지만, 노동자 개인별로 관리되어 퇴직할 경우 이를 돌려받는다. 조합원 개인의 투자 자금은 회사가 이익을 내서 잉여금을 배당으로 지급하면 그 가치가 증가하고, 반대로 회사에 손실이 났을 경우에는 손실을 자본금에서 차감하는 네거티브(negative) 배당제를 채택하고 있기 때문에 줄어들기도 한다.

몬드라곤의 협동조합들은 1인 1표 주의를 채택하여 출자금의 크기와 관계없이 모든 조합원 노동자가 동등한 의결권을 갖는 민주적인 의사 결정 구조를 가지고 있다. 그러나 노동자들의 임금이 모두 같은 것은 아니며, 잉여금의 배당도 노동 참여 수준과 출자금에 따라서 다르다. 임금 차이의 구조는 사회적 평의회를 통해서 조합의 노동자들이 결정하기 때문에 몬드라곤에 속하는 협동조합마다 서로 다르다. 몬드라곤 설립 초기에는 최고 임금과 최저 임금의 차이가 1대 3이었고, 이후에 소득세 도입으로 인한 관리자급들의 손실을 보전하기 위해서 1대 4.5로 확대되었다. 1990년대 들어서는 조직이 성장하고 노동의 구조가 복잡해지면서 1대 6으로 확대되었고, 최고 임원들의 경우 1대 8까지 확대되었으며, 평균적으로는 1대 5 정도다.[99] 몬드라곤 노동자들의 임금은 비슷한 지역 기업과 비교해서 저임금 노동자들은 13% 정도 높은 반면에 관리자나 중간 관리자들은 30% 정도 낮다.[100]

전체 종업원의 19%를 차지하는 해외 공장과 해외 계열사의 노동자들은 아직 조합원이 아니며, 그 이유는 해외 노동자들이 회사에 자본금을 투자하는 것에 소극적이라는 것이 회사의 설명이다.[101] 해외 노동자들이 스페인 국내의 조합원들보다 낮은 임금을 받는지의 여부는 확인할 수 없다. 몬드라곤은 잉여금, 즉 순이익을 출자금보다는 노동 참여에 대해서 더 많이 배당을 한다. 따라서 조합원이 아닌 외국 노동자들은 임금만을 지급받고, 노동 참여에 대한 배당이나 출자금에 대한 배당을 받지 않기 때문에 해외 노동자들의 임금이 스페인 국내의 조합원 노동자들보다 낮을 것으로 추측된다.

몬드라곤에는 조합원이 되기 전 견습공으로 일하는 동안에는 해고될 수 있지만,[102] 조합원이 되면 해고되지 않는다. 역량이 부족하거나 업무를 효과적으로 수행하지 못하는 노동자를 해고하지 않고 다른 일자리로 재배치해서 고용을 유지한다. 자신이 속한 협동조합에서 일자리를 잃을 경우에는 몬드라곤 본부의 인적 자원 관리 부서가 다른 협동조합의 일자리를 찾아주는 역할을 한다. 일자리를 옮겨서 임금이 낮아지면, 낮아진 만큼은 고용 기금에서 2년 동안 보전해주는데, 모든 조합원은 월급의 2%를 몬드라곤 본부의 인적 자원 관리 서비스를 위한 고용 기금에 낸다.[103] 몬드라곤이 해고하지 않고 고용 조정을 할 수 있는 것은 몬드라곤 그룹 내에 100여 개가 넘는 다양한 협동조합들이 있어서 일자리를 그룹 내에서 변경할 수 있으며, 고용 조정으로 인한 임금의 삭감을 고용 기금이 보조해주기 때문이다.

몬드라곤의 역사에서 파업은 한 번 있었다. 1974년 경영진이 경영 효율성 제고를 목적으로 일자리 분류를 재조정하면서 상당수의 일자리를 낮은 임금이 적용되는 분류로 하향 조정한 것이 원인이었다. 일자리 재분류로 인한 임금의 하향 조정은 기존 조합원에게는 적용하지 않고 신규로 채용되는 조합원에게만 적용하기로 했다. 그러나 일자리 재분류에 동의하지 않는 노동자들이 이에 반대하고 파업을 했다.[104] 파업 사태로 인해서 파업에 참여한 노동자의 상당수가 조합원 자격이 박탈되고 해고되었고, 세 개의 협동조합이 몬드라곤 연합에서 탈퇴했다. 이후에 해고 노동자들이 복직되었고, 탈퇴한 협동조합 중에서 두 개가 다시 합류했다.[105]

제2차 세계대전 이후 스칸디나비아(Scandinavia) 국가들에서는 소비자협동조합이 전체 소매 거래의 3분의 1을 차지할 정도로 성장했고, 최근에는 프랑스·스페인·이탈리아에서 수천 개의 노동자협동조합 기업들이 만들어졌다.[106] 그러나 모두가 몬드라곤처럼 성공적인 결과를 내고 있는 것은 아니며, 몬드라곤이 다른 협동조합과 달리 성공적인 결과를 낸 것은 여러 가지 요인들이 있다. 몬드라곤은 자신들이 노동자협동조합으로 성공한 일곱 가지 이유를 설명하고 있다.[107]

- 설립자인 아리스멘디아리에타 신부의 리더십 효과
- 자본보다 사람을 우선하는 협동조합의 성격으로, 노동자의 자본과 경영 참여
- 수익성, 기획, 엄격한 효율성을 기본 원칙으로 삼은 경영 방식
- 만들어낸 모든 자원을 재투자
- 환경 변화에 지속적으로 적응
- 재무관리, 사회복지, 혁신과 연구·개발, 고용 관리 등에서 여러 소속 협동조합들의 상호 협력
- 설립 초기부터 지금까지 교육과 훈련의 중요성 강조, 대학 교육과 평생 기술 훈련 실시

몬드라곤이 스스로 꼽은 성공 요인 중에서 노동자의 자본과 경영 참여, 그리고 수익성과 효율성을 중요한 경영 원칙으로 삼은 것, 그리고 교육과 훈련을 중요시한 것은 노동자협동조합이 노동자 공동체로서만이 아니라 기업으로서 성공한 매우 주요한 요인이다. 몬드라곤은 전체 종업원의 80%가 조합원이기 때문에 절대다수의 노

동자들이 노동 참여만이 아니라 자본 참여를 함으로써 임금노동자로서가 아니라 회사의 주인으로서 책임 의식을 가지고 일을 한 것이 성공의 배경이 되었을 것으로 판단된다. 또한 모든 조합원들이 동등한 의결권을 갖는 민주적 구조이면서도 기업으로서의 수익성과 효율성을 추구하고 노동 기여와 자본 기여의 차이에 따른 합리적인 배분을 한 것도 기업으로서 성공한 요인으로 생각된다.

몬드라곤 성공의 또 다른 요인으로는 자체적으로 금융협동조합인 은행과 보험회사를 가지고 있어서 성장에 필요한 자본을 내부 자금으로 조달할 수 있었고, 특히 급작스럽게 필요한 자본을 공급할 수 있었다는 점이다. 또한 여러 개의 연구 그룹을 만들어서 시장의 변화에 대응해서 끊임없이 경영 혁신을 했기 때문이다.[108] 그리고 교육과 훈련을 통해서 환경과 조직의 변화에 적응하는 노동자의 역량을 개발해가는 것은 노동자 개인의 역량만이 아니라 회사 조직의 역량을 키우고 공동체의 가치와 문화를 발전시키는 과정이었을 것으로 생각한다.

한국의 노동자협동조합 사례

한국에서 노동자협동조합은 아직까지 초기 단계로 활성화되지 않아서, 회사 수도 적고 규모도 작다. 또한 노동자협동조합은 자활 공동체의 성격이 강하고 사업 영역이 노동 집약적인 저임금인 사업이며, 노동자 중에서 조합원의 참여 비율도 높지 않은 편이다. 청소 용역 사업을 하는 '일과 나눔'은 전체 노동자 170명 중에서 100명이 조합원이며, '함께 일하는 세상'도 종업원 200여 명 중에서 조합원은 40명 내외이며 나머지는 비조합원인 피고용 노동자들이다.[109] 한국에서 다른 형태의 협동조합들이 활성화된 반면에 노동자협동조합이 활성화되지 않고 있는 것은 노동자협동조합 설립을 뒷받침하는 법적 제도가 없어서 다른 형태의 회사를 설립하고 협동조합의 운영 방식을 채택하는 임의의 조합 형태로 설립되었기 때문이다. 농협(농업협동조합)이나 수협(수산업협동조합)과 같은 생산자협동조합은 특별법에 의해서 설립되고 지원되었고, 소비자협동조합이나 금융협동조합 등 제한적인 업종에서만 협동조합이 허용되었다. 그러나 2011년 12월 협동조합 기본법이 제정되어서 2012년 12월부터 시행됐다. 이제는 모든 업종에서 출자금의 규모와 관계없이 5인 이상만 모이면 협동조합을 설립할 수 있게 되었기 때문에 앞으로는 노동자협동조합이 보다 많이 설립될 것으로 기대된다.[110]

노동자협동조합은 아니지만 농협, 수협 그리고 도드람, 서울우유와 같은 생산자협동조합은 활성화되어 있고 규모도 크다. 농협이나 수협은 국가가 주도해서 만들어졌고 또 국가의 지원을 받고 있다. 따라서 시장에서 다른 기업들과 치열한 경쟁을 해야 하는 자생적인 협동조합들과는 성격이 크게 다르다. 생활협동조합과 같은 소비자협동조합은 규모는 작지만 지역사회를 중심으로 활성화되고 있다. 새마을금고나 신용협동조합과 같은 금융소비자협동조합은 규모가 커지면서 조합원들의 공동 유대가 희박해지고 경영 부실이 발생해서 협동조합으로서의 자립과 자조의 원칙들이 많이 사라지기는 했지만 많은 조합이 설립되고 운영될 만큼 활성화되었다.[111]

노동자협동조합이
주식회사의 대안이 될까?

| 성공의 조건 |

주주 자본에 대한 비판에서 주주 자본의 폐해라고 말하는 투기적인 거래와 단기적인 투자, 그리고 단기 성과주의 경영 등은 주주들의 행태에 관한 것이며, 주주 자본의 본질적인 속성에 관한 것이 아니다. 그러나 주식회사가 여러 이해당사자들 중에서 주주 중심 경영을 하는 것에 대한 비판은 주식회사와 주주 자본의 본질적인 속성에 대한 비판이다. 따라서 그러한 비판들이 의미를 갖기 위해서는 주식회사를 대체할 수 있는 현실적으로 적용 가능한 대안적인 기업형태나 또는 주주 자본을 대체할 수 있는 대안적인 자본이 제시되어야 한다. 즉 대안적 자본에 의해 설립된 다른 형태의 회사에서 주주 자본의 주주 중심 경영과 같은 속성을 극복할 수 있는지를 보여주어야 한다.

그러한 의미에서 노동자협동조합이 주식회사의 대안적인 기업형태로서 자리 잡기 위해서는 어떠한 요인들이 충족되어야 하는지를 살펴보기로 한다.

노동자협동조합이 다른 종류의 협동조합과 비교해서 활성화되지 않고 성공적이지 못한 것은 한국의 경우만은 아니다. 세계적으로 성공적인 협동조합들의 사례들도 대부분이 생산자협동조합이나 금융협동조합, 그리고 소비자협동조합이며 노동자협동조합의 성공적인 사례는 스페인의 몬드라곤 등 극소수에 불과하다. 이러한 이유를 몇 가지 생각해볼 수 있다. 소비 행위는 대안적인 선택을 하는 것이 쉽지만 노동 행위는 대안적인 선택이 어려운 것이 노동자협동조합이 상대적으로 활성화되기 어려운 근본적인 이유다. 소비자협동조합이나 금융협동조합에 속한 조합원은 자신이 속한 협동조합에서 물건을 구매하거나 금융거래하면서도 동시에 다른 곳에서도 구매나 거래하는 것이 가능하다. 그러나 노동자협동조합에 속한 노동자는 다른 회사에서 일하려면 자신이 속한 회사를 그만두어야 할 것이고, 따라서 자동으로 조합에서 탈퇴하게 된다. 즉 다른 협동조합과는 달리 조합 가입의 조건인 노동의 대안적인 선택이 불가능하다는 점이다. 소비자협동조합의 조합원이 다른 가게에서 물건을 산다고 해서 조합을 탈퇴하거나 조합에 바로 손해를 끼치는 것은 아니다. 그러나 노동자협동조합은 조합원이 다른 회사에서 일하려면 조합을 그만두지 않는 한 불가능하다.

노동은 소득을 벌기 위한 기본적인 경제활동이기 때문에 회사를 옮기는 경우 삶의 기본이 바뀌고, 생활에 곧바로 영향을 미쳐서 대체적인 선택을 하는 것은 위험이 따른다. 이같이 노동자협동조합은 다른 협동조합과는 달리 조합원의 경제행위가 조합으로 국한되어 대체적인 선택이 어렵고, 대체적 선택에 따른 비용과 위험이 발생하기 때문에 다른 형태의 협동조합보다 활성화하는 것이 쉽지 않다. 쉽게 말하자면 여타 협동조합은 조합원이면서도 다양한 선택이 가능하지만, 노동자협동조합은 '올인(all-in)' 해야 한다.

노동자협동조합은 다른 종류의 협동조합과 비교해서 조직의 유기적 공동체 성격이 더욱 강하기 때문에 조합원의 동질성이 높아야 한다. 소비자협동조합은 조합원들의 참여가 주로 구매 행위에 국한되기 때문에 각자의 역량 차이가 크게 문제되지 않으며, 구매 가격도 모든 조합원들에게 똑같이 적용된다. 또한 특정한 조합원의 구매가 다른 조합원의 구매에 직접적인 영향을 미치지 않는다. 그러나 노동협동조합에서 노동자들은 각자의 역량, 맡은 역할, 그리고 기능의 차이가 크며, 그에 따른 임금과 보상이 다르다. 그리고 개개 노동자의 노동이 다른 노동자들의 노동과 연계되어 있어서 서로에게 영향을 미치는 유기적 관계를 갖는다. 따라서 노동자협동조합이 성공하기 위해서는 경제적 동기 이외의 조합원의 동질성을 확보하고 조합원을 하나를 묶어내고 조합원들이 함께 공유하고 유지할 수 있는 공동체 가치와 동기가 전제되어야 한다는 것이 여타 협동조합과는 다른 점이다.

노동자의 자본출자

노동자협동조합이 주주 자본에 제기되는 비판들을 극복하는 주식회사의 대안이 되기 위한 가장 핵심적인 조건은 주주 자본을 노동자들의 출자 자본으로 대체해야 한다. 이 경우가 노동과 자본이 일치되어 노동과 자본의 갈등이 원천적으로 없는 회사 구조이며, 자본에 대한 배당보다는 노동에 대한 배당을 우선하기 때문이다. 국제협동조합연합(ICA, International Cooperative Alliance)은 협동조합 운영의 일곱 가지 원칙 중에서 조합원의 동등한 자본 참여와 잉여금의 배분 등 경제적 참여를 세 번째로 중요한 원칙으로 꼽고 있으며,[112] 미국의 협동조합경영협회(NCBA, National Cooperative Business Association)도 협동조합 성공의 조건으로 조합원들이 제공하는 자본이 많을수록 더 효율적인 협동조합이 된다고 강조하고 있다.[113]

몬드라곤이 성공적으로 성장한 것도 조합원의 출자를 돕기 위한 금융협동조합을 함께 운영했기 때문이며, 또한 회사의 잉여금을 노동 기여와 자본 기여에 대한 배당으로 지급하기 이전에 회사의 자본 충실화에 우선적으로 사용했기 때문이다. 몬드라곤의 스페인 국내 노동자들은 대부분이 조합원인 반면에 해외 노동자들은 조합원이 아닌 피고용 노동자인 가장 큰 이유가 해외 노동자들이 출자금 내는 것을 꺼려하기 때문이라고 밝히고 있다.[114] 이는 협동조합이 주식회사를 대체하는 대안이 되기 위해서는 조합원 노동자들의 자본 참여가 절대적인 것을 역설적으로 보여준다.

다양한 장점에도 불구하고 노동자협동조합이 주식회사의 현실적인 대안이 되기 위해서 극복해야 할 가장 중요한 전제가 대규모 자본의 조달이다. 노동자협동조합을 설립하는 가장 큰 이유가 자본의 지배로부터 자유롭고 노동자가 지배하는 회사를 설립하기 위한 것이다. 그러나 노동자협동조합은 자기자본을 노동자 조합원들의 출자만으로 조달하기 때문에 조합원들만을 대상으로 조달할 수 있는 자본의 규모가 제한적일 수밖에 없다. 따라서 회사를 설립하는 단계에서는 중소기업에 적합하며, 대규모 투자가 필요한 회사를 노동자협동조합으로 설립하는 것은 어렵다. 소기업으로 시작해서 회사가 성장하게 되면, 자본금의 규모도 함께 커진다. 따라서 기업이 대규모로 성장한 이후에는 새로 채용된 노동자들이 조합원으로 가입하기 위해서 분담해야 하는 자본금의 출연 규모가 비례적으로 커져서 가입비를 내기 어려운 경우가 생긴다.

주식회사에서는 추가적인 자기자본이 필요한 경우 불특정 다수의 일반 투자자들을 대상으로 주식을 새로 발행해서 신규 자본을 조달할 수 있기 때문에 단기간에 대규모의 자기자본조달이 용이하다. 그러나 협동조합의 경우 대규모 투자가 필요한 성장의 기회가 있다고 해도 갑자기 출자금을 늘리기 어려운 한계를 가진다. 물론 이때 필요한 자본을 부채로 조달할 수 있다. 그러나 자기자본인 출자금의 규모가 작은 경우 부채로 대규모 자금을 조달하는 것도 한계가 있다. 또한 대규모 부채 자본을 사용할 경우 이자에 대한 부담이 늘고, 부채 자본으로 인한 재무 위험이 커져서 안정적인 회사 운영이 위협받을 수 있다.

따라서 노동자협동조합이 성장하기 위해서는 주식회사의 순이익에 해당하는 잉여금을 배당으로 지급하기보다는 자본금으로 적립해서 자본금의 규모를 키워야 한다. 그러나 잉여금으로 자본금을 충실화하는 데는 상당한 기간이 걸릴 것이고, 그러한 기간 동안 새로운 성장의 기회가 있어도 자본조달의 제한으로 인해서 이를 추구하기 어렵고 보수적인 경영을 할 수 밖에 없다. 또한 지나치게 부채에 의존할 경우 협동조합 설립의 본래 취지가 훼손될 가능성이 있다. 돼지고기의 생산자협동조합으로 설립된 도드람이 양돈 사료의 공동 구매를 위해서 외부 자본을 유치해서 도드람사료를 주식회사로 설립했었다. 그러나 나중에 사료 가격이 급등하자 도드람사료는 조합원의 이익보다는 외부 자본의 이익을 더 중요시하는 경영을 해서 조합원과 주주 사이에 갈등이 발생했고, 결국은 도드람은 도드람사료와 분리하고 자체적으로 외주를 통해서 사료를 구입하게 된 사례가 있었다.

동질성 확보와 갈등의 해소

노동자협동조합은 1인 1표 주의에 따라서 모든 조합원이 의사 결정에 평등하게 참여한다. 그러나 노동자 개개인은 역량과 역할에 따라서 임금이 다르며, 노동 참여 실적과 출자금의 규모에 따라서 잉여금의 배당도 다르다. 의사 결정은 평등한 구조이지만 경제적 배분은 평등하지 않기 때문에 어느 조직에서나 마찬가지로 조합원들 사이에 갈등의 소지가 있다. 또한 주식회사가 주주 중심 경영을 하는 것과 마찬가지로 노동자협동조합은 노동자 중심 경영을 하기 때문에 노동자와 노동자 이외의 이해당사자 사이에 경제적 이해관계의 상충으로 인한 갈등이 발생하는 것도 당연하다.

　노동자협동조합에서는 노동자가 주인이기 때문에 노동조합이 별도로 존재할 수 없으며, 파업하는 것은 노동자가 자신을 상대로 파업하는 것과 같다. 그러나 앞서 설명한 것처럼 가장 성공적인 노동자협동조합인 몬드라곤에서 1974년 임금 조정에 대한 조합원의 불만으로 인해서 파업이 발생했다. 노동자협동조합이 노동자가 주인인 회사이고 모든 노동자가 1인 1표의 평등한 의결권을 갖는, 자본의 지배를 받지 않는 회사이지만 경제적 배분에서는 평등할 수 없기 때문에 자본주의의 속성을 완전히 벗어날 수 없다는 것을 보여준 것이다. 따라서 평등한 의결권을 가진 조합원들이 불평등한 경제적 배분을 어떻게 합리적으로 합의하고 결정할 것이냐가 회사의 안정적 성장에 주요한 관건이 된다. 조합원의 수가 많지 않은 소규모 회사에서는 조합의 목적과 구조에 동의하는 조합원의 동질성을 확보하는 것이 어렵지 않다. 그러나 회사가 대기업으로 성장하게 되면 평등한 의사 결정 구조와 불평등한 이익 배분 구조 사이에 괴리가 커지게 되어 갈등의 소지도 함께 커질 수밖에 없다. 따라서 협동조합이 성장하는 과정에서 협동조합의 공동체로서의 가치를 공유하는 조합원 노동자들의 동질성을 지속적으로 확보하는 노력이 필요하다.

노동자협동조합으로 설립된 스페인의 몬드라곤이 자신들이 대기업으로 성장한 성공의 일곱 가지 이유를 앞서 설명한 바 있다. 그러나 몬드라곤이 위치한 스페인 바스크(Basque) 지역의 독특한 문화를, 몬드라곤이 유럽에서 노동자협동조합으로 설립된 많은 회사들 중에서 예외적으로 대기업으로 성장하게 된 또 다른 이유로 들수 있다. 바스크 문화는 자급자족적이고, 지역에 대한 자부심에 근거한 집단적 연대 의식이 매우 강하다. 또한 역사적으로는 전체주의 (Totalitarianism)자였던 프랑코(Francisco Franco) 독재 파쇼(Fascio) 정권에 강력하게 저항했을 정도로 여타 스페인 지역과는 다른 사회적, 정치적 특성을 가지고 있으며, 몬드라곤의 성공에는 사회적 정의와 윤리, 노동자 권리를 강조한 가톨릭교회의 역할이 중요한 요인으로 작용했다.[115] 바스크의 지역적 특성과 문화적인 요인들이 몬드라곤 조합원들의 경제적 이해관계의 동질성만이 아니라 사회문화적 동질성을 확보하는 결정적인 요소로 작용한 것이다.

고용 유지

노동자협동조합이 성공적이기 위해서 극복해야 할 또 다른 과제는 고용을 유지하는 것이다. 특정한 노동자의 역량이 부족해서 주어진 일자리에 적합하지 않은 경우 해고하는 상황이 발생할 수도 있고, 회사가 대규모로 성장한 이후 경영이 악화되면 노동자들의 고용을 조정해야 하는 상황이 발생할 수도 있다. 이런 경우 모든 노동자가 평등한 의사 결정권을 가지고 있는 구조에서 고용 조정으로 인한 노동자 상호 간의 갈등은 피할 수 없다. 따라서 회사는 이러한 갈등의 여지를 만들지 않기 위해서 보수적으로 경영을 하는 성향이 강하게 되고, 성장의 기회를 적극적으로 추구하기 어려운 구조가 될 수 있다. 회사가 조합원이 아닌 노동자를 고용하는 경우도 있다. 이런 경우 조합원 노동자는 비조합원 노동자의 사용자가 되는 것이다. 비조합원 노동자는 의결권이 주어지지 않고, 경제적 배분도 임금만을 받고 잉여금의 배당을 받지 못한다. 따라서 사용자인 조합원 노동자와 피고용인인 비조합원 노동자와의 갈등을 줄이기 위해서 비조합원 고용과 이익 배분을 주식회사의 사용자와는 다른 원칙을 정해야 한다.[116]

몬드라곤은 250여 개의 협동조합과 계열사로 구성되어 있어서, 경영이 어려운 협동조합을 경영 성과가 좋은 협동조합이 지원해줌으로써 협동조합들 사이에 경영 상태의 차이로 인한 일시적인 구조 조정을 피할 수 있는 상호 부조적인 구조를 가지고 있다. 업무 역량이 부족한 노동자들은 재교육과 일자리 재배치를 통해서 임금이 줄어들더라도 다른 협동조합에서 고용을 승계해줌으로써 해고 없이 구조 조정하는 방식을 사용하고 있다. 또한 비조합원 노동자는 전체 노동자의 15% 이내로 제한하고, 임시직은 퇴직한 조합원을 고용하는 제도를 통해서 갈등의 소지를 줄이고 있다. 단독적인 협동조합으로 존립하기보다는 여러 협동조합들이 연대해서 몬드라곤과 같이 협력적인 그룹을 형성하는 것이 고용을 유지하는 방안이 될 수 있다.

| 극복해야 할 문제들 |

주식회사의 소액주주들은 대부분이 자본가가 아닌 노동자다. 노동자들은 노동의 대가로 받는 임금을 아껴서 모은 돈을 은행에 예금하기도 하고, 주식에 투자하기도 한다. 주식에 투자하는 노동자와 은행에 예금하는 노동자는 투자하는 방식의 선택이 다를 뿐이지 일을 해서 번 돈으로 투자하는 것은 다르지 않다. 소액주주인 노동자에게 임금은 자신의 기본적인 소득이고, 주식 투자로부터 얻은 수익은 추가적이고 보조적인 소득이다. 그렇기 때문에 소액주주인 노동자들은 노동자로서의 이해관계가 주식 투자자로서의 이해관계보다 훨씬 더 중요하다. 그리고 대부분의 주식 투자자들은 자신이 일하는 회사의 주식에 투자하는 것은 아니기 때문에 노동자로서의 이해관계와 투자자로서의 이해관계가 서로 분리되며, 자신이 일하는 회사의 주식에 투자하는 경우에도 소액주주인 노동자가 경영에 참여할 수 있는 길은 제한적이다.

노동자협동조합은 노동자가 자신이 일하는 회사에 노동과 자본을 함께 제공함으로써 노동자로서의 이해관계와 투자자로서의 이해관계를 완벽하게 일치시키는 회사의 형태다. 그렇기 때문에 노동자협동조합은 단기적인 이익에 집중하기보다는 장기적인 회사 발전을 위한 경영을 추구할 수 있다는 점과 회사가 추구하는 가치와 목적에 동의하는 노동자들의 공동체라는 점은 회사에 자신의 인생을 걸고 있는 노동자들에게는 주식회사를 대체할 수 있는 대안적인 회사다. 그러나 노동자의 자본이 주주 자본을 대체하고, 노동자협동조합이 주식회사를 대체하는 일반적인 기업형태로 발전하기 위해서 극복해야 할 문제들이 있다.

앞서 이를 논의한 내용을 다시 요약하면 첫째, 무엇보다도 협동조합의 공동체적인 목적과 가치에 동의하는 노동자들의 동질성을 확보하는 것이다. 특히 경영 환경이나 시장 환경이 급속하게 변화하는 사업 영역에서는 회사가 성장하면서 기존의 공동체적인 가치와 목적이 변화하고 조합원의 동질성이 훼손되는 것을 극복해야 한다. 둘째, 노동자들이 자본출자에 적극적이어야 한다. 출자 능력이 부족한 신규 조합원에게 금융 지원을 할 수 있는 금융협동조합과 같은 대책이 필요하고, 기존 조합원들은 잉여금을 배당받기보다는 회사의 자본을 충실화하기 위해서 최우선적으로 적립하는 것에 동의하거나 적극적이어야 한다. 셋째, 협동조합이 기업으로서의 경영 효율성을 높이면서도 동시에 고용을 유지하는 방안을 강구해야 한다. 여러 개의 협동조합들이 협력적인 연대를 형성해서 협동조합 사이에 고용 이전이 가능하게 하고, 고용 조정에 따른 임금을 보전할 수 있는 자체적인 고용 기금과 같은 제도를 마련해야 한다. 마지막으로, 성장에 필요한 대규모 자본을 조달하는 방안이 마련되어야 하며, 부족한 자금을 부채에 의존할 경우 발생할 수 있는 재무적인 위험을 관리할 수 있어야 한다. 하지만 노동자협동조합이 이러한 요건들을 모두 충족하는 것이 현실적으로 매우 어렵기 때문에 일부에서는 시도할 수 있지만 주식회사를 대체하는 일반적인 기업형태가 될 수는 없다.

주주 없는 기업 2: 공급자나 채권자가 주인인 회사

| 공급자의 동질성이 전제 |

산업자본주의에서는 생산의 기반인 토지, 기계, 설비 등의 자본재가 기업의 자본으로 제공되기도 한다. 석유, 금, 우라늄 등 광물자원이 풍부한 토지를 소유한 경우이거나 토지에서 나오는 원자재가 생산의 가장 중요한 요소가 되는 산업의 경우 공급자가 주인이 되는 회사들이 있다. 산유국에서는 원유가 매장되어 있는 토지를 국가가 소유하고 원유 생산 기업을 국가가 소유하는 것이 그러한 예다. 원유 생산 회사인 사우디아라비아의 사우디 아람코(Saudi Aramco)와 멕시코의 페멕스(Pemex)는 사우디아라비아 정부와 멕시코 정부가 각각 100% 지분을 소유한 국가 소유 회사다.[117]

원자재와 서비스를 공급하는 공급자가 회사의 주인이 되면 공급자는 회사에 현물을 포함한 자본금을 제공하고 회사 경영을 책임지며, 수익 변동에 따른 불확실성과 위험을 부담한다. 개인 소유 회사처럼 공급자가 회사의 주인으로서의 역할과 공급자로서의 역할을 분리하지 않는다면 노동자에 대한 임금과 채권자에 대한 이자와 같은 다른 이해당사자들에 대한 채무를 먼저 지급한 후에 남는 이익으로 자신의 공급 대금을 지급받는다. 따라서 경영 성과에 따라서 공급 대금의 불확실성까지 부담하고 공급자가 회사의 주인이 되기는 쉽지 않다. 공급자가 회사의 주인이 되는 회사를 설립하는 경우에도 공급자로서의 역할과 주인으로서의 역할을 분리하고, 자신의 공급 대금을 다른 이해당사자와 마찬가지로 확정적으로 지급받는 형태의 회사가 될 것이다. 한국의 서울우유나 미국의 썬키스트(Sunkist)는 이런 형태의 회사들인데, 공급자는 모든 이해당사자에 대한 채무와 이익 배분을 먼저 한 후에 남는 잔여 이익을 공급 대금과 수익을 포함한 액수를 배당 형식으로 지급받으며, 손실이 난 경우에는 출자금이 감소하게 되어 주인으로서의 책임을 진다.

서울우유는 우유의 원재료인 원유를 생산하는 축산업자들이 출자금을 내고 설립한 공급자가 주인인 회사다.[118] 서울우유는 유제품의 생산과 판매, 원자재 구매를 포함하는 경제사업과, 조합원의 예금과 대출을 하는 신용 사업을 하며, 2013년 현재 종업원 1,994명, 매출액 1조 6,775억 원인 대기업으로 성장한 협동조합의 대표적인 성공 사례. 조합원은 5마리 이상의 젖소를 사육하는 낙농업자로서 250만 원 이상의 출자금을 납부해야 하며, 2011년 말 현재 조합원은 1,830명이다. 서울우유는 2013년 순이익 326억 원 중 190억 원을 배당으로 지급했는데, 총배당액의 70%를 조합원의 이용 실적에 따른 배당으로 지급하고 나머지 30%를 출자금에 대한 배당으로 지급했다.[119] 이는 서울우유가 협동조합이기 때문에 조합원의 참여에 대한 배당을 자본출자에 대한 배당보다 두 배 정도 많이 지급한 것이다.

오렌지 제품으로 잘 알려진 썬키스트도 오렌지와 레몬 재배 농가들이 설립한 회사다.[120] 이렇게 공급자들이 자본을 제공하고 설립한 회사들은 대부분 협동조합 형식의 회사들이다. 서울우유는 서울시, 경기도, 인천시와 강원도에 거주하는 원유를 공급하는 축산 농가들, 그리고 썬키스트는 미국 서부의 캘리포니아 주(California州)와 애리조나 주(Arizona州)의 오렌지와 레몬 재배 농가들이 설립한 공급자(또는 생산자)협동조합이다. 이런 기업들이 공급자가 주인인 회사로서 성공할 수 있는 이유는 제품의 특성상 원재료인 원유와 오렌지가 제품 생산의 가장 중요한 부분을 차지하고, 공급자들이 서로 비슷하기 때문이다. 서울우유의 경우 원유를 공급하는 2,000여 조합원들은 사육 젖소의 수와 생산 원유의 품질이 다르기는 하지만 그 차이가 크지 않고, 서로 근접한 지역에 위치하는 축산 농가로서의 동질성이 전제되어 있다.

그러나 일반제조업의 경우에는 원재료나 중간재들이 다양해서 공급자들 사이에 동질성이 없고 지역적으로도 분산되어 있기 때문에 공급자들이 주체가 되어 회사를 설립하고 운영하는 것이 쉽지 않다. 예를 들어 자동차는 엔진·차체·전기장치·전자장치·유리·타이어 등의 수천에서 수만 개의 부품으로 만들어지고, 핸드폰은 반도체·액정 화면·카메라·배터리 등의 수백 개의 부품으로 구성된다. 이러한 부품들은 그 성격이 전혀 다를 뿐만 아니라 동일한 부품이라 할지라도 공급자에 따라서 품질의 차이가 크기 때문에 공급자들의 동질성을 확보하기 어렵다. 이러한 제품을 만드는 기업은 공급자들이 주인이 되는 회사로 설립하는 것은 쉽지 않다. 따라서 공급자가 주인이 되는 회사는 공급자들의 동질성이 전제되는 제품을 생산하는 산업에 국한해서 적용할 수 있는 모델이 된다.

| 채권자가 주인이 되면? |

주주 자본을 배제하고 부채 자본만으로 회사를 설립하고 채권자가 회사의 주인이 될 수 있는가? 회사를 설립하기 위해서 필요한 기본적인 자금인 출자금은 회사가 청산하지 않는 한 돌려주지 않는다. 따라서 일정한 기간 내에 원금을 반드시 돌려주어야 하는 부채 자금으로 출자금을 조달하는 것은 불가능하다. 채권자들이 회사의 주인이 되기 위해서는 회사에 돈을 빌려주는 부채 자본만이 아니라 돌려받지 않는 자본금도 함께 출자를 해야 한다. 결과적으로 채권자는 출자자이면서 동시에 채권자가 됨으로써 회사의 주인이 될 수 있다. 개인회사의 경우에 오너가 출자를 해서 회사를 설립하고, 자신의 돈을 회사에 부채로 빌려주는 것이 이런 경우에 해당한다.

　채권자가 출자자가 되어 회사의 주인이 되면, 자신의 이익보다는 다른 이해당사자의 이익을 우선해야 한다. 따라서 채권자는 노동자와 공급자에게 임금과 공급 대금을 먼저 지급하고 남은 이익으로 자신의 이자와 원금을 지급받아야 하기 때문에 자신이 받을 이자와 원금을 확정적으로 정할 수 없다. 이익이 충분하면 약속된 이자를 받고, 이자를 지급하고도 남는 이익이 있다면 이는 주인인 채권자의 몫이다. 그러나 이익이 충분하지 않거나 손해가 난 경우에는 약속된 것보다 적은 이자를 받거나 또는 아예 받지 못할 수도 있다.

이자 지급이 회사의 경영 성과에 따라서 많아지기도 하고 적어지기도 하는 채권은 확정적인 이자를 갖는 '원래의 채권'과는 전혀 다른 '변형된 채권'이 된다. 회사의 경영 성과에 따라서 이자 지급액이 달라지는 '변형된 채권'은 경영 성과에 따라서 배당액이 달라지는 주식회사의 주식과 동일한 성격의 자본이 된다. '변형된 채권'과 주식의 차이는 원금 상환이다. '변형된 채권'도 채권이기 때문에 회사가 원금을 반드시 돌려주어야 한다.

그러나 회사가 충분한 자금이 없어서 원금을 돌려주지 못하는 경우가 발생해도 채권자가 자신이 주인인 회사를 파산시킬 수는 없을 것이다. 결과적으로 채권자는 주식회사의 주주와 같은 입장이 된다. 채권 중에서 원금을 돌려주지 않는 형태의 채권을 '영구 채권 (perpetual bond)'이라고 한다. 영구 채권은 만기가 없고 영원히 이자만 지급하는 채권이다.[121] 그러나 만기가 있는 일반 채권과 마찬가지로 이자를 반드시 지급해야 한다. 영구 채권이 회사의 경영 성과에 따른 불확실한 이자를 지급한다면 이는 주식과 완전히 같은 것이 된다.

주주가 있는 주식회사에서도 채권자가 회사의 주인 역할을 하는 경우가 있다. 회사가 이자와 원금을 갚을 수 없는 부도가 발생할 경우 채권자가 회사의 주인이 된다. 회사가 지급 불능 상태에 빠졌지만 장기적으로 회생할 가능성이 있다고 판단하는 경우 채권자들은 자신들이 받을 이자와 원금의 지급을 유예하고 기업 회생을 위한 기업 개선 작업(workout) 절차를 실행한다. 회사가 워크아웃에 들어

가게 되면 주주의 모든 권리가 중지되고 기존의 주주 자본을 감자하거나 완전히 소각하고 채권자들이 회사의 주인으로서 경영을 책임진다. 워크아웃 과정에서 채권자들이 자신의 채권 일부 또는 전부를 주식으로 전환하는 출자 전환을 해서 주주로 변신하기도 한다. 그러나 채권자는 처음부터 수익이 불확실한 주식보다는 확실한 이자와 원금을 지급하는 채권을 선택한 투자자이기 때문에 원금과 이자를 회수하는 것을 최우선의 목표로 하며 주주가 되는 것은 최후의 선택일 뿐이다.

주주 자본을 배제하고 채권자가 회사의 주인이 되면 채권은 이자와 원금의 지급이 확정되지 않은 '변형된 채권'이 되며, '변형된 채권'은 주식과 같은 불확실한 수익 구조를 가질 뿐만 아니라 채권자가 회사의 잔여재산에 대한 청구권을 갖게 되기 때문에 결과적으로 채권 자본이 주주 자본과 같은 형태의 자본이 된다. 따라서 주주 자본을 허용하지 않고 채권자가 회사의 주인이 되는 형태의 회사는 결국 주식회사와 같아지고 결과적으로 주주 자본을 허용하는 것과 같아지는 모순이 발생하기 때문에 이론적으로 가능하지 않다.

주주 자본을 배제하고 부채 자본만 있는 체제에서는 기업이 추가 자본이 필요한 경우 또 다른 채권자로부터 빌려서 조달해야 한다. 만약에 추가 자본을 은행의 대출로 조달한다고 가정해보자. 이런 경우 주주 자본이 배제된 체제에서는 은행도 주주 자본을 가질 수 없기 때문에 은행 설립에 필요한 자본을 공급할 수 있는 것은 국가뿐이다. 정부가 국가자본으로 은행을 설립하고, 은행이 국가자본을 기업에 다시 공급하는 형태의 기업만 존재하는 것은 공산주의다. 자본주의 체제에서도 국가가 은행을 소유하고, 은행들이 기업을 소유하게 되어 궁극적으로 국가가 많은 기업들을 소유하는 체제가 국가자본주의다.

주주 없는 기업 3: 국가가 주인인 회사

| 국가가 지배하는 기업 |

노동자, 공급자 그리고 채권자 이외에도 기업의 주요한 이해당사자의 하나가 사회, 즉 국가다. 국가가 주인인 국가 소유 기업은 국영기업(國營企業) 또는 공기업(公企業)이라고 부른다. 국가 소유 기업은 국가가 기업을 소유하는 동기에 따라서 네 가지로 나눌 수 있다. 첫 번째는 공공성이 높아서 시장에 맡길 수 없는 사업을 국가가 직접 수행하기 위해서 설립하는 경우다. 두 번째는 국가 경제에 필요하거나 사회적으로 필요한 기업이지만 수익성이 없어서 사기업(私企業)이 하지 않거나 또는 대규모 자본이 필요하기 때문에 사기업이 하기 어려운 사업을 국가가 직접 하는 경우다. 세 번째는 국가가 기업들을 소유하고 직접 수익성 있는 사업을 시장에서 경쟁적으로 하는 국가자본주의다. 국가자본주의는 자본주의와 시장경제를 수용하고 사기업을 허용하면서 동시에 국가 소유 기업들을 정치적인 목적이나 국가재정의 확보 수단으로 활용한다는 점에서 모든 기업을 국가가 소유하는 공산주의와는 다르다. 마지막 네 번째는 국가가 모든 기업을 소유하고 운영하며, 자본주의와 시장을 허용하지 않는 공산주의 체제에서의 기업이다.

한국의 경우, 공공성이 중요하기 때문에 시장에 맡기지 않고 국가가 직접 사업을 수행하기 위한 목적으로 설립된 첫 번째 형태의 국가 소유 기업은 한국전력공사(KEPCO)과 한국철도공사(KORAIL) 등을 들 수 있다. 한국전력공사는 주식시장에 상장된 기업이지만 정부가 51.1%의 지분을 소유한 공기업이다. 전기는 생활에 없어서는 안되는 필수적인 요소이기 때문에 공급이 안정적이어야 하고 또한 모든 국민이 사용할 수 있어야 하는 공공성을 가지고 있다. 그러나 다른 한편으로는 발전과 송전 설비에 대규모 투자가 필요하기 때문에 효율적인 경영이 필요하며, 대규모 투자 자금을 전적으로 정부가 제공하는 것은 재정 부담이 크다. 따라서 주식시장에 상장을 해서 일반 투자자 자금을 함께 투입해서 시장의 견제로 경영의 효율성을 유지하고, 동시에 정부가 50% 이상의 지분을 소유해서 절대적인 경영권을 확보함으로써 공공성을 유지하는 경영을 하도록 하는 구조다.

국가 경제에 필요하거나 사회적으로 필요해서 국가가 설립하거나 소유하는 두 번째 형태의 국가 소유 기업으로는 포항제철, 국민은행 그리고 우리은행 등을 들 수 있다. 포항제철은 1968년 설립 때 국가 소유 기업이었다. 당시에 산업 기반 구축을 위해서 제철소가 필요했지만 대규모 자본을 투자할 수 있는 기업이 없었기 때문에 국가가 직접투자(直接投資)해서 독점적인 국영기업으로 설립되었다. 그러나 2000년 국가 소유 지분을 일반 투자자들에게 매각하고 민영화를 해서 더 이상 국가 소유 기업이 아니다. 국민은행도 최초 설립 시 국가 소유 은행이었다. 서민들이 은행에서 대출을 받는 것이 지극히 어려웠던 1960년대 서민들에게 소액 대출을 제공하는 목적으로 국가가 1963년 국민은행을 설립했다. 또한 1967년 서민들의 주택대출을 제공하는 목적으로 국가가 한국주택금고를 설립했고, 나중에 주택은행이 되었다. 이후 서민들의 대출이 시장 기능으로 가능해지게 되어 국민은행과 주택은행을 민영화하고 합병하는 과정을 거쳐서 지금의 국민은행이 되었다.

우리은행의 경우는, 외환 위기 때 당시의 사기업이었던 상업은행과 한일은행이 파산 상태에 이르게 되었으나 은행의 공공성 때문에 이를 파산하도록 방치할 수 없었기 때문에 국가가 공적 자금을 투입한 후 두 은행을 합병해서 1999년에 한빛은행을 설립했고, 2002년에 우리은행으로 이름을 변경했다. 우리은행의 지분을 100% 소유한 우리금융지주회사는 주식시장에 상장된 기업이지만 정부가 57%를 소유한 국가 소유 기업이다. 그러나 우리은행의 업무와 사업이 다른 일반 상업은행들과 다르지 않기 때문에 정부가 계속해서 우리은행을 소유할 특별한 경제적인 이유가 없다. 따라서 우리은행은 궁극적으로 정부 지분을 매각하고 민영화를 해야 한다.

사기업들이 할 수 있는 수익성이 있는 사업이지만 국가재정을 확보하기 위한 수단으로 정부가 사업하는 세 번째 유형의 국영기업은 자본주의 시장경제를 하고 있는 나라에서는 드문 경우다. 한국의 경우에 과거 계획경제를 하던 시대에는 재정 확보의 목적으로 정

부가 담배와 인삼 사업을 했다. 1950년대부터 정부 부처인 전매청이
담배와 인삼 사업을 독점적으로 해오다가 담배 시장이 개방되고 시
장 환경이 경쟁적으로 변화하자, 1989년 공기업인 담배인삼공사를
설립했다. 1997년 주식회사로 전환하고, 1999년 주식시장에 상장을
한 이후 2002년 정부 보유 지분을 모두 매각하고 민영화를 하면서
KT&G로 이름을 변경했다. 한국은 시장경제로 전환한 이후에는 정
부가 재정 확보의 목적으로 독점적인 사업을 하거나 사기업과 경쟁
적으로 수익 사업을 하지 않는다.

| 국가자본주의 |

국가 소유 기업의 세 번째 유형으로 국가가 기업을 소유하고 국유
기업들이 시장에 참여해서 수익성이 있는 사업을 통하여 국가재정
을 확보하는 체제를 '국가자본주의(State Capitalism)'라고 한다. 국가
자본주의가, 모든 기업을 국가가 소유하는 공산주의 체제와 다른 점
은 주주 자본을 활용하고 경쟁적인 시장경제 체제를 수용한다는 것
이다. 물론 자본주의 시장경제를 하는 나라들에서도 공공성이 높은
사업을 국가가 독점적으로 하는 경우들이 있기 때문에 자본주의 시
장경제를 하는 나라와 국가자본주의를 하는 나라를 완벽하게 구분
하기는 어렵다. 그러나 국가자본주의를 시행하는 나라들은 '시장을
개인들에게 기회를 제공하는 엔진으로 보기보다는 국가의 이익이나
또는 지배 엘리트들의 이익을 위한 수단으로 본다'는 점이 시장경제
를 하는 나라와 다른 점이다.[122]

국가자본주의를 시행하는 대표적인 나라는 중국, 러시아 그리고 산유국들이다. 중국의 최대 기업인 사이노펙(Sinopec, 중국석유화공집단), 러시아의 최대 기업인 가스프롬(Gazprom)은 모두 정부 소유 기업이다. 사우디아라비아의 사빅(Sabic), 멕시코의 페멕스, 베네수엘라의 PDVSA, 말레이시아의 페트로나스(Petronas), 콜롬비아의 에코페트롤(Ecopetrol), 브라질의 페트로브라스(Petrobras) 등은 원유 생산과 정유 기업들로서 모두 정부 소유 기업이며, 각 나라의 최대 기업이다.[123] 이러한 기업들은 토지에서 생산되는 원유와 가스등의 천연자원을 국가가 직접 소유한 독점기업들로 정부 재정을 확보하는 수단이다.

천연자원과 관련된 사업 이외에도 은행을 국가가 소유하는 경우도 많다. 중국의 4대 기업이며 최대 은행인 중국공상은행(中國工商銀行, ICBC, Industrial & Commerce Bank of China)과 중국의 5대 기업이며 두 번째로 큰 은행인 중국건설은행(中國建設銀行, CCB, China Construction Bank), 러시아의 최대 은행인 스베르방크(Sberbank)와 두 번째로 큰 은행인 VTB은행(VTB Bank), 브라질의 2대 기업이며 최대 은행인 브라질은행(Banco de Brazil), 인도의 최대 은행인 인도국립은행(SBI, State Bank of India) 등은 모두 국가 소유 은행들이다. 이러한 은행들은 정책을 집행하기 위한 특수한 목적을 가진 은행이 아니라 일반 상업은행들이다. 한국의 경우에도 산업은행과 우리은행이 국가 소유 은행이다. 그러나 산업은행은 산업 정책을 지원하기 위한 목적으로 설립된 은행이기 때문에 국가자본주의를 실시하는 나라에서 국가가 재정수입을 목적으로 일반 상업은행을 국가가 소유하는 경우와는 다르다. 또한 우리은행은 외환 위기 때 파산한 상업은행들에 국가가 공적 자금으로 자본을 출연해서 국가 소유 은행이 된 경우다.

| 중국의 국가자본주의 |

국가자본주의를 가장 광범위하게 실시하는 나라는 중국이다. 중국은 1978년 덩샤오핑[鄧小平]의 주도로 개혁과 개방을 시작한 이후 지난 30년간 연평균 10%의 경제성장률을 기록하면서 세계경제의 새로운 축으로 등장했다. 경제성장 초기에는 값싼 노동력을 경쟁력으로 하는 수출 중심의 제조업으로 성장을 추구했다. 그러나 지금은 기술과 자본을 가지고 있으며, 수출과 더불어 중국의 국내 소비 시장의 수요가 중국 경제뿐만 아니라 세계경제를 이끄는 새로운 동력이 되고 있다. 중국은 일본을 제치고 미국 다음으로 세계 2대 경제 대국이 되었고, 〈포춘(Fortune)〉이 매출액 기준으로 선정한 세계 500대 기업에서도 미국 다음으로 많은 73개 기업을 가질 정도로 중국 기업들은 세계적인 규모로 성장했다.[124] 중국의 경제성장은 정부 소유 기업들이 주도한 것이었다. 따라서 정부가 기업을 소유하는 체제에 대해 이해하기 위해서 중국의 국가자본주의를 살펴보기로 한다.

중국의 국가자본주의의 첫 번째 특징은, 정치적으로는 사회주의 체제를 유지하면서 동시에 경제적으로는 자본주의와 시장경제를 병행하는 혼합 제체 구조를 가지고 있다. 정부가 많은 대기업들을 소유하고 시장에 직접 참여하는 대표적인 나라다. 중국의 50대 기업 중에서 성부가 50% 이상의 지분을 소유한 국가 소유 기업은 45개이며, 50% 미만의 지분을 소유하지만 국가가 대주주인 기업이 3개이다. 50대 기업 중에서 국가가 지분을 소유하지 않은 사기업은 2개뿐이다.[125]

중국의 국가자본주의는 크게 세 가지 특징을 가지고 있다. 첫째는 국가 소유 기업들이 공공성이 높은 산업뿐만 아니라 모든 산업에 진출하고 있고, 둘째는 특정한 국가 소유 기업이 시장을 독점하지 않고 여러 개의 국가 소유 기업들이 시장에서 경쟁 체제를 이루고 있고, 셋째는 국가 소유 기업들의 상당수가 중국과 해외의 주식시장에 상장을 해서 주주 자본을 적극적으로 활용하고 주주 중심 경영 체제를 부분적으로 도입하고 있다는 것이다. 중국에서 국유 기업들이 거의 모든 산업에 진출하고 있는 현상은 통상적으로 국영기업이 자연 독점적인 자원 사업이나 은행과 같은 공공성이 높은 제한된 규제 산업에만 진출하고 있는 것과는 크게 다르다. 중국의 국가 소유 기업들은 자원 개발·은행·전력·철도·무기 생산과 같은 공공성이 높은 산업은 물론이고, 석유 에너지·자동차·조선·철강·기계 장비·전자·항공기와 같은 제조업과 통신, 건설과 엔지니어링, 운송·판매·창고와 같은 유통업, 그리고 은행·보험·투자 등 금융업에도 진출하고 있다. 국가자본주의를 하는 대표적인 나라의 하나인 러시아의 경우에는 자동차, 통신, 소비자 산업, 유통, 건설 등의 산업에서는 정부 소유 기업이 진출하지 않고 사기업이 주도하고 있는 것과 대조적이다.

중국 국가자본주의의 두 번째 특징은, 국가 소유 기업들이 석유, 전력과 통신 등의 규제 산업에서 독점적인 사업을 하는 경우를 제외하고는 대부분이 시장에서 경쟁하고 있다는 것이다. 예를 들어 중국에는 40여 개가 넘는 중국의 자동차 기업들이 있는데 대부분이 국가 소유 기업임에도 불구하고 서로 경쟁하는 체제를 유지하고 있다. 또한 한국의 현대자동차, 미국의 GM과 포드(Ford), 일본의 토요타(Toyota)와 닛산(Nissan), 독일의 폭스바겐(Volkswagen), 프랑스의 푸조(Peugeot) 등 세계적인 자동차 회사들이 중국 정부와 합작회사로 진출하고 있으며, 중국의 자동차 시장은 세계 어느 나라보다도 경쟁이 치열하다. 북경현대차는 한국의 현대자동차와, 중국 정부가 100% 지분을 소유한 북경기차(北京汽車)가 50%씩의 지분으로 설립한 회사다. 그러나 북경기차는 자체 브랜드의 자동차를 별도로 생산하고 있으며, 현대자동차만이 아니라 독일의 다이믈러(Daimler AG)와도 합작으로 벤츠를 생산하고 있어서 다른 자동차 회사는 물론이고 자신이 투자한 자동차 회사와도 경쟁하고 있다. 국가자본주의를 하는 나라에서의 국영기업들이 일반적으로 독점적인 지위를 누리고 있는 반면에 중국의 국영기업들은 치열한 경쟁 시장에 참여하고 있다는 점이 다르다.[126]

중국의 국가자본주의의 세 번째 특징은, 국가가 절대 지분을 소유하고 있음에도 불구하고 국가 소유 기업들의 상당수가 중국 내 증권시장과 해외 증권시장에 상장하고 있어서 외부 자본을 유치하고 있다. 이는 자본 충당의 목적도 있지만, 주주 자본을 적극 활용하고, 주주 중심 경영 체제를 도입하여 지배 구조의 균형과 긴장을 유지하는 부수적 효과도 노린 것이다. 중국의 10대 기업은 모두 국가 소유 기업임에도 불구하고 이 중에서 8개의 기업이 상장회사다. 중국의 10대 기업 중에서 상장하지 않은 회사는 공공성이 높은 전력회사인 중국전망공사(國家電網公司)와 해양 원유 개발 회사인 중국해양석유총공사(中國海洋石油總公司)뿐이다. 중국의 최대 기업인 사이노펙은 중국 정부가 75.8%의 지분을 소유하고 있는데 상하이[上海]와 홍콩[香港]의 증권거래소에 상장한 주식회사다.[127] 중국의 2대 기업인 중국석유(CNPC)의 계열사인 중국석유천연가스회사(PetroChina)는 중국 정부가 최대 주주이지만 홍콩과 상하이증권거래소(SSE, Shanghai Stock Exchange)는 물론이고 뉴욕증권거래소(NYSE, The New York Stock Exchange)에 상장한 회사다. 또한 중국 최대의 은행이며 중국 4대 기업인 중국공상은행(ICBC)도 중국 정부가 70.7%의 지분을 소유하고 있지만 상하이증권거래소와 홍콩증권거래소(HKEx, Hong Kong Stock Exchange)에 상장한 회사다.

| 국가자본주의의 문제 |

국가자본주의에서 정부는 여느 시장경제 체제와 같이, 경쟁의 규칙을 정하고 시장의 질서를 유지하는 규제자로서의 역할을 하면서 동시에 시장의 참여자로서의 역할을 수행하기 때문에 필연적으로 이해상충의 문제가 발생할 수밖에 없다. 운동경기에 비유한다면 정부는 선수이면서 동시에 심판이기 때문에 공정한 게임이 펼쳐지기 어려운 것이다. 자신의 선수가 심판인 팀이 경기에 이겼다고 해서 그 팀이 실력이 있는 것이 아닌 것처럼 국가 소유 기업들은 국내시장의 경쟁에서는 이길 수 있지만 세계시장에서 다국적기업으로 경쟁력을 가지고 성장하는 것에는 한계가 있다. 세계 500대 기업에 속하는 중국의 73개 기업 중에서 중국 국내시장에서의 수요를 제외하면 중국 밖의 세

계적인 시장에서 경쟁력을 가진 기업은 소수에 불과하다. 또한 러시아와 같이 국가자본주의를 실시하는 나라 중 원유와 가스 등의 자원 개발 기업을 제외하고 세계적인 경쟁력을 가진 기업을 가진 나라는 없다.

국가자본주의의 또 다른 문제는 국가 소유 기업과 민간 기업의 이해관계가 충돌할 때 국가 소유 기업의 이익이 우선될 수밖에 없어서 사기업들이 대기업으로 성장하는 것이 쉽지 않다는 것이다. 사기업이 정부가 정한 국가적 목적에 부합하지 않는 상업적인 이익만을 추구한다면 언제든지 생존 자체가 위협받을 수도 있다. 또한 국가 소유 기업들이 지배적인 시장에서 사기업들이 인재 유치와 자본조달 측면에서 상대적으로 불리한 위치에 있을 수밖에 없기 때문에 공정한 경쟁이 이뤄지기 어렵다. IMD(국제경영개발원) 세계 경쟁력 연보에 포함된 공정 경쟁의 평가에서 중국은 전체 59개 조사 대상 국가 중에서 51위, 러시아는 56위로 최하위권에 속하고 있다.

실제로 중국의 은행들이 국가 소유 기업들을 대상으로 한 대출이자율은 1.6%인 반면에 사기업들을 대상으로 한 대출이자율이 4.7%로 사기업이 높은 금융비용을 부담하고 있다. 또한 이런 이자율 차이에도 불구하고 사기업에 대한 대출이 까다로워서 2009년 중국 은행들의 총대출 잔액 중에서 사기업이 차지하는 비중은 2%에 불과했다.[128] 또한 2009년 중국 은행들의 신규 대출 중에서 국가 소유 기업이 85%를 차지했고, 사기업 대출은 15%에 불과할 정도로 사기업은 자본조달에서 절대적으로 불리한 위치에 있다.[129] 이같이 국가 소유 기업들이 시장에서 지배적인 위치를 점하고 공정한 경쟁이 이뤄지지 않기 때문에 혁신적이고 창의적인 사기업의 성장을 기대하기 어렵다.

국가자본주의 나라에서의 가장 심각한 문제는 기업 경영이 투명하지 않고 부패가 만연하다는 것이다. 국제투명성기구(TI, Transparency International)가 조사한 2011년 국가별 부패 인식 지수(CPI, corruption perceptions index)에서 국가자본주의를 시행하고 있는 나라들의 부패가 심각한 것으로 나타나고 있다. 부패를 국가 차원의 문제로 다루고 있는 중국은 75위를 차지하고 있는데, 이는 그나마 양호한 편이다. 정부 관료들이 국가 소유 기업의 임원을 겸하고 있는 러시아는 143위로 나타나, 부패의 정도를 짐작케 한다. 자원 개발 산업에 국한해서 국가자본주의를 시행하는 나라들의 경우도 마찬가지다. 브라질은 73위, 멕시코는 100위, 그리고 베네수엘라는 172위로 부패가 심한 것으로 나타나고 있다.[130] IMD가 발행하는 세계 경쟁력 연보에 포함된 정부의 뇌물과 부패(bribing and corruption) 항목에서 전체 59개 조사 대상 국가 중에서 중국은 48위, 러시아는 57위, 브라질은 53위, 베네수엘라는 최하위인 59위를 기록했다.[131]

기업 경영의 투명성도 매우 낮은 편이다. IMD 세계 경쟁력 연보에 포함된 59개 국가들의 기업의 회계와 감사의 적정성에서 중국은 56위, 러시아는 54위로서 최하위권에 머물고 있다.[132] 그리고 국제투명성기구가 발표한 2012년 시가총액을 기준으로 세계 105대 상장회사들의 기업 보고서의 투명성에 대한 조사에서 러시아와 중국의 국가 소유 기업들이 최하위권을 차지하고 있다. 중국은 6개 기업이 포함되어 있는데, 중국은행(中國銀行, Bank of China)이 105위로 꼴찌를 차지했고, 교통은행(交通銀行, Bank of Communications)이 104위, 중국건설은행(CCB)이 102위로 중국의 은행들이 최하위를 기록했다.

러시아의 최대 기업이며 국가 소유 기업인 가스프롬도 98위로 최하위권을 차지했다.[133]

국가자본주의를 시행하는 나라들 대부분이 사회문화적으로 부패가 만연한 개발도상국이기 때문에 기업 경영이 투명하지 못하고 부패한 것인지, 아니면 정치권력과 경제 권력이 결합된 국가자본주의의 특성 때문에 사회와 기업이 부패한 것인지의 인과관계를 단정하기는 어렵다. 그러나 권위주의적이고 전체주의적인 정치체제를 가진 나라에서는 정치권력을 견제할 수 있는 사회적 기구가 존재하지 않는다. 따라서 정치권력을 가진 정부와 정치 지도자들이 경제 권력까지 장악하고 있기 때문에 시장에서 부패가 발생할 수밖에 없다고 보는 것이 상식적인 판단일 것이다.

러시아에서는 정부의 현직 관료가 국가 소유 기업의 임원을 겸하는 경우가 일반적이다. 러시아 전 대통령인 드미트리 메드베데프(Dmitry Medvedev)는 부총리 재임 시 러시아 최대 기업인 가스프롬의 회장을 겸임했고, 그의 후임은 당시 총리였던 빅토르 쥬브코프(Victor Zubkov)가 맡았다. 지금의 러시아 대통령인 푸틴(Vladimir Putin)은 총리 재임 시 국영 은행인 VEB의 회장을 함께 맡았고, 부총리인 이고르 세친(Igor Sechin)은 석유 회사인 로즈네프트(Rosneft)의 회장을 맡았다. 이외에도 러시아에서는 정부 부처의 장관이 국영기업의 최고 경영자를 겸하는 사례들이 수없이 많다.[134] 이렇게 최고의 권력을 가진 정치인들이 러시아 최대 기업들의 최고 경영자를 겸하고 있는 구조에서 러시아가 가장 부패한 나라 중의 하나로 평가받는 것은 당연한 결과라 할 수 있을 것이다.

중국에서 사업에 성공하려면, 관계를 뜻하는 '관시[關系,

Guanxi]'가 있어야 한다고 알려져 있다. 관시란 서로 혜택을 주고받는 긴밀한 유대 관계로 얽힌 네트워크를 의미하는데, 정부가 인허가권을 가진 규제 산업에서는 정부 관료들과의 관시가 사업 진출과 성공에 절대적으로 중요한 요소로 작용한다. 그러나 관시는 사업 성공의 요인인 동시에 규제 산업에서의 독점적인 이익을 누리는 기회이자 부패를 조장하는 원인이 된다.[135] 2009년 한 해 동안 중국 화폐로 100만 위안(CNY)(약 1.8억 원) 이상의 부패 사건으로 유죄판결을 받은 정부 관리가 무려 10만 6,000명이나 되었고,[136] 중국의 최대 기업이며 세계 5대 기업이자 국가 소유 기업인 사이노펙의 전 회장인 첸통하이[陳同海]은 무려 1억 9,600만 위안(약 352억 원)의 뇌물을 받은 혐의로 사형선고를 받았다.[137] 중국이 국가 소유 기업들을 이용해서 성공적으로 경제성장을 계속해가고 있지만, 경제성장의 과정에서 부패는 점점 더 심해지고 있기 때문에[138] 중국의 국가자본주의가 지속 가능하기 위해서는 부패를 척결하는 획기적인 변화가 필요하다.

한국의 포스코(Posco)와 케이티는 본디 국가자본으로 설립한 국가 소유 기업이었다. 그러나 포스코는 2000년에, 케이티는 2002년에 민영화되어 이제는 정부가 지분을 가지고 있지 않다. 그럼에도 불구하고 정권이 바뀔 때마다 최고 경영자가 부패 관련 혐의로 조사를 받고, 다시 그 자리에 권력 집단과 관계를 가진 인물로 교체되는 악순환을 겪고 있어서 '민영화된 공기업'이라고 조롱받는다.[139] 포스코는 과거 국영기업일 때의 관행과 인맥이 이어지고 있고, 케이티는 정부의 규제를 받는 기업이어서 아직도 여전히 정치권이 최고 경영자 임명에 영향력을 행사하고 있다. 한국은 민주적인 정치체제를 가지고 있고 이 기업들이 민영화된 지 10년이 넘었는데도 불구하고 이런 상황이 지속되고 있는 것을 보면, 국가자본주의를 하는 전체주의적인 나라들이 국가 소유 기업들의 부패 문제를 해결하는 것은 쉽지 않을 것으로 생각된다.

| 국가자본주의도 주주 자본을 활용한다 |

국가자본주의를 시행하는 나라들에서 발생하는 이러한 문제들에도 불구하고 브릭스(BRICs)[140]으로 불리는 신흥 시장의 대표적인 국가이면서 국가자본주의를 시행하는 브라질, 러시아, 인도, 중국은 최근에 세계경제나 선진국보다 높은 성장률을 기록하고 있다. 2000년부터 2012년까지의 연평균 경제성장률은 중국 10.0%, 러시아 5.2%, 그리고 브라질 3.4%를 기록했다. 이는 같은 기간 동안 세계경제의 연평균 성장률 2.7%보다 높은 것이며, 미국의 1.9%와 EU(유럽연합) 국가들의 평균인 1.5%를 크게 앞지른 것이다. 금융 위기가 발생한 이후인 2008년부터 2012년까지의 기간 동안 세계경제의 침체 국면이 지속되어 연평균 경제성장률이 미국은 0.8%, 영국은 -0.6%, EU 국가들이 -0.2%을 기록했다. 반면 중국은 9.3%, 러시아는 1.9%, 브라질은 3.2%로 세계경제의 침체 국면에서도 이들 국가자본주의를 시행하는 나라들은 경제성장을 이루었다.[141]

국가자본주의를 하는 나라들은 대부분, 국가 소유 기업들이 국가자본뿐 아니라 주주 자본을 함께 활용한다. 중국은 주식시장에 상장한 국가 소유 기업들이 MSCI(Morgan Stanley Capital International) 중국 주가지수에서 차지하는 비중이 80%를 차지할 정도로 적극적으로 활용하고 있다.[142] 그리고 러시아의 경우에도 국가 소유 기업의 비중이 62%에 이르며, 브라질은 38%를 차지하고 있다. 영국의 경제 신문인 〈파이낸셜 타임즈(Financial Times)〉가 시가총액을 기준으로 선정한 세계 500대 상장회사 중에서 중국의 기업은 2002년 단 하나도 없었다. 그러나 2012년에는 22개의 중국 기업들이 포함되었고, 이들의 500대 기업 전체 시가총액에서 차지하는 비중도 6.5%로 미국과 영국 다음으로 높아졌다.[143] 러시아도 FT 500대 기업에 2002년 네 개 기업이 포함되었고 시가총액의 비중은 0.4%에 불과했으나, 2012년에는 열 개 기업이 포함되었고 시가총액의 비중도 2.1%로 크게 증가했다. 한국은 2002년 여섯 개 기업에 0.7%의 비중을 차지했고, 2012년에는 여덟 개 기업에 1.5%의 비중을 차지한 것과 비교해보면 국가자본주의를 시행하는 중국과 러시아가 지난 10년 동안 주주 자본과 주식시장을 적극적으로 활용해왔음을 알 수 있다.

중국과 러시아의 경우처럼 국가자본주의는 시장경제를 유지하면서 주주 자본을 적극적으로 활용하는 전략으로 경제성장을 이루고 있기 때문에 새로운 '이념이 아니며, 공산주의의 또 다른 이름이거나 중앙정부 계획경제의 새로운 형태가 아니다.'[144] 따라서 국가자본주의는 국가가 모든 기업을 소유하고 주주 자본을 배제하는 공산주의와는 전혀 다른 것이다.

중국의 전 수상인 원자바오[溫家寶]는 "정부의 거시 경제적인 지침과 규제 아래서 시장이 자원을 배분하는 기본적인 역할을 전적으로 수행하게 하는 것이 우리의 경제정책이다. 지난 30년 동안의 경험들 중에서 중요한 것의 하나는 보이는 손(정부)과 보이지 않는 손(시장)이 함께 시장을 규제하는 역할을 전적으로 담당하게 하도록

확실하게 하는 것이다."[145]라고 시장경제를 적극적으로 활용하는 중
국의 국가자본주의의 성격을 규정하고 있다.

주주 자본 아니면
어떤 선택을 할 것인가?

| 현실적인 대안들과 더욱 현실적인 제약들 |

주주 자본을 배제하지 않으면서 주주 중심 경영이 갖는 문제들을 극복하는 현실적인 대안은 공동 결정 모델을 들 수 있고, 주주 자본을 배제하고 실현 가능한 대안은 협동조합을 들 수 있다.

공동 결정 모델은 노동자와 주주가 함께 감독이사회에 참여해서 경영진을 감독하고 감시하기 때문에 주주 중심 경영을 대체할 수 있는 대안이 된다. 그러나 '모든 이해당사자를 위한' 경영이 아니라 '노동자와 주주를 위한' 경영 체제이기 때문에 여전히 특정 당사자 중심의 문제를 극복한 것은 아니다. 또한 경영진을 견제, 감시하기 위해서 설립한 노동자와 주주의 결합체로서의 감독위원회를 감시, 감독하는 숙제도 남아 있다. 그럼에도 불구하고 공동 결정 모델은 주주 중심 경영이라는 주주 자본의 속성을 상당한 정도로 극복한 것으로 평가되고 있기 때문에 하나의 대안으로 적극 추진해봄 직하다. 하지만 이 역시 주주 자본을 부정하는 것이 아니라 오히려 적극 수용하는 대안이기 때문에 본질적으로는 주주 자본주의의 틀 속에서 운영되는 체제다.

한편 주주 자본을 배제시킨 협동조합 모델은 광범위하게 성공한 모델은 아니지만 일부에서 성과를 보이고 있기 때문에 현실적 대안으로 고민해볼 만하다. 이 중에서 노동자협동조합은 노동자와 자본가를 일치시키기 때문에 주주 자본주의에서 발생하는 자본과 노동의 갈등을 원천적으로 제거하는 대안이다. 그 외 생산자협동조합이나 공급자협동조합도 주주 자본과의 갈등을 해소할 수 있는 대안이다. 하지만 이러한 다양한 형태의 협동조합 모델도 주주 자본을 노동자, 생산자, 공급자들이 제공하는 자본으로 대체한 것이지 자본자체의 속성을 극복한 것은 아니다. 또한 노동자협동조합이 성공하기 위해서 현실적으로 극복해야 할 문제들이 만만치 않다. 협동조합의 각 구성원들이 공동체가 지향하는 가치에 동의하고 공유하며, 문화적·정치사회적 동질성을 확보해야 하고, 그 경우에도 노동자를 비롯한 조합원들이 출자할 수 있는 자본 규모의 한계를 극복해야 한다. 이런 현실적인 한계 때문에 협동조합이 주식회사의 대안으로서 일반적인 기업형태가 되거나, 노동자 또는 조합원 자본이 주주 자본을 대체하는 경제체제를 만드는 것은 현재로서는 상당히 어려운 일이다.

주주 자본을 대체하는 또 하나의 대안은 국가자본이다. 현재의 중국이나 러시아 방식의 국가자본주의는 국가자본만이 아니라 주주 자본을 추가적인 자본의 확보 수단으로 활용한다. 이러한 나라들의 국가자본주의는 정부가 다수의 기업을 소유하지만 사기업을 광범위하게 허용하며, 제한적이지만 정부 소유 기업들이 시장에서 경쟁을 한다. 또한 주주 자본을 적극적으로 활용하고 주주 중심 경영을 부분적으로 도입하는 체제이기 때문에 주주 자본주의의 변형이라 할 수 있다. 이렇게 공동 결정 모델이나 협동조합 모델, 국가자본 모델들도 주주 자본을 완전히 배제하는 것이 아니라 주주 자본과 혼용되거나 결합하거나 변형된 형태로 운영되고 있다. 반면에 주주 자본을 완전히 배제한 모델은 공산주의뿐이다. 공산주의는 사유나 사기업을 허용하지 않고 모든 기업을 국가가 설립하고 소유하기 때문에 주주 자본뿐만 아니라 자본 자체가 완전히 배제된 체제다. 공산주의가 바람직한 체제인가라는 인식과 이념의 고민은 차치하고라도 이미 공산주의가 현실적인 대안이 아님은 명백해졌다. 그러나 공산주의는 주주 자본만을 부정하는 것이 아니라 자본이나 시장 자체를 부정하는 체제이기 때문에 현실적인 대안은 아니다.

| 비판을 위한 비판 |

여기서 주주 자본에 대한 비판을 다시 생각해볼 필요가 있다. 비판은 기존의 제도가 갖는 문제를 개선하는 방안을 모색할 수 있는 계기를 만들어주기 때문에 반드시 필요하다. 어떠한 제도도 완벽할 수는 없으며, 특정한 시점에서 좋은 제도라 할지라도 사회의 구조와 환경이 끊임없이 변화하기 때문에 제도도 환경의 변화에 맞춰 함께 변화해야 한다. 그러나 비판이 단순한 기존 체제의 부정이 아니라 의미 있는 비판이 되기 위해서는 대안이 제시되어야 한다. 구체적인 대안을 제시하기 어렵다면, 최소한 대안을 모색할 수 있는 단서를 제공하는 것이 의미 있는 비판일 것이다.

앞서 살펴본 바와 같이 다양한 대안 모델들조차 주주 자본과의 협력 구조를 모색하는 것이 성공의 가능성을 높여줄 것이며, 더욱이 주주 자본주의 비판자들이 제기한 주주 자본이나 주식회사의 문제점을 극복하는 보편적인 대안이 되는 것은 아니다. 부분적으로는 자본과 노동의 상이한 이해관계를 일치시킬 수는 있지만, 다른 이해당사자와의 갈등 문제는 여전히 숙제로 남아 있다. 또한 주주 중심의 경영을 노동자 중심의 경영으로 변화시킬 수 있지만, 이는 특정 당사자 중심에서 다른 당사자 중심으로 이동한 것이지 모든 당사자들의 평등한 관계를 설정한 것은 아니다. 주주는 소수이고 노동자는 다수라고 강변할 수도 있지만, 이때 소수라고 지칭한 대상은 지배 대주주나 오너를 의미할 뿐, 대다수의 소액주주를 말한 것은 아닐 것이다. 대부분의 주식회사에는 노동자만큼이나 또는 그보다 더 많은 소액주주가 있다. 노동자는 생계가 달린 임금을 받고 주주는 여유 자금으로 투자한 돈의 수익을 받는 차이가 있다. 그러나 돈의 과다나 여유의 정도가 근본적인 존립 근거를 부정할 이유가 될 수는 없다. 노동자협동조합은 자본주의가 갖고 있는 모순 중의 일부를 극복할 수 있는 하나의 중요한 시도다. 하지만 노동자의 출연이든 주주의 출연이든 자본이 가지는 근본적인 속성은 어느 경우에도 여전히 존재하며, 어느 특정 형태만이 자본의 속성이나 모순의 근원이라고 비판하는 것은 객관성을 상실한 논리다.

주주 자본주의 비판자들은 그 근거로 투기적 단기 투자나 단기 성과주의, 주주 중심 경영의 문제를 지적하면서 이것들은 주주 자본주의의 속성 때문이라는 것이다. 하지만 주주들의 행태적인 현상과 주주 자본의 근본적인 속성은 구별되어야 한다. 행태적인 문제들은 제도적인 변화를 통해서 개선하고 교정해 나갈 수 있다. 또한 주주 자본이 갖는 본질적인 속성의 문제, 즉 주주 중심주의는 주주 자본을 대체하는 대안적인 자본을 창출함으로써 일부 극복하거나 보완할 수 있다. 하지만 특정 경영 방식의 특정 회사 제도를 채택하는 어느 특정 형태의 자본이라도 정도의 차이는 있지만, 모두 특정 당사자의 이해가 중심이 되는 자본 일반의 속성을 피하기는 어렵다. 자본 또는 자본주의의 본질은 소유이며, 어떤 주체의 소유라고 할지라도 소유가 가지고 있는 소유자 중심이라는 속성은 모두 동질하다. 배타적이고 이기적인 소유의 모순까지 극복할 수 있는 방안이나 제도 또는 무소유가 가능하다면 주주 자본주의에 대한 비판은 정당하며 또한 그런 대안 체제를 추구할 것이지만, 일면적인 진실을 선택적으로 적용하는 비판이라면 최소한의 논리적 정합성(整合性)마저 상실할 수밖에 없을 것이다.

주주 자본에 제기되는 비판들 중에는 문제를 개선하거나 대안을 모색하기보다는 비판을 위한 비판에 그치는 경우들이 적지 않다. 한국에서 일부 논객들과 경제학자들이 제기하고 있는 주주 자본에 대한 비판들은 주주 자본의 문제를 개선할 수 있는 대안을 모색하는 데 도움이 되는 경우가 드물다. 주주의 주체나 소유 방식 또는 기업의 형태는 다양하지만 자본의 존재 자체마저 부정하지는 않는다는 전제하에서 자본의 형식은 '내 돈 아니면 남의 돈', 즉 주주 자본과 부채 자본 둘밖에 없다. 주주 자본을 대체하자면 부채 자본을 쓸 수밖에 없는데, 기업이나 국가나 어느 입장에서도 부채 자본은 주주 자본보다 더 많은 문제를 가지고 있다. 그러나 주주 자본주의 비판은 주주 자본에만 집중되고, 부채 자본에 대한 비판을 찾아 볼 수 없다. 주주 자본에만 집중된 비판에는 부채 자본으로 주주 자본을 대체하자거나 또는 부채 자본이 주주 자본보다 더 좋은 것이라고 주장하지 않으며, 그렇다고 해서 자본주의를 부정한다고 말하지도 않는다. 그러나 주주 자본을 대체할 대안적인 자본을 제시하지 못하는 비판은 주주 자본만이 아니라 궁극적으로 자본주의를 부정하는 논리로 이어질 개연성이 있다. 이렇게 보자면 주주 자본의 본질적 속성과 관련된 비판은 비판자의 의도와 관계없이 주주 자본에 대한 비판이라기보다는 자본 일반 또는 자본주의에 대한 비판의 또 다른 형태인 것이다.

일부 '용기 있는' 좌파 지식인들은 주주 자본을 비판할 때 노동자가 주인 되는 회사와 사회주의를 대안으로 말한다. 그들의 이념에 충실한 신념은 존중되어야 한다. 하지만 지금의 주식회사들이 노동자가 주인이 되는 회사들로 바뀌고 자본주의가 사회주의로 대체되려면 주주 자본과 자본주의가 철저하게 실패해서 세계경제가 회생이 불가능한 대재앙으로 치닫는 상황이 발생하거나 아니면 자본주의 체제를 뒤엎을 수 있는 혁명이 필요할 것이다. 먼 미래에 자본주의가 스스로 붕괴하거나 또는 자본주의 체제를 뒤엎는 혁명이 가능할 수도 있을 것이다. 그러나 지금의 현실에서는 가까운 미래에 그런 변화가 이뤄질 가능성은 없어 보인다.

2008년 금융 위기가 발생한 이후 일부에서는 자본주의의 종말을 예견하는 의견도 있었다. 그러나 자본주의는 종말을 향해 치닫고 있다기보다는 오히려 금융 위기를 계기로 노출된 문제들을 극복하고 보다 나은 자본주의로 진화해 나갈 방향과 방안을 모색하고 있다. 지금 진행되고 있는 자본주의에 대한 비판과 대안 찾기의 노력은 너무도 많은 문제들을 드러낸 기존의 자본주의가 이대로 계속될 수 없다는 점에서 필연적이고 필요한 과정이다. 그러나 이상론 외에는 현실적으로 자본주의와 시장경제라는 체제 자체를 대체할 대안이 지금은 존재하지 않기 때문에 자본주의의 진화는 당분간 계속될 것으로 보인다. 자본주의가 스스로 종말을 고하거나 아니면 혁명으로 자본주의를 종식시킬 수 있다고 해도 대안적인 경제체제는 마련되어야 한다. 이미 역사적인 실험에서 실패한 모델인 과거의 공산주의와 사회주의로 회귀하는 것은 일부 신념에 찬 이상가나 이론가들을 만족시킬 수는 있겠지만, 절대다수의 사람들에게는 현실적인 대안이 아니다. 러시아 대통령 푸틴은 "과거의 소비에트연방(Soviet聯邦)이 해체된 것을 후회하지 않는 러시아 사람이 있다면 그는 가슴이 없는 사람이다. 그러나 과거로 돌아가는 것을 원하는 사람이 있다면 그는 머리가 없는 사람이다."[146]라고 말했다. 이는 국가자본이 기업을 소유하는 러시아의 국가자본주의조차도 과거의 공산주의로 회귀하는 것이 아니라 시장경제와 자본주의를 수용하고 있음을 말해 주고 있다.

현재 자본주의라는 거대한 배는 암초에 부딪힌 형국이다. 배 바닥에 큰 구멍이 생겨서 배가 침몰할 위기에 처해 있다. 협동조합이라는 구명보트가 있지만 어린아이들과 노약자들만을 태우기에도 부족할 만큼 작다. 공산주의나 사회주의라는 배는 이미 자신들도 침몰

해버려서 승객들을 구조하러 올 수 없다. 승객들을 모두 옮겨 태울 수 있는 또 다른 배가 없다. 지금부터 새로운 배를 만들기 시작해도 자본주의가 침몰하기 전에 완성할 가능성도 없다. 서둘러서 조악한 배라도 만든다고 해도 그 배가 자본주의가 좌초한 곳까지 안전하게 항해할 수 있을지는 더욱 의심스럽다. 배 바닥에 난 구멍으로 바닷물이 계속 밀려 들어와서 자본주의는 점점 가라앉고 있다. 자본주의에 타고 있는 승객들을 살리려면 무엇을 해야 하는가? 우선은 구멍을 메워서 배를 구하는 것 이외에는 다른 방도가 없다. 그리고 자본주의라는 배를 고치면서 대안 체제를 모색해야 한다.

제 4 장

한국 경제는 정말 먹튀에 휘둘렸나?

외국인의 주식 자금과
부채 자금

자본은 주식 자본과 부채 자본 두 가지만 있는 것과 마찬가지로 한국에 들어오는 외국 자금도 주식 자금과 부채 자금으로 구분할 수 있다. 먼저 주식 자금은 세 가지 경로를 통해서 들어온다. 첫째는 외국인이 한국 주식시장에서 상장 주식을 매입해서 들어오는 자금이고, 둘째는 한국 기업이 해외 주식시장에서 주식을 발행해서 조달하는 자금이며, 셋째는 외국인이 한국 기업에 직접투자를 해서 들어오는 자금이다. 부채 자금은 다섯 가지 경로를 통해서 들어온다. 첫째는 한국 금융회사들이 해외 금융회사로부터 차입하는 경우이고, 둘째는 한국 기업들이 해외 금융회사로부터 차입하는 경우이며, 셋째는 한국 기업이 해외 증권시장에서 채권을 발행해서 조달하는 자금이며, 넷째는 외국인 투자자가 한국 증권시장에서 채권을 매입해서 들어오는 자금이다. 마지막으로 다섯째는 한국 정부가 해외에서 국채를 발행해서 조달하는 자금이다. 이렇게 서로 다른 경로로 한국에 유입되는 여덟 가지 외국 자금들은 그 성격이 서로 크게 다르다. 일반적으로 주식 자금이 부채 자금보다 단기적이고 불안정한 자금으로 인식하는 경우들이 있는데 사실은 그렇지 않다. 여덟 가지 자금 중에서 어느 것이 한국의 입장에서 가장 안정적이고 장기적인 자금인가를 살펴보기로 한다.

주식 자금의 세 가지 유형 중에서 가장 장기적이고 안정적인 자금은 한국 기업이 해외에서 주식을 발행해서 조달한 자금이다. 주식은 발행한 회사가 원금을 상환해주지 않기 때문에 해외에서 주식 발행으로 조달되어 한국으로 유입된 자금은 그 주식이 상장폐지 되지 않는 한 영원히 한국에 머무는 자금이다. 예를 들어 SK텔레콤과 KB 금융지주가 뉴욕증권거래소에서 주식을 발행해서 조달한 자금이 그런 경우다. 외국 투자자가 한국 기업에 직접투자해서 들어온 자금이 주식 자금 중에서 두 번째로 장기적인 자금이다. 직접투자는 GM이 대우자동차를, 그리고 마힌드라(Mahindra)가 쌍용차를 인수한 것과 같은 경우다. 이 자금은 한국 기업을 소유하고 경영할 목적으로 들어오는 자금이기에 기업을 매각하거나 청산하지 않는 한 한국에 머무는 자금이다. 주식 자금 중에서 가장 단기적인 자금은 외국인이 주식시장에서 주식을 매입해서 유입되는 자금이다. 이 자금은 언제든지 주식을 되팔아서 투자 자금을 회수하고 한국을 떠날 수 있다. 그렇기 때문에 외국인 투자가 단기적이고 투기적이라고 비난받는 부분이 바로 주식시장을 통해서 유입되는 자금이다.

다섯 가지 경로를 통해서 한국에 들어오는 외국인 부채 자금 중에서 가장 장기적인 자금은 한국 기업들이 해외에서 채권을 발행해서 들어오는 자금이다. 국제금융시장에서 회사채를 발행할 수 있는 기업들은 상대적으로 신용도가 높기 때문에 만기가 길며, 기업이 만기에 원금을 상환할 때까지는 한국에 머무는 자금이다. 외국인들이 국내 채권시장에서 채권에 투자해서 유입된 자금은 만기 이전에 채권을 매도하고 떠날 수 있기 때문에 해외에서 직접 채권을 발행해서 조달한 자금보다는 오래 머물지 않는다. 한국 기업이 해외 은행으로부터 차입하는 경우는 대체로 해외 채권 발행의 경우보다 만기가 짧으며, 금융기관 간의 차입은 일반적으로 단기성 자금이기 때문에 한국 금융회사들이 해외 금융기관으로부터 차입해서 유입되는 자금은 만기가 더 짧다. 정부가 해외에서 국채를 발행해서 차입하는 자금은 외환 보유고를 확보하기 위한 목적으로 외국 화폐나 외국 증권으로 보유하기 때문에 국내시장에 직접 자금이 공급되는 경우는 제한적이다. 1997년 외환 위기 상황에서 외국인 자금이 급속하게 한국을 빠져나가서 외환 보유고가 급격하게 감소하자,[1] 한국 정부가 외국에서 국채를 발행해서 외화 자금을 확보한 것이 이 경우에 해당한다.[2] 또한 외환 위기 당시 정부가 IMF(국제통화기금)로부터 구제금융을 받아서 외환 보유고를 확보한 것도 정부가 외국 부채 자금을 조달한 것이며, 2008년 금융 위기 때 한국은행이 미국의 연방준비제도(FRS)와 한국의 원화와 미국의 달러를 맞교환하는 통화 스왑(currency swaps)을 통해서 외환 보유고를 확보한 것도 실질적으로 정부의 해외 차입이다.[3]

주식 자금과 부채 자금의 여덟 가지를 통틀어서 비교하자면 한국의 입장에서 가장 장기적이고 안정적인 외국 자금은 역시 해외 주식 발행으로 조달하거나 직접투자를 통해서 들어온 주식 자금이다.

한국 기업이 해외에서 채권을 발행해서 조달한 부채 자금도 앞의 두 가지 주식 자금보다는 덜 장기적이지만 다른 자금과 비교해서는 상대적으로 장기적인 자금이다. 나머지 국내 주식시장으로 유입된 외국인 주식 자금과 한국 기업이나 금융회사가 해외에서 차입한 부채 자금 중에서 어느 자금이 더 장기적이거나 또는 덜 안정적인지를 판단하는 것은 쉽게 결론짓기 어렵다. 일반적으로 주식시장을 통해서 들어오는 외국인 주식 자금이 가장 단기적이고 투기적인 자금이며, 금융기관을 통해서 들어오는 외국인 부채 자금이 주식시장을 통해서 들어오는 외국인 주식 자금보다 안정적인 자금으로 인식되고 있다. 따라서 이 두 가지를 비교해보자.

1997년 외환 위기 때 외국인 주식 투자자들이 주식을 팔고 한국을 빠져나가서 외환 위기가 더 심해진 것으로 알려져 있기 때문에 외국인 주식 자금은 단기성 투기 자금이라는 인식을 더욱 강화시켰다. 주식 자금은 언제든지 시장에서 주식을 팔아서 투자 자금을 회수할 수 있기 때문에 장기 투자를 한 경우에도 단기적인 자금으로 전환될 가능성을 가지고 있다. 반면에 부채 자금은 반드시 만기가 되어야 원금을 상환하기 때문에 주식보다는 상대적으로 안정적이라고 생각한다. 부채 자금은 회사 경영에 문제가 없고 한국 경제가 정상적인 상황이라면 만기가 도래한 후에도 다시 만기를 연장해서 계속해서 사용하는 경우들이 많기 때문에 더욱 안정적이고 장기라고 생각할 수 있다. 하지만 그렇다고 해서 외국인 부채 자금이 외국인 주식 자금보다 반드시 더 장기적이고 안정적인 자금이라는 것은 아니다. 주식시장을 통해서 들어오는 외국인 주식 자금 중에서도 상당 부분은 장기 투자를 목적으로 하는 자금들이 있으며, 부채 자금 중에서도 만기가 1년 미만인 단기 부채는 주식 자금보다 더 단기적이고 불안정한 경우가 있다. 특히 기업의 경영 상황이 악화되거나 경제가 불황에 접어들어서 미래에 원금 상환이 어려운 상황이 발생할 위험이 커지면 부채 자금은 만기를 연장하지 않고 원금을 회수한다. 따라서 한국의 입장에서 보면 외국인 부채 자금이 외국인 주식 자금보다 더 안정적이고 장기적인 자금이라고 단정할 수 없다.

자금의 안정성이나 장단기 성격은 경제 전반의 상황이 양호하고 회사 경영 상태가 좋은 평상시에는 드러나지 않고 판별하기도 어렵다. 어떤 성격의 자금이든 호경기 때 굳이 떠날 이유가 없지만, 불경기나 위기 상황에서는 성격과 본질이 드러나기 시작한다. 즉 좋은 시절에는 모두가 좋은 친구이지만, 진정한 친구는 어려울 때 알아볼 수 있는 것과 같은 이치다. 외국인 주식 자금과 부채 자금 중에서 어느 것이 한국 입장에서 보다 장기적이고 안정적인 자금인가를 판단하기 위해서 1997년 외환 위기와 2008년 금융 위기 상황에서 외국인 주식 자금과 부채 자금이 얼마나 많이 그리고 어떻게 한국을 떠났는지 구체적으로 살펴보기로 한다.

1997년 외환 위기
상황에서의 외국 자본

주식 자금은 언제든지 주식시장에서 주식을 매도해서 투자 자금을 회수할 수 있는 반면에 부채 자금은 만기에만 원금을 상환 받을 수 있기 때문에 외환 위기와 같은 극단적인 경제 상황에서 주식 자금이 더 빨리 그리고 더 많이 한국을 빠져나갔을 것이라고 생각할 수도 있다. 결론부터 말하자면 그러한 상식적인 판단과는 반대로 외환 위기 상황에서 실제로는 주식 자금이 부채 자금보다 상대적으로 적게 떠났다. 그리고 외환 위기가 진정된 상황으로 전환되면서 외국인 주식 자금은 오히려 한국으로 다시 들어와서 외환 위기 이전보다 더 높은 수준으로 크게 증가했지만, 외국인 부채 자금은 한국이 외환 위기를 완전히 벗어난 것을 확인할 때까지 돌아오지도 않았고 계속해서 한국을 빠져나갔었다.

| 외국인 부채 자금 |

외환 위기가 발생하기 전인 1996년 한국의 해외 부채 중에서 95%가 민간 부문이었고, 정부와 한국은행의 외화 차입인 공공 부문은 5%에 불과했다. 그러나 외환 위기가 발생한 이후에는 민간 부채가 급격하고 줄고 공공 부문은 상당히 늘어났다. 외환 보유고 부족이 심각해지면서 국가 부도 사태 직전까지 몰리자 정부와 한국은행이 긴급하게 IMF, 세계은행(IBRD) 등의 국제기구로부터 대규모 차입을 하고, 정부가 직접 해외에서 채권을 발행해서 외화를 조달했다. 민간 부채는 빠져나가고 공공 부문의 해외 부채는 급격하게 증가해서 위기가 발생한 지 몇 달만인 1998년에는 공공 부문이 전체 해외 부채의 30% 이상을 차지했다. 한편 이와 같은 긴급 구제금융 성격의 공공 부문의 해외 부채는 주로 외환 보유고를 확보하기 위한 목적으로 보유하기 때문에 시중에 유통이 되지 않는다. 따라서 외환 위기 상황에서 외국인 부채 자금의 행태를 알아보기 위해서는 공공 부문을 제외하고 민간 부문만으로 판단한다.

민간 부문의 해외 차입은 외환 위기가 발생하기 시작한 1997년 9월 당시까지 역사상 최고치인 1,639.3억 달러에 이르렀다. 그러나 외환 위기가 발생하자 12월까지 3개월 동안 11.8%인 193.5억 달러가 줄어들었다. 12월 초 IMF가 구제금융을 제공하기로 결정했음에도 불구하고 위기 상황은 진정되지 않고 더욱 악화되었다. 12월 24일 G7 국가들이 80억 달러를 직접 지원하는 방안을 발표하고, IMF가 구제금융을 조기에 집행하기로 결정하자 외환 위기는 12월 말부터 최악의 상황을 벗어나서 안정세로 돌아섰다. 그럼에도 불구하고 외국인 부채 자금은 이후에도 지속적으로 한국을 빠져나갔다. 1998년 첫 3개월 동안 추가로 116억 달러가 감소하고, 1998년 연말까지는 270억 달러가 빠져나가서 외환 위기 발생한 때부터 28.3%가 한국을 빠져나갔다. 이후 한국이 2001년 8월 IMF 구제금융을 모두 상환하고 실질적으로 외환 위기 상황이 종결될 때까지도 외국인 부채 자금은 계속 감소해서 2001년 말까지 1997년 9월 외환 위기가 시작된 때와 비교해서 40.1%에 해당하는 657억 달러가 한국을 떠났다.[4]

채권은 계약상 약속된 만기 시점 이전에는 채무자가 원금을 상환할 의무가 없고, 채권자도 임의 상환 요구 계약 조건이 없다면 만기 이전에 원금을 회수할 수 없다. 그럼에도 불구하고 외환 위기가 발생한 직후 외국인 부채 자금이 대규모로 빠져나간 것은 외환 위기 발생 당시의 한국 외화 부채의 절반이 만기가 1년 미만인 단기 부채였던 까닭이다.[5] 외국인 단기 부채 자금은 외환 위기가 절정에 이른 12월 말까지 3개월 동안 20.8%가 한국을 떠났고, 1년 후인 1998년 12월 말까지 절반인 50.8%가 한국을 떠났다. 그렇다고 해서 단기 부채만이 한국을 떠난 것은 아니다.[6] 먼저 단기 부채를 살펴보면 1998년 12월 말까지 단기 부채는 408.9억 달러가 줄어들었고, 민간 부분 총 해외 부채는 463.6억 달러가 줄어들어서 대부분 단기 부채 자금들이 한국을 떠났다. 외환 위기가 종결된 2001년 말까지 단기 부채는 401.8억 원이 줄어든 반면에 민간 부문의 해외 부채는 이보다 훨씬 많은 657.5억 달러가 줄어들었다. 따라서 이는 단기 부채만이 아니라 장기 부채들도 상당 부분 한국을 떠났다는 것을 의미한다.[7] 결론적으로 외환 위기가 지속된 기간 동안 전체 외국인 부채 자금은 40%가 한국을 떠났으며, 외환 위기가 발생한 직후에는 주로 단기 부채 자금이 한국을 빠져나갔고, 위기 상황이 진정된 이후에는 단기 부채 자금은 오히려 안정세를 유지한 반면에 장기 부채 자금들은 지속적으로 한국을 빠져나갔던 것이다. 즉 시차는 있지만 해외에서 유입된 부채 자금은 장·단기 할 것 없이 상당 부분 한국을 떠났다.

| 외국인 주식 자금 |

한국이 1992년 주식시장을 외국인 투자자에게 개방한 이후 외국인 주식 자금은 꾸준하게 유입되었다. 거래소시장에서 외국인 투자자의 시가총액 기준 보유 비중은 외환 위기 발생 직전인 1997년 8월 당시까지 최고치를 기록하다가 외환 위기가 시작된 9월부터 일부가 주식시장을 빠져나가기 시작했다. 그러나 외국인 주식 자금이 위기 상황에서 한국 주식시장을 어떻게 얼마만큼 떠났는가를 구체적으로 분석한 자료나 통계를 찾기 어렵다. 금감원(금융감독원)이 외환 위기 이후 외국인 투자 동향에 대한 보고서를 작성하고 있지만 연간 자료로 발표되었기 때문에 위기 상황에서 급박하게 움직인 외국인 주식 자금의 변동을 추정하기에는 적절하지 않다.[8] 또한 한국은행에서 외국인 주식 자금의 달러 기준 유출입 통계를 매월 발표하고 있는데, 이는 달러로 교환한 자금의 규모만을 보여주고 있기 때문에 환율은 급격하고 오르고 주가는 급격하게 하락했던 위기 상황에서 실제로 주식시장에 들어오고 빠져나간 외국인 주식 자금을 규모를 정확하게 보여주지는 못한다.[9]

일단 가장 쉽게 알 수 있는 외국인 주식 투자는 거래소가 발표하는 시가총액 기준의 외국인 비중이다. 간단하게 시가총액 비중의 증감에 따라 주식시장에서 외국인 투자자가 사고판 주식의 입출을 알 수 있다. 하지만 이는 주식가격의 변동을 반영하고 있지 않기 때문에 한국을 드나드는 외국인 주식 자금의 규모를 의미하지는 않는다. 즉 비중이 늘어도 외국인 주식 자금의 실제 규모는 축소될 수 있다. 따라서 필자는 자금의 변동 규모를 추정하는 방법으로 외국인 투자자가 외환 위기 이후에도 한국 주식시장을 떠나지 않고 그대로 머물렀다고 가정할 경우의 주가 변동을 반영한 외국인 주식 보유 시가총액을 구했다. 그러한 가정하에서의 추정치와 위기 이후의 외국인 보유 주식의 실제 시가총액 차이를 외국인 주식 자금이 주식시장에 들어오고 나간 규모로 추정했다.[10]

이 방법으로 추정한 외국인 주식 자금은 외환 위기가 발생한 9월 이후 10월 한 달 동안 7.0%가 한국 주식시장을 떠났다.[11] 11월에는 큰 변동이 없다가 12월부터는 외국인 주식 자금이 다시 주식시장으로 유입되기 시작해서 12월 말에는 9월 말보다 오히려 7.9%가 늘어났다.[12] 외환 위기가 진정 국면으로 전환되었음에도 주식시장에서의 주가는 계속해서 하락해서 1998년 6월 중에는 외환 위기가 시작된 때와 비교해서 절반 이하로 폭락했다.[13] 이러한 주가 하락에도 불구하고 외국인 주식 자금은 1998년 중에 지속적으로 한국으로 유입되어 연말까지는 외환 위기가 시작된 시점보다 78%가 증가했다.[14]

주가가 가장 많이 하락한 1998년 6월 외국인 보유 주식의 비중은 시가총액 기준으로 19.5%를 차지했다. 이는 1997년 9월 말 13.7%보다 크게 증가한 것이며, 한국 투자자들이 매도한 주식을 외국인 투자자들이 사들인 것을 의미한다. 따라서 외환 위기가 진행된 중에 주식시장을 떠난 것은 외국인 투자자들이 아니라 오히려 한국 투자자들이었다. 1998년 이후에도 외국인 주식 자금은 지속적으로 주식시장에 유입되어 한국이 IMF 구제금융을 전액 상환하고 외환 위기를 종결한 2001년 말까지는 외환 위기 시작 시점과 비교해서 다섯 배가 넘는 수준으로 증가했다.[15] 이같이 외국인 주식 자금은 외환 위기 초기에 일부가 주식시장을 빠져나갔지만 실제 그 규모가 크지 않았을 뿐만 아니라 외환 위기가 더 이상 악화되지 않는 진정 국면으로 접어든 이후부터 외환 위기가 종결될 때까지 지속적으로 한국으로 들어왔던 것이다.

외국인 투자자가 보유한 주식의 시가총액은 금액으로는 외환 위기가 시작되기 직전인 1997년 6월에 최고치를 기록했고 보유 비율로는 8월에 최고치를 기록했다.[16] 외환 위기 이후 외국인 주식 자금이 주식시장을 빠져나간 규모가 가장 컸던 때가 10월 말인데, 그 규모는 외국인 주식 보유가 금액으로 최고치를 기록했던 6월을 기준으로 하면 5.3%이고, 보유 비중이 최고치를 기록했던 8월 기준으로 하면 9.0%이다. 따라서 어떤 시점을 기준으로 하느냐에 따라서 약간의 차이는 있으나 외환 위기 이후 주식시장을 빠져나간 외국인 주식 자금의 최대 규모는 10%를 넘지 않으며, 외환 위기가 종결된 2001년 말까지 다섯 배 이상 증가한 것으로 추정된다.[17]

외환 위기 상황에서 외국인 주식 자금이 얼마나 한국을 떠났는가를 판단해볼 수 있는 또 다른 방법은 한국은행이 작성하는 국제수지 통계를 근거로 금감원이 외환 위기 이후 발표한 외국인 투자 동향 분석 중에서 외화 자금 순유입 통계를 이용하는 것이다.[18] 주식시장을 개방한 이후 외국인 주식 자금 순유입액의 누적 총액은 계속 증가해서 외환 위기가 발생하기 직전인 1997년 7월 말에 시장 개방 이후 최고치를 기록했다. 그리고 외환 위기가 발생한 이후 감소하다가, 외환 위기 상황이 진정 국면으로 접어든 1998년 초부터는 다시 증가세로 돌아섰다. 외국인 주식 자금의 누적 유입액은 최고치를 기록한 7월 말을 기준으로 외환 위기가 발생한 9월까지 2.2%가 줄었고, 10월까지는 6.3% 그리고 11월까지는 10.2%가 줄었다. 그러나 12월부터는 다시 증가세로 돌아서서 유출 규모가 8.4%로 줄어들었고, 1998년 2월에는 외환 위기 이전의 최고치를 기록한 1997년 7월보다 6.3%가 더 많은 외국인 주식 자금이 한국에 유입되었다.[19] 이후에도 외국인 주식 자금은 지속적으로 순유입을 기록해서 한국이 IMF 구제금융을 전액 상환하고 외환 위기를 공식적으로 벗어난 2001년 말에는 외환 위기 이전보다 두 배 반 규모로 증가했다.[20]

외환 위기가 발생한 이후 한국을 떠난 외국인 주식 자금의 규모를 서로 다른 두 가지 방법으로 추정해보았으나 그 결과는 크게 다르지 않았다. 외환 위기가 급박하게 진행되고 국가 경제가 파산 위기에 직면한 순간의 몇 달 동안에도 외국인 보유 주식의 시가총액을 기준으로 추정한 경우에는 외국인 주식 자금의 유출 규모는 7~9%이며, 외국인 주식 자금 순유입액을 기준으로 추정한 경우에는 8~10% 수준이다. 결론적으로 외환 위기 상황에서 한국 주식시장을 빠져나간 외국인 주식 자금은 최대 10% 정도인 것으로 판단된다. 물론 앞서 설명한 바와 같이 위기 최고점이 지나자 바로 다시 들어왔고, 그 이전보다 훨씬 대규모로 들어왔다.

| 떠난 부채 자금, 들어온 주식 자금 |

1997년 외환 위기가 발생한 이후 외국인 주식 자금과 부채 자금의 변화를 다시 정리하면 다음과 같다. 외환 위기 초기에는 외국인 주식 자금과 부채 자금은 모두 한국을 떠났지만 주식 자금의 유출 비율이 부채 자금보다 상대적으로 낮았다. 그리고 외환 위기가 최악의 상황을 벗어난 이후에는 외국인 주식 자금은 한국으로 다시 유입되기 시작해서 외환 위기 발생 때보다 외국인 주식 자금이 더 많아졌지만 외국인 부채 자금은 계속해서 한국을 떠났다. 외환 위기가 시작된 1997년 9월 말을 기준으로 외환 위기가 절정에 이른 12월까지 3개월 동안 민간 부분 외국인 부채 자금은 12%, 주식 자금은 7~10% 정도가 한국을 떠나서 주식 자금과 부채 자금이 비슷한 규모로 한국을 떠났다.[21] 그러나 12월 말부터 외환 위기가 최악의 상황을 벗어나자 외국인 주식 자금은 다시 유입되기 시작했지만, 외국인 부채 자금이 계속해서 한국을 떠났다. 이후 1998년 말까지 외국인 부채 자금은 계속해서 한국을 빠져나가서 유출 규모가 28%로 더욱 확대되었지만, 외국인 주식 자금은 오히려 한국으로 유입되어 오히려 78%가 증가했다.

외국인 부채 자금이 외환 위기 초기에 대규모로 빠져나가지 않고 이후에 더 많이 빠져나갔던 것은 만기가 도래할 때만 상환 받을 수 있는 부채 자금의 계약상 특성 때문인 것으로 판단된다. 외환 위기가 최고조에 이르렀던 1997년 12월에 만기가 도래한 외국인 부채 자금은 80~90%가 상환되어 한국을 빠져나갔고, 만기를 연장해서 다시 빌려준 자금은 10~20%에 불과했다.[22] 그러나 12월 중에 만기가 도래한 채권의 비중이 크지 않았기 때문에 위기 초기에는 외국인 부채 자금이 대규모로 빠져나가지 못했던 것이다. 그러나 1998년 들어서서 외환 위기가 안정된 상황에서도 만기가 도래한 외국인 부채 자금들은 상당 부분이 만기를 연장하지 않고 원금을 상환 받았으며, 유출 규모가 계속 늘어나 한국이 IMF의 구제금융을 완전히 상환하고 외환 위기가 종결된 2001년 말까지는 40.1%가 한국을 떠났다.

주식 투자자들은 외환 위기가 발생하자 주가 폭락으로 엄청난 손실을 감수해야 했다. 더구나 외국인 투자자들은 주가 하락만이 아니라 원화 가치의 급격한 하락으로 인해서 달러화로 환산한 투자 손실까지 겹쳐서, 전체 손실 규모가 국내 주식 투자자들보다 훨씬 더 컸다. 주가는 외환 위기가 발생한 이후 같은 해 연말까지 거의 절반 수준으로 하락했고, 같은 기간 동안 환율은 두 배가 올랐기 때문에 달러화로 환산한 외국인 주식 투자자의 투자가치는 3분의 1 수준 이하로 줄어들었다.[23] 주식은 언제든지 시장에서 팔아서 투자 자금의 일부라도 회수할 수 있기 때문에, 주가가 폭락하고 환율이 급등하는 상황에서 외국인 주식 투자자들이 대거 한국을 빠져나갔을 것으로 생각할 수 있다. 그러나 실제로 주식시장을 떠난 외국인 주식 자금은 10%가 되지 않아서 일반인의 상식적인 판단이나 짐작과는 전혀 달랐다. 외국인 주식 투자자들이 투자 자금을 회수하고 한국을 떠나려고 했어도 이미 주가 폭락으로 투자가치가 3분의 1 이하로 줄어들었기 때문에 투자 손실을 모두 감수하고 쉽게 한국을 떠나기 어려웠을 수도 있다. 또한 환율이 급등했기 때문에 추가로 투자 자금을 한국에 가져올 경우 외환 위기 발생 전보다 유리한 환율로 투자할 수 있었고, 이 때문에 신규 외국인 주식 자금이 유입되기도 했을 것으로 짐작해볼 수 있다.

1997년 외환 위기 상황에서 일반 사람들의 짐작과는 달리 외국인 주식 자금은 부채 자금과는 반대로 한국을 대규모로 떠나지 않았다. 외환 위기가 시작된 시점과 비교해서 외환 위기가 종결된 2001년 연말까지의 장기적인 추세에서도 한국 주식시장에 투자된 외국인 주식 자금은 다섯 배가 넘는 규모로 증가했고, 반면에 외국인 부채 자금은 40%가 한국을 떠났다. 결론적으로 외환 위기 발생 직후의 급박한 상황에서뿐만 아니라 이후에 외환 위기가 진행된 상황에서도 주식 자금은 부채 자금보다 더 안정적으로 한국에 머물렀으며, 오히려 증가한 결과를 보여주었다. 이는 일반적으로 외국인 주식 자금이 외국인 부채 자금보다 단기적이고 투기적일 것이라는 짐작과는 정반대의 결과다.

2008년 금융 위기
상황에서의 외국 자본

한국 입장에서 보면 2008년 금융 위기는 1997년 외환 위기와는 전혀 다른 성격의 것이다. 1997년 외환 위기는 한국을 포함한 동아시아 신흥 시장 국가에서 시작되었고, 위기가 경제에 미친 영향도 동아시아 국가들에 국한되었다. 그러나 2008년 금융 위기는 미국과 영국에서 시작되었고, 전 세계적인 위기로 확산되어 거의 모든 나라의 경제에 막대한 영향을 미쳤다.[24] 1997년에는 한국을 포함한 신흥 시장 국가에 투자하거나 자금을 대출해준 미국과 유럽의 투자 기관들과 은행들은 한국의 위기 상황으로 인해서 투자가치가 하락하고 대출금 회수가 어려워질 것을 우려해서 자금을 빼갔다. 그러나 2008년에는 미국과 유럽의 은행들과 투자자들이 자신들의 유동성이 부족했기 때문에 한국의 투자 수익과 무관하게 대출과 투자를 회수하는 사태가 벌어진 것이었다. 따라서 2008년 금융 위기 때 외국인 자금의 유출은 1997년 외환 위기 때와는 그 원인과 행태가 다르다.

| 외국인 부채 자금 |

한국의 민간 부문 외국인 부채 자금은 미국의 투자은행(investment bank)인 리먼 브라더스(Lehman Brothers)가 파산해서 금융 위기가 본격화되기 시작한 2008년 9월 말에 3,116.5억 달러로 사상 최고 수준이었다. 그러나 금융 위기가 시작되자 12월 말까지 15.0%에 해당하는 467.5억 달러가 줄어들었고, 이듬해인 2009년 3월 말까지 17.3%에 해당하는 540억 달러가 줄어들었다.[25] 그러나 2009년 4월 이후부터는 외국인 부채 자금이 다시 유입되기 시작해서 이후에는 더 이상의 유출이 발생하지 않았다. 따라서 금융 위기 발생 이후 외국인 부채 자금은 최대 17.3%가 한국을 떠난 것으로 볼 수 있다.

2008년 금융 위기 발생 초기의 외국인 부채 자금의 유출 행태는 1997년 외환 위기 때와 매우 유사했다. 1997년 외환 위기 때는 9월 말부터 12월 말까지 11.8%가, 그리고 이듬해인 1998년 3월 말까지 18.9%가 빠져나갔다. 특히 은행 등 금융기관의 외국인 부채 자금은 외환 위기 때와 금융 위기 때 모두 비슷하게 위기가 발생하자 매우 빠른 속도로 빠져나갔다. 금융기관의 외국인 부채는 2008년 9월 말 금융 위기가 시작된 이후 연말까지 3개월 동안 22.8%가 상환되었고, 2009년 3월 말까지는 26.5%가 상환되어 전체 금융기관 외화차입금(leverage)의 4분의 1이 한국을 빠져나갔다. 금융 위기 때는 총 외국인 부채 자금의 17% 정도가 한국을 떠났고, 그중에서 단기 부채 자금은 이보다 높은 비중인 26%가 한국을 떠났다. 그러나 위기가 발생한 이후 6개월이 지난 다음부터는 더 이상 빠져나가지 않고 다시 유입되기 시작했는데, 이는 외환 위기 때 수년간 지속적으로 빠져나갔던 것과는 다른 양상을 보여주었다.

| 외국인 주식 자금 |

2008년 9월 리먼 브라더스가 파산하면서 본격화된 금융 위기는 한국 주식시장에도 큰 영향을 미쳤다. 주가가 폭락하고 또 외국인 주식 투자자들이 투자 자금을 회수하는 사태가 발생했다. 종합주가지수는 10월 중 연초 대비 50.5%가 하락해서 주가가 반 토막이 났는데, 이러한 주가 폭락은 1997년 외환 위기 때와 비슷한 양상이었다. 다른 점이 있다면 1997년 외환 위기 때는 주가 폭락 현상이 한국과 동아시아 국가들에 국한되었지만, 2008년 금융 위기 때는 전 세계적인 현상으로 나타난 것이다. 그러나 2008년 9월 이후 12월 말까지 주가 하락에도 불구하고 외국인 투자자들의 한국 주식시장 이탈은 3%에 불과했고,[26] 이후 2009년에 들어서서 4월까지 누적으로 5.4%가 한국 주식시장을 떠났다. 하지만 이후에는 증가세로 돌아서서 금융 위기에도 불구하고 외국인 주식 자금이 한국을 크게 빠져나가지 않았다. 외국인 부채 자금이 2009년 3월 말까지 17.3%가 빠져나간 것과 비교하면 외국인 주식 자금의 5.4%의 이탈은 놀라울 정도로 작은 규모다.

　미국의 투자 업계는 금융 위기가 현실화되기 이전인 2007년 6월 미국의 헤지 펀드(hedge fund)인 베어 스턴스(Bear Stearns)의 손실이 알려진 때부터 흔들리기 시작했다.[27] 이때부터 외국인 투자 자금이 한국을 이탈하기 시작했을 가능성이 있기 때문에 리먼 브라더스가 파산하고 금융 위기가 본격화된 2008년 9월을 기준으로 하는 것은 외국인 주식 자금의 이탈을 과소평가할 가능성이 있다. 따라서 아직 위기 상황으로 치달을 것으로 판단되지 않았던 2008년 초를 기준하여 외국인 주식 자금의 변동 상황을 추정해보면 리먼 브라더스가 파산한 9월 말까지 이미 시가총액 기준으로 13.4%가 줄어들었고, 12월까지는 16.0%, 그리고 이듬해 4월까지는 최고치인 18.1%가 한국 주식시장을 떠났다.[28] 이후에는 다시 외국인 주식 자금이 유입되어서 2009년 12월 말에는 원래의 수준을 회복했다. 따라서 외국인 주식 자금은 리먼 브라더스가 파산해서 금융 위기가 현실화된 2008년 9월을 기준으로 할 때는 5.4%가, 그리고 아직 위기가 구체화되지 않은 시점인 2008년 1월 초를 기준으로 할 때는 18.1%가 한국을 빠져나간 것으로 판단할 수 있다. 이렇게 금융 위기가 주식 자금의 유출에 미친 영향의 기간을 연장해보면 외국인 주식 자금과 부채 자금의 유출 규모가 비슷한 수준이다. 1997년 외환 위기 때와 비교해보면 외국인 주식 자금은 금융 위기 때가 더 많이 빠져나갔고, 외국인 부채 자금은 훨씬 더 작은 규모가 한국을 빠져나간 것이다. 그럼에도 불구하고 전 세계적인 금융 위기 상황에서도 외국인 주식 자금이 외국인 부채 자금보다 더 많이 한국을 빠져나갔다고 추정할 만한 근거는 없다.

두 번의 위기
경험에서 얻은 교훈

| 부채 자금보다 안정적이었던 주식 자금 |

1997년 외환 위기는 한국의 외환 보유고가 절대 부족한 외환 유동
성 위기일 뿐 아니라 수많은 기업들이 파산하고 대량 실업 사태가 발
생한, 근본적으로는 실물경제의 위기였다. 외환 위기 때는 한국뿐만
아니라 동아시아 국가들 대부분의 경제가 크게 위축되었지만, 미국
과 유럽 등의 선진국들은 외환 위기로 받은 영향은 매우 제한적이었
고 오히려 경기 호황을 누리고 있었다.[29] 그러나 2008년 금융 위기는
외환 위기 때와는 상황이 전혀 달랐다. 외환 보유고도 줄어들고[30] 경
제성장이 크게 위축되기는 했지만, 기업의 부도나 대량 실업 사태가
발생하는 실물경제의 위기는 아니었으며,[31] 동아시아 국가들도 선진
국들에 비해서 상대적으로 적은 영향을 받았다.[32] 그러나 미국과 유

럽의 선진국들은 외환 위기 때와는 달리 경제가 후퇴할 정도로 크게 위축되었고, 그리스를 포함한 일부 나라들은 재정 위기로 인해서 국가 부도의 위험에 이르기까지 했다.[33]

외환 위기와 금융 위기는 위기가 발생한 원인이 다를 뿐만 아니라 한국 경제에 미친 영향도 전혀 달랐다. 그럼에도 불구하고 주가가 폭락하고 외국 자금이 한국을 빠져나간 점에서는 비슷한 상황이 전개되었다. 외환 위기 때인 1997년 한국 주가는 12월 중에 연초 대비 46.2%가 하락했고, 이듬해인 1998년 6월에는 57.2%까지 하락해서 주가가 반 토막 이하로 폭락했다. 그러나 외환 위기가 미국 등의 선진국에 미친 영향은 거의 없었기 때문에 미국과 영국 등의 선진국 주식시장은 주가가 크게 상승했다.[34] 2008년 금융 위기 때는 한국을 포함한 전 세계 대부분 국가들의 주가가 다 함께 대폭락을 했다. 한국은 2008년 10월에 주가가 연초 대비 50.5% 하락해서 외환 위기 때와 비슷하게 반 토막이 났었고, 미국과 영국 등의 유럽 국가들도 대부분 2008년 연초 대비 주가가 절반 또는 그 이하로 대폭락을 했다.[35]

한국의 외환 보유고 변화는 외환 위기와 금융 위기 때 서로 다른 양상을 보였다. 1997년 중 외환 보유고는 7월에 337억 달러로 당시까지 최고치를 기록했다. 외환 위기가 발생한 이후 11월 말에는 244억 달러로 줄어들었고, 12월 말에는 IMF와 세계은행의 구제금융 일부를 지원 받았음에도 불구하고 204억 달러로 연초 대비 39.4%가 줄어들었다. 그러나 외환 보유고 중에서 실제 사용 가능한 규모는 60억 달러에 불과해서 국가 부도 사태의 위험으로 치닫는 극한적인 상황이었다.[36] 금융 위기가 있었던 2008년 중에 외환 보유고는 3월

2,642억 달러로 당시까지 사상 최고치를 기록했고, 금융 위기가 발생한 이후인 11월 2005억 달러로 24.1%가 감소했다. 2008년의 무역규모가 1997년보다 세 배 정도 증가한 반면에 외환 보유고는 1997년 외환 위기 때와 비교해서 여덟 배 가까이 증가한 매우 높은 수준이었다.[37] 무역 규모가 성장한 것보다 외환 보유고가 훨씬 많이 증가했기 때문에 외국인 자금이 한국을 빠져나가도 외환 위기 상황으로 치달을 가능성은 매우 낮았다.

한편 정부는 금융 위기가 시작되기 훨씬 전인 2008년 3월부터 수출 지원책의 일환으로 원화 가치의 하락을 유도하기 위해서 외환 시장에 개입하고 있었다. 여기에 환투기 세력들이 동시에 외환시장에 뛰어들었고, 이로 인해서 환율이 급등할 뿐만 아니라 환율이 매일 널뛰기하는 변동성이 커졌다.[38] 외환 보유고가 충분하기는 했지만 원화 가치가 급격하게 하락한 상황에서 금융 위기가 시작되었기 때문에 사상 최고 수준의 외환 보유고도 안전장치가 되지 못했다. 외환 보유고가 급격하게 감소하기 시작하자, 한국 정부는 미국과 2008년 10월 300억 달러 규모의 통화 스왑[39] 협정을 맺어서 외환 보유고 감소에 대한 시장의 우려를 완화시켰고, 12월에는 한-중, 한-일 간에 각각 300억 달러의 통화 스왑에 합의해서 외환 보유고 감소에 대한 우려를 해소했다.

이같이 외환 위기와 금융 위기는 발생한 원인과 과정, 전반적인 경제 상황, 외환 보유고 수준, 그리고 한국 경제에 미친 영향 등이 서로 전혀 다른 성격의 것이었다. 뿐만 아니라 두 번의 위기 동안 한국에 외국인 자금을 공급하는 미국, 유럽 등 선진국들의 상황도 전혀 달랐다.[40] 그럼에도 불구하고 두 번의 위기 모두에서 주가가 폭락하고, 환율이 급등하고, 외국인 자금이 한국을 빠져나간 것은 공통점이었다.

발생 원인과 전개 상황이 서로 전혀 다른 두 번의 위기에서 외국인 주식 자금이 외국인 부채 자금보다 한국을 더 많이 떠났다는 객관적인 증거를 찾을 수 없다. 그리고 외국인 주식 자금이 외국인 부채 자금보다 단기적이고 투기적이라고 규정할 만한 근거도 없다. 특히 부채 자금은 만기가 되었을 때만 원금을 회수하고 한국을 떠날 수 있는 반면에 주식 자금은 주식시장에서 언제든지 주식을 팔고 떠날 수 있음에도 불구하고 외환 위기 때나 금융 위기 때도 주식 자금은 부채 자금에 비하여 훨씬 안정적인 자금이었다. 이와 같은 사실에 비춰볼 때 외국인 주식 자금이 단기적이고 투기적인 이유로 한국을 들어오고 떠나는 것이라고 단정하기 어렵다.

| '풍랑 효과'와 '욕조 효과'의 함정 |

외국인 주식 투자자는 소위 '핫 머니(hot money)' 투기꾼이고, 주식 자금은 단기 투기적이라는 편견을 가지고 있는 사람들에게는 두 번의 위기 모두에서 외국인 주식 자금이 한국을 크게 빠져나가지 않았을 뿐만 아니라 은행 등으로 들어온 외국인 부채 자금보다 더 안정적이라는 결과를 믿기 어려울 것이다. 외국인 자금에 대한 일반적인 인식과 다른 이러한 결과는 위기 상황에서만이 아니라 장기적인 분석에서도 마찬가지로 나타난다.

한국이 외국 자금 유출입을 자유화한 1990년 이후의 외국 자금이동 행태를 분석한 결과에 의하면, 주식 자금이 부채 자금보다 자본 유입의 변동성이 작은 것으로 나타났다. 그러한 결과는 경기가 확장되는 국면에서나 수축되는 국면에서나 마찬가지였다.[41] 또한 외국인 자금 유출입의 지속성을 분석한 결과에서도 주식 자금이 부채 자금보다 보다 오랫동안 한국에 머무른 것으로 나타났다.[42] 또 다른 연구에서도 외국인 주식 자금의 순유입은 경기 상황에 따라서 차이가 없지만, 부채 자금은 경기 확장기와 경기 수축기에 따라서 순유입 차이가 큰 것을 보여주고 있다. 특히 채권 투자와 은행의 단기 차입으로 유입되는 외국인 부채 자금은 그러한 경향이 뚜렷하게 나타나서, 주식 자금이 부채 자금보다 안정적인 자금이라는 점을 다시 반증하고 있다.[43] 이러한 현상은 비단 한국뿐만 아니다. 78개 국가를 대상으로 자본 이동성과 경제성장의 관계를 분석한 연구에 의하면, '대상 국가나 시기에 관계없이 주식에 의한 자본 이동성 증대는 총요소생산성을 증대시키고 나아가 국민소득을 증대시키지만, 채무에 의한 자본 이동성 증대는 총요소생산성을 떨어뜨려 국민소득을 하락시킨다'는 결과를 보고하고 있다.[44]

　이러한 결과는 금융 상황 악화에 대한 분석에서도 간접적으로 확인할 수 있다. 한국금융연구원이 펴낸 《금융 상황 지수》의 연구에 의하면 금융 상황이 가장 급격하게 악화되었던 1997년 외환 위기 때 채권시장이 금융 상황을 악화시키는 것에 34% 정도 원인으로 작용한 반면에 주식시장은 18% 정도 원인으로 작용해서, 채권시장의 절반 정도에 불과했다.[45] 2008년 금융 위기 때는 채권시장이 17%, 그리고 주식시장이 27% 정도 금융 상황 악화에 기여해서 주식시장이 채권시장보다 더 큰 원인이 되었다. '외환 위기 및 글로벌 금융 위기는 모두 외환시장 불안이 가장 큰 영향을 미쳤으며, 채권시장 불안이나 주가 불안이 그 다음으로 큰 영향을 미쳤던 것으로' 나타났으며, 주식시장이 금융 상황 악화에 가장 큰 원인은 아니었으며, 특히 외환 위기 때는 채권시장보다 더 큰 요인으로 작용하지 않았다는 것을 보여주었다.[46]

외환 위기와 금융 위기 상황을 분석한 필자의 결과나 다른 연구들의 결과들은 모두 외국인 주식 자금을 단기 투기적이라는 일반적인 인식이 잘못된 것이라는 것을 보여주고 있다. 사실 이러한 잘못된 인식은 일반 국민들 사이에 상당히 보편적으로 퍼져 있고, 더욱이 외국인 자금뿐만 아니라 주식 자금 전체에 대해 강한 편견으로 작용하고 있다. 왜 그럴까? 이러한 편견은 일종의 착시 효과 때문인 것으로 짐작된다. 주식 자금의 변동은 시장에서 쉽게 관찰되는 반면에 부채 자금의 움직임은 보이지 않는데, 이를 일종의 '풍랑 효과'와 '욕조 효과'로 설명할 수 있다.

주식시장에서 외국인이 주식을 사고파는 것은 실시간으로 시장에 공개되고, 외국인 주식 매매 상황은 매일 보도되기 때문에 누구나 알 수 있다. 따라서 일반 국민들에게는 외국인의 주식 투자가 상당히 변동성이 큰 행태로 보일 수 있다. 그러나 외국인 주식 자금 중에서 상당 부분은 시장의 변화에 단기적으로 반응하지 않는 장기 투자 자금이다. 더구나 국경을 넘은 자본 이동은 기술적으로 단 몇 초에도 가능하지만, 실제로 주식 자금을 운용하는 펀드들이 투자 대상 국가를 변경할 때는 상당한 제약이 따른다. 외환 위기나 금융 위기와 같이 주가가 반 토막이 난 상황에서도 80% 이상의 외국인 주식 자금이 빠져나가지 않는 것이 그 증거다. 물론 주식거래는 상황의 변화에 신속하게 반응하여 실시간으로 일어나기 때문에 매우 급박하게 움직이는 것으로 보인다. 하지만 대부분의 경우 그러한 발 빠른 반응은 전체 주식 자금의 극히 일부분일 뿐이다. 주식 자금이 부채 자금보다 단기적이라는 인식은 위기와 같은 태풍이 불면 표면에서는 거센 풍랑이 일어나서 바다가 요동치는 것처럼 보이지만, 실제로 바다 깊은 곳에서 해류의 기저에 따라 서서히 그리고 고요하게 흐르는 심층수가 요동치는 것은 아닌 '풍랑 효과'와 같은 이치다.

부채 자금은 주식 자금과 달리 그 움직임이 눈에 잘 띄지 않는다. 은행이나 기업들이 해외 자금을 차입하거나 상환한 경우에 공시하지만, 만기에만 변동하기 때문에 매일 알려지는 것이 아니다. 한국은행이 매월 한 번 발표하는 국제수지에 외국인 부채 자금의 변동이 포함되지만 위기 상황이 아니면 언론에 보도되는 일은 거의 없다. 그렇기 때문에 부채 자금이 빠져나가는 경우에도 이를 뒤늦게 알게 되고, 특별한 경우가 아니면 사람들의 관심거리가 되지 않는다. 외국인 부채 자금이 주식 자금보다 안정적이라는 전도된 인식은 부채 자금이 움직이지 않아서가 아니라 눈에 띄지 않게 움직이기 때문인 것이다. 이는 욕조 밑에서 배수구로 물이 빠지고 있어도 수면은 잠잠하기 때문에 수위가 낮아지고 있다는 것을 곧바로 인식하지 못하고 한참 지난 이후에나 알게 되는 '욕조 효과'와 같은 것이다. 이런 주식과 채권의 근본적인 특성의 차이와 정보의 차이 때문에 생기는 일종의 착시 효과인 '풍랑 효과'와 '욕조 효과' 때문에 주식 자금이 부채 자금보다 더 단기적이라는 인식이 생긴 것으로 보인다.

론스타의
'외환은행 먹튀' 논쟁

| 먹튀 정확히 이해하기 |

'먹튀'란 '먹고 튀었다'는 말을 줄인 것으로 돈을 벌고 떠나는 투자자를 두고 부르는 말이다. 특히 큰 이익을 얻고 한국을 떠나는 외국인 투자자를 '먹튀'라고 부른다. 외환은행을 인수해서 큰 이익을 내고 떠난 론스타와 SK의 경영권 도전에 실패했지만 역시 큰 이익을 얻고 떠난 소버린은 대표적인 먹튀로 알려져 있다. 쌍용자동차를 인수했다가 경영에 실패해서 큰 손해를 보고 떠난 상하이자동차도 먹튀로 비난받았다. 투자자는 외국인이든 한국인이든 돈을 벌려는 목적으로 투자하는 것은 마찬가지다. 또한 외국인이 한국에 투자할 때는 언젠가 떠날 것이라는 것은 처음부터 정해진 일이다. 그러기 때문에 외국인 투자자가 돈을 벌고 한국을 떠난다고 해서 비난받을 일은 아니다. 그럼에도 불구하고 '먹튀'라는 말에는 부정적인 의미의 반외국인 정서가 담겨 있다.

먹튀 논쟁에서 외국인 투자자는 투기꾼이고, 그들이 돈을 벌어서 떠나면 국부가 유출된다는 주장이 항시 따라다닌다. 보통 사람들에게 이런 논쟁은 '외국인들은 투기를 해서 돈을 벌고, 또 그 돈을 챙겨서 떠나면 한국의 부가 외국으로 빠져나가서 우리가 큰 손해를 본다' 정도로 이해되고 있다. 외국인 투자자들이 국부를 유출시키는 투기꾼이라면 처음부터 외국인 투자를 허용하지 않고, 외국인 투자를 허용하더라도 이익을 보면 떠나지 못하게 하면 될 것이다. 그러나 한국이 외국인 투자를 허용하지 않는 일방적인 폐쇄경제를 운영할수도 없고, 더구나 외국인 투자자가 큰 이익을 냈다고 해서 한국을 떠나지 못하게 한다는 것은 우스꽝스러운 억지에 불과하다는 것은더 설명할 필요도 없을 것이다.

그럼에도 불구하고 외국인 투자자가 돈을 벌면 투기꾼이고 국부가 유출된다는 주장이 일반 국민들에게 잘 먹혀 들어가는 이유는 투기로 돈을 번다는 것은 잘못된 일이라는 정의감과 국부 유출을 걱정하는 애국적인 정서가 복합적으로 작용하기 때문이다. 그렇기에 외국인을 투기꾼 먹튀로 비난하고 국부 유출을 막아야 한다고 주장하는 것은 정의로운 일이며 국익을 보호하는 애국적인 것으로 받아들여진다. 반면에 외국인 투자자가 투기꾼이 아니라고 하면 외국인 편들기를 하는 것이고, 더구나 외국인이 돈을 벌고 떠난다고 해서 국부가 유출되는 것이 아니라는 주장은 매국적인 것으로 매도될 수 있다. 그러나 먹튀로 알려진 외국인 투자자들이 모두 투기로 돈을 번 것이 아니고, 또 그들이 돈을 벌었다고 해서 한국이 손해를 보는 것도 아니다.

한국에 투자를 한 외국인을 투기꾼으로 규정하고 그들이 돈을 벌고 떠나면 국부가 유출된다는 주장들은 곧이곧대로 받아들이는 것은 애국적이 아니라 오히려 망국적인 결과를 초래할 수 있다. 먹튀 논란을 정확하게 이해하기 위해서는 두 가지 핵심적인 쟁점에 대해서 객관적인 답을 구할 필요가 있다. 첫째는 먹튀로 불리는 외국인 투자자들은 투기를 해서 돈을 벌었는가이다. 둘째는 외국인이 이익을 얻고 떠나면 국부가 유출되는 것인가 또는 반대로 외국인이 손해를 보고 떠나면 국부가 늘어나는 것인가이다. 이 두 가지 질문에 대한 답을 구하기 위해서 대표적인 먹튀로 알려진 론스타, 소버린 그리고 상하이차의 사례를 통해서 그들이 어떻게 투자를 해서 어떻게 돈을 벌게 되었으며, 그들이 돈을 벌고 떠나서 한국은 손해를 보게 되었는지를 따져보기로 하자.

| 실패한 코메르츠방크, 성공한 론스타 |

최근에 가장 많은 논란의 대상이 되었고 한국인들의 관심을 끈 '먹튀'가 론스타다. 론스타(Lone Star Funds)는 2003년에 외환은행을 인수해서 2012년에 하나금융지주에게 매각했다. 론스타는 외환은행을 2.2조 원에 인수해서 하나금융지주에 매각한 대금과 배당금을 합쳐서 6.9조 원을 회수했다. 4.7조 원에 이르는 엄청난 이익을 보았으니 '먹었고', 결국 떠났으니 '뛰어버린' 먹튀가 맞다.[47] 론스타와 같은 사모 펀드(private equity fund)들은 외환시장이나 상품 시장에서

투기적 거래를 하고 주식시장에서도 공매하거나 차입금으로 주식 투자하기 때문에 상대적으로 투자 위험이 크다. 론스타도 확인할 수는 없지만 국제 외환시장이나 상품 시장에서 투기적인 거래를 했을 가능성이 있지만, 한국에서 그런 투자를 했다는 증거는 발견되지 않았다.

론스타가 부실 은행이었던 외환은행에 투자한 목적은 대주주로서 부실해진 경영을 반전시켜서 수익을 내는 것이었다. 론스타는 외환은행을 8년 넘게 소유하고 경영해서 수익을 얻은 것이기 때문에 단기적인 시세 차익을 목적으로 하는 투기와는 다르다. 론스타가 외환은행을 인수한 자금을 어떻게 마련했는지는 분명하지 않지만 일부는 돈을 빌려서 투자하는 차입금이었을 가능성이 있다. 투자 자금의 일부가 차입금이라 할지라도 이는 고위험-고수익 투자이지 투기는 아니다. 그리고 론스타가 외환은행 인수와 관련해서 외환시장에서 투기적인 거래를 한 사실이 확인된 바도 없고, 외환은행 주식을 공매도(空賣渡)하지도 않았다. 투자와 투기를 구분하는 것은 쉽지 않다. 그러나 단기간의 시세 차익을 노리고 거래하는 것을 일반적으로 투기라고 이해한다. 론스타는 외환은행에 투자한 기간 동안 외환은행 주식을 사고파는 단기거래를 한 적이 없다. 그러기에 8년 동안 론스타의 외환은행 투자를 투기로 매도할 근거는 없다.

외환 위기 때 부실해진 외환은행을 처음 인수한 투자자는 론스타가 아니라 독일의 2대 은행인 코메르츠방크(Commerzbank)였다. 코메르츠방크는 1998년 외환은행을 인수해서 최대 주주로서 5년 동안 경영을 했었으나, 경영을 반전시키지 못하고 외환은행이 다시 부실 위험에 빠지자 2003년 론스타에게 재매각했다. 부실해진 외환은행에 정부도 더 이상의 공적 자금 투입을 거부하고 대주주였던 한국은행도 증자를 거부하면서, 결국 사모 펀드인 론스타가 증자를 위한 신규 자금을 투입하고 외환은행을 인수했던 것이다. 론스타의 외환은행 투자는 처음부터 경영 참여가 목적이었고, 결과적으로 외환은행이 경영 반전에 성공해서 큰돈을 벌었다. 론스타와 같은 목적으로 외환은행을 인수했지만 경영에 실패해서 돈을 벌지 못하고 떠난 코메르츠방크를 투기꾼이라 부를 수 없는 것과 마찬가지로 경영 반전에 성공해서 돈을 번 론스타를 투기꾼이라고 할 수 없다.

론스타의 경영으로 외환은행은 경영 반전에 성공했고, 론스타가 외환은행 주식을 단기 투기적인 거래를 한 사실도 없었다. 그럼에도 불구하고 론스타는 끊임없는 먹튀 논란의 대상이 된 것은 크게 세 가지 이유로 정리할 수 있다. 첫째는 한국의 은행법상 금융자본만이 은행을 소유할 수 있는데, 론스타는 일본에 골프장을 소유하는 등 산업자본이기 때문에 원천적으로 외환은행을 인수할 자격이 없었다는 것이다. 둘째는 외환은행을 론스타에 매각할 때 정부가 외환은행의 경영 상태에 대한 정밀 실사도 없이 경영 부실을 이유로 서둘러 헐값에 매각했다는 것이다. 셋째는 외환은행과 외환카드의 합병 과정에서 론스타 임원이 외환카드의 주가를 낮추는 주가 조작이라는 불법을 저질렀기 때문이다.

| 헐값 매각 논란 |

헐값 매각 논란은 외환은행이 론스타에 매각되었던 과정을 감사원이 감사하고 검찰이 수사하면서 시작되었다. 감사원은 외환은행 경영진이 부실을 과장함으로써 협상 가격이 낮게 책정되었고, 이 때문에 헐값에 매각되었다고 결론지었다. 또한 감사원은 당시 금융감독위원회가 론스타의 외환은행 인수 자격이 없다는 것을 알고 있으면서도 과장되고 왜곡된 국제결제은행(BIS, Bank for International Settlement) 기준 자기자본 비율에 근거해서 론스타의 인수를 위법하고 부당하게 승인했다고 판단했다. 그러나 감사원은 인수 과정에서 론스타의 불법행위가 밝혀진 것은 아니었다고 밝혔다.

검찰은 2003년 당시 매각을 주도했던 재경부 정책 담당 고위 관료를 기소했고, 론스타의 외환은행 대주주 자격 취소 여부는 당시에 진행 중이었던 재경부 관료에 대한 법원의 판결에 따라서 결론이 나게 되었다. 매각 결정을 주도했던 재경부 정책 담당자에 대한 재판은 1심에서부터 대법원까지 일관되게 무죄로 판결이 나와서 헐값 매각에 대한 법적 논란은 일단락되었다.

결국 감사원의 조사 결과는 한국 정부의 오류나 부당 행위를 지적한 것이지 론스타 측의 잘못이 있었다는 것은 아니었으며, 정부의 잘못도 법원은 모두 무죄로 판결했다. 또한 실제로 헐값에 매각되었다고 해도 론스타가 큰 수익을 낼 수 있었던 근본적인 이유가 싼값으로 외환은행을 인수했기 때문이 아니라 외환은행의 경영이 좋아졌기 때문이어서, 헐값 매각이 론스타를 먹튀라고 비난하는 것과는 직접적인 관련성이 있는 것은 아니다.

| 외환카드 주가 조작 사건 |

2003년 외환은행이 자회사인 외환카드를 합병하는 과정에서 론스타 임원이 외환카드 인수 가격을 낮추기 위해서 외환카드의 주가를 조작한 것이 론스타가 먹튀로 비난받은 또 다른 이유다. 주가 조작 사건은 2008년 1심 판결에서는 론스타 임원에 대한 유죄가 선고되었지만, 고등법원에서는 판결이 뒤집혀서 무죄를 선고받았다. 그러나 다시 반전이 일어나서 대법원에서 유죄 취지로 고등법원으로 파기환송 되었고, 고등법원은 외환카드가 감자를 실시할 계획이 없음에도 불구하고 감자설을 유포한 것이 외환카드 주가를 하락시켜서 소액주주들에게 피해를 주었다는 취지로 유죄판결을 했다.

주가 조작 사건으로 론스타 임원의 유죄가 확정되자 론스타는 은행법에 따라서 외환은행 대주주로서 자격을 상실했고, 금융위(금융위원회)는 주가 조작에 대한 처벌로 2011년 론스타에 외환은행 주식의 강제 매각 명령을 내렸다. 주가 조작에 대한 수사와 재판이 보다 신속하고 일관성 있게 진행되어서 유죄가 보다 일찍 확정되었다면 먹튀 논란은 훨씬 쉽게 결론이 났을 것이다. 검찰의 수사가 시작된 이후 유죄와 무죄 그리고 다시 유죄로 판결이 번복되는 과정이 무려 8년이나 걸리는 바람에 금융위와 금감원이 책임 있는 결정을 계속 미룰 수밖에 없는 상황이 지속되어서 먹튀 논란이 더욱 확대되었다.

주가 조작은 시장 질서를 교란시킬 뿐만 아니라 불특정 다수의 소액주주들에게 광범위하게 피해를 주는 고의적이고 계획적인 죄질이 나쁜 범죄행위다. 따라서 이에 대한 처벌은 부당하게 얻은 이익을 환수할 뿐만 아니라 그 이상의 손해를 보도록 징벌적이어야 한다. 더구나 공적 기구의 성격을 가진 은행 대주주인 론스타의 임원이 주가 조작을 한 것에 대해서 법원이 일반 투자자보다도 훨씬 더 큰 책임을 물었어야 했다. 그러나 한국에는 징벌적 처벌에 대한 법 규정이 없기 때문에 지금까지 한국 주식시장에서 있었던 수많은 주가 조작 사건들에 대해서 법원이나 금감위가 징벌적인 처벌을 한 적이 없다. 더구나 재판에서 유죄판결을 받아도 대부분 집행유예 정도의 가장 가벼운 처벌에 그쳤기 때문에 론스타에게만 괘씸죄를 적용해서 징벌적인 조치를 취할 근거가 없었다.

| 은행 인수 자격 논란 |

론스타 임원의 주가 조작 유죄 확정으로 론스타는 외환은행 대주주 자격을 상실했지만, 론스타가 원래 외환은행을 인수할 때부터 산업자본이었기 때문에 원천적으로 인수 자격이 없다는 논란은 여전히 결론을 내지 못한 사안이다. 참여연대는 론스타의 외환은행 인수가 승인된 2003년 9월 시점에 론스타가 서울 강남의 스타타워와 미국의 레스토랑 체인 등을 소유하고 있었고, 론스타의 비금융자산 총계가 2조 원을 넘어선 산업자본이기 때문에 외환은행의 대주주가 될 자격이 없다는 주장을 제기했다. 반면에 정부는 론스타가 제출한 승인 신청서를 바탕으로 론스타를 금융자본으로 판단해서 외환은행 인수를 승인했다고 주장했다.

이러한 정부의 설명도 사실이 아님이 드러났다. 주가 조작 유죄가 확정되어 강제 매각 명령을 내렸던 2011년 시점에서도 론스타의 관계회사가 일본에서 골프장을 소유하고 있었고, 그 회사는 투자회사가 아닌 일반 지주회사이기 때문에 결국 론스타의 은행 대주주 자격은 부적격한 것이었다. 금융위는 2012년 하나금융의 외환은행 인수를 승인하면서 '은행법상 론스타는 산업자본이 아니'라는 결론을 내렸다. 그러나 2013년 12월 이와 관련된 정보가 공개되면서 참여연대는 '론스타가 2008년 금융위에 제출한 서류에서 스스로가 비금융주력자라는 사실을 보고했는데도', 금융위가 의도적으로 론스타의 부적격성을 숨겼다고 주장했다. 참여연대의 주장에는 상당한 근거가 있고, 산업자본으로 판명될 경우에는 론스타의 외환은행 인수가 원천 무효가 되어야 한다.

론스타는 이미 주가 조작 유죄 확정으로 외환은행 주식을 매도하도록 강제 매각 명령이 내려졌고, 외환은행을 하나금융지주에 매각하고 떠났다. 따라서 참여연대의 주장이 사실로 밝혀지더라도 원천 무효가 현실적으로 불가능한 상황이 되었다. 그럼에도 불구하고 산업자본 여부를 판단해야 한다고 주장하는 이유는 론스타가 은행 인수 자격이 없는 산업자본인 것을 고의적으로 승인 서류에서 누락했다면 단순한 강제 매각이 아니라 '징벌적' 강제 매각을 명령해야 한다는 것이었다. 그러나 참여연대의 주장처럼 론스타가 스스로 산업자본이라는 것을 금융위에 보고했는데도 금융위가 이를 의도적으로 숨겼다면, 론스타가 고의적으로 정부를 속인 것이 아니기 때문에 론스타가 얻은 이익의 일부 또는 전부를 회수하는 조치를 취할 수가 없게 된다.

| 투기꾼의 투자 |

론스타는 외환은행 경영을 목적으로 투자했고, 외환은행을 경영하는 8년 동안 단기 투기적 거래를 한 적이 없기 때문에 투기꾼으로 규정할 근거가 없다. 론스타가 고의적으로 산업자본의 실체를 숨겼는지 아니면 참여연대의 주장처럼 론스타는 스스로 산업자본인 것을 밝혔는데도 한국 정부가 이를 고의적으로 숨기고 외환은행을 론스타에게 넘겼는지의 여부는 어쩌면 영원히 밝혀지지 않는 미궁의 문제로 남을 가능성이 높다. 론스타에게 확실하게 큰 책임을 물었어야 할 문제는 오히려 주가 조작 사건이었다. 그러나 이마저도 유죄를 확정하기까지 너무 오랜 시간이 걸렸고 주가 조작에 따른 징벌적 처벌 규정이 없어서 실질적으로 처벌의 효과를 거둘 수가 없었다.

1997년 외환 위기 이후 외환은행을 포함한 한국 대형 은행들이 부실해진 과정과, 정부가 외환은행을 포함한 부실 은행들을 정리하는 과정을 살펴보면 론스타 먹튀 논란은 오히려 외환은행을 매각한 한국 정부에 더 큰 책임이 있다. 1997년 외환 위기 당시 한국에서 기업금융을 담당했던 대형 은행들은 모두 부실해져서 파산 상태에 이르렀다. 지금은 존재하지 않는 은행들인 조흥은행, 상업은행, 한일은행과 서울은행은 국민의 세금으로 조성된 공적 자금을 투입해서 부실 자산을 정리한 이후 다른 은행으로 인수·합병(M&A, mergers and acquisition)되어 사라졌다. 조흥은행은 신한은행으로, 그리고 서울은행은 하나은행에 인수·합병되었다. 상업은행과 한일은행은 부실 정리 이후 두 은행을 합병해서 한빛은행으로 출범시켰다가 2002년 다시 우리은행으로 명칭을 변경했고 아직도 정부가 대주주로 남아 있는 소위 '국가 소유 은행'이다. 그러나 당시 부실해진 대형 은행 중에서 제일은행과 외환은행은 공적 자금을 투입하지 않고 외국 자본의 투자로 회생에 성공한 경우다. 제일은행은 외환 위기가 진행 중이었던 1998년 사모 펀드인 뉴브리지(Newbridge)에 매각되었다. 이후 뉴브리지가 다시 스탠다드차타드은행(Standard Chartered Bank)에 매각해서 SC제일은행으로 이름을 바꾸었고, 이제는 제일은행의 이름을 지우고 SC은행이 되었다.

제일은행과는 달리 외환은행은 독일 은행인 코메르츠방크가 투자를 해서 대주주가 되었다. 그러나 코메르츠방크는 외환은행의 경영을 반전시키는 데 실패했고 외환은행이 다시 부실해져서 2003년 신규 자본 투입이 절실한 상황이었다. 하지만 경영권을 가진 코메르츠방크는 물론이고 대주주인 한국은행이나 정부도 증자에 참여할 의사가 전혀 없었기에 때문에 공개 입찰을 통해서 론스타에게 매각되었다. 당시의 이러한 상황에서 정부도 투자하지 않겠다는 외환은행에 위험을 감수하고 자본을 투입한 론스타를 투기 자본이라고 규정하는 것은 정당한 평가가 아니다. 그럼에도 불구하고 정부의 매각 결정은 신중하지 못했고, 잘못된 결정 이후에도 책임지는 자세가 부족하여 논란을 키웠다. 관치 금융만 해오던 정부는 감독다운 감독을 해본 경험이 없었고 부실 은행을 처리하는 능력도 부족했다. 지금 생각하면 차라리 공적 자금을 투입하거나 연기금(年基金)과 같은 공적 자본이 지분을 인수하고 우리은행이나 하나은행처럼 대주주가 없는 지배 구조를 만들어서 경영을 잘했다면 하는 아쉬움이 남는다. 그러나 이런 생각은 결과론적인 것일 뿐이다.

| 먹튀 논쟁에 대한 두 가지 답 |

론스타 먹튀 사건은 안타깝지만 반세기 이상의 관치 금융이 남긴 불행한 유산이다. 론스타가 큰돈을 벌 수 있었던 것은 역설적으로 정부의 금융정책과 금융 감독이 실패했기 때문이다. 그러기에 론스타가 큰돈을 벌었다는 것을 배 아파하기보다는 제대로 작동하지 않는 금융 감독 정책의 대가가 무엇인지를 배우는 계기가 되어야 한다. 매각 당시에 외환은행의 대주주인 코메르츠방크가 추가 자금을 투입할 의사가 없었고, 2대 주주였던 수출입은행과 3대 주주였던 한국은행도 증자에 부정적이었기 때문에 론스타에 매각되었던 것이다. 당시에 정부가 보다 책임 있는 자세로 수출입은행과 한국은행이 증자에 참여하도록 설득하고 국민연금과 같은 연기금이 투자하도록 조치할 수도 있었을 것이다. 또한 1997년 외환 위기 때 다른 부실 은행들을 처리했던 방식과 마찬가지로 공적 자금을 투입해서 회생시킬수도 있었을 것이다. 외국 자본에 매각하는 것이 불가피했다 하더라도 론스타에 매각하는 과정에서 보다 투명하고 원칙에 충실한 절차를 제대로 지켰다면 헐값 매각 논란도 없었을 것이다.

론스타는 큰 이익을 얻고 한국을 떠났기 때문에 먹고 떠났다는 의미에서 먹튀가 맞다. 앞서 제기한 먹튀에 대한 두 가지 질문에서 론스타에 대한 답을 구해보자. 첫 번째 질문은, 먹튀들은 투기하거나 나쁜 짓을 해서 돈을 버는 것인가이다. 그 답은, 론스타는 외환은행을 경영해서 돈을 번 것이지 투기를 해서 돈을 번 것이 아니다. 론스타가 사모 펀드이기 때문에 투기적 거래를 하는 성격의 펀드인 것은 맞다. 그러나 론스타는 외환은행 주식을 단기 투기적 거래를 한 적이 전혀 없고, 8년 동안 배당과 주가 상승으로 돈을 벌었기 때문에 투기와는 전혀 상관이 없다. 론스타는 2.2조 원을 투자해서 투자 자금의 두 배가 넘는 4.7조 원의 이익을 얻었다. 이중에서 3조 원은 주가 상승으로 번 것이고, 1.7조 원은 배당으로 번 것이다. 론스타는 8년이라는 긴 기간을 투자했기 때문에 이러한 수익이 상상을 초월하는 수준은 아니다. 론스타가 외환은행에 투자한 기간 동안 한국 종합주가지수는 2.4배가 올랐다.[48] 주가 상승으로 인한 이익만을 계산한다면 론스타가 종합주가지수에 투자했다면 외환은행 주가 상승으로 번 것보다 더 많은 3.3조 원 정도를 벌었을 수도 있을 것이다. 그리고 같은 은행업인 신한금융 주식에 투자했다면 외환은행과 같은 3조 원 정도를 벌었을 것이다. 만약에 현대자동차 주식에 투자했다면 외환은행 주가 상승으로 얻은 이익의 무려 세 배에 가까운 8.5조 원의 엄청난 이익을 얻었을 것이다. 론스타가 외환은행 경영이 호전되자 1.7조 원의 과도한 배당을 받은 것은 비난받을 여지가 있지만, 론스타가 주가 상승으로 얻은 이익은 한국 주식시장의 평균 정도였으며, 투기꾼으로 비난받을 이유는 없었다.

두 번째 질문은, 외국인이 투자를 해서 이익을 보고 떠나면 한국의 국부가 유출되는 것인가이다. 앞서 설명한 바와 같이 론스타는 배당과 주가 차익으로 돈을 벌었다. 부실했던 외환은행이 배당할 수 있게 되었고 주가도 올랐다는 것은 경영이 좋아졌기 때문이다. 외환은행의 경영이 좋아져서 배당을 지급하고 시가총액이 늘어난 것은 한국의 국부가 증가한 것이다. 배당은 론스타뿐만 아니라 모든 주주들에게 똑같이 지급되고, 주가 상승도 론스타를 포함한 모든 주주에게 똑같은 시세 차익을 주었다. 그렇기 때문에 론스타가 돈을 벌어서 떠났어도 한국의 국부는 증가했고, 론스타는 증가된 국부 중에서 자기의 몫을 가져간 것이다. 외환은행의 경영이 더욱 악화되어서 배당도 못하고 주가도 하락했다면 론스타는 손해를 보고 떠나서 먹튀가 되지 못했을 것이다. 그렇게 되었다면 한국의 국부도 함께 줄어들게 된다. 외국인 투자자가 한국에 투자해서 손해를 보고 떠나면 그만큼 국부가 늘어난 것이라 생각한다면 참으로 어리석은 생각이다.

외국인 투자자가 한국 주식에 투자해서 손해를 보는 것은 투자한 회사가 경영이 나빠서 배당도 못하고 주가도 하락하는 것이기에 한국인도 함께 손해를 보고 한국의 국부도 줄어드는 것이다. 외국인이든 내국인이든 회사가 망가져서 투자자가 손해를 보는데 국부가 늘어날 수 있는 방법은 없다. 헐값 매각, 주가 조작 그리고 산업자본 논란이 계속해서 이어진 상황에서 론스타에 대한 국민들의 감정이 결코 좋지 않다. 먹튀 논란들의 이면에는 외국인 투자자에 대한 배타적 정서가 작용하고 있다는 것을 부정할 수 없다. 엄청난 이익을 얻고 떠난 론스타에게 '투기성 먹튀'라는 한마디의 규정이 어떠한 이의 제기보다도 강력한 주홍글씨가 되는 것이다. 그리고 외국인은 처음부터 언젠가는 떠나게 되어있기 때문에 떠나는 것을 비난할 수 없다.

소버린의
'SK 경영권 분쟁' 논쟁

소버린(Sovereign Asset Management)은 론스타보다 먼저 먹튀로 알려진 외국인 투자자다. 소버린은 2003년 3월, 4월에 SK 주식을 대량으로 매입해서 갑자기 등장한 '먹튀 투기꾼'이다.[49] 소버린이 SK 주식을 사들인 시기는 2003년 3월 11일 검찰이 SK그룹에 대규모 분식회계, 허위 공시, 그리고 계열사 간 거래를 이용한 배임 등의 범죄 혐의가 있다는 수사 결과를 발표하자 SK 주가가 곧바로 연일 하한가를 기록하는 폭락으로 이어졌던 때다.[50] 검찰이 수사 내용을 발표하기 직전에 SK 주가는 1만 2,050원이었는데,[51] 검찰 발표 당일에는 하한가를 기록해서 9,300원으로 폭락했고, 이후에도 하락세가 이어져서 1주일 만에 6,130원으로 주가는 반 토막이 났다. 소버린이 SK 주식을 사들이기 시작한 날은 주가 폭락이 시작된 날로부터 보름 뒤인 3월 26일이다. 소버린은 첫날 300만 주를 매입한 것을 시작으로 4월

11일까지 매일 주식을 사들여 단숨에 SK의 14.99% 지분을 보유한 최대 주주로 부상했다.[52]

소버린은 SK 주식에 1,768억 원을 투자했고, 2005년 7월 9,811억 원을 회수하고 한국을 떠났다. 총 8,043억 원을 벌었고 수익률은 무려 455%이다.[53] 그리고 한 달 후인 8월 말경 SK 이외의 한국에서의 모든 투자를 회수하고 한국을 떠났다. 소버린은 론스타보다 훨씬 더 높은 수익률을 올렸기 때문에 론스타를 '먹튀'라고 한다면 소버린은 '왕먹튀'라고 하는 것이 더 어울릴 것이다.

| 최대 주주가 된 투기꾼 |

소버린도 론스타와 유사한 사모 펀드 투자회사다. 사모 펀드가 모두 투기적인 투자를 하는 것은 아니지만 일부는 외환시장이나 상품 시장에서 투기적 거래를 하고 또 주식시장에서도 공매하거나 차입금으로 투자하기 때문에 투기성이 있다. 그러기에 소버린도 투기꾼으로 의심을 받을 소지가 있다. 소버린은 국내에서의 이런 부정적인 시각을 의식해서 투자 초기에 SK 투자에 대한 자신의 입장을 밝혔다. 첫째는 투자 자금은 차입금 없이 전액 자신들의 자금이며, 둘째는 환율 변동 위험에도 불구하고 장기 투자를 목적으로 하기 때문에 환헷지(換hedge)를 하지 않는다고 밝혔다. 그리고 셋째는 SK의 기업 지배 구조의 개선을 요구하는 입장을 밝혔다. 실제로 투자 자금에 차입금이 없었는지, 환헷지를 하지 않는는지의 여부는 확인할 수도 없고 또 사실이 아니라고 해도 지금의 시점에서 소버린이 투기꾼 먹튀인가를 논쟁하는 데 그리 중요한 이슈는 아니다.

투자와 투기를 엄격하게 구분하는 것은 이론적으로나 실제에서도 쉽지 않으며, 일반적으로는 단기 매매를 이용해서 단기 차익을 얻는 경우를 투기라고 이해되고 있다. 단기 매매를 이용한 단기 차익을 노리는 거래를 투기로 정의한다면 소버린은 투기꾼이 아니다. 그 이유는 소버린이 2003년 3월 SK 주식을 매입해서 2005년 7월 모두 팔고 한국을 떠난 2년 4개월 동안 단 한 차례도 SK 주식을 사거나 파는 거래를 하지 않았기 때문이다. 소버린이 SK 주식을 보유했던 2003년부터 2005년까지의 기간 동안 한국 투자자들의 평균 주식 보유 기간이 2개월도 안 되는 것과 비교하면 단 한 번의 거래도 없이 2년 4개월 동안 주식을 보유한 것을 단기 투자라고 부를 수는 없을 것이다.[54] 개인 투자자의 경우에는 평균 보유 기간이 한두 달에 불과했고, 은행·투자신탁 등의 국내 기관투자자들의 경우에도 평균 주식 보유 기간이 6개월 정도인 한국의 현실에 비춰볼 때 소버린을 투기꾼으로 매도한다면 개인이건 기관투자인건 한국 투자자들의 대부분도 역시 투기꾼일 뿐이고, 특별히 외국인 투자자만을 몰매질할 이유는 없어 보인다.

주가 조작, 헐값 매각 등의 논란이 있었던 론스타와는 달리 소버린은 주식 보유 기간 중에 법적으로 문제가 될 이슈가 공시 지연 외에는 없었다.[55] 소버린은 오히려 SK 경영진의 분식 회계, 회사 자금 유용 등의 범법 행위에 대한 책임을 물어서 최태원 회장의 퇴진과 기업 지배 구조의 개선을 요구하면서 SK 경영권에 도전한 것이 일반 국민들에게 더 큰 관심이 되었다. 당시에 한국 3대 재벌 그룹의 핵심 회사인 SK의 경영권에 외국인 투자자, 그것도 투기 자본으로 인식되는 사모 펀드가 도전했다는 것이 국민들에게는 충격적인 사건이었다. 소버린은 당시 한국 기업의 현실에서 당장 적용하기 어려운 내용의 지배 구조 제도의 도입을 주장하면서 얄미울 정도로 원칙론을 내세웠다. 소버린은 그야 말로 한밤중에 홍두깨처럼 나타난 먹튀였던 것이다.

소버린이 2주 만에 SK의 최대 주주로 부상할 정도로 많은 주식을 매입할 수 있었던 것은 한국의 주주들이 SK 주식을 팔았기 때문이다. SK의 불법행위가 밝혀진 이후 개인 투자자, 기관투자자 할 것 없이 한국 투자자들이 무차별적으로 SK 주식을 팔았을 때 소버린은 이를 시장에서 사들인 것이다. 더욱 기가 막힐 일은 소버린의 주식 매입으로 SK 주가가 반등하고 오르자, SK 채권단에 속한 국내 은행들마저도 SK 주식을 처리할 기회라고 보고 팔아버렸다. 소버린보다 SK의 경영 상태에 대해서 가장 많은 정보를 가지고 있는 채권단 은행들마저도 주식을 팔았을 때 소버린은 주식을 샀던 것이다. 소버린은 SK라는 기업의 본질은 우수하며, 지배 구조를 개선하면 회사 가치가 다시 정상으로 회복될 것으로 확신하고 있었던 것이다. 즉 한국 사람들도 믿지 않았던 SK의 잠재력과 가능성을 소버린은 믿었던 것이다. 소버린이 SK 주식을 강제로 가져간 것이 아니라 시장에서 한국 투자자들이 판 주식을 사들였다는 것은 오히려 부끄러워 할 일이다.

잘 알려지지 않았지만 소버린은 SK 이외에도 국민은행, LG 그리고 LG전자 주식에도 투자했다. 국민은행 주식은 SK에 투자하기 이전인 2002년 3% 정도를 보유했는데 구체적인 성과와 투자 기간이 알려지지 않았고 1년 미만의 단기 투자였던 것으로 짐작된다.[56] 그러나 단기 투자한 LG, LG전자의 경우에도 소버린은 단기 매매를 하지 않았다. 때문에 단순히 투자 기간이 짧았다는 이유로 소버린을 투기꾼으로 매도하려면 2년 4개월이라는 장기간을 보유한 SK 경우보다는 오히려 1년 미만 보유했던 국민은행이나 6개월을 보유했던 LG, LG전자의 경우가 되어야 할 것이다. 소버린은 6개월 동안 보유한 LG, LG전자 두 회사에 9,750억 원을 투자해서 500억 원 정도를 손해 보고 한국에서 모든 투자를 회수한 시점인 8월 말에 전량 매도를 했다.[57] 어쩌면 6개월 단기 투자를 한 LG 계열사 투자의 경우에는 500억 원의 손실을 보았기 때문에 투기꾼 논란이 없었고, 오히려 2년 4개월 장기 투자를 한 SK에서 7,600억 원의 이익을 보았기 때문에 투기꾼이라고 매도하는 것은 속 좁은 배 아픔이 아닐까 싶다.

| 먹튀는 맞다, 국부 유출은 아니다 |

소버린이 돈을 벌어가서 한국의 국부가 유출된 것인가? 반대로 소버린이 손실을 보았다면 국부가 유입된 것일까? 소버린이 만약에 손실을 보고 떠났다면 한국은 좋아했을 것인가? 이런 질문에 대한 답을 구하기 위해서는 소버린이 어떻게 큰 이익을 낼 수 있었던 것인지를 살펴봐야 한다. 소버린이 큰돈을 벌게 된 것은 SK 주가가 올랐기 때문이라는 매우 단순한 이유다. 주가는 모든 주주에게 똑같이 오르기 때문에 소버린이 돈을 벌었을 때 한국 주주들을 포함해서 모든 주주들이 함께 돈을 벌었다. 15% 지분을 가진 소버린이 8,043억 원을 벌었으니, 나머지 85% 지분을 보유한 다른 주주들은 4조 5,000억 원

이상을 함께 번 것이다. 소버린이 SK 경영권에 도전하는 동안 주가가 무려 다섯 배 이상 올랐기 때문에 SK 주주들 중에서 손해를 본 사람이 아무도 없고, 모든 주주들이 큰 이익을 얻은 것이다. 뿐만 아니라 SK의 시가총액이 증가했다는 것은 SK라는 기업의 가치가 증가한 것이고, 결국 이는 한국의 국부가 증가한 것이다. 이렇게 엄청나게 주가가 올랐는데도 이익을 보지 못한 사람이 있다면 그들은 소버린에게 SK 주식을 팔아넘긴 투자자들일 것이다.

소버린이 투자를 시작한 때 SK의 시가총액은 1조 4,000억 원에 불과했지만 소버린이 주식을 팔고 떠난 시점에는 무려 6조 4,000억 원이 되어 5조 원이 증가했다.[58] SK 시가총액이 5조 원 증가했다는 것은 한국 국부가 5조 원 늘어난 것이다. 소버린이 SK 주식을 보유했던 2년 4개월 동안 종합주가지수가 85% 상승했기 때문에 만약에 소버린이 투자하지 않았고 경영권 분쟁을 일으키지 않았다면 SK 시가총액이 그렇게 많이 늘어나지는 않았을 것이다. 증가된 시가총액 5조 원 중에서 종합주가지수의 상승분을 제외한 3조 5,000억 원 정도는 경영권 분쟁을 벌인 소버린 때문이라고 볼 수 있다. 소버린이 먹고 튄 이익을 빼더라도 소버린의 투자와 경영권 분쟁으로 한국 국부는 소버린이 먹고 떠난 8,000억 원을 제외해도 2조 7,000억 원 이상 늘어난 것이지 줄어든 것이 아니다. 소버린이 8,000억 원을 가져갔으니 국부 유출이라고 주장하는 것은 내 곳간에 재물이 늘어나도 남의 곳간이 함께 채워지면 내 재산이 줄어든 것이라는 괴이한 주장이나 마찬가지다. 외국인의 투자로 인해서 한국 투자자들도 돈을 벌고 외국인 투자자들도 돈을 벌어서 떠났는데 이를 두고 국부 유출이라고 비난할 수는 없다. 만약에 소버린의 투자로 SK 주가가 폭락했다면 이를 보고 외국인이 손해 보고 떠났으니 국부 유출이 없어서 잘된 일이라고 할 수는 없을 것이다. 주가가 올라서 국부가 늘어나고 한국 투자자들이 돈을 벌게 되지만, 외국인 투자자들만 손해를 보게 하는 그런 괴상한 셈법은 없다.

| 일찍 떠난 것이 오히려 다행이다 |

소버린이 투자자로서 실수한 것이지만 한국에게 다행인 것은 성급하게 SK 주식을 팔고 한국을 떠난 것이다. 당시 시장에서는 소버린이 주식을 팔고 떠나면 경영권 분쟁이 마감되어 주가가 크게 떨어질 것으로 예상한 사람들이 많았다. 소버린이 2005년 7월 SK 주식을 매도한 직후 며칠 동안 주가는 소폭 하락했다. 그러나 곧바로 반등했고, 같은 해 연말에는 소버린이 떠날 때와 비슷한 수준의 주가를 유지했다. 그리고 다음 해인 2006년에는 주가가 꾸준히 상승해서 연말에는 7만 3,000원으로 소버린이 매도했을 때와 비교해서 50% 가까이 올랐다. 소버린이 떠난 뒤인 2006년에는 더 이상 경영권 다툼도 없었고 매출액은 전년보다 약간 늘었지만 순이익이 크게 줄었는데도 오히려 주가가 크게 오른 것이다. 이런 주가 상승의 배후에는 SK가 계열사를 불법으로 지원하는 등의 문제를 제거하고 독립적인 사외 이사를 선임하는 등의 지배 구조 개선 노력이 회사 가치에 반영된 것으로 볼 수 있다.

이듬해인 2007년에도 주가는 계속 올라서 6월 말에는 사상 최고치인 13만 4,500원까지 치솟았다. SK가 지주회사로 전환하는 지배 구조 개혁을 단행하겠다고 발표하자 연일 주가가 상승했기 때문이다.[59] 주식시장에서 만약이라는 가정은 의미가 없다. 그러나 만약에 소버린이 2005년에 떠나지 않고 2007년 6월까지 계속해서 주식을 보유했다면 8,000억 원이 아니라 무려 2조 6,000억 원의 차익을 얻었을 것이다. 소버린은 SK 주식을 매도한 한 달 후인 2005년 8월 말에 LG와 LG전자 주식도 전량 매도하고 완전히 한국 투자에서 철수를 했는데, 만약에 LG와 LG전자 주식들도 2007년 6월까지 보유했다면 500억 원의 손해가 아니라 오히려 4,000억 원의 이익을 보았을 것이다. 소버린이 떠나지 않고 계속 투자를 유지했다면 SK와 LG 주식 투자로 3조 원을 벌었을 것으로 추정할 수 있다. 소버린을 먹튀라고 비난하기보다는 2005년에 모든 주식을 팔고 일찍 한국을 떠난 것이 오히려 다행스러운 일이라고 해야 할 것이다.

소버린은 SK 경영진과 경영권 다툼을 하면서 최태원 회장의 퇴진과 독립적인 이사회 구성, 그리고 계열사와의 부당 거래 통제 등을 포함한 다양한 기업 지배 구조 개선안을 요구했다. 외국인 투자자가 한국 기업의 경영에 대해서 이래라 저래라 하는 것이 정서상으로 유쾌한 일은 아니다. 그러나 1조 5,000억 원이라는 대규모 분식 회계를 한 SK에 대해서 지배 구조 개선을 요구하는 것은 당연한 것이다. 외국인 투자자가 앞장서서 정당하고 당연한 요구를 할 때 한국 주주들이나 기관투자자들은 재벌들의 눈치를 보면서 침묵하고 있었던 것이 오히려 부끄러운 일이다. SK 경영진은 소버린의 요구에 맞서서 최태원 회장의 퇴진을 제외한 나머지 부분에서는 소버린이 요구한 것보다 더 적극적으로 기업 지배 개선의 노력을 기울였고, 궁극적으로는 2007년에는 지주회사 체제로 대전환하는 지배 구조 개혁을 단행했다. SK의 대변신에는 소버린의 경영권 도전이 결정적인 계기가 되었다.

　SK가 분식 회계를 하고 부당하게 계열사를 지원한 것은 명백한 범법 행위이고, 국제사회에서 나라를 망신시킨 일이었다. 소버린은 이러한 잘못을 지적하고 지배 구조 개선책을 제시하고 경영권을 장악하려는 시도를 했던 것이다. 그러나 소버린은 한국의 현실을 이해하려 하지 않고, 원칙적인 주장으로 일관했다. 어쩌면 경영권 분쟁을 가속화하기 위해서 의도적으로 그랬을 것이라 생각된다. 소버린은 SK와 같은 거대한 회사가 하루아침에 바꾸기 어려운 현실을 인정하지 않고 조급하게 변화를 재촉하다가 한국을 떠났다. 소버린이 더 오래 투자를 했다면 더 큰 이익을 얻었을 텐데 일찍 떠나서 더 큰돈을 벌 기회를 놓친 것이다. 그리고 SK그룹의 회장인 최태원은 2003년 분식 회계와 배임 등의 불법행위로 유죄판결을 받은 지 10년 만에 다시 회사 돈 횡령으로 유죄판결을 받고 교도소에 갇히는 아이러니가 벌어졌다.

상하이차의
'쌍용차 기술 먹튀' 논쟁

쌍용자동차를 인수했다가 경영에 실패하고 떠난 상하이자동차 (SAIC motor)는 또 다른 먹튀 논쟁의 대상이다. 중국 최대의 자동차 기업인 상하이차는 매출액 기준으로 2012년 중국에서 15번째로 큰 기업이며 〈포춘(Fortune)〉지가 선정한 2012년 세계 500대 기업 중에서 130위를 차지한 대기업이다.[60] 상하이차는 2004년 10월 쌍용차를 5,900억 원에 인수했다가 5,300억 원 이상의 손해를 보고 2010년 한국을 떠났다.[61] 쌍용차를 인수했다가 투자액의 90%를 잃고 떠난 상하이차를 먹튀라고 부르는 것은 큰 이익을 얻고 떠난 론스타나 소버린과는 전혀 반대의 경우다. 상하이차가 큰 손해를 보고 떠났는데도 먹튀 논쟁이 일어난 것은 상하이차가 쌍용차의 기술을 빼돌렸다는 주장 때문이다. 투자에서는 손해를 보았지만 쌍용차의 기술을 빼갔기 때문에 실제로 손해를 본 것이 아니라 이익을 보고 떠난 먹튀 또는 '기술 먹튀'라는 것이다. 쌍용차 노조는 상하이차가 쌍용차의 기술을 빼돌렸다고 주장했고, 상하이차는 이를 부정했다.[62] 상하이차의 기술 빼돌리기에 대해서는 검찰이 수사를 했으나 명확한 결론을 내지 못하고 있다가, 뒤늦게 2009년 쌍용차 기술연구소의 임직원들을 기술 유출 혐의로 기소했다.[63] 유출된 것으로 알려진 기술 중에 가장 중요한 것이 디젤 하이브리드 엔진 기술이라고 하며, 그 이외에도 여러 가지 차량 개발과 관련된 기술들이라고 보도된 바 있다. 쌍용차 노조는 상하이차를 상대로 손해배상 소송을 제기하기로 했고, 쌍용차의 소액주주들도 상하이차 경영진을 상대로 주주 대표 손해배상 소송을 제기했다.[64]

그러나 기술 유출 혐의로 기소된 쌍용차 연구소 임직원 전원이 재판에서 무죄판결을 받았다.[65] 이후에 쌍용차 노조와 소액주주들의 손해배상 소송에 대해서는 더 이상 알려진 바가 없으며, 상하이차 기술 먹튀 논쟁은 더 이상 진행되지 않았지만 실제로 기술 유출이 있었는지는 여전히 의문이 풀리지 않은 상태다. 기술 빼돌리기를 했는지를 확정적으로 단정할 수는 없지만, 기업을 인수할 때는 기업이 보유한 기술까지도 포함해서 인수하는 것이기 때문에 기술이 유출되었을 가능성이 있는 것으로 추정할 수 있다. 더구나 상하이차는 단순한 재무적 투자자가 아니라 자동차 기업으로서 쌍용차를 경영하기 위해서 인수했기 때문에 한국 정부나 채권단도 처음부터 기술 유출의 가능성을 열어두고 매각을 한 것으로 봐야 할 것이다. 그럼에도 불구하고 유출된 기술의 가치가 상하이차가 쌍용차를 인수하는 데 투자해서 손해를 본 5,300억 원보다 크다면 상하이차는 먹튀가 맞다.

| 기술 도둑인가, 돈 잃은 먹튀인가? |

만약에 기술 유출이 있었다면 그 가치가 얼마인지가 상하이차가 기술 먹튀인지를 판단하는 데 기준이 될 수 있다. 회사가 보유하고 있는 기술은 회사 무형자산의 일부다. 그리고 무형자산은 전체 자산의 일부다. 따라서 기술의 가치는 이를 보유한 회사 전체의 가치보다는 작은 것이 당연하다. 상하이차가 쌍용차를 인수한 2004년의 쌍용차 사업보고서에 의하면 회사의 자산 중에서 개발비, 산업 재산권, 기술 도입료 등의 무형자산의 총액이 870억 원으로 계상되어 있다. 따라서 유출된 기술이 회사의 무형자산으로 계상되었다면 그 가치는 상하이차의 투자 손실액 5,300억 원보다는 크게 적은 금액이다. 그러나 회계장부상의 가치는 기회비용 등을 반영하지 않기 때문에 유출된 기술의 가치는 장부상의 무형자산 가치보다 훨씬 더 클 가능성이 있다. 쌍용차 노조는 새로운 자동차를 개발하는 데 드는 비용이 3,000억 원이라고 주장한 바 있다. 만약에 유출된 기술이 신차 개발에 관한 모든 기술이라고 하더라도 이 역시 투자 손실액 5,300억 원보다는 적은 금액이기 때문에 상하이차는 2,300억 원 이상의 손해를 본 것이다. 상하이차가 쌍용차를 인수한 2004년 10월 당시의 쌍용차 시가총액은 8,400억 원이었고 상하이차의 투자 자금액은 시가총액의 약 70%에 이르는 큰 비중이었다. 회사 가치 중에는 부동산, 설비 등이 차지하는 비중이 상당히 높기 때문에 유출된 기술이 시가총액의 70%를 넘을 정도로 가치가 큰 것은 아닐 것으로 판단된다.

이와 같은 추정에 근거해보면 기술이 유출되었다고 단정해도 유출된 기술의 가치가 상하이차의 투자 손실액인 5,300억 원보다 크지는 않을 것으로 판단된다. 기술 개발을 위한 기회비용을 감안하고, 기술 유출로 인하여 상하이차와 쌍용차의 기술 격차가 줄어든 것으로 인한 쌍용차의 미래 잠재 손실까지 고려한다면 이러한 추정은 달라질 수도 있겠지만, 그런 경우에도 그 손실액이 상하이차가 쌍용차 인수에 투자한 5,900억 원에 해당하기는 어렵다고 봐야 할 것이다. 이러한 추정에 비춰볼 때 유출되었다고 의심 받는 기술의 가치를 감안한다고 해도 상하이차는 큰 손해를 보고 떠난 것이기 때문에 먹튀라고 규정하는 것은 맞지 않은 말이다. 상하이차가 쌍용차를 인수할 때는 다른 어떤 투자자들과 마찬가지로 경영을 잘해 좋은 기업으로 회생시켜서 이익을 낼 계획이었을 것이다. 쌍용차로부터 빼돌린 기술이 쌍용차 투자 손실액인 5,300억 원보다는 훨씬 적은 것으로 추정한다면 경영 실패는 결과이지 처음부터 기술만 빼돌리고 경영을 적극적으로 잘할 의도가 없이 인수했다고 볼 수는 없다. 그러나 상하이차가 자신이 쌍용차를 경영하다가 다시 부실해졌는데도 경영권을 행사한 대주주로서 아무런 책임을 지지 않고 단순한 재무 투자자처럼 경영권 포기를 선언하고 떠나버린 것은 무책임한 행동으로 비난받아 마땅하다.

| 이해당사자 모두가 행복하려면 |

지나간 일에 '만약'이라는 가정은 성립되지 않지만 먹튀 논쟁의 맹점을 명확하게 하기 위해서, '만약'에 상하이차가 성공적으로 경영해서 쌍용차가 정상적으로 회생되었다고 가정해보자. 상하이차가 쌍용차를 성공적으로 경영을 잘해서 한국을 떠났다면 상하이차는 투자 자금액 5,900억 원은 물론이고 상당한 이익을 내고 누군가에게 회사를 매도할 수 있었을 것이다. 그렇게 되었다면 상하이차는 진정으로 먹튀가 된다. 이 경우에 경영을 잘해서 쌍용차도 회생시키고 자신도 돈을 벌어서 떠나는 것이기에 먹튀가 맞지만 쌍용차의 노동자, 하청기업, 채권단 그리고 국내 소액주주 모두에게 행복한 결과다. 그러기에 외국 기업이 국내 기업을 직접 경영하기 위해서 투자하는 경우에는 외국인 투자자의 투자가 성공적인 결과를 내는 것이 한국에 도움이 되는 것이다.

상하이차가 쌍용차를 5,900억 원에 인수해서 600억 원만 회수하고 떠났기 때문에 상하이차가 손해를 본 5,300억 원은 한국에 고스란히 남게 되었다. 상하이차가 손해를 본 5,300억 원이 한국에 남았으니 국부가 늘어난 것일까? 상하이차가 떠난 뒤 쌍용차는 2010년 11월 인도의 마힌드라에 5,225억 원에 다시 매각되었다. 마힌드라도 상하이차처럼 투자 자금액을 모두 손해 보고 떠나게 된다면 한국은 쌍용차를 외국인 투자자에게 두 번씩이나 팔아서 1조 600억 원 이상의 국부가 늘어났다고 주장할 수 있을까? 외국인이든 내국인이든 투자자가 회사를 인수하는 투자를 했다가 경영에 실패하면 투자자만 손해를 보는 것이 아니라, 노동자를 포함한 회사의 모든 이해당사자(stakeholder)가 큰 고통과 손해를 감수해야 한다. 쌍용차의 노동자들과 하청 중소기업들이 겪은 엄청난 고통과 경제적 손실은 상하이차가 손해 본 5,300억 원과는 비교도 할 수 없이 크다.[66] 마힌드라도 상하이차와 마찬가지로 쌍용차를 경영하기 위해서 인수했지만 외국인 투자자이기 때문에 언젠가는 한국을 떠날게 될 것이다. 마힌드라가 한국을 떠날 때 쌍용차의 노동자, 하청업체, 투자자 그리고 모든 이해당사자들이 행복한 결과가 되기 위해서는 상하이차처럼 경영에 실패하는 것이 아니라 반대로 마힌드라가 쌍용차의 경영을 성공적으로 잘해서 큰돈을 벌고 떠나는 먹튀가 되는 것이다.

먹튀 논쟁,
그 너머를 보라

론스타, 소버린과 상하이차는 자본의 성격, 투자 방식, 투자 목적, 그리고 투자 결과가 대조적으로 서로 다른 외국 자본이다. 론스타와 소버린은 여러 투자자들로부터 자본을 모아서 투자하는 사모 펀드 운용 회사다. 반면에 상하이차는 투자회사가 아니라 중국에서 가장 큰 자동차 회사다. 투자 목적에서는 론스타와 상하이차는 대주주로서 각각 외환은행과 쌍용차를 경영하기 위한 것이었다. 반면에 소버린은 처음에는 단순한 재무적 투자라고 밝혔지만 나중에 경영 참여로 투자 목적을 바꾸었다.

　론스타, 소버린 그리고 상하이차는 모두 주식에 투자했다는 점에 동일하다. 그러나 투자 방식은 서로 달랐다. 소버린은 SK의 주식을 주식시장에서 공개적으로 매입했고, 론스타는 외환은행 주식을 그리고 상하이차는 쌍용차 주식을 정부와 채권단과의 협상과 공개

입찰을 통해서 인수했다. 그들은 모두 한국의 정부, 은행 그리고 투자자들이 판 주식을 정당한 대가를 치르고 샀다.

먹튀로 지목된 세 투자자들의 투자 기간과 투자 결과도 크게 다르다. 론스타는 외환은행을 2003년 인수해서 2012년 매각했으니 8년 이상을 투자해서 투자 자금액의 세 배 정도를 회수하는 큰 수익을 냈다. 소버린은 2003년 3월, 4월에 SK 주식을 주식시장에서 매입했다가 2005년 7월에 떠났으니 2년 4개월 정도 투자해서 투자 자금액의 네 배 정도를 회수해서 큰돈을 벌었다. 론스타와 소버린은 큰돈을 벌고 떠났으니 먹튀, 즉 먹고 튀었다. 그러나 상하이차 경우는 다르다. 상하이차는 쌍용차를 2004년에 인수했다가 2010년 1월까지 약 5년 반을 경영했지만 경영에 실패해서 큰 손해를 보고 떠났다.[67]

그들이 떠난 방법도 달랐다. 소버린은 처음 주식을 샀을 때와 마찬가지로 주식시장에서 팔고 떠났다. 론스타도 처음 매입할 때와 마찬가지 방법인 협상을 통하여 외환은행을 하나은행이 소속된 하나금융지주에 매각하고 떠났다. 상하이차는 경영권을 일방적으로 포기하고 보유 주식의 대부분을 감자당하고 일부만을 시장에서 팔고 떠났다.

이같이 자본의 성격, 투자 목적, 투자 방식 그리고 투자 결과가 서로 다른 먹튀들인 론스타, 소버린 그리고 상하이차의 사례를 통해서 앞서 던진 두 가지 질문에 답을 해보자. 질문을 반복하면 첫째는 '먹튀 외국인 투자자들은 투기로 돈을 벌었는가'이고, 둘째는 '외국인이 이익을 얻고 떠나면 국부가 유출되는 것인가'이다.

| 먹튀가 투자할 때, 왜 팔았나? |

외국인이든 한국인이든 돈을 벌기 위해서 투자하는 것은 마찬가지다. 외국인 투자자 중에는 돈을 벌어서 떠나는 경우도 있고, 손해를 보고 떠나는 경우도 있다. 외국인 투자자가 먹튀가 되지 않으려면 손해를 보고 떠나야 한다. 상하이차의 사례는 외국인 투자자가 손해를 보고 떠났으니 국부 유출이 안 되었다고 한국이 박수를 치고 좋아할 일이 아니라는 것을 가르쳐주었다. 상하이차가 쌍용차 투자에 실패해서 손해를 보고 떠나게 된 것이 쌍용차 노동자를 포함한 모든 이해당사자에게 큰 고통과 손해를 안겨주었고, 국가적으로도 국부가 줄어드는 경제적 손실을 입었다. 론스타와 소버린은 외환은행과 SK의 경영이 좋아져서 배당을 지급받고 주가도 크게 올랐기 때문에 큰돈을 벌고 떠난 먹튀가 되었다. 그리고 외국인 먹튀들만이 아니라 한국 주주들도 함께 돈을 벌었고, 기업 가치가 크게 증가해서 먹튀들이 벌어간 돈을 제하고도 한국의 국부가 증가되었다. 특히 노동자, 하청업체 그리고 채권자를 포함한 모든 이해당사자들에게 좋은 결과를 가져다준 것이었다.

외국인보다는 한국인이 돈을 벌면 더 좋았을 테지만, 외국인이 투자할 때 한국인은 왜 투자하지 않고 오히려 그들에게 주식을 팔았는지도 생각해봐야 한다. 소버린, 론스타 그리고 상하이차는 한국 기업들의 주식을 강탈해간 것이 아니라 한국 주주들, 그리고 정부와 은행들이 판 주식을 산 것이다. 한국이 그들에게 주식을 팔아서, 한국이 그들에게 먹튀가 될 기회를 준 것이다. 외환은행이 새로운 자본이 필요했던 어려운 때 한국 정부는 공적 자금을 투입할 생각이 없었고, 당시 외환은행의 대주주였던 중앙은행인 한국은행과 국책은행인 수출입은행마저도 증자에 참여할 의사가 없었다. 뿐만 아니라 국민연금을 포함한 한국의 어떤 연기금이나 기관투자자도 투자할 생각이 없었다. 그런 상황에서 론스타가 투자를 해서 먹튀가 된 것이다. 외환은행의 사례는 앞으로 부실한 금융회사를 정리할 때 한국이 어떻게 해야 하는가에 대한 교훈으로 삼아야 할 것이다.

채권단이 쌍용차를 매각할 때 한국 재벌들이나 투자자들은 누구도 인수에 관심이 없었다. 매각 입찰에 참여했던 투자자들은 미국의 GM, 프랑스의 르노(Renault), 그리고 중국의 란싱그룹[藍星, China National Bluestar Group]과 상하이차 등 모두 외국 회사들뿐이었다. 경영이 악화되어 새로운 자본이 필요한 상황에서 아무도 투자하지 않으면 그 기업은 문을 닫을 수밖에 없다. 결과적으로 경영에 실패해서 많은 문제를 만들기는 했지만 상하이차가 쌍용차에 투자를 했기에 쌍용차는 계속 존속했던 것이다. 채권단이 상하이차보다 경영 능력이 보다 뛰어나고, 쌍용차가 어려워졌을 때 대주주로서 적극적인 회생 노력을 할 의지와 역량이 있는 투자자에게 쌍용차를 매각했더라면 쌍용차의 운명은 달라졌을 것이다.

시장에서 SK 주식을 매입한 소버린의 경우는 론스타와 상하이차의 경우보다 외국인이 주식을 살 때 한국은 왜 주식을 팔았는가를 더 진지하게 자문해봐야 할 사례다. 투기꾼 먹튀 비난과 국부 유출을 주장하는 사람들을 포함해서 그 누구도 부정할 수 없는 진실은 SK가 분식 회계로 문제가 되었을 때 SK에 대해서 누구보다도 많은 정보를 가지고 있는 SK 채권 은행들을 포함해서 한국 투자자들이 SK 주식을 무차별적으로 팔아버렸기 때문에 소버린이 최대 주주가 될 정도로 주식을 살 수 있었다는 점이다. 외국인인 소버린이 SK의 잘못된 기업 지배 구조의 개선을 요구하고 이를 이용해서 경영권 분쟁을 일으켰을 때 한국의 기관투자자들은 침묵했을 뿐만 아니라 오히려 그 기회를 이용해서 주식을 팔았던 것이 얼마나 근시안적인 행태인지를 반성해야 한다. 소버린을 먹튀라고 비난하기보다는 한국의 은행들과 기관투자자들에게 왜 그들은 SK 주식을 팔아치웠는지, 그리고 기업 지배 구조 개선을 위한 노력조차 하지 않았는지를 먼저 물어봐야 할 것이다.

| 국경 넘은 투자의 역지사지 |

외국인이 돈을 벌 경우에는 한국을 떠날 수 없고, 돈을 잃을 때만 떠나도 좋다고 한다면 이는 두말할 필요도 없는 억지다. 못 떠난다고 한다면 아무도 한국에 오지 않을 것이다. 중국에 투자한 한국 기업이나 투자자들이 중국에서 돈을 벌었을 때 중국 정부가 돈을 벌었으니 중국을 떠날 수 없다고 한다면 참으로 황당한 일일 것이고, 애초에 누구도 중국에 투자하지 않을 것이다. 외국인 투자자가 돈을 버는 것이 싫다면 처음부터 외국인의 투자를 허용하지 않아야 한다.

한국이 상품 시장만 개방하고 금융시장의 문은 닫고 있는 경우라면 외국인의 투자를 허용하지 않거나 제한하는 정책을 주장할 수도 있다. 그러나 한국이 외국인 투자를 허용하지 않는다면 한국도 외국에 투자할 수 없게 된다. 세계화된 지금의 개방경제체제에서 한국 기업이나 투자자들은 외국에 투자할 수 있고, 외국인은 한국에 투자를 허용하지 않는 일방적 폐쇄주의는 성립할 수 없다. 그렇게 되면 한국 기업들이 해외시장에 직접투자를 하는 것도, 외국에서 주식이나 채권을 발행해서 자금을 조달하는 것도 불가능하게 되고 해외영업도 크게 제약을 받게 될 것이다.

한국은 수출이 경제성장의 주도적인 역할을 하고, 삼성전자·현대자동차·LG전자·현대중공업과 같은 한국의 대표적인 기업들의 해외 매출에 의존해서 성장하고 있다. 한국 경제의 중추적인 역할을 하는 이러한 기업들은 이미 국내시장의 수요만으로는 존립할 수 없는 글로벌 기업들이다. 이러한 글로벌 기업들은 해외에 설립한 현지법인과 합작 법인을 통해서 생산과 판매를 한다. 한국의 이러한 현실에서 한국인은 외국에 투자할 수 있지만 외국인은 한국에 투자할 수 없게 하는 일방적인 정책은 오히려 한국에 해가 된다.

외국인 투자를 허용하되 제한적으로 허용하는 방안도 생각해볼 수 있다. 론스타의 외환은행 투자와 상하이차의 쌍용차 투자는 실제로 제한적으로 허용한 경우다. 한국 정부와 채권 은행이 입찰을 통해서 투자자를 선택하고 사전에 자격을 심사해서 투자를 허용했다. 그럼에도 불구하고 먹튀 논란이 일어난 것은 잘못된 선택을 한 한국 정부와 은행 탓이지, 선택을 받은 투자자의 탓으로 돌릴 수는 없다. 소버린의 경우에는 시장에서 SK 주식을 매입했기에 투자 제한을 받지 않았다. 그러기에 외국인 투자자가 한국 기업의 주식에 투자하는 것에 상한선을 두고 제한하는 방안을 도입할 수도 있다.

| 불편한 진실들 |

먹튀를 막는 가장 쉬운 방법은 외국인에게 금융시장을 개방하지 않는 것이다. 그러나 이는 앞서 논의한 바와 같이 한국의 경제구조에 비춰볼 때 현실적으로 가능하지 않을 뿐만 아니라 오히려 한국이 큰 손해를 보게 될 것이다. 외국인 투자자가 돈을 버는 것을 막거나 돈을 번 외국인을 떠나지 못하게 하는 것은 억지일 뿐이고, 금융시장을 개방한 이상 먹튀를 막을 수는 없다. 기업의 주식에 투자해서 정당하게 돈을 버는 방법은 배당을 받고 주가가 오르는 것뿐이다. 이것은 한국인이나 외국인이나 마찬가지다. 그러기에 외국인 투자자를 먹튀라고 비난하고 제재하기보다는 한국인이 한국 회사에 더 많은 투자를 하는 것이 먹튀를 줄이는 가장 현실적이고 효과적인 방법이다. 축구 시합에서 공격을 하지 않고 수비만 하는 팀은 비길 수 있어도 이길 수는 없다. 한국인이 한국 기업에 외국인보다 더 적극적으로 투자해서 더 많은 돈을 버는 것이 그들을 이기는 최선의 방안이다.

주식시장에서 단기 투자로 큰돈을 버는 것은 지극히 어려운 일이다. 주식시장에서 높은 수익을 얻기 위해서는 위험이 높은 주식에 투자하거나 또는 주가가 기업의 내재 가치보다 크게 저평가된 기업에 투자해야 한다. 주식시장이 항시 효율적으로 운영되는 것이 아니기 때문에 저평가된 주식이 시장에서 제대로 평가를 받는 데에도 오랜 기간이 걸리는 경우가 많다. 또한 위험이 큰 주식의 주가는 변동성이 크기 때문에 큰 손해를 볼 수도 있고 큰 이익을 얻을 수도 있다. 그러기에 고위험-고수익의 원칙에 입각한 투자는 장기 투자이어야 한다. 투자 기간 동안 단 한 번의 단기 매매 거래도 하지 않은 론스타와 소버린이 큰돈을 번 것은 고위험-고수익 투자의 대표적인 사례다.

저평가된 주식에 적극적으로 투자하고 고위험-고수익 투자를 하기 위해서는 한국에도 장기 투자자가 더 많아져야 하고 투자 목적이 다양한 투자 펀드들이 생겨나야 한다. 국민연금과 같은 연금과 기금 그리고 보험회사 등은 자금이 안정적이고 미래 지출도 비교적 정확하게 예측할 수 있기 때문에 장기 투자자로서 중요한 역할을 할 수 있다. 론스타와 소버린이 외환은행과 SK에 투자했던 2003년에는 한국에 장기 투자하는 기관투자자가 드물었고 투자 규모도 작았다. 가장 안정적이고 장기 투자하는 국민연금은 운용 자산 중에서 주식 투자의 비중이 2003년에는 7.8%에 불과했다. 이후 주식 투자 비중이 꾸준히 늘어 2013년에는 30%로 증가했으며,[68] 한국의 대표적인 기업인 삼성전자, 현대자동차, LG전자의 1대 주주 또는 2대 주주로서 장기 투자를 하고 있다.[69] 주식 투자가 과거보다는 장기 투자로 바뀌어가는 추세이지만 아직도 국내 투자자들의 평균 주식 보유 기간은 서너 달로 매우 짧기 때문에 기관투자자들의 장기 투자를 더 확대할 수 있는 정책이 필요하다.

장기 투자자 중에서도 특히 부실기업을 인수하거나 구조 조정하는 목적의 적극적인 고위험-고수익 투자를 하는 펀드가 다양하게 육성되어야 한다. 2003년 한국에는 기업 인수에 참여하는 투자은행의 역할을 하는 금융회사가 활성화되지 않았고, 사모 펀드가 시작된 것은 2005년부터이기 때문에 당시에 사모 펀드는 존재하지도 않았다.[70] 다른 투자자보다 적극적이고 공격적인 고위험-고수익 투자를 하는 사모 펀드와 투자은행은 기업 회생에 긴요한 역할을 한다. 하지만 현재도 사모 펀드가 많지 않고 그 규모도 작아서 자본시장에서의 영향력이 크지 않다. 또한 비교적 규모가 큰 사모 펀드와 투자은행은 대부분 은행 중심의 금융지주회사 자회사다. 그러나 은행의 실질적 계열사인 한국의 투자은행들은 진정한 의미의 고위험-고수익 투자를 하는 것이 아니라 부동산 개발에서 담보를 제공받고 투자하는 부동산 대출 성격의 투자가 많으며, 그렇지 않은 경우에도 최소 수익률을 보장받는 옵션을 요구하거나 제3자의 지급 보장을 요구하는 변형된 형태의 채권 투자가 대부분이다. 따라서 한국의 투자은행들은 고위험-고수익 투자를 하는 것이 아니라 변형된 대출업을 하는 은행이라고 할 수 있다. 론스타나 소버린과 같이 지급 보장이나 담보 없이 스스로 모든 위험 부담을 떠안는 본래 의미의 투자를 전문으로 하는 토종 사모 펀드와 토종 투자은행이 활성화되지 않으면 고위험-고수익 투자로 큰돈을 버는 외국인 먹튀들을 이길 수가 없다.

사실 먹튀 논란들의 이면에는 외국인들의 국부 유출에 대한 애국적 우려를 넘어서 훨씬 복잡한 양상들이 내재되어 있는 것으로 보인다. 소버린의 SK 경영권 분쟁이 내포하고 있는 의미는 문제가 있는 기업이라면 주주들이 주식시장에서 정당한 방법을 통해서 재벌 총수와 경영진을 제재하거나 몰아낼 수도 있다는 점을 보여준 것이다. 다만 그 주주라는 주체가 외국인이라는 점이 중첩되면서 문제의 초점이 흐려진 것일 뿐이다. 론스타의 외환은행 인수 경우는 망가진 기업을 한국 스스로가 처리하지 못한다면 외국인이 나서서 지배할 수 있다는 점을 보여준 것이다. 한국 자본시장을 외국인에게 개방한 것은 마치 판도라의 상자를 연 것과 같다. 한국 경제가 한국인만의 것이 아니라 세계인의 판이 되었다는 것을 의미한다. 여기에서 국적 구별이나 차별이란, 판도라의 상자를 다시 닫으려 하는 시도나 마찬가지다.

외국 자본의 긍정적 역할과 기능을 주장하는 것이 한국인의 정서상 불편한 것은 사실이다. 국부 유출이라는 주장은 굳이 세계화나 개방화 논의를 결부시키지 않아도 한국 입장에서만 세상을 바라보는 일방적이고 일면적인 시각이다. 사실 이런 외국 자본에 대한 왜곡된 시각이 한국 국민들 사이에만 있는 것은 아니다. 외국 자본이 국민경제에 미치는 영향을 말할 때 흔히 '윔블던 효과(wimbledon effect)'라는 논리가 있다. 세계에서 가장 유명한 테니스 대회인 영국의 윔블던 대회에서 영국 선수는 우승을 못하고 외국 선수들의 잔치가 되어버린다는 것이다.[71] 영국 선수들을 응원하는 영국 사람들 입장에서는 대회 무용론을 주장할 수도 있을 것이다. 그러나 감정적으로는 섭섭하겠지만, 윔블던 대회는 영국에 막대한 수입을 벌어주고 있다는 사실을 간과한 것이다. 외국 챔피언들이 가져가는 몇 십억 원의 우승 상금은 국부 유출이겠지만, 윔블던 대회는 세계 각국에 방송중계권료나 관광객 수입으로 무려 연간 8,000억 원에 이르는 막대한 돈을 영국에 안겨준 것으로 알려졌다. 과연 자국 선수가 우승하지 못한다고 대회를 폐쇄하는 것이 현명할 처사일까.

외국인 먹튀 논쟁의 한편에는 국민들의 편파적인 감정과 왜곡된 정서를 이용해서 독과점적인 지배력을 누리고 있는 재벌들과 기득권층의 극단적 우파들이 외국인을 적으로 삼고 있다. 다른 한편에서는 이념적인 편향성에 근거해서 시장 개방과 세계화를 반대하면서 외국인을 표적으로 한 일부 좌파들의 왜곡된 주장도 일조를 했다. 마치 좌우합작으로 모두가 외국인 투자자를 공동의 적으로 삼는 양상이다. 외국인 투자자를 '투기꾼 먹튀'로 비난하고 국부가 유출된다는 주장은 언뜻 보기에는 애국적이고 민족주의적인 것처럼 들린다. 그러나 먹튀 논쟁은 기업들과 이해관계가 얽혀 있는 일부 언론들과 포퓰리즘(populism)으로 인기를 얻으려는 일부 정치인들이 국민들에게 왜곡된 인식을 확대 재생산하고 선동하는 측면이 있다는 것을 부정하기 어렵다. 재벌 기업의 총수들이 회사 재산을 빼돌리고, 회사 돈을 유용하고, 분식 회계로 수많은 개미 투자자들에게 피해를 주고, 계열사 부당 지원으로 경쟁 기업을 무너뜨리고 시장을 왜곡하는데도 범법자인 재벌 총수와 경영진들을 감싸고돌면서, 그런 문제들을 지적한 외국인을 먹튀 투기꾼으로 매도하는 정치권과 언론들의 태도에 대해서도 다시 되짚어봐야 한다.

제 5 장

삼성은 왜 스스로 적대적 M&A 논쟁을 일으켰나?

외국인 적대적
M&A 논란

| 외국인 투자자를 바라보는 시선 |

한국 주식시장에서 외국인 투자자의 비중이 높아지면서 외국인이 한국 기업을 적대적 인수·합병(M&A) 할 가능성에 대한 우려들이 제기되고 있다. 실제로 2004년 삼성전자의 외국인 주식 보유 비중이 60%를 넘어서자,[1] 삼성그룹은 스스로 외국인 투자자에 의해서 삼성전자가 적대적 인수·합병 될 가능성이 있다는 보고서를 만들었다.[2] 공정거래위원회도 "한국을 대표하는 삼성전자가 본사를 (외국으로) 옮길 정도로 외국인 주주들의 요구가 심각한지, 적대적인 M&A 대상이 정말 될 수 있는지 등에 대한 검토 작업에 들어갔다."는 사실이 보도되기도 했다. 2004년 국회 국정감사에서는 당시 한나라당 국회의원이 "삼성전자는 이미 현실적으로 적대적 M&A에 노출된 상태로 공정위(가 제안한 법)안대로 금융·보험사 의결권을 15% 이내로 축소한다면 외국인에게 넘어갈 가능성이 크다."고 주장하기도 했다.[3] 그러한 논란이 시작된 지 10여 년이 지났고 그동안 삼성전자의 외국인주주들의 지분에 많은 변동이 있었지만 삼성전자를 적대적 인수·합병 하려는 시도도 없었고, 그럴 기미조차 보인 적이 없다. 그럼에도불구하고 일반 국민들 사이에는 아직도 외국인이 삼성전자를 적대적으로 인수할 수 있다는 '애국적'인 우려가 널리 퍼져 있다.

　'삼성전자를 외국인 투기 자본이 적대적 인수·합병 위협을 통해서 경영권을 빼앗아갈 가능성이 높다'는 말은 어느 정도의 진실을담고 있을까? 결론부터 말하면 이 말은 한국 국민들 사이에 널리 퍼져 있는 여러 가지 편견의 조합이다. 제4장에서 논의한 바와 같이 일단 외국인 투자자들을 '먹튀 투기꾼'으로 인식하는 편견을 깔고 있다. '외국인'이라는 단어는 한국 국민들 사이에 묘한 정서와 감정을유발하고 있다. '이왕이면 다홍치마'라고 외국인보다는 한국인이 낫고, 더구나 외국인이 적대적으로 경영권을 위협한다면 한국인끼리뭉쳐야 한다는 공감대를 불러일으키기에 충분한 정서를 담고 있다.더구나 외국인이 '투기꾼'이라면 방어해야 할 명분도 있다. 한편으로기업이 남의 손에 넘어간다는데 반길 일은 아닌 것 같다는 생각 또는더 근본적으로는 경영권을 보호해줘야 할 대상으로 생각하는 편견을 담고 있다. 그러한 편견은 회사와 대주주, 대주주와 경영자, 경영자와 총수, 따라서 총수와 회사를 같은 차원의 것으로 보는 인식을전제하고 있다.

　삼성전자에 대한 외국인 투자자들의 적대적 인수·합병 위협이라는 주제는 한국 경제가 당면한 수많은 문제 중에서 작은 이슈일

수 있다. 더구나 한국 자본주의의 대안을 모색하는 데 있어서 비중 있게 다뤄야 할 주제인지 의문을 제기할 수도 있다. 그러나 삼성전자의 외국인 적대적 인수·합병은 하나의 사건일지 모르지만, 이것을 통해서 한국 자본주의가 안고 있는 문제의 근저를 살펴볼 수 있는 중요하고 흥미 있는 결정체다. 이 이슈는 일종의 프리즘과 같다. 투명한 빛이 프리즘을 통하면 여러 색깔로 나타나듯이 이 주제를 통하여 한국 사회에 널리 퍼져 있는 굴절된 경제 의식의 단면들을 볼 수 있으며, 그러한 오해들을 교정한다면 한국 경제가 나아가야 할 방향 설정의 단초들을 모색할 수 있을 것이다. 그렇기 때문에 '삼성전자를 외국인 투기 자본이 적대적 인수·합병 위협을 통해서 경영권을 빼앗아갈 가능성이 높다'는 말이 얼마나 실체적 진실을 담고 있는지를 따져보기로 하자.

| 외국인 지분 50% |

삼성전자의 외국인 소유 지분이 50%를 넘으면 정말 삼성전자가 외국인에 의해서 적대적 인수·합병 될 가능성이 있는 것일까? 결론부터 먼저 말하면 이는 외국인 투자자와 주식시장의 현실에 대한 이해가 없는 틀린 생각이다.[4] 만약에 한 사람의 외국인 주주가 50% 넘는 지분을 가졌다면 삼성전자의 경영권은 이미 그 주주에게 넘어간 것이다. 그러나 삼성전자의 외국인 주주는 한 사람이 아니다. 외국인 주주들은 수천 명에 이르며, 이들은 국적과 투자 목적 그리고 투자 방법이 서로 다른 기관투자자들과 개인들이다. 삼성전자의 외국인 지분이 60%를 넘어서 최고 수준에 이르렀을 때 삼성전자의 주식을 소유한 외국인 주주는 2,800여 명이었다.[5] 외국인 주주들의 지분 합계가 50% 넘었다고 해서 국적과 투자 목적이 전혀 다른 수천 명의 외국인 주주들이 하나로 일사분란하게 뭉쳐서 삼성전자의 경영권에 도전할 것이라고 생각하는 것은 현실성이 전혀 없는 상상에 불과하다.

삼성전자의 외국인 지분이 50%를 넘으면 삼성전자가 외국인에 의해서 적대적 인수·합병 될 수 있다는 주장은 외국인 주주가 이건희 회장이 확보하고 있는 경영권을 빼앗아가거나 외국 회사가 삼성전자를 인수할 가능성이 있다는 주장이다. 만약에 한국의 대표적인 기업인 삼성전자가 일부 언론이나 정치권에서 주장하는 것처럼 외국인 투자자에 의해서 적대적으로 인수되어서 본사가 외국으로 옮겨가고 공장들이 해외로 이전되는 일이 발생한다면 한국 경제에는 치명적인 타격이 될 것이며, 한국 기업 역사에서 가장 충격적인 사건이 될 것이다. 그렇기 때문에 외국인 지분이 늘어나는 것이 적대적 인수·합병 될 가능성을 높이는 것이라면 한국의 이익을 지키기 위해서 이를 막는 수단을 강구해야 할 것이다.

그러나 다른 한편으로는 실제로 삼성전자가 외국인 투자자에 의해서 적대적 인수·합병 될 가능성이 없는데도 불구하고 외국인 투자자의 주식 소유를 억제하는 규제를 도입하거나 불필요한 경영권 보호 장치를 도입한다면 이는 개방적인 시장경제체제를 유지하고 있고 해외 의존도가 높은 한국 경제에 매우 부정적인 결과를 가져올 것이다. 그렇기 때문에 삼성전자를 외국인이 적대적 인수·합병 하는 것이 현실적으로 가능한 것인지는 정확하고 진지하게 따져

볼 필요가 있다. 나아가 삼성전자뿐만 아니라 외국인 투자자의 보유 지분이 50%를 넘는 기업들을 대상으로 외국인에 의해서 적대적으로 인수될 수 없도록 보호해주는 것이 과연 한국에 도움이 되는 것인지, 그리고 대주주의 경영권을 제도적으로 보호해주는 것이 기업의 발전과 자본시장의 발전에 도움이 되는 것인지에 대해서도 객관적인 논의가 필요하다. 그러한 논의의 출발로서 외국인 주주들의 지분율이 높아지면 삼성전자가 외국인에게 인수될 수 있는 것인가를 다양한 방법으로 검토해보고자 한다.

기업의 인수·합병은 우호적인 경우와 적대적인 경우의 두 가지로 구분한다. 우호적 인수·합병은 기존의 경영권을 가진 대주주와 새로 경영에 참여하거나 경영권을 인수하려는 주주가 우호적인 협의를 통해서 경영권을 이양하거나 또한 함께 경영권을 갖는 경우다. 우호적인 인수·합병은 경영권을 가진 대주주나 또는 경영진이 회사의 경영전략상 필요에 의해서 이뤄진다. 따라서 경영권을 넘기는 대주주가 자신이 소유한 주식을 인수자에게 팔거나 또는 회사가 새로운 주식을 인수자에게 발행해주거나, 합병하는 두 회사가 서로의 주식을 교환하는 방식으로 이뤄진다.

적대적인 인수·합병은 기존의 경영권을 가진 대주주나 경영진이 원하지 않는데도 불구하고 제3자가 경영권을 빼앗거나 회사를 인수하는 대립적인 경우다. 이 경우에는 인수를 시도하는 주주나 회사가 인수 대상인 회사의 주식을 주식시장에서 매입하는 방식으로만 이뤄진다. 이에 대한 방어 수단으로 인수 대상 회사의 대주주나 경영진은 인수를 시도하는 주주와 경쟁적으로 시장에서 주식을 매입해서 지분을 늘리거나 또는 자신들에게 우호적인 세력에게 새로운 주식을 발행해줘 경영권 방어에 충분한 지분을 확보하게 된다.

대부분의 인수·합병은 우호적인 경우이며, 적대적인 경우는 상대적으로 드물다.[6] 전자는 서로의 필요에 의해서 자발적으로 하는 것이기 때문에 논란의 여지가 별로 없다. 그러나 후자는 경영권을 지키려는 기존 대주주와 경영권을 빼앗으려는 새로운 주주 간의 대립적인 상황이 발생하고 서로 경쟁적으로 시장에서 지분을 매입하기 때문에 세상의 관심을 끌고 논란의 대상이 된다.

| 삼성전자의 외국인 주주들 |

삼성전자는 주식시장에 상장한 지 40년 가까이 되었고 그동안 여러 차례 주식을 발행해서 유상증자를 했기 때문에 이건희 일가가 소유하고 있는 지분은 5%도 되지 않는다.[7] 삼성생명을 포함한 계열사와 삼성복지재단과 같은 비영리 재단 등 이건희 회장의 영향력 아래에 있는 내부 지분들을 모두 합해도 18% 정도다. 반면에 외국인 주주들이 소유한 지분은 51%에 이른다. 삼성전자의 외국인 소유 지분은 2004년 4월 중 사상 최고치인 60.1%를 기록했고, 그 이후에는 지속적으로 감소해서 2006년 10월 말 49.7%를 기록해서 절반 이하로 줄어들었다. 금융 위기가 발생한 직후인 2008년 11월 42.2%까지 축소되어 지난 10년 동안 가장 낮은 수준을 기록했고, 이후 50%를 넘어서기도 했지만 2014년 6월 말 현재 50.7%이다.

기업을 인수하는 실질적인 방법은 기업의 최고 의결 기구인 주주총회에서 자신이 원하는 사람들을 이사로 선임하고 이사회를 장악하는 것이다. 따라서 확고하게 경영권을 확보하기 위해서는 주주 총회에서 다수의 의결권을 확보해야 한다. 주식 소유가 분산된 회사의 경우에 50%는 아니더라도 대략 30% 내외의 지분을 가지면 여타 소액주주들을 규합해서 경영권에 도전해볼 수 있다. 그렇기 때문에 삼성전자의 외국인 주주 중에서 적대적 인수·합병을 시도할 의도를 가진 특정 주주가 있다면 이미 일정 수준 이상의 지분을 보유해야 할 것이다. 그러나 현재 삼성전자 주식을 5% 이상 보유한 외국인 주주는 단 한 명도 없다. 삼성전자 계열사를 제외하고 5% 이상을 소유한 주주는 한국의 국민연금 하나뿐이다.[8] 삼성전자의 영업 보고서에 의하면 2011년 말 1% 이상의 지분을 보유한 외국인 주주는 셋이었다.[9] 외국인 중에서 지분을 가장 많이 보유한 주주는 2.7%를 보유한 사우디아라비아 정부였다.[10] 두 번째로 많은 지분을 가진 외국인 주주는 1.68%를 보유한 싱가포르 정부이며[11], 세 번째로 많은 지분을 가진 외국인 주주는 1.39%를 보유한 미국계 펀드인 EPGF(EuroPacific Growth Fund)이다. 사우디아라비아 정부와 싱가포르 정부의 삼성전자 주식을 보유한 주체는 국부 펀드이며, 국부 펀드가 적대적 인수·합병을 시도할 목적으로 투자하는 경우가 없기 때문에 순수한 재무적 투자로 봐야 한다.

EPGF는 유럽과 태평양 지역의 성장성이 높은 회사에 장기 투자하는 것을 목적으로 1984년 설정된 미국계 펀드다. EPGF는 자산 규모 1,242억 달러(약 126조 원)이며, 전체 투자의 93%를 유럽 및 아시아 등에 투자하고 있으며 52.8%를 유럽에 투자하고 있고 3.9%는 한국에 투자하고 있다. 한국에는 삼성전자뿐만 아니라 네이버(Naver) 등에도 투자하고 있다.[12] EPGF는 전형적으로 분산투자하는 펀드이며, 이런 성격의 펀드가 적대적 인수·합병을 시도한 사례가 없을 뿐 아니라, 2%도 안 되는 지분으로 시도한다는 것은 상식 밖의 일이다.

지난 10년 동안 삼성전자의 지분을 5% 이상 보유했던 외국인 투자자들이 있었지만 이들 중에도 적대적 인수·합병을 시도할 만한 외국인 주주는 없었다. 미국계 펀드인 퍼트남(Putnam)이 2001년 11월 처음으로 지분이 5%를 초과하였으며 이후 2002년 3월 4.1%로 지분이 감소하였다. 또 다른 미국계 펀드인 CGI(Capital Group International)가 2000년 10월 지분 7.4%를 보유하고 있었으나 2004년 3월 지분을 4.8%로 감소시켰다. 두 펀드 모두 지분이 5% 미만으로 축소되었고, 최근에는 대량 보유 신고를 한 적이 없고, 삼성전자의 영업보고서에도 1% 이상 주주로 기재되어 있지 않다. 그리고 미국계 펀드인 CRMC(Capital Research and Management Company)가 2001년 5.0%를 보유했고, 이후에 지분이 축소되었다가 2007년 6월부터 다시 5.0%를 보유했다. 이 펀드도 2008년 5월 4.0%로 지분이 축소된 이후에는 5% 이상의 대량 보유를 한 적이 없다. 이 세 개의 펀드들은 미국에서 잘 알려진 펀드들이며, 설립 목적과 투자 원칙이 광범위한 분산투자를 하는 재무적인 투자자이기 때문에 적대적 인수·합병을 시도할 수도 없다는 것은 투자 업계에서는 상식에 해당한다. 실제로 이 세 개의 펀드들이 미국이나 또는 다른 나라에서 적대적 인수·합병을 시도한 적이 없다.

만에 하나 외국인 주주 중 하나가 인수를 시도한다 해도 수천 명에 달하는 여타 외국인 투자자들을 규합해야 하는데, 나머지 투자자들이 이에 응할 이유도 없다. 한국 입장에서는 모두 '외국인'이라는 동일한 정체성으로 보일 수도 있지만, 각 외국인 입장에서는 한국인이나 다른 외국인이나 마찬가지로 '외국인'이기에 특별히 차별을 두어야 할 이유가 없다. 한국인 사이에서도 일치된 행동 규합이 어려운데, 하물며 다양한 국적의 외국인들이 하나로 뭉쳐 이건희의 경영권을 공격한다는 가정은 그저 공상(空想)일 따름이다. 따라서 현재 삼성전자의 소유 구조에서 외국인 전체의 소유 지분이 50%가 넘었다는 사실만으로 외국인 주주에 의한 적대적 인수·합병의 문제를 우려할 근거는 없다.

적대적 M&A
시나리오의 비현실성

| 천문학적 자금이 필요하다 |

지난 10년 동안 삼성전자 외국인 주주 중에는 적대적 인수·합병을 시도할 만한 지분을 보유한 주주가 없었다. 그러나 앞으로는 적대적 인수·합병을 시도할 주주가 생길 수도 있다. 만약에 그런 주주가 나타난다면 삼성전자 주식을 주식시장에서 매입해야 한다. 경영권을 완전하게 장악하기 위해서는 50% 이상의 지분을 확보해야 하고, 적대적 인수·합병을 시도하려면 최소한 30% 정도의 지분을 시장에서 사들여야 할 것이다. 그러나 주식시장에서 삼성전자 주식 30% 매입을 시도하는 것은 몇 가지 이유에서 현실성이 없다.

첫 번째 이유는, 적대적 인수·합병을 위해서 필요한 자금이 워낙 막대하게 크기 때문에 실제로 그러한 자금을 동원할 수 있는 투자자가 극히 드물다는 것이다. 현재의 주가가 변하지 않는다고 극단적으로 가정해도 30% 지분을 사들이려면 약 58조 원의 자금이 필요하다.[13] 그러나 적대적 인수·합병의 시도가 알려지게 되면 주가가 폭등하게 될 것이기 때문에 실제로 필요한 자금은 이보다 훨씬 더 커지게 될 것이다. 적대적 인수·합병 시도가 있을 경우 삼성전자 주가가 얼마나 더 오를 것인지 예측하기는 어렵다. 따라서 경영권 탈취를 시도한다면 적게 잡아도 지금의 주가보다 30% 이상의 경영권 프리미엄(premium)이 추가된 높은 가격을 지불해야 할 것이며, 이 경우 30%의 지분을 매입하는 데 필요한 자금은 75조 원에 이른다. 뿐만 아니라 이건희 가족 측도 경영권을 방어하기 위해서 경쟁적으로 지분을 사들일 것이기 때문에 주가는 경영권 프리미엄보다 훨씬 더 큰 폭으로 오르게 되어 인수 자금의 규모는 정확한 추정이 어렵지만 약 100조 원에 이를 가능성이 높다.

실제로 적대적 인수·합병 시도가 있고, 그로 인해서 주가가 폭등할 경우에 100조 원에 이르는 막대한 인수 자금을 동원할 수 있는 투자자가 현실적으로 없다. 기관투자자 중에서 규모가 상대적으로 큰 것들은 뮤추얼 펀드(mutual fund)와 연기금이다. 뮤추얼 펀드 중 미국에서 규모가 가장 큰 펀드는 핌코 펀드(Pimco Fund)로 순자산 규모가 약 188조 원이다. 두 번째로 큰 펀드는 SPDR S&P 500 ETF로 순자산 규모가 약 163조 원이며, 세 번째로 큰 펀드는 피델리티 캐시 리저브(Fidelity Cash Reserve)로 순자산 규모가 약 136조 원이다.[14] 뮤추얼 펀드는 설립 목적이 수많은 종류의 주식과 채권에 광범위하게 분산투자하는 것이기 때문에 적대적 인수·합병을 시도할 수 없다. 그럼에도 불구하고 그런 시도를 한다고 가정하더라도 세계적으로 가장 큰 규모의 펀드들이 자산의 절반 이상을 삼성전자 한 회사의 주식에 투자해야 하는데, 이는 현실적으로 가능하지 않은 일이다. 뮤추얼 펀드보다는 규모가 작지만 가장 적극적이고 공격적인 투자를 하는 투자자가 헤지 펀드(hedge fund)이기 때문에 헤지 펀드가 삼성전자를 적대적 인수·합병 할 가능성이 있는지도 따져봐야한다. 세계에서 가장 규모가 큰 헤지 펀드의 자산 규모가 약 84조 원이며, 두 번째로 큰 헤지 펀드의 자산 규모는 약 59조 원이다.[15] 헤지 펀드가 모든 자금을 삼성전자 한 회사에만 투자하는 것은 현실적으로 가능하지도 않지만, 그렇게 한다고 해도 세계에서 가장 큰 규모의 헤지 펀드도 자본의 규모가 삼성전자를 적대적으로 인수하기에는 부족하다.

자금의 규모로만 본다면 삼성전자를 적대적 인수·합병 할 수 있는 자금을 가진 기관투자자들은 세계 여러 나라들의 연금(pension fund)이나 국부 펀드들이다. 전 세계 연금 중에서 규모가 100조 원이 넘는 연금이 20여 개가 있다. 가장 큰 규모의 연금은 일본의 정부 연금으로 1,500조 원이 넘으며, 두 번째로 큰 연금은 노르웨이의 정부 연금으로 640조 원이고, 한국의 국민연금 규모는 426조 원으로 세계 4위다.[16] 이러한 연금들은 뮤추얼 펀드나 헤지 펀드와는 비교할 수 없는 큰 규모이기에 삼성전자를 인수하기 위한 필요한 자금을 마련할 수도 있다. 그러나 정부 연금이 특정 회사를 인수하기 위해서 국민의 연금을 걸고 막대한 자금을 한 회사에 투자한다는 것은 현실성이 없다. 한국 국민연금은 전체 자산 중 60%를 채권에 투자하고 30%인 약 128조 원을 주식에 투자하고 있으며, 이 중에서 국내 주식에 대한 투자는 약 83.9조 원이다.[17] 만약에 국민연금이 삼성전자를 인수하려고 시도한다면 국내 주식 투자 자금 모두를 삼성전자 한 회사 주식에만 투자해도 부족할 것이다. 국민연금이 삼성전자 또는 미국이나 중국의 어느 특정한 회사를 인수하기 위해서 연금의 30%를 사용한다면 이는 국가적인 위험을 각오하고 뛰어들어야 하기 때문에 이는 현실성이 없다. 다른 나라의 연금도 마찬가지로 그런 투자를 할 수 없으며, 그런 사례도 없다.

연금 이외에도 국가의 재산을 투자하는 국부 펀드(sovereign wealth fund)들 중에서 자산 규모가 100조 원이 넘는 펀드가 10여 개가 있다. 하지만 외국의 국부 펀드가 삼성전자 한 회사의 주식에 거대한 자금을 투자한다는 것은 현실성이 없다. 따라서 자금 동원 능력이 있는 연금이나 국부 펀드가 삼성전자를 적대적 인수 · 합병 할 가능성은 없다고 할 수 있다. 이런 주식시장과 투자 업계의 현실에 비춰볼 때 현재 삼성전자의 외국인 주주들 중에서 삼성전자를 적대적으로 인수할 자금을 동원할 수 있는 투자자가 실질적으로 없다. 극단적으로 삼성전자를 인수하는 것만을 목적으로 외국인 투자자가 새로운 펀드를 만든다고 해도 최소한 100조 원이 넘는 자금을 조달해야 하는데, 특정 회사를 표적으로 적대적 인수 · 합병을 하기 위해서 모집한 대규모의 펀드는 어느 나라에도 아직까지 없었다.

| 주식 매수 과정이 복잡하다 |

두 번째 이유는, 삼성전자 주식 30%를 시장에서 사들이려면 짧게는 몇 달에서 길게는 몇 년이 걸린다는 것이다. 지난 5년 동안의 삼성전자 하루 평균 거래량은 36.2만 주이며, 이는 삼성전자 전체 발행주식 수의 0.25%에 불과하다.[18] 2013년 중 하루 평균 거래량은 25.8만 주로 이는 발행주식 수의 0.17%이다. 따라서 시장에서 거래되는 삼성전자 주식을 적대적 인수·합병을 시도하는 투자자가 혼자서 모두 사들인다는 극단적인 가정을 해도 30%의 지분을 확보하려면 6개월이 걸릴 것이다.[19] 그러나 특정한 투자자가 혼자서 거래되는 삼성전자 주식을 모두 사들이는 것은 불가능한 일이며, 경영권을 방어하려는 이건희 가족 측에서도 주식을 경쟁적으로 사들일 것이고, 양자 간의 지분 싸움에서 덕을 보려는 사람들도 몰려들 것이다. 따라서 인수를 시도하는 투자자가 시장에서 삼성전자 주식을 매입해서 30% 지분을 확보하기 위해서는 6개월보다 훨씬 더 긴 기간이 소요될 것이다. 그러나 장기간에 걸친 경쟁적인 대규모 주식 매입과 같은 극단적인 상황은 세계 주식시장의 역사에 없었던 일이다. 만약에 그런 일이 벌어진다면 주가가 얼마나 폭등하게 될 것인지를 추정한다는 것 자체가 불가능해진다.

세 번째 이유는, 적대적 인수·합병을 시도하는 주주가 은밀하게 주식을 사들일 방법이 없다는 것이다. 상장회사의 경우 5% 이상을 보유한 주주는 대량 보유에 대한 내용을 공시해야 하며, 단순한 재무적인 투자인지 아니면 경영 참여를 위한 투자인지를 구분해서 투자 목적도 함께 공시해야 한다. 또한 5% 이상을 보유한 주주는 1%의 지분이 변동할 때마다 추가로 계속해서 공시를 해야 하며, 그 보고 기간도 5일 이내이므로 30%에 해당하는 지분을 은밀하게 사들일 수 있는 방법은 없다. 일단 5%를 보유하게 되면 인수를 시도하는 주주의 실체가 드러나게 되고, 이후 1% 지분을 추가로 취득할 때마다 그 내용을 시장에 공시해야 하기 때문에 이로 인한 주가 상승은 불을 보듯 자명할 것이다. 또한 5% 신고 이외에 지분의 10% 이상을 보유하게 되는 경우 주식 소유가 단 한 주라도 변동되면 '임원·주요주주의 주식 등의 소유 상황 보고'를 5일 이내에 공시해야 한다. 따라서 특정 주주가 오랜 기간 동안 지속적으로 삼성전자 주식을 매입한다면 주가는 폭등하게 될 것이고, 인수에 필요한 자금은 눈덩이처럼 늘어나게 될 것이다.

네 번째 이유는, 적대적 인수·합병 하는 데 공정거래법상 또 다른 장애 요인이 있다는 것이다. 상장회사 주식을 15% 이상 보유하는 주주는 공정거래법에 따라서 기업결합 신고를 해야 하며, 자산 총액 또는 매출액이 2조 원 이상인 경우 주식을 취득하기 전 공정거래위원회에 사전 신고하고, 사전에 기업결합 심사를 받아야 한다.[20] 기업결합 신고하는 경우 인수하는 회사에 대한 정보뿐 아니라 관계회사에 대한 정보를 공개해야 하며, 기업결합이 승인된 경우에는 공정거래위원회의 감독을 받게 된다. 따라서 삼성전자를 인수하기 위한 펀드에 참여한 투자자들의 실체를 공개해야 하며, 자본시장 통합법에 따라서 지분이 1% 증가할 때마다 보유 지분의 변동을 신고해야 하기 때문에 시장의 지속적인 감시와 정부의 규제를 받게 된다.

| 역사상 전례가 없다 |

세계 기업 인수·합병 역사에서 삼성전자와 같은 대기업의 인수·합병이 펀드에 의해서 주도된 사례는 없으며, 적대적으로 성사된 경우도 없다. 대규모 인수·합병은 유사한 업종의 회사들 사이에 우호적으로 이뤄졌다. 1990년부터 지난 20여 년 동안 전 세계에서 이뤄진 상위 20개 대기업의 인수·합병들은 모두 같은 업종 또는 유사한 업종의 회사들 사이에 이뤄진 것이었다.[21] 따라서 삼성전자의 지분을 소유하고 있는 외국인 주주들이 일본의 소니(Sony)나 미국의 애플(Apple)과 같이 삼성전자와 경쟁 관계 또는 동일 산업에 속한 기업이 아니고 재무적 투자 목적의 펀드라면 삼성전자의 외국인 주식 지분이 50%를 넘는다고 해서 적대적 인수·합병을 시도할 것을 우려할 이유가 없다.

역사상 최대의 인수·합병은 1999년 영국의 통신 회사인 보다폰(Vodafone)과 독일의 통신 회사인 만네스만(Mannesmann)의 합병으로 규모가 1,830억 달러(약 210조 원)이었다. 두 번째 규모의 인수·합병은 2000년에 이뤄진 AOL(America on Line)과 타임워너(Time Warner)의 합병으로, 금액은 1,647억 달러(약 166조 원)이었다. 세 번째 규모의 인수·합병은 1999년에 이뤄진 화이자(Pfeizer)와 워너-램버트(Warner-Lambert)의 합병으로, 금액은 900억 달러(약 103조 원)이었다. 그러나 이러한 인수·합병은 모두 인수하는 회사와 인수 당하는 회사가 서로 협력적으로 합의한 우호적인 합병이었다. 만약에 삼성전자를 적대적 인수·합병 하려는 시도가 있다면, 지금까지의 가장 큰 규모의 인수·합병이었던 보다폰-만네스만의 경우보다도 훨씬 더 큰 역사상 최대 규모가 될 것이다.[22]

대규모 인수·합병은 주식시장에서 현금으로 주식을 매입하는 방식으로 이뤄진 것이 아니라 대부분 인수하는 회사와 인수 당하는 회사가 서로 주식 교환(stock swap) 하는 방식으로 이뤄졌다. 대기업을 인수하는 데 필요한 대규모 자본을 동원하기 어렵고, 또한 시장에서의 매수는 주가를 상승시켜서 인수 가격이 높아지는 역효과를 가져오기 때문이다. 1990년부터 지난 20여 년 동안 전 세계에서 이뤄진 상위 20개의 인수·합병들은 한 건을 제외하고 모두 합병하는 회사들이 서로 주식을 교환하는 방식으로 이뤄졌다. 최대 규모의 합병이었던 보다폰과 만네스만의 합병도 주식 교환으로 이뤄진 우호적인 합병이었다. 현금으로 주식을 매집해서 이뤄진 인수·합병은 한 건 있었는데, 이 경우에도 합병하는 두 회사들이 합의한 가격에 매수가 이뤄진 우호적인 합병이었기 때문에 인수하는 회사와 인수 대상 회사의 주주나 경영진이 시장에서 경쟁적으로 주식을 매입한 것이 아니었다.[23] 그러나 삼성전자를 적대적 인수·합병 하려고 시도한다면, 인수하려는 투자자와 이건희 측이 서로 경쟁적으로 시장에서 주식을 매입할 것이기에 주가가 폭등해서 인수에 필요한 현금 자금이 자본주의 역사상 최대의 거래 규모가 될 것이다.

삼성전자의 외국인 주주들은 대부분이 펀드 등 기관투자자이며 개인 투자자는 극히 드물다. 일반적으로 펀드라고 불리는 기관투자자들은 투자 목적과 방법이 서로 다르고 국적도 다양하다. 지수 펀드(index fund)와 같이 지수를 구성하는 대규모 기업들에 소극적으로 투자하는 경우부터, 액티비스트 펀드(activist fund)와 같이 경영에 적극적으로 목소리를 내는 투자 경우까지 투자 목적과 투자 방법이 매우 다양하다. 또한 투자 기간도 1년 미만의 단기 투자부터 수년 동안 투자하는 장기 투자까지 다양하다. 그러나 지극히 소극적인 지수 펀드는 물론이고 매우 적극적인 액티비스트 펀드들도 경영을 장악하는 것에 관심이 없는 재무적 투자자들이며, 이들은 적대적 인수·

합병을 목적으로 하는 펀드와는 전혀 다르다. 설령 삼성전자 외국인 주주 중에 적대적 인수·합병을 목적으로 하는 펀드나 투자자가 있다고 할지라도 지수 펀드나 액티비스트 펀드들이 그러한 시도에 가담한 사례를 적대적 인수·합병이 활발한 미국이나 유럽 등의 선진국에서도 찾아 볼 수 없다. 결론적으로 삼성전자의 외국인 주식 소유 지분이 50%를 넘었다고 해서 삼성전자가 외국인 주주에 의해서 적대적 인수·합병 될 수 있다는 생각은 외국인 주주와 한국 주식시장의 현실을 모르는 무지에서 나온 공상에 불과하다.

삼성전자도
인수·합병될 수 있다?

| 예외는 없다 |

삼성전자의 지분 구조와 외국인 주주의 특성, 그리고 지금까지 역사상 이뤄진 대규모 인수·합병의 특징 등을 살펴본 바에 따르면 외국인 주주들의 지분이 50%를 넘는다는 사실만으로 삼성전자가 적대적 인수·합병 될 가능성은 없다. 그렇다면 삼성전자가 인수·합병될 가능성은 전혀 없는 것인가?

그렇지 않다. 삼성전자 경영 상태가 나빠지고, 현재의 경영진에게 경영을 계속 맡길 경우에 회사가 더 망가질 가능성이 높아진다면 적대적 인수·합병이 발생할 가능성이 생기게 된다. 삼성전자의 경영이 극도로 악화되고 앞으로의 전망도 좋지 않은 상황이라면, 이러한 상황에 가장 먼저 반응하는 것은 주식시장일 것이다. 삼성전자의 주가가 반 토막이 났다고 가정해보자. 아마도 상당수의 외국인 투자자들은 주식을 팔고 떠날 것이며, 그 결과로 외국인 주주들의 지분은 크게 줄어들 것이다. 회사가 어려워서 주가가 폭락하는데도 그 결과로 외국인 주주들의 지분이 줄었다는 사실만 가지고 좋아할 어리석은 사람은 없을 것이다. 그리고 회사의 경영이 극도로 악화되어 주가가 폭락하고 외국인 지분이 줄었다고 해서 적대적 인수·합병의 위험이 줄어드는 것이 아니라 오히려 증가할 수 있다.

노동자, 투자자, 소비자 그리고 국가 등 기업의 이해당사자(stakeholder)의 이해관계를 보호하기 위해서 중요한 것은 회사의 경영이 잘되는 것이지 누가 경영권을 갖느냐가 아니다. 따라서 현재 경영권을 가진 대주주나 경영진이 경영을 잘못해서 회사의 경영 상태가 악화되고 더 나아가서 회사의 존립이 위협을 받는 상황이라면 그러한 대주주나 경영진은 당연히 교체되거나 다른 기업에 의해서 인수·합병되어 새로운 모색을 하는 과정을 거치는 것이 이치에 맞을 것이다. 이러한 사례들은 한국에도 수없이 많았다. 삼성그룹 계열사 중에서도 경영 악화로 경영권이 인수자에게 넘어간 인수·합병 사례가 르노-삼성자동차(Renault Samsung Motors)이다. 삼성자동차는 삼성그룹이 1995년 설립했으나 설립 초기부터 경영이 악화되어 삼성그룹이 르노에게 지분을 매각하고 이건희가 경영권을 포기했다.

한국 재벌 그룹들의 주요 계열사들은 창업자나 그 후손들이 창업한 회사보다는 인수·합병을 통해서 경영권을 갖게 된 경우가 많다. SK그룹은 인수한 회사들을 통해서 성장한 대표적인 재벌 그룹이다. SK그룹의 가장 큰 계열사인 SK텔레콤은, 공기업이었던 한국이동통신을 1994년 인수한 것이다. 두 번째로 큰 계열사인 SK에너지도, 공기업이었던 대한석유공사를 1980년 인수한 것이다. 그리고 세 번째로 큰 계열사인 SK하이닉스는, 현대그룹의 계열사였던 현대전자가 1999년 LG반도체를 인수해서 2001년 하이닉스로 회사 이름을 변경했다가 이후에 경영이 부실해지고 채권단이 법정 관리하고 있었던 회사를 SK그룹이 2012년 인수한 것이다. SK그룹의 상위 3개 계열사들인 이들의 매출액 합계는 그룹 전체 매출액의 절반을 차지할 정도로 비중이 높다. 이 회사들 외에도 SK 계열사들은 인수·합병으로 그룹 계열사로 편입된 경우들이 많아서 SK그룹은 창업보다는 인수·합병으로 성장한 재벌이다.

현대차그룹의 경우에도, 두 번째로 큰 계열사인 기아자동차를 외환 위기 때 파산해서 법정 관리를 받고 있던 1998년에 현대자동차가 인수한 것이다. 또한 세 번째로 큰 계열사인 현대제철도 인천제철로 시작해서 외환 위기 때 파산한 한보철강의 당진 공장을 2004년 인수해서 성장한 것이다. 그리고 최근에 신흥 재벌로 부상했다가 다시 경영 악화에 빠진 STX그룹도 대주주가 창업을 한 것이 아니라 외환 위기 때 경영 부실로 파산한 쌍용중공업을 당시의 전문 경영인이 인수해서 시작되었고, 이후에도 STX그룹은 인수·합병으로 계열사를 늘려가서 창업보다는 인수·합병으로 성장한 대표적인 재벌 그룹이다. 이외에도 재벌 그룹 계열사들 중에 상당수가 창업자나 총수 또는 그의 가족들이 창업한 회사가 아니라 인수·합병을 통해서 계열사가 된 경우들이다.

한국의 부실기업이 외국 기업이나 외국인 투자자에 의해서 인수되는 경우도 수없이 많았다. 르노-삼성자동차는 프랑스의 자동차 회사인 르노가 부실기업의 법정 관리에 있던 삼성자동차를 2000

년 인수해서 설립한 회사다. 현재 르노-삼성자동차는 르노자동차가 80.1%의 지분을 소유하고 삼성카드가 19.9%를 소유하고 있다. 아직도 르노-삼성자동차의 회사 이름에 삼성이 들어가 있기 때문에 삼성 계열사라고 생각하는 사람들이 있는데, 사실은 삼성그룹의 계열사가 아니며 경영권은 전적으로 르노에서 행사하고 삼성그룹은 경영에 참여하고 있지 않다. 르노-삼성자동차의 인수·합병은 회사 경영 실패로 인해서 기존의 경영진이 경영권을 스스로 인수자에게 넘겨준 우호적인 인수·합병의 사례다.

GM-대우자동차(GM Daewoo Auto &Technology)의 경우도 마찬가지다. 대우자동차는 1937년 신진공업사로 설립된 회사로 한국에서는 드물게 오랜 역사를 가진 회사였다. 지금은 해체되었지만 당시에 두 번째로 큰 재벌 그룹이었던 대우가 1978년 인수해서 대우자동차로 이름을 바꾸었고, 이후에 현대자동차와 함께 한국의 대표적인 자동차 회사로 부상했다. 그러나 1999년 경영 악화로 파산 상황에까지 이르게 되었고, 미국의 GM이 2001년 인수해서 GM-대우자동차로 이름을 변경했고, 지금은 회사 이름에서도 대우가 빠지고 한국 GM(GM Korea)이 되었다. 이같이 만약에 삼성전자의 경영이 악화된다면 삼성전자도 삼성자동차나 대우자동차와 같은 운명에 처하게 될 수 있다.

한국 기업이 외국 기업에 인수되는 경우와는 반대로 외국 기업을 한국 기업들이 인수한 경우도 많다. 삼성전자는 1995년 당시 세계 6위의 컴퓨터 제조 기업인 미국 AST 리서치(AST Research)의 지분 40.3%를 인수하고 경영에 참여했다가, 1997년 100% 지분을 모두 인수하고 삼성그룹의 계열사로 편입했다. 그러나 삼성전자가 인수한 이후에도 경영이 지속적으로 악화되어, 1999년 2월 미국의 투자자 그룹에게 지분을 매각하고 경영에서 손을 떼었다.[24] LG전자가 미국의 3대 가전 기업인 제니스(Zenith)를 1995년 인수했을 때 제니스는 4, 5년간 적자가 지속된 부실기업이었다.[25] 대우전자가 1996년 인수를 시도했다가 성공하지 못했던 프랑스 최대의 가전 기업인 톰슨 멀티미디어(Thomson Multimedia)는 국영기업으로 만성 적자에 시달리는 부실기업이었다. 그리고 삼성항공이 1996년 인수한 네덜란드의 항공기 회사인 포커(Fokker)도 부실기업이었다.[26]

이같이 인수·합병은 경영이 악화된 기업을 회생시키는 중요한 수단이며, 인수하는 회사의 입장에서는 기업 성장의 중요한 전략적 선택이다. 인수·합병은 한국 재벌 그룹에서뿐만 아니라 선진국의 기업들에서는 매우 보편적인 성장 전략이다. 한국 재벌 그룹의 인수·합병 중에서 규모가 큰 인수·합병은 상당수가 경영이 악화되었거나 파산한 부실기업을 인수한 경우다. 반면에 선진국에서 이뤄진 대규모 인수·합병은 인수하는 회사와 인수되는 회사 또는 서로 합병하는 회사들이 경영전략적인 필요에 의해서 자발적으로 선택한 결정인 경우가 대부분이다.

| 최선의 방어는 경영을 잘하는 것 |

지금의 삼성전자 경영 상태를 보면 가까운 미래에 경영 악화로 삼성전자에 대한 인수·합병이 발생할 가능성은 매우 낮은 것으로 판단된다. 그러나 만약에 삼성전자의 경영이 악화된다면 인수·합병될 가능성이 높아질 것이고, 인수·합병을 시도하는 사태가 발생한다면 누가 삼성전자의 경영권을 가져야 할 것인가에 대한 논란이 일어날 것이다. 이러한 논란은 기아자동차, 대우자동차, 쌍용자동차, 하이닉스, 외환은행 등의 매각 사례에서도 있었다. 한국인 주주가 경영권을 유지하는 것이 한국 입장에서는 좋겠지만, 부실한 회사를 회생시키기 위해서는 외국인 대주주나 외국 회사를 배제할 이유가 없다. 기업이 한국 경제에서 중요한 이유는 한국에서 고용을 창출하고, 임금을 지급하며, 세금을 내는 등 기업이 만들어내는 부가가치가 한국에 귀속되는 것이지, 누가 경영권을 갖느냐는 아닐 것이다. 먹튀 논란이 있었던 쌍용자동차는 국내의 경쟁 업체인 현대자동차는 물론이고 다른 재벌 그룹도 인수를 원하지 않았기 때문에 중국의 상하이기차가 인수했으며, 경영이 회복되지 않아서 다시 인도의 마힌드라(Mahindra)가 인수해서 경영 정상화를 하는 과정에 있다. 대우자동차의 경우에도 국내에서는 인수를 원하는 투자자나 회사가 없어서 미국의 GM이 인수해서 안정적인 경영이 이뤄지고 있다. 외환은행의 경우에도 외환 위기로 경영이 부실해져서 독일 은행인 코메르츠방크(Commerzbank)가 경영권을 인수했다. 그러나 코메르츠방크가 경영을 반전시키지 못하고 다시 자본 부족 상태에 이르자 코메르츠방크는 한국 정부에 증자를 요청했다. 그러나 한국 정부와 당시에 외환은행의 주요주주였던 한국은행마저도 이를 거절했고, 이로 인해서 론스타가 경영권을 다시 인수했고, 이후에 외환은행의 경영이 호전된 다음에야 하나은행이 인수하게 된 것이다.

삼성전자 경영이 악화되어 인수·합병 시도가 있더라도 적대적인 경우보다는 우호적인 경우일 가능성이 더 크다. 우호적 인수·합병은 기업 역사상 최대 규모이었던 영국의 통신 회사인 보다폰과 독일의 통신 회사인 만네스만의 경우처럼 삼성전자가 경영전략상 필요 때문에 자진해서 추진하는 경우와, 정반대로 삼성자동차의 경우처럼 부실에 빠져 어쩔 수 없이 다른 기업에 의해서 인수·합병되는 경우를 가정해볼 수 있다. 전자의 경우라면 그나마 문제가 적겠지만, 후자의 경우라면 단순하게 이건희 가족이 삼성전자 경영권을 잃는 문제가 아니라 한국 경제가 흔들리게 될 중대한 사태가 된다. 그러기에 삼성전자 경영권을 지키기 위해서가 아니라 한국 경제를 위해서 삼성전자의 경영이 악화되는 상황이 일어나서는 안 될 것이다. 그러나 그러한 상황이 발생한 경우에 회사가 망해도 이건희의 경영권을 지키고 삼성전자를 외국인에게는 넘겨줘서는 안 되는 것인지, 아니면 외국인이 인수하더라도 회사를 살려야 하는 것인지에 대한 대답은 명확할 것이다.

한국에서 외국인 투자자들에 의한 인수·합병 사례들은 대부분 회사가 파산에 이를 정도로 악화된 상황 이후에야 이뤄진 경우들이다. 보다 바람직한 경우는 회사가 최악의 파산 상태에 이르기 전에 인수·합병이 이뤄져서 경영을 정상화하는 것이다. 그러한 인수·합병의 경우에는 노동자들도 파산한 경우보다는 고통을 적게 겪을 것이고, 주주들도 투자 자금을 모두 손해 보지 않을 수 있을 것이며, 또 국가도 국민의 세금으로 구제금융을 주지 않아도 되기 때문에 파산 이후에 인수·합병되는 경우보다 모두에게 도움이 될 것이다. 그러나 대부분의 경영권을 가진 대주주는 회사 경영이 최악으로 악화된 상황에서도 자신의 경영권을 지키는 것을 무엇보다도 중요시하기 때문에 자발적으로 경영권을 포기하고 우호적인 합병을 하는 경우는 극히 드물다. 그런 상황에서는 경영을 반전시키고 회사를 회생시킬 역량이 있는 새로운 대주주가 경영권에 도전하는 적대적 인수·합병의 시도가 필요한 것이다. 그렇기 때문에 적대적 인수·합병은 자본시장의 필요한 기능 중 하나다. 외국인 투자자나 외국 회사가 경영권을 인수해서 기업이 회생한다면 그것이 해당 회사뿐만 아니라 국가 경제에도 도움이 되기 때문에 삼성전자도 어떠한 경우이건 이건희가 경영권을 지켜야 한다는 주장은 성립될 수 없다. 삼성전자 경영권을 한국 사람이 장악해야 한다는 것이 애국적 관심의 발로인지 명확하지 않지만, 진정한 애국심은 삼성전자를 가장 잘 경영할 수 있는 사람에게 응원을 보내는 것일 터이다. 그것이 꼭 특정 인물일 이유는 없다.

| 당신은 삼성전자 주식을 갖고 있나요? |

한국에 있었던 과거의 인수·합병 사례들을 감안하면, 인수·합병의 긍정적인 기능에도 불구하고 만약에 삼성전자의 경영이 악화되더라도 한국의 대표적인 기업의 경영권을 외국인이 갖는 것을 국민들은 쉽게 받아들일 수 없을 것 같다. 삼성전자의 경영권을 외국인이 차지하는 것만은 막고 반드시 한국인이 가져야 한다면, 과연 어떻게 해야하는가? 가장 간단한 답은 한국인이 삼성전자 주식을 외국인보다더 많이 보유하면 된다. 그렇기 때문에 삼성전자가 절대로 외국인에의해서 인수·합병되어서는 안 된다고 목소리를 높이는 사람들에게물어야 할 질문이 있다.

"당신은 삼성전자 주식을 갖고 있나요?"

이런 엉뚱한 질문에 대해서 적지 않은 사람들의 답은 '나는 주식 투자할 돈이 없다', '나는 주식 투자를 안 한다'이거나 '나는 주식 투자와 같은 투기를 하지 않는다' 등 다양한 부정적인 답변일 가능성이 높다. 비록 나는 주식 투자를 하지 않지만, 누군가가 삼성전자 주식에 투자해서 경영권을 지켜주기 바라는 것일 수도 있다. 그러나 외국인 투자자들이 어떻게 삼성전자의 주식을 갖게 되었는가를 생각해봐야 한다. 외국인 투자자들이 삼성전자 주식을 강제로 빼앗아간 것이 아니라 주식시장에서 정당한 가격을 치르고 산 것이다. 삼성전자가 상장할 때부터 외국인 지분이 있었던 것이 아니기 때문에 외국인들이 한국인들보다 삼성전자 주식을 더 많이 보유하게 된 것은 한국인들이 가지고 있던 주식을 외국인에게 팔았기 때문이다.

한국이 상장회사의 주식에 대한 외국인의 투자 한도를 폐지한 것은 1998년이다. 투자 한도가 폐지된 그해 말에 삼성전자의 외국인 지분은 급격하게 증가해서 47.2%에 이르렀다. 2004년 4월에는 사상 최고치인 60.1%에 이르렀고, 이후에 감소세를 지속하다가 금융위기 이후인 2008년 11월에는 42.2%까지 축소되었다. 2013년 8월에는 47.9%로 15년 전 외국인 투자 한도를 폐지한 때의 수준에 머물러 있다. 외국인이 삼성전자 주식을 60%까지 갖게 된 것은 한국인이 팔았기 때문이다. 지난 15년 동안 삼성전자의 주가는 7만 7,282원에서 136만 8,000원으로 무려 17.4배가 올라서 수익률이 무려 1,640%이고 연간 수익률이 20%에 이르는 엄청난 것이다. 한국인들이 삼성전자 주식을 팔지 않고 그대로 가지고 있었다면 큰돈을 벌었을 터인데, 외국인들에게 팔았기 때문에 그 차익을 외국인이 가져가게 된 것이다. 외국인 지분이 높다고 염려하는 것도 중요하지만 한국인이 삼성전자 주식을 팔았을 때 외국인은 왜 샀을까를 한번쯤 생각해봐야 한다.

지금의 삼성전자 주가는 1주에 130만 원이 넘기 때문에 삼성전자 주식이 비싸서 투자할 수 없다고 항변할 수도 있다. 그러나 삼성전자 주가는 2008년 금융 위기 전후 1년여 동안은 40~60만 원 수준이었고, 외국인 지분이 최저치를 기록했던 2008년 11월 주가는 44만 2,000원이었다.[27] 삼성전자 주식은 1주 단위로 거래되므로 일정한 금액을 저축하고 있는 중산층에 속하는 사람이라면 삼성전자 주식 1주에 투자하는 것은 큰 부담은 아니었을 것이다. 미래에 주가가 어떻게 될 것인지는 누구도 예측할 수 없는 일이기 때문에 사후적인 이야기이지만 지금의 삼성전자 주가는 그때보다 두세 배 가까운 높은 수준이 되었다. 외국인이 삼성전자 경영권을 절대로 가져서는 안 된다고 주장하는 사람들이 삼성전자 주식을 보유했다면 돈도 벌고 자신의 주장을 실천할 수도 있었을 것이다.

개인들이 고가의 삼성전자 주식을 보유하는 것은 재정적인 부담이 될 수 있지만, 기관투자자들은 그렇지 않다. 연금, 기금과 보험회사 등과 같은 장기 투자 기관은 물론이고, 개인들이 투자하는 수천 개에 이르는 주식 펀드들은 삼성전자의 주식에 투자할 여력이 충분히 있다. 그러나 한국에서 최대 자금을 가지고 있는 국민연금도 삼성전자 주식을 5% 이상 보유한 것은 불과 3년 전이다.[28] 삼성전자의 경영권을 이건희 가족이나 국내 주주가 지켜야 한다고 주장하는 사람들은 '나는 삼성전자를 가지고 있는가' 스스로에게 물어봐야 하고, 만약에 그렇지 않다면 '왜 나는 삼성전자 주식에 투자하지 않는

데 외국인은 투자하는 것일까'에 대한 답을 구해야 할 것이다.

| 외국인 투자 한도로 지킨다? |

외국인이 삼성전자의 경영권을 갖는 것을 원천적으로 어렵게 만드는 매우 단순하고 쉬운 방안은 외환 위기 이전처럼 외국인 투자자들의 주식 보유를 제한하는 것이다. 삼성전자가 한국 경제에 가장 중요한 기업이기 때문에 경영권을 반드시 한국인이 갖도록 하기 위한 목적으로 외국인 소유를 제한할 수도 있다. 그러나 현대자동차, LG전자, 포스코(Posco) 등 다른 대기업들도 국가 경제에 중요하기는 마찬가지다. 따라서 그러한 이유로 외국인의 주식 소유를 제한한다면 어떤 기업은 국가 경제에 중요하고 어떤 기업은 그렇지 않은가를 정해야 하는 문제가 있다. 대기업은 국가 경제에 중요하니 모조리 외국인 소유를 제한하고 중소기업들은 국가 경제에 중요하지 않으니 외국인 소유를 허용하자는 식의 제도를 도입할 수는 없을 것이다. 결국 삼성전자와 같이 특정 기업에 국한해서 외국인 지분을 제한하는 제도를 도입할 수는 없을 것이며, 한국 모든 기업이 대상이 되어야 할 것이다.

　외국인의 소유를 제한하는 제도를 도입한다면 그 방법은 개별 외국인 주주의 소유 상한을 정하는 방법과 외국인 전체의 소유 상한을 정하는 방법 두 가지가 있다. 두 가지 방법 중에서 전자는 공공성이 높은 사업을 하는 기업의 경우 내외국인을 구분하지 않고 이미 도입하고 있다. 은행의 경우에는 특정 개별 주주가 4% 이상을 소유할 수 없도록 제한하고 있다.[29] 또한 지상파 방송사의 경우 외국인이 지분을 보유할 수 없으며, 기간 통신사업자의 경우에도 외국인이 49%를 초과하여 지분을 보유할 수 없도록 일부 산업에 대해서는 현재 외국인 규제가 존재하고 있다. 삼성전자는 지난 10여 년 동안 5% 이상을 소유했던 외국인이 한 명도 없었으며, 특정 주주가 5% 정도의 지분으로 적대적 인수·합병을 시도한다는 것은 불가능하기 때문에 개별주주의 소유 한도를 도입하는 것은 실효성이 없는 방안이다. 또한 삼성전자의 적대적 인수·합병을 우려하는 목소리가 나온 것은 외국인 지분의 합계가 50%를 넘었다는 것이기 때문에 외국인 소유를 제한한다면 전체 외국인의 소유 지분을 제한하는 방안을 생각해 볼 수 있다.

모든 기업에 대해서 외국인 주식 소유를 제한한다면 해외 의존도가 높은 한국 경제에 미칠 여러 가지 부정적인 영향도 함께 고려해야 한다. 외국인 투자에 대한 차별적인 정책은 곧바로 한국의 국가 신용도에 크게 부정적인 영향을 미치게 될 것이다. 또한 외국인 주주들이 주식 매도 자금을 회수하는 과정에서 외환 보유고가 줄어들 것이고, 주식시장에서는 주가 폭락 사태가 발생해서 금융시장의 대혼란이 발생할 것으로 예상된다. 그럼에도 불구하고 외국인 주식 소유를 제한하는 제도를 도입한다면 이건희의 삼성전자 경영권을 지켜주기 위해서 많은 국내 투자자들과 기업들 그리고 국가까지도 엄청난 비용을 치르는 상황이 벌어질 것이다. 외국인 소유 제한이 어떤 파장을 가져올 것인지 연쇄반응의 가상적 시나리오를 살펴보기로 하자.

외국인 투자 한도가 설정되면 가장 먼저 주식시장이 반응할 것이다. 외국인 주주들이 주식을 팔아야하기 때문에 제일 먼저 주가 폭락 사태가 발생할 것이다. 2013년 6월 현재 삼성전자의 외국인 소유 지분은 47.8%이다. 외국인 지분 한도를 30%로 설정한다면 외국인들은 17.8%인 약 2,600만 주를 팔아야 하는데, 이는 약 5개월의 거래량에 해당한다.[30] 또한 매도해야 할 금액은 2013년 6월 시가로 약 35조 원에 해당한다. 삼성전자는 이건희 가족과 계열사들이 보유한 지분을 모두 합해도 20%에 못 미친다. 그렇기 때문에 30%의 소유 제한으로는 외국인의 적대적 인수·합병 가능성이 여전히 남는다고 생각한다면 지분 한도를 20%로 설정할 수도 있다. 지분 한도를 20%로 정할 경우 외국인 주주들이 팔아야 할 삼성전자 주식은 27.8%인 4,100만 주이며, 일평균 거래량을 기준할 때 이는 약 6개월의 거래량에 해당하며 시가로는 약 55조 원에 이른다.

외국인 주식 소유 한도를 도입할 경우 주가가 얼마나 폭락하게 될지를 정확하게 추정하는 것은 불가능하다. 그러나 외국인 소유 한도를 삼성전자 한 회사에만 적용해도 대규모의 자금이 주식시장에서 빠져나가게 될 것이기 때문에 주가의 폭락 사태는 불을 보듯 명확한 결과다. 외국인 소유 한도를 도입할 경우 삼성전자만이 아니라 모든 상장회사에 적용될 것이기에 주식시장은 오랜 기간 동안 대폭락 사태로 큰 혼란을 겪을 것이다. 2013년 6월 말 현재 시가총액 상위 20위 상장회사 중에서 외국인 소유 지분이 30%를 넘는 회사는 14개사다. 30%의 소유 한도를 도입한다면 외국인 주주들이 처분해야 할 14개 회사의 처분 금액은 77조 원에 이른다. 20%의 소유 한도를 도입한다면 외국인 주주들이 처분해야 할 16개 회사의 처분 금액이 124조 원에 이른다.[31] 시가총액 상위 20위의 대기업만을 대상으로 해도 외국인이 처분해야 할 주식은 전체 시가총액의 10%를 넘기 때문에 주식시장 전체에 주가 폭락은 불가피한 상황이 될 것이다.

만약에 이런 사태가 발생한다면 삼성전자의 시가총액이 절반으로 줄어든 것만으로도 약 100조 원의 가치가 주식시장에서 사라지게 된다. 삼성전자의 주식을 보유하고 있는 모든 주주들이 큰 손실을 보게 될 것이고, 삼성전자 주식을 가장 많이 소유하고 있는 주주인 국민연금은 약 8조 원의 손실을 보게 된다. 삼성전자 하나만으로 이러하니 모든 기업에 외국인 소유를 제한할 경우 주식시장에서 사라지게 될 가치가 엄청나게 클 것이고, 그 결과로 주식에 투자하고 있는 개인만이 아니라 펀드 회사, 연기금 그리고 보험회사 등의 자산 가치가 급격하게 하락해서 주식시장만이 아니라 금융시장 전체가 위기로 치달을 것은 자명하다.

외국인 소유 한도를 도입하는 것은 주가의 대폭락 사태로 끝나지 않고 외환시장에 치명적인 결과로 이어질 것이다. 외국인 주주들이 주식을 처분한 자금을 회수하기 위해서는 한국의 외환시장에서 달러를 사들여야 하는데 그 결과로 환율이 급등하고 외환 보유고가 급격하게 줄어드는 혼란으로 이어질 것이다. 30%의 소유 한도를 도입한다면 외국인 주주들이 처분해야 할 시가인 77조 원은 약 674억 달러이며, 20%의 소유 한도를 도입할 경우 외국인이 처분해야 할 시가인 124조 원은 약 1,088억 달러에 달하는데, 이는 한국 외환 보유고의 3분의 1에 해당하는 규모다.[32] 이러한 추정은 2013년 6월 주가를 적용한 것이며, 실제 규모는 주가 폭락과 달러 수요의 급격한 증가로 인한 환율 급등을 반영해야 하기 때문에 정확한 추정을 할 수는 없다.

외국인 투자 한도를 설정하는 것으로 인해서 대규모 달러 매입 수요가 단기간에 발생하고 한국을 빠져나간다면 환율 폭등은 말할 것도 없고, 외환 보유고가 급격하게 줄어들고 국가 신용도가 하락해서 국가 경제 전체가 대혼란 상황으로 빠질 것이다. 이러한 사태는 1997년 국가 부도 직전의 상황까지 몰고 간 외환 위기에 버금갈 것으로 예상된다. 외국인 소유 한도를 시가총액 상위 20개 회사에만 적용해도 이러한 혼란 상황을 예상할 수 있는데, 이를 모든 상장회사에 적용한다면 그 결과는 더 이상 설명이 필요 없을 것이다. 물론 외국인 투자 한도를 일시적으로 도입하지 않고 몇 해 동안 점진적으로 한도를 낮추는 방식으로 단기적 충격을 완화하는 방안도 있다. 그러나 궁극적으로 주가가 폭락해서 금융자산의 가치가 하락하고 외환 보유고가 줄어들고 환율이 급등하는 등의 금융시장의 혼란과 경제적 손실은 피할 수 없다. 따라서 이건희 가족의 삼성전자 경영권을 지켜주기 위해서 외국인 투자자의 소유 한도를 도입하자는 주장은 국가 경제를 뒤흔들 수 있는 무책임하고 위험한 발상이다.

| 상장폐지해서 지킨다? |

주식회사라 할지라도 주식을 상장(上場)하지 않는다면 인수·합병을 걱정할 이유가 없다. 경영권을 가진 대주주가 대물림하면서 경영권을 지키려면 처음부터 상장하지 않고 개인회사로 남아야 한다. 따라서 삼성전자에 대한 적대적 인수·합병을 원천적으로 막고 이건희 가족들이 영원히 경영권을 지킬 수 있는 근본적인 방법은 삼성전자를 주식시장에서 상장폐지 해서 가족회사로 전환하는 것이다.[33] 상장회사가 증권거래소에서 상장폐지 되면 주식시장에서 주식이 거래되지 않기 때문에, 기존의 경영권을 가진 주주가 주식을 팔지 않는 한 기업 인수를 시도하는 측이 주식을 살 수 있는 기회가 원천적으로 차단되며, 따라서 적대적 인수·합병은 불가능해진다.

주식시장에 대한 비판 중 하나가 주식시장이 본래의 의미를 상실한 채 투기꾼들만 판치는 시장으로 변질되었기 때문에 경제에 기여하는 바가 없다는 것이다. 즉 주식시장은 기업들이 주식을 발행해서 새로운 자본을 조달하는 것이 원래 목표한 기능인데도 불구하고, 최근에 대기업들이 신주를 발행해서 자본을 조달하는 경우가 드물기 때문에 투자를 위한 자금 조달 기능은 하지 못하고 그냥 기존 주식의 거래만 이뤄지고 있는 시장으로 변질되었으며, 특히 투기꾼들에게 합법적인 투기판을 마련해준 것이나 다름없다는 것이다. 그런 비판은 틀린 것이지만(뒤에서 설명할 것이다) 이를 그대로 받아들여서 주식시장에서 상당 기간 동안 자본조달하지 않는 기업을 상장폐지한다면 적대적 인수·합병도 원천적으로 봉쇄하고 투기도 막을 수 있을 것이다.

삼성전자가 바로 그런 경우에 해당한다. 삼성전자는 지난 15년 동안 주식 발행으로 자본을 조달한 적이 없다. 1980년대와 1990년대에는 21번이나 신주를 발행하는 유상증자를 통해서 자기자본을 조달했지만, 마지막 유상증자는 1999년 6월이었으며, 그 이후에는 단 한 차례도 신주 발행으로 자본을 조달한 적이 없다. 따라서 삼성전자를 상장폐지 하는 것은 적대적 인수·합병을 봉쇄하는 방안일 뿐만 아니라 주식시장이 자본조달의 기능을 상실했다는 비판을 수용하는 방안이 될 수 있다. 삼성전자의 주식을 상장폐지 하는 것이 현실적으로 가능한 일인지, 그리고 신주 발행으로 자금 조달하지 않았다고 해서 상장폐지하는 것이 삼성전자와 한국 경제에 도움이 될 것인지를 살펴보기로 하자.

삼성전자를 상장폐지 하고 개인회사로 전환하려면 이건희는 삼성 계열사가 소유하고 있는 주식을 제외한 일반 주주들이 가지고 있는 주식을 모두 사들여야 한다. 경영권을 행사하고 있는 이건희 가족이 보유한 지분은 4.7%이며, 계열사들이 보유한 지분은 12.9%로 이건희 가족과 계열사가 보유한 지분의 합계는 17.6%이다. 또한 삼성전자는 자사주로 11.1%를 보유하고 있다.[34] 삼성전자가 상장폐지하기 위해서는 나머지 일반 주주들이 가지고 있는 71.3%의 지분을 사들여야 한다. 삼성전자의 시가총액이 2014년 6월 말 기준으로 약 191.6조 원이며, 일반 주주가 보유한 71.3%의 지분의 가치는 약 136.6조 원에 해당한다. 상장폐지하려면 주식시장에서 공개 매수를 통해서 주식을 사들여야 하는데, 공개 매수를 할 경우 매수 가격은 시가보다 높은 경영권 프리미엄을 지급하게 된다. 만약에 매우 보수적으로 20%의 프리미엄을 지급한다고 가정해도 일반 주주들이 보유한 삼성전자 주식을 사들이는 데 필요한 자본은 약 163.9조 원이다. 2014년 6월 말 환율을 적용하면 약 1,658억 달러이며, 이는 2000년대에 세계 최대 규모의 인수·합병 중 하나였던 미국의 AOL이 타임워너를 인수할 때 지불한 1,647억 달러와 유사한 금액이 된다.

〈포브스(Forbes)〉가 발표한 2013년 세계 부자들의 재산 조사에 따르면, 이건희의 개인 재산은 약 126억 달러(약 14.4조 원)이며[35], 국내에서 재벌 기업에 대한 정보를 제공하는 재벌닷컴(www.chaebul.

com)에 의하면 약 12.8조 원이다.[36] 이건희 개인 재산 중에서 가장 큰 부분이 삼성전자의 주식이며, 약 6.7조 원이다. 따라서 이건희 개인 재산의 총액을 〈포브스〉가 추정한 14.4조 원으로 볼 경우에도 삼성전자의 주식을 제외한 나머지 재산이 약 7.7조 원이다. 따라서 이건희와 가족들이 삼성전자 주식을 제외한 나머지 재산을 모두 처분한다고 해도 삼성전자의 상장폐지를 하기에는 턱없이 부족하다. 이건희만이 아니라 세계 최고의 부자라 할지라도 삼성전자를 상장폐지할 수 있는 재산을 가진 사람은 없다.[37] 이건희 가족들이 삼성전자 주식 이외의 모든 재산을 처분한다 해도 추가로 마련해야 하는 자본은 약 156조 원이다.

156조 원은 한국의 모든 일반은행 총대출금의 17%를 넘는 엄청난 규모다.[38] 만약에 한국의 은행들이 156조 원을 이건희에게 삼성전자 주식 매입 자금으로 대출한다면, 중소기업과 일반 국민들은 은행에서 대출받는 것은 지극히 어려워질 것이고 한국 금융시장은 대혼란을 겪게 될 것이다. 이 정도의 대규모 자금을 한 개인에게 대출해줄 수는 있는 은행은 한국에서뿐만 아니라 선진국에도 없다. 삼성전자가 채권을 발행하고 세계 여러 나라 은행들로부터 차입을 한다고 해도 상장폐지를 위해서 이러한 대규모의 차입을 하는 것은 현실적으로 불가능에 가깝다. 결론적으로 삼성전자의 경영권을 지키기 위해서 상장폐지를 한다는 것은 주식 매입 자금을 마련할 수 없기 때문에 현실성이 없다.

삼성전자가 차입하지 않고도 오랜 기간에 걸쳐서 상장폐지를 시도할 수도 있다. 배당 지급이나 내부유보를 하지 않고 순이익 전액을 자기 회사 주식을 사들이는 데 사용하는 방법이다. 삼성전자의

2013년 순이익인 17.9조 원으로 자기 주식을 사들이는 데 사용할 경우 주가가 오르지 않는다고 가정하면 전체 발생주식의 약 9.3%인 1,368만 주를 사들일 수 있었다.[39] 만약에 매년 9.3%를 사들인다면 일반 주주들이 가지고 있는 71.3%를 모두 사들이는 데 소요되는 기간은 약 8년 정도다.[40] 2013년은 삼성전자가 역사상 최대의 순이익을 기록한 해이고, 삼성전자가 상장폐지를 목적으로 자사주를 매입한다면 주가가 폭등하게 될 것이기 때문에 실제로 일반 주주가 가지고 있는 모든 주식을 순이익만으로 사들이려면 8년보다 훨씬 더 오랜 기간이 걸릴 것이다.

순이익으로 자사주를 매입해서 상장폐지하려면 10년 이상의 긴 시간이 소요되는 것보다 더 심각한 문제가 있다. 삼성전자가 지속적으로 자기 회사 주식을 매입한다면 시간이 지날수록 삼성전자의 유통 주식 수가 계속해서 줄어들어서 자사주를 매입하는 만큼씩 주가가 오르게 된다. 그리고 회사가 자사주로 보유하는 주식들은 이건희 개인의 소유가 아니라 자사주 매입에 응하지 않고 남아 있는 잔여 주주들의 소유다. 따라서 자사주 매입의 마지막 단계에서 이건희 회장이나 삼성전자가 잔여 주식을 매입하기 위해서 지불해야 하는 금액은 그동안 순이익으로 자사주를 매입하는 데 지불한 금액과 맞먹는 규모가 되어 결국 상장폐지하는 경우와 마찬가지의 막대한 규모의 자금이 필요하게 된다. 따라서 순이익으로 일반 주주들이 보유하고 있는 모든 주식을 사들이는 방안은 유통 주식 수를 줄여서 경영권을 가진 대주주의 의결권 비율을 높이는 효과를 가져와 경영권 방어의 보완적 수단은 되지만 차입으로 상장폐지하는 경우와 마찬가지로 현실성이 없다.

신주 발행과 자본조달

앞서 지적한 바와 같이 삼성전자는 지난 15년 동안 주식시장에서 신주를 발행해서 직접 자금을 조달한 적이 없다. 시가총액 2위인 현대자동차와 3위인 포스코도 삼성전자와 마찬가지로 1998년 5월 유상증자 이후 지난 16년 동안 신주를 발행해서 신규 자본을 조달한 적이 없다. 상장회사 중에서 경영 성과가 좋아서 이익이 많이 나는 대기업들 상당수가 수년 동안 신주 발행하지 않았다. 이러한 현상에 대해서 일부에서는 주식시장이 자금 조달 기능을 하지 못하고 있다고 비판한다. 그러나 상장회사가 신주를 발행하지 않았다고 해서 주식시장이 자본조달 기능을 하지 못한다는 비판은 상장회사의 자본조달 방법과 주식시장의 기능을 이해하지 못한 틀린 것이다.

삼성전자가 새로 주식을 발행해서 자본을 조달하지 않은 이유는 새로운 자본이 필요 없어서가 아니라 이익을 주주들에게 배당하지 않고 내부에 유보해서 투자 재원으로 사용했기 때문이다. 삼성전자의 2013년 순이익은 17.9조 원이었다. 이 중에서 배당금으로 지급한 금액은 2.2조 원이며, 나머지 15.7조 원을 회사 내부에 유보했다. 내부유보(內部留保)는 주주들에게 배당으로 지급될 순이익을 배당으로 지급하지 않고 회사가 보유하는 것이다. 따라서 내부에 유보한 15.8조 원은 주주들의 돈이다. 만약에 순이익을 모두 배당금으로 지급했다면 15.7조 원의 자금을 새로 주식 발행하거나 차입을 통해서 조달했어야 한다. 그러나 삼성전자는 신주를 발행하거나 차입하지 않고 바로 기존의 주주들로부터 15.7조 원을 조달한 것이다. 삼성전자는 2004년부터 2013년까지 10년 동안의 총순이익은 104.1조 원이었으나, 이 중에서 주주들에게 배당으로 지급한 총액은 약 11.6%인

12.1조 원이었다. 나머지 92조 원은 내부에 유보해서 자금으로 사용했다.[41] 지난 10년 동안 삼성전자가 신주를 발행하지 않았지만 내부 유보한 92조 원은 주식시장을 통해서 조달한 자금인 것이다.

현대자동차와 포스코의 경우에도 신주 발행으로 자본을 조달하지 않은 것은 재투자에 필요한 자금을 주주들에게 배당하지 않고 내부에 유보한 순이익에서 조달했기 때문이다. 현대자동차의 2013년 순이익은 5.2조 원이었고, 이 중에서 배당으로 지급한 5,340억 원을 제외한 4.6조 원을 내부에 유보했다. 현대자동차가 2004년부터 2013년까지 10년 동안 순이익을 배당으로 지급하지 않고 내부에 유보해서 주주들로부터 조달한 자금은 총 26.7조 원이다.[42] 포스코도 같은 10년 동안 순이익을 내부에 유보해서 주주들로부터 조달한 자금이 27.0조 원이었다.[43] 따라서 한국 주식시장에서 시가총액 상위 3대 기업인 삼성전자, 현대자동차, 포스코가 신주를 발행하지 않았지만 지난 10년 동안 주주들로부터 조달한 자금의 총액은 145.7조 원이다. 결과적으로 상장회사가 신주를 발행해서 신규 자본을 조달하지 않으니 주식시장이 자본조달의 기능을 못하고 있다는 주장은 내부유보나 주식시장의 기능을 잘못 이해한 것이다.

삼성전자가 10년 이상 신주 발행하지 않았으니 일반 주주들의 주식을 매입하고 상장폐지를 한다면 앞서 추정한 바와 같이 약 164조 원을 조달해야 한다. 만약에 164조 원을 연이자율 5%로 차입해서 주주 자본을 대체한다면 연간 이자 지급액이 8.2조 원에 이른다. 그러나 삼성전자가 2013년 주주들에게 배당금으로 지급한 금액은 1.2조 원에 불과하다. 삼성전자는 주식시장에 상장을 해서 주주 자본을 사용함으로써 차입금(leverage)을 사용하는 경우와 비교해서 7

조 원의 직접금융 비용을 덜 부담하는 혜택을 보고 있는 것이다. 삼성전자가 상장폐지를 위해서 164조 원 규모의 자금 조달이 필요하다는 가정을 한다면, 현재 일반 주주들로부터 164조 원을 조달해서 쓰고 있는 것이나 마찬가지이며, 차입한 경우보다 훨씬 낮은 비용으로 쓰고 있는 것과 같다. 이같이 주식시장이 주식 발행을 통하여 신규 자금 조달 기능을 하지 않는다고 해서 주식시장이 기능을 하지 못하고 있다거나 그런 기업들을 상장폐지 해야 한다고 주장한다면 이는 순이익을 내부유보해서 주주들로부터 자본을 조달하는 주식회사의 기본적인 구조에 대한 이해가 부족한 틀린 주장이다.

| 50%+1주 확보해서 지킨다? |

적대적 인수·합병을 막고 경영권을 지키는 것만이 목적이라면 상장폐지와 같은 극단적인 방법을 쓰지 않고 경영권을 가진 대주주가 '50%+1주'를 보유해서 과반수의 의결권을 확보하는 방안이 있다. 물론 이 방법도 한국의 재벌들처럼 경영권을 대물림하는 경우에는 상장폐지와 같이 원천적인 방어 전략이 되지 못한다. 경영권을 가진 대주주가 50%+1주의 지분을 보유하고 있다면 자신이 살아 있는 동안에는 경영권을 지킬 수 있다. 그러나 그 경영권을 자식에게까지 대물림할 수 있는 방법은 없다. 한국은 30억 원 이상의 상속재산에 대한 상속세율이 50%이기 때문에 50%+1주를 가지고 있는 경우에도 상속세를 내고 나면 지분이 25%로 줄어들어 과반수 의결권을 유지하지 못한다.[44] 물론 상속세를 다른 재산으로 내고 회사 주식을 매도하지 않는다면, 지분을 계속해서 유지하고 경영권을 대물림할 수 있다. 그러나 삼성전자의 경우에 이건희의 아들인 이재용의 재산이 아버지로부터 물려받을 삼성전자 주식의 가치보다 훨씬 적기 때문에 물려받은 재산으로 상속세를 내야 하는 상황이다. 따라서 삼성전자의 경영권을 지키기 위해서 이건희 가족이 50%+1주의 지분을 확보한다고 해도 대물림하면서 적대적 인수·합병을 원천적으로 막을 방법은 없다.

상장회사는 대주주가 99.9%의 지분을 소유하고 있다고 해도 자식에게 주식을 상속하면 상속세 때문에 지분이 줄어드는 것은 당연한 결과이고 상속이 3대, 4대로 이어지면 지분은 급격하게 줄어들게 된다. 그렇기 때문에 경영권을 대물림해서 지키겠다면 처음부터 주식을 상장하지 않고 가족회사로 남아야 한다. 상장을 통하여 일반 주주들로부터 자본을 조달하고 난 후에는, 대주주가 상장회사를 개인 소유 회사인 것처럼 경영하는 것 자체가 모순이다. 그럼에도 불구하고 상장을 한 후에 경영권을 대물림해서 지키겠다면 주식을 상장폐지 하고 개인회사로 전환하는 것이 유일한 방안이다.

삼성그룹
소유 지배 구조

| 현대차는 적대적 M&A 걱정이 없는가? |

외국인 소유 지분이 높아서 적대적 인수·합병을 우려한다면, 이는 삼성전자만의 문제가 아니다. 시가총액 상위 20개 기업 중에서 외국인 지분이 이미 50%를 넘는 기업이 6개나 되고, 삼성전자와 같이 40%를 넘는 회사도 4개나 된다.[45] 시가총액 상위 기업에는 현대자동차, 포스코, 신한금융지주(신한은행의 지주회사)들이 포함되어 있는데, 이러한 기업들도 삼성전자와 마찬가지로 한국 경제에 대단히 중요한 회사들이다. 삼성전자의 외국인 소유 지분이 60%를 넘어서서 적대적 인수·합병 논란이 시작되었던 2004년에 현대자동차의 외국인 지분은 57%를 넘었고, 포스코와 신한지주의 외국인 지분은 삼성전자보다 훨씬 높은 71%와 66%였다.[46] 이 중에서도 포스코는 외국인 소유 지분이 70%를 넘어섰을 뿐만 아니라, 삼성전자의 이건희 회장과 같이 경영권을 장악하고 있는 대주주도 없다. 또한 포스코의 시가총액은 삼성전자 시가총액의 14% 정도이기 때문에 적대적 인수·합병 하는 데 동원해야 할 자금의 규모도 훨씬 작다.[47] 이러한 상황에 비춰볼 때 만약 외국인 주주들이 적대적 인수·합병을 시도한다면 포스코가 삼성전자보다 훨씬 더 큰 위험에 노출되어 있는 것이다.

한국 3대 민간은행인 국민은행, 신한은행, 하나은행의 경우도 마찬가지다. 세 은행의 지주회사들은 모두 외국인 주주들의 소유 지분이 삼성전자보다 훨씬 높다. 국민은행을 100% 소유하고 있는 KB금융지주의 지분을 5% 이상 가진 주주는 9.96%를 보유한 국민연금 하나뿐이다.[48] 그러나 국민연금은 경영에 참여하지 않는 재무적 투자자이기 때문에 국민은행에는 대주주의 '경영권'이 존재하지 않는다. 그리고 KB금융지주는 외국인 주주들의 지분이 삼성전자의 49.7%보다 훨씬 높은 63.5%이고, 한 번도 외국인 지분이 50% 이하로 내려간 적이 없다.[49] 그럼에도 불구하고 한국 최대 은행인 국민은행을 외국인 주주가 인수·합병한다거나 경영권을 장악하려 한다는 우려가 없다. 신한금융지주도 외국인 지분이 66%까지 올라갔고 짧은 몇 달을 제외하고는 항시 50% 이상을 유지했다. 하나금융지주의 외국인 지분은 무려 81%에까지 이르렀고 지속적으로 60% 이상을 유지했다.[50] 3대 민간은행의 지주회사들은 삼성전자와 비교해서 외국인 지분이 훨씬 높을 뿐만 아니라 포스코와 마찬가지로 경영권을 가진 대주주도 없고 시가총액도 삼성전자의 5~10% 수준에 불과하다. 3대 민간은행에는 5% 이상을 소유한 외국인 주주들이 있지만 삼성전자는 없다.[51] 은행의 경우에는 대주주가 되기 위해서는 정부의 승인을 받아야 하는 제도적 장치가 있지만, 은행의 대주주가 되는 자격 요건을 갖춘 외국인 주주라면 정부가 이를 거부할 명분이 없다. 따라서 단순히 외국인 지분이 높다는 사실 때문에 외국인 주주들에 의한 적대적 인수·합병의 위험이 있다면 삼성전자보다 3대 민간은행들의 위험이 훨씬 더 크다.

삼성전자보다 외국인 지분이 높을 뿐 아니라 대주주도 없고 시가총액도 작은 포스코나 3대 민간은행들, 그리고 현대자동차에 대해서는 외국인 주주에 의한 적대적 인수·합병 논란이 없었는데 왜 유독 삼성전자에 대해서만 적대적 인수·합병 논란이 있었던 것일까? 삼성전자 외국인 주주와 현대자동차 및 포스코의 외국인 주주들이 특별하게 다른 점이 있었을까? 그렇지 않다. 삼성전자 외국인 주주들이 현대자동차와 포스코의 외국인 주주들과는 다르게 적대적 인수·합병을 시도할 가능성이 높다고 판단할 만한 차이나 근거도 없었다.[52] 3대 민간은행의 외국인 주주들과 비교해서도 특별히 삼성전자 외국인 주주들이 적대적 인수·합병을 시도할 가능성이 높다고 판단할 만한 차이가 없다. 그럼에도 불구하고 유독 삼성전자에 대해서만 외국인에 의한 적대적 인수·합병 논란이 지속되어 온 이유가 무엇일까? 현대자동차나 포스코가 삼성전자보다 규모가 작은 회사이니 외국인이 경영권을 가져도 괜찮고, 삼성전자만은 절대로 안 된다는 의미일까? 또는 한국 3대 민간은행의 경영권을 모두 외국인이 장악한다 해도 괜찮다는 의미일까? 그것은 아닐 것이다. 삼성전자가 한국 경제에 소중한 만큼이나 현대차, 포스코 그리고 3대 은행들도 마찬가지로 소중한 기업들이다.

삼성전자에 대해서만 적대적 인수·합병의 논란이 있었던 것은 삼성그룹이 '자초한' 일이었다. 삼성그룹은 2004년 적대적 인수·합병 가능성과 위험성에 관한 보고서를 작성하고 공정거래위원회를 방문해서 그러한 우려를 직접 전달하고 설명하기까지 했다.[53] 실제로 삼성전자 적대적 인수·합병을 시도한 주주가 있었는지의 여부는 알려지거나 보도된 바가 없고, 당시의 외국인 소유 지분 구조로 봐서 그런 시도를 할 만한 역량이 있는 주주도 없었다. 그렇다면 왜 삼성전자는 스스로 적대적 인수·합병 논란을 키운 것일까? 그 해답은 삼성그룹의 소유 지배 구조에 있었다.

| 물고 물리는 돌려 막기 |

일반 사람들에게 삼성전자의 '오너(owner)'가 누구냐고 묻는다면 대부분은 당연히 이건희 회장이라고 답할 것이다. 그러나 이건희가 소유한 지분은 오너라고 불릴 만한 수준이 전혀 아니다. 이건희는 삼성전자의 경영권을 장악하고 있지만 실제로 1대 주주도 아니고 자신이 소유한 지분은 극히 적은 소액주주에 불과하다.[54] 이건희는 자신과 가족이 소유한 지분이 아니라 계열사가 소유한 지분으로 경영권을 확보하고 있다. 적대적 인수·합병 논란이 제기된 2004년에 계열사들이 소유한 지분은 12.72%이었고 이건희 가족과 임원 등의 특수 관계자들이 소유한 지분을 다 합하면 16.05%였다. 이 중에서 가장 많은 지분을 소유한 삼성전자의 1대 주주는 이건희가 아니라 7.23%를 보유한 삼성생명이었다.[55]

그런데 2004년 당시에 삼성생명의 소유 구조를 보면 1대 주주는 비상장회사인 삼성에버랜드로 19.34%를 보유하고 있었고, 이건희의 소유 지분은 4.54%에 불과했다.[56] 그리고 삼성생명의 1대 주주인 삼성에버랜드의 소유 구조를 보면 이건희가 3.7%, 아들인 이재용이 25.1%, 세 명의 딸들이 25.1%를 소유해서 가족들의 지분합계가 53.9%인 소유 구조를 가지고 있다. 결과적으로 삼성에버랜드-삼성생명-삼성전자로 이어지는 계열사들의 출자 구조에서 최종 고리에 있는 삼성에버랜드의 가족 지분이 50%를 넘어서는 방법으로 삼성전자의 경영권을 확보하고 있는 것이다.

삼성생명은 삼성전자의 1대 주주로서만이 아니라 삼성그룹의 다른 주요 계열사의 지분을 동시에 소유하고 있는데, 삼성생명이 지분을 소유한 삼성물산, 삼성카드, 삼성화재 등의 계열사들은 다시 다른 계열사들의 지분을 소유하고 있어서 삼성생명은 삼성 계열사들의 순환 출자 구조의 핵심적 연계 고리다. 삼성에버랜드는 삼성생명의 1대 주주이고, 삼성생명은 삼성전자의 1대 주주이고, 삼성전자는 삼성카드의 1대 주주이고, 다시 삼성카드는 삼성에버랜드의 1대 주주다. 즉 삼성에버랜드-삼성생명-삼성전자-삼성카드-삼성에버랜드로 이어지는 돌려 막기 '순환 출자 구조'가 이건희 가족의 경영권을 확보하는 핵심적 연계 고리다. 그뿐만 아니라 삼성생명은 삼성물산의 지분을 소유하고, 삼성물산은 삼성전자의 지분을 소유하고, 삼성전자는 삼성카드의 지분을 소유하고, 삼성카드는 삼성에버랜드의 지분을 소유하고 있어서 삼성에버랜드-삼성생명-삼성물산-삼성전자-삼성카드-삼성에버랜드로 이어지는 또 다른 순환 출자 구조가 있다. 그리고 또 삼성생명은 삼성카드의 지분도 소유하고 있어서 삼성에버랜드-삼성생명-삼성카드-삼성에버랜드로 바로 이어지는 또 다른 순환 출자 구조를 가지고 있다. 계열사 간의 이러한 돌려 막기식 순환 출자가 삼성그룹의 자체 보고에서는 76개 있는 것으로 밝혔지만, 최근 공정거래위원회의 분석에 의하면 무려 2555개에 이르는 것으로 밝혀졌다.[57]

이같이 여러 개의 복합적인 순환 출자 구조에서 삼성생명은 가장 핵심적인 연결 고리의 역할을 하는 아킬레스건(achilles腱)과 같은 존재다. 그런데 사건이 생겼다. 2004년 당시에 삼성생명이 지분을 소유한 계열사들에 대해서 의결권을 행사하는 것에 문제가 발생했던 것이다. 당시에 공정거래위원회는 재벌 그룹 내에서 자신의 금융 계열사가 소유한 다른 계열사 지분에 대한 의결권을 30%에서 15%로 낮추는 법 개정을 추진했다. 공정거래위원회가 추진한 법 개정의 취지는 재벌 그룹들이 고객의 재산을 보유하고 있는 금융 계열사를 이용해서 총수의 경영권을 확보하는 것을 막고자 한 것이었다. 즉 금융회사는 자기자본이 아니라 고객의 돈으로 다른 회사의 주식을 살 수 있기 때문에 고객이 맡긴 돈을 투자한다는 명분으로 자기 계열사들의 주식을 사고 그 주식에 해당하는 만큼 의결권을 행사한다면, 이는 고객 돈으로 경영권을 확보해주는 형국이 되기 때문이다.

그런데 삼성생명과 이건희 등의 특수 관계인이 당시에 보유한 삼성전자의 지분 합계가 16.05%이었으니 법이 개정되면 이 중에서 일부의 지분은 의결권을 행사할 수 없게 되는 것이었다.[58] 삼성전자만이 아니라 삼성생명, 삼성화재, 삼성카드 등의 삼성그룹의 금융 계열사들이 지분을 소유하고 있는 다른 계열사들에 대한 의결권도 제한을 받게 되었다. 더욱 중요한 것은 앞으로도 삼성생명이나 삼성화재와 같은 금융 계열사를 통해서 삼성전자의 지분을 늘려간다고 해도 의결권을 추가로 확보할 수가 없게 되는 것이었다. 삼성그룹은 이러한 공정거래법의 개정을 반대하기 위해서 스스로 삼성전자가 외국인 주주들에 의해서 적대적 인수·합병 될 가능성이 있다는 문제를 제기한 것이었다. 그리고 삼성그룹은 삼성생명, 삼성화재, 삼성물산 3개 회사를 원고로 2005년 6월 공정거래법 11조의 의결권 제한이 위헌이라는 취지로 헌법재판소에 헌법 소원을 냈다가 나중에 취소하는 소동까지 벌였다.[59]

당시에 외국인 지분이 높았던 현대자동차나 포스코 등의 다른 회사들은 삼성전자와는 달리 금융 계열사를 통해서 소유한 지분이 전혀 없었다. 따라서 공정거래법이 개정된다고 해도 이 회사의 의결권에는 아무런 영향이 없었다. 다른 재벌 그룹들의 경우에도 금융 계열사를 통해서 총수의 경영권을 확보하고 있지 않았기 때문에 공정거래법의 개정이 전혀 영향이 없거나 있는 경우에도 그 영향이 미미했다.[60] 외국인 지분이 50%를 넘으면 외국인 주주에 의해서 적대적 인수·합병 될 수 있다는 삼성그룹의 주장은 다른 재벌들이나 기업들과는 별 관계가 없는 삼성그룹만의 문제였던 것이다. 그럼에도 불구하고 재벌의 이익을 대변하는 전경련(전국경제인연합회)뿐만 아니라 일부 친재벌 언론과 일부 정치권까지 가세해서 마치 외국인 주주들이 한국 기업들을 적대적 인수·합병 할 것처럼 호들갑 떨었다. 일부 언론은 삼성전자 외국인 주주 중에서 시티은행(Citibank)이 11.8%를 소유하고 있어서 그럴 위험이 더 크다는 엉터리 기사를 내기도 했다. 시티은행은 한국의 증권예탁원과 마찬가지로 여러 외국인 주주들의 주식을 보관하는 '예탁 기관'인데도 마치 실질적으로 주식을 소유한 주주인 것처럼 보도했던 것이다. 심지어 삼성전자가 외국인 주주에 의해서 적대적 인수·합병 되면 본사가 외국으로 옮겨가서 한국 경제가 엄청난 타격을 받을 것이라는 식의 기사와 사설로 국민들에게 불안감을 조성하는 언론들도 있었다. 이로부터 일반 국민들 사이에서도 어느덧 삼성전자를 비롯한 한국의 유수 기업에 대해서 외국인 주주들이 호시탐탐 적대적 인수·합병 기회를 엿보고 있는 듯한 분위기가 급속도로 번졌다. 이렇게 삼성전자가 유발한 외국인 적대적 인수·합병 위기설은 일종의 굴절된 애국심에 호소한 전략이라고 볼 수 있다.

삼성그룹의 자작극에 가까운 적대적 인수·합병 주장과 이에 동조하는 친재벌 언론과 정치권의 압력에도 불구하고 공정거래법은 개정되었다. 그리고 10여 년이 지난 현재까지 삼성이 주장했던 외국인 주주에 의한 적대적 인수·합병은 시도된 기미조차 보인 적이 없었다. 외국인 주주들의 지분이 50%를 훨씬 넘어서는 많은 기업들이 있었지만 하나의 기업을 제외하고는 외국인 주주에 의한 적대적 인수·합병이 시도된 적도 없었다. 예외적인 하나의 기업은 SK였다. SK가 적대적 인수·합병의 대상이 된 것도 최태원 회장과 한국 투자자들이 자초한 일이었다. 2003년 초에 검찰이 SK그룹의 1.5조 원에 이르는 거대한 분식 회계를 밝혀내자 주가가 폭락하고 SK 주식의 투매 현상이 발생했다. 그런 상황이 벌어진 당시에 소버린(Sovereign Asset Management)은 불과 2, 3개월 만에 SK 주식을 15%나 시장에서 사들여서 SK의 1대 주주가 되었다. 그리고 2004년 주주총회와 2005년 주주총회에서 자신들이 추천한 이사를 선임하는 방법으로 경영권에 도전했다. 그러나 1대 주주임에도 불구하고 두 번 모두 실패했다. 특히 소버린의 경영권 도전이 최고조에 다다랐던 2004년 중에는 SK의 외국인 지분이 62%까지 늘어났고, 2005년 주주총회에서의 외국인 지분도 삼성전자와 같은 54%였다.[61] SK의 경영권에 도전한 소버린은 자신이 15%를 소유한 1대 주주였기 때문에 5%를 넘는 외국인 주주가 없었던 삼성전자와는 전혀 상황이 달랐다. 그럼에도 불구하고 소버린이 경영권 도전에 실패한 이유는 외국인 주주들이 소버린을 지지하지 않았기 때문이다. SK-소버린의 사례는 단순하게 외국인 지분이 50%를 넘으면 외국인들이 똘똘 뭉쳐서 한국 기업을 적대적으로 인수·합병할 것이라는 생각이 '괴담'류의 황당한 망상이라는 것을 실제로 보여주었다.

누구를 위한
경영권 보호인가?

| 경영을 잘해야 한다 |

경영권을 지키는 최선의 방안은 경영을 잘하는 것이다. 적대적 인수·합병을 시도하는 주주가 있다면, 그 주주는 자신이 현재의 경영진보다 경영 능력이 더 뛰어나고 더 좋은 경영 성과를 낼 수 있다는 것을 다른 주주들에게 설득하고 주주총회에서 지지를 받아야 한다. 현재의 경영진이 경영을 잘하고 있는 상황에서는 인수·합병을 시도하는 주주가 자신이 더 나은 경영을 할 역량이 있다는 것을 객관적으로 보여주는 것은 쉽지 않다. 그런 역량을 증명하지 못한다면 다른 주주들이 인수를 시도하는 주주를 지지하지 않을 것이기 때문에 인수·합병 시도는 실패하게 된다. 그렇기 때문에 경영을 잘하는 것이 적대적 인수·합병에 대한 최선의 방어책이다. 현재의 경영진이 경영을 잘하고 있는 기업에 대해서 적대적 인수·합병이 시도되는 경우는 극히 드물며, 경영 상황이 좋지 않아서 적대적 인수·합병이 시도되는 경우에도 인수를 시도하는 주주가 자신의 역량을 입증해야 하는 것은 마찬가지다.

현재의 경영진에 심각한 문제가 있는데도 불구하고 경영권에 도전하는 주주가 자신이 현재의 경영진보다 경영을 더 잘할 수 있다는 확신을 심어주지 못해서 적대적 인수·합병에 실패한 사례가 바로 소버린과 SK의 경영권 분쟁이었다. SK-소버린 경영권 분쟁을 촉발한 것은 2003년 3월에 SK와 최태원 회장의 불법행위가 밝혀진 것이었다. SK의 분식 회계 규모는 미국에서 20세기 최대의 분식 회계 사건이라고 알려진 엔론(Enron)의 분식 회계 규모와 맞먹는 엄청난 규모였고, 분식 회계만이 아니라 최태원은 자신이 소유한 계열사 주식을 실제 가치보다 부풀려서 다른 계열사에 매각함으로써 부당이득을 취하는 등의 불법행위로 구속이 되었다.[62] SK 경영상의 문제와 최태원의 불법행위가 드러나면서 주식시장에서는 SK 주식의 투매 현상이 발생했고 주가가 폭락했다.[63]

최태원의 불법행위로 회사 경영에 심각한 문제가 있었고, 소버린은 15%를 소유한 1대 주주였으며, 외국인이 소유한 지분도 54%였을 뿐만 아니라 소버린 이외에도 5% 이상을 소유한 외국인 주주들이 있었다. 따라서 소버린은 표면적으로 보면 경영권 도전에 성공할 수 있는 여건이 되었다. 더구나 소버린은 전직 총리와 현직 저명 교수까지 포함한 소위 국내 유명 인사들을 이사 후보로 내세우면서 최태원의 불법행위를 견제하고 투명한 경영을 하는 제도적 개선안들도 함께 제안했다. 이렇게 SK 사례는 삼성 보고서의 외국인 적대적

인수·합병 시나리오에 거의 완벽하게 들어맞고 외국인 주주들은 일치단결하여 규합했어야 했다. 그러나 주주총회에서 소버린이 추천한 이사 후보를 지지한 지분은 35%에 불과했다.[64] 소버린이 제안한 투명하고 책임지는 경영구조 개선에 일부 국내 주주들이 동조한 것을 고려하면 소버린을 제외한 외국인 주주들 중에서 소버린을 지지한 주주는 절반도 되지 않았던 것이다.

국내외 주주들이 소버린을 지지하지 않은 가장 큰 이유는, 소버린이 SK의 경영을 잘할 것이라는 확신이 없었기 때문이다. 소버린은 펀드를 운용하는 투자회사로 SK 같은 대규모 제조업 회사를 경영한 경험도 없었고, 또 소버린이 추천한 이사 후보들이 명망가이기는 하지만 경영 능력이 있다는 것을 보여주지도 못했다. 또한 SK의 생존은 SK그룹의 여러 계열사와 얽혀 있었기 때문에 국내 상황을 전혀 모르는 소버린이 경영권을 장악한다면 계열사들과 협력적 관계를 유지하면서 SK의 경영을 잘할 수 있을 것이라는 믿음을 주지도 못했다. 그렇기 때문에 국내 주주는 물론이고 상당수의 외국인 주주들도 SK와 최태원 회장의 불법행위에도 불구하고 소버린을 지지하지 않았다. 결과적으로 최태원이 경영권 방어에 성공한 것은 주주들이 최태원을 지지해서가 아니라 소버린을 지지하지 않았기 때문이다. 만약에 경영권 탈취를 시도한 주주가 소버린과 같은 펀드 회사가 아니라 예를 들어 네덜란드의 로열 더치 셸(Royal Dutch Shell)이나 미국의 엑슨모빌(ExxonMobil)과 같이 석유 기업으로서 세계적인 경영 역량을 입증한 주주였다면 결과는 달랐을 수도 있었다. SK에 많은 문제들이 있었기 때문에 그런 기업들이 인수를 시도했다면 외국인 주주만이 아니라 국내 주주들도 지지를 했을 가능성이 적어도 소버린보다는 컸을 것이다. 물론 그러한 세계적인 기업들이 적대적 인수·합병을 시도한 적이 없기 때문에 현실성이 없는 가정이다.

경영이 악화되어 부실기업이 되면 다른 기업에 인수·합병될 가능성이 높아진다. 부실기업이 된 이후에 인수·합병되면 영업 부분이나 자산을 매각하는 자구책을 강구하고 노동자들을 해고하는 구조조정을 거치게 되어 노동자, 공급자, 채권자 등의 이해당사자들이 큰 고통을 겪게 된다. 경영 상황이 좋지 않은 경우에도 경영을 반전시키기 위해서는 적대적인 경우보다는 기존의 경영진과 새로 경영을 맡게 될 경영진이 우호적으로 협력하는 것이 보다 효과적이다. 따라서 우호적 인수·합병조차도 성과를 내기 위해서는 현재 경영진으로는 악화된 경영 상태가 반전되기 어렵다는 점과 새로운 경영진이 경영 상태를 호전시킬 수 있다는 확신을 다른 주주들에게 설득해야 한다. 한국 경제를 위해서 그런 불행한 사태가 발생하면 안 되겠지만, 만약에 삼성전자의 경영이 악화되어 수년간 적자를 내고 현재의 경영권을 가지고 있는 이건희의 경영 능력으로는 경영 상태를 반전시킬 가능성이 낮은 상황이라면, 그래도 이건희의 삼성전자 경영권을 보호해줘야 하는가? 이 질문에 대한 답을 구하기 위해서는 누구를 위해서 그리고 무엇을 위해서 경영권을 보호해줘야 하는가를 생각해봐야 한다.

| 경영권은 없다 |

주식회사가 주식시장에 주식을 상장하는 목적은 광범위하고 불특

정한 다수의 일반 사람들에게 주식을 발행해서 자기자본을 조달하는 것이다. 따라서 주식회사가 상장되면 소수의 주주들이 소유했던 주식들을 수많은 새로운 주주들에게 매각하고 소유가 분산되는 것이 정상적이다. 따라서 상장 역사가 오래되고 신주 발행으로 조달한 자본을 기반으로 성장한 회사들은 불특정 다수의 주주들이 주식을 소유하게 되어 분산된 소유 구조를 갖는다. 한국의 대표적인 대기업들도 대부분이 주식시장에 상장을 해서 조달한 자본으로 성장했기 때문에 창업자의 후손들이라 할지라도 오너라고 불릴 만한 지분을 가진 주주가 드물다. 소유가 분산된 선진국들의 상장회사들에서는 창업자의 후손들이 경영권을 장악하거나 경영에 참여하는 경우가 거의 없다. 그러나 한국의 재벌 그룹에서는 소유 지분과 별 관계없이 창업자의 후손들이 최고 경영자의 역할을 맡고 있다.

물론 선진국에서도 창업으로 성공한 대기업은 창업자가 대주주로서 경영을 책임지는 기업들이 있다. 예를 들어 마이크로소프트(MS)의 빌 게이츠(Bill Gates)는 1975년에 동업자인 폴 알렌(Paul Allen)과 함께 마이크로소프트를 창업하고 1986년에 주식을 상장한 이후 49%의 지분을 소유한 대주주로서 2000년까지 최고 경영자(CEO)의 직위를 가졌고, 이후에는 2008년까지 회장직을 맡았다. 빌 게이츠는 당대 창업자이지만 현재는 4.8%의 소수 지분만을 소유하고 있고,[65] 지금은 이사로서 이사회 의장직만을 맡아서 회사에 상근하지 않으며 이사회를 통해서만 경영에 참여하고 있다. 그의 자식이나 친인척이 경영에 참여하지도 않았고, 빌 게이츠나 그의 가족 또는 재단이 경영권을 '장악'하고 있지도 않다. 빌 게이츠는 1994년에 자신이 설립한 빌 앤 멜린다 게이츠 재단(Bill & Melinda Gates

Foundation)에 자신이 소유한 주식을 기부할 때 주식을 매각한 대금을 기부했기 때문에 게이츠 재단도 마이크로소프트의 주식을 소유하고 있지 않다.[66] 이는 자신들이 직접 소유한 지분이 극히 적은데도 불구하고 창업자의 후손들이 3대, 4대에 이르기까지 경영권을 '세습'하는 한국 재벌 기업들과는 판이하게 다르다.

한국에서 '경영권'이라는 용어는 창업자와 그의 가족이 회사를 '경영할 권리'를 갖는다는 의미로 사용되고 있다. 반면에 주식시장의 역사가 오래된 선진국들의 경우, 역사가 오래된 상장회사에는 '경영권'을 가진 대주주가 존재하지 않는 경우가 대부분이고, 경영은 지분을 소유하지 않은 전문 경영인들이 맡는다. 따라서 선진국에서는 한국 재벌 그룹에서 논란이 되고 있는 '경영권'이라는 개념이 없다. 학문적으로도 '경영권'이라는 용어가 없다.

유사한 학술 용어를 굳이 찾는다면 '통제권(control right)'이 있지만, 그 의미는 한국에서와 같은 '경영할 권리'가 아니라 '의결권을 행사하는 지분'이라는 의미다. 특정한 주주가 직접 소유한 지분을 '현금 흐름권(cash flow right)'이라고 하고, 자신이 직접 소유하지 않지만 자신의 영향력을 이용해서 자신이 의도하는 대로 의결권을 행사할 수 있는 지분을 '통제권'이라고 한다. 예를 들어 삼성전자의 이건희 회장은 자신이 소유한 지분인 3.4%와 가족들이 소유한 1.3%를 합한 4.7%는 직접 소유를 통해서 의결권을 행사하며, 계열사들이 소유한 지분의 13.0%는 영향력을 미쳐서 의결권을 자신이 원하는 대로 행사한다. 따라서 이건희 가족의 현금 흐름권은 4.7%이고, 통제권은 17.7%이다. 이같이 통제권은 주주 자신이 직접 소유하지 않았지만 계열사 등의 지분으로 의결권을 확보하고 있는 지분을 포함하는 의미이지 한국에서 사용되는 것처럼 '경영할 권리'라는 의미로 사용되는 것은 아니다.

주식회사에서는 주주총회를 통해 1주 1표의 원칙으로 이사를 선임하고, 이사회를 통해 최고 경영자를 포함한 경영진을 선임한다. 따라서 50%+1주 이상의 지분을 소유한 주주가 아니라면 누구도 독자적으로 최고 경영자를 선임할 수 있는 권리를 가질 수 없다. 따라서 소유가 분산된 상장회사에서는 어떤 주주나 경영진도 '경영할 권리'를 가질 수 없기 때문에 그러한 의미에서의 '경영권'이라는 용어가 존재하지 않는다. 굳이 경영할 권리라는 의미를 적용한다면 대표이사 또는 최고 경영자(CEO)가 그러한 권리를 주주총회에서 부여받은 것으로 해석할 수 있다. 그러나 이 경우에도 '경영할 권리'를 부여받았다는 의미보다는 '경영을 총괄하는 책임'을 부여받은 것으로 봐야 한다. 예를 들어 창업자 가족이나 대주주가 존재하지 않는 포스코, 케이티(KT) 그리고 신한은행과 같은 경우에는 회장을 맡고 있는 최고 경영자가 '경영할 권리'라는 의미에서의 경영권을 가진 것이 아니라 경영을 총괄하고 책임지는 임무를 부여받은 것이다. 상장회사가 아닌 개인회사의 경우에는 창업자의 후손들이 회사를 상속받으면 '경영권'도 당연히 함께 상속이 될 것이다. 그러나 불특정 다수의 주주들이 주식을 소유하고 있는 상장된 주식회사의 경우에는 누구도 회사 자체를 상속할 지분을 가지고 있지 않으며 창업자의 자식들이 주식을 상속받는다고 해서 '경영할 권리'가 상속될 수는 없는 것이다.

| 황제 경영을 깨뜨려라 |

기업의 생존과 발전은 기업의 직접적인 이해관계를 맺고 있는 노동자, 투자자, 공급자의 생존과 직결된다. 따라서 안정적인 경영 성과를 내고 성장을 도모할 수 있는 가장 뛰어난 경영 능력을 가진 사람이 최고 경영자의 책임을 맡는 것이 기업과 기업의 이해당사자를 보호하는 최선의 선택이다. 그러한 최고 경영자가 창업자의 가족이냐 전문 경영인이냐의 그 자체가 문제가 되는 것은 아니다. 전문 경영자가 좋은 경영 성과를 내는 사례가 많은 것처럼 창업자의 2세, 3세들이 경영을 승계해서 경영인으로서 회사를 성장시키고 발전시킨 성공적인 사례들도 많이 있다.

재벌 총수와 최고 경영자는 크게 다르다. 전문 경영인 출신이든 창업자 가족 출신이든 최고 경영자는 임기가 정해져 있고, 경영 성과에 따라서 교체되기도 하며 최고 경영자의 자리에 오르기까지 많은 경쟁을 거친다. 그러나 재벌 기업의 총수는 실질적으로 종신으로 재임하며 3대, 4대에 걸쳐서 대물림을 한다. 재벌 총수의 가족들은 형제간에 돌아가며 회장직을 맡기도 하고, 정반대로 회장 자리를 두고 다툼을 벌이는 '형제의 난'을 겪기도 한다. 재벌 총수들은 경영이 악화되어도 책임지고 물러나는 일이 없고, 횡령·배임 등의 불법을 저질러서 회사에 손해를 끼치고 교도소에 가는 등의 형사처분을 받아도 경영에서 물러나지 않는다. 전문 경영인이라면 상상조차 할 수 없는 일이다. 재벌 총수나 그 가족들이 경영에서 물러나는 경우는 회사가 법정 관리에 넘어가서 강제로 퇴출되거나 심지어는 그룹 전체가 파산하고 해체되는 끝장을 보는 상황에 이르렀을 때가 대부분이었다. 재벌 그룹에서 이런 상황이 벌어지는 이유는 총수 가족들이 최고 경영자의 자리를 마치 상속재산인 것처럼 자신들의 소유물로 생각하기 때문이며, 기업 내부에 총수의 경영을 견제하거나 경영 결과에 대해서 책임을 물을 수 있는 통제 시스템이 존재하지 않기 때문이다. 통제받지 않는 권한을 가지면서도 결과에 대해서 책임지지 않으며, 누구도 경쟁적으로 도전할 수 없는 재벌 총수들의 경영을 '황제 경영'으로 비유하기도 한다.

대부분의 재벌 그룹들은 창업자의 2세, 3세들이 총수를 맡고 있는 경우들이 많다. 2세들은 아버지인 창업자가 기업을 세우고 성장시키는 과정에 함께 참여하기도 했고 회장 자리의 승계를 두고 형제들 사이에 경쟁하거나 다툼을 벌이는 과정에서 경영 능력에 대한 간접적인 검증을 거친 경우들도 있다. 그러한 2세들의 경우에도 경영 성과는 서로 크게 엇갈린다. 창업자의 후손들이 경영을 승계해서 기업을 더 성장시킨 경우도 있지만 그룹이 위축되고 심지어는 파산 상태에 이른 경우도 수없이 많았다. 1997년 외환 위기 때, 30대 재벌 그룹 중에서 무려 18개의 그룹이 파산해서 해체되었다. 이 중에는 창업자가 총수인 경우도 있고 2세가 총수인 경우도 있었다. 대우그룹은 창업자인 김우중이 회장을 맡고 있는 중에 파산을 했고, 다른 그룹들은 창업자의 2세들이 회장을 맡은 상황에서 파산했다. 최근에 파산한 웅진그룹의 경우에는 창업자인 윤석금이 회장을 맡은 상황에서 파산했고, 동양그룹은 2세인 현재현이 회장을 맡은 상황에서 파산을 했다.

이건희는 1987년 이후 지난 25년간 삼성그룹의 회장을 맡은 이후에 삼성전자를 세계적인 글로벌 기업으로 성장시킨 대단한 경영 성과를 거두었다. 그러나 항시 성공만을 거둔 것은 아니다. 잘 알려지지 않았지만 실패한 크고 작은 사업들도 많았다. 대표적인 실패가 삼성자동차를 설립한 것과 미국의 컴퓨터 회사인 AST를 인수한 사례다. 삼성자동차는 1995년 설립했으나 1999년 경영 악화로 파산하여 법정 관리를 받다가 2000년 프랑스의 르노자동차에 매각되었다. 삼성자동차의 파산으로 2조 원 이상의 투자 손실을 감수했으며, 삼성전자 등의 계열사들은 삼성자동차에 지급보증을 해준 것으로 인해서 3,000여 억 원의 손실을 보았다. 삼성전자가 1995년 나스닥에 상장되어 있는 세계 6위의 컴퓨터 제조업체인 AST를 인수한 후 나스닥에서 상장폐지하고 삼성그룹의 계열사로 편입했다. 그러나 경영이 지속적으로 악화되어 1999년 2월 미국의 투자자 그룹에게 지분을 매각하고 7,000여 억 원 이상의 투자 손실을 보는 실패로 마감되었다.[67]

대부분의 재벌 그룹들은 현재 경영 능력을 검증받지 않은 3세대로 경영이 세습되었거나 세습되는 과정에 있다. 성공적으로 기업을 성장시킨 창업자나 성공적으로 경영을 승계한 2세들도 경영에 실패한 많은 사례들에 비춰볼 때 3세들이 경영을 승계했을 때 위험을 우려하지 않을 수 없다. 창업자의 후손들이 경영을 승계해서 성공적으로 성장하고 발전한 기업의 경우라 할지라도 성공이 유전되는 것이 아니기 때문에 3세대와 4세대로 이어지는 '세습 경영'이 좋은 경영 성과로 이어진다는 보장이 없다. 3세들 대부분은 기업이 이미 성장해 대규모가 된 이후에 태어나서 2세와 같이 창업자의 경영이나 성공 과정을 지켜볼 기회도 없었고, 아버지의 배려로 안정적인 보호막 속에서 경영 수업을 받은 것이기 때문에 창업자나 2세들과는 다르다. 전문 경영자는 최고 경영자의 지위에 오르기까지 수많은 경쟁을 통해서 경영 능력을 검증받는다. 그러나 경쟁적인 과정을 거치지 않고 최고 경영자의 자리를 세습한 재벌 총수의 후손들이 견제를 받지 않는 황제 경영을 하는 것은 기업의 생존이 자신의 생존과 직결되어 있는 노동자, 공급자, 투자자의 운명을 걸고 도박하는 것과 같은 것이다. 최고 경영자가 경영 성과를 내지 못하면 기업을 살리기 위해서 최고 경영자가 교체되듯이 기업과 경영자의 운명은 다르다. 마찬가지로 재벌 그룹도 회사들과 총수도 다르다. 따라서 재벌 총수의 '경영할 권리'를 보호해줘야 할 것이냐, 아니면 기업과 기업의 이해당사자들의 생존을 보호해줘야 할 것이냐를 묻는다면 그 답은 불을 보듯이 명확할 것이다.

재벌 그룹 회장들 중에 많은 사람들이 비자금, 차명 재산, 횡령, 배임, 탈세 등의 불법행위들로 형사처분을 받았다. 그러나 대부분 교도소에서 실형을 살지 않고 집행유예로 풀려났고, 몇 년 후에는 다시 사면을 받았다. 2세들은 창업자로부터의 재산상속의 과정에서도 차명을 이용해서 상당 부분의 재산을 은닉했기 때문에 상속 과정이 불투명했고 제대로 상속세를 낸 경우가 드물었다. 삼성그룹의 경우에는 창업자 사후 25년이 넘은 지금에도 형제간의 상속재산에 대한 법적 다툼이 진행되고 있다. 총수 개인과 가족들이 회사와의 편법적 또는 불법적인 거래를 통해서 사적인 이익을 취하는 부당 거래의 사례는 수없이 많았다. 이익을 부풀리고 손실을 감추는 분식 회계가 관행이라는 이유로 묵인되었고 이를 자진해서 신고하면 처벌하지 않는 특혜를 주기도 했다. 경제성장에 기여했다는 이유, 그리고 총수가 없으면 기업의 경영이 어려워지고 국가 경제에 부정적인 영향을 미친다는 이유 등으로 재벌 총수들의 불법행위에 면죄부가 주어졌다.

재벌 그룹의 경영이 악화된 경우에 직접적으로는 노동자와 투자자들이 피해를 입고 고통을 받을 뿐만 아니라 그로 인한 비용이 사회 전반에 광범위하게 전가되지만, 누구도 그 책임을 지지 않는 사태를 여러 차례 경험했다. 재벌 그룹의 국가 경제에 대한 지배력이 과도하게 커져서 재벌 그룹이 파산할 경우에 국가 경제까지 위태롭게 만드는 시스템 리스크로 확산되는 악순환도 여러 차례 겪었다. 한국의 경제 규모와 국민소득수준이 선진국의 문턱에 이르렀고, 시장경제 체제로 전환한 지도 20여 년이 지났다. 시장경제에서 기업이 경쟁력을 갖는 최선의 길은 시장에서의 공정한 경쟁을 통해서 생존하고 성장하는 것이다. 기업의 생존과 성장을 책임지는 최고 경영자의 자리역시 마찬가지다. 기업 내부의 승진 과정에서 또는 전문 경영인 시장에서 경쟁을 통해 경영 능력을 검증받은 사람이 최고 경영자의 책임을 맡는 것이 당연하다. 상장회사 최고 경영자의 자리가 창업자 후손들의 기득권이 되어 대물림하며 세습하는 것을 정당화할 수 있는논리는 시장경제에 없다. 이제는 더 이상 재벌 기업과 총수들의 불법행위를 과거의 관행으로 여기며 관용을 베풀 수 있는 시대도 아니다. 왕조가 아니라면 사회주의(Socialism) 독재 체제에서도 정치권력은 끊임없이 도전을 받으며 세습되지 않는다. 재벌 총수의 '황제 경영권'을 보호해주고 세습해야 한다는 주장은 시장경제를 부정하는 기득권 세력의 궤변일 뿐이다. 수많은 이해당사자들의 운명과 국가 경제의 미래가 걸려 있는 '경영권'은 보호받아야 할 특권이 아니라 오히려 도전과 경쟁의 대상이다.

규모의 경제　성장

평등　소득세

시장경제　상속세

경쟁의 자기소멸　누진세

윔블던효과　협동조합

사내유보　투명성　정의

징벌적 배상　범위의 경제

세계화　분배

성장률　고용

복지

집단소송제　소득불평등

민영화

정의론

소유　노동분배

국가경쟁력

지주회사

자본세

자유

소유의 미로

대압축

새누리민주당

시장근본주의

사업 낚아채기

민주주의

경제민주화

국민소득

일감 몰아주기

비정규직

의리

경쟁

계급투표　임금

경영권

양극화

강북우파

갑질

차등의 원칙

공정

구성의 모순

기억투표

효율성

제 3 부

한국 자본주의
고쳐 쓰기

제
6
장

자본주의에서의 경쟁, 공정, 정의

자본주의 버릴 것인가,
고쳐 쓸 것인가?

| 드러나는 모순들 |

글로벌 금융 위기를 계기로 1980년대 이후 지난 30년 이상 축적되어 온 자본주의의 문제들이 드러났다. 선진국에서 시작된 금융 위기는 경제 전반의 위기로 확대되었고, 곧이어 전 지구적으로 확산되더니, 2009년에는 세계경제가 성장률을 공식적으로 기록하기 시작한 50년 만에 처음으로 마이너스성장을 하는 심각한 상황에 빠졌다.[1] 금융 위기가 발생한 지 7년이 된 지금도 세계경제는 장기 침체의 늪에서 벗어날 기미를 보이지 않고 있다. 세계경제가 장기 침체에 빠진 것보다 더욱 심각한 문제는 많은 선진국들에서 경제가 성장한다 해도 일자리 창출로 이어지지 못하는 '고용 없는 성장(jobless growth)'이라는 패턴이 굳어지기 시작한 점이다. 그나마 일자리가 생긴다 해도

저임금 노동자들이 양산되면서 경제성장이 국민 생활의 향상으로 이어지지 않는 '임금 없는 성장'이 구조화되었다는 것이다. 엎친 데 덮친 격으로 경제성장의 혜택이 소수의 고소득 계층에게 집중되면서 갈수록 악화되는 소득 불평등과 양극화로 사회의 중심축인 중산층이 급격하게 줄어들기 시작했다. 시장에서의 경쟁은 갈수록 치열해졌지만, 공정성과 형평성이 훼손된 시장은 더 나은 결과를 만들어내는 경쟁의 원래 기능을 잃어가고 있고, 이러한 경쟁으로 이뤄낸 결과도 공정하게 배분되지도 않고 있다. 가장 효율적이라고 믿었던 금융시장이 자산 가격의 버블을 만들고 자본 배분을 왜곡하면서 시장에 대한 기본적인 신뢰조차 무너지기 시작했다. 상황이 이러하니 자본주의 시장경제에 대한 비판과 회의론이 제기되는 것은 너무도 당연한 결과다. 몇 년 전 미국 뉴욕을 비롯한 세계 여러 대도시에서 들불 퍼지듯 확산되었던 '점령하라!(occupy wall street)' 시위는 소수 불만자들의 단순한 토로(吐露)는 아니었다.

한국에서 표출된 자본주의의 문제들은 발생 원인과 과정에서 선진국들과 상이하다. 하지만 제1장에서 논의한 바와 같이 한국 자본주의가 갖고 있는 문제들은 미국이나 유럽의 선진국들과 크게 다르지 않다. 어떤 문제들은 선진국들보다 더 심각하기도 하고, 또 어떤 문제들은 다른 나라에서 보이지 않은 것들도 가지고 있다. 경제가 성장하는 만큼 일자리가 만들어지지 않고, 실질임금도 늘어나지 않는 '고용 없는 성장'과 '임금 없는 성장'의 문제와 소득 불평등과 양극화가 더욱 심해지고 구조화되고 있는 것은 다른 선진국들과 마찬가지다. 그러나 한국은 유럽을 비롯한 선진국과 같이 복지 정책이나 소득재분배 정책이 제대로 제도화되어 있지 않기 때문에 소득 불평등 문제가 더 심각하게 나타나고 있다. 기업소득은 늘어나는데 노동에 대한 분배는 갈수록 줄어들어서 가계 살림이 경제가 성장하는 만큼 나아지지 않는 '분배 없는 성장'의 문제는 다른 나라보다 훨씬 심각하게 나타나고 있다. 더구나 한국에서 양극화는 비단 가계들 사이에서만 일어나는 것이 아니라 기업들 사이에서도 심각하다. 대기업과 중소기업의 격차가 갈수록 벌어지고, 공룡처럼 커진 소수 재벌 그룹 기업들이 국민경제에서 차지하는 막대한 비중은 이미 경제 전체의 안정성을 위협하는 수준에 이르렀다. 더구나 재벌 기업들이 하지 않는 사업을 찾기 힘들 정도로 다양한 사업에 진출하고 있어서 창업 기업과 중소기업이 성장하는 데 걸림돌이 되고 있다.[2] 이러한 재벌이라는 특이한 조건을 가진 경제구조는 다른 어느 나라에서도 찾아볼 수 없는 한국만의 문제다.

한국뿐만 아니라 세계는 지금 자본주의가 만들어낸 구조적인 문제들에 대한 비판과 대안 찾기 논쟁이 진행 중이다. 2008년 글로벌 금융 위기 직후에는 자본주의의 종말, 시장의 종말, 경쟁의 종말, 그리고 신자유주의의 종말 등 자본주의 체제의 종말을 예견하는 논쟁도 적지 않았다. 그러나 금융 위기가 발생한 지 7년이 지난 지금 시점에서 자본주의의 종말을 예고하는 뚜렷한 징후는 없다. 그렇다고 해서 자본주의가 문제가 없다거나 지금과 같은 형태로 지속될 수 있다고 믿는 사람도 드물다. 정도의 차이는 있지만 2008년 금융 위기는 자본주의가 어떤 방식이나 형태로든 변화하는 것이 필요하다는 데 인식 변화의 계기를 마련했다. 선택은 '자본주의 대안 찾기' 아니면 '자본주의 고쳐 쓰기' 중 하나가 될 것이다. 자본주의가 바람직한 체제가 아니라면, 그래서 자본주의를 종식시키려면 먼저 자본주의를 대체할 현실적인 대안이 모색되어야 한다. 그리고 자본주의를 대체할 현실성 있는 대안 체제를 찾을 수 없다면, 자본주의 고쳐 쓰기를 할 수 밖에 없다. 한국 자본주의의 대안을 찾기 위해서는 먼저 미국과 유럽 국가들에서 또는 전 세계적인 차원에서의 자본주의의 대안이 무엇인가를 먼저 살펴보기로 한다.

|자본주의 대안 찾기|

오늘날의 자본주의가 왜 이렇게 공평하지도, 공정하지도 그리고 정의롭지도 않은 천박한 모습이 되었는가에 대해서 두 가지 의견이 있다. 첫째는 자본주의 체제가 가지고 있는 근본적인 결함으로 인한 것으로 보는 견해다. 특히 경쟁을 통해서 효율성을 추구하는 것을 작동 원리로 삼는 시장경제가 내포하고 있는 근본적인 결함에 기인하는 것으로 본다. 둘째는 미국과 영국에서 시장 근본주의, 또는 신자유주의라고 불리는 경제정책으로 인해서 만들어진 작동상의 문제로 보는 견해다. 시장 근본주의 또는 신자유주의가 무엇인가에 대해서는 다양한 의견들이 있지만 가장 핵심적인 부분만 요약한다면, 정부의 시장 개입과 규제를 줄이고 시장이 스스로 알아서 작동하도록 두는 일련의 자유방임주의 경제정책들을 의미한다. 달리 말하면 정부의 역할을 줄이고 시장의 역할을 확대하는 식으로 경제를 운용하는 것으로 이해할 수 있다. 따라서 현재의 문제는 신자유주의 운용방식에 극단적으로 경사된 정부가 시장 실패를 보완하기 위해서 적극적인 역할을 하지 않고 시장에 맡겨두었기 때문에 문제가 생겼다고 본다.

　첫 번째 견해는 자본주의 '체제의 결함'에 방점을 두고 있고, 두 번째 견해는 자본주의 '운영의 방식'에 방점을 두고 있다. 이 두 가지 견해는 서로 상충되는 것은 아니며, 둘 다 일리가 있는 진단이다. 그러나 어디에 방점을 두느냐에 따라서 지금의 문제를 어떻게 해결할 것인가에 대한 처방은 큰 차이가 있다. 첫 번째 견해에 따른 근본적인 처방은 '자본주의를 대체할 대안적인 경제체제'를 찾는 것이다. 자본주의를 전면적으로 대체할 대안적 경제체제를 찾지 못하더라도 최소한 경제의 일부분에서라도 작동하는 대안 모델을 찾는 것이다. 두 번째 견해에 따른 처방은 '자본주의를 어떻게 고칠 것인가' 또는 '시장경제를 어떻게 운용할 것인가'에 대한 답을 구하는 것이다. 첫 번째 견해에 따른 처방이 초국적이고 역사적인 대안 체제를 찾는 것이라면, 두 번째 견해에 따른 처방은 각 나라별 역사적 발전 경로나 상황과 그로 인해 형성된 경제사회적 구조의 차이에 따라서 자본주의를 고치는 방안 또한 달라질 것이다.

사회주의의 태동

자본주의 시장경제가 가지고 있는 근본적인 결함에 대한 비판과 대안 찾기는 애덤 스미스(Adam Smith)가 《국부론(The Wealth of Nations)》을 출간한 1776년 이후 지난 250여 년 동안 계속되고 있다. 애덤 스미스의 《국부론》 역시 봉건적 잔재와 불완전한 시민권 때문에 변혁이 지체되고 있던 18세기 당시의 전환기적 상황에서 시장을 통하여 세상의 변혁을 꾀하려는 이론적 시도의 하나였던 것이다. 초기 자본주의가 만들어낸 사회상은 지금과는 비교할 수 없을 정도로 불평등했고 경제 정의는 아예 존재하지 않았다. 봉건적 잔재가 남아 있는 초기 자본주의인 19세기 초반의 독일 상황은 '노동자들은 일주 일에 거의 90시간을 뼈 빠지게 일했다. 시외에 있는 공장에서는 대개 새벽 5시에 일을 시작했고, 저녁 8시가 지나서야 겨우 퇴근했다. 토 요일과 일요일에도 일했지만 일당은 고작 1마르크(mark) 정도에 불 과했다.'3 다른 유럽 국가에서도 '주기적으로 발생하는 공황으로 공 장은 멈춰서고 길거리는 실업자로 넘쳐났다. 10대 초반의 아동이 탄 광 막장에서 하루 16시간을 일하고도 생존 수준의 임금도 제대로 받 지 못하는 상황이 일상화되었다. 열악한 영양 상태와 위생 조건으로 인해 19세기 말까지도 서구의 평균 수명은 40세에 한참 못 미쳤다.' 4 초기 자본주의는 한마디로 비인간적인 괴물이었다. 초기 자본주의 시장경제가 만들어낸 사회의 모습이 이러했으니 자본주의의 대안을 찾으려는 시도가 생겨난 것은 너무도 당연한 귀결이었다. 그러한 시 도의 결과가 사회주의(Socialism)이다. 사회주의는 야만적이고 폭력 적인 초기 자본주의를 대체할 대안으로 등장했다.

애덤 스미스의《국부론》이 출간된 지 90년이 지난 1867년에 사 회주의 경제의 가장 중요한 이론서가 된 칼 마르크스(Karl Heinrich Marx)의《자본론(Das Kapital)》이 출간되었다. 이 책은 자본주의가 가 지고 있는 내재적 모순을 이론적으로 규명하면서, 자본주의는 결 국 스스로 자멸할 수밖에 없다는 결론을 내리고 있지만 정작 사회 주의에 대한 구체적인 설명은 별로 없다. 그러나 이 책은 생산수단 을 사회화하고 노동자가 주인이 되어 모두가 함께 잘사는 이상향 을 지향하는 사회주의 이념의 이론적 기반의 단초를 제시한 중요한 저작이었다. 마르크스의 사회주의 이론이 정립되기 이전에도 사회주의적 또는 공산주의적 공동체를 만들려는 이상적 사회주의의 시도들이 있었다.[5] 그러나 작은 공동체가 아니라 사회주의 국가 또는 사회를 건설하기 위한 정치적인 시도는 1847년 '공산주의자 연맹(communist league)'이 만들어지고, 이듬해인 1848년 마르크스와 엥겔스(Friedrich Engels)가 '공산당 선언(Manifest der kommunistischen Partei)'을 발표하면서 시작되었다. 1864년 전 세계 사회주의자들과 노동자 대표들이 영국 런던에 모여서 '사회주의 인터내셔널(socialist international)'을 결성했고, 1869년 독일에 '사회민주노동당(SDAP)'이 설립되고, 이후 1891년 사회민주당(SPD)으로 이름을 바꿔 지금까지 내려오고 있다.[6] 이후에 사회주의는 여러 논쟁과 분파로 발전해갔는데, 크게 보면 사회주의 이상향을 어떻게 건설할 것인가에 대한 의견의 차이로 '민주사회주의(Democratic Socialism)'와 '공산주의(Communism)'로 분리되었다.[7] 민주사회주의는 '사회민주주의(Social Democracy)'라고도 불린다. 사회민주주의와 공산주의는 모두 마르크스의 사회주의 이론을 근간으로 하는 사회주의다. 그러나 민주적인 절차로 사회주의 국가를 만들려는 사회민주주의와 혁명을 통한 사회주의 국가를 실현하려는 공산주의는 서로 다른 길을 갔다.[8]

| 자본주의의 대안 1: 공산주의 |

최초의 사회주의 국가가 실현된 것은 애덤 스미스의 《국부론》이 출간된 지 146년 후, 그리고 마르크스의 《자본론》이 출간된 지 50년 후인 1917년이었다. '10월 혁명(The October Revolution)'으로 불리는

'볼셰비키(Bolshevik) 혁명'을 성공으로 이끈 옛 러시아의 사회주의자들은 공산당(communist party)을 만들고 무자산 계층[프롤레타리아(proletariat)]인 노동자·농민이 주인 되는 '평등한' 사회주의 국가를 건설했다. 지금의 러시아 전신인 구소련(소비에트 사회주의 공화국 연방)은 사회주의 이념의 한 형태인 공산주의 이념을 토대로 세워진 최초의 국가였다. 자본주의가 시작된 지 1세기 반 후에, 사회주의 이론이 만들어진 지 반세기 후에 사회주의는 혁명을 통해서 자본주의에 대한 현실적 대안인 국가 경제체제로서 등장한 것이다. 동유럽 국가들이 줄이어 공산주의로 전환했고, 아시아에서는 중국이 공산주의 국가가 되었다. 혁명적 방법을 통한 공산주의가 민주적 방법을 선택한 민주사회주의보다 한발 앞서 자본주의 체제를 타파하여 사회주의를 실현하였다.

사회주의는 야만적인 모습을 한 초기 자본주의의 대안이었다. 그렇다면 21세기 지금의 일그러지고 천박한 모습의 자본주의의 대안으로서 사회주의는 여전히 유효한 것인가? 이 질문에 답을 구하기 위해서는 현실 사회주의가 역사 과정 속에서 어떻게 되었는가를 살펴봐야 한다. 먼저 최초의 사회주의 국가인 구소련은 자본주의의 모순을 극복하고 모두가 함께 잘사는 사회주의 이상향을 실현해내지 못한 채 결국 1991년 붕괴되었다. 마르크스가 《자본론》을 집필하고 자본주의를 대체하는 사회주의 이념을 정립한 때부터 공산주의 국가 등장하기까지 반세기가 걸렸지만,[9] 공산주의 체제는 70년 만에 역사적 실험을 끝낸 것이다. 피의 혁명으로 세워졌던 공산주의 국가들이 총성 없이 스스로 무너지면서 소련과 동유럽의 공산주의는 참담한 실패로 현실에서 사라졌다.

세계경제에 영향력을 미치는 사회주의 국가로 이제 중국이 유일하다. 쿠바, 북한 그리고 일부 아프리카 국가들이 공산주의 체제를 유지하고 있지만, 그들은 사회주의가 자본주의보다 더 우월한 체제인 것을 보여주기보다는 오히려 그 반대의 상황을 증명하고 있다. 더구나 이들 국가들은 오히려 공산주의인지조차 의심스러울 정도로 봉건적 왕조 국가나 다름없는 국가 운영을 해 오고 있다. 유일한 예외가 있다면 아마도 최근 중국의 변화일 것이다. 중국의 사회주의는 1978년 덩샤오핑[鄧小平]의 개혁·개방 정책으로 대전환을 했다. 개혁·개방 정책 이후에 중국은 자신들의 체제를 '중국 특색 사회주의(Socialism with Chinese Characteristics)'라고 부른다. 쉽게 표현하면 '중국적 사회주의'이다. 중국적 사회주의는 사유재산을 허용하고 시장경제를 도입함으로써 사회주의 이념의 핵심인 생산수단의 사회회를 포기하고 자본주의를 받아들인 것이다. 민간 기업들이 생겨나고, 주식시장이 만들어졌으며, 외국인 자본을 적극적으로 받아들이고, 경제사회의 많은 부분에서 시장경제의 작동 원리인 경쟁 체제를 도입했다. 중국적 사회주의는 '정치적으로는 사회주의 당 국가 체제를, 그러나 경제적으로는 자본주의 시장경제를'[10] 시행하는 사회주의와 자본주의를 결합한 것이다.[11] 이를 사회주의 체제로 보는 시각에서는 '시장사회주의'라고 부르고, 자본주의 체제로 보는 시각에서는 '국가자본주의(State Capitalism)'라고 부른다.[12] 중국식 사회주의를 어떻게 보느냐의 견해 차이와 관계없이 중국 경제의 현실은 마르크스주의적 사회주의나 공산주의보다는 자본주의 시장경제에 가깝다. 공산당이 일당 독재로 권력을 장악하고 있고, 아직도 계획경제를 실시하고 있으며, 국가 소유 기업(SOE, state owned enterprise)이 경제의 주축을 이루고 있는 것이 그나마 남아 있는 사회주의의 잔영이다. 그러나 중국을 방문해본 사람이라면 상하이[上海]나 베이징[北京]과 같은 도시의 일상에서 과거와 같은 공산주의의 흔적을 찾기 어려울 것이다. 필자가 경험한 바로는 보통 중국 사람들에게 '돈'은 거의 종교에 가깝다고 할 정도로 한국보다 더 자본주의적이었다.

| 자본주의의 대안 2: 사회민주주의 |

혁명으로 사회주의를 실현한 공산주의와는 달리 민주적 절차로 사회주의 체제를 건설하려는 사회민주주의는 서유럽과 북유럽에서 시도되었다. 독일 사회민주당과 스웨덴 사회민주노동당은 집권에 성공했고, 핀란드와 덴마크 등의 다른 북유럽 나라에서는 집권하지 못했지만 소수 정당으로서 보다 평등한 사회를 만드는 데 기여했다. 그들은 복지국가를 건설했고, 최소한의 인간다운 삶을 위한 임금과 사회보장제도를 도입했다. 나아가 완전고용을 지향했고, 노동자의 경영 참여와 노동시간 단축 등 노동자의 권리를 신장하고 삶의 질을 높이는 노력을 기울여 미국이나 다른 유럽 국가보다 훨씬 평등한 사회를 만들었다. 그러나 사회민주주의를 지향했던 서유럽과 북유럽의 사회주의는 자본주의 시장경제체제에 사회주의적 요소들을 도입한 것이었기에 소련과 동유럽 국가의 공산주의 체제에서의 사회주의와는 근본적인 차이가 있다할 것이다.

사회민주주의를 현실 체제로 가장 성공적으로 안착시킨 스웨덴은 복지국가를 만들었고, 독일은 노동자의 경영 참여 등 유럽식 자본주의의 모델이 되었다. 특히 스웨덴은 가장 모범적인 사회민주주의를 실현한 나라다. 스웨덴의 사회민주당은 1932년에서 1976년까지 44년을 집권하면서 '스웨덴 모델'이라고 불릴 정도로 선진국 중에서 가장 평등한 사회를 만들었다. 스웨덴은 사회주의 이념의 근간인 생산수단의 사회화를 채택하기보다는 '생산수단의 사적 소유와 시장에 의한 자원 배분이라는 자본주의 경제의 기본 원리를 수용하되 조세정책과 사회복지 정책을 통해 국가가 평등주의(Egalitarianism)적인 재분배 정책을 실시'하는 우회적인 방법을 채택했다. 이로써 '생산의 사회화 대신에 분배와 소비의 사회화'라고 할 수 있는 정책들을 일관성 있게 추진하여 다른 어떤 나라들보다 평등한 사회를 만들어내는 큰 성과를 거두었다.[13] 스웨덴은 생산수단의 사회화에 가까운 기업 소유의 사회화를 시도하기도 했다. 기업에 이윤 분배세를 부과하는 한편, 기업에게 현금이 아닌 새로 발행한 주식을 세금으로 납부하게 함으로써 정부는 이 주식으로 임금노동자 기금을 만드는 것이었다. 이는 기금을 만들기 위해서 기업이 현금을 납부하지 않고 주식만을 발행하는 것이기 때문에 기업에게 새로운 금전적 부담이 되지 않는 획기적인 방법이었다. 임금노동자 기금은 노동자 개인들에게 주식 소유와 배당 지급을 허용하지 않고 집단적으로 주식을 소유하도록 제도화했다. 따라서 세월이 지나면 그 기업이 존속하는 한 계속 쌓여가는 기금이 기업의 주요주주가 되어서 결과적으로 집단으로서 노동자들이 기업을 소유하게 되는 구조였다.[14] 임금노동자 기금은 주식회사라는 자본주의 기업형태를 유지하면서도 노동자 집단이 대주주로서 기업의 주인이 되는 새로운 형태의 회사 모델을 통해서 생산수단의 사회화를 이루는 매우 독창적인 것이었다.

성공적으로 사회민주주의를 실행해 왔던 스웨덴에도 큰 변화가 발생했다. 한 번 도입된 복지 정책들은 관성적으로 유지되었고, 거기에다가 새로운 복지 제도들도 지속적으로 도입되었다. 따라서 날로 늘어가는 복지 지출 때문에 재정 적자와 대외 채무가 급격하게 증가했고, 경기 침체와 물가 상승이 함께 나타나는 스태그플레이션 (stagflation)을 겪었으며, 이로 인하여 산업의 국제 경쟁력이 크게 약화되었다.[15] 이러한 경제 침체를 타결하려는 수단으로 1980년대 초 스웨덴의 사회민주당은 '제3의 길(The Third Way)'이라는 경제정책을 시행했다. 스웨덴의 '제3의 길'은 '당시 미국과 영국에서 시행한 신자유주의적 정책과 프랑스 사회당 정부가 채택한 전통적인 케인스주의적 수요 부양 정책으로부터 구별하기 위해 고안되었다. 제3의 길 정책의 핵심은 완전고용 달성과 복지국가 유지라는 전통적인 사민주의적 정책 목표를 유지하되, 경제 회생의 실마리를 수요가 아니라 공급 측에서 찾겠다는 것이었다.'[16] 스웨덴 사회민주당이 1982년 채택한 '제3의 길' 정책은 영국 노동당이 1998년에 내세운 '제3의 길' 보다 시기적으로 앞선 것이며 그 내용도 다른 것이다. 스웨덴의 '제3의 길'은 전통적인 사회민주주의 정책을 신자유주의적 정책으로 근접시킨 것이며,[17] 16년 후 영국의 '제3의 길'은 '구식 사회민주주의와 신자유주의를 뛰어넘고자 하는 시도'[18]로서 신자유주의적 정책으로부터 적극적인 복지와 같은 사회주의적 정책으로 이행하는 것이라고 할 수 있다.[19]

스웨덴의 제3의 길은 '경기 호황과 실업률 하락 등 일정한 성과를 냈지만 1980년대 말 인플레이션(inflation)과 경기과열, 거품경제가 발생'[20]하는 등의 문제들이 중첩되어 1991년에 막을 내렸다. 이후에 제3의 길 정책들이 하나의 원인이 된 금융 위기를 겪으면서 스웨덴 경제는 급격하게 악화되었다.[21] 1991년부터 1993년까지 3년 동안 경제가 마이너스성장을 하고, 1980년대 말 1%대에 머물던 실업률이 1993년 9%, 1996년 10%까지 증가했다.[22] 기업 소유의 사회화를 목적으로 설립된 임금노동자 기금은 수익성 기준으로 투자가 이뤄져서 원래의 설립 목적을 달성하지 못하고 결국 해체되었다.[23] 제3의 길이 실패로 끝나자 스웨덴은 시장 근본주의 또는 신자유주의적인 정책을 받아들이는 '체제 전환'을 했다. 고소득 계층의 세금 부담을 줄여주고, 스웨덴 사회복지 제도 중 가장 중요한 요소인 연금제도를 '보편적인 권리로서의 연금'에서 '소득에 따라 결정되는 자본주의적 연금'으로 전환하고, 임금노동자 기금이 해체되는 등 사회민주주의적인 요소가 약화되고 있다.[24]

| 사회주의는 대안이 될 수 있는가? |

소련과 동유럽의 공산주의 국가들이 붕괴되면서 공산주의의 역사적 실험은 실패로 끝났다. 소련과 동유럽 국가들에서 시행한 70년 동안의 공산주의 정치체제와 경제체제의 경험에 비춰볼 때 공산주의가 다시 현실적 대안이 되는 것은 가까운 장래에는 가능성이 매우 낮은 것으로 판단된다. 공산주의 국가 중에서 남은 것은 중국뿐이다. 중국식 사회주의는 13억 명의 국민들을 절대 빈곤에서 벗어나게 하고, 중국을 세계 2대 경제 대국으로 발전시키는 대단한 성과를 거두었다. 그러나 중국은 자본주의가 가지고 있는 많은 어두운 문제들을 마찬가지로 가지고 있다. 소득 불평등, 빈부 격차, 노동자들의 임금격차의 문제들은 다른 자본주의 국가들보다 오히려 더 심각한 상황이다. 일부 신흥 부자들의 극단적 사치에서 드러나는 졸부 행태는 사회주의 혁명 이전 중국의 봉건적 지주들의 행태를 빼닮았다. 중국 정부는 공산당 일당 체제에서 강력한 리더십을 기반으로 경제 발전을 추진할 수 있었다. 그러나 중국식 사회주의가 성공적인 경제성장을 이룰 수 있었던 요인인 공산당 일당 체제가 동시에 중국식 사회주의의 지속 가능성을 의심케 하는 요인이기도 하다. 민주적 정치과정이 존재하지 않고 견제 역할을 하는 시민사회마저도 없는 구조는 중국 사회 전반에 부패를 구조적으로 만연하게 하는 원인이 되고 있다. 부패는 중국의 미래를 가장 어둡게 하는 요소다. 그렇기 때문에 중국식 사회주의를 시장사회주의로 규정하든, 국가자본주의로 규정하든 간에 관계없이 민주적 정치과정에 없기 때문에 성공한 중국식 사회주의를 한국과 같이 민주주의를 시행하고 있는 나라에서는 자본주의의 문제를 해결하는 대안으로 삼을 수 없다.

사회주의의 다른 한 축이었던 사회민주주의는 마르크스 사회주의의 핵심 내용인 생산수단의 사회화를 실현하지는 못했고 사유재산을 인정하고 시장에서의 경쟁을 기본적인 경제 운용 시스템으로 채택하는 자본주의의 틀 안에 있다. 따라서 사회민주주의는 사회주의에서 시작했으나 자본주의의 한 형태로 결말이 났다. 자본주의를 편의상 크게 '영미식 자본주의'와 '유럽식 자본주의'로 분류하기도 한다. 이런 분류에서 '영미식 자본주의'는 시장을 중시하고 복지 제도가 상대적으로 취약한 미국과 영국의 자본주의를 지칭하며, '유럽식 자본주의'는 복지 제도를 적극적으로 시행하고 정부가 적극적으로 소득 불평등을 해소하는 정책을 시행하며 노동자의 경영 참여와 같이 사회민주주의 요소들을 가진 서유럽과 북유럽의 자본주의를 칭한다. 공산주의와는 다른 길을 간 사회민주주의는 자본주의의 한 형태인 '유럽식 자본주의'가 된 것이다. 결국은 사회주의 체제가 아닌 사회주의 요소를 수용한 자본주의 체제라고 볼 수 있다.

공산주의는 실패로 끝났고, 일정한 성공을 거둔 중국식 사회주의는 공산당 일당 체제에서 가능했기에 민주주의를 지향하는 한국에게 대안이 될 수 없다. 그리고 사회민주주의는 복지국가를 이루는 등의 성과를 거두었고 시장 근본주의적인 영미식 자본주의와는 다른 유럽식 자본주의를 만드는 데 기여했지만 지금은 다른 자본주의 체제와 마찬가지의 문제를 안고 있는 상황이 되었다. 이러한 사회주의 경제체제들의 역사적 실험 결과에 비춰보면 사회주의가 자본주의의 현실적인 대안이 될 수 있냐는 질문에 대한 대답은 '아니다'라고 말할 수밖에 없다. 하지만 '사회주의와 공산주의는 사라져가고 있으나 우리를 여전히 사로잡고 있다는 것이다. 우리는 사회주의나 공산주의를 추동시켰던 가치와 이상을 그냥 제쳐둘 수가 없다. 그 중 어떤 것은 좋은 삶의 본질을 이루는 것이고, 실현해야 할 사회적·경제적 발전의 핵심이기 때문이다.'[25] 사회주의가 지향했던 함께 잘사는 평등의 가치와 그것을 실현하기 위해서 시도했던 여러 제도들 중에는 자본주의가 발전하는 과정에서 배워오고 채택한 것들이 적지 않다. 사회보장제도, 연금제도, 복지 제도 등과 같이 정부가 적극적인 평등 정책을 시행한 점은 자본주의가 사회주의로부터 배워서 발전한 것이다. 그리고 앞으로도 지금의 자본주의 문제를 해결하는 데 참고해야 할 것들이라는 점에서 사회주의의 이념적 지향성이나 제도들의 상당 부분은 여전히 모두의 관심사다.

특히 민주주의 체제에서 노동자들과 국민들의 자발적인 선택으로 사회주의 이념을 실현한 '스웨덴 모델'의 사회민주주의는 '생산수단에 대한 사적 소유와 시장 메커니즘(mechanism) 중심의 자원 배분이라는 자본주의 경제의 기본 골격을 유지하면서도, 상당히 높은 수준의 평등주의적 소득분배와 소비 분배를 달성할 수 있으며, 원활한 경제성장과 평등주의적 재분배 정책이 상당한 정도까지 양립 가능하고, 높은 수준의 참여 민주주의의 성취가 가능하다는 것을 보여주었다'[26]는 점에서 자본주의가 직면한 문제들을 해결하는 데 중요한 교훈이 된다. 스웨덴은 제3의 길을 택한 이후에 사회민주주의적인 정책들이 후퇴했음에도 불구하고 글로벌 금융 위기가 발생하기 전 2007년까지는 여전히 세계에서 소득 불평등도가 가장 낮은 나라였다. 지금의 자본주의가 위기에 봉착하고 회의론이 제기된 가장 큰 이유가 분배의 정의가 실현되지 않았기 때문이라는 점에서 지속 가능한 자본주의를 위해서 사회민주주의로부터 배워야 할 것들이 아직도 많은 것이다.

자본주의
고쳐 쓰기

| 제3의 체제는 없다 |

자본주의 250년의 역사에서 사회주의 이외에는 어떤 사상과 이념이나 체제도 자본주의를 대체할 대안이 되지 못했다. 마르크스가 《자본론》을 출간한 지 150년이 지난 지금까지 어떤 철학자나 경제학자도 자본주의에 대한 대안 체제를 제시하지 못했다. 그리고 가까운 미래에 다른 대안을 제시할 수 있는 역량을 가진 사상가나 경제학자도 현재는 없어 보인다. 그러기에 사회주의는 여전히 자본주의를 대체할 유일한 이념적 대안이다. 그러나 사회주의의 역사적 실험들이 실패로 끝난 경험에 비춰볼 때 사회주의가 자본주의를 대체할 경제체제로서의 현실적인 대안인가 또는 지금의 자본주의가 가지고 있는 문제들을 해결할 대체적 대안인가에 대한 답은 '아니다'이다.

자본주의도 아니고 사회주의도 아닌 '제3의 체제'는 없다. 스웨덴 사회민주주의자들이 시도했던 제3의 길은 사회주의에 자본주의적 요소를 받아들이는 것이었다. 영국 노동당이 내세웠던 제3의 길은 '구식 사회민주주의와 신자유주의를 다 같이 초월하려는 것'[27]이라고 스스로 규정했다. 하지만 노동당이 집권했을 때 펼쳤던 정책들이란 실제로는 보수당의 편협하거나 극단적인 신자유주의 또는 시장 근본주의를 일부분 교정하는 정도에 지나지 않았으며, 이마저도 제대로 추진하거나 작동했는지 의문이다. 돌이켜 보건데 두 경우 모두 관전자들의 과대한 기대와는 달리 사회주의도 자본주의도 극복하는 '제3의 체제'가 아니라 기존의 사회민주주의 또는 자본주의에 상대방의 정책을 조금씩 가미하는 수준의 '제3의 길'일 뿐이었다. 체제적 대안은 아니지만 협동조합이나 사회적 기업과 같은 자본주의 시장경제의 결함과 모순을 극복하는 대안도 활발하게 논의되고 있고 실제로 유럽 국가들에서는 매우 성공적인 사례들도 적지 않다. 그러나 이러한 모델들은 기본적으로 자본주의 시장경제체제 안에서 성립되며, 소규모 공동체에 적용할 수 있는 모델들이거나 자본주의의 결함을 부분적으로 바로잡는 보완적 대안이지 국가 경제체제로서의 자본주의를 대체하는 대안의 수준은 되지 못한다.

그렇다면 지금의 일그러진 모습의 자본주의 대안은 무엇인가? 그 답은 '자본주의 고쳐 쓰기'이다. 자본주의도 아니고, 사회주의도 아니며, 더구나 '제3의 체제'도 대안이 아니라면 지금의 선택은 '자본주의 고쳐 쓰기'일 수밖에 없다. 바다 한가운데에서 배에 구멍이 났다고 해서 배를 버리고 바다로 뛰어드는 것은 죽는 길이다. 살아남으려면 갈아탈 배가 올 때까지, 또는 육지에 다다를 때까지 구멍을 막고 고쳐서 항해를 계속해야 한다. 글로벌 금융 위기가 발생한 이후에 수많은 종말론이 제기되었다. 자본주의의 종말, 경쟁의 종말, 신자유주의의 종말 그리고 세계화의 종말 등 자본주의와 시장경제의 종말을 예언하거나 또는 기대하는 수많은 글과 책들이 있었다. 그러나 자본주의의 종말은 오지 않았고, 가까운 장래에 종말이 올 징후도 없어 보인다.

자본주의의 종말이 오지 않은 것은 지금의 자본주의가 최선의 선택이거나 또는 잘 작동하고 있기 때문이 아니다. 단지 대안 없이 지금의 체제를 버릴 수 없기 때문이다. 최소한 사회주의의 역사적 실험이 실패로 끝난 지금의 상황에서는 그렇다. 그러기에 수많은 종말론에도 불구하고 자본주의가 여전히 건재한 것은 자본주의 스스로의 생명력이라기보다는 대안 부재로 인한 생존이라 할 수 있다. 체제는 주어지는 것이 아니라 만들고 선택하는 것이다. 대안적 선택이 없으면 지금의 자본주의 체제는 지속될 수밖에 없고, 지금의 자본주의에 문제가 있다면 고쳐서라도 더 나은 자본주의를 만드는 것이 최선의 선택이다.

| 함께 잘사는 정의로운 자본주의 |

불평등의 심화가 개인의 노력으로 극복할 수 없을 정도로 구조화되면 사회적 갈등이 발생하는 것은 필연적인 것이다. 더욱이 불평등 구조가 아예 고착화되어 개선의 여지가 보이지 않거나 더욱 악화될 것이라면 궁극적으로는 자본주의 체제를 부정하는 상황으로 치닫게

될 것이다. 그러한 극단적 상황으로 치닫는 것을 피하기 위해서 불평등과 양극화가 더 이상 심화되고 가계 살림이 경제성장과 분절되는 현재 한국 자본주의의 상황이 바뀌어야 한다는 것에 대해서는 대체로 사회적 합의가 이뤄진 것으로 판단된다. 2011년 서울시 내의 초등학교를 대상으로 무상 급식을 전면적으로 실시하자는 주민 투표에서 이를 반대하는 세력들이 패배한 것과, 2012년 대통령 선거에서 진보 좌파가 주장해 온 경제민주화와 복지를 보수 우파인 새누리당이 가장 중요한 선거공약으로 내세워 선거에 승리한 것은 지금의 상황이 바뀌어야 한다는 데 정파적 이해관계를 넘어서 사회적 합의가 이미 형성되었다는 증거들이라 볼 수 있다.

한국의 자본주의가 바뀌어야 한다는 사회적 합의는 지금의 불평등이나 양극화 구조에 대한 문제 인식에서 비롯된 것이기 때문에 가장 쉽게 생각해볼 수 있는 방안은 그 문제들을 고치는 것이다. 그러나 그 문제들의 배후에 있는 인과 요인들을 간과한 채 과거로부터 누적되어 온 표면적인 문제들만을 고치는 것에 그친다면 이는 과거에 대한 반동적 접근이다. 이를 넘어서서 능동적이고 미래지향적인 접근이 필요하며, 이를 위해서는 '한국인이 바라는 사회'를 이루는 체제로서의 '한국인이 바라는 자본주의' 상(像)을 모색하는 것이다. 사회 구성원들은 가치관과 이념 그리고 일상생활에서의 필요와 욕구가 다양하기 때문에 개인이 바라는 것과 공동체가 지향해야 하는 것이 반드시 일치하지는 않는다. 그렇기 때문에 '한국인이 바라는 자본주의'는 한국 국민들 대다수가 동의하는 가치의 최소한의 공통분모로 정의하고자 한다. 필자의 주관적인 단정이기는 하지만 대다수 국민들은 이념적 성향이나 경제적 계층과 관계없이 한국이 '정의로운 사회'가 되고, '함께 잘사는 사회'가 되기를 바란다고 해도 큰 무리가 없을 것이다.[28] 몇 해 전 마이클 샌델(Michael Sandel)의 《정의란 무엇인가(Justice: What's The Right Thing to Do)》가 한국에서 출판되었는데, 이 책이 철학 교양서임에도 불구하고 일반 사람들의 큰 관심을 끌었던 것은 한국 사회의 '정의로움'에 대한 갈망이 얼마나 큰가를 보여준 단적인 예라고 할 수 있다.

지난 30년간 선진국 자본주의가 드러낸 모순의 핵심은 소득 불평등과 양극화 심화 현상이며, 한국도 똑같은 모순에 빠져 있다. 이와 같은 불평등을 해소함으로써 지향할 사회를 먼저 '함께 잘사는' 사회로 규정해본다. 한편 선진국이 불평등의 모순에 빠진 과정이나 배경은 한국과 상당한 차이가 있다. 선진국에서의 불평등은 시장 근본주의에 경사된 잘못된 정책 때문이라고 할 수 있을지라도 적어도 반칙과 불법으로 얼룩진 왜곡된 시장 체제에서 연유하지는 않았다. 한국에서 '자본주의 고쳐 쓰기'의 또 하나의 지향점을 '정의로운' 사회로 규정해본다. 따라서 필자는 '한국인 바라는 자본주의'를 '함께 잘사는, 정의로운 자본주의'로 설정하고자 한다.

첫 번째 규정인 '함께 잘사는 것'은 본질적으로 분배의 문제다. 일부 보수 이론가들은 분배와 성장이 상충된다는 논리를 들어 분배에 비판적이거나 양자 선택의 문제로 귀착시키고는 한다. 즉 분배 때문에 성장이 저해된다면 궁극적으로 분배가 무익한 것이라는 주장이며, 양자 선택이라는 것은 분배를 성장과 별개의 것으로 본다는 의미다. 분배와 성장이 이율배반(trade-off)적인 상충 관계라는 주장은 이미 경제학에서 기각된 지 오래다. 분배가 성장에 상호 보완적인지에 대한 논쟁은 여전히 논쟁거리지만, 적어도 분배가 성장을 해친다는 명백한 실증은 없다. 하지만 여기에서 유의할 점은 성장이라는 것 자체가 이미 '지속 가능성'을 내포하고 있다는 점이다. 양적 물질적 성장 자체는 결국 풍요와 행복을 위한 것이다. 자본주의 체제의 분배 시스템에 결함이 있어 성장에도 불구하고 일부 소수를 제외하고 대다수가 풍요롭지도 못하고 행복하지도 않다면 그런 자본주의 체제는 지속 가능하지 않을 것이다. 체제 자체가 지속 가능하지 않다면 성장도 없는 것이다.

두 번째 규정인 '정의로운 사회'는 일단 일차적인 정의인 반칙과 불법을 교정하는 것을 말하며, 이는 당연한 것이다. 시장경제의 기본적인 규범이나 질서조차 지켜지지 않는다면 시장경제라 말할 수 없을 것이다. 때문에 가장 먼저 반칙과 불법을 교정하고 차단하는 것이 일차적인 정의라 할 수 있다. 그러나 여기에서 한발 더 나가면 자본주의에서 정의는 '함께 잘사는 것', 즉 분배와 긴밀하게 연관되어 있다. 물질적 풍요와 행복의 궁극적인 목표는 '자유'이며, 자본주의 시장경제 체제란 '자유를 보장'하기 위해서 선택한 하나의 체제라고 볼 수 있다. 따라서 자본주의 시장경제체제에서 최고의 가치인 자유를 지키는 것이 최고의 정의이며, 이때 자유와 정의는 분배에 기반하고 있기 때문에 정의와 분배는 동전의 양면과 같다는 것이다.

| '정의로운 자본주의'의 철학적 배경 |

현대적 의미의 정의에 대한 철학적 규범서로 인정받는 존 롤스(John Rawls)는 그의 저서 《정의론(A Theory of Justice)》에서 '인간 생활의

제1 덕목은 진리와 정의'이며, '진리를 사상 체계의 제1 덕목이라고 한다면, 정의는 사회제도의 제1 덕목'[29]이라고 규정하고 있다. 정의가 사회제도의 최고 덕목이라는 것은 사회제도의 두 가지 근간인 정치제도와 경제제도가 정의에 기초해서 성립되어야 한다는 것이다. 자본주의 체제가 전제하고 있는 사유재산과 경쟁 시장은 가치 개념이 아니라 어떠한 가치를 추구하기 위한 시스템, 즉 제도일 따름이다. 따라서 자본주의가 행복을 추구하기 위한 하나의 체제라고 한다면, 그 행복은 '정의'라는 덕목의 실현 여부에 의해 좌우될 것이며, 사유재산제도와 시장경제는 그 가치를 실현하기 위한 수단일 뿐이다. 따라서 자본주의 시장경제를 경제체제로 받아들인다면 '정의로운' 자본주의는 자본주의가 추구해야 할 최상의 가치이자 최적의 상태라고 할 수 있다.

한편 '정의는 소수의 자유를 침해하거나 빼앗아서 다른 사람들이 보다 많이 얻는 것을 정당화하지 않고, 다수가 보다 많은 이득을 얻기 위해서 소수에게 희생을 강요하는 것도 정당화하지 않는다.'[30] 그렇기 때문에 '정의에 의해 보장된 권리들은 어떠한 정치적 거래나 사회적 이득의 계산에도 좌우되지 않는다.'[31] 따라서 정의는 하나의 체제인 자본주의보다 상위개념이며, 자본주의 시장경제가 아무리 효율적인 체제라 할지라도 그것이 정의롭지 않거나 정의로운 가치에 위배된다면 개선되어야 하며, 그렇지 못하다면 폐지되어야 한다.[32] 만약 현재의 한국 자본주의가 교정될 가능성이 여전히 있다고 본다면, 그래서 자본주의를 폐기하기보다는 지금의 불평등하고 양극화된 한국 자본주의를 고쳐 쓴다면 지향해야 할 것은 '정의로운 자본주의'이다.

'함께 잘사는 정의로운 자본주의'는 소득 불평등을 완화하고 양극화를 해소하는 지금의 문제를 해결하는 차원을 넘어서는 것을 의미한다. 모두가 최소한의 인간다운 삶을 누릴 수 있는 '함께 잘사는' 공동선(共同善)을 실현하고, 모두에게 공정하고 평등한 기회가 주어지고 공정한 경쟁이 펼쳐지는 절차상의 정의뿐만 아니라, 공정한 분배와 적극적인 복지를 통해서 결과의 정의도 함께 실현하는 '정의로운 자본주의'를 한국 경제가 지향하는 목표로 상정한 것이다. 또한 함께 잘사는 공동선과 공정한 정의가 지배하는 '함께 잘사는 정의로운' 한국 경제를 만들기 위해서는 성장 지상주의를 벗어나서 지속 가능한 포용적 성장을 추구해야 한다. 성장 지상주의란 결과가 부정한 과정과 수단조차 정당화하는 성장, 결과의 분배에 대한 기준과 원칙도 없는 성장, 성장의 목적을 상실한 성장, 미래를 보장하지 못하고 현재의 성과만을 추구하는 성장을 말한다. 반면에 '지속 가능한 포용적 성장'이란 일자리가 만들어지는 성장, 노동에 대한 정당한 분배가 이뤄지는 성장, 노동의 존엄성과 신성함이 보장되는 성장, 경제가 성장하는 만큼 가계 살림도 함께 나아지는 성장, 성장과 분배가 선순환을 이루는 성장, 그리고 환경을 보존하는 지속 가능한 성장을 의미한다.

'함께 잘사는 정의로운 자본주의'에서의 정의란 첫째, 시장경제가 작동하는 절차와 과정에서의 공정함이 보장되는 절차적인 정의와, 둘째, 그러한 과정을 통해서 만들어진 결과가 함께 잘살 수 있도록 하는 분배의 정의를 동시에 달성하는 것을 목표로 한다.[33] '함께 잘사는 정의로운 자본주의'에 대한 개념을 보다 분명하게 이해하기 위해서는 정의로운 것이 무엇인지에 대한 논의가 필요할 것이다. 정의는 윤리적인 규범의 문제일 뿐만 아니라 경제와 관련되어 분배에 대한 규정의 문제이기도 하다. 여기에서 분배의 문제는 자유와 평등이라는 두 가지 가치 중에서 어느 것을 더 중요시하느냐의 정치체제의 문제이기도 하다. 정의에 대한 철학적 논쟁은 자본주의 발전 과정과 함께 공리주의(Utilitarianism), 평등주의적 자유주의, 자유 지상적 자유주의, 그리고 공동체 주의(Communitarianism)로 발전해 왔다.[34] 그러나 여기에서는 '함께 잘사는 정의로운 자본주의'를 정의에 대한 어느 특정 '주의'에 입각해서 논의하지는 않을 것이며, 자본주의를 규정하는 두 가지 원리인 사유재산제와 시장에서의 경쟁에만 국한해서 설명할 것이다. 이어서 정의로운 경쟁을 통해서 얻은 결과에 관련된 분배의 정의를 논의할 것이다. 이러한 논의는 매우 규범적인 측면이 있기 때문에 가능한 한국 현실에서의 사례에 견주해서 논의할 것이다.

'함께 잘사는 정의로운 자본주의'는 재산의 사적 소유와 시장에서의 경쟁, 그리고 분배와 관련하여 다음의 세 가지 문제에 대한 답을 구하는 것으로 설명하고자 한다. 첫 번째는 어떤 사적 소유가 정의로운 것이냐의 문제다. 두 번째는 시장에서 경쟁의 시작과 과정이 정의로운 것이냐의 문제다. 세 번째는 시장에서의 경쟁을 통해서 만들어낸 결과가 정의롭게 배분되었는가의 문제다. 세 가지 문제는 서로 독립적인 것은 아니며, 하나가 다른 하나의 원인이 되는 인과관계로 연관되어 있다. 정의롭지 않은 과정으로 획득한 재산의 사적 소유는 정의롭지 못한 것이다. 또한 정의로운 경쟁의 과정이 반드시 정의로운 분배를 만들어내는 것은 아니지만, 불공정한 경쟁으로 만들어진 결과는 결코 정의로운 분배가 될 수 없다. 예를 들어 시장을 장악하고 있는 소수의 대기업들이 담합으로 가격을 조작해서 얻은 이익은 정의롭지 못한 것이다. 재벌 2세, 3세들이 상속세를 내지 않고 편법과 불법으로 상속받은 재산들도 정의롭지 않은 것이다. 경쟁으로 만들어낸 결과를 승자가 독식하는 것도 정의롭지 못한 것이다. 불공정한 경쟁으로 경제 전체에 더 많은 것을 더 효율적으로 만들어낸다고 해도, 그렇게 만들어진 결과는 그 자체가 정의롭지 못할 뿐만 아니라 공정한 분배를 이룰 수도 없다.

자본주의에서의
소유와 정의

| 정의로운 소유 |

자본주의와 사회주의의 가장 근본적인 차이점은 사적 소유 제도의 유무 여부다. 따라서 사적 소유의 정당성을 확보하는 것은 자본주의의 정당성의 근거가 된다. 소유의 '사유화'와 '공유화' 형태 중에 어느 것이 더 정당하며 정의로운 것인가에 대한 철학적 논쟁은 학문적으로는 의미가 있겠지만, 현실에서는 이미 사회주의의 실패 경험이나 사적 소유를 대폭 허용한 중국식 사회주의의 경우를 보면 '공유화'가 대안이 아님을 보여주었다. 따라서 사적 소유 제도를 전제로 하는 체제, 즉 자본주의를 지향한다면 사적 소유의 '형태와 방식'이 얼마나 정당하고 정의로운가가 자본주의 체제의 정당성에 관건이 될 것이다.

사적 소유의 정당성과 관련하여 먼저 사유재산의 신성불가침적 권리를 주장하여 극단적으로 보수적인 입장을 취하는 '자유 지상주의적 자유주의자들'의 논의를 살펴보자. 극단적인 자유 지상주의적 자유주의자들의 입장에서 정의로운 소유를 조명하는 이유는 그들의 입장을 따르더라도 소유의 방식이나 과정의 정당성이 없이는 사유재산의 정당성 자체가 성립하지 않는다는 점을 보여주기 위한 것이다. 또한 분배의 정의를 논하기 위하여 그들은 정부가 개입하는 어떠한 형태의 분배도 사유재산을 침해하는 것이기 때문에 반대한다는 입장을 가지고 있기 때문이다.

자유 지상주의의 대표적 철학자인 로버트 노직(Robert Nozick)은 개인의 자유를 절대 불가침의 가치로 상정하고, 개인의 자유를 지키기 위해서는 사유재산권이 절대적으로 보호되어야 한다고 주장한다. 즉 사유재산권은 개인의 자유를 보호하기 위한 필수적인 수단이다. 하지만 사유재산이 정의로운 것이 되기 위해서는 다음의 세 가지 조건을 충족해야 한다고 했다. 첫째, 재산의 취득이 정의로워야 하고, 둘째, 재산의 이전이나 양도의 과정이 정의로워야 하고, 셋째, 취득과 이전의 과정에서 불의가 있었다면 이를 시정한 경우에만 사유재산이 정의로운 것이라고 규정하고 있다.[35] 노직의 주장을 정리하자면, 사유재산권의 절대 불가침성이 성립하기 위해서는 재산의 취득·이전·양도의 과정이 정의로워야하며, 이미 취득한 사유재산이라 하더라도 불의에 의한 것이라면 불가침성을 인정할 수 없다는 것이다. 너무나 당연한 주장이며 여기까지는 누구라도 동의할 것이다. 한국의 경우는 어떤지 뒤에서 논의할 것이다.

다음으로 노직은 정의로운 소유라고 한다면 그 소유권에 대해서 어떠한 인위적인 재분배의 시도도 개인의 자유를 침해하는 것이기에 반대하고 있고, 여기에는 정부의 정책도 포함된다. 따라서 정부가 소득재분배나 복지 제도 등의 정책으로 분배에 개입하는 것은 '개인의 자유를 제약하고, 개인의 삶을 부당하게 간섭하는 결과를 가져온다'[36]는 논리로 분배적 정의에 대해서 반대하는 입장을 취하고 있다. 노직은 개인의 자유를 절대 불가침의 가치로 상정하고, 개인의 자유를 지키기 위해서 사유재산권이 절대적으로 보호되어야 한다는 논거에서 정의로운 소유를 규정하고 개인의 자유를 침해하는 분배적 정의를 실현하려는 인위적인 시도를 반대하는 것이다. 하지만 어떤 것이 정의로운 분배인가의 문제도 앞서 논의한 소유의 과정과 방식의 정의 문제와 결부되어 있다.

자본주의에서의 사유재산은 하늘에서 떨어진 것이 아니라 시장에서의 경쟁과 분배라는 과정을 통해서 얻어진 것이다.[37] 그런데 경쟁과 분배를 통해서 취득된 어떠한 사유재산도, 개인의 자유를 완전하게 보장하는 '완전한 정의'가 충족되기 위해서는 그 원천적인 취득 과정이 '완전경쟁(perfect competition)'이어야 한다. 하지만 현실적으로 완전경쟁은 어떠한 경우에도 불가능하며, 따라서 어떠한 현실적인 사적 소유도 완전한 정의가 될 수 없다. 이렇게 보면 노직 자신의 정의로운 사유재산은 절대적으로 보호되어야 한다는 바로 그 논거 때문에 노직이 분배에 대한 어떠한 개입도 반대한다는 논리는 자본주의의 현실 상황에서는 서로 모순된다. 따라서 경쟁이 완전하지 못하기 때문에 오히려 정의로운 소유를 위해서라도 분배의 정의를 추구할 수밖에 없는 것이다. 경제학 교과서에서 원론적으로 가르치는 완전경쟁이란 경쟁에 참여하는 누구도 자신의 결정과 행동이 경쟁의 과정과 결과에 영향을 미치지 못하는 상태임을 의미한다.[38] 그러나 그러한 상태의 경쟁은 불가능하며, 경쟁 참여자는 모두 경쟁의 과정이나 결과에 영향을 미친다. 현실의 시장에서는 '불완전경쟁'이 펼쳐지며, 완전경쟁은 이론의 구성을 위해서 가정한 가상의 상황일 뿐이다. 따라서 불완전경쟁으로 획득한 재산은 노직이 규정한 '완전하게 정의로운' 사유재산의 조건을 충족할 수 없다. 그 이유는 경제학에서 가정한 완전경쟁은 경쟁이 반복적으로 지속되면 타인의 자유를 침해하는 상황이 발생하며 궁극적으로는 경쟁이 스스로 소멸되는 모순을 갖기 때문이다. 반복적으로 지속되는 경쟁에서는 완전경쟁이 왜 자기 소멸 모순을 갖는지를 살펴보자.

자본주의에서의
경쟁과 정의

| 경쟁의 자기 소멸 모순 |

최초로 경쟁이 시작될 때 모든 경쟁자들이 모두 동일한 노동능력과 자본을 가진 동등한 위치에서 경쟁에 참여하고, 어느 누구도 경쟁의 과정과 결과에 영향을 미칠 수 없는 공정하고 완전한 경쟁이 반복적으로 이뤄지는 시장을 가정해보자. 경쟁의 결과로 만들어진 경제적 가치 중에서 승자가 가장 많은 몫을 가져가는 것은 경쟁의 원리다. 따라서 최초의 경쟁에서 이긴 승자는 경쟁의 결과로 만들어진 부가 가치 중에서 가장 많은 몫을 차지하게 될 것이다. 그리고 이 최초의 승자는 다음 단계의 경쟁에서 다른 경쟁자들보다 더 많은 자본을 가진 우위의 위치에서 경쟁에 참여하게 된다. 경쟁의 속성상 다른 조건이 동일하다면 자본을 더 많이 가진 사람이 더 큰 경쟁력을 갖는다.

따라서 더 많은 자본을 가진 첫 번째 경쟁의 승자는 다음 단계의 경쟁에서 승자가 될 가능성이 다른 경쟁자들보다 높을 것이다.

이같이 경쟁의 속성은 경쟁이 반복될수록 승자는 더욱 유리한 위치를 차지하게 되며, 다시 승자가 될 가능성이 매번 높아진다는 점이다. 따라서 조건이 평등하고 경쟁 과정이 공정한 완전경쟁이었다 할지라도 경쟁의 과정이 반복되면서 최초의 승자가 이후의 경쟁 과정을 지배하게 되고, 그의 행동에 따라서 경쟁의 과정이나 결과에 영향을 미치게 되어, 결국 최초 경쟁에서 보장되었던 완전한 경쟁의 조건은 무너지게 된다. 특히 완전경쟁이 가장 빠르게 무너지는 경우는 승자가 경쟁의 결과를 모두 차지하는 승자 독식의 경우다. 승자 독식의 경쟁에서는 승자가 압도적으로 더 많은 자본을 가지고 다음 경쟁에 참여하게 되며, 경쟁이 몇 번만 반복된다면 그의 재산은 기하급수적으로 늘어나 곧바로 불완전경쟁 상태가 될 것이다. 결국 경쟁이 의미 없게 되거나 궁극적으로 승자가 모든 것을 다 소유하게 되어 경쟁 자체가 스스로 소멸하게 된다.

경쟁이 반복되면서 승자의 기득권을 강화하고, '완전경쟁'이 '불완전경쟁'으로 퇴화하며, 궁극적으로 경쟁이 스스로 소멸되는 모순은 승자가 경쟁의 결과 중에서 가장 많은 몫을 가져가는 경쟁의 원리 자체 때문에 발생하는 것이다. 경쟁의 근본적인 목적은 승자가 더 많이 가져가게 하는 것이 아니라 효율성을 높이기 위한 것이다. 승자가 더 많이 배분받는 것은 경쟁을 유지하기 위한 유인책일 따름이다. 하지만 그 유인책 때문에 경쟁 자체가 무의미해지고 소멸된다면 그 유인책을 교정할 필요가 있을 것이다. 따라서 시장이 경쟁 상태를 지속적으로 유지하기 위해서는 경쟁 결과로 얻어진 가치를 승자만이 아니라 경쟁에 참여한 패자들에게도 적절하게 분배되어 다음 단계 경쟁에서의 불공정성을 최소화하는 교정 과정이 반드시 필요하다.

　분배의 조건을 교정하여 불공정성을 최소화함으로써 다음 단계의 경쟁에서 가능한 한 공정한 조건을 만드는 것은 단지 효율성만을 위한 것이 아니다. 이는 바로 노직이 말한 절대적 가치인 '자유'를 보장하기 위한 것이다. 시장의 경쟁에서 결정된 승패에 따른 분배를 그대로 둔다면 경쟁이 반복적으로 지속될수록 자본을 더 많이 축적한 승자가 누릴 수 있는 자유는 확대된다. 하지만 패자의 자유는 갈수록 축소되고 승자의 기득권으로 인해서 자유가 구속된다. 승자의 기득권이 강화되는 불완전경쟁 구조는 모두에게 '자유로운' 상태가 아닌 것이다. 따라서 기득권을 누리는 승자가 경쟁에서 획득한 재산은 노직이 규정한 정의로운 사유재산의 첫 번째 조건인 재산의 획득 과정이 타인의 자유를 침해하거나 제한하지 않는 정의로운 것이 될 수 없게 된다. 개인의 자유를 절대적 가치로 상정하고, 자유를 보호하기 위해서 불가침성을 전제한 사유재산의 정의는 경쟁이 반복적으로 지속되는 현실 속의 자본주의 시장경제에서는 스스로 자유와 정의의 전제 조건을 부정하게 되는 것이다.[39]

　자본주의에서 자본은 돈이 돈을 버는 자기 복제성이 있다. 때문에 설령 승자가 승리로 획득한 자신의 기득권을 이용해서 경쟁 과정을 자신에게 유리하게 왜곡하지 않는 선량한 사람일지라도 자본을 더 많이 가졌다는 사실 자체만으로도 승자가 더 큰 경쟁력을 갖게 되는 것이 자본주의의 속성이다. 더구나 현실에서는 정의롭지 못한 이유로 더 많은 자본을 획득한 기득권자가 승자가 되어서 더 많은 자본을 갖게 되는 경우가 흔히 있다. 그러한 정의롭지 못한 승자가 자신의 기득권을 악용하여 경쟁 과정을 자신에게 유리하게 왜곡하고 다시 불공정한 경쟁을 반복해서 계속 승자의 지위를 굳혀가는 사례는 더더욱 흔하게 있는 일이다. 이러한 경쟁의 속성 때문에 자본주의의 현실에서는 노직이 규정한 정의로운 사유재산의 원칙을 충족하는 사유재산이 현실적으로 존재하는 것 자체가 불가능에 가깝다. 따라서 노직이 정의로운 사유재산의 불가침성을 이유로 분배에 대한 교정 시도를 반대한 것은 논리적 모순인 것이다. 역설적으로 말하면 노직이 반대하는 정부의 분배 정책은 오히려 사유재산권에 정당성을 부여하고 자유를 구현하기 위한 것이라는 점에서 정의로운 것이지, 노직의 주장처럼 단순히 정부가 시장에 개입했기 때문에 자유를 침해한 것은 아니다.

| 정의로운 경쟁 |

모든 경쟁은 세 단계로 진행된다. 첫 번째는 경쟁의 시작, 즉 경쟁에 참여하는 단계다. 두 번째는 경쟁이 진행되는 단계다. 마지막은 경쟁의 결과가 도출되고 그 결과를 참여자들이 나누는 분배 단계다. 세 가지 단계가 모두 공정(fair)하게 치러지는 경쟁이 정의로운 경쟁이다. 시장에서 경쟁의 공정성은 경제적 이해관계에 국한된 것이 아니라 정치사회적인 넓은 범위에서 적용되는 자유와 평등을 고려한 공정성(fairness)의 개념이어야 한다. 그러나 시장에서의 경쟁은 '사회적 행운과 자연적 운명에 의해서 영향'을 받을 수밖에 없기 때문에 '평등한 자유의 원칙과 공정한 기회균등의 원칙'을 만족하는 경쟁을 정

의하는 것은 쉬운 일이 아니다.[40]

다만 여기에서는 정의로운 자본주의를 구현하기 위해서 공정한 경쟁과 분배가 왜 필요한 것인지를 두 가지 차원에서 논의하고자 한다. 첫째는 시장경제가 성립되고 지속되기 위해서 공정한 경쟁과 분배가 필요한 이유를 논의할 것이고, 둘째는 사람들이 삶에서 추구하는 가치가 단순하게 경제적 이익을 극대화하는 것만이 아니라 보다 근본적인 가치인 자유와 평등 그리고 그러한 가치를 보전하기 위해서 민주주의 체제가 전제되어야 한다는 점을 논의할 것이다. 또한 역으로 민주주의를 유지하고 발전시키기 위한 조건으로서 공정한 경쟁과 분배의 정의 문제를 논의할 것이다. 특히 두 번째 논의는 자본주의 시장경제를 유지시킬 수 있는 정치체제가 민주주의이기 때문에, 자본주의 시장경제가 지속되기 위해서는 공정한 경쟁과 분배가 필요하다는 첫 번째 논의와 연결된 것이다.

협동조합과 같은 공동체 경제의 핵심적인 원리가 협력과 연대라면, 시장경제를 작동시키는 핵심적인 원리는 경쟁이다. 자본주의가 경쟁을 시장의 작동 원리로 삼는 이유는 경쟁을 통해서 더 많은 결과를 더 효율적으로 만들어낼 수 있다는 믿음 때문이다. 그러나 서로 협력하는 협동 체제가 각자가 경쟁하는 시장경제보다 더 효율적이고 더 많은 결과를 낼 수도 있다. 세계 여러 나라에서 성공적인 협동조합의 사례가 드물지 않으며, 한국에도 성공적인 생산자협동조합이나 소비자협동조합들이 있다.[41] 경쟁은 개개인이 자신의 이해관계에만 충실한 이기심에 근거하기 때문에 시장경제에서 개인들은 파편화된다. 반면에 협동 체제는 공동체의 구성원으로서 공동선을 실현하기 위해서 서로 협력하며 모두가 노력하고 결과도 함께 나누기 때문에 시장경제보다 인간적인 성격이 강하다. 그러나 그러한 장점들에도 불구하고 공동체 경제가 성공하기 위해서는 구성원들 간 경제적 이해관계를 넘어서서 공동체의 목적과 개인의 목적을 일치시키는 연대와 동질성이 전제되어야 한다. 공동체가 추구하는 가치를 공유하는 구성원들의 동질성이 높거나, 또는 문화적이나 지역적인 요인으로 인하여 구성원들이 강력한 유대감을 가지고 있는 경우에는 협력과 연대가 유지되어 공동체 경제가 성공적으로 작동할 가능성이 높아진다. 지역공동체나 동일한 가치와 목적을 추구하는 구성원을 가진 소규모 공동체에서는 경쟁보다 협력이 보다 '함께 잘사는 정의로운' 경제를 만드는 데 용이하다.

시장경제의 경쟁 체제에서는 모두가 평등하게 참여하고 분배를 받을 수 없지만 개인들은 자유로운 선택을 할 수 있다. 반면에 협동 체제는 모든 구성원들에게 평등한 기회가 주어지고 평등한 또는 공정한 분배를 받지만, 모두가 추구해야 할 공동선을 정하고 이에 동의해야 하며, 이를 실현하는 과정에서 개인의 자유로운 선택이 제한될 수밖에 없다. 국가 경제와 같이 개개인의 가치관, 필요, 욕구가 서로 다르고 이해관계가 복잡하게 얽혀 있는 수많은 국민들로 구성된 대규모 경제단위에서는 모든 국민들이 동의하는 경제적 공동선을 정하는 것이 불가능에 가깝다. 만약 국가가 특정한 공동선을 규정하고, 국민들에게 이를 받아들이도록 요구하며, 그러한 공동선으로부터의 이탈을 억제하고 규제한다면 이는 개인의 자유를 억압하는 전체주의(Totalitarianism)이다. 그렇기 때문에 개인의 자유로운 선택을 기반으로 하는 시장경제는 자유를 보장하는 민주주의를 전제해야만 성립 가능하다. 협동 체제의 많은 장점에도 불구하고 시장경제를 선택한 근본적인 이유가 바로 '자유'와 '민주주의'인 것이다.

그렇기 때문에 시장경제가 지속되기 위해서는 개인의 실질적 자유가 보장되고, 절차적인 민주주의만이 아니라 실질적 민주주의가 시행되어야 한다.[42] 개인의 실질적 자유가 보장되기 위해서는 모두에게 경쟁에 참여할 기회가 공정하게 주어져야 하고, 경쟁이 공정하게 진행되어야 하며, 경쟁의 결과가 공정하게 분배되어야 한다. 그리고 타인의 자유를 침해하는 불공정한 경쟁을 규제하고, 경쟁이 만들어낸 불평등을 해소하는 실질적 민주주의가 구현되어야 한다. 불공정한 경쟁이 펼쳐지는 시장경제는 더 많은 결과를 더 효율적으로 만들어내고자 하는 경쟁의 목적을 달성할 수 없을 뿐만 아니라, 개인의 실질적 자유를 구속하고 실질적 민주주의도 달성할 수 없다. 그런 식의 경쟁은 지속될 수도 없으며, 경쟁이 지속되지 않으면 시장경제는 유지될 수 없다. 따라서 시장경제와 민주주의 모두가 지속적으로 유지되고 발전하기 위해서는 경쟁의 시작, 진행 과정, 그리고 결과 분배의 세 단계가 모두 공정성을 유지해야 한다.

| 공정한 시작 |

사람이나 기업들은 타고난 환경이나 주어진 조건들이 다르기 때문에 모두에게 경쟁에 참여할 기회가 주어지는 것은 아니며, 경쟁에 참여할 기회를 갖더라도 모두가 같은 조건으로 경쟁의 출발선에 서는 것도 아니다. 경쟁에 참여할 수 있는 기회가 소수에게만 주어진다면 경쟁은 제한적으로 전개될 것이고, 시장의 기능도 제한적으로만 작동할 것이다. 또한 출발선에서 서로의 위치가 다르면 경쟁의 과정과 결과가 공정할 수 없을 것이다. 경쟁에 참여할 수 있는 기회가 주어지지 않은 사람들은 시장을 부정할 것이고, 출발선에서부터 불리한 위치에 있는 사람들은 경쟁의 결과에 승복하지 않거나 경쟁을 거부할 것이다. 마라톤 경기에서 선수들마다 출발선이 다르다면 참여한 선수들은 물론이고 관객들도 경기의 결과를 인정하지 않을 것이며, 많은 선수들이 처음부터 그런 경기에는 참여하지 않는 것과 같은 이치다. 그렇기 때문에 경쟁의 시작 단계에서 공정성은 두 가지 측면에서 담보되어야 한다. 첫째는 경쟁의 기회가 누구에게나 공정하게 주어지는 것이며, 둘째는 모두가 같은 출발선에서 경쟁을 시작하는 것이다.

모두에게 경쟁에 참여할 수 있는 기회를 균등하게 주는 것만으로는 경쟁의 시작 단계에서의 공정성이 성립되지는 않는다. 경쟁에 참여할 기회균등을 보장하는 것은 표면적으로는 절차적인 공정성을 갖는 것처럼 보이지만 실질적으로는 오히려 출발선에서의 불평등을 강화할 소지가 있다.[43] 개인들은 타고난 환경이나 또는 그가 처한 사회구조적인 요인으로 인해서 경쟁에 참여하기 이전에 역량 또는 경쟁력의 차이가 존재한다. 기업의 경우에도 마찬가지다. 인력과 자금이 부족한 중소기업이나 신생 기업은 대기업보다 불리한 조건에서 경쟁에 뛰어든다. 경쟁에 참여하기 이전에 이미 사람이나 기업들 사이에 존재하는 불평등을 고려하지 않고 산술적으로 경쟁에 참여할 기회를 누구에게나 똑같이 준다면, 기회균등이라는 명목 아래 경쟁 이전에 존재하는 불평등을 오히려 용인하고 강화시켜주게 되는 것이다.

예를 들어 한국에서 차별 없는 절대적인 산술적 기회균등이 제도적으로 보장되고 있는 것이 대학 입시이다. 그리고 실제로도 대학입시는 부정 입학이 극히 드물어서 한국 사회의 다른 어떤 제도보다도 공정하게 운영되는 사례다. 그러나 한국에서의 대학 입시 경쟁은 태어나기도 전에 엄마 뱃속에서부터 시작된다고 한다. 뱃속의 태아에게 영어 태교를 해서 영어를 가르치고,[44] 초등학교에 들어가기 전에 한글을 다 배우고, 초등학교에서는 선행 학습으로 중학교 교과 내용을 미리 배우는 것과 같은 사교육은 모두 대학 입시를 위한 것이라고 한다. 그리고 부모의 소득수준이 높을수록 유아 때부터 사교육비를 더 많이 쓰고,[45] 사교육비를 많이 지출할수록 소위 상위권 대학이나 의과대학에 합격할 가능성이 높아진다.[46] 그렇기 때문에 보다 좋은 환경에서 태어난 아이들은 태어나기 전부터 대학 입시를 치를 때까지 19년 동안 남들보다 유리한 조건을 만들어가고 있었던 셈이다. 따라서 대학 입시는 19년 동안 이미 결정된 '실력'을 측정하는 절차나 마찬가지이지 경쟁의 시작이 아니다. 이렇게 보면 대학 입시의 기회균등은 절차적 공정성에 불과하며, 실질적 공정성을 갖는 것은 아니다. 그리고 학력 사회인 한국에서 일류 대학에 합격한 아이들은 졸업한 이후에도 남들보다 더 좋은 직장을 갖게 될 가능성 높기 때문에,[47] 대학 입시는 태어날 때부터 결정된 불평등을 용인하고 더욱 강화시켜주는 절차가 되는 것이다.

　　대학 입시가 단순한 절차적 기회균등이 아니라 실질적인 기회균등으로서 공정성을 갖기 위해서는 부모의 경제적 능력이나 지역과 관계없이 모든 아이들이 좋은 교육을 받을 수 있는 기회가 평등하게 주어져야 한다. 그러나 사교육이 공교육을 압도하고 있는 한국의 교육 현실은 원초적으로 기회균등을 가로막고 있다. 내실 있는 공교육이 이뤄져서 사교육이 필요 없는 교육 구조가 되어야 대학 입시가 진정한 의미의 기회균등이 될 것이다. 더 나아가 공교육이 제대로 이뤄지는 경우에도 사회구조적 이유로 인해서 평등한 교육 기회를 갖지 못한 아이들에게는 별도의 입학 기회를 주는 제도가 필요하다. 현재 대다수 대학들은 지역 균형 선발과 농어촌 특별 전형 등의 사회적 배려 제도를 채택하고 있기는 하다. 하지만 이는 극히 일부 학생들일 뿐이며, 절대다수는 수능 성적과 내신 성적을 중심으로 한 줄 세우기식 선발을 하고 있기 때문에 대학 입시는 실질적인 기회균등이라기에는 턱없이 부족하다. 미국의 대학들은 출신 지역, 계층, 인종까지 고려한 안배로 신입생을 선발하고, 등록금도 부모의 경제력에 따라서 차등화하고 있으며, 특히 명문 대학들은 이와 같은 안배 정책을 다른 대학보다 훨씬 적극적으로 시행하고 있다. 미국의 대학들은 소위 '적극적 조치(affirmative action)'라는 '소수 계층 우대 정책'을 통하여 대학 입시가 실질적인 기회균등이 되도록 제도화하고 있다.

출발선에서의 불평등은 이미 주어진 환경 때문에 발생한 것도 있고, 자신의 의지나 노력과 관계없이 사회구조적 요인으로도 만들어지기도 한다. 예를 들어 정부의 의도적인 불균형 투자 정책 때문에 기업 간 불평등이 고착화되는 경우다. 대기업과 수출 주도형 성장 정책의 결과로 대기업과 중소기업, 수출 기업과 내수 기업의 격차가 확대된 것이나, 계획경제 시대에 울산·포항·부산 등의 영남권 중심의 산업화 전략의 결과로 영남과 호남의 경제적 격차와 불균형이 확대된 것도 그런 경우다. 또한 차별, 부정, 부패 등으로 인해서 발생한 불평등도 사회구조적 요인으로 생겨난 것이다.[48]

경쟁의 시작점에서 차등적인 조건을 최소화함으로써 경쟁의 공정성을 확보할 주체는 결국 정부다. 정부는 진입 장벽을 낮춰서 누구나 경쟁에 참여할 수 있도록 제도화하고, 개개인이 경쟁에 참여할 수 있는 최소한의 역량을 가질 수 있도록 공교육과 기초 복지를 제공함으로써 출발선에서의 불평등을 줄여야 한다. 그리고 낮춰진 진입 장벽에도 불구하고 자신의 의지와 관계없는 태생적으로 불리한 조건 때문에 아예 시장에 참여하기 어려운 소수자와 사회적 약자에게는 특별한 배려를 통해서 참여의 기회를 마련해줘야 한다. 기업의 경우에도 마찬가지다. 좋은 아이디어를 가지고도 자본 부족 때문에 창업에 도전하지 못하는 것은 흔히 있는 일이다. 또한 시장을 독과점적으로 장악하고 있는 기존 기업들의 기득권 때문에 새로운 도전자가 경쟁에 뛰어들기 불가능한 상황도 자주 있다. 따라서 정부가 정책금융을 통해서 연구·개발과 창업을 지원하거나, 공정거래 정책을 통하여 독과점이나 담합을 규제하는 것은 경쟁의 시작에서부터 불평등을 해소하기 위한 시도들이다. 이와 같은 조치들은 잠재적인 경쟁자들이 이미 시장을 장악하고 있는 기존 기업에 도전할 수 있는 시장구조를 인위적으로 만듦으로써 경쟁의 공정성과 효율성을 높이고 궁극적으로는 시장경제의 지속 가능성을 확보하기 위해서 필요한 정책들이다.

| 공정한 과정 |

정부의 적극적인 정책으로 출발선에서의 불평등을 줄인다고 해도,

모든 경쟁자가 출발선에서 완벽하게 동일한 조건으로 경쟁을 시작하는 것은 현실적으로 불가능하다. 사실 경쟁자들마다 출발선에서 조건이 평등하지 않다는 것은 피할 수 없는 현실이다. 하지만 출발선에서 뒤처져 있는 사람들이나 기업들은 자신들이 이미 출발선에서 불리한 위치에 있다는 것을 알면서도 경쟁에 뛰어든다. 그 이유는 경쟁의 과정에서 자신의 노력으로 순위를 바꿀 수 있다는 기대를 갖고 있기 때문이다. '시작은 미미하지만 끝은 창대하리라'는 믿음이 있기 때문에 출발선에서의 불리함을 감수하고도 경쟁에 참여하는 것이다. 그렇기 때문에 경쟁이 진행되는 과정에서의 공정성도 시장경제의 성패를 좌우하는 중요한 관건이다.

경쟁의 진정한 묘미는 순위가 뒤바뀌는 것이다. 앞서가는 경쟁자는 쫓아오는 경쟁자에 추월당하지 않기 위해서 노력하고, 쫓아가는 경쟁자는 앞지르려고 노력하는 과정에서 효율성이 높아지고 전체의 몫이 더 커지는 것이다. 하지만 이것의 대전제는 순위가 뒤바뀔 수 있다는 가능성의 존재다. 출발선의 1등이 결승점에서의 1등이고, 한 번 1등이 영원한 1등이 되는 경쟁은 의미가 없다. 경쟁은 출발선에서의 기존 구조를 깨고 결승선에서의 새로운 균형을 만들어가는 '역동적인 혁신(dynamic innovation)' 과정이다. 출발선에서 다른 경쟁자들보다 뒤처져 있는 참여자는 경쟁의 과정에서 더 열심히 노력하는 것은 물론이고, 다른 사람들과 차별성이 있는 혁신적이고 창의적인 시도를 통해서 초기의 불리함을 극복하려고 노력할 것이다. 또는 실패의 가능성을 감수하면서 더 큰 위험을 부담함으로써 더 큰 성과를 낼 수 있는 일에 도전하는 등의 방법으로 결승선에서는 승리하는 것이 경쟁의 역동적 혁신의 근원이다. '토끼와 거북이의 경주'처럼 애초의 능력이 더 뛰어나거나 앞서가고 있다고 해서 반드시 토끼가 승자가 되는 것이 아니라는 믿음 때문에 경쟁하는 것이다.

경쟁 역동성을 보장하기 위해서는 무엇보다도 공정한 과정이 필요조건이다. 앞서 언급한 바와 같이 경쟁하는 시장경제가 협동하는 공동체 경제보다 더 높은 효율성을 낼 수 있는 까닭도 경쟁 과정에서 개인들의 창의적 노력으로 만들어지는 역동적 혁신 때문이다. 구성원들 사이에 협력과 연대로 유지되는 공동체 경제에서는 개개인의 창의적 혁신이 제한될 수 있다. 하지만 경쟁 체제에서도 과정의 공정성이 보장되지 않는다면 창의적 혁신 자체가 공염불이 될 수 있다. 출발선에서 앞선 기득권을 가진 사람들이 자신의 기득권을 이용해서 경쟁 과정을 자신에게 유리하게 만들도록 영향력을 행사한다면 경쟁의 공정성은 상실될 것이다. 경쟁 과정의 불공정성은 역동적 혁신을 만들어내기보다는 오히려 기득권을 강화시키고 애초의 불평등을 더욱 악화시켜서 출발선에서의 순위가 결승점에서의 순위를 결정짓게 만들어서 경쟁을 퇴화시키고 궁극적으로 시장경제를 소멸시킬 것이다.

경쟁이 진행되는 과정에서의 공정성이란 지극히 간단한 개념이다. 출발선에서 유리한 위치에 있는 경쟁자가 경쟁의 과정을 지배해서는 안 되며, 누구도 반칙으로 다른 경쟁자를 방해해서도 안 된다는 원칙이 지켜지면 된다. 그러나 현실에서는 이미 시장을 지배하고 있는 대기업이나 기득권 세력들이 새로운 도전을 막거나 방해하는 불공정한 경쟁이 비일비재(非一非再)하다. 특히 한국은 소수의 재벌 그룹들이 의류, 식품에서부터 전자, 자동차까지 거의 모든 제조업과 운송, 광고, 음식점, 제과점 같은 서비스업까지 거의 모든 산업 분야

에 진출해서 시장을 장악하고 있기 때문에 불공정한 경쟁이 구조화
되어 있다.

자본주의에서의
분배와 정의

| 분배의 공정성과 정의 |

정의에 대한 철학적 논의에서 정의를 규정하는 가장 핵심적인 이슈
는 '분배'이다. 따라서 공정한 분배는 '함께 잘사는' 사회를 만들기
위한 것일 뿐만 아니라 동시에 '정의로운' 사회를 만들기 위한 것이
다. 또한 공정한 경쟁과 분리하여 분배의 정의를 강조하는 이유는 균
등한 기회와 공정한 과정을 보장한 경쟁의 결과를 나눈다고 해서 당
연히 공정하고 정의로운 분배가 되는 것은 아니기 때문이다.

　　승자가 패자보다 더 많은 것을 가져가는 것은 경쟁의 본질적 속
성이다. 하지만 승자가 모두 다 차지하는 것은 아니며 그 결과를 어
떻게 나누는가에 대한 규정이 필요하다. 사회경제적 정의에 부합하
면서 모든 경쟁자들이 받아들일 만한 분배의 공정성을 규정하는 것

은 정치적인 선택이며 동시에 철학적인 문제이기도 하다. 철학에서 '정의론'의 원조라고 할 수 있는 아리스토텔레스(Aristoteles)는 '각자에게 각자의 몫을 주는 것'이 분배의 정의라고 했다.[49] 그러나 각자의 몫을 결정하는 분배의 규칙을 정하는 것은 쉬운 일이 아니다. 분배의 규칙은 승자가 모든 것을 독식하는 한쪽의 극단에서부터, 모두에게 동일하게 나눠주는 단순 평등의 다른 한쪽의 극단까지 매우 다양하다. 승자 독식 방식은 그 이후의 경쟁에서 승자의 기득권을 절대화하기 때문에 경쟁 자체를 성립하지 못하게 만든다. 반면에 모두가 똑같이 나누는 단순 평등적 분배는 내가 더 많은 것을 갖기 위해서 더 많은 노력을 하는 이기심을 상실하게 만들기 때문에 경쟁 자체의 의미가 없어진다. 따라서 승자 독식이나 단순 평등의 분배는 경쟁을 지속시키기 위한 방법이 될 수 없다.

'각자에게 각자의 몫만큼을 주는 것'이 정의로운 분배라면 이때 각자의 몫이 의미하는 바는 각자가 경쟁에 기여한 것에 상응하는 몫일 것이다. 따라서 각자가 받을 '응분의 몫'은 각자의 기여도에 비례한 것으로 이해할 수 있다. 기여도에 따른 '응분의 몫'으로 분배하는 것은 일단 합리적이고 논리적이다. 그러나 기여도는 정의로운 분배의 절대적인 기준이 될 수 없으며, 현실에 적용하기도 어렵다. 첫 번째 이유는 기여도의 측정 문제인데, 기여도 자체가 상당히 주관적인 관점이어서 이를 객관적으로 계량화하기 어렵기 때문이다. 더구나 객관적 계량화가 가능하다 해도 그 적용 방식에서 산술적 기여도를 작용할지, 아니면 기하급수적 기여도를 적용할지 일정한 기준을 정하기 어렵기 때문이다. 두 번째 이유는 현실적으로 각자의 기여도를 객관적으로 측정할 수 있다고 해도 '천부적인 재능으로 인한 기여와 노력에 의한 기여를 분리하는 것이 불가능하기 때문에' 기여도가 분배 정의의 절대적인 기준이 될 수 없는 것이다.[50] 얼마나 기여했는가는 각자의 능력에 의해 결정되는데 이러한 능력 자체가 유전적, 천부적으로 타고난 특질이거나 가족적, 지역적, 사회적 환경에 좌우되는 경우가 많다. 따라서 능력에 의한 기여도라 할지라도 그 능력의 상당 부분이 특질과 환경에 따라 우연적으로 주어진 것이기 때문에 '응당 받아야 할 몫'이라고 규정할 수 있는 합리적 근거로 보기에는 부족하다.

| 기여도에 따른 분배는 정의가 아니다 |

상식적으로 생각할 때 '기여한 만큼 받는 것이 반드시 정의로운 것이 아니'라는 위의 결론을 납득하기 어려울 수도 있다. 그러나 이러한 결론은 규범적인 철학적 논리의 문제만이 아니라 현실의 상황에서 더 합당한 결론이다. 그 이유는 다음과 같이 설명할 수 있다. 개인의 기여도는 각자의 능력과 노력으로 결정된다. 그리고 각자의 능력과 노력은 천부적인 재능과 같은 우연적인 요인뿐 아니라 사회구조적인 요인으로 결정된다. 현실에서는 이미 존재하는 불평등한 사회구조적인 요인이 개인이나 기업들의 능력과 노력을 결정하는 것이 일반적인 현상이다. 예를 들면, 앞서 설명한 한국의 대학 입시 경쟁이다. 학생의 실력은 유전적으로 타고난 재능과 같은 자연적인 요인만이 아니라 부모의 경제력과 거주 지역과 같은 사회구조적 요인에 의해서도 결정된다. 서울 강남의 집값이 다른 지역보다 높은 이유 중의 하나가 강남에 집중된 사교육 시장 때문이라는 것이 그러한 경우에 해당한다. 불평등한 사회구조적인 요인이 개인의 능력과 노력에 결정적인 영향을 미치는 경우는 일상적으로 목격되는 현상이다. 분배적 정의가 '부당한 격차를 축소하는 것으로서의 평등'[51]이라면, 이미 존재하는 불평등한 구조 속에서 만들어진 기여도에 근거해서 분배를 한다면 그것은 부당한 격차를 줄이는 평등이 될 수도 없고 정의로운 분배가 될 수 없는 것이다.

한 사례를 살펴보자. 2013년 은행 직원들의 평균 연봉은 7,560만 원이고,[52] 통계청이 조사한 도시 근로자 평균 연봉은 3,600만 원이다. 은행 직원들은 도시 근로자들보다 두 배가 넘는 연봉을 받는다. 대기업과 중소기업의 노동자들의 임금격차도 마찬가지다. 2013년 자동차 대기업에 17년 근무한 생산직 노동자의 평균 연봉은 6,852만 원인 반면에 대기업에 납품하는 중소기업에 동일하게 17년을 근무한 생산직 노동자의 평균 연봉은 4,056만 원이다.[53] 같은 17년을 근무한 중소기업 노동자의 연봉은 대기업 노동자 연봉의 60%에 불과하다. 은행에서 돈을 빌려서 생산 활동을 한 중소기업보다 돈을 빌려준 은행이 두 배가 넘는 임금을 지급했다. 이것이 중소기업과 은행의 경제성장에 대한 기여도에 따른 공정한 분배라고 설명할 수 있는 경제적으로 합리적인 논리는 없다. 대기업에 부품을 납품하는 하청 중소기업의 기여도가 대기업 기여의 절반 밖에 되지 않는다고 주장할 논거도 없다. 그리고 은행이나 대기업에 취직한 모든 사람이 중소기업에 취직한 모든 사람보다 능력이 더 뛰어나다거나 또는 노력을 더 많이 했다고 할 근거도 없다. 은행업은 정부의 인가를 받은 소수에게만 허용되는 과점 구조로 인한 규제 이익을 누리는 산업이다. 따라서 은행 직원들이 받는 높은 임금은 사실 상당 부분이 허가를 받은 독과점 이익으로 인한 것이다. 그리고 자동차 산업에서의 대기업과 중소기업 간의 임금 차이도 이미 잘 알려진 원청 기업과 하청기업 간의 불공정한 경쟁 구조로 인한 것이다. 은행 직원과 대기업 직원이 더 많은 연봉을 받는 것은 자신의 능력이 뛰어나거나 노력을 더 많이 한 부분도 없지는 않지만 대부분은 개인의 능력이나 노력과 관계없이 이미 구조적으로 결정되어 있는 기득권에 기반을 두고 있는 것이다. 자신의 능력이나 노력이 아니라 사회구조적인 이유로 인한 불평등은 정규직과 비정규직의 임금 차이, 출신 대학에 따른 취업의 차이, 출신 지역에 따른 차별 등 한국 사회의 많은 부문에서 목격된다.

이와 반대의 경우도 있다. 경쟁에서의 기여도에 따른 분배의 공정성을 정하는 것이 얼마나 어려운가는 세계적으로 가장 성공적인 노동자협동조합으로 알려진 스페인의 '몬드라곤' 사례에서도 알 수 있다. 자본의 폐해를 제거하고 노동자가 주인인 회사로 설립한 것이 노동자협동조합이다. 이러한 몬드라곤에서 파업이 발생한 적이 있다. 노동자가 주인인 회사에서 파업 사건이란 노동자가 노동자를 상대로 파업을 한 기이한 형국이다. 파업의 이유는 노동자들의 노동 참여에 대한 분배를 차등화 하는 것 때문이었다. 몬드라곤이 급격한 성장을 하던 1974년 생산 조립 공정에 신규 채용된 노동자들에 대해서 직무 분류와 업무 평가에 따라서 차별적인 임금수준을 적용하기로 결정하자 일부 조합원들이 동등한 임금을 요구하며 파업을 일으켰다.[54] 그러나 파업에 참여한 노동자들은 해고 등의 징계 조치를 받았고, 이후에 몬드라곤에서 임금 차등화는 당연한 제도로 정착되었다. 몬드라곤은 조합원이 되기 위해서 회사에 출자금을 출연하는 것을 의무화하고 있기 때문에 모든 조합원 노동자들은 회사에 노동 참여와 자본 참여를 함께하고 있다. 몬드라곤은 1인 1표 주의를 채택하여 출자금의 크기와 관계없이 모든 조합원 노동자가 동등한 의결권을 갖는 민주적인 의사 결정 구조를 가지고 있지만, 이익에 대한 분배는 평등하지 않다. 조합원들의 임금과 노동 참여에 대한 이익의 배당은 각자의 업무와 역량에 따른 노동 참여 수준에 따라서 차별적으로 지급하며, 몬드라곤 설립 초기에는 최고 임금이 최저 임금의 세 배 정도였으나 최근에는 여덟 배까지 확대되었다. 자본의 지배를 받지 않고 모든 노동자가 평등한 의결권을 갖는 노동자가 주인인 회사의 경우에도 기여에 따른 경제적 배분을 합리적으로 결정하기 어렵다는 것을 보여주는 사례다.

| 정의로운 분배 |

'각자에게 각자의 몫을 주는 것'을 분배적 정의라고 한 아리스토텔레스의 말에는 시장에서 '경쟁을 함께한 사람들 사이에서 나눌 수 있는 것들의 분배에서 사람들이 동등하지 않은 몫을 가질 수도 있고 동등한 몫을 가질 수도 있다'는 의미를 내포하고 있다. 즉 똑같이 나누는 산술적인 평등 분배가 정의로운 것이 아니라는 의미다. '분배적 정의에서 가장 중요한 것은 경쟁을 같이 한 사람들이 가져가야 하는 각자의 몫의 차이를 인정하는 것이 정의에 더 부합한다'는 의미다.[55] 존 롤스는 정의의 원칙에서 '재산 및 소득의 분배가 반드시 균등해야 할 필요는 없다'고 했다. 즉 경제적 불평등 그 자체가 정의롭지 못한 것은 아니지만 그러한 불평등이 '모든 사람에게 이익이 되도록 이뤄져야 하며, 모든 사람에게 직위와 직책이 평등하게 개방되어 누구나 접근 가능한 것이어야 한다'[56]고 불평등이 '용인'되는 조건을 규정했다. 이를 시장경제에 적용하면 현존하는 모든 불평등을 인위적으로 제거한다고 해도 경쟁이 지속되면 다시 불평등은 발생할 수밖에 없기 때문에 불평등은 시장경제에 내재될 수밖에 없는 것이다. 따라서 산술적인 평등으로 동등하게 나누는 것보다 각자의 몫을 차별적으로 분배하는 것이 더 정의로운 것이라는 것이다. 다시 말하면 모두에게 공정하게 평등한 기회가 주어지고, 모든 사람에게 이익이 되는 민주주의적 평등이 지켜지면 균등한 분배가 아니어도 정의로운 것이라는 의미다.[57]

분배의 정의는 경쟁에서 소외된 약자와 경쟁에서 가장 뒤쳐진 패자에 대한 분배를 요구한다. 사회적 약자에 대한 배려는 단지 경쟁의 지속성에 관련된 문제만이 아니라 사회정의와도 관련된 문제다. 각자가 기여한 것에 따른 응당히 받아야 할 몫을 분배받는 문제 이외에도, 각자가 필요한 정도의 차이에 따른 분배의 문제도 있다.[58] 물론 이때의 필요란 필요성이 더 큰 사람에게 더 많이 준다는 식의 단순 필요를 의미하는 것이 아니다. 이때 필요는 사회적 필요이며, 사회 구성원 모두가 각자의 기여와 관계없이 인간다운 삶을 영위하기 위해서 필요한 만큼 분배를 받을 권리가 있다는 것이다. 특히 가장 불평등한 위치에 있는 사회적 약자에게 얼마만큼을 분배하는 것이 정의로운 것이냐의 문제는 분배의 정의를 규정하는 중요한 요소다.

존 롤스는 정의의 제2 원칙으로 '사회적, 경제적 불평등은 사회의 최소 수혜자 성원에게 최대의 기대 이익이 되어야' 한다는 약자에 대한 '최소 극대화 형평 기준'을 제시한다.[59] '차등의 원칙'이라고 불리는 이 원칙은 '사회적, 경제적 불평등을 인정한다면 사회 구성원 가운데 가장 어려운 사람들에게 유리한 불평등'이어야 한다는 것이다.[60] 롤스는 불평등이 용인되는 민주주의적 평등은 '공정한 기회균등의 원칙과 차등의 원칙의 결합에 의해 이뤄진다'고 설명한다.[61] 다시 말해서 경쟁의 결과를 차등적으로 배분하는 경우에는 먼저 모두에게 평등한 기회가 주어져야 하며, 경쟁의 결과를 나눌 때 불평등 구조에서 가장 열악한 위치에 있는 사람들에게 최대의 것을 나눠주는 것이 분배의 정의라는 것이다. 여기에서 롤스가 말한 '최대'가 산술적으로 '가장 많이'를 의미하는 것인지, 아니면 '사회가 배려할 수 있는 최대치'를 의미하는 것인지 분명치 않다. 그러나 어떤 경우에도 그러한 분배 정의의 원칙을 현실에 적용할 구체적인 방법과 절차를 마련하는 것 자체가 어렵기 때문에 논란은 여전히 남을 수밖에 없다.[62]

그렇기 때문에 구체적인 현실에서 한국 사회가 어느 정도의 불평등을 받아들일 것인가, 그리고 가장 열악한 위치에 있는 약자에게 최소한의 인간다운 삶에 필요한 것을 배분해주는 최대치를 어떻게 결정할 것인가는 현실적인 정치의 문제다. 정치제도로서 민주주의를 선택한 것은 민주주의가 국민에게 기본권과 자유를 보장해주는 제도이기 때문이다. 그러나 '사회경제적 평등을 전제하지 않은 (정치적) 자유의 평등 분배는 공허한 말장난에 불과하며', '자유의 실질적 실현은 사회경제적 분배의 평등화를 요구한다.' 그리고 '기본권과 자유가 유명무실하고 형식적인 자유에 그치지 않으며 현실적으로 유효한 자유의 보장이 되기 위해 어떤 형태의 경제체제를 선택해야 할지 고민하지 않을 수 없다.'[63] 존 롤스도 '분배적 정의의 중심 문제는 사회 체제 선택'의 문제로 보고 있다.[64] 민주주의를 정치제도로 선택한 것은 사회적 합의로 이룬 정치적 결정이었던 것과 마찬가지로 실질적인 민주주의의 실현을 위한 공정한 분배를 이루는 경제적 제도를 선택하는 것도 스스로의 정치적 결정의 몫이다.

빈곤층에게 최소한의 인간다운 삶을 보장해주기 위해서 최대의 혜택을 얼마나 주어야 하는가, 기업이 만들어낸 이익 중에서 얼마만큼을 노동자들에게 분배할 것이냐, 대기업과 중소기업의 임금격차를 얼마로 할 것이냐, 정규직과 비정규직의 임금격차를 얼마로 할 것인가 등을 정하는 것 등은 그것들이 분배의 정의를 실현하기 위한 것이기 때문에 이를 시장에 맡길 문제가 아니라 정치적으로 결정할 문제다. 분배의 정의를 실현하기 위해서 누진적 소득세를 얼마로 결정할 것인가, 상속세와 증여세는 얼마를 부과할 것인가, 지역 간 격차를 어떻게 해소할 것인가, 기초 복지를 어느 정도 확대할 것인가, 어떤 부분에서 보편적 복지를 시행하고 어떤 부분에서 선택적 복지를 시행할 것인가, 교육과 의료와 같은 공공성이 높은 부분에서 시장을 허용할 것인가 아니면 정부가 담당할 것인가 등 이 모든 문제들을 결정하는 것도 시장이 아닌 정치가 결정할 일이다. 시장 지상주의자들은 그러한 것들을 정부가 제도로 통해서 결정하는 것은 반시장적이고 반자본주의적인 것이라고 단정하기도 한다. 하지만 이러한 문제들은 자유의 폭과 정의의 규정에 관한 문제이기 때문에 시장에 그 결정을 맡길 수 없다. 시장의 작동 방식 때문에 불가피하게 초래된 불평등한 결과가 한국 사회가 지향하는 가치에 반한다면 이를 제어하는 것은 민주주의가 해야 할 역할이다. 더구나 경쟁은 불공평을 만드는 원천적 속성을 가지고 있고, 경쟁이 만들어낸 불평등을 해소하는 의도적인 분배가 없을 경우에 경쟁은 스스로 소멸한다. 따라서 분배 정의를 실현하는 그러한 정책들은 분배의 정의를 실현하는 것만이 아니라 자본주의 시장경제를 살리는 길이기도 하다.

분배의 정의를 실현하기 위한 구체적인 정책을 어떻게 마련하고 실천할 것인가의 문제는 민주주의와 자본주의 시장경제를 어떻게 결합할 것인가의 문제다. 이 문제는 한국만의 문제는 아니며 금융 위기 이후에 자본주의를 고치려고 하는 모든 나라들이 고민하고 모색하는 문제다. 이와 관련된 논의는 이 책의 마지막 부분에서 다룰 것이다. 그러한 논의를 하기 전에 먼저, 공정한 경쟁이 펼쳐지고 공정한 분배가 이뤄지는 '함께 잘사는 정의로운 자본주의'를 실현하기 위해서는 먼저 한국 자본주의의 특질을 논의하면서 대안을 모색해볼 것이다. 특히 다른 나라에서 찾아볼 수 없는 한국만의 문제인 재벌 구조의 문제점과 이를 교정할 수 있는 방안을 논의하기로 한다.

정의롭지 못한 한국 자본주의

한마을 이야기

쌀농사를 짓는 '한마을'에 사는 '정부' 씨는 토지를 수탈한 뽕마을 지주 밑에서 마름으로 일해 왔다. 그러다 한마을에서 쫓겨나게 된 지주가 정부 씨에게 상황이 좋아지면 다시 돌아올 테니 그때까지 당분간 재산을 맡아달라고 하고 서둘러 뽕마을로 돌아갔다. 그러나 그 지주는 돌아오지 않았고, 정부 씨는 한마을의 많은 땅을 소유한 대지주가 되었다.

　한마을에는 작지만 자신의 땅을 가지고 농사를 짓는 사람들도 있었지만, 대다수의 마을 사람들은 대지주인 정부 씨에게서 땅을 빌려 소작농으로 먹고살거나 정부 씨네의 농사일에 품을 팔면서 생계를 이어갔다. 그리고 이 마을에는 정미소 사업을 하는 김 씨, 가게를 하는 이 씨, 식당을 하는 최 씨가 있다. 어느 날 대지주인 정부 씨는 자기 땅에서 수확하는 쌀이 많기 때문에 김 씨가 소유한 정미소를 이용하지 않고 자신이 직접 정미소를 세우기로 했다. 자기네 쌀만을 도정해도 정미소 운영에 문제가 없었다. 정미소 운영이 괜찮다 보니 마을 사람들에게는 김 씨의 정미소보다 싼값에 쌀을 도정해주기로 했다. 마을 사람들은 김 씨네 정미소보다 더 싸게 도정을 해주는 정부 씨의 정미소를 이용하게 되었고, 김 씨는 결국 정미소 문을 닫았다. 정부 씨는 김 씨네 정미소가 망한 후에도 값을 올리지 않는 '선행'을 했다.

정부 씨는 쌀농사뿐 아니라 정미소 사업까지 하게 되어 많은 돈을 벌었다. 그는 그렇게 번 돈으로 자신이 생산한 쌀을 원료로 쓰는 막걸리 양조장을 세웠고, 온 동네 사람들이 정부 씨네 막걸리를 사다 마셨다. 그는 자신이 생산하는 막걸리를 직접 파는 가게도 차렸다. 가게는 처음에 막걸리만 팔았지만 나중에는 다른 물건들도 함께 파는 슈퍼마켓이 되었다. 정부 씨네 슈퍼는 이 씨네 가게보다 싼값에 물건을 팔았고, 마을 사람들은 값싼 슈퍼를 애용하게 되었다. 결국 이 씨네 가게도 문을 닫았다. 정부 씨는 자신의 논과 밭에서 나는 작물을 식재료로 음식점도 차렸고, 값도 최 씨네 식당보다 싸게 받았다. 결국 최 씨네 음식점도 문을 닫았다. 한마을 사람들은 정부 씨네 정미소, 슈퍼마켓, 음식점을 이전보다 더 싼값에 이용하게 되었고 모두들 '착한' 정부 씨를 칭찬했다. 정부 씨는 더 많은 돈을 벌었다.

정부 씨는 돈이 많아지자 설탕 공장, 과자 공장, 신발 공장, 의류 공장을 세웠다. 사업은 날이 갈수록 번창했다. 한마을 사람들은 모두 정부 씨 공장에서 생산한 물건들을 구매했다. 정부 씨 회사들은 강 건너에 있는 '우사 마을'에 '수출'도 했다. 사업은 계속해서 번창했고, 정부 씨는 다시 전자 공장과 자동차 공장을 세워서 산 너머에 있는 '치나 마을'에도 수출했다. 정부 씨는 이번에는 마을금고를 설립했다. 그리고 모든 마을 사람들은 정부 씨의 마을금고에 예금을 했다. 정부 씨는 작은 땅을 가지고 농사를 짓는 사람들의 땅도 사주었다. 물론 시장가격보다 높은 가격으로 사주는 '선행'을 해서 땅을 판 사람들은 갑자기 큰돈을 벌게 되었고 정부 씨에게 감사했다. 정부 씨는 건설 회사를 세우고, 사들인 땅에 아파트를 지었다. 한마을 사람들은 정부 씨 마을금고에서 대출을 받아 아파트도 장만했다. 정부 씨 덕분에 모든 마을 사람들은 정부 씨네 회사에서 일하게 되었고, 마을은 발전했고, 더 잘살게 되었다. 정부 씨는 자신의 자동차 공장에서 만든 자동차로 운송 회사를 세웠고, 제품들을 배달할 택배 회사도 세웠다. 정부 씨가 소유한 공장들과 슈퍼마켓은 모두 정부 씨 소유의 운송 회사와 택배 회사를 이용했다. 정부 씨는 신문사와 방송사도 설립했고, 마을 사람들은 정부 씨가 발행한 신문을 보고, 정부 씨의 방송을 들었다. 정부 씨는 경비 회사를 설립해서 마을을 더욱 안전하게 만들기도 했다. 정부 씨는 마을의 문화 발전을 위해서 미술관과 음악당도 설립했고, 호텔과 극장도 세웠다. 그리고 미술관, 음악당, 극장에 오는 사람들의 휴식을 위해서 커피숍과 빵집도 차렸다. 정부 씨는 여기서 그치지 않고 장학 재단을 설립하고, 학교와 병원도 세웠고 교육 사업, 복지사업, 자선사업도 했다. 한마을 사람들은 모두 정부 씨를 존경하고 칭송했다.

정부 씨는 규모가 큰 회사들의 사장에 아들과 딸을 임명하고, 작은 회사들은 사위와 조카들에게 맡겼다. 미술관장은 부인이 맡고, 박물관장은 며느리가 맡았다. 신문사 사장은 사돈이, 방송사 사장은 처남이 맡았다. 마을금고는 형이, 학교는 동생이, 병원은 동서가 맡았다. 그리고 마을의 경찰서장, 법원장과 세무서장은 장학재단에서 장학금을 받아 공부도 잘하고 고시에 합격한 똑똑한 정부 씨의 장학생들이 부임하게 되었다. 그리고 정부 씨 회사의 임원이었던 이씨가 군수 선거에 출마를 했고, 정부 씨 집안의 지원과 마을 사람들의 적극적인 지지를 받고 당당하게 당선되어서 군수가 되었다. '정부' 씨는 '한마을'의 모든 것을 소유하고 지배하게 되었다. 한마을은 정부 씨가 사업을 성공적으로 확장한 덕분에 발전했고, 마을 사람들은 더 잘살게 되어서 행복했다.

행복하고 평화롭게 잘살고 있는 한마을에 어느 날 존 롤스(John Rawls)라는 사람이 느닷없이 나타나서 평지풍파(平地風波)를 일으켰다. '평등주의적 정의론'의 대가로 인정받는 롤스는, 한마을의 상황은 정의롭지 못한 것이라고 일갈했다. 롤스는, 정부 씨가 모든 것을 소유하고 지배하는 한마을 사람들은 이전보다 잘살게는 되었지만, 그 대가로 누구도 정부 씨의 뜻을 거스를 수 없고, 누구도 자기 땅을 갖거나 사업할 수 없게 되었기 때문에 정치적 자유와 경제적 자유를 모두 잃었다는 것이다. 배고픔을 잊은 지 얼마 안 된 마을 사람들에게 자유가 더 중요하다고 주장했다. 그는 "많은 사람들에게 보다 큰 이득을 준다는 형식으로 효율성이 증가한다고 해서 소수의 자유가 상실되는 것이 정당화되지는 않는다. 우리가 이렇게 믿고 있다는 것은 민주주의에 있어서 시민의 기본적 자유가 정치적 흥정의 결과로서 이해되고 있지도 않으며, 그것이 사회적 이익의 계산에 달려 있는 것도 아니라는 사실에 의해 나타난다. 도리어 그러한 자유는 정치적 거래에 한계를 부여하는 고정점이요, 사회적 이득의 계산에 범위를 정해주는 고정점이다."[1]라고 말했다. 롤스의 논리는 민주주의 체제의 근본인 개인의 자유가 경제적 이익으로도 침해될 수 없는 절대적인 가치이기 때문에 경제적 이익은 자유가 보호되는 범위 내에서만 고려되어야 한다는 것이다. 한마을 사람들은 더 잘살게 되었지만 자유를 잃어버렸기 때문에 정의로운 마을이 아니라는 것이다.

자유를 잃어버린 한마을의 상황을 지켜본 자유주의(Liberalism) 정치사상의 원조인 존 스튜어트 밀(John Stuart Mill)이 롤스를 거들고 나섰다. 밀은 "배부른 돼지가 되느니, 배고픈 인간이 되어야 한다. 배부른 바보가 되느니, 배고픈 소크라테스가 되어야 한다."라고 한마을 사람들에게 충고를 했다.[2] 그리고 한마을의 상황을 지켜본 골수 자유주의자인 프리드리히 하이에크(Friedrich August von Hayek)는 한마을에 신랄한 비판을 쏟아냈다. 사회주의(Socialism)에 대한 강력한 비판자인 하이에크는 경제적 이득을 위해서 자유를 포기한 한마을의 사람들은 '노예의 길'을 택한 것이라고 했다.[3] 한마을 사람 모두가 더 잘사는 경제적 이익을 얻기 위해서 스스로 자유를 포기하고 정부 씨의 지배를 받아들인 상황을 본 존 스튜어트 밀은 한마을의 경제를 천박한 자본주의로 보았고, 한마을 주민들을 배부른 돼지로 비하했다. 정부 씨가 모든 것을 소유하고, 모든 것을 통제하는 상황을 본 하이에크는 한마을의 경제를 전체주의(Totalitarianism)적 사회주의로 보았고, 한마을 사람들을 노예라고 규정했다.

한마을에는 정부 씨가 소유하지 못한 회사들이 있었다. '네버'와 '그다음'이라는 인터넷 포털 회사들이었다. 통신 기술이 짧은 기간 동안 갑자기 발전할 때 호기심 많은 마을 젊은이들 몇이서 재빠르게 회사를 만들었다. 이 젊은이들은 학교 다닐 때도 엉뚱한 일에만 빠져서 공부를 열심히 안 한 '오덕후'들이었다. 정부 씨도 뒤늦게 아들에게 인터/넷 회사를 차려주었다. 정부 씨 장학금을 받은 적이 없는 이 '무한덕후'들은[4] 정부 씨의 눈치를 살피지도 않고 겁 없이 자유분방하게 회사를 운영해서 성공을 거두었고, 정부 씨 아들의 인터넷 회사는 문을 닫게 되었다. 정부 씨가 소유한 방송사와 신문사는 당연히 밀과 하이에크의 비판을 보도하지 않았다. 그러나 '네버'와 '그다음'은 그 내용을 포털에 올려서 밀과 하이에크의 비판이 한마을 사람들에게 알려지게 되었다.

밀과 하이에크의 비판을 들은 한마을 사람들은 그들을 비난하기도 하고, 어떤 사람들은 그들의 비판에 동의하기도 했다. 한마을이 못살았던 시절에 배고픔을 아직 기억하고 있는 나이 든 세대들은 정부 씨가 잘살게 해준 것에 대해서 너무도 감사했다. 그래서 그들은 '정의가 밥 먹여주나? 정부 씨가 밥 먹여준다!'면서 밀과 하이에크를 비난했다. 정부 씨의 장학금으로 외국 유학까지 다녀온 한마을의 학자 한 명이, 정부 씨가 발행하는 신문에 '한마을은 다르다'는 칼럼을 기고했다. 그는 정부 씨가 돈만 번 것이 아니라 자선사업, 장학사업, 문화 사업을 하는 선행을 많이 했고, 정부 씨 덕분에 빈곤으로 굶주린 한마을을 발전시킨 상황을 밀과 하이에크가 몰라서 한 말이라고 했다. 한마을에는 밀과 하이에크의 말에 동의하는 학자들도 더러 있었지만 그들은 정부 씨 회사로부터 연구비를 받아 연구하기에 바빠서 세상일에 관심을 끄고 열심히 '논문만 썼다.' 정부 씨의 회사들은 '네버'와 '그다음'에 그런 글들을 계속해서 포털에 올리면 광고를 주지 않겠다고 협박도 했다. 이런 상황에서 배고픈 경험이 없는 한마을의 젊은이들은 혼란스러웠다. 어른들의 말에 일리가 있기도 했고, 자신들을 가르치는 선생들은 그들의 고민을 외면했고, 또 자신도 정부 씨 회사에 취직을 해야 할 처지였다. 그러면서도 자신들의 미래는 부모 세대처럼 정부 씨의 지배를 받지 않는 자유로운 한마을을 만들고 싶었다.

이런 상황에서 맨 처음 이 모든 소동을 일으켰던 존 롤스가 다시 한마디를 했다. 그는 평등한 자유가 '조직적으로 침해될 경우에 시민 불복종의 대상'이 된다며 "정의의 우선성과 그것이 보장하는 평등한 자유가 시민 불복종을 정당화한다."라고 한마을 젊은이들을 선동했다.5 그는 정의와 자유는 그 무엇보다 앞서는 가치이기 때문에, 한마을 사람들이 잘살게 되었지만 그것으로 인해서 정의와 자유를 잃었기 때문에 정부 씨에 저항할 권리가 있다는 것이다. 롤스의 말에 민주주의 이론의 대가인 정치학자 로버트 달(Robert Dahl)이 "자유의 필요조건은 권력 행사에 대한 강력한 견제 장치의 존재다. 권력이 집중되면 자유는 고사하기 마련이다."라며 거들고 나섰다.6 롤스와 달의 말에 용기를 얻은 한마을의 젊은 세대들이 '안녕들하십니까?'라는 대자보를 내걸었다. 대자보에는 '물질적 풍요를 위해서 자유를 포기한 사람들은 둘 다를 잃게 된다. 그러나 자유를 위해서 물질적 풍요를 포기한 사람들은 더 많은 둘 다를 얻게 된다'7고 적혀 있다. 대자보는 인터넷을 통해서 들불처럼 퍼졌다. '그다음'의 토론방인 '에고라'에는 뜨거운 논쟁이 벌어졌고, '안녕연대'라는 시민 단체를 만들어 서명운동을 하고 촛불 시위를 했다. 이런 부류들을 괘씸하게 본 마을 어르신 세대들과 정부 씨를 지지하는 젊은이들도 들고일어났다. 그들은 '안녕연대'에 맞서서 '아부지 연합'과 '배부르게 살기 운동본부'를 만들고, '에고라'에 맞서서 '알배'를 만들어 촛불시위에 맞불을 놓았다. 그들은 '차카게 살자', '배고파본 적이 없는 놈들은 자유를 말할 자격이 없다', '정부에 반대하는 놈은 좌빨'이라고 외쳤다. 한마을은 전체가 큰 혼란에 빠졌다.

이러한 혼란의 와중에 정부 씨네 회사 임원 출신의 이 씨가 차지하고 있는 군수 자리에 도전하는 박 씨가 나타났다. 박 씨는 정부 씨에게 철없는 불만 세력을 그저 누르는 것이 능사가 아니고 그냥 그 사람들이 듣고 싶어 하는 말을 해주면 될 것 아니냐고 설득하고, 마을 사람들에게는 모두가 자유롭게 잘사는 정의로운 '경제민주화'를 이루겠다는 공약을 내세워서 당선이 되었다. 마을 젊은이들은 새 군수 박 씨가 자신들의 문제를 해결해줄 것이라는 희망에 부풀었고, 나이 든 어르신 세대들은 군수 박 씨에게 선거공약은 꼭 지킬 필요가 없다고 조언을 했다. 한마을은 더욱더 혼란에 휩싸였다.

이런 상황의 변화를 지켜보던 마르크스주의 혁명가인 레온 트로츠키(Leon Trotsky)가 한마을의 젊은이들과 군수 박 씨에게 충고 한마디를 던졌다. 그는 "유일한 고용주가 정부인 나라에서 정부에 반대하는 것은 서서히 굶어죽는 것이다. '일하지 않는 자 먹지 말라'는 과거의 원칙은 새로운 원칙으로 대체되었다: 복종하지 않는 자 먹지 말라."[8]라고 했다. 마르크스주의자 혁명가였던 레온 트로츠키는 레닌(Vladimir Ilich Lenin)과 함께 10월 혁명을 이끌어 제정 러시아를 무너뜨리고 공산주의(Communism) 국가인 소비에트 연방을 세운 사람이다. 그런 그가 자신이 세운 소비에트를 국가가 모든 것을 소유하고 통제하는 전체주의 체제라고 비판하면서 한 말이다. 트로츠키는 정부 씨가 모든 것을 소유하고, 정부 씨의 가족들이 모든 회사를 운영하고, 정부 씨의 장학생들이 모든 권력을 차지해서 정부 씨가 모든 것을 좌지우지하는 한마을을 전체주의적 사회주의나 다름없다고 본 것이다. 자유민주주의(Liberal Democracy) 시장경제를 사훈으로 내건 정부 씨가 소유한 신문사와 방송사는 트로츠키의 충고를 대대적으로 보도했다. 기사 제목은 이랬다.

'한마을 사람이여, 서서히 굶어죽지 않으려면 정부에 복종하라!'

정의롭지 못한
소유

| 한국 자본주의의 색다른 발전 경로 |

한국은 20세기 초 일제(日帝)의 강점으로 조선왕조(朝鮮王朝)가 무너졌고, 서구에서와 같이 계급분화 과정이나 시민혁명을 통해서 봉건 체제가 붕괴되는 역사적 단계를 밟지 않았다. 광복 이후에는 정부가 수립된 지 2년 만에 한국전쟁을 겪게 되어 자본주의와 시장경제의 기본적인 틀을 갖출 기회도 갖지 못했다. 1960년대 초 산업화가 시작되기까지는 전쟁으로 피폐해진 경제에서 대부분의 국민은 빈곤상태에 있었고, 경제적으로 분화된 계층도 형성되지도 않았다. 산업화가 시작된 이후는 군사독재 정권의 철저한 통제에서 시행된 계획경제체제였기 때문에 시장경제가 작동한 것도 아니었다. 제2차 경제개발 5개년 계획이 끝나고 경제 발전이 본격적으로 태동하기 시작한

1971년에도 1인당 국민소득은 300달러에 불과했고, 1,000달러를 넘어선 것은 1977년이었다.[9] 1970년대까지 대부분의 국민들에게는 빈곤을 벗어나 생존하는 것 자체가 목적이었으며, 그것이 시장을 통하든 계획경제를 통해서 달성되든 관건이 될 수 없었다.

한국이 실질적으로 자본주의 시장경제를 논할 만한 경제 수준이 된 것은 1980년대에 들어서다. 1인당 국민소득이 2,000달러를 넘어선 것이 1983년이었고, 5,000달러를 넘어선 것이 1989년이었다. 한국의 경제체제는 정부가 공식적으로 계획경제를 폐기하고 시장경제로 전환을 시도한 1990년대 중반까지 계획경제체제였다고 규정해도 무리가 아닐 것이다. 계획경제 시대에는 정부가 경제성장의 목표를 정하고, 자본과 자원을 배분하며, 시장을 통제하고, 가격을 결정하는 역할까지 담당했다. 계획경제체제라고 시장이 존재하지 않는 것은 아니다. 그러나 경제 관료들이 시장을 직접 운용하다시피 한 관치 계획경제에서는 시장의 '보이지 않는 손'이 아니라 정부의 '보이는 손'이 거의 모든 것을 결정했기 때문에 시장의 기능과 역할은 자본주의 본연의 모습과는 전혀 다른 것이다.

자본주의가 사회주의(Socialism)와 달리 정의되는 두 가지 핵심 요건은 사유재산제도와 경쟁적인 시장의 존재 여부다. 사회주의 체제에서도 시장은 존재하고 그 시장은 반드시 경쟁 원리를 채택하는 것은 아니지만, 자본주의는 경쟁 원리로 작동하는 시장경제와 분리될 수 없다. 그런 관점에서 보면 한국은 계획경제 하에서 사유재산을 허용하기는 했으나 경쟁적인 시장이 존재하지 않았기 때문에 실질적으로 온전한 자본주의 시장경제라고 할 수 없다.[10] 다시 말하면 '사적 소유권 없는 자본주의'가 성립되지 않는 것처럼 계획경제체제에서의 '경쟁 시장 없는 자본주의'도 성립되지 않는 것이다.

미국과 유럽에서 소득 불평등과 계층 간 양극화 심화 현상이 잉태되기 시작한 것은 시장 근본주의 또는 신자유주의적인 정책들이 전면적으로 추진된 1980년대 초이다. 스웨덴과 같은 북유럽의 복지 국가 체제가 사회민주주의(Social Democracy)에서 시장 친화적인 제3의 길로 선회한 것도 이 시기다. 그러나 같은 시기에 한국은 여전히 정부가 모든 것을 통제하는 계획경제를 하고 있었으며, 경쟁적인 시장이 작동하지도 않았고, 복지 제도는 도입되지도 않았던 때이다.[11] 한국이 시장경제체제로 전환을 시도하던 1990년대 중반에는 이미 미국과 유럽에서 신자유주의 문제들의 부작용이 표면화되어 사회적 갈등을 유발하기 시작한 때였고, 영국은 신자유주의적인 정책에서 제3의 길로 선회를 시도한 때였다. 따라서 미국과 유럽에서 신자유주의 정책들에 대한 비판과 반성이 시작되던 때가 한국은 이제 막 시장경제를 시작하는 단계였던 것이다. 더군다나 한국은 곧바로 국가 파산 상태 직전까지 가는 1997년의 외환 위기를 겪으면서, 시장경제가 제대로 작동하기도 전에 다시 정부의 개입이 불가피한 상황이 되었다. 외환 위기로 인해서 국가 통제의 전체주의(Totalitarianism)적 계획경제에서 구자유주의적, 즉 경쟁적인 시장의 틀을 갖추기도 전에 다시 정부가 시장에 개입하고 조정하는 상황으로 후퇴한 것이었다.

미국과 유럽에서의 자본주의는 250년 이상의 긴 기간 동안 내부에서는 계급투쟁과 외부로부터는 사회주의와의 경쟁적 대립의 과정을 거치면서 진화해 왔다. 하지만 한국은 자본주의 국가들이 일반적으로 경험한 계층 간, 그리고 자본과 노동 간 갈등과 투쟁의 과정이 생략된 채 시작되었다. 자본과 노동의 대립은 1987년 6월 항쟁 이후에서야 표면화되었고, 노동자들이 정치 세력화한 것은 그보다 10년 뒤인 1997년이었다.[12] 경제가 압축 성장한 것과 마찬가지로 한국의 자본주의도 짧은 기간에 압축 진화를 한 형국이다. 한국과 선진국 간 자본주의의 진화 과정이 판이하게 다르다면, 비록 나타나는 모순적 현상이 유사할지라도 그것들의 구조와 원인은 다를 수밖에 없다. 특히 한국에서 재벌의 경제력 집중이나 대기업과 중소기업의 기업 양극화 같은 현상들은 다른 선진국들에서 보이지 않는 문제들이며, 이는 한국 자본주의 발전 과정의 특이성 때문이다.

| 얼룩진 축재 |

어떠한 '정의로운 자본주의'를 지향할 것인가에 대한 논의는 먼저, 짧은 역사 속에서 압축적으로 진화해 온 한국의 자본주의 과정에서 축적된 재산들이 과연 '정의로운' 것이었느냐는 논의에서부터 출발해야 한다. 현재의 모순을 내버려둔 채 미래의 정의를 설계할 수 없기 때문이다. 한국에서 1970, 1980년대까지 '나도 재벌이 될 수 있다', '개천에서 용 난다'고 했다. 재벌을 꿈꾸고 창업에 도전한 젊은이들이 있었고, 성공한 창업 신화를 만든 기업들도 많았다. 그러나 지금은 '재벌은 재벌만 된다', '개천에서 용 나지 않는다'고 한다. 1990년대 중반부터 2000년대 초 사이에 새롭게 성장한 IT(정보통신) 산업에서 다음(Daum), 네이버(Naver), 엔씨소프트(Ncsoft), 넥슨(Nexon) 등과 같은 새로운 성공 신화를 만든 소수의 기업들을 제외하고는 1990년대부터 창업 신화가 극히 드물다.[13] 미국과 같이 오랜 기간 동안 자본주의를 해 온 나라에서도 100대 부자 중에서 71명이 당대의 창업자인데, 한국에서는 거꾸로 76명이 상속 받은 부자다.[14] 그리고 한국 상장 주식 100대 부자 중에서 재벌 가문이 아닌 사람은 15명에 불과하다.[15] 지금 한국에서는 개천에서 용 나기 어려운 현실임을 단적으로 보여주는 증거다.

재벌은 계획경제 시대에 정부의 정책적 선택을 받아서 특혜와 지원을 기반으로 성장했고, 또 정경 유착으로 부당하게 권력의 힘을 빌려서 더욱 성장했다. 시장경제로 전환한 이후에도 재벌 그룹들의 경영은 불법행위로 얼룩졌다. 30대 재벌 그룹 중에서 13명의 총수들이 비자금 조성, 뇌물, 횡령, 배임, 분식 회계, 주가 조작, 탈세 등의 불법행위로 형사처분을 받았다. 정경 유착의 대표적인 사례로는 1997년과 2002년 대통령 선거에서 재벌들이 대통령 후보들에게 준 정치 비자금이 있다. 2002년 대통령 선거에서는 삼성 300억 원, LG 150억 원, 현대차 100억 원, 한화 50억 원, 대한항공 10억 원, 대우건설 15억 원 등 당시 한나라당이 재벌들에게서 거둔 정치자금이 705억 원에 달했다.[16] 재벌 2세, 3세들이 부모로부터 상속을 받은 경우에도 상속세를 제대로 납부해서 물려받은 재산의 정당성을 확보한 경우는 오히려 예외적이다.

한국의 최고 부자는 삼성그룹의 이건희 회장이며, 그의 재산은 12조 9,000억 원으로 알려져 있다.[17] 이건희가 1987년 창업자인 이병철 회장으로부터 재산을 물려받으면서 납부한 세금은 상속세 176억 원과 증여세 5억 원을 합쳐서 181억 원이었다. 당시 삼성그룹의 총자산이 11조 6,000억 원이었고 부채를 제외한 순자산이 1조 4,000억 원이었으나, 이건희는 181억 원의 세금만 내고 삼성그룹의 경영권 승계를 받았다. 이건희의 형인 이창희가 납부한 상속세가 254억 원이었는데, 이건희는 이보다 적은 상속세를 내고 삼성그룹의 경영권을 장악한 것이다. 2008년 '삼성 비자금' 특검이 실시되었을 때, 이건희가 삼성그룹 전·현직 임원 486명의 명의로 1,199개의 차명 계좌를 이용해서 상속받은 유산을 숨겨온 것이 밝혀졌다. 그 금액이 4조 5,000억 원에 달했다. 이후 재판 진행 중 차명 재산에 대해서 상속세가 아닌 양도소득세로 1조 8,000억 원의 세금을 납부했다. 한국 최고 부자인 이건희는 차명으로 상속재산을 숨기고 탈세를 해서 취득한 것이다.[18]

창업자에서 2세대로 상속되면서 가장 많은 상속세를 납부한 경우는 2004년 대한전선 설원량 회장의 유족들이 낸 1,355억 원이고, 두 번째는 교보생명 신용호 회장의 유족들이 낸 1,338억 원이었다.[19] 부모로부터 재산을 상속을 받는 것은 자본주의에서 사유재산 보호에 따른 당연한 권리이며, 상속재산이 정당성을 갖는 '정의로운 소유'가 되기 위해서 최소한으로 이행해야 할 의무가 상속세를 납부하는 것이다. 그러나 당시에 재벌 순위 40위권에 있던 대한전선과 50위권에도 들지 않은 교보생명이 낸 상속세가 지금까지 역사적 최고액이었다. 이 사실은 적어도 그들보다 많은 재산을 상속받은 한국 재벌 가족들은 상속세를 제대로 납부하지 않았다는 말이며, 그들의 부의 축적은 최소한의 정당성도 확보하지 못한, 정의롭지 못한 것이었다는 것을 반증해주고 있다.

재벌 가족의 2세대에서 3세대로 재산이 이전되는 과정은 창업자에서 2세대로 이전되는 과정보다 더욱 더 편법과 불법으로 얼룩진 것이었다. 삼성그룹 이건희 회장의 아들 이재용은 1995년 61억 원을 아버지로부터 증여받아서 16억 원을 증여세로 냈다. 그리고 나머지 45억 원으로 상장이 예정된 에스원, 삼성엔지니어링, 제일기획 등 비상장 계열사의 주식을 사들였고, 2년 후 이 회사들이 상장한 다음 600억 원의 차익을 얻었다.[20] 1996년에는 삼성에버랜드(現 제일모직)가 발행한 전환사채를, 1997년에는 삼성전자가 발행한 전환사채를 부당하게 인수한 이후 이를 주식으로 전환해 지분을 확보하고 시세 차익을 얻었다. 1999년에는 삼성SDS가 발행한 신주인수권부사채(BW)를 헐값에 인수해서 1,540억 원의 부당이득을 얻었는데,[21] 이러한 사실이 '삼성 특검'으로 확인되었고, 이건희 회장 등은 2009년 법원에서 배임과 조세 포탈의 유죄판결을 받았다. 삼성SDS가 2014년에 상장을 추진하고 있는데, 상장할 경우 이재용이 얻게 될 차익은 1조 2,000억 원대가 될 것으로 예상된다. 실제로 그렇게 된다면 이재용은 불법으로 취득한 주식으로 15년 만에 20배가 넘는 이익을 얻는 것이다.[22]

이재용은 2000년에 자신이 주도해서 인터넷 사업을 하는 e-삼성, e-삼성인터내셔널, 가치네트 등의 기업을 설립하고 50% 이상의 지분을 소유한 대주주가 되었다. 그러나 이 회사들의 경영이 어려움에 빠져 손실이 예상되자, 이 회사들의 주식을 계열사에 고가로 넘겼다. 자신은 손해 보는 것을 피했지만, 이후에 지분을 인수한 계열사들은 380억 원 이상의 손실을 입었다.[23] 1995년 45억 원을 증여받은 이재용의 2014년 현재 재산은 3조 9,000억 원으로 추정된다.[24] 그의 재산은 19년 만에 880배가 늘어난 것이다. 이재용은 자신이 성공시킨 사업 사례가 없고, 아직까지 경영자로서의 역량을 보여주는 계기도 없었다. 오히려 자신이 설립하고 실패한 사업을 계열사에 떠넘겼고 책임을 지지도 않았다. 이재용이 소유한 재산 중에서 부모로부터 물려받은 것은 극히 일부분이며, 거의 대부분이 정당하지 못한 방법들을 이용해서 삼성그룹 계열사들의 회사 재산을 자신의 소유로 이전한 것이었다.

2세대에서 3세대로의 불법, 편법, 탈세 등을 이용한 정의롭지 못한 재산 이전은 삼성그룹에서만 일어난 것은 아니었다. 삼성의 경우는 여러 번에 걸쳐서 다양한 방법으로 재산을 자식들에게 이전한 대표적인 사례이기 때문에 이재용의 사례를 설명했지만, 다른 재벌들의 경우도 유사한 사례는 수없이 많았다. 지난 10여 년 동안은 과거와 같이 탈세나 편법으로 상속을 받거나 회사 재산을 개인 재산으로 이전하는 것이 어려워졌다. 대신에 총수 가족이 소유한 비상장회사에 일감 몰아주기 등의 부당한 거래로 회사를 키워서 재산을 이전한 경우들이 생겼다. 이재용의 삼성에버랜드, 현대자동차그룹의 3세대인 정의선의 현대글로비스, SK그룹 최태원의 SK C&C, 롯데그룹 신동빈의 롯데알미늄 등 거의 모든 재벌 그룹에서 예외를 찾아보기 힘들 정도다.[25]

한국에는 '존경받는 부자'가 드물다. 일반 국민들은 '부자'와 '재벌'에 대한 부정적인 인식, 즉 '부자들은 뭔가 부당하게 재산을 모았을 것'이라는 의구심을 가지고 있다. 이러한 인식은 재벌 총수들과 가족들이 불법, 편법과 탈세 등의 부당한 방법으로 재산을 증식해 온 것이 그 원인의 하나다. 물론 이런 문제들은 재벌만의 문제가 아니다. 장관 등의 고위 공직자 임명의 청문회에서 재산 축적과정과 세금 납부 여부가 자주 문제가 되어 왔다. 개발지에 미리 땅 투기로 차익을 얻거나, 아파트 분양을 받아서 위장 전입으로 차익을 얻거나,

그리고 판사·검사들이 변호사 개업하면 전관예우로 수십억 원의 수입을 올리거나, 의사·변호사 등의 전문 자영업자들이 세금을 떼먹거나, 선거 때마다 불거지는 정치 비자금의 문제 등이 일반 국민들로 하여금 부자들을 의구심의 눈초리로 보게 만든 것이다. 최근에는 전직 고위 관료들이 퇴직 후 업무와 관련된 이익 단체·협회·대기업 그리고 대형 법률 회사에 취업해 자신이 재직했던 정부 부처를 상대로 로비스트(lobbyist) 역할을 하거나, 정부의 규제를 피하는 자문을 하는 '관피아(官+mafia)'가 되어 공직에서는 생각할 수 없는 엄청난 재산을 모으는 것도 국민들의 부자들에 대한 곱지 않은 시선에 일조하고 있다.

재벌 그룹 창업 세대들이 사업을 일으킨 과정이란 비록 계획경제 시대에 정부의 특혜, 정경 유착, 불법으로 얼룩진 일들로 점철되었지만, 그래도 그들은 자수성가의 신화를 만든 장본인들이다. 때문에 국민들 사이에는 그들의 부당하게 축적한 재산에 대해서 당시의 '시대적 상황'이 그러했으니 어쩔 수 없었다는 '관용적'인 시각으로 이해해주는 분위기도 있다. 그러나 2세, 3세들은 창업 세대와 같은 성공 신화도 없으며, 더구나 적극적으로 불법·편법 행위를 기획해서 재산을 상속받거나 축적한 것은 어떤 경우에도 인정될 수 없는 '정의롭지 못한' 것이다. 또한 재벌 총수들이 유죄판결을 받고도 '경제 발전에 기여한 공'을 인정받아 집행유예 정도의 가벼운 형사처분을 받는 특혜를 누렸다. 재벌 총수들에 대한 법원의 '관대한' 처벌 때문에 '유전무죄 무전유죄(有錢無罪 無錢有罪)'라는 용어가 생겨날 정도로 부당하게 축적한 재산에 대한 법의 심판까지 굴절되어버렸다.

한국 경제에서 절대적인 비중을 차지하고 있는 재벌 총수와 가족들이 불법과 편법으로 재산을 증식하고 부당한 상속으로 부를 대물린 것은 자유 지상주의자 노직(Robert Nozick)이 규정한 정의로운 소유의 첫 번째 조건인 '정의로운 취득'과 두 번째 조건인 '정의로운 이전과 양도'의 조건을 충족하지 못한다. 또한 노직이 규정한 세 번째 조건인 '불의로 취득한 재산에 대한 시정'의 과정도 없었고, 법적 처벌도 솜방망이였다. 결론적으로 한국의 짧은 자본주의 역사에서 재벌과 부자들의 축적된 재산은 사유재산의 절대적 보호를 주장하는 보수 우파의 자유 지상주의자들이 규정한 정의로운 사유재산의 조건과는 거리가 먼 것이다.[26]

불공정한
경쟁

|사업 낚아채기|

"너무 뜨다 보니 재벌들이 (내가) 머슴 주제에 너무 컸다고 생각한 것 같기도 하다."

맨손으로 창업해서 성공 신화를 만든 주성엔지니어링의 창업자 황철주 사장이, 삼성전자가 일방적으로 거래를 끊어버리면서 경영위기에 처하게 된 경험을 두고 한 말이다.[27] 삼성전자에 반도체 장비를 납품하던 주성엔지니어링은, 2001년 삼성전자가 '납품 비리'를 이유로 회사의 모든 서류를 다 가져가면서까지 감사하고, 국세청까지 나서서 조사를 했지만 결국 결백한 것으로 밝혀졌다. 그러나 삼성전자는 거래를 끊어버렸고, 납품받던 제품을 직접 생산하는 계열사를 차렸다. 하청기업의 사업이 커지면 원청기업이 그 사업을 낚아채는 전형적인 사례다.

그는 "삼성전자에서 카드 회사 계열사의 카드를 쓰라고 해서 그 카드만 썼다.", "거래처인 현대전자가 그랜저 등 현대차 10대를 사라고 해서 어쩔 수 없이 정가대로 산 뒤 직원들에게 반값에 팔았다."고 고백하기도 했다. 그는 또 '삼성(전자)이 휴대전화 사업을 접은 뒤 1990년대 말 테헤란밸리(IT 기업들이 몰려 있는 서울 강남의 테헤란로 일대)의 수많은 벤처기업인이 휴대전화 기술을 세계 수준으로 발전시켰고, 삼성은 이들을 흡수해 애니콜을 만든 것'이라고 했다. 그렇기 때문에 그는 "오늘날의 삼성(전자)을 만든 '애니콜 신화'도 삼성(전자)의 힘으로 이룬 게 아니다."라고 평가했다.[28] 그러나 그는 '삼성의 눈 밖에 나서' 회사를 팔기로 결정하는 위기까지 몰렸다. 그의 증언들은 한국 대기업과 하청기업의 거래 행태에서 불공정 경쟁이 어떤 것인지를 단적으로 웅변하고 있다.

| 일감 몰아주기 |

재벌 그룹 대부분이 내부 거래를 통해 거의 모든 사업 영역으로 계열사를 늘려 왔고, 이 때문에 독립적인 기업이 새로운 사업에 뛰어드는 경우 필시 재벌 계열사와 충돌하지 않을 수 없는 시장구조가 형성되어 있다. 이런 상황에서 신생 사업자는 재벌 계열사와 경쟁에서 성공은커녕 살아남기도 어렵다. 더구나 돈이 된다 싶은 이미 증명된 사업에는 반드시 재벌 그룹들이 계열사를 설립하여 끼어든다. 재벌 계열사들의 성공 비결은 그들의 뛰어난 역량보다는 그룹 차원에서 내부

시장을 통한 일감 몰아주기로 기반을 닦아주는 것이다. 계열사들 사이의 내부 거래에서 시장가격보다 비싼 가격에 사주거나 또는 싼 가격에 팔아서 계열사에게 부당이득을 만들어준다. '정당한' 시장가격으로 거래하는 경우라고 해도 반드시 공정거래가 아니다. 계열사에게 일감 몰아주기로 다른 경쟁 기업의 기회를 박탈하는 불공정 경쟁 사례는 수없이 많다. 2013년 기준으로 재벌 그룹들 총매출의 12.5%가 내부 거래인데, 계열사 중에서 상장회사 매출의 내부 거래 비중은 8.1%인 반면에 비상장회사의 내부 거래 비중은 23.0%이다.[29] 재벌 그룹 계열사 중에서 비상장 계열사들의 내부 거래 비중이 높은 것은 총수 가족들이 소유한 개인회사들에게 일감을 몰아줘서 부당이득으로 회사를 키우고, 나중에 회사를 상장함으로써 총수 가족들이 대규모 상장 이익을 얻는 수단으로 이용되는 것과 관련이 있다.

삼성그룹의 경우, 이건희와 가족들이 45.6%를 보유한 비상장회사인 삼성에버랜드는 2012년 매출액 중에서 계열사들과의 내부 거래 비중이 44.5%이며, 1997년 이후 계속해서 계열사들의 내부 거래의 비중이 40%를 넘고 있다. 이렇게 보면 삼성에버랜드의 성장이란 계열사들의 일감 몰아주기로 만들어진 것이었다.[30] 삼성에버랜드는 상장을 예정하고 있는데, 상장할 경우 이건희와 가족들이 얻게 될 상장 차익은 2조 원이 넘을 것으로 추산된다.[31] 삼성에버랜드는 1996년 전환사채를 발행했는데, 당시 삼성에버랜드의 주주들이었던 삼성 계열사들이 의도적으로 이를 인수하지 않고 스스로 실권했다. 계열사들이 포기한 전환사채 인수 기회가 이재용에게 돌아갔으며, 이재용은 당시 48억 원으로 전환사채를 인수하고, 이를 나중에 주식으로 전환해서 에버랜드의 대주주가 되었다. 계열사들이 엄청난 차익이 예상되는 전환사채를 실권한 이유에 대해서는 어떠한 설명도 불가능하다. 계열사가 실권한 전환사채를 결국 이건희의 아들 이재용이 인수하도록 부당한 기회를 제공하기 위해서라고 해석할 수밖에 없다. 삼성에버랜드가 상장하게 되면 이재용이 48억 원에 인수한 주식 가치는 약 1조 3,000억 원으로 무려 270배의 이익을 얻게 된다. 앞서 설명한 바 있는 이재용이 불법으로 주식을 취득한 삼성SDS의 경우도 마찬가지다. 삼성SDS의 매출액 중에서 계열사와의 내부 거래가 차지하는 비중이 무려 72.5%나 되며,[32] 삼성SDS가 상장하게 되면 이재용이 얻게 될 상장 차익은 1조 2,000억 원이 될 것으로 추정된다.[33]

이재용이 삼성에버랜드와 삼성SDS 두 회사가 상장하면 얻게 될 상장 차익은 2조 5,000억 원에 달할 것으로 추정된다. 기업이 성장해서 주식시장에 상장하고 주주들이 상장 이익을 얻는 것은 당연한 과정이다. 그러나 이재용은 전환사채와 신주인수권부사채를 부당하게 인수해서 두 회사의 주식을 갖게 되었기 때문에 주식 취득 과정이 정당하지 못했다. 또한 삼성에버랜드와 삼성SDS의 성장은 계열사들의 일감 몰아주기로 이뤄진 것이다. 결과적으로 이재용이 얻게 될 상장 차익 2조 5,000억 원은 자신의 노력과 무관한 것일 뿐만 아니라 부당 주식 취득과 부당 내부 거래로 만들어진 정당하지 못한 재산인 것이다.

공정한 경쟁을 해치는 재벌 그룹의 내부 거래는 삼성만의 문제가 아니다. 내부 거래 비중이 SK그룹 22.5%, 현대자동차그룹 21.3%, STX그룹 27.5%이다. 수출을 제외한 국내 매출만의 내부 거래 비중은 더욱 높아서 현대자동차그룹 39.1%, 현대중공업그룹 35.2%이며 STX그룹은 무려 63.6%나 된다.[34] 총수 일가가 대주주인 회사들의 경우 내부 지분이 특히 높은데, 현대자동차그룹의 3세인 정의선이 최대 주주인 현대글로비스의 경우 매출액 성장의 86%가 내부 거래로 이뤄진 것이었으며,[35] 광고업 계열사인 이노션은 내부 거래 비중이 48.8%, 컨설팅업을 하는 현대오토에버는 78.2%나 된다. 롯데그룹의 롯데정보통신과 광고 회사인 대홍기획의 내부 거래 비중은 각각 80%와 73.9%이다.[36] SK그룹의 최태원 회장이 최대 주주인 SK C&C는 매출액 성장의 68%가 계열사들과의 일감 몰아주기식 내부 거래로 이뤄진 것이었다.[37]

| 부당 내부 거래 |

내부 거래 중에서도 시장가격보다 비싼 가격에 사주거나 또는 싼 가격에 팔아서 계열사에게 부당이득을 만들어주는 부당한 내부 거래는 단순한 내부 거래와는 달리 경쟁 업체를 고사시키는 대표적인 반경쟁적, 반시장적 범죄행위다. 계열사 부당 지원이 어떤 것인지에 대한 이해를 돕기 위해서 몇 가지 사례를 소개한다. SK그룹의 7개 계열사들은 다른 경쟁 업체보다 더 비싼 가격으로 SK C&C와 계약을 맺은 사건이 있는데, 이는 총수 일가에게 부당이득을 만들어주기 위해서 고의적으로 회사에 손실을 입힌 경우다. 2008년부터 2012년까지 4년 동안 이러한 부당 거래로 이뤄진 SK C&C의 매출이 무려 1조 8,000억 원이나 되었다. 그리고 이를 공정거래위원회가 조사에 착수하자 임직원들이 증거자료를 폐기하고 허위 진술하는 등 조직적으로 조사를 방해하고 거부하는 불법행위까지 저질렀다. 공정거래위원회가 이에 대해 346억 원의 과징금을 부과하고 임직원들의 조사 방해에 대해서 2억 9,000만 원의 과태료를 부과했다.[38] 그러나 불법 거래로 SK C&C는 대기업이 되었고, 다른 경쟁 업체들은 이미 경쟁의 기회를 잃어버렸으며, SK 계열사의 노동자들과 주주들이 가져가야 할 이익은 결국 최태원의 것이 되어버렸다. 공정거래위원회가 벌금을 부과했지만 이들의 손해가 회복되는 것도 아니고 이미 왜곡되어버린 시장의 구조가 원상으로 돌아가지도 않는다. 최태원은 한 번 망신당하고 큰돈을 번 것이다.

롯데그룹의 현금 인출 네트워크 사업을 하는 계열사인 롯데피에스넷은 현금 자동 입출금기(ATM)를 제조 회사로부터 직접 구매할 수 있었다. 그럼에도 불구하고 롯데피에스넷은 경영상 어려움에 처해 있던 롯데알미늄을 거래 과정에서 구입 창구로 끼워 넣어서 중간 마진을 챙기게 해주었다.[39] 롯데알미늄은 아무런 역할도 없이 부당하게 이익만 챙긴 것이고, 그 부담은 궁극적으로 소비자가 지게 된 것이다. 심지어 롯데시네마는 이익이 많이 나는 극장 내 매점 사업을 회사가 직영하지 않고 신격호 회장의 부인과 딸들이 소유한 개인회사들에게 운영을 넘겨줘서 총수 가족들이 팝콘 장사까지 챙겼다는 비난을 받았다.[40] 결국 롯데시네마가 얻어야 할 이익을 총수 가족들이 소유한 개인회사에 넘겨준 것이다. 현대자동차와 기아자동차는 자동차 할부판매 계열사인 현대캐피탈에 대해서는 낮은 금리를 적용하고, 현대카드의 신용카드로 결제할 경우에는 다른 신용카드로 결제할 경우보다 결제 한도 금액을 높게 책정해서 경쟁 카드 회사에게 불리한 거래를 하게 했다.[41]

| 독과점 기업들의 담합 |

계열사와의 부당 내부 거래만큼이나 시장의 경쟁 질서를 해치고 불특정 다수의 소비자에게 피해를 주는 반시장적인 행위가 소수의 독과점 기업들이 담합으로 가격을 조작하는 행위다. 담합행위에 대해서도 몇 가지 사례를 소개하기로 한다. 한국의 4대 라면 회사인 농심, 삼양식품, 오뚜기, 한국야쿠르트는 2001년부터 2010년까지 10여 년 동안 서로 담합해서 라면 가격을 함께 올리는 공동행위로 부당이득을 취했다. 이에 대해서 공정거래위원회가 1,354억 원의 과징금을 부과했지만, 개별 소비자들의 피해나 경쟁 라면 업체에 대한 피해는 구제될 수 없었다.[42] 이명박 정부의 대표적인 국책 사업인 '4대강 사업'은 사업권, 가격, 낙찰 등 전 과정이 사전, 사후 담합행위로 얼룩졌다. 삼성, 현대차, SK, GS, 롯데 등 재벌 그룹 계열 19개 건설 회사들이 입찰 사전에 담합을 해서 공사를 자체적으로 배분했다. 각 사업마다 입찰에서는 사전에 담합으로 정한 건설 회사가 미리 담합한 입찰 가격으로 낙찰을 받도록 사전에 짜놓은 시나리오대로 움직였다. 이런 방법으로 담합에 참여한 건설 회사들이 돌아가면서 낙찰을 받는 부당 행위가 결국 발각되어 1,115억 원의 과징금 처분을 받았다.[43]

SK에너지, GS칼텍스, 현대오일뱅크, S-Oil 등 정유 회사들은 시장점유율 유지를 위해 타 회사가 각 주유소와 이미 맺은 계약의 기득권을 인정하고 주유소 확보 경쟁을 하지 않기로 합의했다. 만약 주유소가 거래 정유 회사 변경을 요청하더라도 원적 회사의 포기 각서를 요구하거나 일방적으로 거래를 거절하는 부당 행위로 공동 대응을 했다. 또한 한 주유소가 두 개 이상의 정유 회사 제품을 판매할 수 있는 제도가 도입되면서 주유소 유치 경쟁이 촉발될 가능성이 생기자, 주유소가 복수 상표를 신청할 경우 아예 브랜드를 취소해서 복수 상표 표시제의 정착을 공동으로 방해하기도 하였다. 이러한 주유소 확보 경쟁을 제한한 담합행위로 정유 회사들은 주유소 공급가격 인하를 억제하고, 결국 소매가격 인하도 억제해서 부당이득을 취했다. 공정거래위원회는 2011년 시정 명령과 4,326억 원의 과징금을 부과했다.[44] 4대 정유 회사들은 2001년과 2007년에도 가격 담합으로 주유소의 휘발유 등의 유류 가격을 공동으로 인상해서 공정거래위원회의 과징금 처분을 받은 적도 있어서 정유 회사들의 부당 담합 행위는 여러 번 반복되어 왔다.

CJ제일제당, 삼양사, 대한제당 등 3대 설탕 제조 회사는 1991년부터 2005년까지 14년에 걸쳐 설탕 출고량과 가격을 담합해서 원가보다 훨씬 높은 가격을 유지해 오다가 2007년 공정거래위원회에 적발되어 511억 원의 과징금 부과를 받았다.[45] CJ제일제당, 삼양사, 대한제분, 동아제분(現 동아원) 등 8개 밀가루 제조 회사들도 2000년부터 2006년까지 밀가루 공급 물량과 가격을 담합으로 조정해서 부당이득을 취한 것을 공정거래위원회가 2006년 적발해서 435억 원의 과징금을 부과했다.[46]

보험회사들이 보험가격 담합으로 부당이득을 취하기도 했다. 삼성화재해상보험, 현대해상화재보험, 동부화재해상보험, 한화손해보험 등 10개 손해보험회사들이 2002년부터 2006년까지 4년 동안 보험료 담합을 해서 공정거래위원회가 508억 원의 과징금을 부과했다.[47]

| 원청기업의 '갑(甲)질' |

'갑'인 원청(도급)기업과 '을'인 하청(하도급)기업 사이에서 발생하는 불공정한 거래는 그 사례가 너무도 많아서 유형별로 살펴보기로 한다.[48] 납품 대금의 지불을 지연시키거나 현금이 아닌 어음으로 결제하는 것은 매우 일반적인 갑과 을 사이의 불공정거래다. 그나마 이런 관행은 나은 경우다. 자주 발생하는 또 다른 유형은 서면계약서를 작성하지 않고 거래하는 경우다. 서면계약서 없이 구두만으로 먼저 발주하고 하청기업이 생산에 들어간 이후 계약금을 낮춰 계약서 작성을 요구하면 하청기업은 이미 생산을 시작했기 때문에 어쩔 수 없이 손해를 보면서도 납품할 수밖에 없는 것이다. 하청기업이 생산 전에 계약서를 요구하는 것은 원청기업을 '믿지 않는' 불손한 행위로 간주된다. 서면계약을 하지 않은 상태에서 부품을 납품받고, 제품의 인기가 없자 이미 생산된 부품에 대한 주문을 일방적으로 취소하거나 납품 인수를 거부해서 하청기업에게 손해를 전가하는 사례들도 있다. 또한 물품이 납품되었는데도 수령증을 발급하지 않은 상태에서 반품하고 대금 지불을 지연하기도 한다.

거래 중간에 발주한 원청기업이 납품가를 계약가격보다 일방적으로 낮춰서 하청기업에게 손해를 전가하는 것도 갑과 을의 거래에서 자주 발생하는 유형이다. 여러 하청기업에 부품을 발주한 원청기업이 납품가를 전년 대비 일률적으로 계약가격 이하로 인하하고, 이에 응하지 않은 업체에게 나중에 불이익을 주거나 거래를 중단하는 사례들도 있다. 원재료 가격 상승과 임금 인상 등으로 인한 원가 상승에도 불구하고 수년간 납품가를 인상해주지 않는 경우도 있다. 경쟁입찰로 발주하는 경우에는 최저가 입찰로 납품 업체를 선정한 이후, 선정된 업체에게 낙찰가보다 더 가격을 낮추도록 추가 협상을 하는 경우도 있고, 가격 인하 압박 수단으로 입찰에 참여하지 않았거나 입찰에서 탈락한 회사를 추가로 선정해서 물량을 나눠주기도 한다. 하청기업에서는 실제 발생하지도 않았는데 공정 개선, 생산성 향상, 물량 증가로 비용이 절감되었다는 이유를 들어 일방적으로 납품 단가를 낮추는 횡포를 부리기도 한다. 갑과 을의 관계는 비단 원청-하청 관계뿐만 아니라 1, 2차 하청기업 간에도 적용되고 있다. 재하청을 주는 거래에서는 1차 하청기업인 발주 회사가 원청기업으로부터 물가 등을 고려한 계약금 인상을 받고도 2차 하청기업에게는 가격 인상을 반영해주지 않거나 오히려 가격 인하를 요구하는 경우도 있다.

원청기업이 잘 팔리지 않은 자사 제품을 하청기업에게 강제로 판매하거나 하청기업에게 원청기업의 계열사와의 거래를 강요하는 사례들도 있다. 제조업들 간에 자사 제품 구매는 인지상정으로 봐줄 수도 있다. 하지만 안 팔리는 제품을 다른 인기 상품에 끼워서 '밀어내기'로 넘기는 것은 강매 행위다. 거의 대부분의 재벌 그룹들은 골프장을 소유하고 있다. 재벌 건설사들의 골프장 건설에 참여한 하청기업들은 물론이고 거래 기업들은 저마다 회원권을 구입한다. 여유가 충분치 않은 중소기업들이 한 계좌당 수억 원에 달하는 골프장 회원권을, 그것도 몇 개씩이나 과연 자발적으로 구매했는지 의문이다. 건설업의 경우에는 설계가 변경되어 추가로 발생한 비용을 지불하지 않는 사례도 허다하게 있다. 유통업의 경우에는 납품 기업 직원을 무상으로 매장에 파견 받아서 활용하기도 한다. 제조업의 경우에는 원청기업에 직원의 사고나 휴직으로 인해서 한시적으로 인력 충원이 필요할 때 하청기업 직원을 불법으로 파견 받아서 임시로 빈자리를 메우는 횡포도 있다. 원청기업의 노사분규로 하청기업이 손해를 보는 경우도 자주 발생하며, 원청기업이 파업으로 인한 손실을 납품가 조정 등의 방법으로 하청기업에게 전가하는 경우도 있다. 발주회사가 납품 업체의 장부를 회계감사 해서 원가 정보를 직접 확인하고 납품가를 정하는 횡포를 부리는 사례도 있다. 심지어는 하청기업의 기술 자료를 요구해서 영업 비밀을 가로채는 사례도 있다. 갑과 을의 거래에서 발생하는 이러한 갑의 일방적인 불공정거래는 그 사례가 수없이 많지만 피해를 입은 하청기업이 공정거래위원회에 이를 신고하고 피해 복구 조치를 받는 경우는 그리 많지 않다. 갑의 부당거래를 공정위에 신고할 경우에 을인 하청기업은 갑과의 거래를 포기할 각오를 해야 하기 때문에 공정위 신고는 견디다 못해 선택하는 마지막 수단이다.

정의를 가로막는
걸림돌

| 정의와 의리 사이 |

최근 마이클 샌델(Michael Sandel)의 《정의란 무엇인가(Justice: What's The Right Thing to Do)》가 일반 독자들 사이에서 베스트셀러로 등극했고, 존 롤스(John Rawls)의 《정의론(A Theory of Justice)》이 다시 식자들 사이에 관심을 끌게 된 것은 한국 사회에서 나타난 경제적 불평등, 양극화 심화 현상과 무관하지 않은 것 같다. 철학적 논쟁에서 분배 이슈는 정의를 규정하는 핵심으로 보는 것과 관련이 있으며, 특히 2008년 글로벌 금융 위기 이후 자본주의의 불평등한 구조가 드러나면서 분배와 정의에 대한 관심이 높아진 것이 사실이다. 지난 2012년 대선에서 보수정당인 새누리당의 박근혜 후보가 그동안 진보 세력이 주창해 왔던 '경제민주화'를 대표적인 선거공약으로 내세워 당선된 것도 그러한 관심과 관련된 것으로 생각된다. 그러나《정의란 무엇인가》가 한국에서 100만 부 이상 팔렸지만 '한국의 현실'에서 정의가 무엇인가에 대한 논쟁으로 이어지지 않았다. 박근혜 대통령이 취임 후에 경제민주화에 대해서 더 이상 언급조차 하지 않아도 국민들은 기억을 상실한 것처럼 불평도 논쟁도 없다.

필자의 주관적인 판단이지만, 한국 국민들은 경쟁이나 분배와 관련한 정의의 문제에 대해 원칙적인 관심을 가지고 있지만 이를 현실 속에서 구체적으로 실천하는 문제에는 그리 큰 관심을 가지고 있지 않은 것처럼 보인다. 많은 사람이 느끼고 있지만 공개적으로 논의하는 것을 꺼려할 수도 있다. 만약에 필자의 주관적 판단이 맞는다면, 그 이유가 무엇인지 궁금해진다. 다시 필자의 직관적 생각으로 떠올린 몇 가지 가능한 이유 중 하나는, 한국 사회가 학연·지연·혈연 등의 관계로 서로 촘촘하게 연결되어 있어서 연고주의(緣故主義)가 강하게 작용하는 것이 아닌가 싶다. 한국 사회에서 서로 아는 사이에서는 필시 이해 갈등을 수반할 수밖에 없는 분배 문제나 비판을 전제로 하는 정의 또는 불의 문제를 제기하는 것은 불편할 수밖에 없을 것이다. 더 나아가 이유를 불문하고 서로의 이해관계를 챙겨주는 것을 의리 지키는 것이라고 한다. '의리 없는 사람'이라는 말은 '배신자'라는 말과 같은 의미로 사용된다. 이렇게 보면 한국 사회에서는 정의(正義)의 반대말이 불의(不義)가 아니라 의리(義理)인 셈이다. 이러한 연고주의, 지역주의가 가장 극명하게 나타나는 것은 선거다. 영남권(경상도 일대)과 호남권(전라도 일대)은 정책이나 이념과 관계없이 철저하게 지역주의에 의한 투표 결과가 나타나고 있다.

잘나가는 사람이라면 한 다리 걸쳐 모르는 사람이 없다고 할 정도로 한국 사회의 기득권층은 학연, 지연, 혈연의 관계라는 그물망으로 서로 연결되어 있다. 보통 사람들도 전혀 모르는 사이라 할지라도 서너 사람만 거치면 다 알게 된다는 연구 결과도 있다.[49] 집안 친척 중 누군가는 재벌 그룹 회사에 다니거나 재벌과 관련(납품·협력 등)된 회사에 다니지 않는 사람이 없을 정도로 먹고사는 일로도 재벌 회사들과 연관이 되어 있다. 공직 사회의 연고주의는 이미 '낙하산 인사'와 '관피아'라는 말로 너무도 잘 알려져 있다. 공직을 그만둔 이후에도 마찬가지다. 금감원(금융감독원) 퇴직 공무원은 은행이나 금융계로,[50] 경찰은 보험회사로, 검사는 대기업으로,[51] 장관·차관·국장급 관료는 대형 로펌이나 재벌 회사의 사외 이사로,[52] 잘나가는 교수도 대기업의 사외 이사로 간다. 이렇게 꼬리에 꼬리를 물고 이어지는 이해관계와 연줄에서 정의는 비록 옳은 것이기는 하지만, 인지상정으로 정의보다는 의리를 선택하는 것이 아닌가 싶다.

| 현실과 정의 사이 |

또 다른 이유는 세대 간 경험의 차이로 인한 문제가 아닌가 싶다. 지난 반세기 동안 한국 사회는 끊임없는 격변기의 연속이었기에 세대별로 살아온 시대적 경험이 서로 극명하게 엇갈린다. 70대 이상은 굶주림과 전쟁의 기억이 있고, 산업화를 몸으로 겪었다. 그들은 평생 자식 뒷바라지를 하고도 자신의 노후는 여전히 곤궁하다. 50~60세대는 개발 경제 시대에 산업화의 주역으로 일했고, 군사독재와 민주화라는 서로 충돌되는 정치적 굴곡을 순차적으로 경험했다. 40~50

세대는 이제 좀 살만 하다 하던 참에, 그리고 이제 막 취업하려고 하던 때 외환 위기로 혹독한 시련과 쓰라진 좌절을 겪었다. 30~40세대는 부모 세대보다 경제적으로 풍요롭고 민주화된 시대에서 성장했지만, 외환 위기로 힘들었던 부모를 지켜보았다. 어른이 되어서는 자식 기르기 힘들고, 맞벌이를 해도 자식들의 교육비 대기에도 빠듯해서 집 장만의 꿈이 갈수록 멀어지고 있어서 삶이 고달프기는 마찬가지다. 20~30세대는 과거와 같은 사회정치적 갈등으로 고민하지 않고 경제적으로 풍요로우며 문화적으로 다양하고 개방된 사회에서 성장했다. 그러나 대학을 졸업해도 취업이 어렵고, 취업을 했는데도 비정규직의 설움을 겪어야 하고, 사회는 풍요로운데 가진 것은 없고 미래가 불확실하다.

한국이 아직도 빈곤을 벗어나지 못했던 산업화 시대에는 무슨 짓을 해서라도 먹고살아야 했다. 그리고 한국의 민주화는 다수의 대중이나 노동자들의 참여로 이뤄진 것이 아니라 학생, 민주화 운동 세력과 야당 정치인, 그리고 일부 노동 운동가에 의해서 주도된 '시민 혁명 없는 민주화'였다.[53] 그랬기 때문에 민주화 운동 시절에 다수의 대중이나 노동자들 사이에는 '민주주의가 밥 먹여주나'라는 식의 냉소주의(Cynicism)가 있었다. 더구나 유신 시대에 박정희의 계획경제를 찬양하고 독재에 동조했던 사람들이 민주화된 지금에 와서는 '자유민주주의' 시장경제를 내세우는 보수 원조를 자처하면서도 다시 '박정희 향수'를 갖는 이중, 삼중의 아이러니가 존재한다. 그러나 40대 이하는 개발 독재가 무엇이고 유신시대가 무엇인지에 대해서 잘 모른다. 삶이 고달프니 그런 것에 대해서 알려고도 하지 않는다. 그리고 청년 세대는 당장 취업이 어렵다. 이러한 세대적 경험의 차이와 현실적인 상황의 차이가 정의가 좋은 것이기는 하지만 '밥 먹여주지 않는다'거나 당장 '내 삶이 고달프다'는 이유로 실천적인 문제에는 소극적인 것이 아닌가 싶다.

실천적인 정의에 관심을 두기 어려운 거미줄 같은 관계와 구조에서는 불공정하더라도 더 많은 결과를 만들어낸다면 이를 소극적으로 받아들이겠다는 인식이 한국 사회에 있는 것은 사실이다. 불공정한 경쟁이 공정한 경쟁보다 '나에게' 더 많은 배분을 해줄 것이라거나 해줄 것으로 믿으면 과정상의 불의가 있더라도 결과를 받아들인다는 정서다. 이러한 추론은 앞서 밝힌 것처럼 필자의 직관적 해석이며 주관적 판단이지만, 한국 국민들 사이에서 재벌을 바라보는 시각이 대체로 그러한 정서와 유사한 것이 아닌가 싶다.

재벌과
한국 경제의 모순

| 재벌 편중과 재벌 양극화 |

한국 경제에서 재벌의 의미는 세 가지 측면에서 볼 수 있다. 첫째는 재벌이 국가 경제에서 차지하는 비중이 지나치게 높다는 것이다. 둘째는 재벌들이 하지 않는 사업이 없을 정도로 거의 모든 사업에 진출해 있다는 것이다. 셋째는 재벌 그룹에 투명성과 책임성이 없다는 것이다. 첫째와 둘째는 재벌의 규모와 사업 영역의 문제이고, 셋째는 재벌의 경영 행태의 문제다. 한국 경제에서 재벌이 차지하는 비중과 그것의 구조적인 문제에 대해서는 김상조 교수가 그의 저서《종횡무진 한국 경제》에서 구체적으로 분석하고 있다. 필자는 그가 분석한 내용을 바탕으로 논의할 것이며, 자세한 내용을 알고 싶은 독자들은 그 책을 읽어볼 것을 권유한다.[54]

한국 경제가 재벌에 의존하는 비중은 여하한 기준에서 보더라도 지나치게 높을 뿐만 아니라 그 비중이 계속 증가하는 추세다. 2011년 기준으로 30대 재벌 그룹은 한국 기업들 총매출액의 약 40%를 차지하고 있으며, 국가 총자산의 약 37%를 가지고 있고, 그들의 자산 규모가 국내총생산(GDP) 대비 95%이다. 이러한 비중들은 1990년대와 비교해서 크게 증가한 것이며, 특히 2008년 금융 위기 이후 급격하게 증가하고 있는 추세다.[55]

한국 경제가 30대 재벌에 대한 의존도가 높을 뿐 아니라, 재벌 그룹들 중에서도 상위 4대 재벌과 기타 재벌들 간 양극화가 존재하며 갈수록 심화되는 추세다.[56] 상위 4대 그룹 중에서 특히 삼성그룹과 현대자동차그룹으로의 편중 현상이 급격하게 증가하는 추세다. 범(汎)삼성, 범현대, 범LG, SK의 범4대 재벌 그룹이[57] 소유한 자산은 국가 총자산의 26%이며, 범4대 재벌 그룹의 매출액은 한국 총매출액의 20%를 차지한다. 이는 30대 재벌 전체 자산의 68%, 그리고 매출액의 52%를 차지하는 것이다. 30대 재벌의 절반 이상을 범4대 재벌 그룹이 차지하고 있는 셈이다.[58] 상황이 이러하니 경제가 어려울 때마다 대통령이 재벌 총수들에게 투자와 일자리를 구걸하는 일이 정권마다 반복되고 있다. 재벌 그룹으로 분류하지 않고 단순하게 200대 대기업으로 살펴봐도 결과는 크게 다르지 않다. 한국 경제의 대기업에 대한 의존도가 갈수록 높아지고 있다. 그리고 상위 대기업과 하위 대기업 간에 격차가 커져서 대기업 간에도 양극화가 더욱 심해지는 추세다.[59]

한국 경제의 재벌에 대한 높은 의존도는 주식시장에서 더욱 뚜렷하게 나타난다. 2014년 5월 주식시장 전체 시가총액 중에서 삼성, 현대, LG, SK 4대 그룹 상장 계열사의 비중은 거의 절반에 가까운 46%이다. 이는 2008년 25%인 것과 비교해서 크게 늘어난 것이다. 2014년 5월 삼성그룹 혼자서의 비중은 25%이고, 현대차그룹은 11%로 상위 2대 그룹의 비중만으로도 시장 전체의 3분의 1을 넘는 36%이다. 2008년 삼성그룹의 비중은 19%였고, 현대차그룹의 비중은 4%인 것과 비교하면 상위 2대 그룹의 비중이 최근 급격하게 증가한 것이다.[60]

| 구성의 모순: 효율성 이론과 경쟁의 효율성 |

경제학에는 효율성과 관련된 '규모의 경제(economies of scale)'와 '범위의 경제(economies of scope)'라는 두 가지 이론이 있다. 규모의 경제란 하나의 제품을 생산할 때 생산 규모가 커질수록 단위당 비용이 줄어들어서 효율성이 커진다는 것이다. 규모의 경제는 규모가 일정한 수준에 다다를 때까지 성립한다. 범위의 경제는 하나의 제품만 생산하기보다는 생산 설비나 생산기술을 함께 사용할 수 있는 여러 개의 제품을 생산하면 비용이 낮아져서 생산의 효율성이 높아진다는 것이다.

또한 경영학에서는 기업이 한 가지 사업만 하기보다는 여러 가지 사업을 함께하는 것이 위험을 줄이고 효율성을 높인다는 '사업 다각화(business diversification)' 이론이 있다. 여기에는 두 가지가 있다. 첫째는 자동차 회사가 자동차 부품 사업을 함께하는 것과 같이 서로 연관된 사업을 하는 것이 비용을 줄이고 효율성을 높이는 수직적 다각화다. 다른 말로 하면 '전방 효과'나 '후방 효과'가 큰 사업을 같이 하면 시너지(synergy) 효과가 있다는 것이다. 둘째는 아이스크림 장사와 우산 장사와 같이 서로 연관성이 없는 사업을 함께하면 날씨에 영향을 받지 않고 장사할 수 있다는 수평적 다각화다.

하지만 개별 기업들의 효율성과 관련된 이러한 이론들을 시장에 적용할 경우, 경쟁을 통해서 효율성을 내는 시장경제의 경쟁 원리와 모순이 발생한다. 규모의 경제를 시장에 적용하면 어떤 제품을 여러 개의 작은 기업들이 생산하는 것보다 대기업 하나가 더 효율적으로 생산할 수 있다는 것이다. 따라서 규모의 경제로 효율성을 달성할 수 없는 작은 기업들은 모두 도태되고 규모의 경제를 달성한 대기업들만이 시장에 살아남아서 시장은 자연적인 과점 구조가 된다.

범위의 경제와 수직적 다각화 경우를 시장에 적용하면 한 가지 사업에만 집중하는 기업보다는 전자와 자동차, 철강과 자동차, 자동차와 타이어, 타이어와 중화학, 철강과 조선, 가구와 호텔, 이런 식으로 수직적인 연관성이 있는 사업을 함께하는 기업들이 더 효율성이 높을 수 있다. 하지만 결과적으로 시장에는 연관된 사업을 하는 기업들만 살아남게 되어 시장은 역시 과점 구조가 된다. 범위의 경제와 수평적 다각화를 시장에 적용하면 전자, 자동차, 타이어, 중화학, 철강, 조선, 호텔, 가구 그리고 그런 공장들을 짓는 건설업과 부동산업 등 거의 모든 사업을 함께하는 회사들이 더 효율적이고 경쟁력이 있다는 것이 된다.

규모의 경제, 범위의 경제, 사업 다각화의 두 가지 효율성 이론을 함께 시장에 적용하면 시장에는 원재료, 중간재, 완제품을 모두 함께 생산하면서 거의 모든 사업을 다 하는 대기업 그룹, 즉 재벌들만 시장에서 경쟁력을 가지고 살아남는다는 결론에 이른다. 효율성 이론들을 결합한 결론은 소수의 다각화된 대기업들이 시장을 독과점으로 장악하는 것이 효율적이라는 것이다. 그러나 이러한 결론은 시장경제에서 어느 한 기업도 시장을 지배하지 않는 수많은 기업들이 경쟁하는 완전경쟁(perfect competition)이 효율성을 만들어낸다는 경쟁원리와 모순된다.

이론이 잘못된 것인가? 아니다. 이론을 잘못 적용한 것이다. 효율성에 대한 각각의 이론은 맞다. 그러나 이를 국가 경제나 시장 전체에 적용하는 것은 틀린 것이다. 미시적인 개별 기업의 효율성 이론은 거시적인 시장의 경쟁을 통한 효율성과 상충된다. 개별 기업들 각자가 효율성을 높이는 경영전략을 구사한다고 해서 그 결과가 시장 전체와 국가 경제에도 가장 효율적인 것은 아닌 것이다. 개개인의 최선의 선택이 사회 전체의 최선의 선택이 되지 않는 이러한 현상을 '구성의 모순(fallacy of composition)'이라고 한다. 바로 한국의 경제구조가 그러하다.

물론 개별 기업의 효율성에 관한 이론들이 제한 없이 성립되는 것은 아니다. 규모의 경제는 일정 규모 이상이 되면 오히려 효율성이 떨어지고, 범위의 경제나 사업 다각화의 경우에도 일정한 범위 이상으로 사업 영역을 확장하면 오히려 효율성이 떨어진다. 그러나 더욱 심각한 문제는, 소수 대기업들이 거의 모든 사업 영역에서 독과점을 형성하고 있고 불공한 경쟁이 일상적으로 이뤄지는 시장구조에서 실제로 어떤 대기업이 그러한 한계를 넘어서서 시장 전체의 효율성이 떨어졌다고 해도 독과점 시장의 비효율성을 검증할 방법이 없다. 비교할 경쟁 대상조차 없기 때문이다. 특히 한국의 재벌 그룹들은 계열사들이 일감 몰아주기로 최소한의 시장을 확보하고 있기 때문에 효율성이 없다 하더라도 그 계열기업들은 극단적인 경우가 아니면 망하지 않는다. 그러한 현상을 시장에서는 '대마불사[大馬不死, Too Big to Fail]'라고 한다.

소수 재벌들이 '수직적 다각화'로 원재료부터 완제품까지 모두 생산하고, '수평적 다각화'와 '범위의 경제' 논리로 서로 연관성이 없는 사업들까지 참여하며, '규모의 경제' 논리로 시장을 독과점으로 장악하고 있는 것이 한국 경제의 구조다.

재벌 그룹들의 시장 지배력은 이미 구조화되었고, 그러한 지배력은 갈수록 강화되고 있다. 그리고 대기업과 중소기업의 양극화는 갈수록 심해지고, '상위 재벌'과 '기타 재벌' 간의 양극화도 심해지고 있다. 외환 위기 때 무너졌던 '대마불사'의 신화가 다시 만들어지고 있다. 한국 경제의 성장과 분배는 이제 전적으로 재벌들에게 달려 있고, 새로운 창업 기업의 성공 신화는 만들어지지 않는다. 소수의 재벌들끼리 경쟁하는 한국 시장은 이미 '경쟁의 자기모순'으로 들어가고 있다. 하지만 재벌들에게는 대단히 효율적이고 너무나 '좋은' 이러한 구조가 한국의 시장경제에 결코 효율적이지도 않고 좋은 것도 아니다. 재벌과 한국 경제와의 관계는 전형적인 구성의 모순에 빠져 있다.

'대마불사', '경쟁의 자기모순' 그리고 '구성의 모순'에 빠져 있는 한국 경제의 구조를 정책으로 또는 정치적으로 교정하지 않는다면, 한국 경제는 앞서 가상으로 설정한 '한마을'처럼 재벌이 모든 것을 소유하고 모든 것을 지배하는 상황으로 갈 수 있다.

| 모든 것을 다 한다! |

사람들이 '삼성'이라고 할 때 대부분은 '삼성전자'를 의미한다. 그러나 삼성그룹에는 삼성전자 외에도 71개의 회사가 있다.[61] 이 중에서 삼성전자는 세계 휴대폰 시장의 제일인자로 세계적인 경쟁력을 가진 한국의 자랑스러운 기업이다. 그래서인지 한국 사람들에게는 '삼성이 하면 잘할 것이다', '삼성에 좋은 것은 한국에 좋은 것이다'라는 생각을 가지고 있는 것 같다. 그러나 삼성그룹이 하는 사업은 전자 부문만이 아니다. 오히려 하고 있는 사업이 너무도 많아서 독자들의 상상력을 넘어선다. 독자들 상상력의 한계를 실험해보는 의미에서 삼성그룹이 하는 사업을 나열해보자.

삼성하면 당연히 삼성전자가 만드는 전자 제품을 생각해볼 수 있다. 휴대폰뿐만 아니라 TV, 냉장고, 에어컨, 세탁기, 청소기 등 거의 모든 가전제품을 생산한다. 그리고 반도체와 반도체 생산에 필요한 설비와 원재료도 직접 생산한다. 전자 제품의 판매 사업도 직접 한다. 그 이외의 사업들을 사업 영역 또는 제품으로 나열해보자: 조선, 화학, 기계, 건설, 카메라 등 광학 제품, 의료기기, 탱크 등 무기와 군사 장비, 로봇, 화학 소재, 바이오 제약, 전지, 금고, 시계, 필름, 내비게이션, 건설업, LPG, 자원 개발, 신발, 의류 패션, IT 서비스-컨설팅, 홈 네트워크 시스템, 금융 결제 시스템, 음식점, 호텔, 제과, 광고업, 무역업, 조경업, 놀이공원, 동물원, 면세점, 골프장, 레저, 급식 사업, 음식점, 운송 물류, 시설보안 경비, 네트워크 보안, 헬스 케어 서비스, 사이버 게임, 구매 대행 서비스, 기업 교육 사업, 증권, 자산 운용, 신용카드, 보험, 부동산 개발, 부동산 관리, 부동산신탁, 선물 투자, 벤처 투자, 스포츠 등등이다. 비영리사업으로는 병원, 대학, 학교, 연구소, 장학 재단, 미술관, 박물관 등이 있다. 이렇게 다양한 서로 다른 사업을 하는 재벌은 삼성그룹만이 아니다.

삼성그룹보다는 덜 하지만 현대자동차그룹, LG그룹, SK그룹도 크게 다르지 않다. 계열사의 숫자만 해도 현대자동차그룹 57개, LG 그룹 61개, 그리고 SK그룹 80개나 된다.[62] 재계를 대변하는 단체나 학자들은 재벌이란 것이 한국에만 있는 것이 아니라고 주장한다. 물론 다른 나라에도 여러 가지 사업을 하는 대기업집단이 있다. 그러나 어느 나라에도 삼성, 현대차, LG, SK그룹같이 이렇게 서로 다른 많은 사업을 다 하는 기업집단은 찾아볼 수 없다. 상위 10대 재벌 그룹들이 하는 사업들을 다 합치면 재벌들이 하지 않는 사업을 찾기 어렵다. 재벌들은 광업과 농어업을 제외한 제조업에서부터 서비스업에까지 해당하는 거의 모든 사업을 하고 있다. 재벌 그룹에 속하지 않는 독립적인 대기업이나 중견 기업들도 있지만, 이들의 상당수가 재벌 기업의 하청 또는 납품 기업들이다. 이런 구조에서 중소기업이나 새로운 창업 기업이 재벌 그룹이 하고 있는 사업에 뛰어드는 것은 자살 행위나 마찬가지다. 그렇기 때문에 시장은 갈수록 불공정한 경쟁으로 치닫고 있고, 한국에는 지난 20여 년 동안 새로운 창업 신화가 만들어지지 않고 있는 것이다.

| 모든 것을 다 잘한다? |

앞서 나열한 것처럼 삼성은 '모든 것을 다 한다.' 그러나 사람들이 생

각하는 것처럼 '모든 것을 다 잘하지는 않는다.' 삼성그룹 74개 계열사 중에는 이익을 내지 못하는 계열사도 있고, 다른 계열사와의 내부 거래가 없다면 망할 회사도 적지 않다. 삼성그룹 계열사들이 모두 삼성전자와 같이 수익성이 좋고 경쟁력을 가진 것은 아니며, 국내시장에서는 최고인 계열사도 국제시장에서는 존재감조차 없는 기업이 대부분이다. 더구나 삼성그룹이 했던 사업 중에서 실패한 사업도 수없이 많았다. 잘 알려진 경우로는 이건희 회장이 주도했던 자동차 사업이 실패했고, 이재용이 주도했던 인터넷 사업도 실패했다. 해외에서 대규모 실패를 보기도 했다.[63] 삼성만이 아니라 다른 재벌 그룹들의 경우도 마찬가지다. 거의 모든 재벌들은 계열사들이 일감 몰아주기로 지원해주는 내부 거래가 아니면 생존하기조차 어려운 회사들이 수없이 많고, 국내와 국외에서의 실패 사례들도 수없이 많다.

삼성의 대표적인 실패 사업인 삼성자동차가 왜 망했는지를 '효율성과 경쟁의 모순' 관계로 살펴보자. 삼성의 자동차 사업은 이건희의 개인적인 숙원 사업이었고, 그가 주도적으로 추진했던 사업이다.[64] 그는 '애국심으로 시작했던 자동차 사업이 세간에서 정경 유착이나 개인적 취미에서 시작한 것이니 하는 오해'[65]가 있었다고 아쉬워했다. 그가 자동차 사업을 하기로 결심한 이유는 네 가지로 판단된다. 첫째는 '자동차 산업에 대해 누구보다 많이 공부했고', '10년 전부터 철저히 준비하고 연구'해왔으며[66] 스스로 자신감에 차 있었다. 둘째로 그는 '자동차는 전자 제품'[67]이라고 했다. 앞으로 자동차 부품의 50% 이상은 전자 제품이 될 것으로 전망한 그는 삼성전자의 기술을 자동차에 결합하겠다고 한 것이다. '수직적 다각화'의 논리였다. 셋째는 자동차는 수출 시장으로 성공해야 하는데 삼성그룹이 가지고 있는 전 세계 수출망과 인력을 활용하면 성공할 수 있다는 것이었다. '범위의 경제'와 '수평적 다각화' 논리였다. 넷째는 '삼성이 의료 사업에 참여해서 병원의 개념을 바꾸고 병원 전체의 서비스 수준을 끌어올렸듯이, 삼성이 새 차를 출시함에 따라 기존 업체의 품질과 서비스 수준이 향상될 것'이라는 것이었다. '경쟁을 통한 효율성 논리'였다.

그는 자신만큼 자동차를 공부한 사람이 없다고 말할 정도로 자신감에 덧붙여서 범위의 경제, 다각화를 통한 효율성, 그리고 경쟁을 통한 효율성을 모두 고려해서 자동차 사업에 진출을 했다고 말했다. 그리고 그는 '나 개인이나 삼성의 처지만 생각하면 자동차 사업 때문에 고생을 사서 할 이유가 없는데도' 불구하고, '국가적 차원에서 자동차 사업을 해야겠다'고 결심의 이유를 밝혔다.[68] 그러나 이건희도 개별 기업의 효율성 이론과는 다른 차원에서 작용하는 시장에서의 공정한 경쟁을 통한 '효율성의 모순'을 깨닫지 못했던 것 같다. 당시 한국에는 이미 현대자동차, 대우자동차, 기아자동차, 쌍용자동차가 등 4개의 자동차 회사가 있었고, 수출 시장을 고려한다 해도 설비과잉 상태였다. 삼성자동차가 삼성전자의 전자 부품을 사용하고, 삼성그룹의 인력과 수출망을 이용하고, 삼성그룹 계열사와 임직원들이 삼성자동차를 구입해주는 것으로 삼성자동차는 다른 자동차 회사보다 효율적으로 생산했을 수 있다. 실제로 삼성자동차를 설립할 때 삼성전자 등의 계열사들이 편법적인 수단을 동원해서 자금 지원을 했다. 만약에 삼성자동차가 한국 자동차 시장을 장악하는 데 성공했다면, 전자 회사가 없고 자금을 지원해줄 계열사가 없고 삼성만큼 자동차를 구매해줄 수많은 그룹의 직원을 갖지 못한 다른 자동차 회사는 어떻게 되었을까? 그리고 기존의 자동차 회사에 전자 부품을 납품하는 수많은 중소기업들은 어떻게 되었을까? 전자만이 아니라 자동차까지 삼성이 완전히 장악했다면 한국 경제의 거의 모든 것을 삼성이 좌우했을 것이다. 한국 경제가 삼성그룹에 절대적으로 의존하게 되는 구조가 삼성과 이건희에게는 효율적이고 좋은 것일 수 있다. 그러나 한국 경제에는 효율적인 것이 아니라 오히려 해악이 될 수도 있는 것이다.

이건희는 삼성그룹 내부의 힘을 빌려 삼성자동차를 성공시키겠다면서 동시에 다른 자동차 회사와의 경쟁을 통해 자동차의 품질과 서비스를 높이는 것이 국가를 위한 것이라고 말했다. 삼성그룹 내부의 힘을 빌리는 것이 삼성자동차에게는 효율적일 수 있지만, 그것은 불공정 경쟁이며 한국 자동차 산업과 국가 경제에는 비효율적인 것이다. 이건희는 개별 기업의 효율성이 시장과 국가 경제에 효율성과 일치하지 않는 '구성의 모순'을 이해하지 못했던 것 같다. 특히 개별 기업의 효율성이 불공정한 경쟁으로 만들어진 것이라면 더욱 그러하다는 것을 깨닫지 못했다. 외환 위기를 겪으면서 삼성자동차는 실패했다. 그러나 삼성자동차만이 아니었다. 대우자동차, 쌍용자동차, 기아자동차 모두가 파산했다. 그러기에 삼성자동차의 실패가 외환 위기 때문인지 아니면 효율성의 모순 때문이었는지는 알 길이 없다.

| 죽 쒀서 절대 남 안 준다! |

재벌 그룹들이 너도나도 하는 사업들이 있다. SI 사업, 건설업, 물류─

운송업, 광고업, 골프장 사업은 재벌 그룹의 계열사가 아니면 생존하기 어려울 정도로 '춘추전국 업종'이다. SI 사업(system integration, 시스템 통합 서비스)은 10대 재벌 그룹 중에서 9개 그룹이 계열사를 가지고 있고, 20대 중에서는 16개, 30대 중에서는 22개 그룹이 계열사를 가지고 직접 사업하고 있다. 건설업은 10대 재벌 그룹 중에서 7개 그룹이, 20대 중에서는 16개, 30대 중에서는 23개 그룹이 직접 사업을 한다. 물류-운송 사업은 10대 재벌 그룹 중에서 9개, 20대 중에서는 16개, 30대 중에서는 20개 그룹이 사업을 한다. 광고업도 10대 재벌 그룹 중에서 7개 그룹이 계열사를 가지고 있다. 경제적인 이유인지 아니면 개인적인 선호 때문인지 알 수 없지만, 많은 재벌 그룹들이 골프장 사업을 한다. 10대 재벌 그룹은 10개 모두, 20대 중에서는 16개, 30대 중에서는 22개 그룹이 골프장을 소유하고 있다. 호텔 사업은 10대 재벌 중에서 8개, 20대 중에서는 12개 그룹이 하고 있다.

SI 사업, 건설업, 물류-운송업, 광고업과 같은 사업들은 그룹 내부의 수요만으로도 최소한의 규모의 경제를 유지할 수 있는 특성이 있다. 뿐만 아니라 계열사는 외부 업체에 외주를 주는 그룹 전체의 창구 역할만을 하고도 일종의 '통행세'를 중간 마진으로 챙겨도 돈을 벌 수 있는 사업이다. 그러기 때문에 이런 종류의 사업들은 계열사를 만들어서 일감 몰아주기로 회사를 운영한다. 광고 회사인 삼성그룹의 제일기획과 현대자동차의 이노션이 그렇게 성장했다. 현대자동차의 물류 회사인 현대글로비스도 그런 방식으로 성장했다. SK그룹의 SI 계열사인 SK C&C가 그렇게 돈을 벌었다. 이런 종류의 사업에서는 재벌 간 불공정 경쟁도 흔한 일이다. 최근에 물류 사업이 핵심 주력 사업의 하나인 CJ그룹의 CJ GLS가 물류-운송 전문 기업인 대한통운을 인수했다. 그런데 인수한 지 6개월 만에 매출이 1조 원 줄어들었다. 그 이유 중 하나가 삼성그룹이 CJ와의 거래를 갑자기 끊어버렸기 때문이다.[69] 삼성그룹에서 SI 사업을 하는 계열사인 삼성SDS가 앞으로 물류 사업에 진출한다는 것이 이유였다. 그러나 대한통운 인수전(戰)에서 CJ와 삼성이 경쟁을 했는데 CJ가 이겼고, 이즈음 상속재산을 두고 이맹희, 이건희 형제간의 소송 다툼이 있었다. 그리고 삼성SDS는 이재용이 최대 주주로 있고, 앞으로 주식시장에 상장할 계획을 가지고 있는 비상장회사다. 삼성이 CJ와의 거래를 갑자기 끊어버린 이유의 진실이 무엇인지는 알 수 없으나 오랫동안 유지해 온 거래를 끊어서 물류와 관계없는 사업을 하는 계열사에게 넘겨주는 것은 일감 몰아주기로 사업을 확장하는 재벌 그룹들의 전형적인 행태다.

모든 재벌들이 다 하는 이런 사업에는 절대 강자가 없으며, 경영 능력이나 효율성이 아니라 그룹 내부의 수요가 얼마나 큰가로 회사의 경쟁력이 결정된다. 이런 와중에서 재벌 그룹에 속하지 않는 독립적인 회사들은 경쟁하기 힘들고, 다만 재벌 계열사들의 재하청기업으로 살아남아야 한다. 재벌 그룹에 속하는 회사들 중에서도 이러한 사업을 핵심 사업으로 하는 회사들이 있지만, 그 회사들도 다른 재벌들이 물량을 주지 않으니 성장에 한계가 있다. 한국은 '국내총생산 대비 국가 물류비 비중이 11% 수준으로 미국이나 일본의 7~8% 수준보다 높다. 그 만큼 물류비를 줄일 수 있는 여지가 크다.'[70] 그러나 지금과 같이 재벌 그룹들마다 내부 물량으로 물류-운송 회사를 가지고 있는 한국 시장에서는 국가적 차원에서 물류비의 낭비를 줄이기 어렵다. 재벌들마다 물류-운송 사업을 하고 있지만, 한국에서 세계적인 물류 업체인 DHL이나 UPS같은 초일류 기업의 출현을 기대할 수 없는 이유다.

물류 사업처럼 재벌들이 계열사들의 내부 수요만으로도 운영할 수 있어서, 굳이 다른 외부 회사에 외주를 줄 이유가 없는 사업은 수없이 많다. 사업상 술자리가 많으니 술집을 차리고 그룹의 수많은 계열사들의 임직원들만 이용해도 장사가 잘될 것이다. 그리고 임직원들의 안전한 귀가를 위해서 대리운전 사업을 함께해도 좋을 것이다. 그룹 차원에서 결혼, 승진, 장례에 보내는 축하 화환과 조화를 보내야 하는 일도 수없이 많으니 꽃 배달 서비스를 해도 돈을 벌 수 있을 것이다. 회사 근처에 음식점을 차리고, 그룹 임직원들의 회식을 모두 그 음식점에서 하도록 해도 돈을 벌 것이다. 재벌이 설마 그런 치사한 사업까지 하겠느냐고 할지도 모르겠다. 그러나 필자는 유사한 사례가 있었던 것으로 알고 있다. 지금과 같이 재벌 그룹들이 일감 몰아주기 내부 거래로 사업을 계속 확장한다면 한국 경제가 꽃집까지 재벌들이 하는 구조로 가지 않을 것이라고 확신할 수 없다. 개별 기업의 효율성과, 시장과 국가 경제의 효율성 사이에 존재하는 구성의 모순이 한국 경제구조에 깊이 뿌리박고 있는 현실이다.

| 끝도 시작도 없는 소유의 미로 |

앞에서 논의한 재벌 구조의 여러 가지 문제들의 근본적인 출발점은 소유 구조다. 재벌 총수와 가족들이 소유한 계열사들의 지분은 극히 적거나 아예 지분을 소유하지 않으면서도 대를 이어서 경영권을 확보하고자 하는 것이 많은 문제들의 근원이 되고 있다. 총수와 그 일가들이 소유한 지분이 SK그룹 0.5%, 현대중공업그룹 1.2%, 삼성그룹 1.3%에 불과하다.[71] 이건희 회장이 '오너(owner)'로 알려져 있는 한국의 최대 기업인 삼성전자도 예외가 아니다. 이건희가 소유한 지분은 3.4%이다. 이재용의 지분은 0.6%이고, 부인인 홍라희의 지분은 0.7%이다. 이건희 가족의 지분은 모두 합해도 4.7%에 불과하다.[72] 이렇게 적은 지분으로도 경영권 전체를 장악할 수 있는 것은 얽히고 설킨 소유 구조 때문이다.

다음의 그림 1과 그림 2는 재벌 그룹 중에서 대표적으로 소유 구조가 복잡한 삼성그룹과 롯데그룹의 계열사 간의 출자 구조를 보여 주고 있다. 이들의 출자 구조는 삼성전자가 만드는 반도체 회로만큼이나 복잡하다. 어디가 시작이고 어디가 끝인지를 헤아리기 어려운 미로와 같다. 특히 삼성그룹의 72개 계열사들의 출자 구조는 여러 겹의 순환 출자 구조가 얽히고설켜서 어느 회사가 어느 회사의 주인인지를 알아내려면 고차방정식을 풀어야 한다. 이러한 소유 구조가 갖는 불투명성과 무책임성의 문제에 대해서는 독자들이 그림을 보는 것만으로도 충분히 이해할 수 있을 것이라 생각하기에 설명은 생략하도록 하겠다.

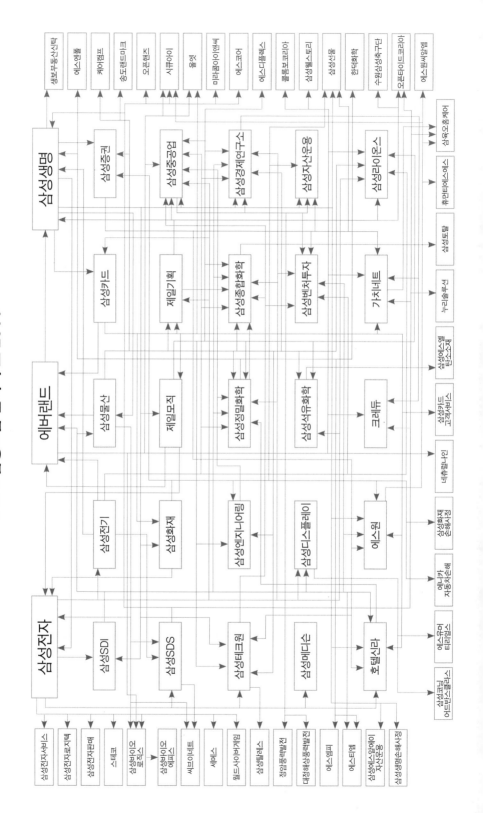

[그림 1] **삼성그룹 출자 구조 2014**

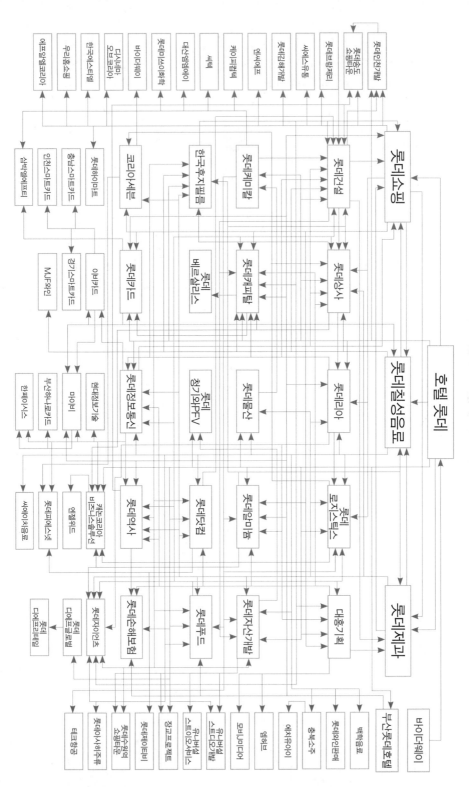

[그림 2] 롯데그룹 출자 구조 2014

재벌은 한국
경제의 미래인가?

| 삼성전자와 현대차는 미래다 |

'재벌은 한국 경제의 미래인가?' 이 질문에 대한 답은 또 다른 두 가지 질문에 대한 답에 달려 있다. 첫째는 지금과 같이 재벌들이 모든 사업을 다 하는 구조가 계속될 것인가이다. 둘째는 재벌 그룹의 후대들이 창업자와 같은 사업적 재능을 유전적으로 계속 물려받을 것인가이다. 첫 번째 질문은 시장구조와 경제구조에 관련된 것이고, 두 번째 질문은 자연의 섭리와 관련된 것이다. 첫 번째 질문에 대한 답은 한국 사회가 어떤 정치적 선택을 하느냐에 따라 결정되는 것이고, 두 번째 질문에 대한 답은 하늘이 결정하는 것이다. 첫 번째 질문에 대한 답을 먼저 구해보자.

삼성전자와 현대자동차는 한국 경제의 미래다. 그리고 LG전자와 SK에너지도 한국 경제의 미래다. 그러나 삼성SDS와 제일기획, 그리고 현대글로비스와 이노션이 한국 경제의 미래라고 볼 수 없다. 이들 회사들이 삼성그룹과 현대자동차그룹의 미래인지는 모르겠으나 지금의 상태에서는 한국 경제의 미래가 될 수 없다. 그 이유는 현대글로비스가 하고 있고, 삼성SDS가 계획하고 있는 물류-운송 산업이 한국 경제에서 중요하지 않아서도 아니고, 두 회사의 직원들의 역량이 부족해서도 아니다. 10대 재벌 그룹 중에서 9개, 20대 중에서는 16개 그룹이 물류-운송 사업을 직접하고 있다. 재벌 그룹들은 자기 계열사가 하고 있는데 다른 물류 회사에 물량을 주지도 않을 것이고, 이런 회사들은 그룹 내부의 물량만으로도 생존하기 때문에 쉽게 망하지도 않을 것이다. 현대글로비스와 삼성SDS가 한국의 미래가 되는 길이 있지만 지금과 같이 재벌들마다 '죽 쒀서 반드시 내가 먹는' 한 그 길은 열리지 않는다.

마찬가지로 지투알과 LG CNS, 그리고 SK C&C와 SK플래닛이 LG그룹과 SK그룹의 미래일지는 모르겠지만 한국의 미래는 아니다. SI 사업을 하는 LG CNS와 SK C&C가 아무리 잘한다고 해도 재벌 그룹마다 계열사를 가지고 있는데 굳이 이들 회사에게 일감을 줄 이유가 없다. 광고업을 하는 제일기획, 이노션, 지투알, SK플래닛이 한국 경제의 미래가 되지 못하는 이유도 마찬가지다. 삼성에버랜드(現 제일모직)가 하고 있는 패션 사업, 급식 사업, 놀이동산 사업, 그리고 부동산 관리 사업이 이재용의 미래인지는 모르겠다. 그러나 삼성의 미래도 아니고 한국의 미래는 더더욱 아닌 이유도 마찬가지다. 이러한 시장 상황에도 불구하고 이런 회사들이 한국의 미래가 될 수 있는 길은 하나 더 있다. 국내시장이 아니라 세계시장에서 성공하는 것이다. 물류, 광고, SI, 패션 사업과 같은 서비스업은 제조업처럼 대규모 투자를 하지 않고도 고용 효과가 높으며, 부가가치가 높은 산업이다. 그렇기 때문에 이들이 세계시장에서 성공한다면 한국 경제의 새로운 미래가 될 것이다. 그러기 위해서는 경쟁력을 가져야 한다. 경쟁력을 키우는 가장 빠른 길은 치열한 경쟁을 치르는 것이다. 그러나 그룹 계열사들의 일감 몰아주기로 성장했고, 아직도 그렇게 생존하고 있는 마당에 이들 기업들이 치열한 경쟁이 펼쳐지는 세계시장에서 성공할 것으로 기대하기는 어려운 것 같다.

앞서 삼성전자, 현대자동차, LG전자, SK에너지를 한국 경제의 미래라고 했다. 그러나 이들 기업의 성장은 일자리를 만들어내는 데 큰 도움이 되지 않는다. 제조업의 고용 효과가 갈수록 낮아지고 있을 뿐만 아니라, 이들 기업들의 생산과 투자의 상당 부분이 해외에서 이뤄지고 있기 때문이다. 삼성전자가 생산하는 휴대폰 중 90% 이상이 해외에서 생산되고 있고, 삼성전자 직원의 60% 이상이 한국이 아닌 외국 공장의 외국인 노동자들이다.[73] 2013년에는 삼성전자 총투자의 90% 이상이 해외에서 이뤄지고 있으며,[74] 스마트폰을 포함해서 휴대폰은 점차로 첨단 기술에서 범용 기술로 변화하고 있다. 이제는 중국 기업들도 생산하고 시장점유율을 높여가고 있다. 기술이 범용화 될수록 기술 경쟁력보다 가격경쟁력이 중요하기 때문에 인건비를 줄여야 한다. 그래서 중국, 베트남 등으로 생산량을 이전해 가는 것이다. 한국이 과거에 신발, 의류 생산을 중국과 베트남으로 옮겨간 것과 같은 이치다. 현대자동차도 해외 생산량이 50%에 육박하고 있고, 총투자 중 해외에서 이뤄지는 투자가 30%를 넘는다.[75] 물류비용과 현지 수요, 그리고 관세를 감안할 때 자동차는 국내에서 생산해서 수송하는 것보다 수요가 있는 해외 현지에서 생산하는 것이 경쟁력이 있기 때문에 현대자동차의 해외 생산 비중도 갈수록 늘어날 것이다.

한국은 국내총생산에서 제조업이 차지하는 비중이 OECD(경제협력개발기구) 회원국 중에서 두 번째로 높고, 서비스업이 차지하는 비중은 세 번째로 낮다.[76] 미국, 독일, 일본 등 많은 다른 선진국들은 한국보다 서비스업의 비중은 매우 높고 제조업 비중은 매우 낮다. 그럼에도 불구하고 한국은 고용 효과가 낮은 제조업 비중이 계속 높아지고 있다. 삼성전자, 현대자동차, LG전자, SK에너지와 같은 제조업 기업의 성장은 한국에 일자리를 만들거나 부가가치를 더 높이는 것에 큰 도움이 안 된다. 한국의 미래가 아니라고 했던 삼성SDS와 제일기획, 그리고 현대글로비스와 이노션이 하고 있는 서비스산업의 성장이 고용을 더 많이 창출하고 더 높은 부가가치를 만들어내는 한국의 미래다. 이러한 서비스산업에서 삼성전자와 현대자동차와 같은 세계적인 경쟁력을 가진 대기업들이 만들어진다면 그것이 한국의 미래인 것이다.

삼성그룹, 현대자동차그룹, LG그룹, 그리고 SK그룹이 계열사들에게 몰아주는 일감들을 독립적인 제3의 전문 기업에게 준다면 재벌은 한국 경제의 미래가 된다. 제일기획, 이노션, 지투알, SK플래닛에게 몰아주고 있는 광고 일감을 제3의 전문 기업에게 준다면 한국에도 세계적인 경쟁력을 가진 광고 기업이 만들어질 수 있다. 삼성SDS, LG CNS, SK C&C 등 30대 재벌 그룹 중에서 22개 그룹이 계열사에게 일감을 몰아주고 있는 SI 사업을 제3의 전문 기업에 준다면, 한국에도 세계적인 경쟁력을 가진 SI 기업이 만들어질 수 있다. 30대 재벌 그룹 중에서 20개 그룹이 계열사들에게 몰아주고 있는 물류-운송 사업을 제3의 전문 기업에게 준다면, 한국에도 세계적인 경쟁력을 가진 물류-운송 기업이 만들어질 수 있다.

어느 선진국에도 한국의 재벌 그룹들처럼 소수의 대기업이 모든 사업을 다 하는 경우는 없다. 각 산업 분야에서 세계 최고의 경쟁력을 가진 대기업들도 모든 사업을 다 하지 않는다. 애플(Apple)은 급식 사업이나 패션 사업을 하지 않는다. GM은 광고 회사와 증권회사를 가지고 있지 않다. 소니(Sony)는 백화점 사업이나 건설업을 하지 않는다. BMW는 호텔이나 골프장을 운영하지 않는다. 재벌은 한국 경제의 미래인가라는 질문에 대한 답은 첫 번째로 '지금과 같이 재벌들이 모든 사업을 다 하는 구조가 계속될 것인가'에 달려 있다고 했다. 지금과 같이 재벌 그룹들이 '모든 것을 다 한다, 그러나 모든 것을 다 잘하지는 않는다'가 계속된다면 재벌은 한국 경제의 미래가 아니다. 그러나 재벌들이 계열사에 몰아주고 있는 일감을 독립적인 전문 기업에 준다면 고용이 창출되고 부가가치가 높은 서비스 산업에도 삼성전자, 현대자동차, LG전자, SK에너지와 같은 세계적인 경쟁력을 가진 새로운 전문 기업들이 탄생할 가능성이 있다. 그리고 재벌은 한국 경제의 미래가 된다.

| 재벌 2세, 3세에 매달린 한국 경제 |

'재벌은 한국 경제의 미래인가?' 이 질문에 대한 답을 구하기 위한 두 번째 질문은 '재벌 그룹의 후대들이 창업자와 같은 사업적 재능을

유전적으로 계속 물려받을 것인가'였다. 그 답은 하늘만 안다고 했지만, 역사적인 경험을 통해서 답을 구해보자. 재능의 상당 부분은 유전적으로 물려받기도 하지만, 항시 그렇게 되지 않는다는 것은 주지의 사실이다. 굳이 과학적인 연구 결과를 조사하지 않더라도 수많은 천재들과 위대한 업적을 이룬 인물들의 후대들 중에서 모두가 기억할 만한 선대의 천재성과 업적을 따른 경우가 극히 드물었던 역사적인 경험이 그 답을 말해주고 있다.

20세기 최고의 천재인 아인슈타인(Albert Einstein)은 두 아들이 있었다. 첫째 아들인 한스(Hans)는 미국의 명문 대학인 UC버클리대학(University of California, Berkely)에서 수공학(水工學) 교수로 많은 연구 업적을 남겼다. 둘째 아들인 에듀아르드(Eduard)는 음악과 예술에 관심을 가졌고 시를 쓰기도 했지만 정신병을 앓았고 특별한 업적을 남기지는 않았다. 두 아들 모두 아버지로부터 재능을 물려받았지만 아버지와 같은 세기적인 업적을 남기지는 않았다. 자동차 산업의 혁명을 이룬 헨리 포드(Henry Ford)는 아들 하나가 있었다. 에드셀(Edsel)은 아버지를 이어서 포드자동차(Ford Motor)의 최고 경영자가 되었으나 49살 비교적 이른 나이에 사망했다. 에드셀 포드의 아들, 즉 헨리 포드의 손자인 헨리 포드 2세는 갑자기 사망한 아버지를 이어 1945년 28살의 젊은 나이에 포드자동차의 최고 경영자가 되어 1979년 물러날 때까지 34년 동안 재임했다(헨리 포드 2세가 퇴임할 때의 나이는 62세였다). 헨리 포드가 포드자동차를 설립한 때가 1903년이었고, 손자인 헨리 포드 2세가 최고 경영자에서 물러난 때인 1979년까지 76년 동안 포드 가문의 3세대가 경영을 이어갔다. 그리고 이후 20년 동안 포드 가문의 사람들은 이사회 멤버로 참여했지만 경영에 참여하지 않았다. 20년 후인 1999년 헨리 포드 2세의 조카인 윌리엄 클레이 포드(William Clay Ford)가 내부 경쟁을 통해서 다시 최고 경영자의 자리에 올랐지만, 7년 뒤인 2006년 사임하면서 다시 포드 가문에서 최고 경영자를 이어가지 않았다.

20세기 초반 미국의 산업을 일으킨 대기업가인 '철강왕' 카네기(Andrew Carnegie), '석유왕' 록펠러(John Davison Rockefeller)는 한국의 정주영, 이병철과 같은 사람들이다. 그들은 헨리 포드와는 달리 자신이 창업해서 성공한 대기업들의 경영을 자식들에게 맡기지 않았고, 거의 모든 재산을 기부를 통해 사회에 환원했다. 그리고 '철도왕' 벤더빌트(William Henry Vanderbilt)는 아들까지 경영에 참여했으나, 아들이 모든 재산을 기부하고 더 이상 후손들의 경영 참여는 이어지지 않았다. 포드 가문 사람들이 3대에 걸쳐서 회사 경영을 이어간 것은 미국의 대기업에서는 오히려 드문 사례다. 포드자동차보다 늦게 설립된 GM(General Motors)은 창업자인 듀런트(William C. Durant)의 가족들이 경영을 이어가지 않았고, 전문 경영인 체제로 경영해 왔지만 포드자동차와 견주는 회사로 성장했다. 미국의 대기업을 일으킨 창업자들은 자식에게 경영을 물려주지 않기로 한 경우도 있고, 모든 재산을 사회에 기부한 경우도 있고, 또 자식들이 부모로부터 사업적 재능을 유전적으로 물려받지 못한 경우도 있다.

한국 재벌 그룹들은 전부가 2세대가 경영을 이어갔고, 3세대들도 경영에 참여하고 있다. 2세대 재벌 총수들 중에는 상당수가 창업자인 아버지를 도와서 그룹의 초기 성장 과정을 직접 경험했다. 그러기에 그들은 절반의 창업 경험을 가지고 있다. 그럼에도 불구하고 2세대 중에는 아버지에 이어서 그룹을 더욱 성장시킨 경우도, 그렇지 못한 경우도, 망한 경우도 수없이 많았다. 외환 위기 때 30대 재벌 중에서 18개 재벌이 망해서 해체되었다.[77] 3세대들은 이미 그룹이 성장해서 자리를 잡은 이후에나 경영에 참여했다. 외국의 명문 대학에서 MBA(전문 경영학 석사) 학위도 받고, 그룹 내부에서 경영 수업도 받았다. 그러나 세계 최고의 경영대학인 펜실베이니아대학(University of Pennsylvania)의 와튼 스쿨(Wharton School)이나 하버드대학(Harvard University)의 비즈니스 스쿨(Business School)에서 MBA를 받은 사람은 수없이 많아도 그들 중에서 최고 경영자가 되는 사람은 극히 소수다. 하물며 3세들이 MBA 학위를 받았거나 황태자식 경영 수업을 받았다고 해서 경영 능력이 있다고 보기 어렵다. 2세대들 모두가 창업자의 뛰어난 사업적 재능을 물려받지 못했는데, 3세대라고 해서 모두 창업자의 재능을 유전적으로 물려받았다고 확언할 근거가 없다. 경영에 참여한 이후에도 극히 일부를 제외하고는 아직은 자신의 경영 능력을 입증할 만한 성과를 내지 못했다. 결혼과 이혼, 재산 분할 다툼, 그리고 스캔들 같은 사생활로 기사가 된 적은 많지만, 경영 성과로 기사가 된 적은 드물다. 그러나 3세대가 사업적 재능을 유전적으로 물려받지 못했다 해도 3세대는 2세대보다 엄청나게 더 큰 재산과 기득권을 물려받기 때문에 성공하지는 못하더라도 생존할 수는 있을 것이다.

가장 성공적인 주식 투자자이고 미국에서 두 번째 부자인 워런 버핏(Warren Buffett)은 부자들이 자식에게 재산을 물려주는 것은 "2020년 올림픽 팀의 대표 선수를 2000년 올림픽의 금메달을 받은 선수의 큰 아들로 선발한 것과 같다."라고 하면서, 그렇게 하는 것은 "끔찍한 실수(terrible mistake)가 될 것이다."라고 했다.[78] 한국 재벌 그룹 3세대들은 모두가 재산만이 아니라 경영권까지 물려받아서 총수의 자리에 오르는 것은 이미 정해진 코스처럼 보인다. 3세대 모두가 창업자와 같은 사업적 재능을 물려받았는지는 자연의 섭리, 즉 하늘만이 아는 일이다. 3세대들이 아직 그들의 재능과 능력을 입증한 적이 없기 때문에 하늘의 뜻이 무엇인지를 알 수가 없다. 그들은 경영 능력을 인정받아서 총수의 자리를 차지하는 것이 아니라, 총수의 자리에 올라서 경영 능력을 입증하려고 한다. 한국 경제의 미래를 도박에 베팅(betting)하는 것이나 진배없다.

최근 이건희 회장이 갑자기 쓰러진 후 삼성그룹은 이재용으로의 경영권 승계 작업을 서두르고 있고, 그의 경영 능력에 대한 논란이 있다. "검증대 오른 이재용 부회장, 경영 능력 발휘할까"(〈연합뉴스〉), "경영 능력도 의문부호다"(〈경향신문〉), "최고 경영자로서 경험이 부족할 뿐더러 아버지인 이 회장만큼 카리스마를 갖추지 못했다는 지적도 나온다"(〈주간조선〉) 등등 모두가 걱정하는 기사들만 보인다.[79] 한국에서는 아침에 눈을 떠서 저녁에 잠자리에서 들 때까지의 일상생활과, 나아가 요람에서 무덤까지의 인생 전 과정이 재벌의 울타리를 벗어나지 못한다. 재벌에 기대고 있는 국민들의 일상과 인생만이 아니라 한국 경제 전체의 미래가 3세대의 경영 능력 증명을 위한 시험 대상이 되어 있는 것이다.

'재벌은 한국 경제의 미래인가?'에 대한 답들은 그리 희망적이지 않다. 재벌들이 지금과 같이 '모든 것을 다 한다'는 기득권을 스스로 포기할 것 같지 않다. 그렇다고 해서 '모든 것을 다 잘한다'가 될 가능성도 없어 보인다. 재벌과 한국 경제의 구성의 모순이 해결될 가능성이 높지 않다는 것이다. 창업자의 3세대들이 경영권을 이어갈 것은 거의 확실해 보이지만 3세대의 대부분이 사업적 능력을 검증받은 것도 아니다. 그래서 앞으로 얼마나 오랫동안 삼성전자, 현대자동차, LG전자, SK에너지가 한국 경제의 미래로 계속 남아 있을 것인지도 불확실하다. '재벌은 한국 경제의 미래인가?'에 대한 답은 독자들의 판단으로 남겨두겠다.

제
8
장

———

함께 잘사는 정의로운 자본주의를 위하여

무엇을
할 것인가?

| 사회적 합의, 정책 그리고 실천 |

'함께 잘사는 정의로운 자본주의'가 원론적인 이상론이 아니라 한국 자본주의의 현실적인 대안이 되기 위해서는 세 가지가 필요하다. 첫째는 함께 잘사는 것이 한국 사회가 지향하는 새로운 가치라는 것에 대한 사회적 합의가 있어야 한다. 둘째는 함께 잘사는 정의로운 자본주의를 실현해낼 구체적인 정책들을 마련해야 한다. 셋째는 그러한 정책들을 실제로 시행할 정치 지도자들의 의지와 실천이 있어야 한다.

지금과 같이 일그러진 모습의 한국 자본주의가 바뀌어야 한다는 것에 대해서는 대체로 사회적 합의가 존재하는 것으로 보인다. 그러나 국민들이 어떤 자본주의를 바라고, 어떻게 바꿔야 하는가에 대해서는 사회적 합의가 존재한다고 보기 어렵다. 지난 대통령 선거에서 진보 좌파가 독점해 왔던 경제민주화와 복지라는 화두를 보수 우파인 새누리당의 박근혜 후보가 가장 중요한 선거 이슈로 내세우면서 상당한 호응을 얻었다. 이 사실은 국민들이 이념적 좌표를 넘어서 한국의 자본주의가 바뀌어야 한다는 것에 대해서 대체로 동의하고 있다는 하나의 증거로 볼 수 있을 것이다. 그러나 경제민주화를 이루기 위해서 구체적으로 실시해야 할 정책이나 방법론에서 정당들 간에 입장이 다를 뿐 아니라, 국민들 사이에도 상당한 의견 차이가 존재하고 있다.

그러한 의견 차이를 잘 보여준 사례가 '보편적 복지' 정책의 일환인 초등학교에서의 전면적인 무상 급식 실시를 두고 2011년 서울시에서 실시한 주민 투표다. 찬성과 반대의 논쟁이 뜨거웠던 전면 무상 급식 실시 여부를 두고 주민 투표로 결정하게 되었다. 주민 투표의 결과는 투표 성립의 최소 요건인 33.3%의 투표율을 넘기지 못해서 무상 급식을 다수의 시민들이 찬성하는 것으로 결론지었고, 결국 전면적인 무상 급식이 시행되었다.[1] 그러나 당시의 서울시 지역별 투표율을 보면 상대적으로 소득수준이 낮은 지역에서는 투표율이 매우 낮았고, 상대적으로 소득수준이 높은 소위 '강남 3구(강남, 서초, 송파)'에서는 투표율이 높았다. 무상 급식의 사례는 복지의 필요성에 대해서 대체로 동의하지만, 그 범위와 방법에 대해서는 계층 간 그리고 이념적 좌표에 따라서 상당한 의견 차이가 있다는 것을 확인한 것이었다.

국민들 사이의 의견 차이는 민주주의 사회에서 당연하고 건강한 것이며, 민주적인 절차를 통해서 합의를 이끌어낼 수 있다. 구체적인 정책이나 제도와 관련된 의견 차이는 선거, 국민투표 또는 사회적 합의 기구를 통해서 결론을 이끌어낼 수 있다. 무상 급식을 결정하기 위해서 주민 투표를 실시한 것이나 노사 간의 정책 합의를 위해서 노사정위원회를 만든 것이 그러한 예이다. 그러나 '함께 잘사는 정의로운 자본주의'와 같이 사회가 지향해야 할 가치와 목표를 투표나 위원회로 결정할 수는 없다. 이는 그러한 가치와 목표를 지지하거나 반대하는 정당이 존재하고, 국민들이 국회의원 선거와 대통령 선거를 통해서 선택한 정당이 집권하는 것으로 사회적 합의를 만들어내는 것이 유일한 방법이다. 따라서 '함께 잘사는 정의로운 자본주의'를 실현하는 것은 민주주의 제도와 절차 그리고 실천의 문제다. 이에 대해서는 이 책의 마지막에서 다시 논의하도록 하겠다.

'함께 잘사는 정의로운 자본주의'를 한국이 지향할 목표라는 것에 대한 사회적 합의가 전제되었다면, 이를 실현할 구체적인 정책들이 마련되어야 한다. 경제 분야만이 아니라 시장경제와 관련된 정치, 사회, 교육, 문화 등 모든 분야에서 구체적인 정책들을 설계해야 하기 때문에 범위가 매우 광범위하다. 이러한 정책들을 만들기 위해서 제일 먼저 시장의 영역과 공공 부문의 경계를 다시 정립하고, 시장과 정부의 역할을 명확하게 구분하는 원칙을 정해야 한다. 구체적인 정책들 중에서 가장 우선적이고 중요한 주제는 분배다. 분배 정책은 소득 불평등과 양극화를 해소하고 함께 잘사는 정의로운 경제를 만드는 가장 중요한 첫걸음이다. 그리고 시장의 구조와 질서에 대한 원칙을 세우고, 공정한 경쟁을 보장하는 경쟁 정책이 마련되어야 한다. 더불어 성장과 분배의 선순환 구조를 만드는 포용적 성장 정책이 복지 정책, 조세정책과 연계되어 마련되어야 한다. 이러한 경제구조와 분배에 관한 정책의 틀이 만들어지면 이를 뒷받침할 산업구조, 기업 구조, 노동 구조, 금융 구조, 교육 구조를 '함께 잘사는 정의로운' 구조에 부합하도록 체계적이고 유기적으로 구성하는 구체적인 정책들이 필요하다.

산업구조와 기업 구조에 관한 범주에는 재벌 구조를 어떻게 할 것인지, 대기업과 중소기업의 격차를 어떻게 줄여갈 것인지, 중소기업·창업 기업과 자영업자에 대한 지원과 육성을 어떻게 할 것인지에 대한 정책들이 포함되어야 한다. 또한 성장 정책과 노동정책에 연관되어 만들어져야 한다. 노동 구조에는 비정규직과 임금격차의 문제를 어떻게 해소할 것인가, 노동시장을 활성화시키면서 동시에 노사 관계를 안정화할 수 있는 정책이 함께 마련되어야 한다. 그리고 장기적인 노동 공급과 국내 수요를 유지하기 위한 출산과 보육을 포함한 인구정책도 마련해야 한다. 기업 경영의 투명성과 책임성을 다루는 기업 지배 구조 정책은 사회 전반의 반부패 정책, 공정 경쟁 정책과 연관된다. 금융 구조는 산업구조와 기업 구조를 뒷받침하는 산업으로서 금융의 역할, 서비스산업으로서 금융 산업 자체의 발전, 그리고 금융 시스템의 안정화를 동시에 달성할 수 있는 정책들이 유기적으로 연결되어야 한다. 사회구조와 관련해서는 수도권과 지방의 격차를 해소하는 지방분권화, 국토 균형 발전, 그리고 지속 가능한 에너지와 환경에 관한 정책들이 포함된다. 이외에도 각 분야별로 수많은 정책들이 있다. 이러한 정책들은 서로 보완되기도 하고 충돌되기도 한다.

예를 들어 교육과 과학기술은 거의 모든 분야의 근간이고 출발점이다. 따라서 교육정책과 과학기술 정책은 산업, 기업, 복지, 노동,

국토 균형 발전 등의 여러 정책과의 연관성이 고려되어야 한다. 지방 분권화 정책, 여성 정책, 육아 정책들도 마찬가지로 모든 분야와 유기적으로 연결되기 때문에 각 분야의 정책들에 스며들어서 만들어져야 한다. 서로 이해관계가 충돌되는 정책들도 적지 않다. 예를 들어 기업 정책과 노동정책은 보완적이면서도 동시에 충돌되는 문제들이 적지 않다. 그러한 경우에 노사정위원회와 같은 사회적 합의 기구들이 마련되어야 한다. 제도를 바꾸는 것으로만 가능한 정책도 있지만 대부분의 정책들은 재정지출을 수반한다. 따라서 정책의 우선순위를 정할 때 정부 예산의 제약이 함께 고려되어야 한다. 그리고 이러한 정책들이 실제 효율적으로 집행되기 위해서는 세제 개혁과 법 집행의 공정성과 실효성을 위한 사법 개혁도 함께 이뤄져야 한다.

이 책에서 그러한 정책들을 모두 나열하고, 그 내용을 구체적으로 일일이 설명할 수는 없다. 이 책에서는 가장 중심적인 과제인 소득 불평등과 양극화를 해소하는 정책과, 한국 고유의 문제인 재벌의 경제력 집중을 완화할 수 있는 핵심적인 정책 몇 가지만을 제안한다. 한국이 '함께 잘사는 정의로운 자본주의'를 이루기 위해서는 무엇보다 우선적으로 소득 불평등을 줄이고 중산층이 두터운 구조를 만들 수 있는 분배 정책들이 마련되어야 한다. 이를 위해서는 세 가지가 동시에 이뤄져야 한다. 첫째는 기업의 이익 중에서 가계로 분배되는 몫이 커져야 하고, 둘째는 임금격차를 줄여야 하며, 셋째는 정부의 소득재분배 정책이 강화되어야 한다. 재벌 문제의 해결을 위해서는 모든 문제의 근원이 되고 있는 소유 구조가 바뀌어야 하고, 투명성과 책임성이 없는 경영 행태가 바뀌어야 한다. 먼저 소득 불평등, 양극화 해소와 관련된 몇 가지 정책들을 논의한다.

| 초과 내부유보세: 돈 부지런하게 만들기 |[2]

경제가 성장하는 만큼 실질임금이나 가계소득이 늘지 않는 가장 현실적인 이유는 기업이 창출한 이익이 분배되지 않고 기업 내부에 유보되고 있기 때문이다. 기업의 이익은 임금이나 배당으로 분배하거나 또는 기업 내부에 유보하는 세 가지 방법으로 처분된다. 이 중에서 임금과 배당으로 분배되는 몫은 가계소득으로 바로 이어져서 소득 불평등과 양극화를 완화하는 직접적인 수단이 된다. 한국은 이익이 늘어나는데도 노동분배율은 계속해서 낮아지고 있고, 배당도 늘어나지 않으며, 기업의 내부유보만 갈수록 커지고 있다. 앞서 제1장에서 논의한 바와 같이 한국은 미국이나 유럽과는 달리 주주에 대한 고배당 때문에 노동자에 대한 임금 배분이 늘어나지 않은 것이 아니다. 또한 기업의 내부유보는 대주주와 계열사들의 세금 회피 수단이 되고 있다.

내부유보를 투자 재원으로 사용할 경우 추가적인 고용이 창출되고, 미래 수익이 늘어나기 때문에 미래의 노동 분배와 정부의 세금 수입이 늘어난다. 그러나 늘어난 내부유보가 고용을 창출하는 투자로 이어지지 않아서,[3] 고용을 창출하거나 미래의 노동 분배를 증대시키는 효과가 제한적이다. 기업의 이익이 임금과 배당으로 지급되면 가계소득이 늘어나고 소득세가 부과된다. 따라서 임금이나 배당으로 분배하지 않고 내부유보를 하면 가계소득과 정부의 세금 수입이 함께 줄어들게 된다. 반대로 기업이 이익을 임금으로 지급하는 경우 법인세를 적게 낸다. 더 많은 임금을 받는 노동자들이 더 많은 소득세를 내기 때문에 정부의 세금 수입이 줄어들지 않는다. 특정 주주에게 소유가 집중된 기업의 경우 대주주는 배당을 그리 선호하지 않는다. 만약 배당으로 소득이 높아지면 대주주의 소득세율이 법인세율보다 높아질 뿐만 아니라 최고 누진세율이 높아지기 때문에, 대주주가 세금을 회피할 목적으로 배당하지 않을 유인(誘因)이 있다. 대주주만이 아니라 재벌 그룹 차원에서도 세금을 회피하는 수단이 된다. 계열사 간 서로 물고 물리는 복잡한 소유 구조를 가진 재벌 계열사들은 이익을 서로 배당으로 주고받는 것보다 내부유보금으로 보유하면 배당 소득세를 내지 않고 자금을 보유하게 된다.

따라서 소득 불평등을 완화하기 위해서는 기업의 내부보유를 줄이고 임금과 배당으로 분배를 늘리는 정책을 고려해야 한다. 기업의 내부유보 문제를 해결하기 위한 하나의 방법으로 기업이 적정한 수준 이상으로 유보한 이익에 대해서 '초과 내부유보세'를 부과하는 것이다. 한국은 2001년까지 적정 유보 소득을 초과한 이익 유보에 대해서 과세하는 제도를 가진 적이 있었고, 미국이나 일본에서도 내부유보에 대한 세금을 부과하는 제도를 시행하고 있다. 한국은 과거 초과 유보에 대한 과세 이외에도 모든 내부유보금에 대한 과세 제도들을 가지고 있었다. 배당하지 않았어도 배당된 것으로 간주해서 주주에게 개인소득세를 과세하는 제도와, 비상장 주식을 양도할 때 발생하는 양도 차익에 대해서도 자본 이득세를 부과하는 세제를 시행했었다.[4] 적정 유보를 넘어선 초과 유보에 대한 과세 제도는 2002년 폐지되었다. 한국 기업들의 내부유보가 급격하게 증가하기 시작한 시기는 바로 이 제도가 폐지된 직후였다. 제조업 기업의 총자산 대비 이익잉여금의 비율이 이 제도가 폐지되기 직전인 2001년에는 2.8%였다. 이 제도가 폐지된 2002년에는 11.1%로 급격하게 증가했고, 이후 2003년에는 14.6%, 2004년에는 22.2%로 증가해서 3년 만에 이익잉여금의 비율이 열 배나 증가했다. 이익잉여금이란 내부유보금을 축적한 것이다. 따라서 이익잉여금이 지속적으로 급격하게 늘어났다는 것은 내부유보를 지속적으로 늘렸다는 의미다. 이 비율은 1990년대에는 3~7% 수준에서 변동했으나 2002년 내부유보에 대한 과세제도를 폐지한 이후 급격하게 증가해서 2012년에는 자료를 작성하기 시작한 이후로 역사상 최고 수준인 34%에 이르고 있다.[5]

　이러한 과거의 경험에 비춰볼 때 초과 유보금에 세금을 부과하는 '초과 내부유보세'를 도입하면 내부유보금이 줄어들고 임금이나 배당으로 배분되는 몫이 늘어나서 소득재분배 효과가 높아질 것으로 기대할 수 있다. 한국의 기업들 중에는 구체적인 투자 계획이 없는데도 불구하고 '언젠가 비 오는 날을 대비하기 위해서'라는 명분으로 이익을 쌓아두고 있어서 내부유보금을 일종의 내부 보험처럼 생각하는 경우들이 있다. 이러한 행태는 기업이 사업과 관련 없는 비업무용 부동산을 가지고 있는 경우와 유사한 것이다. 또한 대주주의 경영권 지배를 강화하기 위해서 유보금을 계열사의 주식을 매입하는 데 쓰는 경우도 비일비재(非一非再)하다. 투자 계획도 없고 투자한다 해도 고용 창출에 아무런 실효성도 없는 비업무용이거나 계열사 주식 보유를 위한 투자를 위해 기업이 보유하는 자본은 유휴자본(idle capital)으로 거시 경제 차원에서도 국가 경제 전체에 해악이 되고 있다.

　기업이 장기적인 투자 계획을 가지고 있고, 이를 위해서 내부유보금을 축적하는 경우들도 있다. 그러한 경우에는 사전에 이를 입증하면 '초과 내부유보세'를 면제해주는 제도나 일정 기간 이내에 투자가 이뤄진 경우에는 투자세액공제나 세금 환급 등의 제도로 보완책을 강구할 수 있다.[6] 초과 유보에 대한 과세를 시행하기 위해서 초과 유보에 대한 객관적인 기준을 마련하는 것과 어떤 규모 이상의 기업에 적용할 것이냐에 대해서는 논란의 여지가 있지만, 이는 기술적 문제이며 한국도 과거에 시행한 경험이 있기 때문에 얼마든지 기업 현실을 감안해서 조정할 수 있는 지엽적인 문제다.

'초과 내부유보세'를 도입하면 기업들은 유보세 부담과 임금이나 배당 부담 사이에서 최적의 선택을 할 것이다. 만약 기업들이 어차피 낼 세금으로 임금이나 배당을 늘린다면, 노동자와 주주들의 가계소득이 늘어나서 직접적인 소득재분배 효과를 바로 얻을 수 있다. 그리고 기업은 법인세를 적게 내는 효과를 보게 될 것이며, 정부는 소득세 수입 증대 효과를 보게 될 것이다. 만약 기업들이 세금 부담에도 불구하고 여전히 유보금을 쌓아두고자 한다면, 정부는 '초과 내부유보세'로 징수한 세수를 교육, 복지 예산으로 투입해서 간접적인 소득재분배 효과를 얻을 수 있다.

유보금을 임금과 배당 사이에 배분하는 것도 하나의 관건이 될 수 있다. 대기업의 대주주가 늘어난 배당을 받으면 최고 세율 38%를 적용받아 높은 소득세를 내야 한다. 그러나 대주주가 배당을 늘리는 대신 임금 배분이나 사원 복지의 몫을 늘리면 법인세를 적게 내고, 보다 우수한 인력을 확보해서 생산성을 높이는 효과를 얻을 수 있다. 이러한 효과를 늘리기 위해서는 '초과 내부유보세' 제도에 배당보다는 임금과 사원 복지로 배분하는 몫을 늘릴 경우에 인센티브를 적용하는 방안도 함께 마련할 수 있다. 특히 기업들이 비정규직을 정규직으로 전환해서 임금 비용이 증가된 경우에는 법인세뿐 아니라 '초과 내부유보세'를 적게 내는 절세 효과를 누릴 수 있는 인센티브가 생긴다. 기업들이 어떤 선택을 하든지 투자 계획이 없으면서도 내부유보금을 쌓아가는 것은 소득재분배를 악화시킬 뿐만 아니라 경제 전체의 효율성을 악화시키는 원인이 되기 때문에 '초과 내부유보세'의 도입은 필요하다. 이 제도를 의사, 변호사와 같은 고수익 전문 업종에 적용하는 것도 고려해볼 수 있다. 고수익 전문직 회사는 주주가 1인 또는 몇 명의 소수 전문직들로 구성되어 있어서 배당하지 않고 내부유보를 늘리는 것이 개인소득세를 회피하는 직접적인 수단으로 쓰인다. 따라서 이 제도를 도입하면 전문직 자영업자들의 탈세 방지 효과도 기대할 수 있을 것이다.

| 비정규직 해소: '사람'에서 '일'로 |

비정규직 양산하는 기간제 노동자 보호법

갈수록 확대되고 있는 임금격차와, 임금노동자의 절반에 육박하는 비정규직의 문제를 해결하는 것은 소득 불평등과 양극화를 해소하는 데 가장 중요하게 다뤄져야 할 문제다. 비정규직 문제는 고용 안정의 문제이면서 동시에 분배 정책의 핵심이다. 임금격차를 해소하는 원칙으로는 이미 '동일 노동, 동일 임금' 또는 '동일 가치 노동, 동일 임금'이 제시되었고, 그동안 광범위하게 논의되어 왔다. 그러나 이를 현실적으로 적용하는 방안을 마련하지 못하고 있어서 실행에 옮기는 데 상당한 어려움이 있다. 임금격차는 정규직과 비정규직의 격차와 같은 고용 형태에 따른 문제와 대기업과 중소기업의 임금격차,

원청기업과 하청기업의 임금격차와 같은 기업 간의 문제 그리고 학력 차이로 인한 임금격차와 같은 사회문화적인 요인 등 그 원인이 다양해서 어떤 특정한 정책 하나만으로는 해결하기 어렵다. 이 중에서 비정규직의 문제는 법 개정을 통해서 완화해갈 수 있는 방안을 제안한다.

비정규직 중에서 가장 많은 비중을 차지하는 기간제 노동자를 보호하는 현재의 법은 '2년을 초과해서 기간제 근로자로 사용하는 경우에는 그 기간제 근로자는 기간의 정함이 없는 근로계약을 체결한 근로자로 본다'[7]고 정하고 있다. 다시 말하면 기간제 근로자는 2년을 초과하지 않는 범위에서만 사용할 수 있다고 정하고 있어서 동일한 노동자가 2년 이상 비정규직으로 근무하면 자동으로 정규직 또는 무기 계약직으로 전환되도록 하고 있다. 언뜻 보면 합리적인 방안 같지만, 오히려 이 법이 비정규직들의 고용 지위를 더욱 위태롭게 만들었다. 왜냐하면 회사들은 비정규직 노동자와의 계약을 2년 미만으로 하고, 2년이 되기 전에 다른 노동자를 다시 비정규직으로 고용하는 식으로 법 적용을 피해가고 있기 때문이다.

회사들이 기간제 노동자를 2년마다 바꾸는 것은 저임금의 비정규직을 반복적으로 고용해서 임금 비용을 줄이려는 것이 목적이다. 또한 장기 계약을 하지 않음으로써 회사의 필요에 따라서 언제든지 해고할 수 있는 권한을 갖는다. 실제로 정규직을 채용해야 하는 경우에도 일단 비정규직으로 채용해서 정규직 채용 여부를 나중에 결정하는 경우들도 적지 않다. 심지어는 한 사람만 필요하지만 인턴이라는 명목으로 두세 사람을 낮은 임금의 비정규직으로 채용한 이후, 이들을 경쟁시켜서 그 중에서 한 명만을 정규직으로 채용하는 경우도 있다. 특히 청년 세대들이 첫 직장을 비정규직으로 시작할 경우에 비정규직은 정규직으로 가는 징검다리가 아니라 2년 후 다시 비정규직으로 재취업해야 하는 함정에 빠지는 심각한 현상이 발생하고 있다.

이 법이 시행된 지 6년이 지난 2013년까지 임금노동자 중에서 비정규직의 비율은 55.8%에서 46.1%로 감소하는 효과가 있었다. 그러나 비정규직 중에서 기간제 노동자는 법 시행 첫해에만 크게 감소하고, 이후에는 더 이상 감소하지 않고 있다. 그리고 시간제(part-time) 근로자들은 오히려 지속적으로 증가하고 있다.[8] 기간제 보호법 시행 첫해에만 기간제 노동자가 줄어들고, 그 이후에는 더 이상 줄어들지 않고 있는 현상은 법 시행 이후 비정규직 기간제 노동자를 정규직으로 전환하기보다는 2년 이전에 계약을 종료하고 다른 노동자를 다시 비정규직으로 채용하고 있다는 것을 의미한다. 법 시행 이전에도 비정규직으로 4년을 근무해도 정규직으로 전환되는 비율이 9% 정도였는데,[9] 법 시행으로 인하여 오히려 기간제 노동자들의 계약 기간이 과거보다 단축되는 역효과가 발생하고, 실제 정규직으로 전환하는 비율은 늘어나지 않은 것으로 추정된다.

'사람 2년'에서 '일 2년'으로

이러한 문제점을 개선하기 위해서 현재 정규직 전환 기준 기간 2년을 '동일 노동자의 근무 기간'으로 정하고 있는데, 이를 '동일 업무의 존속기간'으로 바꾼다면 법 취지의 실효성을 크게 높일 수 있을 것이다. 현행법은 기간제 노동자라는 '사람' 기준이지만 새로운 제도는 업무라는 '일'을 기준으로 삼는 것이다. 이렇게 되면 회사에 어떤 업무가 계속 존속한다면 그 업무에는 노동자가 계속 필요하다는 것이기 때문에 궁극적으로 그 일에는 정규직을 채용해야 한다는 것을 의미한다. 회사의 입장에서는 특정 '일'이 일시적이고 단기적으로만 필요하다면 그 일을 임시로 맡을 기간제 노동자를 고용할 수밖에 없다. 그러나 상시적인 일임에도 비정규직 기간제 노동자를 사용하는 경우들이 흔히 있다. '일'이 계속해서 필요하다면 그 일을 하는 '노동자'도 계속해서 필요한 것이다. 그럼에도 불구하고 현행 기간제 보호법은 회사가 존속하는 한 계속해서 존재하는 업무를 담당하는 노동자를 2년마다 바꾸는 데 오히려 용이하게 만드는 모순이 있다. 정규직 전환 기간의 기준을 '사람'에서 '일'로 바꾸면 기간제 근로자가 맡고 있는 일이 상시적인 업무인 경우에 첫 2년은 비정규직을 고용할 수 있지만, 그 이후에는 어떤 노동자를 고용하든지 정규직으로 고용해야 하는 것이다.

지금의 제도는 현재 고용되어 있는 기간제 노동자를 보호하려는 목적으로 제정되었다. 그러나 현재의 기간제 노동자를 '보호'하지 못하고 있을 뿐만 아니라, 오히려 해고의 불안에 노출시키거나 비정규직 지위를 고착시키고 있다. 실제로 기간제 비정규직이 정규직으로 전환되는 비율은 지극히 낮아 전체 노동자 중에서 비정규직의 비율을 줄이는 노동시장의 고용 안정 효과도 얻지 못하고 있다. 정규직 전환 기준 기간을 '업무의 존속기간'으로 개정할 경우에는 현재의 비정규직 노동자가 반드시 정규직으로 전환되지 않는다 해도 회사가 그 업무를 이어받을 다음 노동자는 정규직으로 고용해야 하기에 2년 이후에는 비정규직 비율이 급격하게 줄어들 것이다. 또한 회사들도 지속되는 업무에는 어차피 정규직을 채용해야 하기 때문에 신규 채용을 하기보다는 지난 2년 동안 훈련을 받았고 업무 성과가 좋은 현재의 비정규직을 정규직으로 전환할 유인이 있다. 따라서 '일' 기준으로 전환하면 비정규직 노동자를 줄이는 것뿐만 아니라 현재의 기간제 노동자를 보호하는 효과도 지금의 제도보다는 더 높을 것이다.

기간제 노동자의 정규직 전환 기준을 '업무의 존속기간'으로 개선한다면, 그 적용 기간을 반드시 지금의 '노동자 근무 기간 2년'과 같이 정할 이유는 없다. 업무의 존속기간을 3년 또는 4년으로 길게 정한다고 해도 그 기간이 지난 이후에는 반드시 정규직을 채용해야 하기 때문에 단지 상시적인 업무를 담당하는 노동자들이 정규직으로 전환되는 시점이 늦춰질 뿐이다. 그리고 '업무의 존속기간' 기준을 지금의 '노동자 근무 기간' 기준과 병행해서 회사들에게 보다 넓은 선택권을 줄 수도 있다.

기간제 노동자의 정규직화를 해결한다고 해서 비정규직 문제가 다 해결되는 것은 아니다. 그러나 기간제 노동자는 전체 비정규직 노동자의 40%를 넘는 비중을 차지하고 있기 때문에 이 제도는 비정규직의 문제를 획기적으로 개선할 수 있을 것으로 기대된다. 또한 정규직의 비율이 높아지면 비정규직과 정규직의 임금격차의 문제도 함께 해결될 수 있다. 이 제도를 확대해서 업무의 전문성과 연속성이 높은 시간제 노동자에게도 적용할 경우 일부 시간제 비정규직의 고용 안정이라는 추가적 효과도 거둘 수 있다. 예를 들어 특정 요일에 특정 과목만을 가르치는 시간제 교사의 경우 개인의 선택에 따라서 장기적으로 고용 지위를 안정화시킬 수 있다. 물론 '업무의 연속성'에 대한 기준은 산업별, 기업의 규모별로 차이가 있기 때문에 이 제도의 도입에서 기업이나 업무의 특성을 고려하거나, 도입 시기의 점진적인 조정이 필요하겠지만 그러한 기준을 마련하는 것은 기술적인 문제로 부차적인 것이다.

| 증세가 필요하다 |

부담 능력 있고 부담해야 한다

한국의 소득 불평등과 양극화를 해소하는 방안 중에서 임금과 배당에 대한 배분 비율을 높이는 것은 기업의 몫이다. 반면에 정부는 재정 정책을 통하여 세금으로 마련된 재원으로 고용과 복지와 같은 재분배 정책에 사용함으로써 분배 구조를 교정할 수 있다. 하지만 한국 재정 정책의 초점은 전통적으로 소득재분배보다는 성장에 맞춰져 있으며, 그나마 미흡한 복지 정책의 소득재분배 효과도 제한적이다. 소득재분배 정책은 재원 확보가 궁극적인 관건이 된다. 한국 보수 우파는 항상 재정 건전성 위험이나 재원 확보 어려움의 이유를 들어 복지 정책을 비롯한 소득재분배 정책에 지극히 소극적이다. 하지만 다른 나라와 비교해서 한국의 복지 수준은 턱없이 미흡한 반면에 재정 건전성은 상당히 양호하고 세율도 낮기 때문에 복지 정책의 확대를 위한 세수 증대는 반드시 필요하며 그 여력도 충분히 있다.

박근혜 정부는 세수 증대를 위해서 '지하경제 양성화'를 내세우고 있다. 일단 세수 증대 필요에 대해 인정하고 있다는 점에서 긍정적이다. 하지만 지하경제 규모를 추정하기 어려워 세수 증대 효과가 제한적일 것이다. 만약에 지하경제 양성화로 부족한 재정을 채울 수 있는 정도라면 이것은 더욱 큰 문제다. 이는 단지 세수 확보의 문제가 아니라 국가 경제구조 자체가 엉망이거나 정부의 공권력 집행이 심각하게 훼손되었음을 의미할 수도 있기 때문이다.

한국의 국내총생산(GDP) 대비 조세부담률은 25.9%로 OECD(경제협력개발기구) 34개 국가 중에서 31위로 가장 낮은 편이며, OECD 평균인 33.8%와 비교해서도 크게 낮은 수준이다.[10] 또한 소득수준과 관계없이 모든 사람들이 같은 세율을 적용받기 때문에 역누진성(逆累進性)을 갖는 간접세의 비중도 지속적으로 감소하는 추세이며, OECD 국가들의 평균과 비슷한 수준이다.[11] 이는 한국이 다른 나라와 비교해서 추가적인 조세 부담의 여력이 있다는 것을 의미한다. 따라서 소득세와 법인세의 누진 구조를 강화하면 소득 불평등을 완화하는 정책은 효과가 매우 빠르고 크게 나타날 것으로 예상된다.

하지만 세금 증대라는 단어는 한국이나 선진국이나 마찬가지로 정치권에서는 일종의 금기어(禁忌語)다. 한국의 보수 우파는 아예 증세에 대해서 원천적으로 반대하고, 일부 진보 좌파도 세금 문제를 거론하기 꺼려한다. 최근 일부 학자와 정치인들이 '부자 증세'를 주장하고 있는데, 이는 소득세 구조 자체를 개혁하자는 것이 아니라 일부 부자에게만 높은 세율을 적용하자는 것이다. '부자 증세'는 '지하경제 양성화'와 같이 세수 확보에 일부 도움이 될 수도 있겠지만 근본적인 해결책이 될 수는 없다. 최근 토마 피케티(Thomas Piketty)의 '자본세(資本稅)'도 관심의 대상이 되고 있다. 뒤에서 논의하겠지만 자본세도 명분은 있지만 실제 적용에서 실효성이 의문시된다. 현재의 모순 구조를 극복하자면 국민 모두가 부담을 나눠야 하며, 이를 위해서는 세제 자체를 고쳐야 한다. 보수 우파는 특히 법인세 인상이 성장을 저해한다면서 이를 반대하는 데에서 한발 더 나아가 오히려 낮춰야 한다고 주장하고 있다. 하지만 소득 불평등과 양극화 현상이 체제를 위협할 정도로 심각한 지경에 이른 현재, 세금 증대가 성장을 저해한다는 논의 따위는 무의미하다. 결국 현재의 모순 구조를 극복하기 위해서는 세금 증대가 반드시 필요하다. 단기간 내 세제 전체를 고치는 것이 어렵다면 더 많은 소득에 대해 더 높은 세율을 적용하는 누진세율 구조를 강화하는 것부터 시작할 수 있다.

한국의 개인소득세와 법인세는 소득수준이 높아질수록 더 높은 세율을 적용받는 누진 구조로 되어 있다. 개인소득세는 5단계로 되어 있으며, 가장 낮은 세율은 과세표준 1,200만 원 이하의 소득에 대해서 적용하는 6%이고, 가장 높은 세율은 1억 5,000만 원 이상의 소득에 대해서 적용하는 38%이다.[12] 법인세는 3단계로 되어있으며, 2억 원 이하의 이익에 대해서는 10%의 세율을, 2억~200억 원 사이의 이익에 대해서는 20%, 그리고 200억 원을 넘는 이익에 대해서는 22%의 세율을 적용한다. 하지만 실제로 납부하는 세금은 각종 세금 감면 제도와 소득공제 제도 때문에 이보다 훨씬 낮게 내고 있다.

소득세 누진 강화

소득세는 총소득 중에서 여러 가지 소득공제를 뺀 금액으로 구한 과세표준을 기준하기 때문에 소득세의 실질적인 세율은 명목적인 세율보다 크게 낮으며, 소득수준에 따른 실질적 누진세율의 차이도 매우 미미해서 누진세가 소득 불평등을 해소하는 효과가 그다지 크지 않다. 김상조가 2012년 국세청 통합 소득 자료를 분석한 결과에 의하면 연간 소득이 3,000만 원인 경우에 실효세율은 1.7%이며, 6,000

만 원인 경우에 실효세율은 4.3% 정도로 추정하고 있다(이하 소득세의 실효세율에 대한 논의는 김상조의 분석 결과에 근거한 것이다).[13] 3,000만 원 소득이 두 배로 늘어난 것에 대한 실제 소득세율의 증가는 2.6%포인트에 불과하다. 실효세율은 총소득 중에서 실제로 세금으로 낸 금액의 비율이기 때문에 3,000만 원 소득자가 실제로 낸 소득세는 51만 원이며, 6,000만 원 소득자가 실제로 낸 소득세는 258만 원이다. 소득 계층 상위 12%에 속하는 6,000만 원 소득에 대한 4.3%의 실효세율은 매우 낮은 수준이며, 이는 소득수준과 관계없이 모든 사람에게 같은 세율이 적용되어 역누진성을 갖는 부가가치세의 세율인 10%의 절반도 되지 않는다. 소득 계층 상위 5%인 9,000만 원 소득의 실효세율도 약 8.0%로 부가가치세율보다 낮다. 모든 납세자의 평균 실효세율은 5.9%이고, 모든 납세자의 평균 소득에 해당하는 연소득 2,900만 원의 실효세율은 약 1.6%이다. OECD 분석에 따르면 한국은 개인소득의 증가에 비례하는 실질적인 누진 증가 정도가 매우 적으며, OECD 34개 국가 중에서 누진 증가 정도가 다섯 번째로 낮다. OECD 분석은 김상조와는 분석 대상과 방법이 다름에도 불구하고 매우 유사한 결과를 보여주고 있다.[14]

소득 계층 최상위 1% 소득자의 실효세율은 23.5%이며, 그 다음의 상위 1~2% 구간 소득자의 실효세율은 12.6%이고, 상위 2~3% 구간 소득자의 실효세율은 9.8%이다. 이는 소득 계층 상위 3% 내에서는 누진세율의 차이가 13.7%포인트 차이가 난다는 것이며 어느 정도 누진 효과가 있다는 것을 의미한다. 한편 소득 계층 상위 4~5% 구간 소득자의 실효세율이 7.4%이고, 상위 9~10% 구간 소득자의 실효세율은 4.8%이며, 상위 29~30% 구간 소득자의 실효세율은 1.7%이다. 이에 의하면 실질적인 누진세율의 차이가 소득 계층 상위 5~10% 구간에서는 2.6%포인트이고, 10~30% 구간에서는 3.1%포인트에 불과한 것을 의미한다. 이는 누진세의 실질적인 효과가 상위 5%의 소득자들에게 국한되고 나머지 소득자 대부분에게는 누진세의 실질적인 효과가 없다는 것이다. 특히 소득 계층 상위 3%인 고소득 계층까지도 실효세율이 역누진적인 부가가치세율보다 크게 낮은 것은 소득세의 누진 구조가 소득 불평등을 해소하는 기능을 갖지 못한다는 것을 의미한다. 특히 저소득 계층에게는 역누진적인 부가가치세가 초래하는 소득 불평등 악화 효과가 누진적인 소득세가 만들어내는 소득 불평등 완화 효과보다 더 클 수 있다는 것을 의미한다.[15]

현재 소득세의 누진 구조가 소득 불평등을 해소하는 기능을 충분히 하지 못하는 것은, 첫째는 여러 가지 소득공제 제도의 역누진성 때문이며, 둘째는 고소득 계층에 대한 과세가 누진성이 미흡하기 때문이다. 소득공제가 역누진적인 것을 이해하기 위해서 소득공제가 없는 경우를 가정한 실효세율을 구해보자. 이 경우에 3,000만 원 소득의 실효세율은 현재의 1.7%에서 6.0%로 높아지고, 6,000만 원 소득의 실효세율은 현재의 4.3%에서 13.2%로 높아진다. 그리고 두 소득 간 실효세율의 차이가 현재의 2.6%포인트에서 7.2%포인트로 세 배 높아져서 실질적인 누진 효과가 나타난다.[16] 소득공제 제도가 소득 불평등을 완화하는 것이 아니라 오히려 강화시키고 있는 것이다. 2012년 소득 구조를 분석한 연구에 의하면 실제로 소득공제 제도가 소득 불평등을 악화시키는 것으로 나타났다.[17] 이러한 현상은 '높은 과세표준에 위치하는 고소득자는 소득공제의 적용을 통해 상대적으로 더 많은 세액을 절감'하기 때문에 발생하는 것이며, 이를 개선하기 위해서는 소득이 높을수록 소득공제의 효과가 줄어들도록 소득공제 효과를 역누진적으로 만드는 것이며, 그 방안의 하나가 소득공제를 세액공제로 전환하는 것이다.[18]

소득세의 누진 구조가 소득 불평등을 해소하는 기능을 제대로 내지 못하는 두 번째 이유는 고소득 계층, 특히 초고소득 계층에 대한 누진 구조가 누진 효과를 내지 못하는 구조로 되어 있기 때문이다. 앞서 설명한 것처럼 소득세의 실질적인 누진 효과는 소득 계층 상위 5%에 그치고 있다. 또한 상위 10% 소득 계층과 최하위 소득 계층과 사이의 실효세율의 차이가 5%포인트에 불과해서 전체 납세자의 90%에는 실질적인 누진 효과가 없다. "소득 신고자 대부분의 실효세율이 1% 내지 2%에도 미치지 못하는 현 상황에서는, 소수의 상위 소득 계층에만 초점을 맞춘 직접 증세 방식, 이른바 '부자 증세'만으로 재정 문제를 해결하기도 어려울 것"[19]이다. 따라서 상위 30%에 해당하는 소득 계층에서 실질적인 누진 효과가 있도록 누진세율 구조를 바꾸고 상위 10%에 대한 누진세율도 높여야 한다. 특히 초고소득에 대한 누진율을 강화해야 한다. 소득 계층 최상위 1%에 속하는 연소득 3억 2,000만 원에 적용되는 최고 세율은 38%이지만 실효세율은 이보다 크게 낮은 23.5%이다. 또한 소득 10억 원과 이보다 100배가 큰 1,000억 원 소득의 경우에도 동일한 최고 세율 38%를 적용받으며, 소득공제를 고려한 실효세율의 차이도 매우 미미해서 초고소득 계층에서는 실질적인 누진 효과가 없다. 김상조는 보고서에서 소득 순위 "최상위 100명 및 차상위 900명 등 '진짜 부자'의 경우에는 통합 소득의 실효세율이 더 낮았는데, 이는 조세 형평성의 차원에서 심각한 문제"라고 지적하고 있다.[20] 따라서 상위 1% 계층 내 초고소득에 대해서 적용하는 누진세율을 더 높여야 한다. 예를 들어 10억 원 이상의 초고소득에는 50%의 최고 세율을 적용하는 것이다.

법인세 개혁

소득세 누진 구조에서 나타난 문제는 법인세의 경우에도 마찬가지로 존재한다. 현행 법인세 제도는 2억 원 이하의 이익에는 10%의 세율을, 2억 원에서 200억 원 사이의 이익에는 20%의 세율을, 그리고 200억 원 이상의 이익에는 22%의 세율을 적용하는 3단계 누진 구조다. 이은정이 국세청의 자료를 분석한 결과에 의하면, 한국 기업의 평균 실효세율은 2011년 16.6%인데 이는 최고 세율인 22%와의 차이가 5%포인트 정도다(이하 법인세 실효세율에 대한 논의는 이은정의 분석에 근거했다).[21] 한국은 법정 세율이 낮은데, 그나마 실효세율은 더욱 낮다는 것을 의미한다. 기업 수익 기준 최상위 1% 기업들의 실효세율도 17.6%로 전체 평균 16.6%와의 차이가 1%포인트에 불과해서, 최상위 기업에 대한 실질적인 누진 효과는 더욱 미미하다. 한편 최상위 9~10% 구간 기업들의 실효세율은 12.7%인데, 이는 최상위 10% 기업들 간에 약 5%포인트 정도의 누진 효과가 있는 것이다. 이러한 결과는 개인소득세의 경우보다 최상위 기업들 간 누진율 차이가 더 적은 것이다. 그리고 최상위 10%를 제외한 나머지 90% 기업들 사이의 누진율 차이는 약 3%포인트로 실질적인 누진 효과가 거의 없다. 기업들에 대한 법인세의 누진 효과는 개인소득에 대한 소득세의 누진 효과보다 훨씬 더 미미하다.[22]

　법인세의 누진 효과가 없는 것은 현행 법인세 누진 구조 때문이다. 예를 들면 연간 과세표준이 10억 원인 회사의 누진세율은 20%인데, 과세표준 1조 원에 대한 누진세율이 22%이어서, 이익이 1,000배가 늘어났는데도 세율은 2%포인트 증가에 불과한 것이다. 그리고 법인세 법정 최고 세율 22%는 200억 원 이상에만 적용되기 때문에 수익 규모가 매우 큰 상위 1% 기업들이 감면을 받더라도 실효세율은 22%보다 크게 낮지 않을 것으로 예상할 수 있다. 수익이 엄청난 기업에 굳이 감면 제도를 적극적으로 적용해야 할 명분이 적기 때문이다. 하지만 실효세율이 4.4%포인트나 낮은 17.6%인 것은 최상위 기업들이 오히려 투자세액공제와 같은 각종 세액공제 혜택을 많이 받고 있기 때문이다. 세액공제로 감면한 세금 중에서 상위 1% 기업들이 전체의 72.8%를 차지하고 나머지 99% 기업들이 18.2%를 차지하고 있다. 이는 수익 규모가 큰 기업일수록 감세 효과를 더 많이 누리게 되어 있는 세액공제의 구조적인 문제 때문이다.[23] 상장회사만을 기준으로 할 경우에 2013년 순이익이 1,000억 원을 넘는 기업이 80개이지만 이들의 순이익 합은 전체 상장회사 총순이익의 80%를 넘는다. 순이익이 200억 원보다 적은 기업이 1,000개에 이르지만 이들의 순이익 합은 전체 총순이익의 4.1%에 불과하다. 이는 상장회사들 사이에서도 양극화가 극단적으로 심화되었다는 것을 보여준다. 실제 기업들 간에 수익 양극화가 극단적인 구조로 흘러가고 있는데도 법인세의 누적 구조는 단지 2%포인트 세율 차이에 불과한 것이다.

법인세를 인하해서 기업소득을 늘려주면 투자가 늘어나고 고용이 늘어난다는 소위 '낙수 효과(落水效果, trickle down effect)'는 이미 미국에서 효과가 없는 실패한 정책이었음이 증명되었다. 그럼에도 불구하고 이명박 정부에서 법인세를 인하했고, 기대하는 효과는 한국에서도 나타나지 않았다.[24] 한국의 명목적인 법인세는 22%와 지방세를 합해서 24.2%이며, 이는 OECD 34개 국가 중에서 21번째로 낮은 수준이다. 한국의 법정 법인세는 다른 나라들과 비교해서 중간이하 정도이며, 평균 실효세율이 16.6%인 것을 감안하면 실제로는 더욱 낮은 것이다. 현재의 법인세 누진 구조는 기업 규모에 따른 형평성을 잃고 있으며, 실질적인 누진 효과도 없다. 따라서 법인세 누진 구조는 초대기업에 현재의 22%보다 훨씬 더 높은 누진세율을 적용하고, 기업 양극화의 현실을 반영해서 200억 원 이상의 현행 누진 단계를 더 세분화하여 누진 구조를 강화해야 한다.

| 집단소송제와 징벌적 배상제 |

불공정거래를 획기적으로 개선하기 위해서는 예방적인 사전적 규제 요건을 강화하는 것과 동시에 불법행위에 대해서 실질적인 책임을 지는 사후적인 규제와 처벌이 강화되어야 한다. 사후적 규제와 처벌을 강화하는 많은 방법들이 있지만 가장 핵심적인 것은 규제 당국이 아닌 피해 당사자가 직접, 그리고 쉽게 자신의 피해를 회복할 수 있는 제도를 만들어주는 것이다. 그러한 제도로서 집단소송제, 징벌적 배상제, 다중 주주 대표소송제 등을 들 수 있다. '집단소송제'는 증권 관련 불법행위를 대상으로 2005년에 이미 도입되어 있지만, 소송 대상 범죄가 매우 제한적이고 절차가 까다로워서 지난 10년 동안 단 네 건의 소송 밖에 제기되지 않았다.[25] 그동안 불공정 행위로 인한 대

규모 피해 사례들이 수없이 많았지만 벌금 또는 과징금을 내는 것으로 끝나고 직접적인 피해를 본 주주, 노동자, 소비자, 경쟁자들은 각자가 자기 손해를 보상받기 위한 개별 소송을 제기해야만 했다. 그러나 개인이 기업이나 대주주를 상대로 소송을 낸다는 것은 절차나 비용상 실질적으로 불가능하기 때문에 직접 피해자에 대한 배상이 이뤄지는 경우는 극히 드물다. 따라서 피해 구제를 위한 소송 대상을 지금보다 광범위한 유형의 범죄에 적용할 수 있도록 집단소송제를 확대 실시해야 한다.

불공정거래에 대해서는 공정거래위원회가 불공정거래로 얻은 이익을 환수하는 방안으로 과징금을 부과한다. 일반적인 경제 범죄의 경우에도 법원이 벌금을 부과해서 부당이득을 환수한다. 그러나 범죄자가 불법행위로 얻은 것은 단순하게 금전적인 이익을 넘어서는 것이다. 불법적인 거래로 시장을 장악한 경우에는 이미 왜곡된 시장구조를 되돌릴 수 없다. 부당이득만 환수하는 것은 오히려 벌금을 내고 불법적으로 시장을 장악하는 것을 용인하고 부추기는 것이나 다름없는 모순이 있다. 불법행위로 만들어진 구조로 인해서 피해를 입은 경쟁 기업이나 불특정 다수 소비자들의 피해는 방치된다. 따라서 불법행위에 대한 경제적 처벌을 불법행위로 얻은 이익을 환수하는 것에 국한하지 않고 범죄자로부터 시장구조와 질서에 끼친 폐해와 이로 인한 경제적 손실까지도 환수하는 '징벌적 배상제'의 도입이 필요하다. 이 제도에 대한 이해를 돕기 위해서 미국의 사례 하나를 소개한다.

미국의 20세기 금융 천재 중 하나로 명성을 날렸던 마이클 밀켄(Michael Milken)이 1990년 내부자 정보를 이용한 불법 거래로 유죄판결을 받았다. 검찰은 밀켄이 불법적인 내부자 거래로 얻은 이익이 470만 달러(약 48억 원)로 추정하고 기소를 했다. 그러나 법원의 판결은 10년 징역형과 함께 2억 달러(약 2,040억 원)의 벌금을 부과했다.[26] 벌금이 불법행위로 얻은 이익보다 40배가 넘은 것이다. 상급법원에서 밀켄은 유죄를 인정하고 추가 배상하는 것에 동의했는데, 상급심의 판결은 2년 징역형과 함께, 벌금과 피해자들에 대한 배상으로 무려 13억 달러(약 1조 3,300억 원)를 부과했다. 벌금이 부당이득보다 270배가 더 큰 것이었다.[27] 뿐만 아니라 밀켄은 평생 증권업과 관련된 어떠한 일에 종사하는 것도 금지 당했다. 미국의 대기업이 한국 기업이나 재벌 그룹과 비교해서 경제 범죄가 많지 않은 것은 미국 사람들이 한국 사람들보다 정직한 심성을 타고나서가 아니라 불법행위로 얻은 이익의 수십 배, 수백 배 더 큰 배상을 해야 하기 때문이다.

앞서 설명한 한국의 SK C&C는 4년 동안 부당 거래로 매출액이 1조 8,000억 원으로 늘어났고, 공정거래위원회는 346억 원의 과징금을 부과했다. 그러나 과징금은 매출액의 2%에 불과해서 원천적으로 부당 내부 거래를 차단할 만한 효과를 갖지 못했고, 다른 기업들에서도 계속해서 유사한 사례가 발생했다. 그러나 만약에 징벌적 배상제가 적용되어 부당이득의 5배인 1,500억 원 또는 10배인 3,000억 원의 벌금이 부과되었다면 다른 어떤 기업도 부당 내부 거래를 할 엄두조차 쉽게 내지 않았을 것이다.

재벌 정책,
무엇을 고칠 것인가?

앞서 제7장에서 논의한 한국 경제에서의 재벌 문제는 크게 네 가지로 요약할 수 있다. 첫째, 거시 경제적으로는 재벌 그룹들이 한국 경제에서 차지하는 비중이 과도하게 높다는 점이다. 특히 재벌 중에서도 상위 소수 재벌 그룹에 대한 의존도가 지나치게 높다. 둘째는 '모든 것을 다 한다. 그러나 모든 것을 다 잘하는 것은 아니다'로 요약되는 사업 구조의 문제다. 셋째는 계열사 간의 출자를 통하여 낮은 주식 소유 비율로도 총수 가족들이 경영권을 확보하는 소유 구조의 문제다. 넷째는 투명성과 책임성이 없는 경영 행태의 문제다.

이러한 문제들을 모두 해결할 정책을 마련하는 것은 쉬운 일이 아니다. 산업 정책, 기업 정책, 공정 경쟁 정책, 금융정책, 그리고 사법 정책 등이 함께 얽혀서 종합적인 대책이 마련되어야 한다. 몇몇 정책들은 이미 각 분야별로 도입되어 제도화되어 있는 것들도 있다. 그러나 그나마 도입된 정책들도 서로 유기적으로 연계되어 있지 않고 편린(片鱗)처럼 되어 실효성을 거두기 어렵다. 또한 정권이 바뀔 때마다 정책 집행의 의지만 있고 방법이 크게 차이가 나서 실효성을 상실하고 있다. 이러한 네 가지 재벌 문제가 시간이 지날수록 완화되는 것이 아니라 오히려 악화되고 있다는 것이 이러한 정책들이 실효성을 거두지 못하고 있다는 증거다. 필자는 전반적인 재벌 개혁 정책에 대해서 추후 기회가 있으면 별도로 정리하려고 한다. 그러나 이 책에서는 모든 문제의 근원이 되고 있는 재벌의 소유 구조와 경영 행태를 개선할 수 있는 몇 가지 제안을 하려고 한다. 물론 소유 구조와 경영 행태를 개선한다고 해서 모든 문제가 해결된다거나 또는 여기서 제안하는 제도들만이 해결책이라고 주장하는 것은 아니다. 그러나 이러한 소유 구조와 경영 행태 개선을 위한 제도들을 통하여 재벌 구조에 일정 정도 변화를 가져올 수 있을 것으로 기대한다.

| 소유 구조 개선 |

비업무용, 무수익 자산의 순환 출자 문제

재벌 그룹들의 소유 구조 문제에서 계열사 간 순환 출자가 자주 논쟁의 대상이 되지만, 실제로 순환 출자가 문제가 되는 그룹은 많지 않다. 순환 출자 구조 문제가 가장 심각한 재벌 그룹은 삼성과 롯데이며 그 다음으로는 동양, 영풍, 한솔 정도다.[28] 그 외 그룹의 순환 출자 구조는 그다지 복잡하지 않아서 이를 해소하는 것은 어려운 일이 아니다.[29] 그럼에도 불구하고 박근혜 정부는 기존의 순환 출자는 그대로 두고 새로운 순환 출자만을 금지하겠다고 했다. 그렇다고 해서 재벌들의 소유 구조를 개선할 별다른 대안을 제시한 것도 없다. 사실상 소유 구조를 개선할 뜻이 없는 것으로 해석된다. 그러나 재벌의 경제력 집중이 사상 최고 수준에 이르고 있기 때문에, 재벌 문제의 근원적인 출발점인 소유 구조의 개선을 하지 않으면서 공정거래 정책이나 동반성장위원회 활동과 같은 곁가지 정책만으로는 지금의 재벌 구조 문제를 해결할 수 없다.

순환 출자, 즉 계열사 간 서로 주식을 보유하는 출자 구조의 근본적인 문제는 회사들이 막대한 자금을 동원하는 투자가 사업 목적이 아니라 총수의 경영권을 확보하기 위한 것이라는 점이다. 계열사 주식 보유는 본질적으로 비업무용, 비수익성 자산이다. 회사가 어려워져도 계열사 주식을 매각해서 자금을 마련할 수 있는 것도 아니고, 재벌 기업들은 배당 지급이 지극히 적기 때문에 수익성도 은행예금보다 낮다. 계열사 주식 보유를 위한 투자는 기업들의 자본 효율성을 낮출 뿐 아니라, 거의 모든 재벌 그룹들의 계열사가 주식 보유를 하고 있기 때문에 경제 전체 차원에서의 자본 효율성도 낮아진다.

삼성전자, 삼성SDI, 삼성생명이 보유하고 있는 호텔신라 주식은 비업무용이다. 삼성전자는 호텔신라의 지분 5.1%를 보유하고 있다. 그러나 전자와 호텔의 업무 연관성은 전혀 없어 보인다. 삼성전자가 이 주식으로 호텔신라에서 받은 배당은 2013년 삼성전자 순이익 17.9조 원의 0.002%인 겨우 3억 원뿐이기 때문에[30] 수익성을 위해서 호텔신라 주식에 투자했다고 말할 근거가 없다. 삼성전자가 보유하고 있는 광고 회사인 제일기획의 주식 2.6%도 마찬가지다. 제일기획은 최근 2년 동안 순이익이 났지만 배당하지 않았다. 제일기획이

순이익 전액을 배당으로 지급했다고 가정해도 삼성전자 순이익의 0.008%에 불과하다.[31] 전자와 광고의 업무 연관성이 없을 뿐만 아니라 오히려 삼성전자의 제일기획에 대한 일감 몰아주기를 해서 공정 경쟁에 해를 끼치고 있다. 한편 비록 계열사 주식 보유이지만 업무용 목적이거나 투자 목적도 있다. 예를 들면 삼성전자가 보유하고 있는 삼성디스플레이, 삼성SDI, 삼성전자판매, 삼성전자로지텍, 삼성전자서비스, 세메스, 삼성메디슨의 주식은 명백하게 업무용이다. 이들 회사들은 삼성전자에 필요한 부품이나 관련 제품을 생산하거나 판매하는 회사들이다. 그러나 재벌 계열사들이 보유하고 있는 여타 비업무용 계열사 주식들은 총수 가족의 경영권을 확보하기 위한 것 이외에는 어떤 경제적 이유로도 설명되지 않는다.

지주회사 제도

재벌의 소유 구조 문제를 해결하는 근본적인 방법은 경영권 확보를 위한 비업무용 계열사 주식 보유를 금지하거나, 보유하려거든 아예 일정 수준 이상을 의무적으로 보유하게 하는 것이다. 이러한 정책에 대해서 기업의 자율적인 투자를 막는 과도한 비현실적인 규제라는 비판이 제기될 수 있다. 그러나 그러한 비판이 오히려 현실을 무시하거나 모르는 것이다. 비업무용 계열사 주식 보유를 금지하거나 일정 수준 이상을 보유하도록 하는 제도에는 '지주회사 제도', '내부 회사 제도', 그리고 '계열사 주식 의무 매수 제도' 세 가지를 제안한다. 이 중에서 업무용 계열사 주식만을 보유하는 제도로서 이미 시행되고 있는 것이 바로 지주회사 제도다. 지주회사 구조는 지주회사가 자회사 주식을 보유하고, 다시 자회사가 손자회사 주식을 보유하며, 지주회사-자회사-손자회사의 연결 구조는 모두 업무 연관성 주식 보유로만 이뤄진다. 따라서 지주회사 구조에서의 모든 계열사 주식 보유는 업무용이다. 업무용 계열사 주식 보유의 지주회사를 완벽하게 실현한 대표적인 사례가 LG그룹이다. LG그룹은 2003년 지금의 LS그룹 계열 분리를 시작으로 2005년 GS그룹 계열 분리를 완료함으로써 지주회사 체제를 완성했다. LG그룹의 과거 소유 구조는 지금의 삼성그룹의 소유 구조와 마찬가지로 복잡하게 얽혀 있었다. 그러나 지주회사로 전환한 결과 전혀 다른 구조로 변모했다. 그림 3과 그림 4는 LG그룹의 지주회사 전환 이전과 이후의 소유 구조를 명확하게 보여주고 있다.

내부 회사 제도

두 번째 대안인 '내부 회사 제도'는 계열사 주식을 100% 소유함으로써 계열사를 완전히 내부화하는 것이다. 이미 삼성전자 등이 일부 계열사 주식을 전액 소유해서 내부화한 경우들이 있다. 삼성전자로지텍과 삼성전자판매는 삼성전자가 100% 소유한 삼성전자의 내부 회사들이다. 그리고 삼성전자는 삼성전자서비스 주식의 99%, 반도체 장비를 제조하는 세메스 주식의 90%를 소유하고 있다. 이러한 회사들의 나머지 지분을 편입시켜 100% 소유하는 것은 현실적으로 그다지 어렵지 않을 것이다. 같은 방식으로 삼성전자가 호텔신라나 제일기획의 주식을 소유하려면 지금과 같이 5%가 아니라 100%를 소유해서 내부화하는 것이다. 이 경우에 삼성전자는 전자 이외에도 호텔 사업과 광고 사업도 영위하는 회사가 될 것이다.

이와 같은 방식은 미국의 GE와 유사한 구조다. GE는 본래의 전

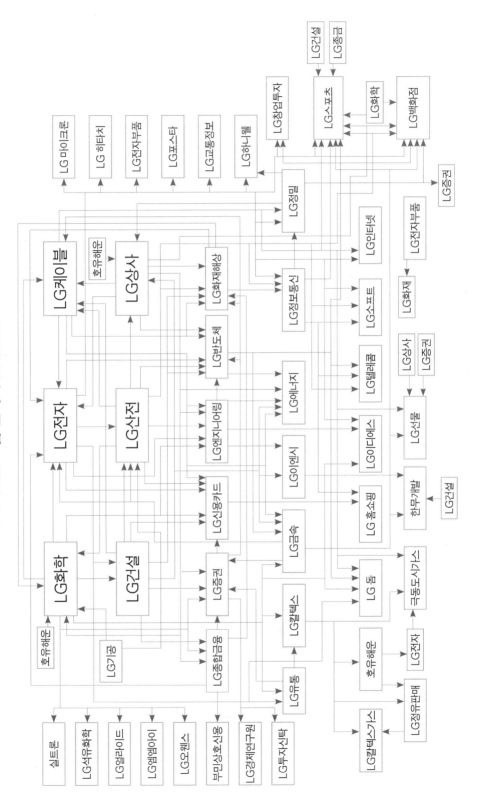

(그림 3) **LG 그룹 출자 구조 1998**

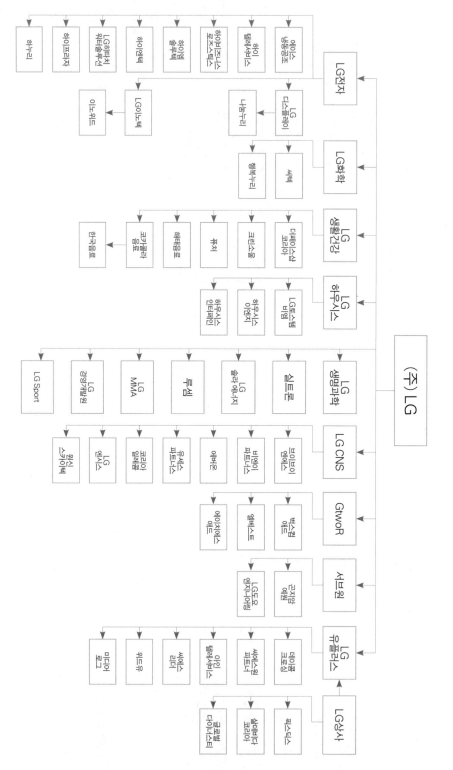

(그림 4) **LG 그룹 출자 구조 2014**

기사업과 연관성이 적은 금융 사업을 하고 있는데, 지주회사인 GE가 자회사인 GE중간금융지주회사 주식을 100% 보유하고, GE금융지주회사는 손자회사인 금융회사들의 주식을 100% 소유하고 있다.[32] 또 다른 예로 비행기 제조 회사인 미국의 보잉(The Boeing)이 자회사인 보잉금융회사 지분 100%를 소유해서 금융업을 내부화하고 있는 것과도 같은 구조다.[33]

계열사 주식 의무 매수 제도

세 번째 대안은 '계열사 주식 의무 매수 제도'를 도입하는 것이다. 이는 계열사에 대한 경영권 확보의 목적으로 주식을 소유하는 경우에 반드시 50%+1주의 주식을 보유하게 하는 제도다. '계열사 주식 의무 매수 제도'는 이미 많은 나라들에서 시행되고 있는 '의무 공개 매수 제도'를 재벌 그룹의 계열사 주식 소유에 적용한 것이다. '의무 공개 매수 제도'는 기업의 인수·합병(M&A)을 위해서 만들어진 제도인데, 기업을 인수·합병할 경우에 50%+1주 소유를 의무화함으로써 실질적인 소유 지배 관계를 명확하게 만드는 제도다. '의무 공개 매수 제도'는 국가마다 제도의 내용에서 약간의 차이가 있지만 미국과 영국 그리고 EU(유럽연합)에서 시행하고 있으며, 아시아 국가들 중에서도 일본, 중국, 홍콩, 싱가포르, 인도네시아, 태국 등이 시행하고 있다.[34] 실제로 한국 기업이 이런 방식으로 외국 기업을 인수한 사례도 있다. 한국석유공사가 2010년 영국의 석유 개발 시공 회사인 '다나(Dana Petroleum PLC)'를 인수할 때 영국의 의무 공개 매수 제도를 적용받아서 처음에 29.5%를 매수한 이후 다시 64.3%로 지분을 늘리고, 같은 해 말에는 90.2%까지 지분을 보유한 사례도 있다.[35] 한국도

1997년 증권거래법에 의무 공개 매수 제도를 도입했으나 인수·합병 시장을 위축시킨다는 이유로 1년 만에 폐지된 바 있다. 당시의 한국 제도는 '25% 이상의 지분을 보유하게 되는 경우 50%+1주의 지분을 보유해야 한다'고 규정했다.[36]

재벌 그룹에 '계열사 주식 의무 매수 제도'를 도입하면 먼저 특정한 계열사의 주식을 여러 다른 계열사들이 조금씩 나눠서 보유하고 있는 것을 어느 한 계열사로 집중시키는 효과가 있다. 이 계열사는 사업 연관성이 없는 다른 계열사 주식을 처분하는 대신 사업 연관성이 높은 다른 계열사 지분을 집중적으로 보유하게 될 것이고, 이에 따라서 그룹 전체의 구조는 사업 연관성이 높은 계열사끼리 사업별 소집단으로 묶이게 된다. 이에 따라 각 계열사들의 비업무용 주식 소유는 업무용 주식 소유로 전환되고, 계열사 간 소유-지배 관계가 명확해질 것이다. 예를 들어 삼성전자가 호텔신라와 광고 회사인 제일기획을 내부화하지 않는 경우에는 차선의 방안으로 50%+1주를 소유하게 해서 실질적인 소유-지배 관계를 명확하게 하는 것이다.

지주회사 제도, 100% 주식 소유를 통한 내부 회사 제도, 그리고 50%+1주 소유의 계열사 주식 의무 매수 제도는 서로 배타적인 것은 아니다. 재벌 그룹과 소속 계열사들이 자신에게 유리한 또는 실현 가능한 방안을 선택하도록 할 수 있다. 현행 지주회사 제도는 비상장 자회사 40% 이상, 상장 자회사 20% 이상의 지분을 소유하도록 규정하고 있다. 따라서 지주회사를 설립하지 않는 그룹의 경우 계열사가 다른 상장 계열사의 지분을 소유하려면 50% 이상을 소유하도록 해서 지주회사와 유사한 효과를 거둘 수 있다. 그리고 100% 내부화로 소유한 경우에는 실질적으로 한 회사와 같은 구조이기 때문에 동일 회사의 사업부로 간주되어 추가적인 규제가 필요 없을 것이다. 이러한 비업무용 주식 소유를 제한하는 제도들을 도입하면 비관련 사업 다각화의 영역에 규제를 가하지 않으면서도 실질적으로 재벌들이 적은 지분만으로 '모든 사업을 다 한다'는 행태에 큰 변화를 가져올 것으로 기대된다.

| 경영 행태 개선 |

투명성과 책임성의 문제

재벌들의 경영 행태에서 가장 문제가 되는 것은 경영의 투명성과 책임성이 낮은 것과 불공정거래 행위다. 투명성과 책임성을 높이기 위해서 그동안 많은 제도적인 개선이 있었다. 예를 들어 사외 이사 제도를 도입한 것은 경영진에 대한 독립적인 감독과 감시를 통해서 책임성을 높이고자 하는 것이었다. 그리고 일정 규모 이상의 내부 거래를 이사회 승인 후 공시하는 제도를 도입한 것은 계열사 간의 불공정한 내부 거래를 방지하고 경영의 투명성을 제고하기 위한 목적이었다. 이러한 제도 개선으로 과거보다 투명성과 책임성이 나아진 것은 사실이다. 그럼에도 불구하고 아직도 시장에서의 불공정거래는 크게 개선되지 않고 있고, 다른 나라들과 비교해서 한국 기업에 대한 투명성과 책임성에 대한 평가는 세계 최하위권을 점하고 있다. IMD(국제경영개발원)의 세계 경쟁력 연보 중 '이사회가 경영진을 효과적으로 감독하는가'라는 평가 항목에서 한국은 60개 조사 대상 국가 중 58위다.[37] 그리고 WEF(세계경제포럼)의 세계 경쟁력 보고서의 같은 항목 평가에서 한국은 148개 조사 대상 국가 중 130위다.[38] 선진국 문턱에 와 있는 한국의 경제 수준을 생각하면 매우 부끄러운 결과이며, 한국 기업들의 지배 구조 후진성을 보여주고 있다.

실효성 없는 이사회

이러한 제도들이 효과를 내지 못하는 이유는 사외 이사들에게 독립성이 없기 때문이다. 사외 이사의 독립성을 확보하기 위해서 사외 이사 자격 요건에 관한 규제를 계속해서 강화해 왔지만 실질적인 효과를 내지 못하고 있다. 기득권층에 속하는 사람들 사이에 거미줄처럼 얽혀 있는 연고주의 속에서 '정의보다는 의리', '우리가 남이가' 식의 문화가 자리 잡고 있기 때문에 사외 이사들이 형식 요건상 독립성을 충족한다고 해도 실질적인 독립성을 갖는 경우가 드물기 때문이다.[39] 사외 이사직의 상당수가 소위 잘나가는 전직 관료, 교수, 변호사들의 부외 수입원으로 전락했고, 심지어는 로비스트 역할로 변질된 경우들도 있다.

내부 거래에 대한 이사회의 승인 제도도 계속해서 강화되었지만 거래를 여러 번으로 쪼개서 승인을 회피하는 등의 방법으로 규제를 피해가기도 한다. 사외 이사들의 주관적인 판단이나 행태까지 규정하기 어려운 규제의 한계가 있으며, 애초부터 이사회 자체를 독립성이 부족한 사외 이사들로 구성하는 경우도 있어 이사회가 경영진에 대하여 실질적인 견제를 못하고 있는 것이 현실이다. 감사 제도 역시 유명무실하기는 마찬가지다. 경영 현황 전반에 걸쳐 상시적으로 경영진을 견제하고 감시하는 역할이지만, 현실적으로는 회사에서 '모셔야 할' 영향력 있는 인사에게 배려하는 자리 정도로 인식되고 있다. 오죽하면 감사는 그저 경영진에게 '감사하는 마음으로 지내는 자리'라는 말까지 생겼겠는가.

손쉽게 도입할 수 있는 집중 투표제

한국 대부분의 회사들은 경영진이 사외 이사를 선택하기 때문에 명목상 사외 이사지만 실질적으로는 경영진의 우군인 것이다. 따라서 경영진과 독립적인 사외 이사를 선임하는 제도가 없으면 지금의 문제는 계속될 수밖에 없다. 경영진으로부터 독립적인 사외 이사를 선임할 수 있는 두 가지 방안이 있다. 하나는 주주들이 사외 이사 후보를 지명하고 선택할 수 있는 '집중 투표제'를 의무화하는 것이며, 다른 하나는 노동자의 이사회 참여다.

집중 투표제는 여러 명의 사외 이사를 선임할 경우에 소수 주주들이 자신이 지지하는 특정 후보에 복수의 표를 집중적으로 몰아줘서 대주주만이 아니라 소수 주주들도 한 명 정도의 이사를 선임할 수 있게 해주는 제도다.[40] 물론 한 명의 이사가 이사회의 결정을 뒤집거나 결정적인 영향을 미치기 어려울 것이다. 하지만 한 명이라도 소수 주주들의 이해를 대변하는 이사가 있다면 적어도 경영진의 전횡을 방지하는 데 상당한 효과가 있을 것이며, 최소한 투명성은 높아질 것이다. 많은 나라들에서 이 제도를 도입하고 있고 한국에도 도입되어 있다. 하지만 상법에서 회사가 집중 투표제를 자의적으로 배제할 수 있도록 허용하고 있고, 실제로 대부분의 회사들이 이를 채택하고 있지 않아서 제도 자체가 유명무실화 되었다.[41] 집중 투표제는 재벌을 비롯한 한국 기업들의 지배 구조를 개선하기 위한 제도 중에서 가장 손쉽게 당장 도입할 수 있는 것이다. 상법에서 회사가 집중 투표제를 배제할 수 있도록 허용한 단서 조항 하나만을 개정하는 것으로 바로 실행할 수 있다.

노동자의 이사회 참여

독립적인 사외 이사를 선임하는 또 다른 방안으로 노동자의 이사회 참여를 고려해볼 수 있다. 노동자는 주주보다 기업과의 이해관계가 장기적이며, 가계소득 중에서 근로소득이 차지하는 비중이 배당소득보다 절대적으로 크기 때문에 거시적인 측면에서도 경제의 가장 큰 이해당사자(stakeholder)다. 노동자 경영 참여는 스웨덴, 독일과 같은 북유럽 국가들에서 오랫동안 실시해 온 제도다. 노동자가 경영에 참여하는 방식이나 제도는 나라마다 기업 환경과 사회적 조건에 따라 차이가 있지만 가장 대표적인 제도가 노동자의 이사회 참여다. 나라들마다 노동조합의 대표성과 노조 결성률과 같은 노동시장의 구조적인 차이가 크기 때문에 노동자의 이사회 참여 방법도 나라들마다 다르다. 독일과 스웨덴이 실시하고 있는 노동자의 이사회 참여제도는 '공동 결정(codetermination)'이라고 한다. 그러나 두 나라는 서로 다른 제도를 가지고 있다. 독일은 이사회가 경영이사회(management board)와 감독이사회(supervisory board)로 분리된 2중 구조로 되어 있고, 노동자의 대표는 감독이사회에만 참여한다. 스웨덴은 한국과 마찬가지인 단일 이사회에 노동자 대표가 참여한다. 그리고 스웨덴은 노동자들의 노동조합 참여율은 68%로 OECD 회원국 중에서 가장 높은 수준이지만 독일은 18%로 OECD 평균수준이며, 두 나라 모두 지난 20년 동안 노조 참여율이 낮아지고 있는 추세이다.[42]

한국의 노조 참여율은 10%에 미치지 못하며, OECD 국가 중에서 30위로 최하위권이다. 그리고 노동조합의 보호를 받지 못하는 비정규직 노동자가 전체 임금노동자의 절반에 해당하기 때문에 노동자 전체의 이해관계를 대변할 노조의 대표성이 약하다. 또한 전국 단위 노동조합이나 산별노조가 대기업 사업장 노동조합에 대한 통솔력도 매우 약하다. 따라서 한국의 노동시장구조에 적합한 노동자의 경영 참여제도를 마련하는 것은 이 책에서 간단하게 논의할 범주를 넘어서는 어려운 문제다. 그러나 이 제도의 도입과 관련한 많은 연구들이 이뤄졌기 때문에 구체적인 도입 방안을 마련하는 것은 어렵지 않다.[43] 한국은 노동자들이 자기 회사 주식을 일반 주주들보다 유리한 조건으로 보유할 수 있는 '우리사주조합 제도'를 시행하고 있다. 우리사주조합이 3,000개 이상의 회사에 결성되어 있고, 코스피(KOSPI, 한국 유가증권시장) 상장회사 중에서는 87%, 코스닥(KOSDAQ, 한국 장외 증권시장) 상장회사 중에서는 82%가 우리사주조합을 결성하고 있다. 비상장회사도 1,500개가 넘는 회사들이 우리사주조합을 결성하고 있다. 그러나 현실은 우리사주조합이 실제로 주식을 보유한 경우는 전체의 34%로 낮아서 활성화되고 있지 않다.[44] 하지만 우리사주조합이 활성화되어 보유한 지분을 이용해서 노동자 대표 또는 노동자들이 추천하는 독립적인 이사가 이사회에 참여할 수 있는 합리적인 방안을 마련할 수 있을 것이다. 특히 집중투표제가 도입되어 우리사주조합 제도와 집중 투표제가 결합될 경우에는 노동자의 이사회 참여에 대한 다양한 방안을 마련할 수 있을 것이다.

자본세 도입 논쟁:
피케티 자본세와 한국의 현실

| 선진국과 한국의 차이 |

최근에 유럽과 미국에서 프랑스 경제학자인 토마 피케티(Thomas Piketty)의 저서 《Capital in the Twenty-First Century(21세기 자본)》이 많은 관심을 끌었고, 한국에서도 식자들 사이에 화제가 되고 있다.[45] 피케티는 소득 불평등을 오랫동안 연구한 경제학자이며, 이 책에서도 그의 논문과 과거에 출판한 책을 인용하고 있다. 피케티는 2007년에 다른 저자와 함께 여러 학자들의 글을 묶은 《Top Incomes over the Twentieth Century(20세기의 최고 소득)》이라는 책을 출판했다.[46] 지난번 책에서는 소득 불평등 문제만을 다루었는데, 이번에 출판한 책에서는 자산 불평등 문제를 포함하고 있다. 2008년 금융 위기 이후 소득 불평등이 새로운 세계적인 화두가 되었는데, 피케티는 100년이 넘는 기간 동안 미국과 유럽에서 소득과 부의 분배가 어떻게 불평등한 구조로 변해 왔는가를 보여주고 있으며, 20세기 초에 있었던 미국과 유럽에서 극심했던 소득과 부의 불평등이 100년이 지난 지금에 와서 다시 나타나고 있다는 것을 보여주고 있다. 그리고 지금의 불평등은 일시적인 현상이 아니라 자본주의의 구조적인 문제라는 것도 경고하고 있다. 그의 경고는 100년의 역사적인 자료 분석에 기초하고 있기 때문에 신뢰성이 있을 뿐 아니라, 과거의 역사에 비춰 미래의 대책을 만드는 데 중요한 지침이 된다.

한국에도 소득 불평등에 대해서 연구하는 학자들과 논문들이 적지 않다. 그러나 장기간을 대상으로 분석한 연구가 드물기 때문에 피케티의 연구와 비견하기 어렵다. 그 이유는 국세청이 소득 자료를 공개하지 않고, 《국세통계연보》에 소득 구간별로 일부 자료를 수록한 것도 오래되지 않아서 자료가 제한적이기 때문이다. 피케티의 분석은 미국, 영국, 프랑스, 독일 등 소수의 선진국에 국한하고 있고, 한국과 같은 신흥국가들은 그의 분석에 포함되지 않았다. 피케티 역시 한국 학자들과 마찬가지로 자료가 없었기 때문일 것이다.

피케티는 불평등을 해소하는 두 가지 정책을 제안하고 있다. 첫째는 소득 불평등을 완화하기 위해서는 소득세의 누진 구조를 강화하는 것이고, 둘째는 자산 불평등을 완화하기 위해서는 자본세를 도입하는 것이다. 누진세의 강화는 소득 불평등을 직접적으로 완화하는 표준적인 정책이기 때문에 새로울 것이 없다. 필자도 앞서 한국의 소득세와 법인세가 실질적인 누진 효과를 내지 못하고 있다는 점을 지적하고 그에 대한 대안들을 제시했다. 피케티는 누진세의 최고 세율로 80%를 제안한다. 그 자신도 정확하게 왜 80%이어야 하는가에 대해서는 설명이 없다. 필자도 초고소득 계층에 대해서 지금보다는 훨씬 더 높은 누진세율이 적용되어야 한다는 점에 대해서는 동의하며, 앞서 한국의 최고 세율로 50%를 하나의 예로 제안했다. 한국에는 소득분포에 대한 자료가 공개되지 않고 있기 때문에 소득 계층 상위 1%의 초고소득 계층에 대한 최고 세율을 얼마로 정하는 것이 합리적인가를 가늠하기 어렵다. 필자도 왜 50%이어야 하는가를 합리화할 근거가 부족하다. 한국의 초고소득 계층의 소득 구조를 분석할 수 있다면, 그에 맞는 합리적인 누진 단계와 최고 세율을 정할 수 있을 것이다.

피케티의 제안 중에서 관심을 끄는 것은 '자본세(capital tax)' 또는 '재산세(wealth tax)'이다. 피케티의 자본세 도입 주장의 합리성을 따져보기 위해서 그가 제시하는 근거 논리를 살펴볼 필요가 있다. 그는 자본 수익률이 경제성장률보다 높으면 자본이 실물경제의 성장보다 더 빠른 속도로 성장하고, 자본을 가진 사람들이 경제성장의 성과를 지속적으로 더 많이 가져가서 불평등이 갈수록 심화된다는 것이다. 피케티는 이를 '자본 수익률(r) 〉 경제성장률(g)'로 표현하고 있다.[47] 피케티는 미국과 유럽의 자료를 분석해서 이 논리의 구체적인 증거를 제시하고 있다. 그의 책이 관심을 끌고 설득력을 갖는 가장 중요한 이유는 객관적인 증거에 근거해서 자본세의 도입을 주장하기 때문이다.

그러나 나라마다 자본주의의 역사와 현재의 상황이 다르기 때문에 그의 분석 결과를 다른 나라에 일반화하는 것은 오류를 범할 수 있다. 그가 분석 대상으로 삼고 있는 미국과 유럽의 선진국들과는 달리 한국을 포함한 모든 신흥 시장 국가들에서 '자본 수익률(r) 〉 성장률(g)'이 성립하는 것은 아니기 때문이다.

선진국들은 이미 19세기부터 상당한 자본을 축적하고 있었지만, 신흥 시장 국가들이 자본을 축적하기 시작한 것은 불과 지난 30, 40년에 불과하다. 피케티는 1820년부터 1913년까지의 기간 동안 세계의 자본 수익률은 5.0%였고, 경제성장률은 1.5%였다고 주장한다.[48] 한국에서 이 기간은 조선(朝鮮)이 쇄락의 길로 가고 있던 순조(純祖), 헌종(憲宗), 철종(哲宗), 고종(高宗)의 시기다. 자본 수익률은 논의조차 할 수도 없는 시기다. 피케티가 가장 중심적으로 분석한 자신의 나라인 프랑스에서는 1872년에 파리 시민들이 축적한 자본으로 주택을 사고, 자산의 56%를 주식과 채권 등의 금융자산에 투자했다.[49] 한국에서 1872년은 미국이 개항을 요구하며 무력으로 강화도를 점령한 신미양요(辛未洋擾)가 발생한 다음 해이고, 흥선대원군(興宣大院君)이 척화비(斥和碑)를 세우고 쇄국정책(鎖國政策)을 쓰고 있었다. 피케티가 세계 자본 수익률을 5%로 계산한 기간은 미국과 유럽 국가들이 지금의 신흥 시장 국가들인 식민지를 수탈해서 자본을 축적하고 금융 투자로 고수익을 누리던 시기다.

한국의 2012년 가계가 보유한 전체 자산 중에서 주택 자산의 비중이 78%이고 금융자산이 차지하는 비중은 22%에 불과하다. 프랑스 파리 시민들은 142년 전인 1872년에 이미 금융자산 투자 비율이 56%였던 것과도 비교되지 않는 낮은 수준이다. 2012년 전체 자산 중에서 금융자산이 차지하는 비중은 미국 65%, 네덜란드 59%, 일본 54%, 그리고 캐나다 46%로 한국과는 큰 차이가 있다. 또한 금융자산 중에서 고수익-고위험 성격의 주식과 채권의 비중은 미국 71%이지만 한국 27%에 불과하다.[50] 200년이 넘는 자본주의 역사 속에서 오랫동안 거대한 자본을 축적했고, 금융자산의 비중이 높은 선진국 대상의 분석 결과로 유추한 정책 대안으로서 피케티의 자본세를 한국에 그대로 적용한다면, 이는 한국의 불평등을 완화하기보다는 오히려 큰 오류를 범하게 될 가능성이 있다. 이러한 오류의 가능성에 대해서 간단하게 설명하기로 한다.

| 피케티 '자본세'의 이론적 배경 |

피케티가 구한 자본 수익률은 임대 수입, 이익, 배당, 이자 등 자본으로부터의 모든 수입을 총국민순자본으로 나눈 값이다.[51] 한국은 피케티와 같은 방법을 적용할 수 있는 자료가 최근에서야 공개되었기 때문에 2011년과 2012년의 자본 수익률만 구할 수 있는데, 피케티의 방법을 적용할 경우에 한국의 자본 수익률은 2011년 -0.4%이고, 2012년 1.2%였고,[52] 경제성장률은 2011년 3.7%이고, 2012년 2.3%였다. 두 해 모두 자본 수익률이 경제성장률보다 크게 낮았다. 피케티가 자본 수익률을 구할 때 차감한 자본 관리 비용을 반영하지 않아도 최근에 한국에서는 '자본 수익률(r) 〉 경제성장률(g)'과 반대의 경우가 된다.[53] 자료가 없기 때문에 피케티와 같은 방법으로 과거의 자본 수익률을 구할 수는 없지만, 지난 35여 년의 주식 · 채권 · 예금과 같은 금융자산의 수익률과 부동산의 가격 상승률을 구하면 한국의 경우에는 자본 수익률이 경제성장률보다 낮은 것으로 추정된다.[54] 따라서 피케티가 자본 수익률이 성장률보다 높다는 근거로 주장하는 자본세에 대한 논의를 한국에 바로 적용하기는 어렵다.

하지만 이 말은 한국에서 자본 수익률이 경제성장률보다 낮기 때문에 자본세 도입이 의미가 없거나 부작용을 초래한다는 말은 아니다. 즉 '자본 수익률(r) 〉 경제성장률(g)'이 소득 불평등을 완화하기 위한 자본세 도입의 필요충분조건이 아니라는 의미다. 물론 자본세 도입은 자본가에게 부담이 되고 그로부터 마련한 재원으로 소득 재분배를 할 수 있겠지만, 문제는 지속 가능성이다. 피케티의 논의를 추론하면 선진국의 경우는 자본세를 도입하더라도 경제성장의 지속 가능성이 훼손되지 않는다는 점을 가정하고 있는 것으로 보인다. 선진국은 100년이 넘는 과정에서 자본이 축적되었으며, 그 자본은 경쟁 과정을 거치면서 효율적으로 활용되고 있다고 볼 수 있다. 이때 '자본 수익률(r) 〉 경제성장률(g)'이라는 것은 경제성장률, 즉 생산이 증가하는 속도보다 자본 수익이 증가하는 속도가 빠르다는 것을 의미한다. 때문에 자본 수익의 일정 부분을 세금으로 환수하여 재분배하더라도 성장이 지속 가능하다는 것이다.

하지만 성장 속도에 비해 자본 수익률이 낮을 경우에 자본세를 부과하면 어떤 현상이 발생할까? 먼저 상정할 수 있는 것은 투자율이 낮아지는 것으로 일종의 '자본 파업'이다. 선진국의 경우 이미 경제성장률보다 자본 수익률이 높기 때문에 '자본이 파업을 해도' 그 영향력은 제한적일 것이다. 한국과 같은 신흥국에서의 '자본 파업'은 투자 저하를 의미하여 성장률에 미치는 파급효과가 선진국보다 클 것이다. 그 파급효과의 정도와 범위를 가늠하는 것은 쉽지 않다.

| 자본세보다 더 급한 것들 |

한국 자본의 문제는 앞서 초과 내부유보세에서 논의한 바와 같이 효율성이 지극히 낮다는 데 있다. 즉 돈이 게으르거나, 능력이 없거나, 제대로 쓰이지 않고 있다는 점이다. 기업들은 자신들이 보유한 자본의 효율성에 대해서 노동생산성만큼 민감하지 않다. 앞서 설명한 바와 같이 자본금의 수십 배에 해당하는 현금성 자산을 보유하고 있는 기업들이 그러한 예이다. 삼성전자는 초일류 기업이고 수익률도 높지만, 삼성전자의 직간접 지원을 받는 계열사를 포함한 삼성그룹 전체의 수익률은 그보다 훨씬 떨어진다. 대부분의 재벌 그룹들은 대표기업 몇 개가 잘해서 나머지 계열사들을 먹여 살리는 형국이다. 경제 전체적으로 보면 그런 계열사를 지원하는 자본이 더 효율적이고 경쟁적인 부분으로 흘러간다면 일자리 창출과 소득분배에 더 도움이 될 수 있다.

소득 불평등 구조를 완화하기 위해서는 자본세로 정부 수입을 늘려서 재분배하는 정책보다는 적극적인 노동정책이나 임금정책이 더 시급하다. 한국의 소득 불평등이 심화된 이유는 앞서 논의한 바와 같이 기업들이 임금으로 분배하는 몫을 줄여온 기업 행태의 문제와, 임금도 낮고 고용도 불안정한 비정규직 노동자와 자영업 노동자의 비중이 높은 노동 구조에 근본적인 원인이 있다. 따라서 한국이 소득 불평등을 완화하려면 '초과 내부유보세'와 '업무 존속기간을 기준한 정규직 전환제'와 같은 정책이 우선적으로 시행되어야 한다. 그리고 재벌 총수의 가족들이 편법적인 방법으로 상속세를 탈세하는 현실에서는 자본세보다 증여세와 상속세를 강화하거나, 최소한 현행법이라도 엄격하게 적용하면 될 것이다. 피케티가 분석한 나라들과 한국의 구조적인 차이를 고려하지 않고 '자본세'로 한국의 불평등 구조를 바꾸겠다는 논쟁을 한다면 이는 과거에 '세계화는 일자리를 줄인다'거나 '재벌과 노동의 대타협'과 같이 한국 현실을 정확하게 분석한 결과에 근거하지 않은 '수입된 논쟁' 또는 '학문적 사대주의(事大主義)'가 반복될 위험이 있다.

또한 피케티가 제안한 자본세가 실효성을 가지려면 전 세계 모든 나라, 또는 최소한 OECD 회원국에 준하는 경제 수준을 가진 나라들이 자본세를 동시에 함께 도입해야 한다. 실제로 그러한 것이 가능한가에 대해서는 피케티 스스로가 그 답을 말하고 있다. 그는 자본세 논의를 시작하는 부분에서 "A global tax on capital is a utopian idea(글로벌 자본세는 유토피아적인 아이디어다)."라며 스스로 비현실적인 것임을 먼저 밝히고, "It is hard to imagine the nations of the world agreeing on any such thing anytime soon(가까운 미래에 자본세와 유사한 제도 도입에 동의할 나라들이 있을 것이라고 생각하기 어렵다)."라고 말하고 있다.[55] 필자도 피케티의 생각에 전적으로 동의한다. 필자는 그 이유를 토빈세에서 찾는다.

토빈세(tobin's tax)는 외환거래에 대해서 0.1~1%의 세금을 부과해서 국경을 넘어선 단기 투기 자본의 이동을 제한하자는 것이며, 노벨경제학상을 수상한 제임스 토빈(James Tobin)이 1971년 처음 제안했다. 토빈세는 피케티가 제안하는 1~2%의 자본세보다 세율이 훨씬 낮다. 토빈세는 증권거래세처럼 시장에서 거래될 때 부과하기 때문에 절차가 매우 간단하고, 자본세처럼 전 세계 모든 나라가 금융자산 정보를 구축하고 교환하는 복잡한 정보시스템을 구축할 필요도 없다. 토빈세는 자본세보다 절차도 훨씬 간단하고, 목적도 훨씬 더 간명하게 분명하고, 세율도 훨씬 더 낮은 합리적인 제안이다. 그럼에도 불구하고 토빈세가 처음 제안된 지 40년 이상이 지났지만 실현되지 않고 있다. 2008년 글로벌 금융 위기 이후 잠시 동안 토빈세가 다시 관심을 끌었지만 가까운 미래에 도입될 움직임은 전혀 보이지 않는다. 금융 위기라는 자본주의의 대재앙을 겪었는데도 불구하고 토빈세가 도입되지 않는 것이 21세기 세계 자본주의의 현실이다. 자본세가 현실이 되기 위해서 토빈세처럼 지금부터 또 다른 40년 이상을 기다려야 할지도 모르겠다.

어떻게
이룰 것인가?

지금의 일그러진 모습을 한 자본주의를 고쳐 쓰기 위해서는 세 가지가 전제되어야 한다. 첫째, 고쳐서 만들려고 하는 더 나은 자본주의가 추구할 가치와 목표가 무엇인가를 논의해야 한다. 둘째, 더 나은 자본주의가 지향하는 가치와 목표에 대해서 국민들의 동의나 사회적 합의를 어떻게 구할 것인가를 논의해야 한다. 셋째, 새로운 자본주의를 달성하기 위한 실현 가능한 구체적인 정책, 즉 수단과 방법을 마련해야 한다.

국민의 선택이 '자본주의 고쳐 쓰기'라면 과거와 같이 새로운 자본주의의 이념이나 개념에 대한 소모적인 체제 논쟁보다는 현실 속에서 풀어가야 할 매우 구체적이고 세밀한 수단과 방법을 모색해야 한다. 당면한 과제의 핵심 요체는 지금의 자본주의가 가지고 있는 문제를 극복하거나 완화하고, 지향해야 할 가치와 목표를 현실화할 수 있는 방법을 찾는 것이지 이념적 순수성이나 이론적 수월성을 증명하는 것이 아니다. 또한 더 나은 자본주의에 대한 사회적 합의를 어떻게 만들어낼 것인가는 자본주의가 어떤 과정을 통해서 지금의 일그러진 모습이 되었는지에 대한 성찰에 근거해서 모색되어야 한다. 결론부터 말하자면 국민이 바라는 사회 또는 자본주의에 대한 사회적 합의를 도출하는 것은 궁극적으로는 정치적 선택의 문제다.

'자본주의 고쳐 쓰기'는 세계가 고민하는 문제이지만 결국 해결의 주체는 지역적인 또는 국가적인 차원의 것이다. 자본주의 발전 과정에서의 경험과 사회주의(Socialism)의 역사적인 경험, 그리고 각 나라들의 개별적인 경험들은 어떤 특정 국가의 자본주의를 어떻게 고칠 것인가에 대해서 참고가 될 것이다. 그러나 미국과 유럽의 선진국들에서 진행되고 있는 논쟁이나 경험 중에는 다른 나라에 적용하기 어렵거나 오히려 그 반대를 적용해야 하는 것들도 적지 않게 있다. 한국은 다른 선진국들과는 자본주의 발전 과정과 단계가 판이하게 다르며, 현재의 경제구조도 다르기 때문에 대한민국 자본주의 고쳐 쓰기는 다른 나라와 공유할 부분도 있지만 한국의 상황에 맞는 논의여야 할 것이다. 대안 논쟁에서는 종종 미국이나 유럽에서 전개된 논쟁을 수입한 경우들이 있다. 유사한 현상이라고 해도 각 나라가 처한 환경과 조건에 따라 그것이 갖는 함의는 다를 것이다. 따라서 한국의 현실에 맞지 않는 '수입된 논쟁'에 근거한 대안들은 오히려 진짜 대안을 찾는 데 걸림돌이 될 것이다.

| 재벌과의 사회적 대타협은 없다 |

수입된 논쟁이 벌어졌던 사례로 재벌 기업과 사회적 대타협에 관한 이슈가 있다. 스웨덴의 '노사 대타협' 경험을 한국에 적용하는 것으로, 한국식 대타협의 대가로 재벌 기업의 현실을 인정해주자는 주장이다. 그 내용은 재벌 총수들의 재벌 그룹에 대한 실질적인 지배력과 경영권을 인정해주며, 외국인 투자자들의 인수·합병 위협으로부터 방어해주는 대신에, 재벌들은 고용을 늘리고 복지 확대에 적극 협력한다는 재벌-정부-노동조합 간에 계급 타협 또는 국민적 대타협을 이룰 수 있다는 것이었다.[56] 그러나 '스웨덴은 한국과 비슷하게 자본시장 개방이 이뤄져서, 이미 주식시장에서 외국인 투자자가 차지하는 비중이 높고, 굴지의 스웨덴 기업들이 속속 외국인 소유로 넘어가는 한편 스웨덴 기업들의 해외직접투자 규모도 매우 큰 상황이며, 스웨덴의 노사 대타협은 지금과는 경제 환경이 전혀 다른 1930년대와 1950년대에 이뤄진 것으로써 스웨덴에서도 1980년대 이후에 해체되어 왔다.'[57] 발전 과정이 판이하게 다르고, 자본시장을 둘러싼 환경도 다르며, 재벌 문제의 기원이나 이슈도 다른 한국에서 50년이 훨씬 지난 스웨덴 방식의 대타협 경험을 적용하기는 어려운 것이다. 그럼에도 불구하고 이 논쟁은 한때 일부 진보 세력의 현실적인 대안으로 상당한 관심을 끌었다.

스웨덴에서의 대타협은 먼저 대기업과 정부를 상대로 강력한 교섭력을 가진 전국적 노동조합이 있었기 때문에 가능했다. 반면에 대타협 논쟁이 진행되었던 2000년대 초 한국의 노조 가입률은 11%에 불과했고 OECD 회원국 중에서 두 번째로 낮았다. 같은 시기에 스웨덴의 노조 가입률은 79%로 두 번째로 높았으나 대타협은 이미 해체되고 있었다.[58] 또한 한국에서 노동조합의 교섭력은 대부분 단위 사업장 노조가 갖고 있다. 반면에 대타협의 주체가 되어야 할 전국적 노동조합은 극히 일부의 노동자들만이 참여하고 있어서 실질적인 교섭력이 없을 뿐만 아니라 단위 사업장 노조에 대한 통솔력도 거의 갖고 있지 못하다. 물론 노사정위원회에 전국적 노동조합이 참여하고 있지만, 노동문제 해결에 아무런 역할을 하지 못한 노사정위원회의 결정이 구속력도 없으며, 노동자·사용자·정부 어느 한편도 그 권위를 인정하지 않은 지 오래되었다. 기업 차원에서도 보자면 삼성그룹은 '무노조(無勞組) 주의'를 경영 원칙으로 할 만큼 노동자들의 자주적인 권리 주장에 적대적이다. 현대차그룹을 제외하고 다른 대부분의 재벌 기업의 경우에는 노동조합이 명목적으로만 존재하고 있어서 실질적인 교섭력을 가진 노조를 찾기 어렵다.

노사 관계는 그렇다 치고 대타협이 현실성 없는 더욱 어려운 이유는 노·노 관계 때문이다. 정규직 노동조합이 임금노동자의 절반에 해당하는 비정규직 노동자들을 보호해주지 못하고 있고, 심지어 동일 사업장에서 정규직과 비정규직의 갈등이 존재하는 사례들도 적지 않다. 따라서 사회적 대타협 논쟁은 스웨덴과 한국의 시대적 배경도 다르고 조건도 다르다는 점을 간과하고 있기 때문에 큰 시사점을 갖기 어렵다. 이를 감안하고 무리하게 적용한다 해도 한국에는 대표성과 협상력을 가진 노동자 단체 자체가 존재하지 않기 때문에 대타협을 이룰 수 있는 주체가 없는 셈이다.

또한 평소 재벌에 관련된 어떠한 이슈에 대해서도 즉각적으로 반응을 하던 재벌이나 전경련 등은 사회적 대타협 이슈에 대해서만은 단 한 차례도 반응조차 한 적이 없다. 특히 노무현 정부 시절 청와대 정책실장이었던 이정우 교수가 정권 차원에서 중요한 정책으로 재벌에게 대타협 화두를 제안했으나 재벌 측에서는 아무도 그리고 아무런 반응이나 대응조차 없었다. 상대가 없는 타협이란 그 자체가 성립되지 않는다.

한국 자본주의는 미국이나 유럽의 자본주의가 가지고 있는 문제와 현상을 공유하는 부분도 있고 또 재벌 문제와 노사문제와 같이 한국만의 고유한 구조적 문제들도 있다. 또한 한국 자본주의 시장경제의 발전 과정은 미국이나 유럽 등의 선진국과는 그 경로가 크게 다르다. 그렇기 때문에 미국과 유럽에서의 논쟁을 한국에 그대로 수입해서 적용하려는 '외국산 논쟁'은 남의 사진을 보면서 자신의 얼굴이라고 우기는 것과 같다. 물론 미국과 유럽에서의 이념적 논쟁이나 역사적 경험들은 '대한민국 자본주의 고쳐 쓰기'에 큰 시사점이 있다. 하지만 그것은 참고일 뿐이며 결국 대안은 한국이 처한 현실과 역사적 발전 과정에 근거한 치열한 고민 속에서 찾아야 할 것이다.

| 미국은 어떻게 했을까? |

평등과 불평등의 역사

선진국의 역사적 경험에서 배울 것은 '무엇을 할 것인가'보다는 오히려 '어떻게 할 것인가'에 있다. 자본주의의 대표 주자인 미국은 지난 100년 동안 소득 불평등과 평등, 시장구조의 독점과 경쟁, 대기업과 중소기업 간의 긴장과 조화 등의 과정들이 롤러코스터처럼 반복되어 왔다. 일부 마르크스주의들은 이런 미국이 가장 극명한 자본주의의 모순 구조를 가지고 있기 때문에 가장 먼저 망할 것이라고 예견하기도 했다. 앞으로는 어떻게 될지 단언할 수 없겠지만, 적어도 지금까지 그런 모순과 격동의 과정을 거치면서 미국 자본주의는 스스로를 교정해 왔다. 이런 미국의 경험에서 '어떻게 할 것인가'의 시사점을 얻을 수 있을 것이다.

지금과 같은 극명한 소득 불평등과 양극화의 모순을 드러낸 자본주의의 교정 가능성을 가늠하기 위하여 먼저 자본주의의 선도자격인 미국이 어떻게 가장 불평등한 나라가 되었는지에 대한 역사적 경험을 되돌아보는 것이 도움이 된다. 미국의 경험을 살펴보는 것은 두 가지 의미를 갖는다. 첫째는 한국과 미국 간의 자본주의 발전 과정과 소득 불평등 발생 과정의 차이를 비교함으로써 한국의 현실에 적합한 자본주의 고쳐 쓰기를 모색하는 것이다. 둘째는 오늘날과 같은 불평등 구조가 자본주의의 본질적인 결함 때문인지 아니면 자본주의를 운영하는 방법이 잘못된 것인지를 판단하는 데 도움이 될 것이다. 먼저 미국의 경험을 살펴본 뒤, 한국에서의 대안 모색을 논의하기로 한다.

현재 미국은 선진국 중에서 소득 불평등이 가장 심한 나라이지만,[59] 과거에는 이 정도로 불평등이 심한 나라가 아니었다. 적어도 1980년대 초까지는 그랬다. 미국은 경제성장의 성과가 폭넓게 공유되는 두터운 중산층을 가진 나라였다.[60] 누구에게나 기회가 주어지고 열심히 노력하면 누구나 중산층의 삶을 누릴 수 있다는 소위 '아메리칸 드림(american dream)'은 1970년대까지만 해도 미국을 상징하는 말이었다. '미국에서 불평등이 확대된 것은 1980년대에 들어서면서부터다. 1983년이나 1984년까지도 (소득 불평등과 양극화가 조금씩 악화되기 시작했지만) 과연 당시 통계가 이전의 추세로부터 어느 정도로 이탈한 조짐을 보이는지를 둘러싸고 학문적인 논쟁이 있었다.'[61] 즉 이 말은 당시만 해도 소득 불평등 악화 추세가 장기적으로 이어져서 오늘날 같이 소득 불평등과 양극화가 심해질 것으로 학자들조차도 예상하지 못했다는 것이다. 대부분은 불평등 현상이 구조적인 것이 아니라 단기에 그칠 것으로 보았던 것이다.

물론 과거에도 미국의 소득 불평등이 심각한 수준에 이른 적이 있었으며, 예를 들어 20세기 초와 1940년대 초에도 지금과 비슷하게 소득 불평등과 양극화가 매우 심했다. 소득 계층 상위 10%가 전체 소득에서 차지하는 비중이 2000년 47.6%, 2010년 48%였는데, 1930년에는 43.8%이고, 1940년에는 45.3%였다. 그리고 소득 계층 상위 1%가 전체 소득에서 차지하는 비중은 2000년 21.5%, 2010년 19.8%였는데, 1930년에는 17.2%이고, 1940년에는 16.5%였다.[62] 미국의 소득 불평등이 눈에 띄게 개선되기 시작한 것은 1940년대 초였다. 이때 불과 3~4년 사이에 소득 불평등이 급격하게 줄어드는 현상이 나타난 것이다. 소득 계층 상위 10%가 전체 소득에서 차지하는 비중이 1940년 45.3%에서 1944년 32.5%로 급격하게 줄어들었고, 소득 계층 상위 1%가 전체 소득에서 차지하는 비중도 1940년 16.5%에서 1944년 11.3%로 급격하게 줄어들었다.[63]

미국은 이후 1970년대 말까지 35년 넘게 지금보다 훨씬 더 평등한 소득분배 구조를 안정적으로 유지했고 그 결과 두꺼운 중산층이 형성되었다. 소득 불평등이 다시 악화되기 직전인 1970년대까지 소득 계층 상위 10%가 전체 소득에서 차지하는 비중은 32~35%의 범위에서 매우 안정적으로 유지되었고, 특히 소득 계층 상위 1%가 전체 소득에서 차지하는 비중은 지속적으로 축소되어 1975년에는 20세기 100년의 기간 중에 가장 낮은 8.9%였다. 이렇게 오랫동안 지극히 안정적으로 유지되어 왔던 소득분배가 1980년대 들어서서 불과 몇 년 사이에 급격하게 악화되기 시작했다. 1979년 34.2%였던 소득 계층 상위 10%가 전체 소득에서 차지하는 비중은 1986년 40.6%로 급격하게 증가했고, 소득 계층 상위 1%가 전체 소득에서 차지하는 비중도 1979년 10.0%에서 1986년 15.9%로 급격하게 증가했다.

1980년대 초 미국에서 무슨 일이 있었기에 갑자기 소득 불평등이 악화되고 양극화가 심화되었던 것일까? 1980년대 초는 미국 정부의 정책에 큰 변화가 있었던 시기다. 1981년에 들어선 공화당의 레이건 정부는 1940년대 이래 시장의 조정자(調停者) 역할을 해 오던 정부의 역할에 근본적인 변화를 가져왔다. 정부의 시장 개입을 축소하는 반면에 시장의 역할을 최대한 확대하여 시장 스스로 알아서 작동하도록 하는 시장 근본주의 또는 신자유주의적인 정책이 시작된 것이다. 레이건 정부 이후 12년을 집권한 공화당 정부가 줄기차게 추진한 규제 완화, 고소득 계층에 대한 감세, 정부 서비스의 민영화, 노조 무력화, 금융 자유화 등의 정책들이 미국의 소득 불평등을 악화시킨 직간접적인 원인이었다.[64] 그렇기 때문에 미국의 '불평등은 우연히 일어난 것이 아니다. 그것은 만들어진 것이었다.'[65] 따라서 미국이 1940년대 이후 35년 동안 유지되어 오던 상대적으로 평등한 구조가 불평등한 구조로 바뀐 것은 미국 정부의 정책 실패에 기인한 것이다.

정책적 노력의 결과

그렇다면 미국은 1940년대 초반에 어떻게 불평등 구조를 교정하고 이를 35년 동안 유지할 수 있었던 것일까. 그 역시 미국 정부의 정책이 만들어낸 결과였다. 미국에서 중산층이 생겨난 것은 자연 발생적이 아니라 정부의 의도된 정책의 결과로 짧은 기간 동안 만들어진 것이었다. 미국의 중산층 사회는 프랭클린 루스벨트(Franklin Delano Roosevelt) 행정부 정책의 일환인 (2차 세계대전 기간 중에) 전시 임금통제를 통해 몇 년이 채 안 되는 기간 안에 만들어졌다. 이 놀라운 사실을 처음으로 주장한 경제사학자인 클라우디아 골딘(Claudia Goldin)과 로버트 마고(Robert A. Margo)는 이를 대압축(the great compression)이라고 불렀다.[66] 소득 불평등이 짧은 기간에 급속도로 완화되었기에 이를 '대압축'이라고 명명한 것이다. 전쟁 기간 중에 정부의 임금통제권을 활용하여 고소득 계층의 임금 인상을 승인하지 않는 한편 저소득 계층의 최저 임금 인상 정책을 폈다. 또한 전시 물자 생산에 필요한 저숙련 노동자의 일자리가 늘어나면서 소득 격차 축소에 한몫을 했다. 이와 같은 정책 덕분에 1940년 초부터 극단적 저임금과 극단적 고임금 모두가 줄어 소득분포가 완만해진 것과 더불어 일자리도 늘게 됨으로써 미국의 소득분배가 평등해진 것이다.[67] 전시 중에 일자리를 찾았던 저숙련 노동자들은 숙련 노동자층으로 변신했고, 전후 미국 산업 경쟁력에 견인차 역할을 하게 되었다. 그 결과 전후 '황금기(the golden age)'에 미국의 산업 발전에 비례하여 중산층이 만들어졌으며, 이때 형성된 '산업 발전-중산층 형성-평등한 소득분배'의 선순환 구조가 1970년대 후반까지 지속되었던 것이다.[68]

이렇게 보면 미국의 분배 구조가 20세기 초의 불평등 구조에서 1940년대 초의 평등 구조로 바뀐 것이나, 다시 1980년대 초부터 불평등 구조로 회귀한 것은 모두 자연 발생적으로 우연히 일어난 것이 아니라 정부 정책의 결과로 만들어진 것이었다. 이러한 미국의 경험에 비춰볼 때 지금의 불평등한 구조는 시장 경쟁으로부터 초래된 자본주의의 본질적 결함 때문만으로 볼 수 없는 것이다. '시장의 힘은 불평등을 만들어낸 요인 중 하나일 뿐 유일한 요인이 아니며,'[69] 오히려 시장을 조정하고 실패를 보완하는 역할을 포기한 정부가 불평등을 악화시키는 데 기여한 것이다. 시장에서의 경쟁이란 더 많은 결과를 효율적으로 달성하는 수단일 뿐이며, 평등한 결과를 보장하지는 못한다. 오히려 경쟁이 불평등한 분배의 결과를 만드는 것은 순위를 정하고 승자와 패자를 가르는 경쟁의 당연한 속성이다. 시장이 만들어낸 결과를 공평하고 평등하게 배분하는 기능은 경쟁의 불평등한 속성을 교정하기 위해서 만든 인위적인 제도에 의해서 가능하며, 이는 시장이 아니라 정부가 해내야 할 역할인 것이다. 그렇기 때문에 미국의 경험은 '제대로 된 좋은 정책'을 시행한다면 지금의 불평등한 구조를 다시 고칠 수 있다는 것을 역설적으로 보여주는 것이다.

제 발등 찍은 유권자들

미국에서 소득 불평등과 평등의 역사가 보여주는 것은 비록 자본주의 시장경제의 근본적인 모순은 극복할 수 없을지라도 뚜렷한 목적의식을 가진 정책 수단을 통하여 불평등의 문제를 상당한 정도로 해결할 수 있다는 점이다. 그렇다면 정부의 정책으로 보다 나은 자본주의를 만들 수 있음에도 불구하고 왜 미국은 지금과 같은 불평등한 구조로 치닫게 되었는가? 그 이유는 미국의 정치에서 찾을 수 있다. 미국은 상대적으로 부유층과 재계의 지지를 더 많이 받는 보수 우파 공화당과 중산층·노동자·빈곤층의 지지를 더 많이 받는 진보 좌파 민주당의 양당 정치 구조를 가지고 있다.

미국의 불평등 구조는 진보 좌파인 민주당이 집권했을 때보다 보수 우파인 공화당이 집권했던 시기에 훨씬 더 악화되었고,[70] 심지어 미국의 진보적인 학자들은 지금의 불평등 구조란 공화당이 적극적으로 만든 것이라고까지 주장한다. 미국의 대표적인 진보 경제학자인 폴 크루그먼(Paul Krugman)은 "1970년대 뉴딜(new deal)의 성과를 무산시키려는 급진적인 우익 세력이 공화당을 장악하면서 진정한 의미의 보수파가 되어 오랫동안 인정받아 온 제도적 평등의 수호자 역할을 했던 민주당과 충돌을 빚었다. 강력해진 골수 우파 세력은 노조 운동에 대해 무차별 공격을 감행하며 노동자들의 단체교섭 능력을 크게 약화시켰고, 그대로 두면 한없이 치솟을 경영진의 연봉에 제한을 가하던 정치적, 사회적 제약을 없앴으며, 부자들의 세금을 대폭 줄였고, 그 밖에 여러 방법으로 불평등의 확대를 초래했다."[71]고 지적한다. 그리고 또 다른 진보 경제학자인 조셉 스티글리츠(Joseph Stiglitz)는 "기업가들이 시장의 투명성을 떨어뜨려서 경쟁을 불완전하게 만들고 자신들은 더 많은 수익을 챙겼으며"[72] 금융 기업들이 "정치적 힘을 이용하여 정부가 시장 실패를 바로잡지 못하도록 안전장치를 마련했고, 금융 부문에 소속된 개인은 여전히 자신의 사회적 기여를 넘어서는 후한 보수를 획득했다."[73]고 주장한다. 심지어 글로벌 금융 위기가 발생한 이후에도 금융 위기의 한 원인이 된 "파생 상품 거래의 투명성을 제고하고 반경쟁적 관행을 제한하는 규제책을 마련하라는 요구에 저항했다."[74]고 주장한다. 이러한 지적들에 대해서 1980년대 초부터 시장 근본주의 또는 신자유주의적 정책을 주장했던 보수 우파 학자들은 글로벌 금융 위기 이후에는 주목받을 만한 의미 있는 반론을 제기하지 못하고 있다.

미국의 공화당은 레이건 대통령이 집권한 1981년부터 금융 위기가 발생한 2008년까지 28년이란 기간 중 20년을 집권했다.[75] 특히 1981~1993년의 12년 동안 세 번 연속 집권한 시기에 소득 불평등이 크게 악화되었다. 공화당 집권 기간 동안 불평등이 더 심해졌는데도 불구하고 공화당이 장기 집권을 할 수 있었던 이유가 무엇인가에 대해서는 다양한 견해가 있다. 간단하게 요약한다면 미국의 백인 노동자들이 보수화되었다는 견해, 유권자들이 경제적 이슈보다는 '도덕적 가치'를 정당 선택에서 더 중요하게 생각했다는 견해, 낙태와 같은 종교적인 이슈가 경제적 이슈보다 더 중요하게 작용했다는 견해 등이 있다.[76]

그러나 미국의 진보적인 학자들의 견해는 미국의 정치, 보다 광범위하게는 미국의 민주주의가 실패했기 때문이라고 진단하는 의견들이 있다.[77] 특히 중산층과 근로 빈곤층이 '근시안적'으로 공화당을 지지하는 투표를 했기 때문에 스스로 손해를 자초했고, 경제적 불평등을 더 악화시키는 선택을 했다고 분석했다.[78] 또한 부유층들이 선호하는 내용들은 경제문제와 같이 실제 정책에 반영이 되지만, 낙태나 도덕적 가치, 애국주의 등 중산층과 저소득 계층이 선호하는 내용들은 실제 정책과 연관성을 갖기 어렵다는 것이다.[79] 또한 부유층은 정치인들에 대해 상당한 영향력이 있지만 빈곤층은 영향력을 갖지 못해서 경제적 계층에 따른 정치적 영향력의 차이가 존재하는 미국의 정치 구조가 불평등을 악화시키는 원인이 되었다고 분석한다.[80]

지금과 같이 불평등한 자본주의가 된 것은 사람들의 탐욕 때문이라는 주장들도 있다. 대부분의 사람들은 더 많은 것을 갖고자 하는 욕심이 있다. 그리고 삶에 필요한 것 이상으로, 그리고 자신이 노력한 것에 대한 정당한 대가 이상으로 훨씬 더 많은 것을 가지려는 탐욕을 가진 사람들도 있다. 그러나 소득 불평등이 심해진 지난 30년 동안 미국 사람들의 본성이 과거보다 더 탐욕적이 되었다고 할 근거는 없다. 과거보다 더 탐욕적으로 물질적인 이득을 추구했다면, 다만 탐욕을 추구하는 것을 더 용이하게 만드는 기회가 많아졌기 때문이다. 파생 상품이나 통신과 같이 탐욕을 추구하는 기술적 수단이 발전했거나 또는 규제 완화와 같은 탐욕을 제어하는 제도적 장치들이 후퇴했기 때문이라고 보는 것이 정당한 평가일 것이다. 부당하게 탐욕을 추구할 기회가 많아지고 탐욕적으로 이득을 얻을 수 있는 기술적 발전이 있었는데도, 이를 규제하거나 제어하지 않고 시장에 방치했기 때문에 사람들은 더 탐욕적인 행위를 한 것이다. 그 대표적인 사례가 월스트리트(Wall Street)의 금융가들이 전문가도 이해하기 어려운 파생 상품들을 만들어 일반 투자자에게 팔았는데도 미국 정부는 이를 방치했던 것이다. 미국이 불평등한 나라로 추락한 것은 미국 국민들의 심성이 옛날보다 더 탐욕스러워졌기 때문이 아니라 그들이 잘못된 정치적 선택을 한 결과인 것이다.

| 한국의 정책 역량은 충분하다 |

'함께 잘사는 정의로운 자본주의'를 이뤄내기 위해 필요한 정책들에
대해서는 앞서 개괄적인 설명과 함께 몇 가지 구체적인 제안을 했다.
한국 사회가 지향해야 할 가치와 목표에 대한 사회적 합의가 전제된
다면 그러한 정책들을 체계적이고 유기적으로 만드는 것은 현실적
으로 충분히 가능한 일이다. 필자는 개인적으로 한국의 경제구조를
바꿀 수 있는 구체적이고 종합적인 정책들을 설계하는 일에 주도적
으로 참여하는 기회를 두 번 가진 적이 있다. 첫 번째는 김대중 대통
령이 당선자로서 집권을 준비하던 1997년 12월이었다. 정부 출범 후
실행할 구체적인 위기 극복 방안과 경제개혁 정책의 틀을 마련하는
팀을 직접 구성하고 총괄하는 역할을 맡았다. 두 번째는 지난 2012
년 대선에서 안철수 대통령 예비 후보의 대선 캠프에서 통일, 외교,
안보를 제외한 모든 분야의 정책을 만드는 국민정책본부를 총괄하
는 역할을 맡았다.

첫 번째 경험은 한국이 국가 부도 사태로 치닫는 급박한 상황에
서 경제 위기를 극복하고 새로운 경제구조를 구축하는 정책을 마련
하는 일이었고, 두 번째 경험은 한국 경제가 소득 불평등과 양극화
가 심해져서 국민들이 경제민주화와 복지 확대를 새로운 국가적 과
제로 지지한 상황에서 정책을 만드는 일이었다. 첫 번째 경험은 이미
대통령 선거에 승리하여 출범을 앞두고 있는 새로운 정부를 위한 것
이었고, 두 번째 경험은 대통령 선거에 이겨서 정권을 잡기 위한 것이
었다. 두 번 모두 정책을 만드는 일이었지만 각각은 전혀 다른 상황
이었기 때문에 필자로서도 서로 다른 두 가지 경험이었다. 이 두 번

의 경험에서 필자가 내린 결론은 어떤 상황에서든지 국가적 목표를 실현할 정책을 마련하는 것은 한국의 전문가들 역량으로 충분히 가능하다는 것이다. 독자들의 이해를 위해서 첫 번째 경험을 간단하게 소개한다.

김대중 대통령의 당선은 1961년 5·16 군사 쿠데타 이후 37년 만에 여야의 정권 교체가 이뤄진 것이었다. 그러나 불행하게도 대통령 선거 이전에 이미 시작된 외환 위기로 인해서 한국 경제는 파산으로 치닫고 있었다. 김대중 대통령은 당선자 시절에 가졌던 국민과의 대화에서 '나라의 금고를 열어 보니 돈은 없고 빚 문서만 남아 있었다'[81]고 설명해야 할 정도로 한국 경제는 국가 부도 사태로 치닫는 심각한 상황이었다. 이런 상황에서 필자는 경제구조를 어떻게 바꿔야 하는가에 대한 종합적인 경제정책을 마련할 팀을 총괄하는 책임을 맡았다. 이 팀은 대통령직인수위원회나 '비상경제대책위원회'와 별도로 당선자의 지시에 의해 결성된 이름도 없고 권한도 명시되지 않은 소위 비공식 조직이었지만 인수위나 비대위와 긴밀한 협조 관계를 유지했다. 이 팀은 신정부의 정책 구상을 마련하는 작업 외에도 매일 현안에 대해서 구체적인 대응 방안들을 인수위와 비대위에 조언하는 역할을 수행했다. 당시 대학, 국책 연구 기관, 경제 관료 출신 등 수십 명의 전문가들이 참여해서 취임 직전까지 두 달 동안 정책들을 만들고 정리했다. 결과물로 '국민의 정부 경제개혁 정책'이라는 종합 보고서를 완성하고, 대통령 취임식 바로 전날 보고회를 가졌다. 당시 인수위는 위기 상황에서 이미 정부의 기능을 수행하고 있었기 때문에 인수위가 매일 급박하게 닥치는 현안에 대처하는 데 이 팀은 실무적인 도움을 주는 역할을 수행하기도 했다. 길거리에 노숙자들이 넘쳐날 정도로 국민들의 삶은 고달픈 시기였고 국가재정도 바닥이 난 극단적인 상황에서, 국가 경제의 틀을 바꾸는 정책들을 만드는 것이었기 때문에 매우 조심스럽고 어려운 작업이었다. 그러나 경제 위기와 같은 극단의 상황에서도 한국의 전문가들이 모여서 머리를 맞대고 구체적이면서 체계적인 정책들을 마련하는 것은 충분히 가능했다.

위기 상황에서 급하게 만들어낸 개혁 정책이라서 일부는 원론에 그치고 때로는 부족하기도 했지만 방향 설정이나 당장 무엇을 해야 할지는 크게 틀림이 없었다고 자평한다. 한 가지 일화를 소개하자면, 당시 한국에 달러를 대출해준 IMF와 세계은행(IBRD)은 긴급 구제 금융의 대가로 신정부에게 개혁 정책을 주문했으며, 소위 유명한 양해각서(MOU)를 작성했다. 하지만 IMF나 세계은행의 정책 전문가들도 원론적인 수준 외에는 한국의 현실에 정통하지 못하였으며, 때로는 정책 오류를 남발하기도 했다. 이 팀은 인수위의 소개로 IMF와 세계은행의 정책 전문가들을 만났고, 그들은 한국 정부에 요구할 양해각서에 담을 내용을 오히려 필자가 총괄하던 팀의 전문가들에게 자주 자문을 구할 정도였다. 정책 팀은 어차피 한국의 개혁에 필요한 정책 내용들을 국제기구의 양해각서에 담아 우회적으로 추진력을 갖고자 했다.

필자는 이 경험에서 한국의 문제는 한국 사람이 가장 잘 알고, 그 해결책도 한국 사람이 가장 잘 만들 수 있다는 것을 확신하게 되었다. 정책을 만든 팀은 인수위와는 달리 대외적으로 알려지지 않은 비공식 조직이었고, 결과물인 '국민의 정부 경제개혁 정책' 자료집은 당시의 경제 관련 부처들만이 공유하고 대외적으로 비공개한 것이었다. 당시 참여했던 전문가들 중에서 여러 명이 나중에 부총리, 장관, 국회의원, 청와대 수석 등으로 국정에 참여하기도 했고 정치인으로 변신하기도 했다. 그러나 김대중 정부 때는 아니다. 오히려 지금의 여당인 새누리당 정권에 참여한 사람들이 더 많다. 개인의 정치 성향과는 관계없이 한국이 경제 위기에서 벗어나야 한다는 대명제가 있었기 때문에 서로 다른 정치 성향을 가진 각 분야의 역량 있는 전문가들이 참여했던 것이다. 참여자들을 움직인 주요 동인은 극도의 위기감과 나라를 구하겠다는 애국심이었다. 위기를 앞두고 개인 정치 성향이 개제(開除)될 여지도 없었고 필요도 없었다. 이 말은 한국에 당장 필요한 개혁에는 좌파와 우파, 보수와 진보의 진영 논리가 별반 의미가 없다는 것이다. 마찬가지로 한국 사회가 '함께 잘사는 정의로운 자본주의'를 만드는 것에 사회적 합의가 전제되면, 개개인의 이념적 좌표를 넘어서 이를 현실화할 정책을 만들 역량 있는 전문가들은 한국에 많이 있다는 것을 강조하고 싶다.

함께 잘사는 정의로운
자본주의로 가는 길

| 평등과 불평등의 하모니 |

자본주의가 갖는 원천적인 결함에도 불구하고 자본주의를 어떻게 운영하느냐에 따라서 지금보다 훨씬 더 나은 자본주의를 만들 수 있다는 것은 역사적인 경험들이 말해주고 있다. 미국에서 20세기 초의 자유방임적인 자본주의가 만들어낸 재앙이었던 대공황을 해결한 것도 정부가 정책으로 시장에 개입한 결과였다. 미국의 극심하게 불평등했던 구조를 1940년대 초에 보다 평등한 구조로 바꾸고 두터운 중산층을 만들어낸 것도 불평등을 완화하는 정책들이 성공을 거둔 결과였다. 그리고 1980년대 들어서서 20세기 초반처럼 다시 극심하게 불평등한 구조로 바뀐 것도 시장 근본주의적 정책들이 초래한 결과였다. 유럽이 지난 30여 년 동안 지속적으로 불평등이 심해진 것도

미국과 마찬가지로 실패한 시장 근본주의 정책들을 추진한 결과다. 스웨덴이 세계에서 가장 평등한 복지국가를 이뤄낸 것도 정책들의 결과였다. 반면에 복지 제도가 일반화되면서 복지 수혜가 저소득 계층과 빈곤 계층을 위한 것이 아니라 모두가 누릴 당연한 것으로 여기는 '2세대 문제'[82] 때문에 발생한 과도한 재정 부담을 해결하지 못한 것도 정책의 실패였다.

그렇기 때문에 지금의 시장 실패와 자본주의 실패는 정책의 실패이며 정부의 실패다. 더 넓게는 시장과 자본주의를 제대로 제어하지 못한 정치의 실패이며 민주주의의 실패다. 시장이나 자본주의가 원천적인 결함이 있다는 근본주의자들의 주장은 현실적인 대안을 마련하는 데 별 도움이 되지 않는다. 마찬가지로 정부의 개입도 결국 실패할 수밖에 없다는 극단론도 의미가 없다. 시장이 잘못되면 정부가 개입하는 것이고, 정책이 잘못되면 정책을 다시 고치면 되는 것이다. 대안은 얼마든지 있다. 정부 정책이란 의지의 표현이자 실천의 수단이며, 시장과 자본주의가 진화하는 만큼 정책도 진화하는 것이다.

민주주의는 1인 1표의 평등 원리로 작동하지만, 자본주의와 시장은 승자가 더 많은 몫을 가져가는 불평등 원리로 작동한다. 따라서 민주주의와 자본주의의 결합은 '평등 원리'와 '불평등 원리'의 결합과 같은 것이다. 정치적 평등과 경제적 불평등의 원리가 결합된 것이다. '평등'과 '평등'의 결합은 사회주의와 민주주의의 결합이다. 그러나 사회주의의 역사적인 실험인 공산주의(Communism)는 민주주의와 결합되기 어렵다는 것을 보여주었다. 그리고 유럽의 사회민주주의(Social Democracy)는 자본주의와 민주주의의 결합에 사회주의적인 요소를 가미한 것이었다. '평등' 이외에도 중요한 또 다른 가치인 '자유'를 '평등'과 함께 추구한 것이 사회민주주의였다. 한국은 어떤가? 한국은 산업화 이후에 스스로 민주주의를 쟁취했다. 1987년 6월 항쟁 이후 한국에 진정한 절차적 민주주의가 시작되었다. 한국의 자본주의 시장경제는 길게 봐서 빈곤으로부터 벗어나기 시작한 1970년대 후반에 시작되었고, 공식적으로는 1995년에 사회주의 방식인 계획경제를 끝내고 자본주의 시장경제로 전환했을 때부터 시작되었다. 절차적 민주주의를 쟁취한 지 30년이 채 되지 않았고, 자본주의 시장경제를 시행한 것은 길게는 40년, 짧게는 20년이 지났다. 따라서 한국이 민주주의와 자본주의를 결합한 것은 지난 30년에 불과하다. 이제는 민주주의의 '평등'과 자본주의의 '불평등'을 결합한 한국의 실험 결과가 어떤 사회를 만들었는가를 다시 되짚어보고 새로운 변혁을 추구할 때가 되었다.

| '바보야, 문제는 정치야' |

최장집은 한국의 민주주의와 자본주의의 결합 결과에 대해서 "한국의 민주주의는 절차적 수준에서 세계 어디에 내놓아도 빠지지 않을 만큼 크게 발전했다. 그러나 이러한 민주주의가 사회경제적 수준에서 무엇을 이뤄냈느냐 하는 실질적 민주주의의 기준에서 볼 때, 한국 민주주의의 발전은 매우 초라할 뿐 아니라, 오히려 현저하게 퇴보했으며 현재도 계속 퇴보하고 있다고 평가하지 않을 수 없다."[83]라고 지적하고 있다. 그는 '실질적 민주주의는 자유와 평등의 원리가 사

회경제적 수준으로 확대되어 그동안 소외되었던 노동자를 비롯한 사회적 약자들의 권익이 증진되고, 배분적 정의에 입각한 복지 정책을 통해 부와 소득의 분배 구조가 개선되는 현상'[84]이라고 정의한다. 그리고 한국은 '절차적 민주주의는 공고화된 만큼 민주주의를 사회경제적 영역으로 확장하는 실질적 민주주의가 요구된다는 것이다. 여기서 민주주의는 정치적 민주화에서 경제적 민주화로 전진하는 것으로 이해된다.'[85] 이제 한국은 함께 잘사는 '정의로운 자본주의'를 향한 실질적 민주주의가 작동되어야 한다는 것이다.

불평등과 양극화가 심해진 지금의 자본주의가 자본과 시장의 폐해를 제대로 규제하고 제어하지 못한 정치 실패이자 민주주의 실패의 결과인 것은 한국만의 문제가 아니다. 미국 사회가 중산층이 무너지고 불평등하게 된 것에 대해서 로버트 라이시(Robert Reich)는 '자본주의의 승리와 민주주의의 퇴보가 서로 연결되어 민주주의적 자본주의가 실패'[86]한 결과라고 말하고, 제프리 삭스(Jeffrey Sachs)는 '미국의 경제적 실패는 최소한 경제적인 만큼 정치적인 것이기도 하다. 이제 미국의 정치가 바뀌어야 한다'고 말한다.[87] 폴 크루그먼은 '정치적 변화가 불평등의 중심에 자리'하기 때문에 미국이 다시 중산층의 사회로 돌아가는 길은 '자유로운 경쟁에 의한 민주주의를 재정립하는 것'이라고 말한다.[88] 미국의 정치 실패, 즉 민주주의의 후퇴가 두터운 중산층들이 지금보다 훨씬 더 평등한 풍요를 누렸던 '아메리칸 드림'을 깨버렸기 때문에 미국에서는 정치학자가 아니라 오히려 경제학자들이 이구동성으로 미국의 경제학자들과 국민들에게 '바보야, 문제는 정치야'라고 일갈하고 있다.

한국은 미국처럼 중산층이 두터운 사회를 가져보지 못했다.

1990년대 들어서 이제 좀 살 만해졌을 때 외환 위기가 중산층의 꿈을 깨버렸고, 불평등과 양극화가 악화된 지금은 젊은 세대들이 내 집 장만의 꿈조차도 꾸지 않는 암울한 상황이 되었다. 그러기에 함께 잘사는 '정의로운 한국의 자본주의'의 꿈은 이제부터라도 시작되어야 한다. 그 꿈을 현실로 이뤄내기 위해서는 정치와 민주주의가 작동해야 한다. 최장집은 '민주주의가 더 좋은 분배 효과를 만들어낼 수 있는 것은' '소득과 부의 분배 구조에서 하위 범주에 속하는 사람들이 정치적 평등을 기초로 그들 스스로 사회경제적 이익과 요구를 보호하고 추구할 수 있는 자율적 결사체, 특히 정당을 조직할 수 있다는 사실에 기반'을 두고 있기 때문이며, 이를 달성할 수 있는 방안은 '민주주의 그 자체가 아니라, 그것이 허용하는 제도적 메커니즘(mechanism)으로서의 정당'이라고 말한다. 함께 잘사는 '정의로운 한국의 자본주의'를 국민들에게 함께 달성할 목표로 제시하고, 정권 창출을 통해서 이를 현실에서 실천할 정당이 출현해야 한다는 것이다. 평등과 정의를 실천할 정당이 출현하고, 국민들이 그러한 정당을 선거를 통해서 선택함으로써만이 실질적인 민주주의에 좀 더 다가갈 수 있는 것이다.

한국의 자본주의를 '함께 잘사는 정의로운 자본주의'로 만들어가는 것은 한국의 현실에 대한 정확한 진단과 이에 근거한 정책을 실행함으로써 가능하며, 그러한 정책들은 한국인들의 역량으로 만들어낼 수 있다고 필자는 이 책에서 주장했다. 그럼에도 불구하고 한국의 불평등 구조가 왜 바뀌지 않고 있는 것인가? 그 이유는 한국도 앞서 미국과 유럽의 경우와 마찬가지로 정치가 실질적 민주주의를 이뤄내는 데 실패했기 때문이다. 기업이 이익을 분배하지 않고 내부에 쌓아두는 것을 제어하는 정책을 오히려 폐지했고, 기업소득은 늘어나고 가계소득은 정체 상태인데도 노동 분배율을 높이고 비정규직을 줄이려는 정책을 시행하지 않았기 때문에 소득 불평등이 악화된 것이다. 노무현 정부는 국가 경제정책의 기조를 재벌에게 의뢰해서 만들었고, '권력은 시장으로 넘어갔다'고 할 정도로 경제적 기득권 세력과 시장을 제어하지 못했다. 이명박 정부에서는 법인세를 낮춰주고 부자 감세까지 해주는 '친재벌 친부자' 정책을 내세워서 양극화와 불평등을 더욱 악화시켰다. 박근혜 정부는 '경제민주화'와 '복지'를 내세워 정권을 잡았지만 이제는 언급조차도 없다. 한국의 불평등 구조가 악화되고 있는 것은 불평등을 완화할 정책들이 없어서가 아니라 이를 실천할 정치가 실종되었기 때문이고, 심지어는 오히려 그 반대의 정책들에 의해 심각하게 경시되었기 때문이다.

| 새누리민주당과 새정치도로민주당 |

한국에서 함께 잘사는 정의로운 자본주의를 현실화해서 실질적 민주주의를 이뤄낼 정당이 출현하고 국민들의 선택을 받을 가능성이 얼마나 있을까? 정치학자들의 분석을 살펴보면 지금의 한국 정치 구조에서는 그리 희망적이지 않다. 그 이유는 한국의 정당 구조와 국민들의 투표 성향에 있다. 먼저 한국의 양당 구조를 이루고 있는 지금의 새누리당과 새정치민주연합 사이에는 경제적 계층을 대변하는 보수와 진보의 구분이 분명하지 않다. 1987년 민주화 이후 두 당은 선거 때마다 당명을 바꾸었는데 새누리당은 당명을 다섯 번 바꾸었고, 새정치민주연합은 이합집산이 매우 복잡해서 정확하게 셀 수가 없지만 대충 여덟 번 바뀌었다.[89] 민주화 이후 지난 27년 동안 새누리당은 약 5년에 한 번, 그리고 새정치민주연합은 약 3년 반 만에 한 번씩 당의 간판을 바꿔 달았다. 이러한 변화는 '정책 노선의 변화나 정책 연합의 변화와 같은 양태가 아니라 철저하게 선거에서의 승리를 위한 파벌 간의 갈등과 협상의 결과'[90]였다. 특히 상대적으로 진보성을 가지고 있다고 여겨지는 새정치민주연합의 이합집산의 역사는 '이념 지향의 정파라기보다는 소수의 계파 지도자들을 중심으로 한 인적 네트워크 정당으로서, 정치 권력적 전망이나 정치 엘리트들의 개인적 입신출세주의를 중심으로 하는 경쟁 구도'의 산물이었기 때문에 '조직적 지속성과 정책적 책임성을 갖는 정당으로 발전하지 못했다.'[91]

양당의 이념적 정체성이 모호한 것으로 인한 정책적 혼선은 지난 18대 대통령 선거에서 뚜렷하게 나타났다. 새누리당은 이명박 정부 내내 견지해 왔던 '친재벌 친부자' 입장에서 급격하게 '좌향좌'를 해서 민주당이 주장해 왔던 경제민주화와 복지 확대를 가장 중요한 선거공약으로 선점했다. 민주당은 자신의 정책적 정체성을 새누리당에게 빼앗기고 후보 단일화에 매몰되었다. 경제정책의 정체성으로만 본다면 선거기간 중 박근혜 후보는 새누리당이 아닌 '새누리민주당'의 후보인 셈이었다. 물론 공약은 선거에 이기기 위한 일시적인 전략적 선택이었을 뿐, 선거에 승리하자마자 박근혜 당선자는 다시 새누리당으로 돌아갔고, 그 이후로 경제민주화는 더 이상 언급조차하지 않고 있다. 민주당은 선거에 패배한 이후 지방선거에 이기기 위한 선거 전략적 차원에서 새정치민주연합으로 당명을 바꾸었지만 당의 정체성이나 정책 기조가 변한 것은 없었고, 안철수 이외에 새로운 인물의 구성도 없었기 때문에 실제로는 '새정치도로민주당'인 셈이다.

양당 모두 입버릇처럼 '중산층과 서민'을 위한다고 말하지만 새누리당과 새정치민주연합 모두 지금의 정당 구조에서 '정의로운 자본주의'를 만들어낼 혁신적인 정당으로 변신할 가능성은 가까운 장래에는 크지 않다는 것이 필자의 판단이다. 집권하지는 못하더라도 '정의로운 자본주의'를 목표로 삼고 한국의 정치 구조를 바꾸는 매개체 역할을 해낼 만한 역량을 가진 대안 정당으로 제3당이 출현할 가능성도 없어 보인다. 한국의 양당 구조가 이러한 상황에 이른 것은 당연히 유권자, 즉 국민들의 선택이 근본적인 원인이다. 물론 국민들은 제3의 선택이 없기 때문에 양당 중에서 하나를 선택할 수밖에 없었다고 볼 수도 있다. 그러나 지난 몇 번의 국회의원 선거와 대통령 선거에서 나타난 유권자들의 투표 성향 결과는 기존 정당의 혁신이나 대안 정당의 출현에 그리 우호적이지 않다.

| 강북 우파와 기억상실 투표 |

정치학자들의 분석에 의하면 한국 유권자들의 투표 성향에는 크게 두 가지 문제가 발견된다. 첫째는 한국에서 아직은 경제적 계층에 따른 투표 성향이 뚜렷하게 나타나지 않고 있고, 둘째는 정권을 가진 기존 여당에 대한 평가가 선거에 반영되지 않는다는 것이다. 저소득 계층과 재산이 적은 사람들이 분배와 복지 정책을 적극적으로 지지하고, 반대로 고소득 계층과 재산이 많은 사람들이 그러한 정책에

소극적으로 지지하거나 또는 반대하는 것이 계층에 따른 투표 성향이라고 할 수 있다. 그러한 투표 행태를 정치학자들을 '계급 투표'라고 이른다. 한때 '강남 좌파' 논쟁이 있었다. 소득이나 사회적 위치를 보면 얼핏 기득권으로 보이지만 분배와 복지 등의 경제적 이슈에서는 진보적인 성향을 보이는 사람을 '강남 좌파'라고 부르는데, 그들은 자신이 속한 계층의 이익과 반대의 정치 성향을 가진 것이다. '강남 좌파'와는 반대로 저소득 계층에 속하는 사람이 분배와 복지를 적극적으로 시행하는 것을 지지하지 않는 투표 성향도 있다. '강남 좌파'라는 말과 대칭적으로 말한다면 '강북 우파'가 존재하는 것이다.

정치학자들은 저소득 계층이 자신에게 유리한 정책을 제시하는 정당이나 후보가 아니라 그 반대의 입장에 있는 정당이나 후보에게 표를 주는 것을 두고 '계급 배반 투표'라고 한다. 총선과 대선의 투표 결과를 분석한 자료들에 의하면 한국에는 '계급 배반 투표'가 실제로 나타나고 있다. 최근 몇 번의 총선과 대선에서 저소득 계층은 보수적인 새누리당과 한나라당 후보에게 표를 많이 주었고, 오히려 고소득 계층은 새누리당과 한나라당 후보에게 표를 적게 주는 현상을 보였다.[92] 또한 재산과 주택 소유와 같은 자산으로 구분한 계층이 경제적 이슈에 대한 유권자의 진보-보수 성향에 영향을 미치지만, 그러한 성향이 선거에서 정당 지지와 후보 선택에는 영향을 크게 미치지 않는 것으로 나타났다.[93] 물론 약간 다른 결과도 있다. 소득이나 직업과 같은 객관적인 기준으로 분류한 유권자의 계층은 정치적 선택에 영향을 미치지 않고, 유권자 스스로 인식하고 있는 계층은 투표에 영향을 미친 것으로 분석했다.[94] 이는 자신의 객관적인 계층적인 위치를 인식하지 않고 선택하는 유권자들이 많이 있다는 의미다. 또한 경제에 대한 부정적인 인식 혹은 전망을 하는 유권자들과 전월세와 같은 불안정한 거주 여건을 가진 유권자일수록 선거에서 기권하는 경향도 있다.[95] 이와 같은 정치학자들의 분석을 종합하면 실제로 저소득 계층인 유권자들 사이에 자신들에게 보다 유리한 적극적인 분배와 복지 정책을 내세우는 정당과 후보를 오히려 선택하지 않는 '계급 배반'의 성향, 자신이 속한 소득 계층을 제대로 인식하지 않고 투표하는 소위 '묻지 마' 성향, 그리고 아예 선거에 참여하지 않는 기권 성향들이 함께 있다는 것이다.

유권자들의 투표 성향에서 발견된 두 번째 문제는 집권당의 국정 운영 실적에 대한 평가가 선거에 항시 영향을 미치는 것은 아니라는 것이다. 집권당이 국정 운영을 잘했으면 다시 집권당의 후보를 지지하고, 반대로 잘못했으면 야당의 후보를 지지하는 것을 두고 정치학자들은 '회고적 투표'라고 한다. 지난 2012년 4월에 치러진 19대 총선에서는 이명박 정부의 실정에 대한 심판적 의미를 갖는 회고적 투표가 나타났다.[96] 그러나 같은 해 말에 치러진 18대 대통령 선거에서는 회고적 투표가 이뤄지지 않았다는 것이다. '이명박 정부의 국정 운영 실적에 대한 평가가 매우 부정적이었음에도 불구하고 여당의 박근혜 후보가 승리를 거둔 결과는 집권 정부에 대한 회고적 평가가 유권자의 후보 선택에 미친 영향력이 제한적'이었으며, 오히려 이명박 정부 이전 정부인 '노무현 정부에 대한 회고적 평가가 박근혜 후보로의 투표 결정에 상당한 영향을 끼친 것으로 확인되었다'는 것이다.[97]

현재 집권당의 실정에 대해서는 '기억상실 투표'를 했고, 지난 정권의 실정에는 또렷한 '기억 투표'를 했다는 것은 상식적으로 이해되지 않는다. 그러나 박근혜 후보는 당 이름까지 바꾸고 이명박 정부의 '친재벌 친부자' 정책과는 정반대인 '경제민주화와 복지'를 내세워서 이명박 대통령과 거리를 두었지만, 문재인 후보는 정책적인 정체성을 만들어내지 못하고 '노무현 향수'에 의존했기 때문에 그러한 투표 성향이 나타났을 수도 있다. 그러나 문제는 박근혜 후보가 얼마나 구체적이고 진정성 있는 '경제민주화와 복지' 정책을 제시했느냐다. 안철수 후보의 대선 캠프에서 당시 다른 후보 진영들과 정책 경쟁을 했던 필자의 판단에 의하면 박근혜 후보는 '경제민주화'에 대한 구체적인 정책들을 제시한 것이 별로 없었다. 그렇다면 문제는 '유권자들의 인식이 후보자들의 정책을 얼마나 객관적으로 반영하고 있는가' 하는 것이다. 유권자들이 구호와 이미지에 영향을 받아서 실제와 다른 '주관적으로 후보자들의 정책을 인식하는 것이라면, 정책 투표의 의미는 반감될 수밖에 없을 것이다.'[98] 실제로 '정치 지식수준이 높은 유권자일수록 오히려 경제민주화 관련 후보들의 공약 평가가 투표 선택에 끼치는 영향력이 약화'되었는데, 그 이유는 '지금까지 선거에서 승리한 후보가 집권 후 기존의 공약을 뒤집는 경우가 잦았다는 한국 정치의 현실을 반영하는 것'이라고 해석한다.[99] 그리고 18대 대선에서 유권자들은 '자신의 이념이나 정당에 대한 지지보다는 대선 후보자들의 개인에 대한 (호감에 의한) 평가가 더 큰 영향'을 미쳤고, '후보자 개인의 능력에 대한 평가는 호감에 영향을 주지 못했다'는 것이다.[100]

이러한 유권자들의 투표 행태를 간단히 요약하면 다음과 같은 결과가 나온다. 한국 유권자들은 자신이 속한 계층에 도움이 되는 정책을 적극적으로 지지하는 것이 아닌 '계급 배반 투표'를 하고, 자신의 계층을 제대로 인식하지 않는 '묻지 마' 투표를 하거나 아니면 기권을 했다. 또한 집권 정당의 국정 운영 성과나 정당의 이념에 대해서는 '기억상실 투표'를 했고, 구체적인 정책과 후보자의 능력에 대한 객관적인 평가가 아니라 주관적인 인식에 근거한 정책 판단과 호감도로 투표를 하는 성향이 있다는 것이다. 이러한 유권자들의 투표 행태는 쉽게 수긍이 되지 않지만, 한편으로는 한국 정치의 현실을 반영하는 것이 아닌가 싶다. 유권자들이 기억하기도 어려울 정도로 선거 때마다 당 이름을 바꾸는 것이 민주화 이후 한국 정당의 역사였다. 새누리당이 보수이고 새정치민주연합이 진보라고 하지만, 선거 때 내세우는 정책 공약은 양당이 구분되지 않아서 '새누리민주당'이 두 명의 후보를 낸 것 같은 혼란이 있었다. 그리고 선거공약은 선거에 이기기 위한 선거공약일 뿐, 당선된 이후에는 이를 잊어버리거나 심지어 뒤집는 경우가 적지 않았다. 상황이 이러하니 유권자들의 투표 행태만을 탓할 수 없는 것이다.

단임제 대통령제에도 문제가 있다. 선거기간 동안에는 세상 모든 문제를 다 해결할 것처럼 국민들에게 잘 보이려고 노력하고, 장밋빛 공약들도 남발한다. 그러나 당선이 되면 재임의 기회가 없기 때문에 '소신껏' 자기 방식대로 국정을 운영한다. 그 '소신'이 대통령 자신의 판단으로는 국가의 먼 장래를 위한 것이라고 하지만, 국민들의 눈에는 '아집'과 '불통'의 소신으로 비쳐지는 경우가 적지 않았다. 국민들은 자신이 지지했던 것을 후회하고, '이 대통령이 그 후보가 맞느냐'고 자문해야 하는 상황이 적지 않았다. 집권 여당도 마찬가지다. 집권 초기에는 대통령에게 바짝 엎드리다가 집권 말기에는 대통령과 거리 두기를 하고, 대선 후보들은 당명을 바꾸고 대통령과 같은 집권당 후보가 아닌 것처럼 행동해서 유권자들이 기억상실 투표를 하도록 유도한다. 선거가 대통령과 집권당의 국정 수행에 대한 평가로 이어지지 않는 것이다. 이런 정치적 현실에 비춰보면 유권자들의 비합리적인 투표 성향이 전혀 이해가 안 되는 것은 아니다.

| 민주주의가 희망이다 |

최장집은 한국은 절차적 민주주의는 다른 어떤 나라보다 자리 잡혔고, 이제는 민주주의가 '시장 경쟁과 그것이 창출하는 불평등화와 소외 효과를 중화하고 보완하는 민중적 성격을 띠는 정치제도이자 체제'[101]로서 작동하는 실질적 민주주의를 실현해야 할 때라고 한다. 실질적 민주주의를 실현하기 위해서는 함께 잘사는 '정의로운 자본주의'를 목표로 삼는 정당이 존재해야 한다. 그리고 그러한 정당이 국민의 지지를 받아서 앞서 논의한 정책들을 현실에서 실천해야 한다. 그러나 앞서 살펴본 최근의 한국 정당들과 선거에서 나타난 한국의 정치 현실은 정치가 문제를 풀어내는 것이 아니라 '정치가 문제'이다. 그러나 희망을 버릴 수는 없다. 미국과 유럽의 자본주의 정치사에서 분배·복지와 관련된 제도들을 도입한 것은 '과격한 좌파들이 아니라 비스마르크(Bismarck), 처칠(Churchill), 루스벨트(Roosevelt)와 같은 계몽된 귀족 계층의 보수주의자들이었다. 그들은 자본주의를 파괴하기 위해서가 아니라 오히려 자본주의를 구하기 위해서 중산층을 보호하는 사회복지 정책을 채택했던 것이다.'[102] 새로운 대안 정당의 출현이 가능하지 않아도 기존의 정당들이 기득권을 깨고 진보와 보수를 넘어선 정치 개혁을 해서 함께 잘사는 '정의로운 자본주의'를 현실로 만들도록 국민들이 투표를 통해 요구해야 한다.

자본주의 시장경제는 경쟁이 가장 핵심적인 작동 원리다. 그러나 시장은 공정한 경쟁을 스스로 만들어내지 않는다. 공정한 경쟁이라 할지라도 시장은 공정한 분배를 만들어내지 않는다. 오히려 그 반대다. 승자가 더 많은 몫을 가져가는 경쟁의 원리로 존재하는 시장은 설령 출발선에서 모두가 같은 역량과 자본을 가진 평등한 상태에서 시작한다고 해도 결국은 스스로 '공정'을 '불공정'으로 바꿔놓고, '평등'을 '불평등'으로 바꿔놓는다. 시장은 더 큰 파이(pie)를 더 효율적으로 만들어내는 체제일 뿐이다. 노동자들에게 얼마만큼을 분배할 것이냐, 임금격차를 얼마로 할 것이냐, 비정규직을 어떻게 정규직으로 바꿀 것이냐는 민주주의가 결정할 문제이지 시장에 맡길 문제가 아니다. 누진세를 얼마로 결정할 것이냐, 지역 간 격차를 어떻게 해소할 것이냐, 기초 복지를 어느 정도 확대할 것이냐, 어떤 부분에서 보편적 복지를 시행할 것이냐, 교육과 의료의 공공성을 어떻게 확대할 것이냐 등도 시장이 아닌 민주주의가 결정할 일이다. 시장은 가치중립적인 제도일 뿐이다. 시장에 사회적 가치나 이념적 경사를 부여하는 것은 시장을 운영하는 국민들이다. 시장이 공정한 질서를 유지하고, 시장에서 만들어진 결과를 공정하게 함께 나누는 것을 결정하는 것은 시장이 아니라 국민들이다. 함께 잘사는 '정의로운 자본주의'를 만들어내는 것은 시장이 아니라 시장을 운영하는 정부와 정치, 그리고 민주주의가 해내야 할 몫인 것이다.

자본주의 역사는 노동과 자본의 끊임없는 협력과 충돌의 역사다. 생산을 위해서 노동과 자본이 결합하고 협력해야 한다. 그러나 생산으로 만들어낸 부가가치를 나누는 단계에서는 노동과 자본이 서로 많은 몫을 가져가려고 충돌할 수밖에 없다. 자본이란 돈이 돈을 버는 세포분열적인 자기 복제성이 있다. 하지만 노동은 복제가 불가능하며 유일한 확장 수단이 생산성, 즉 역량을 늘리는 것이다. 자본은 이동성이 높지만 노동은 그렇지 못하다. 자본은 언제든지 더 나은 투자처를 찾아서 국경을 넘어서 순간적으로 이동하지만, 노동은 일단 한번 자리를 잡으면 대안적 일자리를 찾기 어렵다. 이러한 노동과 자본의 본질적인 속성 차이로 인해서 노동과 자본의 이해가 충돌될 때는 노동이 자본보다 항시 불리할 수밖에 없다. 그렇기 때문에 민주주의가 작동해야 하는 것이다. 민주주의 이론 정치학자인 로버트 달(Robert Dahl)은 '어떤 법체계도 재산권을 자연권으로 주장하는 것을 완전히 인정한 적이 없다.' 그리고 '재산권은 단일한 권리가 아니다. 그것은 권리와 특권, 의무와 책임의 묶음'이라고 했다.[103] 소득 불평등과 양극화를 해소하고 함께 잘사는 사회를 만드는 것은 자본의 사회에 대한 의무와 책임의 문제라는 것이다. 그렇기 때문에 한국 사회의 구성원들이 '민주적 절차를 통해 민주주의, 공정성, 효율성 등의 가치를 추구하고, 바람직한 인간성을 함양하고, 인간다운 생활을 영위하는 데 필수적인 최소한의 개인적 자원을 확보할 수 있도록'[104] 정의로운 분배를 달성할 방법을 모색하고 결정할 권리를 갖는 것이 민주주의인 것이다.

한국에서 함께 잘사는 '정의로운 자본주의'가 현실이 될 희망은 민주주의에 달려 있다. 자본과 노동의 이해가 충돌할 때, 불평등을 만드는 자본주의는 자본의 편이다. 그러나 평등을 만드는 민주주의는 노동의 편이다. 자본주의는 기득권 세력, 부유층 그리고 재벌의 편이다. 그러나 민주주의는 중산층과 서민, 소외층 그리고 중소기업의 편이다. 자본주의는 '돈'이라는 무기가 있지만, 민주주의는 '1인 1표의 투표'라는 무기가 있다. 국민의 절대다수는 자본이 아닌 노동으로 삶을 영위한다. 그러기에 민주주의 정치체제에서 자본주의가 민주주의와 충돌할 때, 민주주의가 가진 '투표'의 무기가 작동되면 자본주의의 '돈'이라는 무기를 이길 수 있거나 적어도 제어할 수 있다. 승자가 더 많은 몫을 가져가는 경쟁의 원리는 경쟁을 스스로 소멸시키는 모순을 가지고 있고, 또한 개별 경쟁자의 효율성을 높이는 것이 경제 전체의 효율성을 높이는 것과 일치하지 않는 구성의 모순을 가지고 있다고 설명한 바 있다. 그러기 때문에 민주주의가 없는 자본주의는 스스로 소멸한다. '투표'가 '돈'을 이겨서 함께 잘사는 '정의로운 자본주의'를 만들어내는 것은 민주주의가 자본주의를 이기는 것이 아니다. 오히려 민주주의가 자본주의를 살리고 발전시키는 것이다. 한국은 함께 잘사는 '정의로운 자본주의'를 실현할 한국의 현실에 맞는 정책들을 만들어낼 역량을 충분히 가지고 있다. 그러기에 자본이 아닌 노동으로 삶을 꾸려가는 절대다수의 국민들이 '계급 투표'와 '기억 투표'를 한다면, 함께 잘사는 정의로운 자본주의가 현실이 될 희망은 있다.

제1장 고장 난 한국 자본주의

1   미국과 영국의 성장률은 각각 2008년 -0.3%, -0.8%, 2009년 -2.8%, -5.2%였다.
    그리고 세계경제의 성장률은 2008년 1.4%, 2009년 -2.1%였다. 경제성장률은 세
    계은행의 자료에 근거했다.

2   세계경제의 연평균 성장률은 1960년대 5.5%, 1970년대 4.0%, 1980년대 3.1%,
    1990년대 2.7%, 그리고 금융 위기 발생 이전 2000년부터 2007년까지는 3.3%였
    다. 세계은행 자료에 근거했다.

3   2008년부터 2013년까지 세계경제의 연평균 성장률은 1.8%였다. 같은 기간 동안
    고소득 국가들의 연평균 성장률은 0.8%, 중간 소득 국가들은 5.3% 그리고 저소
    득 국가들은 5.9%였다. 소득수준별 국가 분류와 성장률은 세계은행 자료에 근
    거했다.

4   미국의 소득 불평등의 변화 추세에 대해서는 다음을 참조한다.
    레리 바텔스, 《불평등 민주주의》, 위선주 옮김, 21세기북스, 2012, 65쪽.
    Thomas Piketty, 《Capital in the Twenty-First Century》, The Belknap Press of
    Havard University Press, 2014, p.291~294.

5   한국이 외환 위기 이후에 지속적으로 소득 불평등이 악화되는 변화 추세에 대해
    서는 다음을 참조한다.
    김낙년, "한국의 소득 불평등, 1963-2010: 근로소득을 중심으로", 〈경제발전연
    구〉 제18권 제2호, 2012.
    홍석철, 전한경, "인구 고령화와 소득 불평등의 심화", 〈한국 경제의 분석〉 19권 1
    호, 2013, 79쪽.
    백웅기, "경제 양극화 완화를 위한 경제정책 방향", 〈금융연구 working paper〉
    12-02, 한국금융연구원, 2012.

6   OECD(경제협력개발기구) 보고서는 1985년부터 2008년까지의 가처분소득을 기
    준한 통계다. 22개 조사 대상 국가들의 평균 지니계수(Gini係數)는 1985년 0.29
    에서 2008년 0.31로 증가했으며, 터키와 그리스의 2개 국가를 제외한 나머지 20

개 모든 국가에서 지니계수가 증가했다. 지니계수는 소득 불평등을 측정하는 지표이며 0에서 1의 숫자로 측정하는데, 숫자가 커질수록 불균형이 큰 것을 의미한다. 한국은 1980년 중반에 소득 자료가 존재하지 않아서 이 조사에 포함되지 않았다. 참고로 한국의 2008년 지니계수는 0.31이며, 이는 OECD 보고서에 포함된 나라들의 평균에 해당한다.

OECD, 〈Divide We Stand: Why Inequality Keeps Rising〉, 2011, 22~28쪽.

7　OECD(2011), op. cit., Table 1.

8　스웨덴은 지니계수가 1985년 0.2에서 2008년 0.26으로 증가해서 증가 폭이 가장 큰 나라다. 그럼에도 불구하고 스웨덴은 2008년 기준 지니계수가 가장 낮은 나라다(자료는 OECD, 〈Divide We Stand〉, 2011).

9　금융 위기 이후에 소득 불평등이 더욱 악화되었다는 내용은 다음의 보고서를 참고했다.

OECD, 〈Crisis squeezes income and puts pressure on inequality and poverty〉, 2013.

10　1990년 이후 지난 20년 동안 소득 불평등이 악화되는 추세에 대한 내용은 다음의 논문들을 참조했다.

홍석철, 전한경(2013), 전게서, 79쪽.

백웅기(2012), 전게서.

11　가처분소득을 기준으로 한 한국의 2010년 지니계수는 0.31이다. OECD 회원국들의 평균 지니계수는 0.314로 한국은 평균에 해당한다. 지니계수의 순위에서도 한국은 34개 회원국 중에서 17위로 중간에 위치한다. 총소득으로 지니계수를 측정할 경우에 한국의 소득 자료가 왜곡되어 있는 것으로 나타나기 때문에 소득 불평등에 관한 국제 비교는 모두 가처분소득을 기준으로 한다. 세금과 공적부조(公的扶助)를 제외하지 않은 총소득을 기준할 경우에 한국의 지니계수는 2010년 0.34로 자료가 제공되고 있는 OECD 31개 국가 중에서 가장 소득 불평등이 낮은 나라로 나타난다. 한국의 지니계수 0.34는 소득 불평등이 낮은 나라로 알려져 있는 북구의 스웨덴(0.44), 노르웨이(0.42), 덴마크(0.43)보다 훨씬 더 낮은 것으로 나타나서 한국의 소득 자료가 왜곡된 것임을 보여주고 있다. 지니계수는 OECD 홈페이지 통계 시스템(http://www.oecd.org/statistics/)에서 구했다.

12　상위 소득자들의 누락된 소득과 실제보다 낮게 보고된 소득을 보정할 경우에 2010년 한국의 지니계수는 0.31에서 0.37로 높아진다. 이는 2010년 OECD 회원국 중에서 여섯 번째로 높은 것이며, 선진국 중에서 소득 불평등이 가장 심한 나라인 미국의 0.38과 비슷한 수준이다. 한국의 소득분배 통계 왜곡에 대한 내용은 다음의 논문을 참조했다.

김낙년, 김종일, "한국 소득분배 지표의 재검토", 〈한국 경제의 분석〉 19권 2호,

2013.

13 홍석철, 전한경(2013), 전게서, 72쪽 참조.

14 2010년 기준 가처분소득 OECD 자료다. 2010년 자료가 없는 나라 6개국(칠레, 헝가리, 아일랜드, 뉴질랜드, 스위스, 터키)은 2009년 자료를 사용했다. 상위 10%와 하위 10% 소득을 기준으로 한국보다 소득 불평등이 더 심한 나라는 멕시코, 칠레, 이스라엘, 터키, 미국, 스페인, 일본이다.

15 소득 원천별로 소득 불평등 기여도를 분석한 다음의 논문에서 근로소득이 가장 큰 원인이 되고 있고, 그 다음으로는 사업소득(자영업자 소득)이 원인이 되고 있는 것으로 보고하고 있다. 1982년부터 2009년까지 기간을 분석한 성명재(2010)는 1990년대에는 근로소득만큼이나 사업소득(자영업자 소득)도 주요한 원인이었으나 2007년 이후에는 근로소득이 압도적인 원인인 것으로 분석했다. 2005년부터 2011년까지를 분석한 김재호, 정주연(2013)은 2011년의 경우에 소득 불평등의 83%가 근로소득의 불평등으로 인한 것으로 제시하고 있다.
김재호, 정주연, "금융 위기 이후의 소득재분배 정책의 효과", 〈한국정책학회보〉 22권 2호, 2013.
성명재, "우리나라 소득분배 구조의 주요 특징 및 요인별 분해", 재정포럼, 2010.

16 홍석철, 전한경(2013), 전게서, 94쪽 참조.

17 OECD 통계 시스템(http://www.oecd.org/statistics/)에서 구했다. 이 통계는 상용 근로자(Full-Time Employee)의 총소득(Gross Earnings) 분포이며, 순위는 2011년의 자료다. 2011년 자료가 제공되지 않은 나라는 2010년 자료를 이용했다. 모든 나라에 2010년 자료를 사용할 경우에 한국은 33개 국가 중에서 네 번째로 최상위 10%와 최하위 10%의 임금격차가 큰 나라다. 중간 임금보다 1.5배 많은 임금을 받는 노동자의 비율은 한국의 통계가 OECD에 제공되어 있지 않다.

18 백웅기(2012), 전게서, 29쪽 표 4 참조.

19 백웅기(2012), 전게서, 27~30쪽 참조.

20 양극화를 측정하는 지수로는 아래의 논문에서 제시한 울프슨 지수(Wolfson Index)와 ER(Esteban and Ray) 지수 두 가지를 주로 사용한다.
Wolfson, Michael, "When Inequalities Diverge", 〈The American Economic Review〉 vol.84 no.2, 1994.
Esteban, Joan-Maria and Debraj Ray, "On the Measurement of Polarization", 〈Econometrica〉, vol.62 no.4 1994.

21 백웅기(2012) 연구에 의하면 한국의 경우에 1983년부터 2010년까지의 28년 동안 소득 불평등과 양극화가 함께 나빠진 경우는 열한 번이고 함께 개선된 경우가 아홉 번이며, 소득 불평등만 악화된 경우는 여섯 번, 양극화만 악화된 경우는 두 번이었다. 2001년 이후에는 소득 불평등과 양극화가 함께 개선된 것은 2010

년이 유일하다.

22 신관호, 신동균, "소득분포 양극화의 특성과 경제·사회적 영향", 〈한국 경제의 분석〉 13권 1호, 2007, 65쪽 참조.

23 1980년대 초부터 1997년 외환 위기 전후 기간의 양극화 추세는 다음의 논문을 참조한다.
최희갑, "외환 위기와 소득분배의 양극화", 〈국제경제연구〉 제8권 제2호, 2002.
신동균, 전병유, "소득분포의 양극화 추이", 〈노동경제논집〉 제28권 제3호, 2005.
이정우, 이성림, "경제 위기와 빈부 격차: 1997년 위기 전후의 소득분배와 빈곤", 〈국제경제연구〉 제7권 제2호, 2001.
남상호, 임병인, "소득·소비 분배 구조 추이 및 양극화 분석", 〈경제학연구〉 제56집 제1호, 2008.

24 중산층을 정의하는 가장 대표적인 기준은 OECD가 사용하는 중위 소득의 50~150% 사이에 있는 소득 계층이다. 중위 소득이란 전체 가구 또는 개인의 소득분포에서 중간에 해당하는 소득이며, 평균과는 다른 것이다. OECD 기준 이외에도 연구에 따라서 중산층을 중위 소득의 80~125%, 66.7~133.3% 또는 50.5~200%로 다양하다. 이정우, 이성림(2001)은 이 네 가지 정의 중에서 어떤 것을 적용해도 중산층이 축소되고 있음을 보여주었다.
이정우. 이성림(2001), 전게서, 96쪽 참조.

25 신동균, "외환 위기 이후 소득분배 양극화의 추이, 원인 및 정책적 시사점", 〈경제학연구〉 제55집 제4호, 2007, 506쪽과 526쪽 참조.

26 김낙년(2012)이 통계청의 가계조사와 국세청의 소득세 자료를 결합한 소득 자료를 분석한 결과에 의하면 중위 소득의 50~150% 사이의 중간 소득 계층은 2000년 51.5%였으나 2012년 45.5%로 5.8%포인트가 감소해서, 중산층이 약 11% 줄어들었다. 중위 소득 150% 이상의 고소득 계층은 같은 기간 동안 30.3%에서 32.5%로 2.2%포인트 증가했으며, 중위 소득 50% 미만의 저소득 계층은 18.5%에서 22.1%로 3.6%포인트 증가했다.
김낙년(2012), 전게서, 158쪽 부표 3 참조.

27 김재호, 정주연(2013), 전게서.

28 경기변동이 양극화에 단기적으로 영향을 미치지만 외환 이후에 장기적으로 악화되는 추세는 경기변동과 무관하다는 것은 신동균(2007)을 참조한다.

29 경기가 위축되면 고용이 줄어들고, 이후에 경기가 회복되면 고용이 다시 증가하는 것이 정상적인 경기와 고용의 순환이다. 그러나 1980년대 유럽과 1990년대 미국에서 경기 위축 이후에 경제가 회복되었음에도 불구하고 고용이 이전의 수준으로 회복되지 않는 현상을 '고용 없는 회복(Jobless Recovery)' 또는 '고용 없는 성장(Jobless Growth)'이라고 표현했다. 세계노동기구(ILO)의 2014년 세계 고

용 추세 보고서(Global Employment Trends, 2014)는 글로벌 금융 위기 이후에 세계경제가 완만한 회복 추세에 있지만 고용이 증가하지 않는 지금의 세계경제의 상황을 우려하는 표현으로 보고서의 부제목을 '고용 없는 경기 회복의 위험(Risk of jobless recovery)'이라고 달고 있다.

30 한국에 '고용 없는 성장' 현상이 존재하는가에 대해서는 연구 방법과 연구 대상 기간 등에 따라서 의견이 서로 다르다. 이와 관련된 논의는 다음의 연구들을 참조한다.

허재준, 고영우, "고용 탄력성 추정과 정책적 시사점: 비안정적 시계열 분석 방법론을 이용한 고찰", 〈노동경제논집〉 3·4월 3호, 2011.

유경준, 신석하, 류덕현, "성장과 고용 및 실업의 관계 연구", 〈성장과 고용의 선순환 구축을 위한 패러다임 전환〉, 한국개발연구원 보고서 2011-2, 2011.

김용현, "고용 없는 성장, 현실인가?", 〈노동정책연구〉 5권 3호, 2005.

31 배기준, "최근 실물경제와 고용 지표 간의 연계 변화", 〈월간 노동리뷰〉2013년 9월호, 2013.

박세준, 박창현, 오용연, "경기-고용 간 관계 변화의 구조적 요인 진단과 정책적 시사점", 〈BOK 이슈리뷰〉 2권 2호, 2013.

32 한국은 지난 20여 년 동안 외환 위기 직후의 두 해를 제외하고는 항시 OECD 회원국 중에서 실업률이 가장 낮은 나라에 속한다. 한국은 2012, 2013년 두 해는 실업률이 3.2%와 3.1%로 34개 OECD 회원국 중에서 가장 낮았고, 글로벌 금융 위기가 발생한 2008년에는 네 번째, 2009년과 2010년에는 두 번째로 낮았다. 외환 위기 이전인 1994년부터 1997년까지도 OECD 회원국 중에서 실업률이 가장 낮은 나라였다. 외환 위기를 벗어난 것으로 볼 수 있는 2002년에 네 번째로 실업률이 낮았고, 이후 2003년에는 세 번째, 2004년에는 두 번째 등으로 이후에 지속적으로 두 번째 또는 세 번째로 실업률이 낮았다. 실업률에 관한 통계는 OECD 통계 사이트(http://stats.oecd.org/index.aspx)에서 구했다.

33 한국의 2013년 고용률은 64.4%로 OECD 34개 회원국 중에서 스무 번째다. 한국의 고용률은 34개 OECD 회원국 중에서 2012년에도 스무 번째였고, 2011년에는 스물두 번째, 2010년에는 스물한 번째, 2009년에는 스물두 번째, 2008년에 스물세 번째 등으로 지속적으로 하위권에 속했다. 고용률에 관한 통계는 OECD 통계 사이트(http://stats.oecd.org/index.aspx)에서 구했다.

34 고용률은 15세 이상 생산 가능 인구 중에서 취업자의 비율이다. 실업률은 생산 가능 인구 중에서 스스로 취업을 포기한 사람을 의미하는 비경제활동인구를 제외한 경제활동인구 중에서 실업자의 비율이다. 따라서 실업률은 취업을 원하는 사람 중에서 실업자의 비율로 해석할 수 있다. 경제활동인구에는 현실적으로 취업할 수 없는 군인 등이 제외되며, 비경제활동인구에는 학생·가정주부·구직 단

넘자 · 취업 준비자 등이 포함된다.

35 외환 위기 상황이었던 1998년과 1999년에 한국의 실업률은 각각 7.0%와 6.8%였다. 이러한 실업률은 34개의 OECD 회원국들 중에서 1998년에는 열세 번째, 1999년에는 열두 번째로 낮은 것이었다.

36 한국 실업률 통계의 문제에 대한 논의는 다음의 논문을 참조한다.
황수경, "실업률 측정의 문제점과 보완적 실업 지표 연구", 〈노동경제논집〉 33권 3호, 2010.

37 제조업은 2000년 10.4명에서 2011년 5.5명으로 10여 년 동안 절반 이하로 줄어들었다. 서비스업은 2000년 16.2명이었으나 2011년 11.5명으로 약 30%가 줄었다. 고용유발계수는 다음의 자료에서 구했다.
산업연구원, 〈주요 산업 동향 지표〉 통권 제24호, 2013.

38 2012년 국내총생산(GDP)에서 제조업이 차지하는 비중은 31.1%이며, 서비스업이 차지하는 비중은 58.2%이다. 10년 전인 2002년에 제조업의 비중은 26.5%였고 서비스업의 비중은 59.8%였다. 통계는 한국은행 국민 계정에서 구했다.

39 국내총생산에서 제조업이 차지하는 비중은 2007년 27.3%, 2008년 27.9%, 2009년 27.8%였으나 2010년에는 30.3%, 2011년 31.3%, 그리고 2012년 31.1%로 증가했다. 반면에 서비스업이 차지하는 비중은 2007년 60.0%, 2008년 60.8%, 2009년 60.4%였으나 2010년에는 58.5%, 2011년 58.0%, 2012년 58.2%로 오히려 줄었다. 전체 고용 중에서 제조업의 비중은 2008년 16.8%에서 2012년 16.6%로 큰 변화가 없고, 서비스업의 비중은 2008년 67.9%에서 2012년 69.6%로 늘어났다. 국내총생산 비중은 한국은행 국민 계정 자료이며, 고용 비중은 노동연구원 자료다.

40 2011년 국내총생산에서 제조업(에너지산업 포함)이 차지하는 비중은 한국이 33.8%로 노르웨이의 36.4%에 이어서 OECD 회원국 중 두 번째로 높다. 2009년과 2010년에도 두 번째로 높았다. 통계는 OECD 통계 사이트에서 구했다.

41 2011년 OECD 회원국 중에서 국내총생산에서 서비스업이 차지하는 비중이 가장 낮은 나라는 노르웨이로 56.3%, 두 번째로 낮은 나라는 칠레로 57.5%이다.

42 '경제의 서비스화' 현상을 최초로 이론화한 학자는 보몰(William J. Baumol)이다. 대표적인 연구로는 다음을 참조한다.
Baumol, W. and Bowen, W., 《Performing Arts: The Economic Dilemma》, Twentieth Century Fund, 1966.

43 '임금 없는 성장'이라는 표현은 다음의 연구 보고서가 사용한 것으로, 최근의 한국 경제 상황을 적절하게 표현한 것이라 판단되어 인용했다.
박종규, "한국 경제의 구조적 과제: 임금 없는 성장과 기업 저축의 역설", 〈KIF연구보고서〉 2013-08, 한국금융연구원, 2013.

44 한국은행 경제통계 시스템(http://ecos.bok.or.kr/)의 자료에 근거했다. 실질임금
은 직종별 평균임금 중에서 전 직종 평균임금을 물가 상승률로 전환했다. 경제성
장률은 국내총생산의 성장률이다. 임금에 관한 또 다른 통계로는 통계청(http://
kosis.kr/)이 발표하는 광업제조업조사에서 연간 총급여액을 종사자 수로 나눈
평균임금을 사용할 수 있다. 그러나 이 통계는 2007년부터 사용할 수 있기 때문
에 한국은행 통계를 사용했다. 통계청의 통계를 사용한 경우에도 소비자물가지
수로 환산한 실질임금을 구하면, 2008년부터 2012년까지 글로벌 금융 위기 이
후 5년 동안의 명목임금의 연평균 증가율은 3.8%이며, 소비자물자지수의 연평균
상승률은 3.3%여서 실질임금의 연평균 증가율은 0.5%이다.

45 1인당 국민소득의 실질 증가율은 경상가격 1인당 국민소득을 국내총생산 디플
레이터(deflator)를 이용해서 불변가격으로 전환하여 구했다. 경제성장률, 1인당
국민소득, 국내총생산 디플레이터에 관한 통계는 한국은행의 경제통계 시스템에
서 구했다.

46 노동소득분배율은 기업이 만들어낸 부가가치 중에서 노동자들에게 분배된 몫
의 비중이다. 한국의 노동소득분배율은 한국은행이 집계하고 발표하는 국민 계
정 통계에 의하면 지난 10년 동안 정체 상태로 크게 변하지 않은 것으로 나타난
다. 그러나 국민 계정에서 제시한 통계는 정확한 노동소득분배율이라고 보기 어
렵다. 왜냐하면 자영업자 소득의 상당 부분은 자영업을 하는 사람 자신의 노동
소득으로 간주해야 하며, 특히 영세한 자영업자의 소득은 대부분 노동소득으로
봐야 한다. 그러나 국민 계정 통계는 자영업자 소득을 모두 사업 이익으로 간주
하고 집계한 것이기에 노동소득분배율을 계산하기에는 무리다. 더욱이 한국은
노동자 열 명 중에서 세 명이 자영업일 정도로 자영업자 비율이 높을 뿐만 아니
라 OECD 34개 회원국 중에서 자영업자의 비중이 네 번째일 정도로 다른 나라들
보다 매우 높다. OECD 통계에 의하면 2012년 한국 자영업자 비율은 28.2%이다.
34개 OECD 회원국 중에서 한국보다 자영업자 비율이 높은 나라는 터키 37.1%,
그리스 36.4%, 그리고 멕시코 28.2%이다. OECD 국가들의 평균 자영업자 비율
은 16.2%이다. 따라서 국민 계정으로 계산한 노동소득분배율은 실제보다 왜곡
된 것일 뿐만 아니라 최근 들어 자영업자의 소득이 줄어들고 있는 추세도 제대로
반영하지 못하고 있다. 보다 정확한 노동소득분배율을 구하기 위해서는 자영업
자의 소득 중에서 일부를 노동소득으로 반영하여 계산해야 한다. 국민 계정 통계
를 활용하여 노동소득분배율에 관한 모든 연구는 자영업자의 비중을 보정하는
방법을 채택하고 있다.

47 보정된 노동소득분배율에 관한 통계는 한국노동연구원 홍민기 연구위원이 다
음의 보고서에 실린 내용을 제공해준 것이다. 이 보고서는 자영업자 소득을 보
정하는 대안적 방법으로 자영업자 소득 중 3분의 2를 노동소득으로, 3분의 1을

자본소득으로 간주하여 보정한 경우에도 노동소득분배율은 1998년 77.0%에서 2010년 67.5%로 크게 하락한다(보고서 54쪽 참조).

이병희, 홍민기, 이현주, 강신욱, 장지연, "경제적 불평등과 노동시장 연구", 〈한국노동연구원 연구보고서〉 2013-01, 한국노동연구원, 2013.

48 자영업자 소득 중에서 노동소득을 보정한 연구로는 다음의 논문을 참조한다. 이 논문은 1975년부터 2010년까지의 노동소득분배율를 추정했으며, 2010년이 보정 방법과 관계없이 1990년 이후에 가장 낮은 것으로 보고하고 있다.

김배근, "노동소득분배율 측정 및 결정 요인에 관한 연구", 〈경제분석〉 제19권 제3호, 한국은행 경제연구원, 2013.

49 경제성장률과 가계소득 증가율의 차이에 관한 논의는 다음의 보고서를 참조했다. 아래의 보고서는 2010년까지를 분석한 반면, 이 책에서는 가장 최근의 소득 자료가 존재하는 2012년까지 비교 기간을 연장했다.

강두용, 이상호, "한국 경제의 가계·기업 간 소득 성장 불균형 문제: 현상, 원인, 함의", 〈Issue Paper〉 2012-296, 산업연구원, 2012.

50 경제성장률은 실질 경제성장률이고, 가계소득도 소비자물가지수를 이용해서 불변가격으로 환산한 실질 가계소득의 증가율이다.

51 2003년부터 2012년까지 한국의 연평균 경제성장률은 3.6%이고, 물가 상승을 조정한 실질 가계 가처분소득의 연평균 증가율은 2.8%여서 그 차이가 연평균 0.8%포인트다. 이와 같은 차이는 OECD 34개 회원국 중에서 2003년부터 2012년까지 가계소득 통계가 제공된 26개 국가 중에서 다섯 번째로 큰 것이다. 한국보다 연평균 가계소득 증가율과 경제성장률의 차이가 더 큰 나라는 헝가리, 네덜란드, 슬로바키아, 폴란드다. 경제성장과 가계소득의 통계는 OECD의 통계 사이트(http://stats.oecd.org/)에서 구했다. 2008년부터 2012년까지 5년 동안의 한국의 연평균 경제성장률은 2.9%이며, 연평균 가계소득 증가율은 2.1%이다. 이는 OECD 회원국 중에서 금융 위기 이후 기간의 가계소득 통계가 제공되는 28개 국가 중에서 일곱 번째로 큰 것이다. 28개 국가 중에서 16개 국가는 금융 위기 상황에서도 가계소득의 증가가 경제성장보다 높았다.

52 2008년부터 2012년까지 5년 동안의 연평균 경제성장률은 영국이 -0.24%, 미국이 0.63%였다. 그러나 연평균 실질 가계 가처분소득 증가율은 영국이 1.01%, 미국인 1.51%였다.

53 가계소득 중에서 근로소득이 차지하는 비중은 1989년 86.3%, 1990년 85.8% 1991년 85.1%, 1992년 85.3%, 그리고 2000년 84.1%, 2001년 84.2%로 지속적인 감소 추세를 유지했으나 이후에 다시 증가했다.

54 비정규직의 범위를 어떻게 정하느냐에 따라서 비정규직 규모에 대한 통계가 달라지는 것에 대한 논의는 다음의 장신철(2012)을 참조한다. 노동계의 비정규직

추계 방식에 대해서는 다음의 김유선(2013)을 참조한다.

장신철, "비정규직 범위와 규모에 대한 새로운 고찰", 〈산업관계연구〉 제22권 제1호, 2012.

김유선, "비정규직 규모와 실태", 〈KLSI 이슈 페이퍼〉 2013-07, 한국노동사회연구소, 2013.

55 비정규직 문제는 다른 나라와 비교하지 못했다. 그 이유는 고용 형태에 대한 국가별 기준이 크게 달라서 한국에서의 비정규직을 다른 나라들과 비교할 수 없기 때문이다. 비정규직과 다른 개념이지만 국제 비교가 가능한 자료로는 OECD가 두 가지 자료를 제공하고 있다. 첫째는 주 30시간 노동을 기준으로 풀타임(Full-Time) 고용과 파트타임(Part-Time) 고용을 구분해서 작성한 통계가 있다. 그러나 한국 정부가 그 기준을 따르지 않기 때문에 OECD 통계에 한국 자료는 누락되어 있다. 둘째는 영구적 고용(Permanent Employment)과 임시적 고용(Temporary Employment)에 관한 통계다. 이 경우에도 나라별로 기준에 크게 차이가 있다. 이 통계에 의하면 한국의 임시적 고용은 2011년 23.8%로 통계를 제시한 30개 OECD 회원국 중에서 네 번째로 임시적 고용 비중이 높다.

56 한국노동연구원 통계임.

57 김유선(2013) 참조.

58 정부의 공식 통계는 한국노동연구원(www.kli.re.kr)의 자료다.

59 노동계의 통계는 한국노동사회연구원(www.klsi.org)의 자료다.

60 김유선(2013)과 김유선(2009)의 자료에 의하면 기간제 근로자의 비중은 2007년 15.9%, 2008년 14.7%, 2009년 17.1%, 2010년 14.6%, 2011년 15.2%, 2012년 15.3%, 2013년 15.1%이다.

김유선(2013), 전게서.

김유선, "비정규직 규모와 실태: 통계청 경제활동인구조사 부가 조사(2009.8) 결과", 한국노동사회연구소, 2009.

61 청년층의 첫 일자리 중에서 계약직에 해당한 비중은 2006년에는 1년 이하가 8.7%였으나 2013년에 21.2%로 급격하게 증가했다. 첫 일자리 중에서 안정적인 고용에 해당하는 계약 기간을 정하지 않은 경우는 2004년 69.9%였으나 2013년 61.6%로 크게 감소했다. 청년층 일자리 통계는 다음을 참조한다.

김두순, "청년층 첫 일자리 진입 행태 분석", 〈고용 동향 브리프〉 2014년 5월, 한국고용정보원. 2014.

62 한국은행 경제통계 시스템에서 제공되고 있는 기업 경영분석의 전산업 자료가 2004년부터 제공되고 있기 때문에 2004년부터 2012년까지에 대한 분석을 했다.

63 한국은행 기업 경영분석 조사 대상 기업에 대하여 필자가 추정한 총배당금은 2004년 14.2조 원, 2005년 14.4조 원, 2006년 13.3조 원, 2007년 16.7조 원, 2008

년 8.3조 원, 2009년 13.8조 원, 2010년 20.2조 원, 2011년 18.0조 원, 2012년 15.7
조 원이다. 기업 경영분석 조사 대상 기업이 2009년부터 확대되었으며 2009년 이
후 통계는 확대된 조사 대상 기업에 대한 것이다.

64 한국은행 기업 경영분석 조사 대상 기업에 대하여 필자가 추정한 인건비 총액 대
비 배당금 총액의 비율은 연도별로 다음과 같다. 2004년 9.7%, 2005년 8.3%,
2006년 7.6%, 2007년 8.8%, 2008년 3.1%, 2009년 5.0%, 2010년 6.7%, 2011년
5.6%, 2012년 4.5%. 기업 경영분석 조사 대상 기업이 2009년부터 확대되었으며
2009년 이후 통계는 확대된 조사 대상 기업에 대한 것이다.

65 한국은행의 기업 경영분석을 이용한 인건비 대비 배당금의 비중은 배당금 총
액을 인건비 총액으로 나눈 비율이다. 인건비는 '손익계산서'에서 급여, 퇴직급
여, 복리 후생비와 '제조원가명세서'에서 노무비, 복리 후생비를 모두 더했다. 배
당금은 '손익계산서' 상의 순이익과 '손익의 관계비율' 중 배당성향을 이용해서
구했다. 연도별 인건비 대비 배당금의 비중은 다음과 같다. 2004년 9.7%, 2005
년 8.3%, 2006년 7.6%, 2007년 8.8%, 2008년 3.1%, 2009년 5.0%, 2010년 6.7%,
2011년 5.6%, 2012년 4.5%. 기업 경영분석의 조사 방법이 2010년에 모든 조사
기업을 포함하는 방법으로 크게 변했는데 조사 방법이 변한 경우에는 변동 이후
의 자료를 사용했다. 2004년 이전의 자료가 제공되고 있는 제조업의 경우에도
인건비 대비 배당금의 비중은 전산업의 경우와 마찬가지로 늘어나고 있지 않다.
제조업의 경우에 2012년 8.3%인데 이는 2004년 11.3%, 2005년 10.1%, 2007년
10.7%, 2010년 12.4%, 2011년 10.3%보다 낮은 것이다.

66 실질 인건비 총액은 명목 인건비 총액을 소비자물가지수를 이용하여 2010년 기
준 불변가격으로 전환해서 구했다. 2012년의 배당금 총액은 2004년부터 2007년
까지 각 연도의 배당금 총액보다 적은 금액이어서 실질 배당금 총액은 오히려 줄
었다.

67 한국은행 기업 경영분석에서 전산업 배당성향의 자료는 2002년부터 제공되고 있
다. 2012년의 배당성향은 20.2%이며, 이는 순이익의 약 5분의 1이 배당으로 지급
된 것을 의미한다. 2012년의 배당성향은 2003년의 21.1%, 2004년의 20.9%보다
약간 낮은 수준이며 2005년 이후에는 오히려 줄어들었다가 2012년에 20.2%로
늘어났다. 지난 10년간의 배당성향은 줄어들었다가 다시 증가했으나 아직 2003
년 수준보다는 낮은 수준이다.

68 자본금 대비 배당금의 비율을 한국은행 기업 경영분석에서는 배당률로 정의하
고 있다. 2002년부터 2012년까지의 배당률은 배당성향과 비슷하게 연도별로 증
가하기도 하고 감소하기도 해서 일정하게 증가하지 않았다. 예를 들어 2012년의
배당률은 6.0%인데 이는 2002년 5.9%보다 약간 높지만 이후 2009년을 제외한
모든 연도보다 낮으며 배당률은 감소하는 추세에 있다. 기업의 자본금은 시가가

장부상 가치보다 훨씬 높다. 따라서 장부상 자본금을 기준으로 계산하는 배당률은 시가를 기준한 배당수익률보다 매우 높게 계산된다.

69 이익을 배당으로 지급하는 대신에 자사주를 매입하는 데 사용해서 주가가 상승하면 주주가 이익을 볼 수 있다. 그러나 한국 기업들은 자사주 매입을 적극적으로 활용하지 않는다. 연도별로 차이는 있지만 상장회사 중에서 배당하지 않고 자사주를 매입한 기업은 약 5% 내외이며, 배당과 자사주 매입을 함께 사용하는 기업도 약 20% 미만이다.

70 상장회사의 임금 총액과 배당 총액의 증가율은 필자가 2000년 이후에 계속해서 상장을 유지한 코스피(KOSPI)와 코스닥(KOSDAQ)의 상장회사 1,800여 개의 자료를 분석한 결과다. 임금과 배당에 관한 자료는 한국상장회사협의회의 기업 정보 데이터베이스 TS2000에 수록된 것을 이용했다.

71 상장회사들의 임금 총액 대비 배당 총액의 비율은 2000년 10.3%, 2001년 9.3%였으나 2002년 11.2%, 2003년 15.2%로 급격하게 증가하고 2007년 20.7%에 이른다. 그러나 금융 위기가 발생한 해인 2008년에는 11.5%로 급격하게 하락하고 2012년 10.4%에 이른다. 비율은 필자가 추정했으며, 자료에 관해서는 주석 51을 참조한다.

72 비상장회사의 대주주들이 과도한 배당을 받은 것에 대해서는 다음의 기사를 참조한다.
"재벌 총수 일가, 비상장 계열사 통해 거액 배당금…상장사 이어 '배당잔치'", 〈경향신문〉, 2014년 4월 14일자 인터넷 기사.
"재벌 비상장사 '그들만의 배당금 잔치'…순익 13배까지 꿀꺽", 〈세계일보〉, 2014년 4월 14일자 인터넷 기사.
"[사설] 비상장 계열사 통한 재벌 '배당 잔치' 제동 걸어야", 〈조선일보〉, 2014년 4월 15일자 인터넷 기사.

73 홍장표, "한국 제조업에서의 노동소득분배율 변동 요인 분석", 〈산업노동연구〉 19권 1호, 2013, 30쪽.

74 2005년부터 2011년까지 한국 기업들의 현금 배당성향은 22%로 선진국 평균 49%는 물론이고 신흥 시장 국가 평균인 41%의 절반 수준에 불과하다. 순이익으로 자사주를 매입하는 것도 배당을 한 형태인데 현금 배당과 자사주 매입을 합한 금액으로도 한국 기업들의 배당성향은 32%이며, 이는 선진국의 평균인 71%보다 크게 낮고, 신흥 시장 국가의 평균인 44%보다도 낮다. 주요 국가들의 상장회사 배당 현황에 대한 자료는 다음의 보고서를 참조했다.
강소현, 김준석, 양진영, "국내 상장회사 배당정책: 평가와 시사점", 〈이슈&정책〉 13-10, 자본시장연구원, 2013.

75 이 내용은 다음의 논문 31쪽 내용을 필자가 문장을 수정하여 인용했다.

강두용, 이상호, "부유한 기업, 가난한 가계: 외환 위기 이후 한국 경제의 가계·기업 간 소득 성장 불균형 현상과 원인 및 함의", 〈국제경제연구〉 19권 2호, 2013, 31쪽 참조.

76 가계소득은 노동의 대가로 받는 임금과 예금과 투자로부터 받은 이자와 배당의 합계다. 기업소득은 영업이익과 예금에 대한 이자와 다른 기업의 주식에 투자한 대가로 받는 배당의 합계다. 정부의 소득은 세금 등으로 얻게 되는 정부의 수입이다.

77 국민총소득(GNI), 가계소득, 기업소득은 모두 2010년 기준 국민총소득 디플레이터(Deflator)를 적용하여 실질 가치로 전환하여 증가율을 구했다.

78 국민총소득에서 가계소득, 기업소득, 정부 소득의 비중에 대한 논의는 다음의 논문 내용을 참조했으며, 구체적인 통계 수치는 필자가 다시 계산했다.
김영태, 박진호, "가계소득 현황 및 시사점", 〈BOK 이슈리뷰〉 제2권 제1호, 한국은행, 2013.

79 한국은 가계소득의 몫이 줄어들고 있을 뿐 아니라 경제성장률과 가계소득 증가율의 격차가 OECD 회원국 중에서 가장 큰 나라다. 이는 국가 경제의 성장이 가계 살림이 나아지는 것으로 이어지는 효과가 가장 없는 나라인 것이다. 이에 대해서는 다음의 보고서를 참조한다.
강두용, 이상호(2012), 전게서, 65쪽.

80 한국은행 2005년 기준 국민소득 계정 중에서 제도 부문별 소득 계정 통계로 구했다. 금융 위기 이후의 연도별 비중은 기업소득이 2008년 21.0%, 2009년 22.2%, 2010년 23.5%, 2011년 23.7%, 2012년 23.3%이며, 가계소득은 2008년 63.7%, 2009년 63.4%, 2010년 62.0%, 2011년 62.0%, 2012년 62.3%이다.

81 국민총소득 중에서 기업소득이 차지하는 비중은 2000년 16.5%에서 2012년 23.3%로 늘어났으며, 가계소득이 차지하는 비중은 2000년 68.7%에서 2012년 62.3%로 줄어든 것이다.

82 필자가 한국은행 국민소득 계정에서 추정한 2011년 가계소득의 비중은 62.0%이며 기업소득의 비중은 23.7%이다. 그러나 본 문단에서 2011년 가계소득 비중을 61.6%, 기업소득 비중을 24.1%로 제시한 것은 한국과 다른 나라들의 가계소득 비중을 비교한 논문인 김영태, 박진호(2013)의 25쪽에서 인용했으며, OECD 평균 비중도 같은 논문의 수치를 인용했다. 다른 나라와 일관되게 비교하기 위해서 필자가 추정한 수치를 사용하지 않고, 다른 나라와 비교한 논문에서 제시한 수치로 비교했다.

83 강두용, 이상호(2012), 전게서, 21쪽 참조.

84 한국은행 기업 경영분석에서 전산업 통계다. 전산업 통계는 2002년부터 제공되어 있어서 그 이전 기간과 비교하지 못했다.

85 국민소득 계정에서 국민총가처분소득을 구성하는 기업의 가처분 이익 잉여 중에서 배분하지 않은 비율을 기업 저축률이라고 한다.

86 한국은행 경제통계 시스템에 기업 저축률은 1975년부터 통계가 작성되었다. 기업 저축률은 1975년 8.0%, 1980년 11.5%, 1990년 12.8%, 2000년 12.8%였다. 이후에는 2001년 14.2%, 2002년 16.1%로 급격하게 늘어났다가 금융 위기가 발생한 2008년 16.8%로, 2009년 18.1%, 2010년 19.7%, 2011년 19.3%, 2012년 18.7%로 역사상 가장 높은 수준을 지속적으로 유지하고 있다.

87 2010년에는 두 번째로 높았고, 2011년에도 네 번째로 높으며, 글로벌 금융 위기 이후 기간인 2008년부터 2011년까지의 연평균 기업 저축률은 18.5%로 두 번째로 높다.

88 기획재정부 국가 경쟁력 통계자료에 근거했다. OECD 34개 회원국 중에서 25개 국만이 기업 저축률 자료가 제공되고 있다.

89 OECD 통계에 근거했다. OECD 34개 회원국 중에서 2012년에 28개국만이 가계 저축률 자료가 제공되고 있다.

90 연평균 가계 저축률이 금융 위기 이전인 2000년부터 2007년까지보다 금융 위기 이후인 2008년부터 2012년까지 사이에 더 낮아진 나라는 12개국이다. 2008년부터 2012년까지 한국의 연평균 성장률은 2.9%이며, 한국보다 가계 저축률이 낮았던 나라들의 연평균 성장률은 그리스 -4.4%, 이탈리아 -1.4%, 슬로베니아 -1.0%, 네덜란드 -0.1%, 멕시코 1.9%, 폴란드 3.4%이다. 경제성장률과 가계 저축률은 OECD 자료다.

91 총저축률은 국민 계정에서 국민총처분가능소득 중에서 총저축이 차지하는 비율이다. 한국의 총저축률은 2000년 33.0%, 2005년 32.1%, 2008년 30.5%, 2010년 32.1%, 2011년 31.6%이다. 총저축률은 기획재정부 국가 경쟁력 통계의 자료다.

92 가계 저축률이 낮아지는 이유는 가처분소득 증가의 둔화 이외에도 여러 요인들이 작용했다. 저축성향이 낮은 고령층 인구 비중이 높아진 것, 교육비·통신비·교통비 등이 가계 지출 중에서 고정적 지출화한 것, 과거보다 개인이 은행에서 대출을 받아서 차입하는 것이 용이해진 것, 국민연금 등 공적 저축에 대한 부담 증가와 의료보험 등 소비지출이 증가한 것 등을 들 수 있다. 이에 대한 논의는 다음을 참조한다.
임 진, "가계 저축률 하락 추이와 정책 과제", 〈주간 금융브리프〉 21권 50호, 한국금융연구원, 2012.
현대경제연구원, "가계 저축률 급락과 파급효과", 〈현안과 과제〉 13-14, 2013.

93 경제성장에 대한 기여도는 국내총생산 성장률에서 지출 항목이 차지하는 비중이다. 국내총생산의 지출 항목은 크게 최종 소비지출(소비), 총자본형성(투자), 수출과 수입의 네 가지로 구성된다. 최종 소비지출은 민간 지출(민간 소비)과 정부

지출로 구성되고, 총자본형성은 총고정자본형성(투자)과 재고 증감으로 구성된다. 총고정자본형성은 건설투자, 설비투자, 무형 고정자산 투자의 합이다. 소비와 투자의 기여도는 국내총생산 계정에서 최종 소비지출과 총고정자본형성이 차지하는 비중으로 추정했다. 1990년부터 1999년까지 10년 동안의 국내총생산 성장률에 대한 최종 소비지출의 평균 기여도는 65.1%이며, 총고정자본형성의 평균 기여도는 47.9%이다. 그리고 1990년, 1991년, 1999년에는 총고정자본형성의 기여도가 더 컸다. 한국은행 경제통계 시스템에 게시된 통계를 이용해 계산했다.

94 2000년부터 2009년까지 10년 동안 국내총생산 성장률에 대한 최종 소비지출(소비)의 평균 기여도는 78.8%이며, 총고정자본형성(투자)의 평균 기여도는 6.1%이다. 글로벌 금융 위기 이후 기간인 2008년부터 2012년까지 5년 동안 총고정자본형성은 2009년 한 해를 제외하고는 나머지 4년 동안 기여도가 마이너스였다. 한국은행 경제통계 시스템에 게시된 통계를 이용해 계산했다.

95 2008년, 2009년, 2010년, 2011년, 2012년의 민간 소비지출의 기여도는 각각 30.4%, 0.0%, 38.1%, 35.1%, 45.0%였으며, 설비투자의 기여도는 각각 -4.3%, -300%, 35.1%, 10.8%, -10.0%이다. 한국은행 경제통계 시스템에 게시된 통계를 이용해 계산했다.

96 글로벌 금융 위기는 규제 완화로 인한 시장 실패를 보여준 대표적인 경우다. 그렇기 때문에 공정한 경쟁을 위한 규제는 시장경제의 '항암제이고 친구'다. 경쟁과 규제에 대해서는 이 책의 제2장에서 별도로 논의한다.

97 김상조, 《종횡무진 한국 경제》, 오마이북, 2012, 71쪽 참조.

98 아래의 김태정, 이정익(2013)은 2008년 글로벌 금융 위기 이후에 낮아진 투자 비중도 '지금의 한국과 경제 발전 단계가 비슷했던 시기의 선진국들과 비교해볼 때 설비투자는 미국, 독일, 영국 등 주요 선진국보다 오히려 약간 높은 수준이며, 일본보다는 약간 낮은 수준'이어서 지금의 투자 수준이 낮다고 할 수 없다고 보고하고 있다. 또한 국내총생산과 설비투자의 관계를 분석한 결과에 의하면 '최근 한국의 설비투자 규모가 장기 균형 수준에서 크게 벗어나지 않았던 것으로 나타났으며, 설비투자는 수요에 비해 크게 낮은 수준은 아닌 것으로 판단된다.' 인용구(' ')의 문장은 135쪽과 136~137쪽 내용을 필자가 축약 수정해서 인용했다.
김태정, 이정익, "우리나라 고정 투자에 대한 평가와 시사점", 〈BOK 이슈리뷰〉 제2권 제1호, 한국은행, 2013.

99 다음 논문의 23~24쪽 내용을 필자가 수정해서 인용했다.
강두용, 이상호(2013), 전게서.

100 나승호, 정천수, 임준혁, "구조적 소비 제약 요인 및 정책 과제", 〈BOK 경제리뷰〉 2013-4호, 2013, 168쪽.

101 강두용, 이상호(2013), 전게서, 24쪽.

102 박종규(2013), 전게서, 60쪽.

103 "기업 현금 보유 수준의 진단 및 시사점", 〈Issue paper〉, 삼성경제연구소, 1~5쪽.

104 다음의 발표 자료(41쪽)에 따르면 대기업의 내부유보금이 100원 증가하면 당좌 자산은 14원, 계열사 주식 등의 증권 자산(발표 자료에서는 이를 투자자산으로 표현하고 있으나 이는 실물 투자와는 다른 증권 자산이다)은 15원이 증가해서 총 29원이 유형, 무형자산에 대한 투자와 관련 없는 부분에 사용되었다. 반면에 유형자산(설비투자)은 12원이 증가하고 재고자산은 2원이 증가하고 무형자산은 1원이 증가한다. 따라서 재고자산을 포함한 넓은 의미의 투자는 총 15원이 늘어났다. 황인태, 강선민, "기업의 사내유보와 현금성 자산, 어떻게 볼 것인가", 한국경제연구원 대외세미나, 2011.12.13.

105 회사채 이자율과 부채비율은 한국은행 통계 시스템에 게시된 자료다. 회사채 이자율은 2013년 말 3.19%이며, 이는 2000년 말 9.35%, 2005년 말 4.68%, 그리고 금융 위기가 발생했던 2008년 말 7.02%와 비교해서 크게 낮은 수준이며, 한국은행 자료가 축적된 이후 가장 낮은 것이다. 부채비율은 한국은행 기업 경영분석 조사 대상 기업이 2000년 이후 세 차례 변경되어 일관된 통계를 구할 수 없지만 금융 위기가 발생한 2008년에 일시적으로 높아졌고, 이후에 계속 낮아졌다.

106 상장회사들의 부채비율은 2000년 157%였으나 이후에 급격하게 감소해서 2007년 79.5%로 사상 최저 수준을 기록했고, 금융 위기가 발생한 2008년 97.9%로 증가했지만 이후 다시 낮아져서 2013년 90.0%에 이른다. 상장회사의 부채비율은 증권거래소(KRX) 자본시장 통계 포털에 게시된 자료다.

107 부채로 조달한 자금에 대해서는 이자를 지급하고 주식에 대해서는 배당을 지급하는데, 이자는 회계상 비용으로 인정되지만 배당은 비용으로 인정되지 않는다. 따라서 부채는 이자 지급에 대해서 법인세를 덜 내는 효과가 있다. 이것을 부채의 법인세 절감 효과라고 하는데, 부채 자금이나 주식 자금이나 파산 등의 다른 위험 조건이 동일하다고 하면, 부채 자금은 항시 법인세 절감 효과만큼 더 싼 자금이다. 한국의 대표적인 기업들인 삼성전자, 현대자동차 등의 기업들은 파산 위험이 매우 낮기 때문에 당연히 부채 자금이 주식 자금보다 자본비용이 낮다고 볼 수 있다.

108 주식을 발행해서 외부에서 자금을 조달하는 자금은 발행 절차를 거치는 과정에서 거래 비용이 발생한다. 반면에 내부 자금은 발행 절차가 없기 때문에 외부 감시와 감독을 받지 않음으로써 발생하는 도덕적 해이(moral hazard)로 인한 위험이 존재하고, 이에 따른 비용을 치러야 한다. 주식 발행에서 발생하는 거래 비용과 내부 자금이 수반하는 도덕적 해이 위험으로 인한 비용 중에서 어느 것이 더 큰지는 단정할 수 없고, 기업마다 다를 것이다. 그러나 이러한 비용들을 고려하지 않는다면 주식 발행으로 조달할 자금과 내부 자금은 모두 같은 자기자본

(Equity Capital)이기 때문에 자본비용이 동일하다.

109 은행, 보험 등의 금융회사를 제외한 2013년 말 기준 시가총액 상위 10대 기업은 삼성전자, 현대자동차, 현대모비스, 포스코(POSCO), SK하이닉스, 네이버, 기아자동차, 한국전력공사, LG화학, 현대중공업이다.

110 주식 발행으로 자금을 조달한 마지막 해는 시가총액 4위인 포스코는 1998년, 5위인 SK하이닉스는 2012년이다. 6위인 네이버는 상장 이전인 2004년에 주식 발행을 했으나 2008년 상장 이후에 한 번도 하지 않았다. 7위인 기아자동차는 2002년, 8위인 한국전력공사는 1995년이며, 9위인 LG화학은 1990년 이후에 유상증자를 한 적이 없다. 10위인 현대중공업은 1999년에 마지막으로 주식 발행을 했다. 시가총액 5위인 SK하이닉스가 2012년에 주식 발행을 한 것은 일반 투자자들에게 공모한 것이 아니라 SK텔레콤이 하이닉스를 인수할 수 있도록 SK텔레콤에게 제3자 배정으로 주식 발행을 한 것이다.

111 김종인, 《지금 왜 경제민주화인가》, 동화출판사, 2012, 39~40쪽.

112 김종인(2012), 전게서, 39쪽과 41쪽.

113 존 롤스, 《공정으로서의 정의》, 황경식, 이인탁, 이민수, 이한구, 이종일 옮김, 서광사, 1988, 98쪽.

114 마이클 샌델, 《정의란 무엇인가》, 이창신 옮김, 김영사, 2010, 199쪽.

제2장 뒤죽박죽 한국 시장경제

1 일부 경제학자들은 한국의 계획경제를 '관치 경제'라고 명명했으나, 이는 지난 40년간 한국의 국가 주도 경제 운용의 틀을 설명하기에 미흡하다고 판단했기에 이 책에서는 전통적 명칭인 '계획경제'라는 개념을 수용했다.

2 김상조, "재벌 문제의 현실과 인식: 1980~1990년대 대내외적 자유화 정책의 의미와 결과", 유철규 편, 《박정희 모델과 신자유주의 사이에서》, 함께읽는책, 2004, 138쪽.

3 "9월 1일부터 목욕, 숙박료 전면 자율화", 〈연합뉴스〉, 1990년 8월 27일자. 기사는 네이버에서 검색한 결과다.

4 "목욕료 인상 싸고 업소, 행정기관 마찰", 〈연합뉴스〉, 1996년 11월 5일자. 기사는 네이버에서 검색한 결과다.

5 "서울시, 대중음식점 가격 인하 유도", 〈연합뉴스〉, 1991년 11월 8일자. 기사는 네이버에서 검색한 결과다.

6 정부가 특별 관리를 하기 위해서 만든 MB 물가지수에 포함된 생활필수품 중심의 52개 품목 중에서 32개의 물가 상승률이 시장 전체의 물가 상승률보다 더 높

았다.

"5년간 MB 물가지수 52개 중 32개 품목이 평균 상승률 상회", 〈쿠키뉴스〉, 2012년 10월 5일자.

7 조 순, "압축 성장의 시발과 개발 전략의 정착: 1960년대", 구본호, 이규억 편, 《한국 경제의 역사적 조명》, 한국개발연구원, 1991, 174쪽.

8 1961년 5·16 군사 쿠데타 이후 군사정부가 정권을 잡고 있었으며, 박정희 정부가 수립된 것은 1963년 12월 17일이다. 박정희가 의장을 맡은 국가재건최고회의는 입법·사법·행정의 3권을 모두 행사한 초헌법적 기구였다. 1962년 12월 17일 국민투표로 권력 구조를 대통령제로 바꾸는 헌법 개정이 이뤄졌고, 다음 해인 1963년 10월 15일 대통령 선거가 실시되어 박정희가 대통령에 당선되고, 12월 17일에 박정희 정부가 출범했다.

9 1962년 군사정부에서 '제1차 경제개발 5개년 계획'이 시작된 이후에 1981년 '제4차 경제개발 5개년 계획'까지 이어졌고, 이후 전두환·노태우 정부에서는 명칭을 '경제사회 발전 5개년 계획'으로 변경해서 5, 6, 7차까지 계속되었다. 그리고 1993년 김영삼 정부는 다시 명칭을 '신경제 5개년 계획'으로 변경했으나 1996년 이를 폐기했다.

10 정태헌, 《문답으로 읽는 20세기 한국 경제사》, 역사비평사, 2010, 233쪽.

11 황의각, 《북한 경제론: 남북한 경제의 현황과 비교》, 나남, 1992, 53~59쪽 참조.

12 정태헌(2010), 전게서, 263쪽 참조.

13 UN의 통계에 따르면 북한의 1인당 국내총생산은 한국보다 1973년까지 더 높았고, 1974년에 같은 수준이었다(자료: UNData, http://data.un.org). 그러나 황의각의 《북한 경제론》에 의하면 '달러화 GNP(국민총생산)의 절대 규모에서 볼 때 남한은 1976년 이후부터 북한을 앞지르고 있지만, 1인당 GNP에서는 1986년까지 북한이 앞서 있는 결과'를 보여주고 있다[황의각(1992), 전게서, 140~141쪽].

14 Joan Robinson, "Korean Miracle", 〈Monthly Review〉 vol.16 no.9, January 1965.

15 http://en.wikipedia.org/wiki/Five-Year_Plans_for_the_National_Economy_of_the_Soviet_Union

16 조 순(1991)의 173쪽 내용을 인용하면 다음과 같다. '1948년에 제정된 한국의 헌법은 원래 주요 산업의 국유화, 근로자에 의한 기업 이윤 분점 등을 골자로 하는 사회민주주의적인 경제체제를 채택하고 있었는데, 1954년의 개헌으로 이것을 자유 기업을 원칙으로 하는 자본주의 체제로 전환시킨 바 있다.'
조 순(1991), 전게서, 173쪽.

17 인구 100만 명 이하(2010년 UN 인구통계 기준)의 작은 나라들은 제외했다. 1인당 국민소득과 경제성장률은 세계은행의 WDI(World Development Indicator) 자료

를 이용하여 분석했다(자료: http://databank.worldbank.org/data/). 박정희 대통령
은 1961년 5·16 군사 쿠데타로 집권하여 1979년 10월 26일 당시 중앙정보부(지
금의 국가정보원) 부장이었던 김재규에 의해서 살해되었다. 박정희 집권 기간 동
안 1인당 국민소득은 1961년 91.6달러에서 1979년 1,747달러로 1인당 국민소득
은 19배가 증가했고, 이 기간 동안 연평균 성장률은 8.3%였다.

18 한국이 1인당 국민소득 1만 달러를 달성한 해는 1995년이고, 1986~1995년 10년
동안의 평균 성장률은 8.7%였고, 달성 이후 1996년부터 2005년까지 10년 동안
의 평균 성장률은 4.5%였다. 1인당 국민소득 2만 달러를 달성한 해는 2007년이
며, 1998년부터 2007년까지 10년 동안의 평균 성장률은 4.4%였고, 달성 이후 5
년인 2008년부터 2012년까지의 기간 동안 평균 성장률은 2.9%이다. 1인당 국민
소득과 경제성장률은 세계은행의 WDI(World Development Indicator) 자료를 이
용하여 분석했다(자료: http://databank.worldbank.org/data/).

19 OECD 31개 회원국 중에서 1인당 국민소득 1만 달러를 달성한 지 10년이 경과
한 나라는 23개국이다. 이 나라들의 1만 달러 달성 전 10년 동안의 평균 성장률
은 3.66%이고, 달성 후 10년 동안의 평균 성장률은 2.92%이다. 따라서 평균 성
장률은 0.73%포인트 하락한 것이다. 23개국 중에서 평균 성장률이 상승한 나라
는 6개국이며, 하락한 나라는 17개국이다. 1인당 국민소득 2만 달러를 달성한 지
20년이 경과한 나라는 18개국이며, 2만 달러 달성 전 10년 동안의 평균 성장률
은 2.82%이고, 달성 후 10년 동안의 평균 성장률은 2.51%이다. 따라서 평균 성장
률은 0.32%포인트 하락한 것이다. 18개국 중에서 경제성장률이 상승한 나라는
7개국이며, 하락한 나라는 11개국이다. 1인당 국민소득과 경제성장률은 세계은
행의 WDI(World Development Indicator) 자료를 이용하여 분석했다(자료: http://
databank.worldbank.org/data/).

20 Sen, Amartya, "Public Action and the Quality of Life in Developing
Countries", 〈Oxford Bulletin of Statistics and Economics〉, vol.43 no.4, 1981,
p.287~319.

21 "대통령 긴급조치 7호 발동, 고려대에 휴교령, 군 진주", 〈동아일보〉, 1975년 4월
10일자 참조.

22 GATT 체제에서의 개발도상국(Developing Country)에 대한 특별하고 차별
적 혜택을 적용하는 내용은 'GATT 1947, 조항 XVIII, Special and Differential
Treatment'를 참조한다.

23 "기자수첩, 허점투성이 통상 전략", 〈매일경제〉, 2000년 6월 8일자 인터넷 기사.
"한·중 마늘 분쟁 타결", 〈연합뉴스〉, 2000년 7월 31일자 인터넷 기사 참고.

24 새누리당의 당헌 2조(목적)에는 '새누리당은 자유민주주의와 시장경제를 기본
이념'으로 한다고 명시되고 있고, 재벌 그룹들이 주도적으로 이끄는 전경련(전국

경제인연합회)은 '자유 시장경제 창달을 전경련의 정체성과 존립목적을 반영하는 비전'으로 제시하고 있다.

25 한국의 2011년 국민 전체 빈곤율은 15%이지만 65세 이상의 노인 빈곤율은 49%로 노인 세대의 거의 절반이 빈곤층에 해당한다. OECD 평균 노인 빈곤율은 13%이며, 한국은 OECD 평균의 거의 네 배가 높고, OECD 국가들 중에서 가장 높다. 〈OECD Economic Surveys Korea〉, 2014, 38~39쪽 참조

26 "규제 완화 위해 개헌 필요", 〈매일경제〉, 2002년 11월 5일자 인터넷 기사 참조.

27 전국경제인연합회, 〈규제 개혁 종합 연구: 시장경제 창달과 국가 경쟁력 강화를 위한 규제 개혁 로드맵〉, 한국경제연구원, 2007년 10월 9일.

28 전국경제인연합회, "기업하기 좋은 환경 조성을 위한 규제 개혁 종합 건의", 규제 개혁시리즈 12-03, 2012년 9월.

29 전국경제인연합회, "우리나라 규제 현황과 개선 방안", 2013년 6월 7일.

30 "최병일 한경연 원장, '1%대 성장 만족하는 공직자 옷 벗어라' 돌직구", 〈조선일보〉, 2013년 7월 26일자 인터넷 기사 인용.
한국경제연구원(한경연)은 전경련 산하 연구소다.

31 이승철, "역주행 경제정책 이제 그만", 〈FKI Economy Focus〉 42호, 2013년 6월 27일.
〈FKI Economy Focus〉는 전국경제인연합회가 발행하며, 이승철은 전경련의 상근 부회장이다.

32 "규제 군살 빼 '氣 UP'…현오석, 기업인 '번쩍'", 〈이투데이〉, 2013년 8월 1일자 인터넷 기사 참조.

33 전국경제인연합회, "우리나라 규제 현황과 개선 방안", 2013년 6월 7일.

34 Klaus Schwab, 'The Competitiveness Report 2012-2013', World Economic Forum.
WEF(세계경제포럼)은 언론에 '다보스 포럼'으로 알려져 있으며, 친기업적인 세계적 민간 기구다.

35 IMD, 〈IMD World Competitiveness Yearbook〉, 25th Edition, 2013.
IMD는 스위스에 있는 경영대학원으로 MBA 교육 기능과 경쟁력을 연구하는 연구소로 구성되어 있다.

36 Klaus Schwab(2012-1013), 1,20 Efficacy of corporate board.

37 다음의 논문은 한국이 덜 경직적이고 경쟁적인 노동시장으로 개혁하면 잠재적 생산 증가(경제성장)가 매년 1% 증가한다고 주장한다.
Selim Elekdag, "Social Spending in Korea: Can it Foster Sustainable and Inclusive Growth?", 〈IMF Working Paper〉 WP/12/250, October 17, 2012, 6~7쪽 참조.

38 WEF 보고서에는 기업과 직접적인 관련이 없는 항목 중에서 전경련이 제시한 세 가지 항목보다 순위가 낮은 것들이 여러 개 있다. 그중에서 공공 부문과 관련된 것에는 '정부의 정책과 규제가 투명한가'의 항목은 133위이고, '정부의 재정이 효과적으로 사용되고 있는가'의 항목은 107위다. '정치인에 대한 국민의 신뢰' 항목은 117위이며, '법조계가 정부·기업·시민들의 영향으로부터 독립적인가'의 항목은 74위다.

39 전국경제인연합회, "우리나라 규제 현황과 개선 방안", 2013년 6월 7일.

40 전국경제인연합회, "기업하기 좋은 환경 조성을 위한 규제 개혁 종합 건의", 규제 개혁시리즈 12-03, 2012년 9월.

41 207개의 규제 개혁 항목을 필자가 분류한 결과는 다음과 같다. 세금 인하와 비용 절감을 위한 것이 33건으로 15.9%, 독과점·불공정거래·지배 구조와 관련된 45건으로 21.7%, 진입과 퇴출과 관련된 규제가 27건으로 13.0%, 개발 규제와 관련된 것이 20건으로 9.7%, 절차적인 개선과 관련된 것이 54건으로 26.1%, 환경 규제와 관련된 것이 12건으로 5.8%, 안전 관련 규제가 6건으로 2.9%, 에너지 관련 규제가 3건으로 1.4% 그리고 기타가 7건으로 3.4%이다.

42 IMD 2013년 세계 경쟁력 연보의 '이익에 대한 기업세율' 항목에서 한국은 22.0%로 60개 조사 대상 국가 중에서 26위로 낮은 편에 속한다. WEF 2012~2013년 세계 경쟁력 보고서에서는 이익에 대한 세율, 노동자에 대한 세금과 기타 기여의 이익 대비 비율 그리고 이익 대비 기타 세금의 비율을 합한 준조세까지 포함한 이익 대비 세율이 29.7%로 141개 조사 대상 국가(3개국은 조사 자료가 없음) 중에서 34위로 낮은 편에 속한다.

43 위평량, 채이배, "상장회사의 실효 법인세율에 관한 분석: 장기 추세와 산업별·기업 규모별 비교, 〈경제개혁리포트〉 2010-09호, 경제개혁연구소, 2010. 7. 20.

44 김 균, "하이에크와 신자유주의", 안병영, 임혁백 편, 《세계화와 신자유주의 이념·현실·대응》, 나남출판, 2000, 85쪽.

45 필자는 신자유주의의 역사를 다룬 다음의 책을 읽고서는 신자유주의를 간명하게 정의하는 것이 더욱더 어려워졌다.
David, Harvey, 《A Brief History of NeoLiberalism》, Oxford University Press, 2005.

46 김기원, "김대중-노무현 정권은 시장만능주의인가", 최태욱 엮음, 《신자유주의 대안론》, 창비담론총서 3, 창비, 2009, 301쪽.
필자가 301쪽의 내용을 해석해서 인용했다.

47 번역서는 책 내용을 보다 대중적으로 전달하기 위해서 원서와는 다른 제목으로 출판되는 경우가 허다하다. 그러나 책 내용에서도 '신자유주의'라는 단어가 없는데도 번역서 제목에 '신자유주의'가 들어가는 경우들은, 신자유주의가 '뭔가 나

쁜 것'이라는 대중들의 단순한 인식을 악용하는 것이다. 그러한 번역서가 적지 않지만 예로 다음의 두 가지를 들 수 있다.

크리스 하먼, 《신자유주의 경제학 비판》, 심인숙 옮김, 책갈피, 2001.

리처드 포스너, 《포스너가 본 신자유주의의 위기》, 김규진, 김지욱, 박동철 옮김, 한울, 2013.

48 김세균, "신자유주의와 정치 구조의 변화", 김성구, 김세균, 《자본의 세계화와 신자유주의》, 문화과학이론신서 7, 문화과학사, 1998, 61~62쪽.

49 김성구, "자본의 세계화와 신자유주의적 공세", 김성구, 김세균, 《자본의 세계화와 신자유주의》, 문화과학이론신서 7, 문화과학사, 1998, 55~58쪽 참조.

50 남구현, "지구화와 독일의 '사회국가'", 김성구, 김세균, 《자본의 세계화와 신자유주의》, 문화과학이론신서 7, 문화과학사, 1998.

51 이종희, "신자유주의 공세와 민주화 운동의 전망", 김성구, 김세균, 《자본의 세계화와 신자유주의》, 문화과학이론신서 7, 문화과학사, 1998, 203쪽.

안현효, "워싱턴 컨센서스에서 포스트 워싱턴 컨센서스로의 진화: 주류 발전 경제학에 대한 방법론적 비판", 서울사회경제연구소, 《신자유주의와 세계화》, 서경연연구총서 13, 도서출판 한울, 2005, 73쪽.

52 김성구(1998), 전게서, 58쪽.

53 김 균(2000), 전게서, 85~86쪽.

위 책의 내용을 필자가 다시 정리해서 인용했다.

54 앤소니 기든스(Anthony Giddens)는 신자유주의자들이 시장에서의 자유주의가 경제적 효율성만이 아니라 사회적 연대성을 보장해주고 자발적 사회질서를 만드는 근간이라고 보고 있다고 규정한다. 유종일도 '신자유주의는 시장에 대한 무한한 믿음을 전제로 시장이 경제문제뿐 아니라 거의 모든 사회문제에서도 최선의 대안이라는 시장만능주의 혹은 시장 근본주의 이데올로기의 현대적 형태'라고 규정한다. 김세균도 '신자유주의는 시장경제적 관계가 만들어내는 제반 문제점과 병폐를 분배 문제의 해결 등에 대한 국가 개입에 의해 교정하려는 혁신자유주의 등과는 달리, 사회적 관계의 총체를 시장경제적 관계로 재편하거나 시장경제적 관계에 최대한 종속'시키는 이념으로 정의한다. 이와 같은 논의에 대해서는 다음을 참조한다.

앤소니 기든스, 《좌파와 우파을 넘어서》, 김현욱 옮김, 도서출판 한울, 1997, 48쪽.

유종일, 《진보 경제학: 철학, 역사 그리고 대안》, 모티브북, 2012, 263쪽.

김세균(1998), 전게서, 61~62쪽.

55 포스너(Richard Posner, 1987)는 정부의 역할을 법과 질서를 유지하는 데에서는 강력한 정부이어야 하고, 경제 규제·계획 또는 재분배를 실시하기에는 약한 정부이어야 한다고 주장한다. 남구현(1998)은 신자유주의를 '시장과 경쟁의 원칙

을 도입함으로써 자본주의 경제의 자기 조정력이 회복될 수 있으며, 경제에 대한 국가 개입은 시장에서의 경쟁 메커니즘을 유지하는 데 필요한 외부적 조건을 확보하는 데에만 한정'시키는 것으로 설명하며, 데이비드 하비(David Harvey, 2011) 역시 정부가 사유재산권과 시장 제도를 지켜주는 범위에서만 역할을 담당하는 것으로 정의한다. 앤소니 기든스(1997)도 신자유주의를 정부의 역할을 재화와 서비스의 생산 조절 기제가 제대로 유지되는지 관리하는 것으로 제한한다고 정의한다.

Richard Posner, "The Constitution as an Economic Document", 〈The George Washington Law Review〉 vol.56, 1987, P.28.

남구현(1998), 전게서, 108쪽.

데이비드 하비, "신자유주의의 역사와 자본주의의 미래", 사샤릴리,《자본주의와 그 적들》, 한상연 옮김, 돌베개, 2011, 93쪽.

앤소니 기든스(1997), 전게서, 49쪽.

56 강상구,《신자유주의의 역사와 진실》, 문화과학사, 2000, 94~95쪽 참조.

57 앤소니 기든스(1997), 전게서, 48쪽 참조.

강상구(2000), 전게서, 94~95쪽 참조.

58 이 근, "이명박 정부와 신자유주의: 정치, 경제, 언론 권력의 삼위일체", 최태욱 엮음,《신자유주의 대안론: 신자유주의 혹은 시장만능주의 넘어서기》, 창비담론총서 3, 창비, 2009.

앤소니 기든스(1997), 전게서, 48쪽 참조.

아나톨 칼레츠키,《자본주의 4.0》, 컬처앤스토리, 2011, 75쪽 참조.

59 임원혁(2009)는 시장보다 자본가의 자유를 극대화하려는 사상으로 정의한다. 강상구(2000)는 시장에서 자유로운 '개인'은 '자본가'를 의미하고 노동력밖에는 팔 것이 없는 무산자들은 제외된다고 보고 있기 때문에 신자유주의에서 시장의 확대는 자본가의 자유를 위한 것으로 본다.

임원혁, "세계 금융 위기 이후 신자유주의 향방", 최태욱 엮음,《신자유주의 대안론: 신자유주의 혹은 시장만능주의 넘어서기》, 창비담론총서 3, 창비, 2009, 31쪽 참조.

강상구(2000), 전게서, 90쪽과 220쪽 참조.

이종희(1998), 전게서, 203쪽 참조.

60 김성구(1998)는 '신자유주의(독일적 신자유주의)와 자유주의(영미적 신자유주의)를 하나의 표현법으로 묶는' 표현으로 '(신)자유주의'라고 표현하고(58쪽), '신자유주의 개념을 내용적으로 영미권의 신자유주의 정책—사실은 구자유주의 정책—으로 이해하는 경우'를 신자유주의에 대한 '통속적인 이해 방식'이라고 비판했다.

김성구, "자본의 세계화와 신자유주의적 공세", 김성구, 김세균(1998), 전게서, 56쪽.

61 이우진, "평등주의적 관점에서 다시 바라본 한국 발전 국가 논쟁의 몇 가지 쟁점들", "신자유주의와 국가의 재도전", 〈사회경제평론〉 제15호, 한국사회경제학회, 도서출판 풀빛, 1999, 18쪽.
"미국에서는 신자유주의라는 말보다는 보수적 자유주의(Libertarian)라는 말이 더 보편적이며 이것을 '적극적 자유주의(Liberal)'와 구분하고 있는데 이때의 적극적 자유주의는 많은 경우 전통적 자유주의(Classical Liberalism)보다는 '새자유주의'를 지칭하는 말이다. 이 글에서는 신자유주의와 보수적 자유주의라는 말을 자유롭게 혼용할 것이다."

62 앤소니 기든스(1997), 전게서, 53~54쪽.
"대처주의는 자유방임 자유주의자들처럼 경제적, 사회적 삶에 대한 국가 개입을 모두 최소화시켜야 한다고 주장하지는 않는다. 오히려 대처주의는 두 가지 의미의 개입을 구분하는데, 하나는 거부되고 하나는 긍정적으로 받아들여진다. 시장체제는 전면적 계획이나 조합주의 형태를 띤 국가 개입과는 맞지 않는다. 그러나 법률과 질서 유지의 관점에서 민족 이상과 방어 능력을 증진시키는 국가의 강력한 개입은 적극적으로 필요한 것이다."
전병유, "신자유주의와 사회적 양극화", 최태욱 엮음, 《신자유주의 대안론: 신자유주의 혹은 시장만능주의 넘어서기》, 창비담론총서 3, 창비, 2009, 99~100쪽.
"신자유주의는 기존의 노동 친화적인 케인스주의적 자본주의 국가정책을 자본(대자본) 친화적인 형태로 변화시키기 위해서 시장, 경쟁, 글로벌화, 자유화 등을 이데올로기적으로 그리고 실천적으로 활용하는 국가정책 운용 방식이라고 정의할 수 있다. 이런 의미에서 신자유주의는 단순히 자유방임주의나 시장주의와도 다르다."

63 김기원(2009), 전게서, 81쪽.
"신자유주의가 자본주의 발흥 초기의 구자유주의와 다른 점은 그것이 서구의 강력한 노조와 복지 정책에 대한 자본의 반격으로 등장했다는 사실이다."

64 김기원(2009), 전게서, 78쪽.

65 라이시(Robert Reich)는 미국 경제의 진단에서 신자유주의를 '그 이름은 신자유주의', '신고전파 경제학', '신보수주의' 혹은 '워싱턴 합의' 등으로 다양하지만, 요컨대 이것들은 자유무역과 규제 철폐, 민영화 그리고 정부보다는 시장에의 의존과 평등보다는 효율성에 더 관심을 갖는 입장이다.
로버트 라이시, 《슈퍼자본주의》, 형선호 옮김, 김영사, 2008, 19쪽.

66 최장집, 박찬표, 박상훈, 서복경, 박수형, 《논쟁으로서의 민주주의》, 후마니타스, 2013, 56쪽.

67 아나톨 칼레츠키(2011), 전게서, 75쪽.
  유종일(2012), 전게서, 263쪽.
68 슈바이카르드(David Schweickart, 2011)는 신자유주의를 케이지안 자유주의 (Keynesian Liberalism)에 의해서 영원히 사라졌다고 보였던 자유방임적 보수주 의(laissez-faire conservatism)가 되살아난 것이라고 규정한다.
  David Schweickart, 《After Capitalism》, Rowman & Littlefield Publishers, Inc. 2011, p.168 참조.
  기든스(1997)는 '신자유주의의 승리는 서구 케인스주의와 동구 공산주의의 붕괴 와 함께 이뤄졌다'고 주장한다.
  기든스(1997), 전게서, 52쪽.
  김성구(1998)는 '신자유주의는 이론 구성에서 케인즈적 실천의 비판을 매개로 한다는 점을 제외하면 구자유주의의 이론과 전혀 다르지 않은 것으로서 1980년 대 나타난 보수적 구자유주의적 현대적 형태'라고 정의한다.
  김성구(1998), 전게서, 56~58쪽 참조.
  강상구(2000)는 일반적으로 신자유주의라고 하는 조류는 구자유주의과 같은 것이며, 독일의 오이켄을 중심으로 자본주의가 독점화되는 상황에서도 자유롭 게 경쟁할 수 있는 시장 질서를 확보하기 위해서 국가가 역할을 해야 한다고 주 장하는 사회적 시장경제론을 구자유주의와 대비되는 '진정한 신자유주의'라고 부른다.
  강상구(2000), 전게서, 92~93족 참조.
69 앤드류 글린, 《고삐 풀린 자본주의: 1980년 이후》, 김수행, 정상준 옮김, 필맥, 2008, 240쪽.
70 장상환, "한국 경제의 위기와 민주노동당의 대안", 이병천 엮음, 《세계화 시대 한 국 자본주의》, 한울, 2007, 102쪽.
71 이정우, "신자유주의 후퇴와 한국 경제의 대안", 한국사회경제학회, 안현효 편, 《신자유주의 시대 한국 경제와 민주주의》, 선인, 2010, 250쪽.
72 김기원(2009), 전게서, 80쪽과 301~302쪽 참조.
73 전병유(2009), 전게서, 100쪽.
74 김상조(2012), 전게서, 36쪽.
75 김상조(2004), 전게서, 163~164쪽.
76 유종일, "신자유주의, 세계화, 한국 경제", 최태욱 엮음, 《신자유주의 대안론: 신 자유주의 혹은 시장만능주의 넘어서기》, 창비담론총서 3, 창비, 2009, 56쪽.
77 김기원(2009), 전게서, 83쪽.
  위 책의 내용을 필자가 요약 인용했다.
78 김기원(2009), 전게서, 80쪽.

79 "박근혜에게서 노무현을 본다", 〈기자협회보〉, 2013년 7월 17일자 인터넷 기사.

80 "한·미 창업투자 24명 대 71명", 〈동아일보〉, 2010년 11월 1일자 인터넷 기사.

81 WEF, 'The Global Competitiveness Report 2012-2013', Table 4 & Table 6.02.

82 IMD 〈World Competitiveness Yearbook〉, 2012.

83 "노대래 '기업과 긴밀 소통'…경제민주화 후퇴 노골화", 〈경향신문〉, 2013년 8월 29일자 인터넷 기사 참조.

84 "친YS·친이·친박까지 전 방위 영입 'KT는 낙하산 집합소'", 〈한겨레〉, 2013년 8월 21일자 인터넷 기사 참조.

85 "'4대 천왕' 떠난 금융지주 회장…내부 출신 늘고 지역·학교 다양", 〈조선비즈〉, 2013년 6월 6일자 인터넷 기사.

86 "관치 금융 논란 다시 휩싸인 KB금융", 〈연합뉴스〉, 2013년 7월 18일자 인터넷 기사.
    "부산서 관치 금융 규탄 목소리 확산 일로", 〈연합뉴스〉, 2013년 6월 10일자 인터넷 기사.

87 "금감원 '이장호 BS지주 회장 물러나라'…도 넘은 '관치 금융' 비판 확산", 〈한국경제〉, 2013년 6월 5일자 인터넷 기사 참조.

88 신용금고가 저축은행으로 이름을 변경한 2002년 이후 지난 2011년까지 39개의 저축은행이 영업정지 처분을 받았고, 신용금고 또는 종합금융이라는 이름이었던 1999년부터 2002년 사이에는 14개 회사가 영업정치 처분을 받았다.

89 금융감독원, 금융위원회, 재경부, 국세청 퇴직 관료가 금융회사의 이사 임원을 차지하는 비중은 금융지주회사 15%, 은행 15.7%, 증권회사 20.6%, 보험회사 14.9%이며 전체 평균은 17.0%이다.

90 김상조(2004), 전게서, 161쪽.

91 곽정수, 김상조, 유종일, 홍종학, 《한국 경제 새판 짜기》, 미들하우스, 2007, 29쪽.

92 김상조(2012), 전게서, 39쪽.

제3장 주주 자본은 자본주의 모순의 근원인가?

1 2010년 말 기준 법인세를 신고한 44만 23개의 회사 중에서 기업형태별 비중은 주식회사 95.0%, 유한회사 4.0%, 합자회사 0.9%, 합명회사 0.2%이다(《국세통계연보》, 2011, 국세청). 주식회사 다음으로 많은 비중을 차지하는 유한회사는 주식회사보다 회사 조직이 단순하고 설립 절차가 용이하지만 소수의 사원들로 구성되는 폐쇄적인 기업형태이기 때문에 큰 자본을 모집하는 주식회사와는 달리 소규모 회사에 적합하다[정찬형, 《상법강의 (상)》 제14판, 박영사, 2011, 1147~1148쪽

참조]. 2008년 상법이 개정되었을 때 유한회사에 대한 최소 자본금 1,000만 원 요건과 최고 한도 사원 수 50인의 요건이 폐지되었다. 상법이 개정되기 이전에는 유한회사를 설립하는 실질적인 주된 이유는 자본금과 발기인에 관한 요건이 주식회사보다 완화된 형태의 회사였기 때문이다(오수근, 김성애, "기업형태의 선택에 관한 실증 연구", 〈상사법연구〉 21권 1호, 2002).

2   한국은행 경제통계 시스템(http://ecos.bok.or.kr/)의 기업 경영분석 통계에 따르면 2012년 한국 전산업 평균 자기자본 대 부채 자본의 비율은 147.6%이다. 이는 주주 자본 100원에 부채 자본 147.6원을 사용한다는 의미다. 대기업의 평균은 140.1%이며, 중소기업의 평균은 174.3%로 상대적으로 신용도가 낮은 중소기업이 자기자본보다 부채 자본을 더 많이 사용한다.

3   회사가 주식시장에서 주주 자본을 확보하는 것은 최초 주식을 발행한 때다. 따라서 기업이 주식을 발행할 때 개인이 주식에 투자했다면 주식 매입 자금은 기업에 직접 공급되는 자본이며, 주식시장에서 거래를 통해서 주식을 매입한 경우에 주식 매입 자금은 기업에 직접 공급되는 자본이 아니다. 그렇다고 해서 주식시장에서 주식을 매입하는 것이 기업에 주주 자본을 공급하지 않는 것은 아니다. 주식시장에서의 주식 매입은 기업이 최초 주식을 발행할 때 공급한 주주 자본을 이어받는 간접적인 자금 공급이다. 만약에 어떤 회사의 주식을 주식시장에서 누구도 매입하기를 원하지 않는다면 그 회사가 새로운 주식을 발행해서 추가적인 주주 자본을 확보할 수 없을 뿐 아니라 기존의 확보한 주주 자본도 가치가 없다는 것을 의미한다. 따라서 회사가 주주 자본을 확보하기 위해서는 주식시장에서의 원활한 주식의 거래가 반드시 필요한 전제 조건이며, 최초 주식 발행의 경우가 아니라 할지라도 주식시장에서의 주식거래는 과거에 회사에 공급된 주주 자본을 이어받을 뿐 아니라 회사가 미래에 확보할 수 있는 주주 자본의 기본이 된다. 개인이 은행에 예금하거나 주식에 투자하지 않고 금이나 부동산과 같은 대체적인 투자를 하는 경우도 있지만 논의를 주주 자본과 부채 자본에 대한 투자로 국한하기로 한다.

4   1997년 외환 위기의 영향으로 한국의 대형 은행들이 모두 파산해서 은행이 예금을 돌려줄 수 없는 사태가 벌어졌다. 기업의 부도 사태로 은행들은 기업들에 대출한 자금을 회수할 수 없어서 엄청난 부실 자산을 떠안게 되었고, 결과적으로 은행이 보유한 자산이 예금자들의 원금보다 적었기 때문에 은행은 예금의 원금도 돌려줄 능력이 되지 못했다. 당시에 예금보험제도가 1995년 도입되었고 예금보험공사가 1996년 설립되었지만 설립된 지 얼마 되지 않아서 충분한 보험금을 축적하지도 못했을 뿐 아니라 거의 모든 대형 은행들이 파산을 했기 때문에 설령 예금보험금이 축적되었다고 해도 감당할 수 없는 상황이었다. 이런 상황에서 당시까지만 해도 일반 사람들은 은행예금은 어떤 경우에서도 당연히 돌려받는 것

으로 이해하고 있었기 때문에 정부가 대신해서 예금을 돌려주는 극단적인 조치를 취할 수밖에 없었다.

5   주식이 채권보다 위험이 크기 때문에 더 높은 평균적 수익률을 갖는다. 주식 수익률과 채권수익률의 차이를 주식의 위험 보상 수익률(risk premium)이라고 한다. 한국의 1975년부터 2013년까지의 기간 동안 연평균 주가 상승률은 13.5%이며, 같은 기간의 회사채 연평균 수익률은 12.5%, 정기예금 연평균 이자율은 9.3%였다. 주가 상승률은 종합주가지수, 회사채 수익률은 AA-등급 3년 만기 회사채, 그리고 은행의 1년 만기 정기예금이자율을 기준했다.

6   IMF 경제 위기가 발생한 1997년 주가수익률은 무려 -42.2%로 주가가 거의 반 토막이 났다. 그러나 외환 위기를 극복하는 과정이었던 1998년 주가는 49.4%가 올랐고, 외환 위기를 벗어나기 시작한 1999년에는 주가가 82.7%가 폭등하는 큰 변동성을 겪었다. 반면 은행예금 금리는 IMF 경제 위기가 발생한 이후인 1998년 13%를 넘었지만, 2000년대에 들어서는 안정적으로 4~5% 수준으로 안정적이었다가 2008년 금융 위기 때 5.7%까지 올랐으나 이후 3%대로 하락했다.

7   미국 시장의 경우에도 장기 투자에서는 주식 투자가 채권 투자보다 높은 수익률을 기록했다. 1962년부터 2011년까지의 50년 동안 연평균 수익률이 주식은 9.2%이고, 미국 정부가 발행한 10년 만기 연방 채권은 6.85%였다. 그러나 2008년 금융 위기를 포함한 2002년부터 2011년까지의 10년 동안 연평균 수익률은 주식은 2.88%에 불과하고 연방 채권은 6.49%를 기록해서 오히려 채권이 주식보다 높은 수익률을 기록했다[자료는 애스워드 다모다란(Aswath Damodaran) 교수 홈페이지(http://pages.stern.nyu.edu/~adamodar/)를 참조할 것].

8   현대자동차가 2011년 10월 6일에 발행한 3,000억 원의 회사채는 만기 5년이었고, 발행 목적은 2006년에 발행한 회사채 3,000억 원의 만기가 도래해서 이를 상환하기 위한 것이었다. 국민은행이 2012년 1월 30일에 발행한 1,400억 원의 회사채는 만기가 2년이고 이는 대출과 유가증권 투자 등의 운영자금이었으며, 신한은행이 2012년 1월 20일에 발행한 969억 원의 회사채는 만기가 1년이고, 발행 목적은 운영자금이었다.

9   배당금의 결정은 주주총회에서 주주들의 승인을 받아야 한다. 그러나 현실적으로 회사는 배당을 사전에 이사회의 승인을 받아 결정해서 주주총회 개최 2주 전 공시하기 때문에 주주총회에서의 주주의 승인은 형식적인 절차인 경우가 대부분이다. 주주총회에서 주주들이 경영진과 이사회가 결정한 배당금을 승인하지 않고 거부할 수도 있다. 그러나 현실에서 배당금 승인 안건이 주주총회에서 부결되는 경우는 극히 드물다.

마이크로소프트(Microsoft)는 1986년 나스닥(NASDAQ, 미국 장외 증권시장)에 상장한 이후 지속적으로 이익을 냈지만 16년 동안 단 한 번도 배당을 지급하지 않고 이익금을 배당하기보다는 신규 투자 자금으로 활용하다가 2003년 처음으로 배당을 지급했다. 마이크로소프트는 2003년 주당 순이익 $0.69 중에서 $0.08를 배당으로 지급했고, 2004년에는 주당 순이익 $0.75 중에서 $0.16를 배당으로 지급했다. 2003년 최초로 배당을 지급하기 전에도 순이익을 지속적으로 냈었다. 주당 순이익이 2000년에는 $0.85, 2001년에는 $0.69, 2002년에는 $0.48였다. 2011년에는 주당 순이익 $2.69 중에서 $0.64를 배당으로 지급했다.

MS 홈페이지 http://www.microsoft.com/investor/AnnualReports/

10 동양증권, 〈한국 기업의 지배 구조〉, 2012, 17쪽.

보고서에 의해서 조사 대상 20개 국가 중에서 한국은 배당수익률이 가장 낮은 나라다. 20개 국가의 평균 배당수익률이 3.9%인 반면에 한국은 2.0%에 미치지 못한다. 유비에스(UBS)의 애널리스트 조사에 따르면 2010년 한국 투자 대상 회사들의 평균 배당수익률은 1.2%로 투자 대상 50개 국가 중에서 48번째다. UBS 보고서에 따르면 선진국 시장의 평균은 2.3%이고, 신흥 시장의 평균은 2.4%이다. 한국보다 배당수익률이 낮은 나라는 인도네시아 1.0%와 러시아 1.0%이다.

11 삼성전자의 주당 배당금은 2000년 3,000원, 2001년 2,000원이었으며, 2002년과 2003년 5,500원으로 늘어났지만 2004년부터 2011년까지 5,000원이었다. 현대자동차의 주당 배당금은 2000년 600원, 2001년 750원, 그리고 2002년 850원이었으나 2003년 5,000원으로 대폭 증가한 이후 2011년까지 항시 5,000원으로 변함이 없었다. 삼성전자와 현대자동차뿐 아니라 대부분의 한국 상장회사들의 배당금 지급은 이익 규모와 관계가 없다.

12 삼성전자, 2013년 사업보고서.
현대자동차, 2013년 사업보고서.

13 투자(Investment)와 투기(Speculation)를 구분하는 것은 학문적으로 그리고 현실적으로 어려운 일이다. 일일 거래자(Day Trader)와 같이 보유 목적이 아니고 거래 자체를 목적으로 하는 경우는 투기임에 틀림없다. 그러나 투기와 투자를 보유기간만으로 구분할 수는 없다. 보유 기간이 한 달이면 투기이고 1년이면 투자라고 선을 그을 수 없다는 것이다. 공급이 제한적인 실물시장, 즉 부동산 시장 같은 경우와 공급에 제한이 없는 금융시장에서의 투기는 다르다. 한정된 공급을 조절하는 행위도 투기다.

14 주식시장의 거래량을 기준한 주식 회전율이 2013년 318.5%였다. 이는 주식 1주가 1년에 3.2번 거래된 것을 나타내는데 12개월을 3.2로 나눈 3.8개월이 평균 보유 기간에 해당한다. 2012년에는 주식 회전율이 468.8%로 평균 보유 기간은 2.6개월에 해당하고, 2011년에는 주식 회전율이 390.3%로 평균 보유 기간은 약 3.1개월이다.

15 회사가 투자 계획이나 신제품이나 신시장의 개발 등의 주가 상승에 영향을 미칠

수 있는 좋은 정보를 시장에 발표해서 주가에 영향을 미칠 수 있다. 그러나 회사가 3개월마다 주가 상승을 가져올 좋은 내용을 발표한다는 것은 현실적으로 불가능하다.

16 19세기 후반 대표적인 경제학자인 제본스(W. S. Jevons)와 마셜(Alfred Marshall)의 단기 성과주의(Short-Termism)에 대한 비판, 그리고 20세기 초반의 대표적인 경제학자인 피구(A. C. Pigou)와 케인스(J. M. Keynes)의 단기 성과주의에 대한 비판의 간단한 소개는 다음의 논문의 2~4쪽을 참고한다.
Andrew G Haldane and Richard Davies, "The Short Long", Bank of England, 2011.

17 한동안 잠잠했던 단기 성과주의에 대한 논란이 2008년 금융 위기를 계기로 〈파이낸셜 타임즈(Financial Times)〉와 〈이코노미스트(Economist)〉를 중심으로 새롭게 촉발되었다.

18 단기 성과주의를 구체적인 실증 분석으로 제기한 것은 1990년대부터이며, 이에 대한 논의는 다음의 책과 논문에서 찾아볼 수 있다.
Marsh, P., "Short Termism on Trial", Instituional Fund Managers' Association, London, 1990.
Miles, D., "Testing for Short Termism in the UK Stock Marekt", 〈The Economic Journal〉 vol.103, Nov. 1993, p.1379~1396.
Demirag, Istemi S., "Boards of Directors' Short-term Perceptions and Evidence of Managerial Short-Termism in the UK", 〈The European Journal of Finance〉 4, 1998, p.195~211.

19 금융 위기 이후 단기 성과주의에 대한 가장 설득력 있는 결과를 제시한 홀데인-데이비스(Haldane-Davis, 2011)는 5년을 기준으로 분석했고, 1990년대 단기 성과주의에 대한 신빙성 있는 선도적인 연구로 여겨지는 마일즈(Miles, 1993)는 5년 또는 그 이상의 기간에 대해서 분석했다. 국가별 단기 성과주의를 비교 분석한 블랙-프레이저(Black-Fraser, 2002)도 5년을 기준으로 분석했다.

20 증권거래소, 선물거래소, 코스닥위원회, 코스닥증권시장 등 4개 기관이 통합되어 2005년 1월 27일 설립된 한국거래소(KRX)가 발표하는 발행주식 수를 기준한 2011년 주식 회전율은 390.34%이고 이는 평균 보유 기간 3.1개월에 해당한다. 시장별로는 거래량 기준 회전율이 코스피는 254.09%이고, 코스닥은 598.93%이다. 이는 평균 주식 보유 기간이 각각 4.7개월과 2.0개월에 해당하는데, 코스닥이 코스피보다 단기 투자가 더 심한 것이다.

21 단기 성과주의에 대한 국제적인 비교 연구는 매우 드물다. 다음의 논문에서는 미국, 영국, 독일, 일본, 호주 다섯 국가에 대한 분석을 한 결과, 영국이 가장 단기 성과주의가 심하고 독일과 일본에서는 단기 성과주의가 심각하지 않은 것을 보

여주고 있다. 미국의 경우에도 5년을 기준으로 한 단기 성과주의에서는 독일, 일본과 비슷한 결과를 보여주었고, 단지 5년 이상의 장기적인 기간에서는 미국에서도 단기 성과주의적인 경영을 하는 것으로 나타났다.

Black, Alan and Fraser, Patricia, "Stock Market Short-Termism-an International Perspective", 〈Journal of Multinational Financial Management〉 12, 2002, p.135~158.

22 Alfred Rappaport, "The Economics of Short-termPefromance Obsession", 〈Financial Analysts Journal〉 vol.61 no.3, 2005, p.66.

23 세계증권거래소협회(WFE)의 2011년 통계에 따르면 시가총액을 기준으로 주식 회전율은 미국의 뉴욕증권거래소(NYSE) 138.5%(평균 주식 보유 기간 8.7개월), 독일증권거래소 132.8%(9.0개월), 일본의 동경증권거래소 123.7%(9.7개월), 영국의 런던증권거래소 69.2%(17.3개월)이다. 시가총액보다는 발생주식 수를 기준한 회전율로 계산해야 하지만 WFE은 발행주식 수 기준 회전율을 발표하지 않으며, 국가별 주식 보유 기간에 대한 통계는 구하기 어렵다. WFE 통계는 홈페이지 (http://www.world-exchanges.org/statistics)를 참조했다.

24 Miles, David, "Testing for Short Termism in the UK Stock Market", 〈The Economic Journal〉vol.103, 1993, p.1379~1396.

25 단기 성과주의가 나타나는 이유 중 하나가 증권 분석가들이나 펀드매니저들이 단기적인 성과를 중요시하기 때문에 회사의 경영진들이 이에 대한 압력을 받아서 단기 이익을 중시하는 경영을 한다는 것이다. 그러나 단기 성과주의가 가장 문제가 되고 있는 영국 기업에 대한 아래의 두 연구는 다소 엇갈린 결과를 보여주고 있다. 마스턴-크레이브(Marston-Crave)가 영국 500대 기업의 재무 임원들에게 주식 분석가와 펀드매니저가 단기 이익에 지나친 관심을 둔다고 생각하는가에 대해서 조사한 결과에서 주식 분석가들이 그렇다고 대답한 비율은 50% 정도이고, 펀드매니저들이 그렇다고 대답한 비율은 20% 정도였다. 또한 주식 분석가들과 펀드매니저들이 회사의 장기적 전망에 충분한 관심을 두지 않는다고 생각하는가에 대한 조사에서는 주식 분석가들이 그렇다고 대답한 비율은 40% 정도인 반면에 펀드매니저들이 그렇다고 대답한 비율은 13% 정도에 불과했다. 반면에 데미라그(Demirag)가 영국의 300여 개 기업의 500여 명의 이사들을 상대로 조사한 결과에서는 증권 분석가들과 주요주주들이 위험이 크지만 장기적인 연구·개발보다는 위험이 낮은 단기적인 제품 개발을 선호한다고 답을 한 비율이 51%인 반면에 그렇지 않다고 답을 한 비율은 20%에 불과했다. 그리고 33%가 실제로 그러한 압력 때문에 장기적인 투자를 포기한 적이 있다고 답을 했다.

Demirag, Istemi S., "Boards of Directors' Short-term Perceptions and Evidence of Managerial Short-Termism in the UK", 〈The European Journal of Finance⟩ 4, 1998, p.195~211.

Marston, C.L. and Crave, B.M., "A Survey of Corporate Perceptions of Short-Termism among Analysts and Fund Managers", ⟨The European Journal of Finance⟩ 4, 1998, p.233~256.

26 홀데인-데이비스(Haldane-Davis, 2011)의 연구는 5년을 장기적인 기간으로 설정하고 1985년부터 1994년까지와 1995부터 2004년까지의 두 기간에 대해서 영국의 기업을 대상으로 분석한 것이다. 주요한 결과는 1985년부터 1994년까지의 10년 동안에는 단기 성과를 위해서 위험이 큰 장기적인 투자를 과소평가하는 단기 성과주의가 나타나지 않았고, 1995부터 2004년까지의 10년 동안에는 금융 산업을 포함한 모든 산업에서 단기 성과주의가 나타난 것으로 보고하고 있다. 그러나 금융 산업이 다른 산업보다 단기 성과주의가 더 심한 것은 아니라는 결과를 보여주었다.

Andrew G Haldane and Richard Davies(2011), op. cit..

27 세계증권거래소협회의 2011년 통계에 따르면 시가총액을 기준으로 주식 회전율에서 한국증권거래소는 53개 회원 거래소 중에서 네 번째로 높은 것으로 나타났다. 2011년 한국증권거래소의 시가총액 기준 회전율은 194.2%이다. 보다 정확한 주식 보유 기간은 시가총액보다는 발생주식 수를 기준한 회전율이다. WFE은 발행주식 수 기준 회전율을 발표하지 않기 때문에 국가별 정확한 비교는 어렵다. WFE 통계는 홈페이지(http://www.world-exchanges.org/statistics)를 참조했다.

28 스톡옵션(Stock Option)으로 인한 단기 성과주의 현상에 대한 논의는 다음의 논문을 참고한다.

Lucian A. Bebchuk, Alma Cohen, and Holger Spamann, "The Wages of Failure: Executive Compensation at Bear Stearns and Lehman 2000~2008", ⟨Yale Journal on Regulation⟩ vol.27, 2010, p. 257~282.

29 2000년부터 2008년까지의 기간 동안 베어 스턴스(Bear Stearns)와 리먼 브라더스(Lehman Brothers) 두 회사의 CEO(최고 경영자), CFO(재무 담당 최고 임원)와 3명의 최상위직 임원 등 5명의 최상위 경영진이 받은 보상은 각각 14억 달러(1조 6,000억 원)와 10억 달러(1조 1,500억 원)였다. 이러한 보상의 대부분은 스톡옵션으로 받은 주식을 매도해서 얻은 것으로 주식 매도로 얻은 보상이 베어 스턴스의 경우에는 11억 달러(1조 2,600억 원)이고 리먼 브라더스의 경우에는 8.5억 달러(9,780억 원)였다. 이 내용은 아래의 논문을 참조한다.

Lucian A. Bebchuk, Alma Cohen, and Holger Spamann(2010), op. cit., p.257~282.

30 경영진이 지나친 주식 보상을 받을 경우 오히려 위험한 투자를 할 유인이 생긴다는 논란에 대해서는 다음의 논문을 참고한다.

Lucian A. Bebchuk, Alma Cohen, and Holger Spamann(2010), op. cit.

31 영어 원문은 다음과 같다.
"I buy on assumption they could close the market the next day and not re-open it for five years."
"Our favorite holding period is forever."
다음의 인터넷 사이트를 참조한다.
http://www.investinganswers.com/education/famous-investors/50-warren-buffett-quotes-inspire-your-investing-2310

32 여기에서 논의하지 않지만 장기 투자를 유도할 수 있는 제도는 여러 가지가 있다. 몇 가지만을 열거하면 다음과 같은 것들이 있다: 주식 보유 기간에 따른 증권 거래세 차등화, 자본소득세 도입과 보유 기간에 따른 세율 차등화, 보유 기간에 따른 의결권 차등화, 보유 기간에 따른 배당의 차등화, 기업의 정보 공개 강화와 경영 투명성 제고, 장기 기관투자자 확대, 주식 펀드 '판매 보수'의 폐지, 신용평가회사의 이해 상충 규제, 회계 법인의 감사 업무와 기타 업무의 분리 등이 있다.

33 2010년 기관투자자들이 주주총회에서 회사 경영진이 상정한 안건에 대한 의사 표시를 공시한 9,688건 중에서 반대한 경우는 전체 안건의 0.33%인 32건에 불과했다. 32건의 반대 의사표시도 대주주가 회사 돈을 횡령하는 비리를 저지른 특정 회사의 감사를 선임하는 안건이었다. 비리를 저지른 대주주와 경영진이 감사 후보를 추천한 경우였기 때문에 자신의 투자를 보호하려는 투자자라면 반대하는 것이 상식적인 판단일 것이다. 그러나 불과 10여 개 기관투자자만이 반대 의사를 표시했을 정도로 기관투자자들은 경영진에 반하는 의결권 행사를 하지 않는 것이 한국의 현실이다.
한국거래소, "유가증권시장 상장 12월 결산 법인 정기 주주총회 관련 자산운용사 등 집합 투자업자 의결권 행사 공시 분석", 2010년 3월 25일자 보도자료.

34 경영자를 경영의 주체로 보는 관점에서는 경영자를 이해당사자(Stakeholder)로 보지 않는 견해도 있다. 그러나 경영자는 노동자와 구분되는 노동을 제공하는 대가로 기업이 만들어낸 이익을 배분받기 때문에 경영자도 이해당사자의 한 주체로 볼 수 있다. 아오키(Aoki)는 투자자와 노동자만이 기업의 주요한 이해당사자라고 보며, 경영자는 이 두 이해당사자 사이의 중재자(Refree)의 역할을 하는 것이지 이해당사자가 아니라고 본다.
Aoki, M.《The co-operative game theory of the Firm》, Oxford: Clarendon Press, 1984.

35 한국거래소, "2013년도 12월 결산 법인 현금 배당 현황(유가증권시장)", 2014년 4월 28일자 보도자료,

36 2011년 MSCI(Morgan Stanley Capital International) 세계 지수(global index)에 포

함된 45개 국가 중에서 한국은 배당수익률 45위인 꼴찌로 1.4%이다. 이는 2013년 6개월 미만 단기 정기예금의 평균 이자율인 2.54% 그리고 6개월에서 1년 사이의 단기 정기예금 평균 이자율 2.72%(한국은행 자료)보다 훨씬 낮은 것이다. MSCI에는 각 나라의 우량 기업들만을 포함하고 있는데도 불구하고 한국의 배당수익률이 가장 낮다. 미국은 2.0%, 유럽 평균은 4.3%이다. 그리고 일본 2.6%, 중국 3.4%, 홍콩 3.5%, 싱가포르 4.0%로 아시아 국가들도 한국보다 배당수익률이 훨씬 높다. 배당수익률은 MSCI와 IBES(International Broker Estimate System)에서 구했으며, 정기예금이자율은 한국은행 경제통계 시스템에서 구했다.

37 삼성전자, 2013년 사업보고서.

38 이해당사자 이론은 사용하는 사람들에 따라서 여러 가지 의미로 달리 사용되고 있다. 이에 대해서 이해당사자 이론을 처음 제시한 프리먼(Freeman)은 '이해당사자 이론이 의미하지 않는 것'이라는 제목의 다음 논문의 481쪽에서 이해당사자 이론을 인용구와 같이 정의하고 있다.
Robert Phillips, R. Edward Freeman, and Andrew C. Wicks, "What Stakeholder Theory is Not", 〈Business Ethics Quarterly〉 Voiume 13, Issue 4, 2003.

39 Thomas Donaldson and Lee E. Preston, "The Stakeholder Theory of Corporation: Concepts, Evidence, and Implications", 〈Academy of Management Review〉 vol.20 no.1, 1995, P.67.

40 R. Edward Freeman, J. S. Harrison, A. C. Wicks, B. L. Parmar and S. De Colle, 《Stakeholder Theory: The State of The Art》, Cambridge University Press, 2010, P.6~9.

41 Robert Phillips, R. Edward Freeman, and Andrew C. Wicks(2003), op. cit., p.481.

42 Robert Phillips, R. Edward Freeman, and Andrew C. Wicks(2003), op. cit., p.487.

43 Thomas Donaldson and Lee E. Preston(1995), op. cit., p.67.

44 Robert Phillips, R. Edward Freeman, and Andrew C. Wicks(2003), op. cit., p.488.

45 R. Edward Freeman, J. S. Harrison, A. C. Wicks, B. L. Parmar and S. De Colle(2010), op. cit., p.9.

46 Robert Phillips, R. Edward Freeman, and Andrew C. Wick(2003), op. cit., p.489.

47 '이해당사자'는 다양한 논의와 논문에서 오래전부터 언급되어 왔지만 이해당사자 이론을 체계적으로 처음으로 제시한 것은 프리먼(Freeman)이 1986년에 출간

한 다음의 책으로 보는 것이 학계의 다수의 의견이다. 본 글에서 이해당사자 이론에 대한 설명은 프리먼을 포함한 이해당사자 이론을 만들고 학문적으로 발전시켜온 기업의 경영관리 학자들의 견해를 중심적으로 반영하고 있다.

R. Edward Freeman. 《Strategic management: A Stakeholder approach》, Boston: Pitman, 1984.

48 Giles Slinger, "Spanning the Gap-the theoretical principles that connect Stakeholder policies to business performance", ⟨Corporate Governance⟩ vol.7 no.2, 1999, p.137.

49 Robert Phillips, R. Edward Freeman, and Andrew C. Wicks(2003), op. cit., p.489, p.491.

50 R. Edward Freeman, Kirsten Martin, Bidhan Parmar, "Stakeholder Capitalism", ⟨Journal of Business Ethics⟩Springer, 2007, p.303~314.

51 R. Edward Freeman, Kirsten Martin, Bidhan Parmar(2007), op. cit., p.304~309.

52 R. Edward Freeman, Kirsten Martin, Bidhan Parmar(2007), op. cit., p.311~312.

53 이러한 상황을 레몬 시장(Lemon Market)이라고 부르는 이유는, 레몬의 품질을 알기 위해서 레몬의 껍질을 벗겨 보아야 하는데 레몬 껍질을 벗겨 보고 살 수 없는 상황을 비유한 것이다. 이는 수박을 살 때 수박을 갈라 보고 살 수 없기 때문에 손으로 두드려서 맑게 울리는 소리가 나면 잘 익은 수박으로 생각하고 사지만, 맑은 소리가 나는 수박이 항시 잘 익은 것은 아닌 것과 같은 비유다.

54 R. Edward Freeman, Kirsten Martin, Bidhan Parmar(2007), op. cit., p.312.

55 여기서 설명하는 독일의 공동 결정(Codetermination)과 회사 구조에 관한 내용은 다음 책에서 기초하여 정리했다.

Jean J. du Plessis, Berhard GroBfeld, Claus Luttermann, Ingo Saenger, Otto Sandrock, 《German Corporate Governance in International and Europen ontext》, Springer, Berlin Heidelberg, New York, 2007.

56 가족 기업(Family Controlled)과 종교, 노동조합 그리고 정치적 목적을 위한 기업은 규모와 관계없이 의무화하지 않고 있다.

Larry Fauver, Michael E. Fuerst, "Does Good Corporate Governance Include Employee Representation? Evidence from German Corporate Boards", ⟨Journal of Financial Economics⟩ 82, 2006, P.675.

57 Jean J. du Plessis et al.(2007), op. cit., p.119.

58 Jean J. du Plessis et al.(2007), op. cit., p.122~123.

59 Jean J. du Plessis et al.(2007), op. cit., p.70~75, p.113~118.

60 1951년 제정된 광산, 철강 산업 공동 결정법(Mining, Iron and Steel Industry

Codetermination Act)에 의해서 도입된 제도다. 광산에는 석탄 광산이 포함된다. 이 법은 자본금의 규모에 따라서 감독이사회(Supervisory Board)의 이사 수를 달리 정하고 있는데, 모든 경우에 주주 대표이사와 노동자 대표이사를 같은 수로 정하고 있다. 1,000만 유로 이하의 (납입)자본금을 가진 회사는 이사회 이사 수를 11명, 자본금이 1,000만 유로에서 2,500만 유로 사이의 회사는 11명 또는 회사 정관으로 15명으로 할 수 있고, 자본금이 2,500만 유로 이상인 회사는 11명 또는 회사 정관으로 21명의 이사회를 구성할 수 있다.

Jean J. du Plessis et al.(2007), op. cit., p.114~115.

61 Jean J. du Plessis et al.(2007), op. cit., p.82~84.

62 Jean J. du Plessis et al.(2007), op. cit., p.87~89.

63 감독이사회가 승인하지 않거나 봉쇄한 사안에 대해서 경영이사회(Management Board)는 주주총회에 안건으로 올려서 3분의 2의 찬성으로 감독이사회의 결정을 번복할 수 있다[Jean J. du Plessis et al.(2007), op. cit., p.88.].

64 Jean J. du Plessis et al.(2007), op. cit., p.95.

65 Jean J. du Plessis et al.(2007), op. cit., p.74~75.

66 Jean J. du Plessis et al.(2007), op. cit., p.70.

67 Jean J. du Plessis et al.(2007), op. cit., p.81.

68 Jean J. du Plessis et al.(2007), op. cit., p.99~100.

69 2000년 영국의 이동통신 회사인 보다폰(Vodafone)이 독일의 이동통신 회사인 만네스만(Mannesmann)을 인수했다. 인수 합병이 완료된 이후 감독이사회 소속 4명의 감독이사가 무려 1억 유로(약 1,450억 원)의 엄청난 보너스를 합병 전 만네스만 경영이사와 감독이사, 그리고 전임 고위 임원들에게 지급했다. 만네스만의 전임 최고 경영자(CEO) 한 사람에게 지급한 금액이 무려 3,000만 유로(약440억 원)으로 여론의 지탄을 받았다. 더욱 문제가 된 것은 4명의 이사들이 전화로 회의를 했고, 한 명의 위원이 투표하지 않고 다른 위원들에게 위임해서 전원 합의로 결정을 했는데, 그 한 명이 가장 투쟁적이고 영향력 있는 금속노조의 전임 위원장이었던 것이다. 그가 당연히 그러한 결정에 반대할 것으로 기대했지만, 그는 오히려 결정을 돕는 역할을 한 것이다. 2003년 이들은 권한 남용과 횡령으로 재판을 받았고, 1심 판결에서는 '실수'라는 이유로 무죄를 선고받았으나 형사대법원은 이를 번복하고 다른 1심 재판부에 재심하도록 했다. 2006년 기소된 이사들이 자선단체에 기부하는 것으로 합의하고 사건은 종결되었다.

Jean J. du Plessis et al.(2007), op. cit., p.132.

또 다른 스캔들은 2005년 독일의 대표적인 자동차 회사인 폭스바겐(Volkswagen)에서 발생했다. 경영이사회가 노조 대표(shop steward)들의 브라질 호화판 해외여행 비용으로 100만 유로(약 14.5억 원)를 지급하고, 전직 노조 대표였던 주(州)의회 의원들에게 계속해서 월급을 지급했다. 또한 폭스바겐의 체코 계열사인 체크 스코다(Czech Skoda)가 해외에 위장 회사를 설립하고 이를 통해서 뇌물용 비자금을 마련한 것이 알려지게 되었다.

Jean J. du Plessis et al.(2007), op. cit., p.133~134.

70 Jean J. du Plessis et al.(2007), op. cit., p.125~128.

71 독일은행(Deutsch Bank)은 2011년 말 현재 총종업원수가 10만 996명이며, 이 중에서 독일 국내 종업원은 46.9%인 4만 7,323명이고 외국 종업원은 53.1%인 5만 3,673명으로 외국 종업원이 더 많다.

Deutsch Bank, 'Annual Report 2011', on SEC Form 20-F.

72 Larry Fauver, Michael E. Fuerst, "Does good corporate governance include employee representation? Evidence from German corporate boards", 〈Journal of Financial Economics〉 82, 2006, p.673~710.

73 Larry Fauver, Michael E. Fuerst(2006), op. cit., p.689.

74 Larry Fauver, Michael E. Fuerst(2006), op. cit., p.697.

75 Gorton, G., Schmid, F., "Capital, labor, and the firm: A study of German Codetermination", 〈Journal of the European Economic Association〉2, 2004, p.863~905.

76 우리사주조합에 관한 내용은 한국증권금융 홈페이지(http://www.ksfc.co.kr/)에 게시된 내용을 참고했다. 우리사주 전담 수탁 기관으로 지정된 한국증권금융은 우리사주조합원이 취득한 자사주를 예탁·관리하고, 우리사주조합의 결성과 운영, 우리사주 취득에 필요한 자금을 지원하는 역할을 담당하고 있다. 우리사주조합의 효과에 대한 논의는 한국증권금융 홈페이지를 참고한다.

77 회사가 우리사주조합에 자사주나 현금을 출연한 경우에 전액 비용으로 인정받으며, 우리사주조합을 통해서 종업원들에게 주식을 성과급으로 지급한 경우에도 비용으로 인정받으며, 액면가 1,800만 원 이하의 주식을 보유한 경우에는 배당에 대한 세금도 면제되는 혜택이 주어진다. 노동자가 우리사주제를 통해서 자신의 자금이나 우리사주조합의 차입금(Leverage)으로 매입한 주식은 최소한 1년을 의무적으로 보유해야 한다. 그리고 회사나 주주가 우리사주조합에 출연한 주식은 증여와 같은 것이지만 3년 이상 보유한 이후 인출하는 경우는 그 절반에 대해서 세금을 면제해줌으로써 장기 보유의 인센티브를 준다.

한국증권금융, 《우리사주제도 실무 매뉴얼》, 2005 참조.

78 우리사주조합 회사에 관한 통계는 한국증권금융이 발간하는 〈증권금융〉 328호 2013년 겨울호, 상장회사에 대한 통계는 2013년 말 거래소상장회사 중 주권 상장회사이며, 회사에 관한 통계는 2013년 《국세통계연보》를 참조했다.

79 코스피의 2013년 말 발행주식 수 341억 200만 주 중에서 우리사주조합의 주식

수는 3억 330만 주로 0.89%에 해당하고, 코스닥의 발행주식 수 208억 1,200만 주 중에서 우리사조합의 주식은 4,450만 주로 0.2%에 해당한다. 자료는 〈증권금융〉 2013년 겨울호를 참고한다.

80 우리사주제에서 가장 민감한 규제가 의무 보유 기간이다. 우리사주제 도입 초기에는 퇴직 시까지 보유하도록 의무화했고, 이후에 이를 7년으로 단축했지만 노동자들이 우리사주제를 재산 형성의 수단으로 인식하기 때문에 오랜 기간 동안 주식을 보유하는 것에 적극적이지 않다. 따라서 현재는 종업원이 자신의 자금으로 우리사주제를 이용해서 취득한 주식은 의무 보유 기간이 1년이며, 회사나 주주가 출연한 주식을 취득한 경우에는 4년에서 8년 사이로 정하고 있다.

81 기업의 주인에게 자신이 제공한 것뿐만이 아니라 모든 손실에 대해서 배상하는 무한책임(unlimited liability)을 지는 회사의 형태는 개인기업을 생각해볼 수 있다. 그러나 이 경우에도 법원에 파산 신청을 함으로써 자신의 재산으로 감당할 수 없는 채무에 대해서는 면제를 받는 제도가 있다.

82 노동자가 노동자로서의 역할과 주인으로서의 역할을 분리하지 않은 노동자 소유 기업은 소규모 자영업 가게에서 흔히 볼 수 있는 구조다. 가게의 주인은 자신이 직접 노동하면서 추가로 필요한 인력을 채용한다. 이 경우에 가게 주인은 노동자의 역할과 소유자로서 역할을 분리하지 않는다.

83 협동조합에는 노동자협동조합 이외에도 소비자협동조합, 생산자협동조합, 신용협동조합 등의 다양한 형태의 협동조합이 존재한다.

84 협동조합 기본법이 2012년 1월 26일에 제정되었고, 2012년 12월 1일부터 시행되었다.

85 국제협동조합연합(ICA, International Cooperative Alliance)이 내린 정의다.
홈페이지 http://www.ica.coop/coop/principles.html

86 Richard C. Williams, 《The Cooperative Movement; Globalization from Below》, Ashgate Publishing Limited, Hampshire, UK, 2007, Chapter 1.

87 국제협동조합연합 홈페이지의 'Co-operative History' 참조,
홈페이지 http://www.ica.coop/coop/history.html

88 주식회사의 이익에 해당하는 것을 협동조합에서는 잉여금이라고 부른다. 협동조합은 잉여금의 10% 이상을 자기자본의 세 배가 될 때까지 법정적립금으로 적립해야 한다. 법정적립금 외에도 정관으로 정해서 임의 적립금에 적립할 수 있으며, 배당은 이와 같은 적립금에 충당한 이후에 실시한다. 주주들의 출자 비율에 따라서 배당하는 주식회사의 경우에도 배당금에 대한 제한을 두고 있다. 그러나 이는 자본금을 충실하게 만드는 것을 우선으로 하기 위한 것이며, 협동조합과 같은 배당금에 대한 제한은 없다(상법 제462조).

89 몬드라곤(Mondragon) 홈페이지(http://www.mondragon-corporation.com/

language/en-US/ENG/Frequently-asked-questions) 참조.

조은상의 아래 보고서는 일곱 배까지로 정하고 있다고 기술하고 있다. 그러나 몬드라곤 그룹 내의 120여 개 협동조합 각각에 따라서 임금 구조가 다르며, 최근에는 최고 경영자나 임원을 외부에서 영입하는 경우에 경쟁적인 임금을 지불해야 하는 상황이어서 그 배율이 조정되기도 한다.

조은상, "일자리 창출을 위한 몬드라곤 협동조합 복합체의 사례", 〈Working Paper〉 2009-1, 한국직업능력개발원, 2009, 29쪽.

90 Mondragon, '2010 Annual Report'.

91 총 8만 3,859명의 종업원 중에서 스페인 국내 노동자가 6만 7,929명(81.0%), 해외 노동자가 1만 5,930명(19.0%))이다(Mondragon, '2010 Annual Report').

92 Carl Davison(2011)은 임시직 기간이 1년이 아니라 6개월이라고 소개하고 있다. 그러나 다음의 몬드라곤 임원과의 인터뷰에는 1년으로 설명하고 있다.
Jeffrey Hollender, "A Visit to Mondragon: Interview with Mondragon's Director of Cooperative Dissemination", http://www.jeffreyhollender.com/.

93 제조업과 건설업에 3만 7,839명(45.1%), 소매업에 4만 2,260명(50.4%), 금융업에 2,730명(3.3%) 그리고 연구·개발에 1,030명(1.2%)로 구성되어 있다(Mondragon, 〈Company Profile 2011〉).

94 Richard C. Williams(2007), op. cit., Chapter 6.

95 몬드라곤 홈페이지(Http://Www.Mondragon-Corporation.Com/Language/En-Us/Eng/Frequently-Asked-Questions/) 참조.

96 Carl Davison(2011)은 임시직 기간이 1년이 아니라 6개월이라고 소개하고 있다. 그러나 Jeffrey Hollender(2011)는 몬드라곤 임원과의 인터뷰에서 1년으로 설명하고 있다.

97 몬드라곤의 홈페이지에는 가입비를 2009년 현재 1만 3,380유로로(약 1,950만 원)로 소개하고 있다. 이러한 차이는 회사의 영업 실적에 따라서 자본금이 달라지기 때문에 시점에 따라서 다른 것으로 추정된다.

98 Jeffrey Hollender(2011), op. cit..

99 몬드라곤 홈페이지(http://www.mondragon-corporation.com/language/en-US/ENG/Frequently-asked-questions) 참조.

100 Carl Davison(2011), op. cit..

101 Jeffrey Hollender(2011), op. cit..

102 Carl Davidson, "The Mondragon Cooperatives and 21st Century Socialism: A Review of Five Books with Radical Critiques and New Ideas", Solidarity Economy Network, 2011.
인터넷 사이트 http://www.solidarityeconomy.net/2011/03/16/mondragon-

as-a-bridge-to-a-new-Socialism/

103 Jeffrey Hollender, "A Visit to Mondragon: Interview with Mondragon's Director of Cooperative Dissemination", 2011.
인터넷 사이트 http://www.jeffreyhollender.com/

104 당시 전체 3,250명 종업원 중에서 파업에 참여한 노동자는 414명이었다.
Harvard Business School, "Harvard Business Case: The Mondragon Cooperative movement", p.8.

105 울고(ULGOR)는 몬드라곤 그룹 소속 협동조합 중에서 가장 중심적인 회사다. 울고는 1969년 한 해에만 900명의 새로운 조합원을 받아들일 정도로 급격한 성장을 했다. 이런 성장 과정에서 임금 결정에 대한 경영진과 조합원들의 의견이 달랐다. 울고의 경영진이 냉장고 생산 조립 공정에서 노동의 분류와 평가에 따라서 차별적인 임금 수준을 결정하자 400여 명의 조합원이 동등한 임금을 요구하며 파업에 돌입했다. 파업은 8일간 계속되었고 17명이 해고되고, 400여 명이 징계를 받는 것으로 종결되었다. 울고 파업에 관한 내용은 다음을 참조한다.
Richard C. Williams(2007), op. cit., Chapter 6.
Sharrin Kasmir, "The Myth of Mondragon", State Univerity of New York Press, Albany, 1996, Chapter 4, Remaking the Basque Working Class.
Harvard Business School, "HBS Case: The Modragon Cooperative Movement".

106 Richard C. Williams(2007), op. cit., Chapter 1.

107 몬드라곤 홈페이지(http://www.mondragon-corporation.com/language/en-US/ENG/Frequently-asked-questions/)에 소개된 내용이다.

108 Richard C. Williams(2007), op. cit., Chapter 6.

109 민주화운동기념사업회, 〈시민교육〉 5호, 2011, 20~25쪽.
'함께 일하는 세상', '일과 나눔' 두 가지 사례가 소개되어 있다.

110 박범용, 《협동조합 기본법 긴급 해설서》, 한국협동조합연구소, 2012.

111 박범용, 《앗! 이것도 협동조합》, 한국협동조합연구소, 2012, 26쪽.

112 첫 번째 원칙은 자발적이고 개방적인 조합원제이며, 두 번째 원칙은 조합원들에 의한 민주적인 조합의 운영이며, 세 번째 원칙이 조합원들의 자본 참여와 잉여금 배분 등의 경제적 참여다.
국제협동조합연합 홈페이지(http://www.ica.coop/coop/principles.html)에 게시된 'Statement on the Co-operative Identity'를 참조한다.

113 미국 협동조합경영협회(NCBA, National Cooperative Business Association) 홈페이지(http://www.ncba.coop/ncba/about-co-ops/start-a-co-op/elements-of-success) 참조.

114 Jeffrey Hollender(2011), op. cit..

115 Richard C. Williams(2007), op. cit., Chapter 6.

116 대표적으로 성공한 노동자협동조합인 스페인 몬드라곤의 경우 비조합원인 노동 자를 일시적이고 제한적으로만 고용하고 대부분 퇴직한 노동자를 고용함으로써 이러한 갈등을 피하는 구조를 가지고 있다.
조은상(2009), 전게서.

117 1933년 사우디아라비아 정부가 미국의 스탠더드 오일사(Standard Oil Company) 에 원유 채굴권을 양도하는 협정을 맺고 캘리포니아 아라비아 스탠더드 오일 사(Casoc, California Arabian Standard Oil Company)가 설립되었고, 1944년 아라 비아 아메리칸 오일사(Aramco, Arabian American Oil Company)가 설립되었다. 1973년 사우디아라비아 정부가 아람코(Aramco)의 지분 25%를 인수하고, 다음 해인 1974년 지분을 60%로 늘리고, 1980년 100% 지분을 갖게 되어 사우디아 라비아 정부가 완전한 소유주가 되었다. 사우디 아람코(Saudi Aramco) 홈페이지 (http://www.saudiaramco.com/)의 역사 부분 참조.

118 서울우유는 우유의 원료를 생산하는 축산업자들이 설립한 회사이기 때문에 생 산자협동조합이라고 할 수 있다. 그러나 서울우유에 원재료인 원유를 공급하는 축산 농가들이 소유주이면서 동시에 공급자들이기 때문에 공급자협동조합으로 볼 수 있다.

119 서울우유협동조합, 〈2013년도 서울우유협동조합 현황〉, 2014.

120 썬키스트(Sunkist)의 2011년 매출액은 101.9억 달러(약 1조 1,500억 원)이다 (Sunkist, '2011 Annual Report').

121 최초의 영구 채권(Perpetual Bond)은 영국 정부가 1751년에 발행한 콘솔(Consol) 이다. 콘솔은 지금도 존재하고 시장에서 거래된다. 최근에는 유럽의 최대 은행 인 Hsbc(홍콩상하이은행)가 2010년 34억 달러의 영구 채권을 발행한 바 있다 (〈Bloomberg Online〉 2010년 6월 18일자 보도 내용 참조).

122 Ian Bremmer,《The End of the Free Market》, Portfolio, New York, 2010, p.51.

123 멕시코는 국가자본주의(State Capitalism)를 하는 나라가 아니다. 그러나 멕시코 는 헌법으로 에너지 자원 사업을 국가만이 하도록 정하고 있고, 국가 소유 기업 (SOE, State Owned Enterprise)인 페멕스(Pemex)는 멕시코 최대 기업으로서 세 계 34대 기업이다. 페멕스는 국가 수입의 40%를 기여할 정도로 멕시코 경제에 서 중요한 기업이지만, 국회가 예산을 승인하고 정치적으로 운영되기 때문에 장기적인 투자와 경영을 하지 못하고 매년 생산이 줄고 수입이 줄고 있다[Ian Bremmer(2010), op. cit., p.57.].

124 〈포춘(Fortune)〉이 매출액을 기준으로 발표한 2012년 세계 500대 기업에 미국은 132개, 중국은 73개, 일본은 68개, 독일과 프랑스가 각각 32개를 기록했다. 한국

은 13개의 기업이 포함되어 있다.

125 2012년 중국 50대 기업 중 정부 지분이 없는 사기업은 43위인 쟝수샤강국제무역[Jiangsu Shagang Group, 沙鋼集團]과 45위인 화웨이[Huawei Investment & Holding]이다. 쟝수샤강국제무역은 홈페이지에 '중국의 최대 사기업'이라고 밝히고 있지만 지분 소유를 밝히지 않고 있다(http://www.sha-steel.com/eng/index.html). 화웨이는 2011년 'Annual Report'에 모든 지분을 종업원이 소유한 기업이라고 밝히고 있다. 중국 내 기업의 순위는 〈포춘〉이 매출액을 기준으로 선정한 2012년 세계 500대 기업의 순위에 따른 것이며, 홍콩 소재 기업은 제외하고 중국 본토에 소재한 기업들의 순위다.

126 중국의 자동차 산업에 진출하기 위해서는 반드시 정부의 허가를 받아야 하며, 대부분의 자동차 기업은 직접 또는 간접으로 정부가 지분을 소유하고 있다. 자동차 회사 설립 과정에 로비와 특혜가 주어지며, 이로 인한 불공정과 부패가 발생한다. 따라서 중국 자동차 시장에서의 경쟁은 자유 시장경제에서의 사기업들 경쟁과는 전혀 다른 의미다. 다음의 논문은 중국의 자동차 산업에서의 부패 사례들을 다루고 있다.
Tak-Wing Ngo, "Rent-seeking and economic governance in the structural nexus of corruption in China", 〈Crime, Law, Social Change〉 vol.49, 2008, p.27~44.

127 사이노펙(Sinopec, 중국석유화공집단)는 2000년 홍콩증권거래소에 상장하고, 2001년 상하이증권거래소에 상장을 한 주식회사이며, 이후 뉴욕증권거래소와 런던증권거래소에도 상장을 했다. 2011년 말 지분 구조는 중국 정부 소유인 사이노펙 그룹이 75.84%, 국내 소액주주들이 4.81%, 그리고 해외 주주들이 19.35%를 소유하고 있다(자료는 Sinopec Corporation, '2011 Annual Report and Accounts' 참고).

128 중국 은행들의 이자율과 대출 잔액에 관한 통계는 다음을 참조했다.
"Special Report: State Capitalism, Pros and Cons", 〈Economist〉, 2012.01.21. Mixed Bags.

129 중국 은행들의 2009년 신규 대출에 관한 통계는 다음을 참조했다.
"Special Report: State Capitalism, State Capitalism's Global Reach: New Masters of the Universe", 〈Economist〉, 2012.01.21.

130 국제투명성기구(TI, Transparency International)의 2011년 부패 인식 지수(CPI, Corruption Perceptions Index)는 홈페이지(http://www.transparency.org/)를 참조했다. 한국은 43위다.

131 IMD(Institute of Management Development)의 2012년 세계 경쟁력 연보 중에서 정부의 효율성(Government Efficiency) 항목의 뇌물과 부패(Bribing and

Corruption) 항목의 순위다. 한국은 32위로 중위권에 속한다.

132 IMD 2012년 세계 경쟁력 연보 중에서 경영 효율성(Business Efficiency) 항목 중의 감사와 회계 관행(Auditing and Accounting Practices) 항목의 순위다. 한국도 41위로 하위권에 속한다.

133 중국 기업 6개 중에서 나머지 3개의 기업인 중국의 최대 은행인 중국공상은행(中國工商銀行, ICBC, Industrial and Commercial Bank of China)은 75위, 중국해양석유공사(中国海洋石油总公司)는 74위, 그리고 페트로차이나(PetroChina)가 69위에 랭크되어 하위권에 속했다. 1위를 차지한 가장 투명한 기업은 노르웨이의 석유 회사인 스타토일(Statoil)이며, 한국의 삼성전자는 65위를 차지해서 중하위권에 속했다. 기업 보고서의 투명성은 다음의 자료를 참고했다.
Transparency International, 'Transparency in Corporate Reporting: Assessing the World's Largest Companies', 2012.

134 Ian Bremmer(2010), op. cit., p.108.

135 중국의 규제 산업에서 관시[關系, guanxi]를 이용해서 독점적 이윤을 누리는 문제와 관시로 인해서 기업과 정부 관료 사이에 발생하는 부패의 사례에 대해서는 다음의 두 논문을 참고한다.
Tak-Wing Ngo(2008), op. cit..
Jun Lin & Steven X. Si, "Can guanxi be a problem? Contexts, ties, and some unfavorable consequences of social capital in China", ⟨Asia Pacific Journal of Management⟩ vol.27, 2010, p.561~581.

136 "Corruption up among China government officials", ⟨BBC News⟩, 2010년 1월 8일자 인터넷 기사.

137 "Corrupt Sinopec ex-chairman convicted", ⟨China Daily⟩, 2009년 7월 16일자 인터넷 기사.

138 중국의 경제 발전 과정에서 부패가 갈수록 심해지는 현상에 대해서는 다음의 책을 참고한다.
Andrew Wademan, 《Double Paradox: Rapid Growth and Rising Corruption in China》, Cornell University Press, Ithaca and London, 2012.

139 이명박 정부가 들어선 이후인 2009년 1월 당시 이구택 회장이 임기 중 퇴임하고 정준양 회장이 새로 선임되었는데, 이는 이명박 정부의 압력으로 인해서 교체된 것으로 보도되었다.
"포스코 회장, 정권 바뀔 때마다 교체……권력 게임 되풀이", ⟨경향신문⟩, 2012년 5월 21일자 인터넷 기사.
"포스코 잔혹사 전 회장의 고백", ⟨한겨레⟩, 2012년 6월 2일자 인터넷 기사.

140 BRIC은 신흥 시장 국가(emerging market country) 중에서 2000년대에 급속한 경

제성장을 이룬 브라질, 러시아, 인도, 중국을 한데 묶어서 지칭하는 용어다.

141 각 나라의 경제성장률에 관한 통계는 세계은행의 자료에 근거했다.

홈페이지 http://data.worldbank.org/indicator.

142 MSCI은 국제적인 투자자들이 벤치마킹하는 주가지수를 구성하고 운영한다. 전세계 주가지수, 선진국 주가지수, 신흥 시장 주가지수, 그리고 각 나라별로 주가지수를 채택하고 있다. MSCI 각 나라별 주가지수에서 국가 소유 기업이 차지하는 비중에 관한 자료는 다음을 참고했다.

"Special Report: State Capitalism: The Visible Hand", 〈Economist〉, 2012.01.21.

143 〈파이낸셜 타임즈〉가 2012년 상장회사 시가총액을 기준으로 한 세계 500대 기업에서 미국이 173개 기업이 포함되고 시가총액 비중은 41.1%로 압도적인 1위를 차지했다. 그러나 미국이 2002년에는 238개 기업에 57.3%를 차지한 것과 비교하면 크게 감소한 것이다. 이는 상대적으로 중국의 기업들이 크게 증가한 것과는 대조적인 결과다. 2012년 세계 10대 기업은 다음과 같다. 1위 애플(Apple, 미국), 2위는 엑슨모빌(ExxonMobil, 미국), 3위 페트로차이나(PetroChina, 중국), 4위 마이크로소프트(Microsoft, 미국), 5위 아이비엠(IBM, 미국), 6위 중국공상은행(ICBC, 중국), 7위 로열 더치 셸(Royal Dutch Shell, 영국), 8위 차이나 모바일(China Mobile, 중국), 9위 제너럴 일렉트릭(General Electric, 미국), 10위 셰브런(Chevron, 미국)이다. 한국의 삼성전자는 17위, 현대자동차 156위이다.

144 Ian Bremmer(2010), op. cit., p.51.

145 Ian Bremmer(2010), op. cit., p.128.

146 Ian Bremmer(2010), op. cit., p.52.

제4장 한국 경제는 정말 먹튀에 휘둘렸나?

1 1997년 IMF 구제금융을 받은 12월 외환 보유고는 1993년 12월 이후 최저치로 하락한 상황이었다. 당시 금 보유량과 IMF 특별 인출권 등을 제외한 순수한 외환 보유고는 1996년 6월에 최고치인 357억 달러였다. 한보철강 부도가 발생한 이후인 1997년 2월 약간 줄어들었다가 다시 증가해서 1997년 7월에는 329억 달러였다(자료: 한국은행 경제통계 시스템 http://ecos.bok.or.kr/). 그러나 9월 기아자동차의 부도 이후 경제 상황이 급격히 악화되고 외환 위기가 최고조에 달했던 12월 24일에는 87억 달러로 급격하게 줄어들었다. 그러나 89억 달러에는 세계은행이 지원한 30억 달러와 아시아개발은행(ADB)이 지원한 20억 달러를 제외하면 한국 자력에 의한 외환 보유고는 37억 달러로 줄어든 급박한 상황이었다.

"100억 달러 조기 지원으로 외환 위기 급속히 진정될 듯", 〈연합뉴스〉, 1997년 12

월 25일자 인터넷 기사.

2 1998년 4월 8일 역사상 처음으로 한국 정부가 직접 해외에서 달러 표시 외국환
   평형기금 채권을 10년 만기로 발행해서 40억 달러의 외화를 조달했다.

3 외환 위기 상황에서 정부가 IMF로부터 구제금융을 받아서 외환 보유고를 확보
   한 것도 정부가 외국 부채 자금을 조달한 것이며, 2008년 금융 위기 때 한국은행
   이 미국의 연방준비제도와 한국의 원화와 미국의 달러를 맞교환하는 통화 스왑
   (Currency Swaps)을 통해서 외환 보유고를 확보한 것도 실질적으로 정부의 해외
   차입이다. 한국 원화는 국제시장에서 거래가 이뤄지지 않고 국제결제 수단이 되
   지 못한다. 따라서 미국 정부가 달러와 원화를 교환(Swap)한 것은 한국 정부의
   신용을 근거로 해서 원화를 담보로 달러를 빌려준 것이다. 따라서 이러한 화폐교
   환으로 들어온 외화 자금은 실질적인 차입으로 봐야 한다.

4 한국은행 경제통계 시스템에 제시된 국제수지 통계 중에서 대외 채무 항목에 근
   거했다. 한국이 IMF의 구제금융을 전액 상환하고 공식적으로 IMF 관리 체제를
   졸업한 것은 2001년 8월이다. IMF 관리 체제 졸업 직후인 2001년 3/4분기, 즉 9
   월까지 위기가 발생한 1997년 9월 말과 비교해서 해외 부채는 39.0%인 640억 달
   러가 줄어들었다. 대외 부채에 관한 자료는 분기별 통계만이 발표되기 때문에 8월
   말까지의 추정치는 구할 수 없으나 9월 말과 큰 차이는 없을 것으로 판단한다.

5 단기 부채는 외환 위기 발생 직전인 9월 말에 전체 대외 부채의 47.2%를 차지했
   다.

6 한국은행이 발표하는 해외 부채 통계는 전체 부채를 단기 부채와 장기 부채로 분
   류해서 발표한다. 그러나 민간 부분의 해외 부채를 단기와 장기로 분류해서 발
   표하지 않는다.

7 1998년 단기 해외 부채는 241.8억 달러가 줄어들었지만 민간 부분의 해외 부채
   는 270.0억 달러가 줄어들어서 장기 부채들도 빠져나간 것으로 추정된다. 1999
   년 단기 부채는 34.8억 달러가 늘어난 반면에 민간 부분 해외 부채는 53.9억 달러
   가 줄어든 것으로 봐서 최소한 90억 달러 이상의 장기 부채가 한국을 떠난 것으
   로 추정할 수 있다.

8 금감원의 "98년도 자본시장 개방 실적 및 분석"(1999년 2월), "외국인 투자 동향 분
   석"(2000~2005년), "외국인 투자자의 증권 매매 동향"(2006~2011년)을 참고한다.

9 한국은행이 작성하는 외국인 주식 자금은 한국은행 경제통계 시스템(http://ecos.
   bok.or.kr/)의 국제수지 통계를 참고한다.

10 외국인 투자자의 주식시장 이탈은 1997년 9월 말 시가총액을 기준으로 필자가
   추정했다. 외국인 투자자들이 외환 위기가 발생한 이후에도 주식시장을 떠나지
   않고 9월 말 현재 보유한 주식을 그대로 이후에도 보유하고 있었을 경우 그 이후
   주가 변동에 따른 보유 주식의 시가총액을 추정할 수 있다. 9월 말 보유 주식을

유지한 경우 추정한 시가총액과 실제 월별 외국인이 보유한 주식의 시가총액의 차이를 외국인 주식 보유의 변동으로 추정했다. 외국인 주식 자금의 통계는 코스닥을 제외하고 코스피만을 기준으로 했다. 코스닥은 1996년 설립되어 1997년 외환 위기가 발생한 시점에 코스피와 비교해서 상대적으로 규모도 작았고 외국인 투자자의 보유 비중도 낮았다. 1997년 말 기준으로 코스피 시장의 시가총액은 71조 원인 반면 코스닥의 시가총액은 70.7억 원으로 코스피 시장의 0.01%에 불과했기 때문에 코스피만의 추정에도 큰 오류는 없는 것으로 판단한다.

11 1997년 10월 한 달 동안의 외국인 주식 자금의 주식시장 이탈 규모인 7.0%는 다음과 같이 추정했다. 외환 위기가 시작된 9월 말 외국인 보유 주식의 시가총액은 16조 5,115억 원이었으며, 한 달 후인 10월 말에는 11조 1,769억 원으로 줄었다. 그러나 같은 기간 동안 종합주가지수가 27.2% 하락했기 때문에 외국인 투자자들이 9월 말 보유한 주식을 그대로 유지하고 있었을 경우 10월 말 시가총액은 12조 130억 원에 해당한다. 그러나 10월 말 외국인 투자자들이 보유한 주식의 실제 시가총액이 11조 1,769억 원이었기 때문에 한 달 동안 주식시장을 떠난 외국인 주식 자금은 8,361억 원이며, 이는 9월 말 보유 주식을 그대로 유지했을 경우를 가정하고 추정한 10월 말 시가총액인 12조 130억 원의 7.0%에 해당한다.

단순하게 외국인 보유 주식 수의 변동으로 외국인 투자자의 시장 이탈을 추정하는 것은 종목별 주식 가치의 차이를 반영하지 못할 뿐 아니라, 주식 가치의 변동을 반영하지 못하기 때문에 주식시장을 이탈한 외국인 주식 자금의 규모를 나타내지 못한다. 특히 외국인들은 주로 고가 주식이면서 거래량이 많은 주식에 투자했기 때문에 금융 위기가 발생한 이후 이러한 주식들의 매도가 집중되어서 주식 수에 근거한 추정은 정확하게 외국인 주식 자금의 변동을 나타내지 못한다.

12 주석 3에서와 같은 방법으로 추정했으며, 이후에 논의되는 외국인 주식 자금 이탈 규모의 추정도 마찬가지 방법을 사용했다. 1997년 9월 말 기준으로 10월 -7.0%, 11월 -6.9%로 큰 변화가 없고 12월 7.9%로 오히려 외환 위기 이전보다 증가했다. 1997년 9월 말과 12월 말 외국인 보유 주식의 실제 시가총액은 각각 16조 5,115억 원과 10조 3,580억 원이다. 9월 말부터 12월 말까지 종합주가지수가 41.8%가 하락했기 때문에 9월 말 기준 보유 주식을 12월 말까지 그대로 유지했다면 외국인 보유 주식의 추정 시가총액은 9조 6,017억 원이다. 그러나 12월 말 실제 보유 주식의 시가총액이 10조 3,580억 원이기 때문에 9월 말 외환 위기가 시작된 시점과 비교해서 외국인 주식 투자 자금은 7.9%가 늘어난 것이다.

13 1997년 9월 30일 종합주가지수는 647.11이었다. 이후에 1998년 6월 16일 280.00으로 56.7%가 하락해서 외환 위기 발생 이후 최대 하락치를 기록했다. 이후에도 종합주가지수는 300대에 머물다가 8월과 9월에도 다시 300선이 무너졌다. 종합주가지수는 11월에 들어서서 400선으로 회복했고 12월 말에는 562.46을 기록해

서 외환 위기가 시작된 1997년 9월 말의 87% 수준으로 회복했다.

14 외국인 보유 주식의 시가총액은 외환 위기가 시작된 1997년 9월 말 1,651.1억 원이었으며, 1998년 12월 말에는 2,563.3억 원으로 단순한 금액 비교로는 55.2%가 증가했다. 그러나 1997년 9월 말부터 1998년 12월 말까지 종합주가지수가 13.1%가 하락했기 때문에 주가 하락을 반영하면 78.6%가 증가한 것이다.

15 외국인 보유 주식의 시가총액은 외환 위기가 시작된 1997년 9월 말 1,651.1억 원이었으나 외환 위기가 종결된 2001년 12월 말에는 9,369.8억 원으로 절대 금액으로 5.7배가 증가했다. 그러나 외환 위기 이후 주가 변동으로 인한 보유 주식의 가치 변화를 반영하면 5.3배 정도에 해당한다.

16 외국인 보유 주식의 시가총액은 1997년 6월 1,867.8억 원으로 주식시장 시가총액의 13.7%이며, 8월에는 1,814.8억 원으로 14.0%이다. 1992년 주식시장을 개방한 이후로 시가총액 금액으로는 6월에, 그리고 보유 비율로는 8월에 최고치를 기록한 것이다.

17 외환 위기 조짐이 전혀 없었던 1997년 초를 기준으로 외국인 주식 자금의 유출을 추정하면 외환 위기가 발생한 이후에도 종합주가지수의 변동을 반영한 외국인 주식 자금의 규모는 1997년 초의 수준보다 계속해서 높았기 때문에 실제 순유출이 없었던 것으로 볼 수 있다.

18 외국인이 주식시장에서 주식을 매도한 경우에도 매도 자금으로 다른 주식이나 증권에 투자하는 경우들이 있기 때문에 매도 자금이 곧바로 달러화로 교환되어 한국을 떠났다고 볼 수는 없다. 또한 외국인 투자 자금의 순유입은 한국은행이 작성하는 국제수지 통계에 근거한 것인데, 이는 환율 변동과 주가 변동을 고려하지 않은 달러 기준 금액이기 때문에 외국인 주식 자금이 주식시장을 떠난 규모를 나타내지는 않지만 한국을 떠난 외국인 자금의 규모를 파악하는 근거는 된다. 외국인 자금 순유입액의 누적 금액은 1992년 1월 주식시장을 개방한 이후부터의 매달 유입액과 유출액의 차이인 순유입액을 누적했다. 외화 기준 유출입은 주가 변동으로 인한 자본소득 또는 자본손실과 환율 변동으로 인한 자본소득과 자본손실을 포함하고 있기 때문에 실제 한국 주식시장에서의 외국인 투자의 증가와 감소를 추정하는 데 주가 변동과 환율 변동으로 인한 오차가 발생한다. 달러 대비 환율이 1992년 초 758.20원이었고 1997년 초 843.40원, 1997년 9월 말 914.40원 그리고 1997년 12월 말 1,695.0원이었다. 종합주가지수는 1992년 초 624.23이고, 1997년 1월 초 653.79, 1997년 9월 말 647.11이고, 12월 말 376.31이었다. 1992년 자료는 다음의 세 가지 보고서에 근거했다.

금융감독원, "98년도 자본시장 개방 실적 및 분석", 1999년 2월.
금융감독원, "2000년도 외국인 투자 동향 분석", 2001년 2월.
금융감독원, "2001년도 외국인 투자 동향 분석", 2002년 2월.

19 외국인 주식 자금의 순유입액의 누적치는 외환 위기가 본격화되기 직전인 1997
년 7월 190.8억 달러에 이르러 1992년 주식시장을 개방한 이후에 최고치를 기록
했다. 그러나 위기 상황이 가시화되기 시작한 8월부터 11월까지 계속해서 외국
인 주식 자금은 순유출을 기록하게 되어 4개월 동안 19.5억 달러가 줄어들어서 7
월 말을 기준으로 11월 말까지 10.2%가 줄어들었다. 그러나 12월에는 3.4억 달
러가 순유입되어 1997년 7월부터 연말까지는 8.2%가 줄어들었다. 1998년 1월에
는 18.3억 달러, 2월에는 11.6억 달러가 순유입되어 1998년 2월 말에는 누적 순유
입액이 1997년 7월보다 6.3%가 증가했다. 특히 1998년에는 주가가 외환 위기가
절정이었던 1997년 12월보다 더 하락해서 6월 중 종합주가지수 300선이 무너져
서 외환 위기가 시작된 1997년 9월의 절반 이하로 하락했음에도 불구하고 외국
인 주식 자금은 계속 순유입을 유지했다.

20 1992년 1월 주식시장을 개방한 이후 외국인 주식 자금의 순유입액의 누적 금액
은 외환 위기가 시작된 1997년 9월 186.6억 달러였고, 외환 위기가 완전히 종결
된 2001년 12월 467.1억 달러로 외환 위기 상황이 지속된 기간 동안 외국인 주식
자금은 280.5억 달러가 늘어났다.

21 외국인 주식 자금의 유출은 주식시장의 시가총액으로 추정한 경우에는 7.0%이
고, 금감원이 발표하고 한국은행이 집계하는 국제수지 중에서 달러화로 집계
한 외국인 주식 자금으로 추정한 경우에는 9월 말 기준은 8.2%, 7월 말 기준은
10.2%이다.

22 정부가 해외 부채의 만기 연장율을 공식적으로 발표하지 않았다. 그리고 외국인
부채의 만기 구조에 대한 자료가 공개되지 않았기 때문에 정확한 규모는 추정할
수 없다. 그러나 〈한겨레〉는 1997년 12월 24일자 "외채 눈덩이 연말 달러 부족
심각" 기사에서 '만기 연장율이 10%대로 떨어졌다'고 보도했고, 〈동아일보〉는
1997년 12월 25일자 "국가 부도 우려 씻었다" 기사에서 '만기 연장율이 10% 안
팎으로 뚝 떨어졌다'고 보도했다.

23 종합주가지수는 1997년 9월 30일 647.11이었고 1997년 중 최저치를 기록한 12
월 24일 351.45, 12월 말 376.31이었다. 달러 대비 환율은 9월 30일 914.4원이었
고, 12월 24일 1,836.0원이었으며, 12월 말 1,695.0원이었다. 9월 말을 기준으로
위기 상황이 최고조에 달한 12월 24일 주가는 45.7%가 하락했고, 같은 기간 달
러 대비 환율은 100.8%가 상승해서 달러화로 환산한 외국인 주식 투자자의 투
자가치 손실은 외환 위기가 시작된 이후에 73%나 되었다. G7 국가들이 한국에
직접 달러 자금을 제공하고 IMF가 구제금융을 조기에 집행하기로 발표한 12월
25일 이후에 환율이 급격하게 하락하기 시작해서 외국인 투자 손실이 약간 줄어
들기는 했지만 12월 말까지 달러화로 환산한 손실률은 68.6%이었다.

24 외환 위기 때 한국의 경제성장률은 1997년 4.7%, 1998년 -6.3%이었으나 세계경

제의 성장률은 1997년 3.8%, 1998년 2.4%였다. 그러나 금융 위기 때는 한국의 경제성장률은 2008년 2.3%, 2009년 0.3%인 반면에 세계경제의 성장률은 2008년 1.4%, 2009년 -2.3%를 기록했다.

25 대외 부채에 관한 자료는 분기별 통계만이 발표된다. 자료는 한국은행 경제통계 시스템에 제시된 국제수지 통계 중에서 대외 채무 항목에 근거했다.

26 외국인 주식시장 이탈은 2008년 9월 말 기준으로 추정했다. 앞서 주석 3에서 설명한 1997년 외환 위기 상황에서 외국인 주식 자금을 추정한 것과 같은 방법으로 구했다. 그러나 1997년 추정에서는 코스닥의 규모가 매우 작았기 때문에 코스피 시장만으로 추정했으나 2008년 금융 위기 상황에서는 코스피 시장과 코스닥을 합한 금액으로 추정했다. 외국인 주식 투자자들이 9월 말 보유한 주식을 위기 발생 이후에도 그대로 유지하고 있었다고 가정했을 때 위기 발생 이후 기간의 코스피 시장과 코스닥 주가지수의 변동을 반영한 월별 외국인 시가총액을 추정하고 이를 월별로 외국인이 보유했던 주식의 실제 시가총액과의 차이로 외국인 주식 매도의 규모를 추정했다. 단순하게 외국인 보유 주식 수의 변동으로 외국인 투자자의 시장 이탈을 추정하는 것은 종목별 주식 가치의 차이를 반영하지 못할 뿐 아니라 주식 가치의 변동을 반영하지 못한다. 외국인들은 주로 삼성전자, 현대자동차와 같은 고가 주식이면서 거래량이 많은 주식에 투자했기 때문에 금융 위기가 발생한 이후에 이러한 주식들의 매도가 집중되었다.

27 서브프라임 모기지(Subprime Mortgage)로 인한 금융 위기는 미국의 헷지 펀드인 베어 스턴스가 2007년 6월에 자신들이 관리하던 펀드인 'Bear Stearns High-Grade Structured Credit Fund'에 32억 달러를 담보 제공으로 구제금융을 받음으로써 실질적으로 시작되었다. 그러나 당시에는 세계적인 금융 위기로 치달을 것으로 판단하지 않았고, 금융 위기는 2008년 9월 15일 리먼 브라더스가 파산 신청하면서부터 본격화되었다.

28 앞서 주석 3에서 설명한 것과 같은 방법으로 추정했다. 2007년 12월 말 기준 외국인 보유 주식을 그대로 유지한 것으로 가정하고 이후의 시가총액을 종합주가지수와 코스닥 지수의 변동을 반영해서 12월 말 시가총액과의 차이로 변동 금액을 추정했다. 주식 가치를 고려하지 않고 단순하게 주식 수를 기준한 경우에는 코스피 시장과 코스닥을 모두 합한 외국인 보유 주식 수는 2007년 12월 말부터 2008년 9월 말까지 14.6%가 줄어들었고, 12월 말까지는 20.5%, 최고치를 기록한 2009년 3월 말까지는 24.2%가 줄었다. 금액 기준과 주식 수 기준의 차이가 발생하는 것은 고가 주식이 거래되는 코스피 시장에서의 주식 수는 상대적으로 적게 줄어든 반면에 저가 주식이 거래되는 코스닥에서는 주식 수가 상대적으로 많이 줄어들었기 때문이다. 그러나 외국인 주식 자금의 한국 이탈을 정확하게 반영하는 것은 주식 수 기준이 아니라 시가총액 기준이다.

29 1997년 외환 위기 때는 동아시아 국가 중에서 중국을 제외한 대부분의 국가들이 마이너스성장을 했다. 동아시아 국가들의 경제성장률은 홍콩 -6.0%, 인도네시아 -13.1%, 일본 -2.0%, 말레이시아 -7.4%, 싱가포르 -2.1%, 태국 -10.5%, 필리핀 -0.6%이었다. 그러나 미국 4.5%, 영국 3.8%, 그리고 EU(유럽연합) 평균 3.0%로 선진국들은 경기 호황을 누리고 있었다. 자료는 세계은행 통계(http://data.worldbank.org/indicator)이다.

30 1997년 외환 위기 때는 한국 외환 보유고가 거의 바닥나서 국가 부도 사태(Moratorium)로 치닫는 긴박한 상황이었다. 그러나 2008년 금융 위기 때는 외환 보유고가 2,600억 달러에 이르렀고, 이후에 2,000억 달러 수준까지 줄어들기는 했지만 위기에까지 이른 상황은 아니었다.

31 한국의 경제성장률은 외환 위기가 시작된 다음 해인 1998년 -6.9%로 경제가 크게 축소되는 상황이었으나 금융 위기가 발생한 다음 해인 2009년 0.3%로 경기 불황 상황이었다. 외환 위기 이후에는 기업 어음의 부도율이 1996년 0.14%에서 1997년 0.4%, 1998년 0.38%로 급격하게 증가했다. 그러나 금융 위기 때는 2007년 0.02%에서 2008년 0.03%, 2009년 0.03%로 기업 부도가 안정적이었다. 외환 위기가 시작된 1997년 실업률은 2.6%, 실업자는 56.8만 명이었으나, 이듬해인 1998년 실업률은 7.0%, 실업자는 149만 명으로 급격하게 증가해서 대량 실업 사태가 발생했다. 그러나 금융 위기 때 실업률은 2008년 3.0%에서 2009년 3.4%로 약간 증가했고, 실업자도 2008년 72.5만 명에서 2009년 82.9만 명으로 약간 증가한 정도였다. 경제성장률과 기업 어음 부도율은 한국은행 자료(http://ecos.bok.or.kr/)이며, 실업율과 실업자는 통계청 자료(http://kosis.kr/)이다.

32 2008년과 2009년 동아시아 국가들의 경제성장률은 다음과 같다: 중국 9.6%, 9.2%; 홍콩 2.3%, -2.7%; 인도네시아 6.0%, 4.6%; 말레이시아 4.8%, -1.6%; 필리핀 4.2%, 1.1%; 싱가포르 1.5%, -0.8%; 태국 2.5%, -2.3%. 세계은행 통계(http://data.worldbank.org/indicator)와 OECD(2011), "Real gross domestic product-forecasts", 〈Economics: Key Tables from OECD〉 no.4.의 통계에 근거했다.

33 선진국들의 경제성장률은 미국이 2008년 -0.3%, 2009년 -3.5%를 기록했고, 영국은 2008년 -1.1%, 2009년 -4.4%를 기록했다. EU도 2008년 0.3%, 2009년 -4.2%의 경제성장률을 기록했다. 금융 위기에 이어서 재정 위기를 겪은 그리스, 스페인 등은 2010년에도 각각 이후에도 -3.5%와 -0.1%의 마이너스성장을 계속했다.

34 미국의 대표적인 주가지수인 다우존스 산업 평균 지수(Dow Jones Industrial Average)는 1997년 한 해 동안 22.3% 상승했고, 영국의 FTSE(Financial Times Stock Exchange) 100지수는 14.5%가 상승했다.

35 2008년 연초 대비 한국은 10월 24일 50.5%, 홍콩은 10월27일 69.1%, 중국은 11

월 4일 67.6%가 하락했고, 싱가포르는 2009년 3월 9일 58.0%까지 하락했다. 미국은 2009년 3월 9일 53.9%, 영국은 2009년 3월 3일 45.6%가 하락했다. 2010년 들어서서 재정 위기로 치달은 그리스는 2009년 3월 9일 71.6% 그리고 이탈리아는 2009년 3월 9일 64.9%가 하락했다.

36 "한은 11월 말 외환보유액 가용분 62억 달러 불과", 〈동아일보〉, 1997년 12월 13일자 기사.

37 1997년 한국의 수출과 수입을 합한 무역 규모는 2,803억 달러(수출 1,382억 달러, 수입 1,421억 달러)이며, 2008년 무역 규모는 8,641억 달러(수출 4,347억 달러, 수입 4,294억 달러)로 1997년보다 세 배 정도 증가했다.

38 한국은 2008년 3월 갑자기 환율이 상승하기 시작해서 3월 17일에는 연초 대비 10%가 상승했다. 이는 MSCI 투자 대상인 선진국 23개 국가와 신흥 시장 국가 24개 국가 중에서 남아프리카 다음으로 높은 상승률이었다. 당시에는 유로화를 제외하고는 대부분의 나라들의 달러 대비 환율이 하락해서 국제시장에서 달러화가 약세인 시기였다. 한국의 경제는 2007년 5.1% 성장했고, 2008년 1/4분기에도 전년 대비 5.5%의 고성장을 누리고 있었다. 뿐만 아니라 은행의 부실 자산이 증가하거나 기업의 부도율이 증가하는 것과 같은 경제 악화의 아무런 징후가 없었기 때문에 다른 대부분의 나라들의 화폐가 달러 대비 강세를 유지하고 있을 때 한국의 원화 가치가 약세를 보일 객관적인 이유가 없었다. 금융 위기가 시작되기 직전인 2008년 8월 말 한국의 환율은 연초 대비 이미 16.4%가 증가한 상태였다. MSCI 투자 대상 47개 국가 중에서 연초 대비 환율이 5% 이상 상승한 나라는 한국, 파키스탄, 인도, 남아프리카, 필리핀, 캐나다 6개국뿐이었고, 유로(EURO)는 0.6% 상승으로 거의 변화가 없었고, 나머지 대부분의 나라들은 달러 대비 환율이 하락한 상황이었기 때문에 이때까지도 한국 원화 가치가 크게 하락할 객관적인 이유는 없었다. 금융 위기 이후 한국의 환율이 최고치를 기록한 것은 2009년 3월 2일 1,570.3원이었다. 이는 2008년 연초 대비 67.9%가 상승한 것으로 MSCI 투자 대상 47개 국가 중에서 가장 많이 오른 것이었다. 이 시점에는 유로화, 엔화, 영국 파운드화 등 국제결제 수단이 되는 선진국 화폐를 제외하고 신흥 시장 국가의 화폐들은 모두 달러 대비 환율이 상승한 상황이었다. 그러나 금융 위기가 발생한 이후의 상황에서도 한국에서 환율이 가장 많이 상승할 만한 객관적인 이유는 찾을 수 없다.

39 통화 스왑이란 두 나라가 서로 자국의 통화를 맞교환하는 것이다. 달러는 국제결제 수단으로 세계적으로 유통이 되는 화폐이고, 한국의 원화는 국제결제 수단으로 인정받지 못하는 화폐이기 때문에 국제시장에서 거래되지 못한다. 따라서 한국 정부가 미국 연방준비제도와 통화 스왑을 체결한 것은 원화를 담보로 미국으로부터 달러를 빌린 것과 같은 효과를 갖는다.

40 2011년 말 외국인 투자자의 보유 주식 시가총액 기준 국가별 비중은 미국이 41.4%로 가장 많고, 영국이 10.7% 그 다음으로 많다. 북미의 미국과 캐나다 그리고 유럽 국가들을 제외한 일본, 홍콩, 싱가포르 등의 아시아와 기타 지역의 국가들의 비중은 20% 정도. 북미와 유럽 국가 이외에 가장 많은 투자 비중을 가진 나라는 싱가포르 5.2%, 사우디아라비아 3.8%, 아랍에미리트(UAE) 2.0%, 일본 1.7%, 그리고 중국 1.1%이다.

41 다음의 논문은 외국 자본 유입이 저점에 도달했을 때의 유입 규모와 고점에 도달했을 때의 유입 규모 간의 차이를 '진폭'으로 정의하고, 진폭이 클수록 외국인 자본 유입의 변동성이 높아지는 것으로 보고하고 있다. 2000년부터 2010년까지의 기간 중에 외국인 주식 투자의 진폭은 6.6인 반면에 채권 투자는 8.0, 차입은 10.3인 것으로 나타나서 외국인 부채 자금이 주식 자금보다 변동성이 큰 것을 보여주고 있다.
박하일, 이대엽, 정규일, "자본 자유화 이후 한국의 자본 이동 행태", 〈BOK 이슈노트〉 2012-1호, 2012. 5, 한국은행, 46쪽과 48~49쪽 참조.

42 박하일, 이대엽, 정규일(2012)은 자본 유입이 증가하는 확장기의 지속 기간과 자본 유입이 감소하거나 유출이 발생하는 수축기의 지속 기간을 합한 기간을 '순환주기'로 정의했다. 순환주기는 자본 유입의 저점에서 다음 저점까지의 지속 기간이며, 이는 자본이 얼마나 오랫동안 머물러 있었는가를 간접적으로 측정하는 것이다.
박하일, 이대엽, 정규일(2012), 전게서, 45~48쪽 참조.

43 송치영, 김근영, "자본 유출입의 경기 순응성과 파급 경로", 〈금융경제연구〉 12, 한국은행 금융경제연구원, 2009, 5~8쪽 참조.

44 김홍기, 김봉한, "자본 이동성과 경제성장", 〈한국 경제의 분석〉 제16권 제1호 참조.

45 한국금융연구원, 〈KIF 금융 상황 지수〉 6, 2011, 82~83쪽 참조.

46 한국금융연구원(2011), 전게서, 82쪽.

47 론스타가 외환은행을 인수하는 데 투자한 총액은 2조 1,549억 원이다. 론스타는 2003년 8월 53.16%의 지분을 인수하는 데 1조 3,834억 원을 투자했고, 이후 2006년 5월 코메르츠방크와 수출입은행이 보유한 지분에 대한 콜 옵션(Call Option)을 행사해서 추가 지분을 매수하는 데 7,715억 원을 투자해서 총 63.62%의 지분을 확보했다. 론스타는 그동안 배당으로 1조 7,098억 원을 회수했고, 2007년 6월 일부 지분을 매각해서 1조 1,928억 원을 회수했다. 그리고 2011년 12월 하나금융지주에 잔여 지분을 3조 9,156억 원에 매각하기로 합의했다. 따라서 론스타의 투자 회수 총액은 6조 8,799억 원이며, 순수익은 4조 7,238억 원이다.

48 론스타가 하나은행과 외환은행 매각 계약을 확정한 2011년 11월 종합주가지수는 1847.51이었고, 외환은행을 인수한 2003년 8월 종합주가지수는 759.47이었

다. 이 기간 동안 종합주가지수는 2.4배 상승했다.

49 소버린은 2003년 당시 모나코(Monaco)에 설립된 외국인 펀드 운용 회사로서 사모 펀드이다. 뉴질랜드 출신인 리차드 챈들러와 크리스토퍼 챈들러 형제가 설립했다. 한국 이외에도 일본, 러시아, 브라질 등에 투자한 것으로 알려져 있었다. 펀드의 성격은 소수의 회사에 집중 투자를 한 것으로 알려져 있어서 뮤추얼 펀드는 아니다. 당시 소버린은 자신들의 투자 자금에는 부채 자본이 없고, 공매(Short-Sale)하지 않는다고 발표를 했는데, 이 말이 사실이라면 헷지 펀드라고 볼 수도 없다. 소버린의 투자 전략으로 판단해볼 때 소수 종목에 집중 투자하는 사모 펀드에 가까운 성격의 적극적 펀드로 볼 수 있을 것이다. 소버린은 2006년 12월 두 형제가 오리엔트 글로벌(Orient Global)과 레가툼 캐피탈(Legatum Capital) 두 개의 회사로 분리한 것으로 알려져 있다.

50 검찰이 발표한 범죄 혐의는 SK글로벌이 1조 5,000억 원 분식 회계를 하고 허위 공시를 했다는 것, 제이피 모건(JP Morgan)과 옵션 계약을 이용한 이면 거래와, SK와 워커힐호텔의 주식을 스왑 거래를 이용하여 회사에 손해를 끼치는 배임 행위를 했다는 것이다.

51 검찰 발표 전주 금요일인 3월 7일의 주가다.

52 소버린은 SK 주식 1,902만 8,000주을 보유해서 단일 주주로서는 최대 주주였다. 자료는 2003년 4월 14일에 공시된 '임원·주요주주의 주식 등의 소유 상황 보고'이다.

53 시세 차익으로 7,558억 원을 벌었고 배당금으로 485억 원을 받아서 총수익액이 8,043억 원이다. 소버린은 증권거래세와 배당 관련 세금을 149억 원 냈기 때문에, 세금을 차감한 순수익액은 7,894억 원이었고, 세후 수익률은 447%이다.

54 한국 주식 투자자들의 증권시장에서의 주식 보유 기간은 2003년 1개월 20일, 2004년 2개월 18일, 2005년 1개월 18일이다. 이는 외국인 주식 보유 기간을 포함한 통계이기 때문에 상대적으로 한국 투자자들보다 장기로 주식을 보유하는 외국인 투자자를 감안하면 순수한 한국 투자자들의 주식 보유 기간은 더 짧아진다.

55 소버린은 투자 초기에 5% 지분 공시를 며칠간 지연한 문제가 있었다. 그러나 공시 지연은 고의성이 없었기에 금감원에서는 별다른 제재를 가하지 않았다.

56 LG와 LG전자 주식은 SK 주식을 보유하고 있었던 2005년 1월, 2월에 매입하고 같은 해 8월 말에 전량 매각했기에 보유 기간이 6개월인 단기 투자였다.

57 SK 주식을 매도한 시점이 2005년 7월이고 LG, LG전자 주식을 매도한 시점이와 같은 해 8월이다. 그리고 이후에 소버린이 한국 회사에 투자했다는 것이 확인된 바가 없다. 따라서 LG와 LG전자 주식을 매도한 이유는 SK 경영권 분쟁을 마감하면서 한국에서의 투자를 더 이상하지 않겠다는 결정에 따른 것으로 추측된다.

소버린은 LG에 2,500억 원, LG전자에 7,250억 원을 투자해서 LG에서는 513억 원의 수익을 냈고, LG전자에서는 1,016억 원의 손실을 봐서 순손실이 503억 원이었다.

58 시가총액의 증가에는 배당금으로 지급된 이익은 포함하지 않은 것이다.

59 SK는 2007년 4월 11일 공시를 통해서 7월 1일을 기준으로 SK를 제조업 부분을 분할하여 SK에너지화학으로, 나머지 부분을 지주회사인 SK로 분할한다는 공시를 했고, 분할 이전 마지막 거래일인 6월 27일에 13만 4,500원의 최고치 주가를 기록했다.

60 2012년 〈포춘〉지가 매출액을 기준으로 선정한 세계 500대 기업 중에서 한국의 현대자동차는 117위를 차지했고, 기아자동차는 266위를 차지했다.

61 상하이차(SAIC MOTOR)는 2010년 1월 경영권 포기를 선언한 이후 4월에서 6월 사이에 시장에서 지분을 매도해서 약 309억 원을 회수했다. 이후 상하이차의 남은 지분은 4.98%로 줄어들었고, 5% 이하의 지분을 가진 주주는 지분 매도를 공시할 의무가 없기 때문에 정확한 매도 사실을 확인할 수 없기에 잔여 지분 매도로 회수한 투자 자금은 확인할 수 없다. 쌍용차 주가는 2010년 8월 5일에 최고치인 1만 6,050원을 기록한 이후 지속적으로 하락해서 2012년 1월 3일 현재 5,140원이다. 만약에 상하이차가 쌍용차 주가가 최고조에 이른 2010년 8월 초에 남은 지분 전부를 매도했다고 가정해도 추가 매각 대금은 약 289억 원이다. 따라서 상하이차가 쌍용차 주식 매도를 통해서 회수한 총액은 최대 600억 원을 넘지 않을 것이고, 이 경우 투자 손실액은 최소 약 5,300억 원이 된다. 만약에 2012년 1월 초현재 아직도 잔여 지분 전량을 보유하고 있다면 주식 매각과 보유 평가액을 합해서 총회수액은 410억 원으로 추정되기 때문에 투자 손실액은 약 5,490억 원으로 추정할 수 있다.

62 상하이차는 '한국 검찰이 디젤 하이브리드 엔진 기술이 유출됐다고 주장하지만 상하이차가 개발하고 있는 것은 가솔린 하이브리드 엔진이고, 2010년부터 상하이차가 하이브리드 엔진을 양산하는 반면에 쌍용차 기술은 콘셉트 단계에 있으니 기술 완성도 면에서도 차이가 크다'며 기술 유출을 사실 무근이라고 주장한다. 또한 '10억 달러 투자 약속은 상하이차가 대주주로서 받게 될 배당금을 쌍용차에 재투자하겠다고 했고 쌍용차 자체 경영 이익과 자금 조달 능력을 활용해서 투자 자금을 마련해야 한다는 것을 2004년 인수 당시에 분명하게 했다'고 주장한다(〈한국경제〉 2009년 1월 22일자 보도 내용 요약).

63 "검찰, 쌍용차 핵심기술 중국 유출", 〈한국일보〉, 2009년 11월 11일자 인터넷 기사 참조.

64 "쌍용차 노조 상하이차에 손해배상 청구", 〈연합뉴스〉, 2009년 1월 12일자 인터넷 기사 참조.

"쌍용차 소액주주 1,781명 주주 대표 손배소", 〈연합뉴스〉, 2009년 3월 31일자 인터넷 기사 참조.

65 "기술 유출, 쌍용차 직원들 2심도 무죄", 〈연합뉴스〉, 2012년 8월 10일자 인터넷 기사 참조.

66 상하이차가 쌍용차 인수 계약을 체결한 2004년 10월 평균 주가를 적용하면 인수 당시 쌍용차 주식의 시가총액은 9,000억 원을 넘고 경영 포기를 선언한 2009년 1월 시가총액은 1,600억 원 정도다. 따라서 상하이차의 경영 실패로 인한 기업 가치의 손실만도 7,400억 원이 넘는다. 이는 단순하게 상하이차 손실액인 5,300억 원이 한국에 남았다고 해도 2,100억 원의 국부가 손실된 것이다.

67 상하이차가 주식 투자에서는 손해를 봤지만 쌍용차의 기술을 빼갔기 때문에 실제로 손해를 크게 본 것은 아니라는 주장도 제기되었다. 또한 상하이차는 처음부터 기술 유출을 목적으로 투자를 했다는 주장도 제기된 바 있다. 그러나 결론적으로 상하이차는 쌍용차에 투자해서 큰 손해를 보았는데도 불구하고 '먹튀'로 불리고 있다. 이에 대한 구체적인 논의는 뒤에 쌍용차와 상하이차의 사례에서 보다 구체적으로 논하겠다.

68 국민연금의 2013년 시가 기준 운용 자산 규모는 426.9조 원이고, 주식 투자 규모는 128.3조 원이다. 2003년에는 운용 자산 규모가 116.7조 원이었고, 주식 투자 규모는 9.1조 원이었다.

69 국민연금의 삼성전자 소유 지분은 7.7%로 삼성생명의 7.56%보다 많은 1대 주주다. 현대자동차의 소유 지분은 7.57로 1대 주주인 현대모비스에 이어서 2대 주주다. LG전자의 소유 지분은 8.8%로 LG그룹의 지주회사인 ㈜LG에 이어서 2대 주주다.

70 사모 펀드가 허용된 것은 2004년 12월 6일 간접투자자산 운용법이 개정된 때부터다.

71 윔블던(Wimbledon) 테니스 대회의 남자 단식경기에서 영국인이 우승한 것은 1936년 프레드 페리(Fred Perry) 이후 77년 만인 2013년 앤디 머레이(Andy Murray)였다. 여자 단식경기에서는 1977년 영국인인 버지니아 웨이드(Virginia Wade)가 우승한 이후로 우승하지 못했다.

제5장 삼성전자는 왜 스스로 M&A 논쟁을 만들었나?

1 삼성전자의 보통주에 대한 외국인 소유 지분이 가장 높았던 때는 2004년 4월 13일로 60.13%였다.

2 "삼성전자 적대적 M&A 보고서 파장", 〈매일경제〉, 2004년 4월 30일자 인터넷

기사.

3 "[국감포커스]삼성電 M&A 공방 대리전", 〈이데일리〉, 2004년 10월 18일자 인터
넷 기사 참조.

( ) 안의 글은 필자가 이해를 돕기 위해 첨가했다.

4 2004년 국회에서 외국인 주주가 삼성전자를 적대적 인수·합병 할 수 있다는 주
장에 근거해 법 개정을 추진했던 당시 상황에 대해서 필자는 〈한겨레〉 2004년 10
월 27일자에 "삼성전자 경영권과 국회의원"이라는 제목으로 기고한 바 있다.

5 삼성전자 2004년 9월 분기 보고서의 주식 소유자별 분포에 의하면 2004년 6월
말 기준 외국인 주식 소유 비율은 61.37%이며, 주주 수는 2,816명이다. 이후에는
사업보고서에 주식 소유자별 분포를 밝히지 않아서 정확한 외국인 주주 수를 확
인할 수 없다. 다만 동 지분율은 발행주식 총수를 기준으로 한 것으로 삼성전자
는 발행주식 총수 중 우선주가 13.45%에 해당된다.

6 적대적 인수·합병의 경우는 주식시장에서 공개적으로 주식을 매수하는 방법이
사용되는데, 한국의 경우 1994년부터 2013년까지 총 108건의 공개 매수가 있었
으며, 이 중 16건(15.74%)만이 경영권 경쟁 수단을 목적으로 한 공개 매수였다.
특히 2010년 이후 인수·합병을 목적으로 한 공개 매수는 2건에 불과했다.

강원철, "공개 매수 현황 분석", 〈자본시장 Weekly〉 2014-15호, 자본시장연구원,
2014. 참조.

7 삼성전자는 1969년 1월 설립되었고, 1975년 6월 11일 주식시장에 상장을 했다.
2013년 12월 현재 보통주를 기준으로 이건희 회장이 3.38%, 부인인 홍라희가
0.74%, 아들인 이재용이 0.57%를 소유하고 있어서 가족 지분의 합계는 4.69%이
다. 이건희 가족 이외에 계열사와 임원들이 12.96%를 소유하고 있어서 내부 지분
의 총계는 17.65%이다.

8 삼성전자 2013년 사업보고서에 의하면 2013년 12월 말 기준 단일 주주(보통주)
를 기준으로 최대 주주는 국민연금으로 7.71%를 보유하고 있으며, 두 번째 대주
주는 삼성생명으로 7.56%를 보유하고 있다. 또한 시티은행 본사(Citibank N.A)
는 발행주식 총수를 기준으로 6.31%를 보유하고 있다. 그러나 시티은행 본사
는 주식 예탁 기관으로서 수많은 외국인 주주들의 주식을 보관하는 예탁 기관
(Custodian)이며, 투자자는 아니다.

9 2013년 및 2012년 영업보고서에는 외국인 주식 보유 현황에 대한 보고가 없기
때문에 2011년의 자료를 사용한다. 삼성전자 2011년 영업보고서에 시티은행이
발행주식 총수를 기준으로 6.12%를 보유한 것으로 나와 있지만 이는 한국의 증
권예탁원처럼 수많은 외국인 투자자들의 시티은행에 주식을 예탁한 것이며 시티
은행이 투자하고 보유한 주식이 아니다.

10 사우디아라비아의 중앙은행에 해당하는 사우디아라비아 통화국(Saudi Arabian

Monetary Agency)가 보유하고 있다.

11 삼성전자 영업보고서에 'The Government of Singapore(싱가포르 투자청)'으로 되어 있다.

12 EPGF(EuroPacific Growth Fund)는 미국의 기관투자회사인 캐피탈 그룹(Capital Group)의 자회사인 아메리칸 펀드(American Fund)가 운용하는 펀드다. 캐피탈 그룹이 2000년 12월 6일 금융감독위원회에 제출한 '주식 등의 대량 보유 보고서'에 의하면 캐피탈 그룹의 계열사 전체가 보유한 삼성전자의 주식은 5.01%였고, 이 중에서 EPGF는 2.34%를 보유하고 있었다. 이후에 지분이 축소되어 2011년 말에는 1.39%를 보유했다. EPGF에 관한 정보는 홈페이지(https://www.americanfunds.com/funds/details.htm?fundGroupNumber=16)에 게시된 2013년 연말 결산서(Annual report), 사업설명서(Prospectus) 등을 참조했다.

13 삼성전자의 2014년 6월 말 현재 주가는 132.2만 원이고, 보통주 발행주식 수는 1억 4,729만 9,000주다. 따라서 삼성전자의 시가총액은 194.7조 원이며, 이의 30%는 58.4조 원이다. 삼성전자 주가가 최고치를 기록한 2013년 1월 3일의 주가는 158.4만 원이었고 시가총액은 233.3조 원이었다.

14 2013년 7월 현재 핌코 펀드(PIMCO Fund)의 순자산 규모는 1,674.2억 달러(약 188조 원), SPDR S&P 500 ETF의 순자산 규모는 1,454.4억(약 163조 원), 피델리티 캐시 리저브(Fidelity Cash Reserve)의 순자산 규모는 1,213.1억 달러(약 136조 원)이다. 뮤추얼 펀드에 관한 자료는 인터넷 사이트(http://www.marketwatch.com/tools/mutual-fund/top25largest)를 참조한다.

15 2012년에 가장 자산 규모가 큰 헷지 펀드는 미국계인 브리지워터 어소시에이츠(Bridgewater Associates)로 자산 규모가 753억 달러(약 84.3조 원)이며, 두 번째는 맨 인베스트먼트(Man Investments)로 자산 규모가 527억 달러(약 59조 원)이며, 세 번째는 제이피모건 자산 운용(JPMorgan Asset Mangagement)으로 440억 달러(약 49.3조 원)이다. 헷지 펀드의 규모에 대한 자료는 인터넷 사이트(http://www.relbanks.com/rankings/top-hedge-funds)를 참조한다.

16 세계 연금 규모에 대한 자료는 "P&I/TW 300 Analysis, Year end 2011", August 2012, Towers Watson.이며, 한국의 국민연금 규모는 〈국민연금 통계 연보〉(2013)의 시가 평가액에 따른 것이다.

17 2013년 말 국민연금 운용 총액은 426.9조 원이며, 이 중에서 60%인 256.6조 원은 채권에 그리고 30%인 128.3조 원은 주식에 투자하고 있다. 국내 주식에 대한 투자는 83.9조 원으로 총운용액의 19.7%이다. 〈국민연금 통계 연보〉(2013)의 '[표 84] 기금 운용 현황(시가)'을 참조한다.

18 2009년부터 2013년까지 5년 동안의 일평균 거래량은 36.2만 주다. 연도별 일평균 거래량은 2013년 25.7만 주, 2012년 32.4만 주, 2011년 39.6만 주, 2010년

34.8만 주, 2009년 48.3만 주다. 2013년 말 기준 삼성전자 발행주식 수는 1억 4,729만 9,000주이며, 일평균 거래량 36.2만 주는 약 0.25%에 해당한다.

19 일평균 거래량을 지난 5년의 평균인 발행주식 수의 0.25%로 기준할 경우 모든 거래를 특정 주주가 독점한다고 해도 30%의 지분을 확보하는 데 120일이 소요된다. 증권거래소의 연간 주식 매매 거래일은 2013년 247일, 2012년 248일, 2011년 248일이다. 따라서 거래일 120일은 약 6개월에 해당한다. 주석 10을 참조한다.

20 공정거래법 제12조(기업결합의 신고).

21 역사상 최대 규모의 인수·합병인 보다폰-만네스만(Vodafone-Mannesmann)은 통신 회사 간 합병이었다. 두 번째인 에이오엘-타임워너(AOL-Time Warner) 합병은 인터넷 회사와 출판·영화사 간 합병으로 서로 인터넷 사업자와 컨텐츠 공급자의 상호 보완적인 합병이었다. 세 번째 규모인 화이자-워너-램버트(Pfizer-Warner-Lambert)는 제약회사 간 합병이었고, 네 번째인 엑슨-모빌(Exxon-Mobil)은 석유 회사 간 합병이었고, 다섯 번째인 글락소 웰컴-스미스클라인 비첨(Glaxo Wellcome-SmithKline Beecham)은 제약회사 간 합병이었다.

22 2014년 6월 현재 삼성전자의 시가총액은 약 191조 원이다. 삼성전자를 적대적으로 인수하는 시도가 있다면 주가가 급등할 것으로 예상되고, 주가가 20%만 상승한다면 시가총액은 약 229조 원에 이르고, 30% 상승한다면 약 248조 원에 이를 것이기 때문에 역사상 최대의 인수·합병 사례가 될 것이다.

23 역사상 규모로 상위 20대 인수·합병은 모두 동종 업종 또는 유사 업종 기업들 간의 우호적 인수·합병(friendly M&A)이었다. 최대 규모는 1999년 영국의 통신 회사인 보다폰과 독일의 통신 회사인 만네스만의 합병으로 1,830억 달러(약 210조 원)이었다. 두 번째 규모의 인수·합병은 2000년 AOL과 타임워너의 합병으로 금액은 1,647억 달러(약 166조 원)이다. 세 번째 규모는 1999년 화이자와 워너-램버트의 합병으로 금액은 900억 달러(약 103조 원)이다. 네 번째 규모는 1998년 엑슨-모빌의 합병으로 772억 달러(약 89조 원)이다. 다섯 번째 규모는 2000년 글락소 웰컴-스미스클라인 비첨의 760억 달러(약 87조 원)이다. 이들의 인수·합병은 모두 인수하는 회사 또는 합병해서 새로 설립되는 회사의 주식과 인수 대상인 회사의 주식을 교환하는 방식으로 합병이 이뤄졌다. 20대 인수·합병 중에서 현금으로 이뤄진 경우는 역사상 18번째로 큰 규모의 520억 달러(약 59.8조 원) 인수·합병인 벨기에와 브라질의 맥주 제조 회사인 인베브(InBev)가 미국의 맥주 제조 회사인 앤호이저-부시(Anheuser-Busch)를 인수한 경우다. 인베브는 앤호이저-부시의 주식을 주당 70달러에 현금으로 매수해서 두 회사가 합병을 했다. 인수 자금 중에서 450억 달러는 인베브가 부채로 조달했고, 98억 달러는 주식을 담보로 한 자금 조달로 마련했다.

ABInbev, "InBev completes acquisition of Anheuser-Busch", November 18,

Press Release, 2008.

24 AST 인수와 실패에 대해서는 다음의 기사를 참조했다.
　"삼성전자 AST사 인수", 〈경향신문〉, 1995년 3월 1일자 기사.
　"삼성전자 미 AST 주식 100% 매입", 〈매일경제〉, 1997년 2월 1일자 기사.
　"삼성전자 미 AST 사업 정리", 〈매일경제〉, 1999년 1월 12일자 기사.

25 "한국재벌 미 기업 사들이기 열풍", 〈한겨레〉, 1995년 7월 23일자 기사 참조.

26 "해외 부실기업 인수 바람", 〈한겨레〉, 1996년 10월 19일자 기사 참조.

27 2002년 이후 지난 10여 년 동안 삼성전자 외국인 보유 지분이 가장 낮은 때는 세
　계 금융 위기가 발생한 후인 2008년 11월 19일에 기록한 42.18%이다.

28 한국 최대의 투자 기관인 국민연금이 삼성전자 지분을 5% 이상 소유하게 된 것
　은 지난 2009년부터이며, 2011년 말 기준으로 6.0%를 보유하고 있다.

29 2013년 개정된 은행법은 비금융 주력자에 대한 주식 보유 한도를 기존 9%에서
　4%로 하향 조정하였다.

30 주석 10과 11를 참조한다.

31 시가총액 상위 20개 기업과 각 기업의 외국인 소유 지분과 시가, 그리고 외국인이
　처분해야 할 금액은 2013년 6월 말을 기준해서 구했다.

32 2013년 6월 현재 한국의 외환 보유고는 3,264억 달러다.

33 상장(上場, Listing)이란 증권거래소에서 주식이 거래되는 자격을 획득하는 것이
　다. 상장 주식은 증권거래소에서 불특정 다수의 사는 사람과 파는 사람이 매매
　계약을 별도로 체결하지 않고 거래를 한다. 상장 주식의 거래는 증권거래소의 공
　신력을 기초로 이뤄지기 때문에 거래 상대방을 확인할 필요도 없고, 매도 대금의
　결제와 매입 주식의 인도 등의 결제 위험도 없다. 또 모든 거래자들이 증권거래소
　를 통해서 거래하기 때문에 개개인이 거래 상대방을 물색할 필요도 없다. 따라서
　증권거래소는 거래에 따른 위험을 줄이고 투자자를 보호하기 위해서 상장을 허
　용하는 조건, 즉 상장 요건을 엄격하게 정하고 있다. 그러나 비상장 주식, 즉 증
　권거래소에 상장하지 않은 주식을 거래하기 위해서는 사는 사람과 파는 사람이
　서로를 물색해야 하고, 두 사람 사이에 매매계약을 체결해야 하며 거래의 결제와
　주식의 인도 등에 비용과 위험이 따른다. 따라서 비상장회사의 주식을 거래하는
　것은 거래자 개개인에게 많은 노력과 비용이 수반되기 때문에 거래가 활발하게
　이뤄지지 않아서 일반 투자자들은 투자를 꺼린다. 반면에 상장회사의 주식은 언
　제든지 증권거래소를 통해서 쉽게 사고팔 수 있기 때문에 활발하게 거래가 이뤄
　지고 일반 투자자들이 어렵지 않게 투자할 수 있다. 또한 상장회사는 불특정 다
　수의 일반인을 대상으로 주식을 발행해서 자금을 조달하는 것이 용이하다.

34 모두 보통주 기준이며, 2014년 6월 말 기준이다.

35 〈포브스(Forbes)〉가 발표한 세계 부자들의 순위와 금액은 인터넷 사이트(http://

www.forbes.com/profile/kun-hee-lee/)를 참조했다.

36 재벌닷컴 홈페이지 http://www.chaebul.com/.

37 〈포브스〉에 의하면 2013년 세계 최고의 부자는 멕시코의 카를로스 슬림(Carlos Slim Helu)으로 재산 규모가 730억 달러(약 83.1조 원)이다. 두 번째 부자는 미국의 빌 게이츠(Bill Gates)로 670억 달러(약 76.3조 원)이고, 세 번째 부자는 스페인의 아만시오 오르테가(Amancio Ortega)로 570억 달러(약 64.9조 원), 그리고 네 번째 부자는 미국의 워런 버펫(Warren Buffet)으로 535억 달러(60.9조 원)이다. 인터넷 사이트(http://www.forbes.com/billionaires/)를 참조했다.

38 2013년 12월 말 기준으로 농협, 수협, 중소기업은행, 산업은행 등의 특수은행을 제외한 일반은행의 총대출금 합계는 900.7조 원이다. 주요 은행의 대출금 규모 자료는 금감원의 〈금융통계 월보〉에 근거했다.

39 삼성전자가 2012년 사업보고서를 완료해서 공시한 2013년 3월 말 주가인 152만 7,000원을 기준으로 계산했다.

40 삼성전자의 2011년 순이익은 10.0조 원이었고 2011년 사업보고서를 공시한 2012년 3월 말 주가는 127만 5,000원이었다. 따라서 순이익 전액을 자사주 매입에 사용했다면 발행주식 수의 약 5.4%인 788만 주를 매입할 수 있었다. 같은 방식으로 추정하면 2010년에는 발행주식 수의 약 9.7%를, 2009년에는 5.2%를 매입할 수 있었다. 자사주 매입으로 유통 주식 수가 줄어들어서 주가가 상승하는 효과를 감안하지 않고 단순하게 2003년부터 2012년까지 10년 동안 순이익을 모두 자사주 매입에 사용했다면 82.1%의 지분을 사들일 수 있었다. 이는 삼성전자의 매년 사업보고서에 근거해서 추정했다.

41 삼성전자의 2004년부터 2013년까지 사업보고서에 근거했다. 삼성전자의 2012년 순이익은 17.4조 원이었고, 이 중에서 배당으로 지급한 금액은 6.9%인 1.2조 원이었다. 2011년 순이익은 10.0조 원이었고 배당금은 8.2%인 8,272억 원을 지급해서 내부에 유보한 순이익이 9.2조 원이다. 2010년의 순이익은 13.2조 원이고, 배당금은 11.3%인 1.5조 원으로 내부유보 금액이 11.7조 원이었다.

42 현대자동차의 2004년부터 2013년까지 사업보고서에 근거했다. 10년 동안 순이익의 총액은 30.4조 원이었고, 이 중에서 배당으로 지급한 총액은 3.7조 원, 내부에 유보한 총액은 26.7조 원이었다.

43 포스코의 2004년부터 2013년까지 사업보고서에 근거했다. 10년 동안 순이익의 총액은 33.8조 원이었고, 이 중에서 배당으로 지급한 총액은 6.8조 원, 내부에 유보한 총액은 27.0조 원이었다.

44 상속세율은 상속재산의 크기에 따라 누진적으로 증가한다. 현재의 상속세율은 1억 원 이하 10%, 5억 원 이하 20%, 10억 원 이하 30%, 30억 원 이하 40%, 그리고 30억 원을 초과하는 경우에는 50%이다.

45 2013년 9월 기준 시가총액 상위 20위 기업 중에서 외국인 소유 지분이 50%를
    넘는 기업은 신한지주 63.9%, KB금융지주 63.9%, 하나금융지주 60.0%, 네이버
    55.3%, 삼성화재 54.3%, 포스코 54.2%이다. 외국인 소유 지분이 40%를 넘는 기
    업은 현대모비스 49.6%, 삼성전자 48.7%, SK텔레콤 46.7%, 현대자동차 45.9%
    이다.

46 삼성전자의 외국인 소유 지분이 가장 높았던 때는 2004년 4월 13일로 60.13%
    였다. 현대자동차의 외국인 소유 지분이 가장 높았던 때는 2004년 10월 21일로
    57.11%였다. 포스코의 외국인 소유 지분이 가장 높았던 때는 2004년 9월 13일로
    70.52%였다. 신한지주의 외국인 소유 지분이 가장 높았던 때는 2004년 5월 6일
    로 66.28%였다.

47 2014년 6월 말 현재 삼성전자의 시가총액은 194.7조 원이고, 포스코의 시가총액
    은 26.5조 원이다.

48 국민연금 이외에도 BNY 멜론(The Bank of New York Mellon)이 8.37%를 보유하
    고 있다. 그러나 이 은행은 한국의 증권예탁원과 같이 수많은 외국인 투자자들의
    주식을 예탁·보관하기 때문에 실제 주식의 소유 주주는 아니다. 국민연금의 지
    분은 2013년 12월 말 기준이며, KB금융지주의 2013년 사업보고서에 근거했다.

49 외국인 주식 보유 비율은 2013년 12월 말 기준이다.

50 KB금융지주의 외국인 지분은 2013년 3월 66.6%로 최고치를 기록했고, 최저치는
    2010년 6월 54.74%였다. KB금융지주는 2008년 상장했다. 신한지주의 외국인
    지분은 2004년 5월 66.28%로 최고치를 기록했고, 최저치는 2009년 3월 40.21%
    였다. 신한지주는 2003년 10월부터 외국인 지분이 50%를 넘었고 2009년 2월에
    서 4월 사이를 제외하고는 지속적으로 50% 이상을 유지했다. 하나금융지주는
    2005년 12월 상장한 이후에 극히 짧은 기간을 제외하고는 지속적으로 외국인 지
    분이 60%가 넘는 수준을 유지했다. 하나금융지주 외국인 지분은 2006년 3월 최
    고치인 81.35%를 기록했고, 최저치는 2013년 7월 59.04%였다.

51 2013년 말 사업보고서 기준으로 5% 이상의 지분을 보유한 외국인 주주는 하나
    금융지주와 신한금융지주에 각각 하나씩 있다. KB금융지주는 5% 이상 보유한
    외국인 주주가 없다. 주석 40을 참고한다.

52 2004년 삼성전자 외국인 주주 중에서 5% 이상을 소유한 주주는 없었고(2004년
    사업보고서 기준), 가장 많은 주식을 소유한 외국인 주주는 캐피탈 그룹(Capital
    Group)으로 4.77%(3월 18일 공시 내용)를 소유했다. 현대자동차는 2004년 말
    기준 외국인 주주는 캐피탈 리서치 앤 매니지먼트(CRMC, Capital Research and
    Management Company)가 5.5%를 소유했다. CRMC는 미국계 투자회사인 캐피
    탈 그룹의 계열사다. 포스코는 2004년 외국인 주주 중에서도 5% 이상을 소유한
    주주는 없었고, 가장 많은 주식을 소유한 외국인 주주는 알려지지 않았다. 그러

나 2005년 4월 얼라이언스 자산 관리(Alliance Capital Management L.P)가 5.01%
를 보유해서 처음으로 5% 이상을 소유한 외국인 주주가 되었다. 캐피탈 그룹과
얼라이언스는 둘 다 광범위하게 분산투자하는 펀드 회사이며, 과거에 적대적 인
수·합병을 시도했거나 또는 그러한 시도에 참여한 기록이 없다.

53 "M&A 우려하는 삼성의 공정위 방문", 〈연합뉴스〉, 2004년 4월 29일자 인터넷
기사.

54 삼성전자 적대적 인수·합병 논란이 시작되었던 2004년 삼성전자 사업보고서에
기재된 12월 31일 기준 소유 지분은 이건희 회장 1.91%와 부인과 아들 1.39%를
합한 가족 지분은 3.3%에 불과했다.

55 2004년 12월 말 기준 지분이다. 2013년 6월 현재에는 이건희 회장이 3.38%로 지
분이 늘어났고, 부인과 아들의 지분 합계는 1.26%로 큰 변화가 없다. 그리고 계
열사의 지분도 12.98%로 큰 변화가 없다. 이건희 회장의 지분 증가는 '삼성 특
검'에서 발견된 삼성전자 차명 주식을 2008년 중 실명 전환했기 때문이다.

56 삼성생명에 대한 이건희 회장의 지분은 4.54%에 불과한 것으로 공시되나 '삼성
특검'에서 확인된 차명 주식을 2008년 중 실명 전환, 지분이 20.76%로 증가하여
사실상 최대 주주였다.

57 "15개 재벌 순환 출자 고리 10만 개 육박하는데…재벌 '수백 개' 허위 보고…공정
위는 '깜깜'", 〈한겨레〉, 2014년 8월 27일자 인터넷 기사 참조.

58 금융·보험회사의 경우, 공정거래법 11조에 의해 국내 상장회사의 주주총회에서
주요 안건의 경우 특수 관계인과 합하여 발행주식 총수의 15%까지는 의결권을
행사할 수 있다. 주요 안건은 임원 선임 및 해임, 정관 변경, 합병 및 영업 양도를
의미한다. 이 경우에 발행주식 총수는 상법 제371조 1항에서 정하고 있는 주식
즉 우선주와 자사주 등 의결권 없는 주식은 포함되지 않는다. 따라서 삼성생명
등의 삼성그룹 계열사들이 소유하고 있는 삼성전자 지분 16.05%가 삼성전자가
발행한 주식 중에서 우선주와 자사주를 제외한 의결권이 있는 보통주 중에서 차
지하는 비중은 17.7%이었으며, 이 중에서 15%를 초과하는 2.7%는 의결권을 행
사할 수 없다.

59 삼성그룹이 헌법 소원을 낸 이유는 '사적 재산권을 제약함으로써 외국 자본에 의
한 적대적 인수·합병 방어 수단을 무력화시키는 위헌적 조치'라는 것이다. 이후
삼성생명 등은 2006년 2월 '입법기관의 정책 판단 사항에 대해 대립하고 있다는
사회 일각의 비판적 시각을 겸허하게 수용해 이사회의 위임을 받은 경영위원회
를 거쳐 위헌 소송을 취하'하였다. 삼성의 소 취하는 당시 삼성에버랜드 전환사
채(CB) 등의 증여 문제와 'X-파일' 등으로 삼성그룹에 대한 사회 전반의 문제 제
기가 심화되자 8,000억 원의 사회 기금 조성 등의 조치를 발표할 때 포함된 것이
다(이은정, 14쪽을 인용했다).

60 공정거래법 개정으로 인한 의결권 제한의 영향을 받는 재벌 그룹에 대한 분석은 다음의 자료를 참고했다.

이은정, "박근혜 당선인의 금산 분리 공약 중 공정거래법상의 의결권 제한 실효성 분석", 〈이슈&분석〉 2013-1, 경제개혁연구소.

61 2005년 3월 주주총회에서의 의결권은 2004년 12월 말 기준 주식을 보유한 주주에게 주어진다. 2004년 말에 삼성전자의 외국인 지분은 54.13%이고, SK의 외국인 지분은 54.17%로 서로 비슷했다.

62 "SK, 1조 5,500억 원 분식 회계 수사", 〈머니투데이〉, 2003년 3월 11일자 인터넷 기사 참조.

63 2003년 2월 17일 1만 4,900원이었던 주가는 검찰이 불법행위를 발표한 직후인 3월 14일 6,130원으로 폭락을 해서 한 달 만에 반 토막 이하가 되었다. 소버린은 SK와 최태원의 불법행위가 밝혀진 직후 SK 주식 투매 현상이 나타난 기회를 이용해서 SK 주식을 순식간에 15%까지 사들였다.

64 "주총서 SK, 소버린에 승리", 〈매일경제〉, 2005년 3월 11일자 인터넷 기사 참조.

65 〈시애틀 타임즈(Seattle Times)〉 2013년 10월 2일자 인터넷 기사, "Who are Microsoft's largest Shareholders?" 기사에 의하면 마이크로소프트의 상위 5대 주주는 블랙록(Blackrock) 5.3%, 빌 게이츠 4.8%, 뱅가드 그룹(Vanguard Group) 4.3%, 스테이트 스트리트(State Street) 4.0%, 스티브 발머(Steve Ballmer) 4.0%이다. 빌 게이츠와 마이크로소프트의 CEO인 스티브 발머를 제외한 나머지 세 주주는 투자 펀드다.

66 빌 앤 멜린다 게이츠 재단(Bill & Melinda Gates Foundation)의 'Trust Financial Statement 2012'의 자산 보유 현황을 참조했다.

67 AST 인수와 실패에 대해서는 다음의 기사를 참조했다.

"삼성전자 AST사 인수", 〈경향신문〉, 1995년 3월 1일자 기사.

"삼성전자 미 AST 주식 100% 매입", 〈매일경제〉, 1997년 2월 1일자 기사.

"삼성전자 미 AST 사업 정리", 〈매일경제〉, 1999년 1월 12일자 기사.

제6장 자본주의에서의 경쟁, 공정, 정의

1 세계경제성장률은 세계은행이 1960년부터 통계를 작성하고 있다. 2009년 세계경제성장률은 -0.8%였으며, 세계경제가 마이너스성장을 한 것은 1960년 이후 처음 있는 일이다.

2 재벌 그룹이 국민경제에서 차지하는 비중은 두 가지로 판단할 수 있다. 첫째, 국가 총자산(통계청 국부 조사) 중에서 재벌 그룹의 자산이 차지하는 비중이다. 30

대 재벌 그룹의 자산 비중은 2000년 31.7%였고 2004년 28.0%로 낮아졌지만 2008년 32.8% 급격하게 증가했고 이후에 계속 증가해서 2012년 37.4%에 이른다. 둘째, 한국은행 기업 경영분석 대상 기업 총매출액 중에서 재벌 그룹의 매출액이 차지하는 비중이다. 30대 재벌 그룹의 매출액 비중은 2001년 35.7%에서 2003년 28.4%로 낮아졌다가 이후에 계속 증가해서 2011년 38.9%에 이른다. 재벌 그룹의 경제력 집중에 관한 내용은 다음의 보고서를 참조했다.

위평량, "재벌 및 대기업으로 경제력 집중과 통태적 변화 분석(1987~2012)", 〈경제개혁리포트〉 2014-02호, 경제개혁연구소.

3 아르데 다니엘스, 슈테판 슈미츠, 《자본주의 250년의 역사》, 조경수 옮김, 미래의 창, 2007.

4 김상조(2012), 전게서, 47쪽 참조.

5 가장 잘 알려진 초기 이상적 사회주의 공동체는 오웬(Robert Owen)이 1825년 미국 인디애나 주(Indiana州)에 설립한 '뉴 하모니(New Harmony)', 푸리에(Charles Fourier)가 1841년 미국에 설립한 '브룩 농장(Brook Farm)' 등이 있다.

6 박호성, 《사회민주주의의 역사와 전망》, 책세상, 2005, 92쪽.

7 민주사회주의(Democratic Socialism)보다는 일반적으로 사회민주주의(Social Democracy)로 불린다. 사회민주주의는 유럽의 사회주의 정당들이 '사회민주당'의 명칭을 사용하기 때문에 더 일반화되어 있다. 그 예로 독일의 집권당이었던 슈뢰더 정부의 사회민주당과 스웨덴의 집권당이었던 사회민주노동당 등이 있다. 사회주의의 분파로서 공산주의는 마르크스-레닌주의[Marxism-Leninism主義]라고 불린다. 1917년 볼셰비키 혁명으로 불리는 10월 혁명을 성공한 이후 레닌(Vladimir Lenin)이 이끌던 러시아의 볼셰비키들은 민주사회주의자들과 자신들을 구별하기 위해서 1918년에 공산당(Communist Party)으로 이름을 바꾸었다.

토마스 마이어, 《민주사회주의》, 이병희 옮김, 도서출판 인간사랑, 1988, 59~61쪽 참조.

8 토마스 마이어(1988), 전게서, 61쪽 참조.

9 마르크스의 《자본론》이 출간된 것은 1876년이었고, 구소련은 1922년 세워졌다.

10 서진영, 《21세기 중국 정치》, 폴리테이아, 2008, 498쪽.

11 중국 특색 사회주의에 대한 특징은 다음을 참조한다.

서진영(2008), 전게서, 381~386쪽.

12 시장사회주의란 '생산수단은 공적 또는 집단적으로 소유되고 자원의 배분은 시장의 규칙에 따라 이뤄지는 경제체제를 의미한다. 즉 자원의 배분 장치로 시장을 활용하되(시장), 생산수단의 사적 소유는 허용하지 않는(사회주의) 경제체제다.' 그러나 중국은 사적 소유가 광범위하게 허용하고 민간 소유 기업들이 경제의 상당한 부분을 차지하고 있어서 시장사회주의라 규정하기 어렵다.

강신욱, "시장사회주의론", 김수행, 신정완, 《자본주의 이후의 새로운 사회》, 서울대학교 출판부, 2007, 64쪽.

13 신정완, "스웨덴 사회민주주의", 김수행, 신정완(2007), 전게서, 231쪽.

14 스웨덴의 임금노동자 기금에 관한 내용은 다음을 참조했다.
신정완, 《복지자본주의냐 민주적 사회주의냐》, 2012, 사회평론, 231~247쪽.
김수행, 신정완(2007), 전게서, 234~235쪽.

15 신정완, "스웨덴의 '제3의 길' 정책의 실패 원인: '정책 부조화' 문제를 중심으로", 〈사회경제평론〉 제32호, 2009, 74~76쪽 참조.

16 김수행, 신정완(2007), 전게서, 244~245쪽.
위 책의 내용을 필자가 일부 수정해서 인용했다.

17 신정완(2012), 전게서, 248쪽.
신정완(2009)에 따르면 스웨덴 '제3의 길'의 주요 정책은 화폐의 평가절하로 수출 경쟁력을 높이는 정책, 인플레이션(Inflation) 억제 정책, 대출 상한 규제를 폐지하는 등의 금융 자유화 정책, 소득세 인하와 간접세 비중의 증가와 같은 조세정책 등이 포함되어 있다.

18 앤소니 기든스, 《제3의 길》, 한상진, 박찬욱 옮김, 생각의나무, 1998, 62쪽.

19 영국은 신자유주의 정책의 근원지라 할 수 있다. 1979년 영국 보수당 대처(Margaret Thatcher) 정부가 시작한 규제 완화, 민영화, 복지 축소, 노동조합의 약화 등이 신자유주의 정책의 시작이라 할 수 있다. 대처는 1979년부터 1990년까지 11년을 집권했고, 이어서 같은 보수당의 메이저(John Major) 정부가 1990년부터 1997년까지 7년을 집권했다. 따라서 영국은 18년 동안 신자유주의적 정책을 지속했고, 1998년 집권한 노동당의 토니 블레어(Tony Blair) 정부가 표방한 '제3의 길'은 18년간 지속된 신자유주의 정책으로부터 벗어나서 복지 강화 등의 정책으로 선회하는 것을 의미하지만 사회민주주의를 추구한 것은 아니다.

20 신정완(2009), 전게서, 81쪽.

21 제3의 길 정책들이 1990년대 초 스웨덴의 금융 위기 원인의 하나로 작용한 것과 관련한 논의는 다음의 논문을 참조한다.
신정완, "1990년대 초 스웨덴의 금융 위기: 원인과 진행 경과, 그리고 스웨덴 모델에 미친 영향", 〈스칸디나비아 연구〉 제10호, 2009.

22 스웨덴의 실업률은 1991년 1.7%였다. 그러나 1992년 3.1%, 1992년 5.6%, 1993년 9.1%로 급격하게 증가했고, 1997년 9.9%로 사상 최고치를 기록했다. 이후에 5~7%대를 유지했으나, 금융 위기 이후에는 다시 증가해서 2010년 8.6%였고, 2013년 8.0%였다. OECD 통계에 근거했다.

23 스웨덴 임금노동자 기금의 결과는 신정완(2012), 전게서, 248~250쪽을 참조했다.

24 김의동, "신자유주의 세계화와 스웨덴 모델", 《대안적 경제체제의 이론과 역사》,

한울아카데미, 2007, 211~213쪽 내용을 참조했다.

25 앤소니 기든스(1998), 전게서, 32쪽.

26 김수행, 신정완(2007), 전게서, 252~253쪽.
    위 책의 내용을 필자가 수정하여 인용했다.

27 앤소니 기든스(1998), 전게서, 261쪽.

28 한국 국민들의 대다수가 한국이 '정의로운 사회'가 되어야 한다는 것에 동의한다
    는 것은 상식적인 직관으로는 맞는 말이다. 어떤 사람도 한국 사회가 '정의롭지
    않은 사회' 또는 '불의가 판치는 사회'가 되기를 바란다고 하지 않을 것이기 때문
    이다. 그러나 각자의 가치관과 이념에 따라서 '정의가 무엇인가'에 대해서는 다
    른 견해를 가질 수밖에 없기 때문에 필자가 이를 '필자의 주관적 단정'이라고 표
    현했다. 철학적 논쟁에서 '정의'는 개인의 자유와 사회 구성원의 평등, 두 개의 가
    치 중에서 어느 것을 더 중요하게 여기느냐와 자유와 평등이 서로 상충되었을 때
    이를 어떻게 조정하느냐에 따라서 정의의 개념이 달라진다. 따라서 국민들의 대
    부분이 '정의로운 사회'가 되어야 한다는 것에 동의한다는 주장은 엄격한 철학적
    논쟁에서는 성립되지 않을 것이다

29 존 롤스, 《정의론》, 황경식 옮김, 이학사, 2003, 36쪽.

30 인용의 글은 존 롤스의 논지를 필자가 재해석하여 자본주의 체제에 적용했다.

31 존 롤스는 "모든 사람은 전체 사회의 복지라는 명분으로 유린될 수 없는 정의에
    입각한 불가침성을 갖는다. 그러므로 정의는 타인들이 갖게 될 보다 큰 선을 위
    하여 소수의 자유를 뺏은 것이 정당화될 수 없다고 본다. 다수가 누릴 보다 큰 이
    득을 위해서 소수에게 희생을 강요해도 좋다는 것을 정의는 용납할 수 없다."고
    정의를 규정하고 있다.
    존 롤스(2003), 전게서, 36쪽 참조.

32 필자의 '정의롭지 못한 경제 제도는 개선되거나 아니면 폐지되어야 한다'는 논지
    는 존 롤스(2003)가 '진리가 아닌 사상을 수정하거나 배척하는 것과 마찬가지로
    정의롭지 않은 사회제도도 개선되거나 폐지되어야 한다'는 《정의론》의 논지에
    따른 것이다. 존 롤스(2003)는 《정의론》에서 "이론이 아무리 정치하고(정교하고)
    간명하다 할지라도 그것이 진리가 아니라면 배척되거나 수정되어야 하듯이, 법
    이나 제도가 아무리 효율적이고 정연하다 할지라도 그것이 정당하지 못하면 개
    선되거나 폐지되어야 한다."고 주장한다.
    존 롤스(2003), 전게서, 36쪽 참조.

33 '절차적 공정성과 결과적 공평성'이 결합된 정의에 대한 논의는 다음의 글을 참
    조한다.
    황경식, "공정한 경기와 운의 중립화", 《공정과 정의 사회》, 황경식, 이승환 외 8인
    공저, 조선뉴스프레스, 2011.

34 공리주의(Utilitarianism)와 평등주의(Egalitarianism)적 자유주의 논의에 대해서는 다음의 황경식(2013), 새뮤얼 플레이쉐커(2007) 책을 참고할 수 있다. 자유주의와 공동체 주의(Communitarianism)의 논쟁에 대해서는 다음의 김비환(1999), 이승환(1999), 윤평중(2003)을 참조할 수 있다. 자유 지상주의적 자유주의의 분배적 정의에 대해서는 로버트 노직(1983)의 제7장을 참조할 수 있다.

황경식, 《사회정의의 철학적 기초: J. 롤스의 정의론을 중심으로》, 철학과현실사, 2013.

새뮤얼 플레이쉐커, 《분배적 정의의 소사》, 강준호 옮김, 서광사, 2007.

김비환, "현대 자유주의-공동체 주의 논쟁의 정치적 성격에 관한 고찰", 〈철학연구〉 vol.45, 1999.

이승환, "한국에서 자유주의-공동체 주의 논의는 적실한가: 아울러 '유사 자유주의'와 '유사 공동체 주의'를 동시에 비판함", 〈철학연구〉 vol.45, 1999.

윤평중, "공동체 주의 윤리 비판: 급진 자유주의의 관점에서", 〈철학〉 제76집, 2003.

로버트 노직, 《아나티에서 유토피아로: 자유주의 국가의 철학적 기초》, 남경희 옮김, 문학과지성사, 1983.

35 로버트 노직(1983), 전게서, 192~196쪽 참조.

36 황경식, "소유권은 절대권인가: 사유재산권과 분배적 정의", 〈철학연구〉 제72집, 2006, 16쪽.

37 황경식(2006)은 노직의 사유재산은 '총량이 하늘에서 떨어진 만나(Manna from Heaven)처럼 이미 현실적으로 주어진 고정된 것으로 전제하는 것'이라고 표현했다. 만나(Manna)는 헤브루 성경(Hebrew Bible)에 언급된 하늘에서 주어진 식량이라는 의미다.

황경식(2006), 전게서, 26쪽 참조.

38 경제학 이론에서 완전한 시장(Complete Market)은 완전경쟁(Perfect Competion)을 가정한다. 완전경쟁의 가정은 여러 가지 조건을 충족해야 하는데, 가장 핵심적인 조건은 '충분하게 많은 수의 경쟁자들이 경쟁에 참여함으로써, 어떤 경쟁자도 자신의 결정과 행동이 경쟁의 과정과 결과, 즉 가격 결정에 영향에 미치지 않는 원자적(Atomic) 존재로서 가격 순응자(Price Taker)인 상태'이다. 즉 완전경쟁은 어떤 경쟁자도 다른 경쟁자보다 우위의 위치에서 경쟁에 참여함으로써 자신의 행동이 경쟁의 결과에 영향을 미치지 않아야 한다는 매우 가성적인 상황이다.

39 황경식(2006)은 "노직의 논변이 자유를 위해서 소유권을 옹호하고자 했다면, 소유권에 반대하는 논변 역시 자유를 위해 소유 이론의 난점을 제시하고 있다."고 하면서, 그 이유는 "노직의 논변은 특히 재산을 처분할 수 있는 자유(즉, 소극적 자유로서의 재산권)와 관련되어 있는 데 비해 사적 소유권에 의해 제한되는 자유

는 재산을 이용할 수 있는 자유(즉, 적극적 자유)로서의 복지권이다.", 그리고 "사유재산을 타인이 이용할 자유를 그들로부터 박탈하는 결과를 가져오게 된다."고 노직의 사유재산 불가침에 대해서 반론을 제기하고 있다. 필자의 논의는 '타인이 이용할 자유를 박탈하는' 것뿐 아니라 경쟁적인 시장에서 타인이 경쟁에 참여할 자유가 제한되거나 박탈되는 것을 지적한 것이다.

황경식(2006), 전게서, 20~21쪽 참조.

40 존 롤스(1988), 전게서, 103쪽의 내용을 재구성해서 인용했다.

41 공동체 경제의 가장 성공적인 모델인 협동조합에 관한 논의는 이 책 제3장의 '주주 없는 기업 1: 노동자가 주인인 회사', '노동자협동조합이 주식회사의 대안이 될까?'를 참고한다.

42 최장집(2006)은 "민주주의는 시장 경쟁과 그것이 창출하는 불평등화와 소외 효과를 중화하고 보완하는 민중적 성격을 띠는 정치제도이자 체제이다."(145쪽)라고 말하고 있다. 그리고 "실질적 민주주의는 자유와 평등의 원리가 사회경제적 수준으로 확대되어 그동안 소외되었던 노동자를 비롯한 사회적 약자들의 권익이 증진되고, 배분적 정의에 입각한 복지 정책을 통해 부와 소득의 분배 구조가 개선되는 현상을 일컫는다."고 설명한다. 최장집, 박찬표, 박상훈(2013)은 "이제 한국에서 절차적 민주주의는 공고화된 만큼 민주주의를 사회경제적 영역으로 확장하는 실질적 민주주의가 요구된다는 것이다. 여기서 민주주의는 정치적 민주화로부터 경제적 민주화로 전진하는 것으로 이해된다."(16~17쪽)라고 실질적 민주주의를 설명하고 있다.

최장집, 《민주주의의 민주화》, 후마니타스, 2006.

최장집, 박찬표, 박상훈, 《어떤 민주주의인가》, 후마니타스, 2013.

43 황경식(2011)은 "기회균등의 이념은 평등주의적 외양과는 달리 다소 보수적인 함축을 지니고 있다. 기회균등은 사실상 인간의 인격이 갖는 평등한 가치보다는 사회적 게임에 있어 각자가 지닌 경쟁력을 최우선 기준으로 선별하는 원리이다. 이로 인해 경쟁력이 없는 자는 소외되기 마련이며 사회적 불평등이 증대할 가능성을 가짐으로써 업적주의적 계층구조를 강화하고 영속화할 소지를 갖게 된다."라고 설명하고 있다.

황경식(2011), 전게서, 23쪽.

44 "하루 10분, 아이의 감성을 깨우는 태교 영어", 〈한국경제〉, 2011년 3월 18일자 인터넷 기사 참조.

45 부모의 소득수준이 높을수록 사교육비 지출이 많아지는 것은 다음의 논문을 참조했다.

김위정, 염유식, "계급 간 사교육비 지출 격차에 관한 연구", 〈한국 사회학〉 제43집 5호, 2009.

이경선, 김주후, "유아의 사교육비 지출에 대한 가구 특성별 분석", 〈미래유아교육학회지〉 vol.17 no.1, 2010.

46 사교육비 지출이 많을수록 대학 입학의 가능성이 높아지는 것에 대해서는 다음의 논문을 참고했다.
최형재, "사교육의 대학 진학에 대한 효과", 〈국제경제연구〉 제14권 제1호, 2008.

47 대학 졸업 후 취업에서도 부모의 소득, 출신 대학, 전공 등이 취업 성과에 영향을 미치는 것은 다음의 논문을 참조했다.
채창균, 김태기, "대졸 청년층의 취업 성과 결정 요인 분석", 〈직업교육연구〉 vol.28 no.2, 2009.

48 불평등의 사회구조적 발생 원인에 대한 논의는 다음을 참조했다.
이준구, 《소득분배의 이론과 현실》, 다산출판사, 1989, 93~155쪽.

49 윤평중, "자유 시장경제는 과연 정의롭고 공정한가?", 《공정과 정의 사회》, 황경식, 이승환 외 8인 공저, 조선뉴스프레스, 2011, 105쪽.

50 다음의 논문을 필자가 이 책의 문맥에 맞도록 수정하여 인용했다.
주동률, "평등과 응분의 유기적 관계에 대한 변호", 〈철학〉 제85집, 2005, 200~201쪽.

51 주동률, "롤스의 분배 정의론의 특징들과 현대 평등주의", 황경식. 박정순 외, 《롤스의 정의론과 그 이후》, 철학과현실사, 2009, 87쪽.

52 "은행 수익성 나빠지니 고객 주머니부터 터나", 〈서울신문〉, 2013년 7월 19일자 기사 참조.

53 "정기 상여금 통상 임금에 포함되면 임금 양극화 초래", 〈전경련〉 5월호, 2014, 기사 참조.

54 당시 총 3,250명의 종업원 중에서 파업에 참여한 노동자는 414명이었다. 파업은 8일간 계속되었고 17명이 해고되고, 나머지 종업원 등은 징계를 받았다.
Harvard Business School, "Harvard Business Case: The Mondragon Cooperative movement", p.8.

55 아래의 글에서, 정치체제에서의 분배에 대해 아리스토텔레스가 분배적 정의를 설명한 것을 필자가 시장 경쟁에서의 분배에 적용해서 재구성하고 인용했다.
윤평중, "'정의란 무엇인가' 신드롬의 담론 분석과 공정한 사회", 사회통합위원회, 《한국에서 공정이란 무엇인가》, 경제 · 인문사회연구회 엮음, 동아일보사, 2012, 28쪽.

56 존 롤스(2003), 전게서, 105~106쪽.

57 존 롤스(2003), 전게서, 111쪽.

58 아마티아 센(Amartya Sen)은 불평등이 소득의 분포와 관련된 것만이 아니라 사람들마다의 필요와 받을 만한 자격에 따른 분배일 수 있다고 지적하며, 사람들

마다의 필요의 차이에 따른 불평등을 강조한다.

Amartya Sen, 《On Economic Inequality》, Oxford University Press, 1997, p.77~106.

59 존 롤스(2003), 전게서, 105쪽과 405쪽.

60 마이클 샌델(2010), 전게서, 199쪽.

61 존 롤스(2003), 전게서, 123쪽.

62 마이클 샌델(2010), 전게서, 360~362쪽 참조.

63 황경식, "정치적 자유주의와 경제적 자유주의: 정치경제학적 입장에서 본 자유주의", 〈철학과 현실〉 봄호, 2009, 53쪽.
( ) 안의 글은 필자가 이해를 돕기 위해 첨가했다.

64 존 롤스(2003), 전게서, 368쪽.

제7장 정의롭지 못한 한국 자본주의

1 존 롤스(1988), 전게서, 216쪽.

2 John Stuart Mill,《Utilitarianism》, 1863.
위 책의 'Chapter 2. What Utilitarianism is'에 있는 문장을 필자가 이 책에 가상적으로 설정한 '한마을'의 상황에 적용했다. 원문은 "It is better to be a human being dissatisfied than a pig satified; better to be a Socrates dissatisfied than a fool satisfied."이다. 원본의 책을 구할 수는 없으나 인터넷 사이트(http://www.marxists.org/reference/archive/mill-john-stuart/1863/utility/ch02.htm)에서 그 내용을 볼 수 있다.

3 하이에크는 개인의 경제적 자유를 포기하는 사회주의(Socialism) 체제를 그의 저서 《노예의 길》에서 '자유로 가는 길(Road To Freedom)로 약속된 것이 실제에서는 예속으로 가는 빠른 길(High Road To Servitude)'이라고 했다. 본 글에서 필자가 가상적으로 설정한 한마을은 '정부'가 모든 것을 소유하고 모든 것을 결정하는 사회주의와 같다.
프리드리히 하이에크,《노예의 길: 사회주의 계획경제의 진실》, 김이석 옮김, 나남, 2006, 64~67쪽 참조.

4 '무한덕후'는 어떤 한 가지 일에만 광적인 취미를 가진 사람을 뜻하는 일본어인 '오타쿠[Otaku, 御宅]'를 젊은이들 사이에서 우리말식으로 사용하는 '오덕후'와, 그 취미가 광적인 것을 뛰어넘어 무한대를 향한다는 의미에서 '무한대'를 합성한 속어다.

5 존 롤스(1988), 전게서, 217쪽.

6 로버트 달, 《경제민주주의에 관하여》, 배관표 옮김, 후마니타스, 2011, 16쪽.

7 극단적 시장 근본주의자 경제학자인 밀튼 프리드만(Milton Friedman)이 한 다음의 말을 필자가 프리드만이 의도한 것과 다른 내용으로 바꿔서 활용했다. "평등을 자유보다 중요시하는 사회는 둘 다를 갖지 못한다. 자유를 평등보다 중요시하는 사회는 둘 다를 더 많이 갖게 된다(A society that puts equality before freedom will get neither. A society that puts freedom before equality will get a high degree of both)."

8 Leon Trotsky, "Chapter 11, Whither the Soviet Union", 《The Revolution Betrayed》, Labor Publications, Inc. 1991, p.241.
원문은 다음과 같다. "In a country where the sole employer is the state, this means death by slow starvation. The old principle: who does not work shall not eat, has been replaced with a new one: who does not obey shall not eat."

9 한국은행 2005년 기준 국민소득 계정에 의하면 1인당 국민소득은 1970년 255달러, 1975년 607달러였다. 1977년 1,043달러로 처음 1,000달러를 넘어섰다.

10 다음 논문의 김영삼 정부(1993~1998)를 시장경제체제의 초기 단계로 규정하고, 그 이전 기간은 시장경제로 간주하지 않는 견해에서는 필자의 주장과 유사하다. 최 광, "민주주의와 자본주의 시장경제: 한국의 경험", 〈한국 경제의 분석〉 제10권 3호, 2004, 63쪽 참조.

11 국민의료보험제도의 보편화는 1989년, 그리고 전 국민을 대상으로 의료보장제도가 도입된 것은 1994년이었다. 국민연금제도는 1988년, 고용보험은 1995년 도입되었다.

12 노동자들의 정당이 설립된 것은 1997년 '국민승리21'이었고, 1997년 대선에 권영길을 대통령 후보로 내세웠다. 이후 2000년 '국민승리21'이 근간이 되어 민주노동당이 설립되었다.

13 IT(정보통신) 산업의 기업들을 제외하고 지금의 재벌 그룹 구조가 고착화된 1980년대 중반 이후 창업으로 시작해서 대기업으로 성장한 성공 신화로는 팬택의 박병엽과 웅진그룹의 윤석금 정도를 꼽을 수 있다. 그러나 안타깝게도 팬택과 웅진그룹은 최근 경영 악화로 성공 신화를 이어가지 못하고 있다. IT 산업에서의 성공 신화를 만든 기업들인 '넥슨'은 1994년, '다음'은 1995년, '안랩(안철수연구소)'는 1995년, '엔씨소프트'는 1997년, '네이버'는 1999년 설립되었다.

14 "한미 창업투자 24명 대 71명", 〈동아일보〉, 2010년 11월 1일자 인터넷 기사 참조.

15 "재벌은 재벌만 된다", 〈한겨레21〉, 2014년 4월 24일자 인터넷 기사 참조.

16 "대선 자금 서정우 씨 징역 2년 확정", 〈연합뉴스〉, 2004년 12월 10일자 인터넷 기사 참조.

"차떼기 서정우 4년, 김영일 3년6월 선고", 〈한겨레〉, 2004년 5월 13일자 인터넷 기사 참조.

"시민 단체, 들어난 불법 자금 865억 원", 〈한겨레〉, 2005년 7월 28일자 인터넷 기사 참조.

17 "이건희 회장 재산 규모 12조 9,000억 원 육박", 〈연합뉴스〉, 2014년 5월 13일자 인터넷 기사 참조.

18 이건희 상속 재산 취득에 관한 내용은 다음의 보고서를 참고했다.

이은정, "재벌 승계는 어떻게 이뤄지나: 삼성그룹", 〈경제개혁리포트〉 2011-07호, 경제개혁연구소, 2011.

19 "신세계 1조 낸다, 재벌가 상속-증여세 규모는", 〈한국일보〉, 2006년 5월 15일자 인터넷 기사 참조.

20 "시민 단체 외로운 승리", 〈한겨레〉, 1997년 10월 25일자 기사 참조.

이은정(2011), 전게서.

21 "이재용 씨 BW 헐값에 받아 1,539억 부당이득", 〈한겨레〉, 2008년 4월 18일자 인터넷 기사 참조.

22 "주가 산정에 무리…법적 공방 10년 종지부", 〈한국일보〉, 2009년 8월 15일자 인터넷 기사 참조.

"삼성SDS 상장 추진, '3세' 이재용이 풀어야 할 과제", 〈오마이뉴스〉, 2014년 5월 8일자 인터넷 기사 참조.

23 참여연대, "제일기획, 삼성SDI 각각 760억, 4,440억 시가 하락: 이재용 씨의 경영 실패 책임을 계열사 주주들에게 전가한 것이 사실로 들어나", 보도자료, 2001년 4월 2일 참조.

이은정(2011), 전게서.

24 "이건희 회장 재산 규모 12조 9,000억 원 육박", 〈연합뉴스〉, 2014년 5월 13일자 인터넷 기사 참조.

25 삼성에버랜드는 매출액 성장의 43%가 계열사들과의 내부 거래로 이뤄진 것이었다. 현대글로비스는 매출액 성장의 86%, 그리고 SK C&C는 매출액 성장의 68%가 계열사들과의 내부 거래로 이뤄진 것이었다. 일감 몰아주기 사례에 대해서는 다음을 참조했다.

김우찬, 채이배, "일감 몰아주기에 대한 공정거래법 규율의 실효성 제고 방안", 〈경제개혁리포트〉 2013-05, 경제개혁연구소, 2013.

26 이런 이유인지 몰라도 '자유민주주의 수호'를 정권 최고의 가치로 내건 박정희 정권과 전두환 정권 시절에 자유 지상주의의 대표적인 이론가이자 사상가인 로버트 노직의 모든 저서가 금서였으며, 그의 책을 소지하는 것만으로도 국가보안법 처벌의 대상이었다.

27 본 문단에서의 내용과 인용구는 다음의 기사를 참조했다.
    "한국 기업 생태계, 정글만도 못해. 대기업 CEO는 창조할 능력 없다", 〈조선일보〉, 2013년 3월 22일자 기사.

28 ( ) 안의 글은 필자가 정확성을 돕기 위해 첨가했다.

29 공정거래위원회, "2013년 대기업집단 내부 거래 현황 정보 공개", 보도자료, 2013년 8월 29일.

30 김우찬, 채이배(2013), 전게서, 6~8쪽 참조.

31 "이건희 일가, 상장 차익 5조 원…삼성에버랜드 내년 1분기 상장", 〈중앙일보〉, 2014년 6월 3일자 인터넷 기사 참조.

32 공정거래위원회, "2013년 대기업집단 내부 거래 현황 정보 공개", 보도자료, 2013년 8월 29일, 13쪽 참조.

33 "삼성SDS 상장 추진, '3세' 이재용이 풀어야 할 과제", 〈오마이뉴스〉, 2014년 5월 8일자 인터넷 기사 참조.

34 국내 매출의 내부 거래 비중은 수출과 자회사를 100% 소유해서 실질적으로 내부화되어 있어서 계열사 간 내부 거래로 볼 수 없는 경우를 제외한 것이다.
    공정거래위원회, "2013년 대기업집단 내부 거래 현황 정보 공개", 보도자료, 2013년 8월 29일, 4쪽 참조.

35 김우찬, 채이배(2013), 전게서, 8~10쪽 참조.

36 공정거래위원회, "2013년 대기업집단 내부 거래 현황 정보 공개", 보도자료, 2013년 8월 29일, 13쪽 참조.

37 김우찬, 채이배(2013), 전게서, 10~11쪽 참조

38 공정거래위원회, 《2013년 공정거래 백서》, 221~223쪽 참조.

39 공정거래위원회, 《2013년 공정거래 백서》, 223~225쪽 참조.

40 "롯데시네마 매점 직영 전환, 총수 일가 팝콘 장사 손 뗀다", 〈한겨레〉, 2013년 3월 25일자 인터넷 기사 참조.

41 공정거래위원회, 《2003년 공정거래 백서》, 161~163쪽 참조.

42 공정거래위원회, 《2013년 공정거래 백서》, 187~189쪽 참조.

43 공정거래위원회, 《2013년 공정거래 백서》, 189~192쪽 참조.

44 공정거래위원회, 《2012년 공정거래 백서》, 225~229쪽 참조.

45 공정거래위원회, 《2008년 공정거래 백서》, 210~211쪽 참조.

46 공정거래위원회, 《2007년 공정거래 백서》, 187~188쪽 참조.

47 공정거래위원회, 《2008년 공정거래 백서》, 211~212쪽 참조.

48 유형들은 공정거래위원회가 홈페이지에 게시한 시정 조치를 취한 사례들과 언론에 보도된 사례들을 요약했다.

49 "3,6명만 거치면 한국인은 '아는 사이'", 〈중앙일보〉, 2004년 1월 9일자 인터넷 기

사 참조.

50 "나 금감원 출신이야…은행 감사 꿈도 꾸지 마", 〈한국일보〉, 2008년 3월 28일자 인터넷 기사 참조.
  "저축은행 감사·사외 이사 금감원 출신 무려 54명", 〈한국일보〉, 2011년 7월 25일자 인터넷 기사 참조.

51 "경찰→보험, 검찰→대기업 '취업 커넥션'", 〈중앙일보〉, 2013년 10월 8일자 인터넷 기사 참조.

52 "6대 로펌 소속 고문, 전문위원 83%가 관피아", 〈조선일보〉, 2014년 6월 2일자 인터넷 기사 참조.

53 최장집 편, 《위기의 노동》, 후마니타스, 2005, 448쪽 참조.
  최장집(2006), 전게서, 139쪽 참조.

54 김상조의 저서와 함께 위평량의 보고서를 참조한다.
  김상조(2012), 전게서.
  위평량(2014), 전게서.

55 국내총생산 대비 30대 재벌 그룹의 자산 비중은 1990년 60%였으며, 외환 위기 이후 구조 조정으로 인해 급격히 하락해서 2002년 52%까지 떨어졌다. 30대 재벌 그룹의 매출액 비중은 2003년 28.4%였고, 국가 총자산의 비중은 2003년 23.0%였다.
  위평량(2014), 전게서, 9~11쪽 참조.

56 외환 위기 이전의 4대 재벌 그룹인 삼성, 현대차, LG, SK의 국내총생산 대비 자산 비중은 1990년 27%였던 것이 1998년 47%로 증가했다. 외환 위기 이후 구조 조정으로 인해서 2002년 35%까지 줄었다. 외환 위기 이후 삼성, 현대, LG그룹은 분할했다. 이들을 분할 이전의 4대 그룹으로 분류한 범삼성, 범현대, 범LG, SK그룹의 비중은 이후 다시 급격하게 증가해서 2011년 65%이다.
  위평량(2014), 전게서, 9~11쪽 참조.

57 외환 위기 이후 삼성, 현대, LG그룹은 여러 개의 재벌로 분할했다. 통계의 일관성을 위해서 외환 위기 이후 분할한 그룹들을 분할 이전의 4대 그룹으로 분류하여 범삼성, 범현대, 범LG 그리고 SK그룹으로 분류했다. 삼성그룹은 신세계, CJ, 한솔, 중앙일보로 분할했고, 현대는 현대자동차, 현대중공업, 현대산업개발, 현대백화점, 현대로 분할했다. LG는 LG, GS, LS로 분할했다. SK는 그룹 분할이 없었다.
  위평량(2014), 전게서.

58 위평량(2014), 전게서, 9~11쪽 참조.

59 200대 대기업의 자산이 국내총생산에서 차지하는 비중은 2002년 85.3%였으나 2012년 122.2%로 증가했다. 그리고 200대 기업의 총자산 중에서 상위 50대 기업의 자산이 차지하는 비중은 2002년 68%였으나, 2012년 70%를 넘어섰다.

위평량(2014), 전게서, 12~15쪽 참조.

60 시가총액의 비중은 2014년 6월 5일 기준과 2008년 12월 말 기준으로 구했으며, 코스피와 코스닥을 합했다. 주가 자료는 증권거래소 홈페이지에서 구했다.

61 2013년 7월 1일을 기준한 공정거래위원회 자료다.

62 2014년 4월 1일을 기준한 공정거래위원회 자료다.

63 삼성그룹의 대표적인 해외투자 실패 사례는 AST를 들 수 있다. 삼성전자는 1995년 당시 세계 6위의 컴퓨터 제조 기업인 미국 AST의 지분 40.3%을 인수하고 경영에 참여했다가, 1997년 100% 지분을 모두 인수하고 삼성그룹의 계열사로 편입했다. 그러나 삼성전자가 인수한 이후에도 경영이 지속적으로 악화되어 1999년 2월 미국의 투자자 그룹에게 지분을 매각하고 7,000여억 원 이상의 투자 손실을 보는 실패로 마감되었다

64 이건희는 다음의 글에서 자동차 사업을 자신이 주도적으로 했다는 것을 구체적으로 밝히고 있다.
이건희, 《이건희 에세이: 생각 좀 하며 세상을 보자》, 동아일보사, 1997, 89~92쪽 참조.

65 이건희(1997), 전게서, 91쪽 참조.

66 이건희(1997), 전게서, 91쪽 참조.

67 이건희(1997), 전게서, 256~257쪽 참조.

68 이건희(1997), 전게서, 90쪽 참조.

69 "삼성-CJ, 새해엔 동남아 물류 경쟁 '확전'", 〈한겨레〉, 2012년 12월 24일자 인터넷 기사 참조.
"CJ대한통운, 합병 6개월 만에 매출 1조 원 삭감 왜?", 〈The Bell〉, 2013년 11월 4일자 인터넷 기사 참조.

70 "삼성-CJ, 새해엔 동남아 물류 경쟁 '확전'", 〈한겨레〉, 2012년 12월 24일자 인터넷 기사 참조.

71 공정거래위원회, 《2014년 대기업집단 주식 소유 현황 및 소유 지분도》, 2014년 7월 참조.

72 삼성전자, 2013년 사업보고서.

73 삼성전자의 2014년 휴대폰 판매 목표는 5억 5,000만 대인데, 국내에서 생산되는 것은 3,300만 대로 국내 생산 비중이 6~7%에 불과하다. 또한 삼성전자의 2013년 투자 계획 24조 원 중에서 국내 투자는 2조 원으로 10%도 되지 않았다. 삼성전자의 2013년 직원 수는 23만 6,000명이고, 이 중에서 해외 인력은 14만 5,000명으로 62.6%이다.
"스마트폰 1위…국내 생산은 감소", 〈etnews〉, 2014년 4월 13일자 인터넷 기사.
"삼성전자 해외 인력 60% 돌파", 〈MK뉴스〉, 2013년 6월 30일자 인터넷 기사.

74 "[국감]삼성전자, 국내 투자 미미…창조경제 역행", 〈연합인포맥스〉, 2013년 10월 14일자 인터넷 기사 참조.

75 현대자동차 사업보고서에 의하면 총투자 중에서 해외투자의 비중은 2011년 34.6%, 2012년 29.4%, 2013년 30.9%이다.

76 2011년 국내총생산(GDP)에서 제조업(에너지 산업 포함)이 차지하는 비중은 한국 33.8%로 노르웨이 36.4%에 이어서 OECD 회원국 중에서 두 번째로 높다. 2009년과 2010년에도 두 번째로 높았다. 2011년 OECD 회원국 중에서 국내총생산에서 서비스업이 차지하는 비중이 가장 낮은 나라는 노르웨이(56.3%), 두 번째로 낮은 나라는 칠레(57.5%)이다.

77 1997년 외환 위기가 발생한 이후에 1999년까지 지급 불능이 되어 구조 조정이 된 재벌 그룹은 대우, 쌍용, 한라, 한보, 해태, 고합, 뉴코아, 동아, 벽산, 삼미, 진로, 한일, 극동건설, 아남, 새한, 강원산업, 신호, 거평으로 모두 18개 그룹이다. 재벌 그룹은 아니었던 기아를 포함하면 19개다.

78 "Dozens of Rich Americans Join in Fight to Retain Estate Tax", 〈The New York Times〉, 2001.02.14.

79 "검증대 오른 이재용 부회장, 경영 능력 발휘할까", 〈연합뉴스〉, 2013년 4월 24일자 인터넷 기사 참조.
"[사설] 삼성 이재용 부회장이 풀어야 할 숙제", 〈경향신문〉, 2014년 6월 3일자 인터넷 기사 참조.
"'포스트 이건희' 이재용 경영 스타일은 아버지와 다르다는데…", 〈주간조선〉, 2014년 5월 20일자 인터넷 기사 참조.

제8장 함께 잘사는 정의로운 자본주의를 위하여

1 무상 급식 실시 여부를 묻는 주민 투표의 투표율이 낮았다는 것을, 무상 급식을 찬성하는 비율이 높다는 의미로 해석한다. 그 이유는, 당시 주민 투표는 전면적인 무상 급식 실시에 반대하는 오세훈 시장이 요청한 것이었다. 주민 투표는 투표율이 33.3% 미만인 경우에 주민 투표 자체가 무효가 된다. 따라서 투표율이 33.3%에 미치지 못한 것은 오세훈 시장의 반대 의견에 반대하는 의견이 다수인 것으로 해석되었고, 오세훈 시장은 그럴 경우에 시장을 사퇴하겠다고 약속했다. 투표 결과 투표율이 25.7%에 불과해서 오 시장이 사퇴하고 전면적으로 무상 급식이 도입되었다. 따라서 투표에 참여하지 않았다고 해서 무상 급식에 찬성한 것으로 볼 수는 없지만, 무상 급식을 찬성하는 측에서는 투표에 참여하지 않아서 주민 투표를 무효화하고 무상 급식 실시에 찬성하는 것으로 생각했다.

2   필자가 제8장 원고를 작성한 시점은 2014년 초이다. 현 정부가 2014년 7월에 초
    과 내부유보에 대한 과세 제도의 도입을 추진할 계획을 발표했는데, 정부의 추진
    취지와 방법이 필자가 이 책에서 제안하는 것과 상당 부분 유사하다.

3   예를 들어 SK는 내부유보로 축적한 이익잉여금의 3분의 2를 현금성 자산으로 보
    유하고 있으며, 현금 자산의 규모는 자본금의 34배에 달한다. 현대글로비스는
    이익잉여금의 3분의 1을 현금성 자산으로 보유하고 있으며, 그 규모는 자본금의
    40배에 이른다. 삼성전자도 이익잉여금의 11%를 현금성 자산으로 보유하고 있
    고, 그 규모는 자본금의 18배에 이른다. 모두 2013년 기준이다.

4   적정 수준을 초과하는 내부유보에 대해서 법인세를 과세하는 제도는
    1991~2001년 동안 시행되었다. 이익을 주주에게 배당된 것으로 간주해서 주주
    에게 개인소득세를 부과하는 지상 배당 소득세는 1968~1985년 동안 시행되었
    고, 비상장 주식의 양도 차익에 대한 자본 이득세를 부과하는 의제 배당 소득세
    는 1986~1990년 동안에 시행되었다. 이 내용은 다음을 참고했다.
    김상헌, 김은지, 사창우, "법인의 사내유보금에 대한 과세 방안 연구", 국회예산
    정책처, 2011년 11월.

5   한국은행 '기업 경영분석'에 근거해서 계산했고, 전체 산업에 대한 자료가 2003
    년 이전에는 작성되지 않았기 때문에 제조업 통계를 사용했다.

6   미국의 경우 세금 회피의 목적이 아닌 것을 증명할 경우 과세가 되지 않는다. 이
    에 대해서는 다음을 참조한다.
    김상헌, 김은지, 사창우(2011), 전게서, 14~24쪽.

7   "기간제 및 단시간 근로자 보호 등에 관한 법률" 제4조.

8   기간제 근로자가 임금노동자에서 차지하는 비중은 2005년 18.2%였으나, 기간제
    보호법을 시행한 이후인 2008년에는 14.3%로 감소했다. 그러나 이후에는 지속
    적으로 14%대에 고착화되어 있어서, 실제로 기간제 노동자가 정규직으로 전환
    되는 비율이 높지 않은 것으로 추정된다. 시간제 근로자는 법 시행 직후인 2008
    년 8.1%였고, 이후에 지속적으로 증가해서 2013년 9.9%이다. 자료는 다음을 참
    고했다.
    김유선, "2013 비정규직 규모와 실태", 통계청, "경제활동인구조사 부가조사
    (2013.3) 결과", 〈노동사회〉 171, 2013년 7월 8일.

9   이시균, 윤진호, "비정규직은 정규직으로 전환할 수 있는가?", 〈경제발전연구〉 제
    13권 제2호, 2007.

10 한국의 2011년 국내총생산 대비 총세금은 25.9%이며, OECD 국가들의 평균은
    33.8%이다. OECD 통계 시스템에서 구한 2011년 통계다.

11 국세청은 《국세통계연보》에 간접세 비중을 별도로 집계하지 않는다. 따라서 국
    제 비교를 위해서 OECD의 소비세 통계를 이용한다. 한국의 2009년 간접세 중

에서 가장 큰 비중을 차지하는 소비세가 총세금 중에서 차지하는 비중은 30.9%로 OECD 평균인 30.6%와 비슷하다. 소비세의 비중은 1990년 43.0%, 2000년 36.7%와 비교해서 크게 낮아진 것이다. 생활필수품에 대해서 부가가치세를 면세하고, 사치품에 대해서는 특별소비세를 부가하는 방식으로 소비세도 누진적인 구조를 만들 수 있다. 통계자료는 다음에 근거했다.

"Consumption Tax Trend 2012", OECD.

12 2014년부터 개정된 소득세 누진 구조는 과세표준을 기준으로 1,200만 원 이하는 6%, 1,200~4,600만 원은 15%, 4,600~8,800만 원은 24%, 8,800~1억 5,000만 원은 35%, 1억 5,000만 원 이상은 38%이다. 그러나 소득세는 총소득에서 근로소득공제, 부양가족 수에 따른 인적 공제, 연금과 건강보험 등에 대한 소득공제를 차감한 금액을 과세표준으로 정하기 때문에 실제 세율은 명목적인 세율보다 크게 낮다.

13 분석 자료와 분석 방법에 따라서 실효세율이 다르게 계산될 수 있으나, 현재 김상조 이외에는 소득수준을 100분위로 구분한 분석이 존재하지 않는다. 아래 보고서의 32쪽에 실린 [표 11]을 이용해서 추정했다.

김상조, "국세청의 통합 소득 자료를 이용한 소득분배 및 실효세율 추이 분석: 모집단 기준 전환 100분위 자료를 기초로", 〈경제개혁리포트〉 2014-8호, 경제개혁연구소, 2014.

14 아래의 OECD 보고서는 누진 정도를 평균임금의 절반 수준부터(50%) 두 배 수준(200%) 범위에 있는 소득에 대해서만 분석을 했다. 반면에 김상조(2014)는 국세청 자료에 근거해서 모든 소득세 납세자의 총소득을 분석했다. 김상조의 분석을 OECD와 같은 범위인 평균 소득의 50~200%에 적용하면 실효세율의 차이는 약 4%포인트인 것으로 추정된다.

Paturot, D., K, Mellbye and B. Brys, "Average Personal Income tax Rate and Tax Wedge Progression in OECD Countries", 〈PECD Taxation Working Papers〉 no.15, 2013, p22, Table S.5.

15 김상조(2014)의 분석에 의하면, 2012년 '통합 소득'을 기준으로 모든 납세자의 평균 소득은 2,900만 원, 실효세율은 1.7%보다 낮다. 소득 계층 상위 3~4% 구간의 평균 소득은 1억 650만 원, 실효세율은 8.3%이고, 소득 계층 상위 9~10% 구간의 평균 소득은 6,450만 원, 실효세율은 4.8%이다. 소득 계층 상위 19~20% 구간의 평균 소득은 4,430만 원, 실효세율은 2.8%이며, 소득 계층 상위 29%~30% 구간의 평균 소득은 3,220만 원, 실효세율은 1.7%이다.

16 인적 공제를 본인 1인에서 근로소득공제, 건강보험료, 국민연금만을 소득공제한 경우로 가정하고 실효세율을 구한 경우에는 3,000만 원 소득의 실효세율은 2.2%이고, 6,000만 원 소득의 실효세율은 7.6%이다. 두 소득 간의 실효세율의

차이가 5.4%포인트로 현재의 실효세율의 차이인 2.6%보다 두 배 커진다.

17 누진소득세가 소득 불평등을 완화하지만 소득공제제도가 소득 불평등을 악화시키는 것에 대한 다음의 논문을 참고한다. 이 논문은 근로소득의 "세전 소득의 불평등도가 누진적인 세율 구조로 인해 큰 폭(35.4~24.6%포인트)으로 감소하지만, 이러한 재분배 개선 효과는 각종 소득세 감면 제도에 의해서 적지 않게 상쇄(8~13.5%포인트)되고 있다."고 설명한다(223쪽).
임주영, 박기백, 김우철, "소득세 감면 제도의 재분배 효과", 〈세무와 회계 저널〉 제15권 제2호, 한국세무학회, 2014.

18 임주영, 박기백, 김우철(2014), 전게서, 223쪽 참조.

19 김상조(2014), 전게서, 35쪽.

20 김상조(2014), 전게서, 32쪽.

21 이은정, "법인세 실효세율 추이 및 감세·공제 감면 세액의 귀착 효과", 〈경제개혁리포트〉 2013-10, 경제개혁연구소, 2013.

22 이은정(2013), 전게서, 10~11쪽 참조.

23 이은정(2013), 전게서, 13쪽 참조.

24 위평량, 김우찬, "실효법인세율, 기업의 투자, 그리고 고용에 관한 실증 분석", 〈경제개혁리포트〉 2011-03호, 경제개혁연구소, 2011, 21~24쪽 참조.

25 김명수, 김선웅, "불법 경영자에 대한 책임 추구 및 사후 구제 강화를 위한 사법제도 개선 방안", 〈경제개혁리포트〉 2012-16, 경제개혁연구소, 2012, 20~24쪽.

26 "Michael Milken's Guilt", 〈The New York Times〉, 1990.04.26.

27 "Milken to Pay $500 Million More in $1.3 Billion Drexel Settlement", 〈The New York Times〉, 1992.02.18.
"Milken's Sentence reduced by Judge; 7 Months are Left", 〈The New York Times〉, 1992.08.06.

28 공정거래위원회 자료에 의하면 삼성그룹은 17개의 순환 출자 고리를 가지고 있고, 롯데그룹은 51개의 순환 출자 고리를 가지고 있다. 그 다음으로는 동양그룹 17개, 영풍그룹 10개, 한솔그룹 7개의 순환 출자 고리를 가지고 있다.

29 현대자동차그룹, 현대중공업그룹과 한진그룹이 그러한 경우에 해당한다. 현대자동차그룹은 2개, 현대중공업그룹은 1개, 한진그룹은 2개의 순환 출자 고리를 가지고 있다.

30 삼성전자는 호텔신라의 주식 5.1%를 보유하고 있다. 2013년 호텔신라의 총배당액은 59억 4,000만 원이었기 때문에, 삼성전자가 받은 배당액은 3억 300만 원이다. 호텔신라 2013년 사업보고서에 근거했다.

31 삼성전자는 제일기획의 주식 2.6%를 보유하고 있다. 2013년 제일기획의 순이익은 522억 5,000만 원이었다. 그러나 제일기획은 2012년, 2013년 모두 상당한 순

이익이 났지만 배당을 지급하지 않았다.

32 Form 10-K, "General Electric Capital Corporation", 2014, p.3.

33 Form 10-K, "Boeing Capital Corporation", 2014, p.2.

34 의무 공개 매수 제도에 대해서는 다음의 보고서들을 참조했다.

위평량, 이창헌, "경제력 집중 억제를 위한 재벌 규제 강화 법제도 개선 방향", 〈경제개혁리포트〉, 2012-05호, 경제개혁연구소, 2012.

김우찬, 강정민, "영국의 의무 공개 매수 제도와 이사회 중립", 〈경제개혁리포트〉, 2010-4호, 경제개혁연구소, 2010.

이지수, "일본의 의무 공개 매수 제도 연구", 〈이슈&분석〉 2012-3호, 경제개혁연구소, 2012.

35 강정민, "한국석유공사의 Dana Petroleum PLC 공개 매수 사례 분석", 〈이슈&분석〉 2010-3호, 경제개혁연구소, 2010 참조.

36 (舊)증권거래법 제21조 2항.

37 IMD, "World Competitiveness Online", (Institute of Management Report). 인터넷 사이트 www.worldcompetitiveness.com/online.

38 WEF, "The Global Competitiveness report" 2013-2014, World Economic Forum, p.239쪽.

39 사외 이사 제도의 실효성에 대한 내용은 다음의 보고서들을 참조했다.

이은정, "이사 및 감사에 의한 견제 방안", 〈경제개혁리포트〉 2012-09, 경제개혁연구소, 2012.

이수정, "사외 이사 및 감사의 실질적 독립성 분석(2012년)", 〈경제개혁리포트〉 2013-03, 경제개혁연구소, 2013.

40 집중 투표제는 다수의 이사를 주주총회에서 선임하는 경우 주주 1인이 특정 후보에게 의결권을 누적적으로 행사할 수 있도록 하는 것이다. 이 제도는 대주주가 일방적으로 모든 이사를 선임하는 것을 방지하는 제도다. 예를 들어 3명의 이사를 선임할 경우 주주는 3명의 후보 각각에 대해서 1표씩 세 번의 의결권을 행사할 수 있는데, 집중 투표제에서는 3표를 한꺼번에 특정 후보 1명에게 집중적으로 투표할 수 있게 하는 것이다. 따라서 3명의 이사를 선임하는 경우 현행 제도에서는 대주주가 51%를 가지고 있으면 3명 모두를 대주주가 원하는 사람으로만 선임하지만, 집중 투표제가 도입되고 49%의 소수 주주들이 합심해서 자신들이 원하는 1명의 후보에게 집중적으로 3표를 행사하면 그 후보는 147%의 득표를 해서 반드시 선임이 되는 것이다.

41 한국은 1999년부터 집중 투표제가 상법에 도입되어 있으나 상법 제382조 2항에서 회사가 이를 정관으로 배제할 수 있도록 허용하고 있다. 실제로 95%의 회사들이 집중 투표제를 배제하고 있어서 이 제도는 법에는 있지만 현실에는 없는 유

명무실한 제도가 되었다.

한국상장회사협의회,《2010 상장회사 주주총회 백서》, 2010, 135쪽, 표68 참조.

42 통계는 2010년을 기준한 OECD 자료에 근거했다. 스웨덴은 1993년에 노조 참여율이 84%였고, 독일은 1983년에 35%였으나 이후에 지속적으로 감소했다.

43 한국에 공동 결정 제도 도입을 위한 방안에 대한 최근의 연구로는 다음을 참고할 수 있다. 이 연구는 현행법의 이사회 구조에서 노동자 대표가 감사위원회의 사외이사로 참여하는 것을 도입 방안의 하나로 제안하고 있다. 그리고 필자와 마찬가지로 우리사주조합을 활용하는 방안을 제안하고 있다(183쪽 참조).

김기우, 하경효, 이광택, 김상호, "공동 결정 제도 도입을 위한 연구", 〈연구총서〉 2012-02, 한국노총 중앙연구원, 2012.

44 우리사주조합 결성률은 상장회사 수 대비 우리사주조합 수로 구했다. 우리사주조합 수는 증권금융의 통계다. 우리사주조합의 주식 보유율은 아래 보고서 92~93쪽을 참고했다. 우리사주조합의 현황과 활성화 방안에 대한 가장 종합적인 최근의 연구는 다음을 참고할 수 있다.

한국노동연구원, "우리사주제도 실태 조사 및 개선 방안", 노동부 연구용역, 2007년 12월.

45 Thomas Piketty(2014), op. cit..

46 A. B. Atkinson and T. Piketty,《Top Incomes over the Twentieth Century》, Oxford University Press, 2007.

47 자본 수익률(r) 〉경제성장률(g)은 피케티 분석의 가장 중심적인 결과이며, 자본세를 정당화하는 가장 중요한 이유이다. 이에 관한 내용은 Thomas Piketty(2014)의 164~233쪽, 336~376쪽을 참조한다.

48 Thomas Piketty(2014), op. cit., p.354.

49 Thomas Piketty(2014), op. cit., p.371.

50 한국은행, 통계청, "국민 대차대조표 공동 개발 결과", 2014년 5월 참조.

51 Thomas Piketty(2014), op. cit., p.201~203, p.350~358.

52 자본 수익률은 한국은행이 발표한 국민소득 계정 중에서 제도 부문별 소득계정 중에서 재산소득을 당년도 국민 계정 대차대조표에서 순자산으로 나눠 명목자본 수익률을 구하고, 이를 소비자물가 상승률을 차감해서 실질자본 수익률로 구했다. 소비자물가지수 대신에 국내총생산 디플레이터를 적용할 경우에 실질자본 수익률은 2011년 2.0%, 2012년 2.4%이다. 정확한 수익률은 당년도 순자산이 아니라 전년도 순자산을 기준해야 하지만 국민 계정 대차대조표가 2011년부터 자료가 공개되어 있기 때문에 당년도 순자산을 사용했다.

53 한국의 자본 수익률을 주제로 한 선행 연구와 최근의 연구 결과들이 있으나, 한국 통계자료의 한계 때문에 피케티와 동일한 방법으로 장기자본 수익률 추세를

추정하기는 어렵다. 연구에 따라 자본 수익률 수준이 차이를 보이고 있으나, 모든 연구에서 한국의 자본 수익률이 급격하게 하락하는 추세를 보이고 있다. 특히 1980년대 이후에는 1960년대 초에 비하여 거의 3분의 1 수준으로 하락했는데, 절대 수준은 가늠하기 어렵지만 성장률보다 훨씬 빠른 속도로 떨어진 점을 감안하면 적어도 1990년대 중반부터는 성장률보다 더 높을 가능성은 없어 보인다.

Jang, H.W., "Phases of Capital Accumulation in Korea and the Evolution of Government Growth Strategy, 1963~1990", unpublished D. Phil Thesis, Oxford University, 1995.

Jang, H.W., "The Under Current of the Crisis in Korea, 1980~1996", 〈ICSEAD Working Paper〉 Series vol.99-21, 1999.

54 피케티의 자본 수익률과 동일한 성격의 자료는 아니지만, 한국의 자본 수익률을 가늠할 수 있는 근사치로 금융자산의 수익률과 부동산 가격 상승률을 참고할 수 있을 것이다. 1977~2013년 기간 동안 금융자산의 수익률과 경제성장률을 비교해보자. 경제성장률이 실질성장률이기 때문에 모든 금융자산의 수익률은 소비자물가 상승률을 반영한 실질 수익률로 구한다. 금융자산 중에서 수익률과 위험이 가장 높은 주식의 실질 수익률을 경제성장률보다 연평균 0.5%포인트 높았다. 회사채의 실질 수익률은 경제성장률보다 오히려 연평균 0.3%포인트 낮았으며, 은행예금 실질이자율은 경제성장률보다 연평균 3.4%포인트 낮았다. 피케티는 자본을 관리하는 노력과 비용의 추정치로 수익률에서 1~2%포인트를 차감하고 이를 순수수익률이라고 하고, 이를 경제성장률과 비교한다[Thomas Piketty(2014), op. cit., p205~206]. 이를 한국에도 성립하는 것으로 가정하고 한국의 주식 수익률에 적용하게 되면 1977~2013년 기간에 주식의 실질 수익률은 경제성장률보다 0.5~1.5% 낮아진다. 회사채와 정기예금의 경우에는 관리 비용을 적용하지 않아도 이미 실질 수익률이 경제성장률보다 낮다. 한국의 과거 배당수익률 자료를 구하기 어렵도, 임대 수익도 자료가 없기 때문에 추정이 어렵다. 그러나 최근의 한국 배당수익률은 세계에서 가장 낮은 1~2% 수준이며, 2012년 한국 재산소득 중에서 임대 수익이 차지하는 비중은 약 1%에 불과하다. 과거에는 지금보다 임대소득의 비중이 더 작았을 것이기 때문에 임대 수익률을 거의 무시해도 무방할 것이다.

2012년 한국의 가계 순자산 중에서 금융자산이 차지하는 비중은 22%이고, 이 중에서 주식과 채권이 차지하는 비중은 각각 21%와 6%이며 나머지는 예금이다[한국은행, 통계청(2014)에서 구한 통계임]. 이러한 자산 비중이 과거에도 같았던 것으로 가정하고(실제로는 과거에 수익률이 가장 높은 주식의 비율이 더 낮았을 것이기 때문에 과소 추정의 여지는 없다), 배당수익률을 2%로 가정하고 금융자산의 가중 평균 실질 수익률을 구하면 이는 경제성장률보다 2.1~3.1% 낮은 것으로 계산된다.

금융자산과 별도로 주택 보유로부터의 자본 수익률을 구하면 주택 가격 자료가 제공되고 있는 1987~2012년 동안 주택 가격 상승률은 연평균 3.8%이다. 같은 기간에 연평균 물가 상승률이 4.3%였기 때문에 실질 주택 가격 상승률은 -0.6% 이며, 같은 기간에 경제성장률은 5.9%이다. 따라서 주택 보유로부터의 수익률도 경제성장률보다 6% 이상 낮았다.

금융자산 수익률과 주택 자산 수익률 둘 다 경제성장률보다 낮은 것으로 추산되기 때문에 전체 자산의 수익률은 당연히 경제성장률보다 크게 낮은 것으로 추정할 수 있다. 필자가 추산한 자본 수익률은 재산세·소득세와 같은 세금을 차감하지 않았다. 피케티와 같이 세금을 반영하면 한국의 자본 수익률은 경제성장률보다 더욱 낮아진다. 또한 자산 중에서 경제성장률보다 높은 수익률을 갖는 주식 투자가 한국에서 활성된 것이 그리 오래되지 않기 때문에 보다 정확한 추정을 한다고 해도 자본 수익률이 경제성장률보다 더 낮은 차이는 오히려 더 커질 것이다. 따라서 피케티가 선진국들을 분석한 결과인 '자본 수익률(r) > 경제성장률(g)' 에 근거해서 주장하고 있는 자본세 또는 재산세를 한국과 같은 신흥 시장 국가에 일반화하는 것은 매우 신중해야 한다.

추정에 사용한 자료는 다음과 같다. 주식 수익률은 한국증권거래소 자료에서 종합주가지수의 연평균 수익률로 구했다. 회사채 수익률은 한국은행의 회사채(3년 만기 AA등급) 수익률이다. 한국은행은 회사채 수익률 자료를 1987년부터 제공하기 때문에 1974~1986년의 자료는 이영훈 외 3인(2005)의 자료를 사용했다 [이영훈, 박기주, 이명휘, 최상오, 《한국의 유가증권 100년사》, 증권예탁결제원, 2005]. 정기예금이자율은 회사채의 경우와 같은 이유로 1974~2000년은 이영훈 외 3인 (2005)의 자료를, 그리고 2001~2013년은 한국은행의 자료를 참고했다. 소비자 물가 상승률과 경제성장률은 한국은행의 자료다. 주택 가격 상승률은 한국감정원이 발표하는 전국 주택 가격 동향 조사에서의 주택 매매가격지수를 기준했다. 이 지수는 1986년부터 작성되었기 때문에 상승률은 1987년부터 계산된다. 주택 자산 대신에 토지 자산으로 계산해도 결과는 크게 달라지지 않는다. 한국감정원이 1988년 이후 발표하고 있는 지가 변동률은 1988~2012년 연평균이 4.1%이다. 이는 같은 기간의 물가 상승률 4.4%보다 낮은 것으로 실질 지가 변동률은 0.3% 이다.

55 Thomas Piketty(2014), op. cit., p.515.
56 신정완, "재벌 개혁 논쟁과 스웨덴 모델", 〈시민과 세계〉 제6호, 참여사회연구소, 2004. 317~318쪽 참조.
57 신정완(2004), 전게서.
   위 책의 330~331쪽 내용을 필자가 수정하여 인용했다.
58 스웨덴의 노조 가입률은 이후에 급속하게 줄어들어서 2012년 67.5%이다. 그러

나 스웨덴의 노조 가입률은 OECD 국가에서 아직도 높은 편에 속한다. 한국의 노조 가입률은 약간 낮아진 9.9%로 OECD 국가 중에서 낮은 편에 속한다.

59 OECD 회원국 중에서 소득 불평등이 가장 심한 나라의 순서는 칠레, 멕시코, 터키, 그리고 미국이다. 앞의 세 나라는 모두 신흥 시장 국가이며, 선진국 중에서는 미국이 소득 불평등이 가장 심한 나라다. 2009년 가처분소득의 지니계수는 칠레 0.508, 멕시코 0.475, 터키 0.411, 미국 0.378이다. OECD 통계이며, 멕시코는 2008년 수치다.

60 제프리 삭스, 《문명의 대가》, 김현구 옮김, 21세기북스, 2012, 42쪽 참조.

61 폴 크루그먼(2012), 전게서, 21쪽.
( ) 안의 글은 필자가 이해를 돕기 위해 첨가했다.

62 미국의 역사적인 소득 불평등에 대한 내용은 아래의 책과 논문을 참조했다. 이 중에서도 가장 최근까지의 자료는 Thomas Piketty(2014)에서 구했다.
Thomas Piketty(2014), op. cit..
A. B. Atkinson and T. Piketty(2007), op. cit..
Thomas Piketty and Emmanuel Saez, "The Evolution of Top Incomes: A Historical and International Perspective", 〈AEA Papers and Proceedings〉 vol.96 no.2, 2006.
Thomas Piketty and Emmanuel Saez, "Income Inequality in the United States, 1913-1998", 〈Quarterly Journal of Economics〉, vol.118, 2003.

63 미국의 소득 계층 상위 10%가 전체 소득에서 차지하는 비중은 1940년 45.3%였으나 1941년 41.9%, 1942년 36.1%, 1943년 33.7%, 1944년 32.5%로 급격하게 하락했다. 소득 계층 상위 1%가 전체 소득에서 차지하는 비중은 1940년 16.5%, 1941년 15.8%, 1942년 13.4%, 1943년 12.3%, 1944년 11.3%로 급격하게 줄어들었다.
Thomas Piketty(2014), op. cit., p.292.

64 미국에서 1981년 레이건 정부가 들어선 이후 어떤 시장 근본주의적인 정책들이 시행되었기에 미국의 불평등이 심해졌는지에 대해서는 많은 논의가 있다. 참고할 글들은 다음과 같다. 이러한 미국에서 시행된 시장 근본주의적 또는 신자유주의적 정책들이 한국에도 시행된 것은 아니다.
폴 크루그먼(2012), "제8장 불평등의 정치", 전게서, 211~237쪽.
조셉 스티글리츠, "제2장 지대 추구와 불평등한 사회의 형성", 《불평등의 대가》, 이순희 옮김, 열린책들, 2013, 117~145쪽.
제프리 삭스(2012), "제4장 공적 목적에서 후퇴한 워싱턴", 전게서, 72~94쪽.
앤드류 글린(2008), "제2장 긴축, 민영화, 규제 완화", "제3장 금융과 주주의 소유권", 전게서, 49~128쪽.

65 조셉 스티글리츠(2013), 전게서, 117쪽.

66 폴 크루그먼(2012), 전게서, 20쪽.
( ) 안의 글은 필자가 이해를 돕기 위해 첨가했다.

67 다음 논문의 24~28쪽과 32쪽 내용을 요약했다. 미국은 제2차 세계대전 기간 동안 국가전시노동위원회(National War Labor Board)를 1942년 설치했고 전쟁이 종료된 1945년 해체했다. 국가전시노동위원회의 주요 기능은 물가통제법(Price Control Act)에 근거해서 모든 임금의 변동을 승인하는 것이었다. 이러한 임금통제와 최저 임금 인상은 고소득 계층의 임금 인상에 제동을 걸었을 뿐 아니라 저임금의 수준을 높이는 결과를 낳았다.
Claudia Goldin and Robert Margo, "The Great Compression: The wage Structure in the United States at Mid-Century", 〈Quarterly Journal of Economics〉 Feb, 1992.

68 Philip Armstrong, Andrew Glyn, John Harrison, 《Capitalism since 1945》, Blackwell, 1991.

69 조셉 스티글리츠(2013), 전게서, 117쪽.

70 이와 관련된 자세한 분석은 다음을 참고한다.
래리 바텔스(2012), "제2장 민주당과 공화당, 그리고 불평등 심화", 전게서, 55~98쪽.

71 폴 크루그먼(2012), 전게서, 19쪽.

72 조셉 스티글리츠(2013), 전게서, 126쪽.
위 책의 내용을 필자가 요약 인용했다.

73 조셉 스티글리츠(2013), 전게서, 125쪽.

74 조셉 스티글리츠(2013), 전게서, 127쪽.

75 1981년 이후 미국의 대통령은 로널드 레이건(Ronald Reagan, 공화당, 1981~1989년), 조지 부시(George H. W. Bush, 공화당, 1989~1993년), 빌 클린턴(Bill Clinton, 민주당, 1993~2001년), 조지 부시 2세(George Walker Bush, 공화당, 2001~2009년)이다. 민주당인 클린턴 대통령이 집권한 것은 공화당이 세 번 연속 12년 동안 집권한 이후였다. 미국의 대통령 임기는 4년이며 한 번만 연임이 허용된다.

76 래리 바텔스(2012), "제3장 현대 미국의 계층 정치와 잘못된 이야기들", 전게서, 99~142쪽 참조.

77 미국에서의 불평등을 정치의 실패 또는 민주주의의 실패 때문이라고 진단하는 주장들은 아래의 글들이 있다. 이 중에서 래리 발텔스(2012)는 미국의 보수적인 공화당과 진보적인 민주당의 집권 기간 중에 소득 불평등이 어떻게 달라졌는가를 구체적인 분석을 통해서 보여주고 있다.
조셉 스티글리츠(2013), "제5장 민주주의의 위기", 전게서, 233~268쪽.

로버트 라이시, "제4장 압도당하는 민주주의", 《슈퍼 자본주의》, 형선호 옮김, 김 영사, 2008. 191~238쪽.

제프리 삭스(2012), "제7장 속임수 게임", 전게서, 139~172쪽.

래리 바텔스(2012), 전게서.

78 래리 바텔스(2012), 전게서.
'근시안적' 투표를 했다는 것은 집권 기간 전체 동안의 경제 상황과 소득 변화가 아니라 선거가 치러지는 해의 경제 여건에만 초점을 두는 비합리적인 유권자의 행태를 말한다. 미국의 대통령 선거는 11월 첫 화요일에 치러지기 때문에 선거가 있는 해의 경제 성과가 투표에 반영된다. 이 책의 '제4장 예정된 승리자, 공화당 승리의 비밀'(143~177쪽)에서는 중산층과 빈곤층이 진보적인 민주당보다 보수 적인 공화당이 집권한 기간 동안 훨씬 더 못살게 되었는데도 불구하고 공화당에 투표한 이유에 대해서 과거 미국의 선거를 분석한 내용을 담고 있다.

79 미국 정치에서 소득 계층에 따른 정책 연관성에 관한 다음의 논문을 참조했다.
Martin Gilens, "Inequality and Democratic Responsiveness", 〈Public Opinion Quarterly〉 vol.69 no.5, 2005.

80 래리 바텔스(2012), "제9장 경제적 불평등과 차별받는 사람들", 전게서, 357~393 쪽 참조.

81 "나라 빚더미 빠뜨린 사람 책임 묻겠다", 〈한겨레〉, 1998년 1월 19일자 기사.

82 복지 제도가 처음 만들어질 때는 상대적으로 저소득 계층과 빈곤층을 돕기 위 한 목적이었고, 사람들은 자신의 경제적 여건이 매우 어려운 상황이 아니면 이 를 이용하지 않는 경향이 있다. 그러나 일단 복지 제도가 일반화되면, 다음 세대 들은 복지 수혜를 경제적 필요에 의해서 지원을 받는 것이 아니라 자신이 누려야 할 당연한 권리로 여기는 경향이 발생하는 것을 '2세대 문제(Second Generation Problem)'라고 한다.
Lester C. Thurow, 《The Future of Capitalism》, Penguin Books, 1996. p.111.

83 최장집(2006), 전게서, 136쪽.

84 최장집, 박찬표, 박상훈(2007), 전게서, 16쪽.

85 최장집(2007), 전게서, 17쪽.

86 로버트 라이시(2008), "제2장 슈퍼자본주의로 가는 길", 전게서.

87 제프리 삭스(2012), 전게서, 139쪽과 314~317쪽 참조.

88 폴 크루그먼, 《새로운 미래를 말하다》, 예상한 옮김, 엘도라도, 2013, 22쪽과 375쪽.

89 양당의 당명 변경을 간단하게 정리하면 다음과 같다. 새누리당은 '민정당→민자 당→신한국당, 자민련→한나라당→새누리당'으로 변해 왔고, 새정치민주연합은 '신민당→통일민주당, 평화민주당→민주당→국민회의→새천년민주당→새천년

민주당, 열린우리당→민주당→새정치민주연합'으로 변해 왔다.

90 곽진영, "한국 정당의 이합지산과 정당 체계의 불안정성", 〈한국정당학회보〉 제8권 제1호, 2009, 142쪽.

91 주인식, "정당의 분열과 통합: 기원적 특징과 조직 변화", 〈21세기정치학회보〉 제22집 1호, 2012, 155쪽과 136쪽.

92 아래의 강원택(2013)은 2012년 대선과 2007년 대선 그리고 2012년 총선의 투표 결과를 소득 계층별로 분석한 결과, 계급 배반 투표 행태가 뚜렷하게 존재하는 것을 보여주었다. 예를 들어 2012년 대선에서 저소득 계층은 박근혜 후보에 56.3%, 문재인 후보에 34.6%를 투표한 반면에 고소득 계층은 박근혜 후보에 49.5%, 문재인 후보에 41.9%를 투표했다. 박근혜 후보와 문재인 후보에 대한 투표율의 차이가 저소득 계층에서 훨씬 더 크게 나타나고 있다.
강원택, "한국 선거에서의 '계급 배반 투표'와 사회계층", 〈한국정당학회보〉 제12권 제3호, 2013.

93 아래의 논문은 2007년 대선과 2008년, 2007년, 2011년 선거를 대상으로 유권자의 재산 규모와 주택 소유 여부로 구분한 계급이 자산 계층에 따라서 이념 성향, 정치적 이슈, 경제적 이슈, 사회문화적 이슈들에 영향을 미치지만, 선거에서 정당과 후보의 선택에는 영향을 미치지 않는 것을 보여주고 있다.
이갑윤, 이지호, 김세걸, "재산이 계급의식과 투표에 미치는 영향", 〈한국정치연구〉 제22집 제2호, 2013.

94 아래의 장승진(2013)은 2012년 19대 총선과 18대 대선에서 '유권자의 주관적 계층 의식이 그들이 선택한 지지 정당과 후보에 분명하게 반영'되었다고 보고하고 있다. 그러나 가구 소득이나 직업과 같은 객관적인 지표로 정의된 계층 사이에는 의미 있는 정치적 선택의 차이로 이어지지 않았다고 보고하고 있다. 그러나 같은 저자인 장승진(2012)은 19대 총선에서 '유권자들이 인식하는 주요 정당과의 이념적 거리는 실제 투표 선택에 유의미한 영향력을 끼치지 않았다'고 보고하고 있다.
장승진, "2012년 양대 선거에서 나타난 계층 균열의 가능성과 한계", 〈한국정치학회보〉 제47집 제4호, 2013.
장승진, "제19대 총선의 투표 선택: 정권 심판론, 이념 투표, 정서적 태도", 〈한국정치학회보〉 제46집 제5호, 2012.

95 강우진, "경제정책에 대한 인식과 주택 소유 형태가 투표 불참에 미치는 영향 연구: 18대 총선의 경우", 〈한국정당학회보〉 제11권 제2호, 2012.

96 장승진(2012), 전게서, 참조.

97 이내영, 안종기, "제18대 대통령 선거와 회고적 투표: 왜 제18대 대통령 선거에서 집권 정부에 대한 회고적 평가가 중요한 영향을 미치지 못했나?", 〈한국정당학회

보〉제12권 제2호, 2013, 5쪽.

98 김성연, 김준석, 길정아, "한국 유권자들은 정책에 따라 투표하는가?", 〈한국정치학회보〉 제47집 제1호, 2013, 179쪽.

99 장승진, "경제민주화와 제18대 대선: 쟁점 투표와 정치 지식", 〈한국정당학회보〉 제12권 제1호, 2013, 107쪽.

100 이상신, "정치의 사인화와 대선 후보자의 인지적 평가: 박근혜, 안철수, 문재인의 스키마 분석", 〈한국정치학회보〉 제46집 제4호, 2012년 162~163쪽 참조.
( ) 안의 글은 필자가 이해를 돕기 위해 첨가했다.

101 최장집(2006), 전게서, 145쪽.

102 Lester C. Thurow(1996), op. cit., p.250.

103 로버트 달(2011), 전게서, 88쪽.

104 로버트 달(2011), 전게서, 95쪽.

결국, 사람과 돈의 문제다

세상일에는 항시 사람과 돈이 따른다. 세상에는 넘쳐나는데 내가 가진 것은 별로 없는 바로 그것 말이다. 그 많은 사람들 중에 내가 어렵고 힘들 때 힘이 되어주는 친구는 몇 되지 않는다. 세상에 돈이 넘치는데 내가 경제적으로 난처할 때 수중에 돈이 없어서 힘이 든다.

세상일에서 사람으로 해결해야 하는 것이 가장 어려운 문제다. 이는 제아무리 돈이 많아도 해결할 수 없으며, 진정한 사람은 돈으로 얻을 수도 없다. 반면 세상일에서 돈으로 해결할 수 있는 것이 가장 쉬운 문제다. 이는 별다른 노력을 하지 않아도 되고, 고민과 갈등도 필요도 없다. 물론 돈이 있다는 가정에서만 그렇다.

'사람 나고 돈 났지, 돈 나고 사람 났느냐'고 하지만, 세상에는 사람보다 돈을 더 소중히 여기는 비(非)인간들이 다반사로 보인다. 사람으로 해결해야 할 문제를 돈으로 해결하려는 어리석은 일도 흔하다. 세상살이 돌아가는 꼴이 이러하니 국가 경제도 마찬가지다.

경제에서 사람은 노동이고 돈은 자본이다. 경제는 노동과 자본이 결합해서 생산을 하고 성장을 한다. 그러나 노동과 자본이 함께 만들어낸 새로운 가치를 어떻게 나눌 것인가로 이해관계가 엇갈린다. 노동과 자본이 분배의 문제로 대립하고, 자본이 노동을 지배하고 억압해 온 것이 자본주의의 역사다.

함께 잘사는 정의로운 자본주의를 만들기 위해서는 무엇보다도 자본이 정의로워야 한다. 자본이 만들어내는 문제는 자본을 가진 사람이 만드는 것이지 자본 스스로 만드는 것이 아니다. 칼이 사람을 베는 것이 아니라 칼을 쥔 사람이 베는 것과 같은 이치다. 대한민국의 자본주의가 정의롭게 작동하려면, 노동으로 삶을 꾸리는 절대 다수의 국민들이 민주적인 정치 절차를 통해 자본가들이 올바르게 행동하도록 만들어야 한다. 일단 그것부터 해봐야 한다.

국가 경제는 노동과 자본의 결합으로 발전한다. 따라서 뛰어난 노동력과 풍부한 자본을 가진 나라는 잘살게 된다. 한국은 자본도, 자원도 없이 노동만으로 경제성장을 이뤄냈다. 그리고 이제는 자본도 웬만큼 가지게 되었다. 국민들은 여전히 더 나은 삶을 일구려는 강한 욕구와 근면함을 가지고 있다. 그러기에 대한민국은 지금 일그러진 모습의 자본주의의 위기를 극복하고, 더욱 성장하고 발전할 수 있다.

이 책은 그 가능성을 현실로 만드는 길이 바로 '함께 잘사는 정의로운 자본주의를 실천하는 것'이라는 필자의 꿈과 희망을 담은 것이다.

2014년 여름, 마일리에서

장 하 성

| 감사의 말 |

한국 경제를 주제로 진지하게 분석한 연구 논문과 보고서를 이 책에서 수없이 인용했다. 그분들 덕분에 필자는 이 책을 통해 '논문'을 쓰지 않으면서도 '연구'하는 행복을 맛보았다. 외국 저널에 외국에 관한 논문을 게재하는 것을 '훌륭한' 학자로 여기는 한국 학계의 왜곡된 풍토에서 한국에 대한 연구를 해주신 연구자들께 고개 숙여 감사드린다.

특히 이 책의 한국 경제에 대한 구조적인 분석의 틀을 마련해준 김상조 교수와, 한국 경제의 현안들을 분석해준 경제개혁연구소 연구원들, 자료와 통계를 제공해준 이은정, 채이배 회계사께 감사드린다.

이 책을 집필하는 처음부터 마칠 때까지 수년간 지속적으로 많은 조언을 해주고 다양한 의견을 건네준 한재민 교수께 감사드린다. 원고 완성 단계에서 진솔하고 날카롭게 조언해준 이동섭 교수께 감사드린다. 원고를 읽고 의견을 보내준 강형철, 김우찬, 배종석, 이한상, 전재욱, 정재호 교수께 감사드린다. 연구 지원을 해준 고려대 경영대학 학사지원부 이정호 과장과 직원들, 참고 도서와 자료를 정리해준 Gou Lin, 차윤주 두 제자에게 감사하며, 이 책은 고려대 기업지배구조연구소의 연구비 지원을 받아 이루어진 연구에 기초한 것임을 밝힌다.

이 책을 집필하는 데 가장 큰 기여를 한 것은 장하원 박사다. 책의 구상에서부터 탈고까지 지난 수년간 많은 논의와 논쟁을 통해서 나의 생각을 정리하도록 도움을 주었을 뿐 아니라 많은 부분을 수정해주는 수고를 기꺼이 해주었다.

인생의 새로운 도전으로 출판을 시작하고, 그 첫 작품으로 이 책을 발행하는 데 온갖 정성을 다해준 헤이북스 윤미경 대표와, 이 책의 구성과 틀을 잡아주고 편집을 맡아준 김영회 편집장께 감사드린다.

마지막으로 졸저를 추천해주신 최장집 교수, 조정래 작가, 손석희 사장, 김상조 교수께 감사드린다.

내게 가장 소중한 두 사람인 훈순과 승규의 응원과 조언이 큰 힘이 되었다. 이 책이 두 사람의 사랑에 대한 작은 보답이 되기를 바란다.

| 찾아보기 |

주제어 찾아보기

《Capital in the Twenty-First Century》
562
《Top Incomes over the Twentieth
Century》 562
《국부론》 407~409
《자본론》 408~410, 419
《정의란 무엇인가》 423, 489, 490
《정의론》 069, 424, 448, 489
《종횡무진 한국 경제》 494
1인 1표 070, 217, 220, 230, 452, 589, 603
4대강 사업 484
EU(유럽연합) 018, 256, 555
G20 018
G7 018, 275
GATT 091
IMD 111, 114~116, 118, 140, 252, 557
IMF 271, 275, 276, 279, 280, 282, 289, 586
MB 물가지수 077, 081, 082
OECD 018, 020, 021, 024~026, 030~034,
    038, 040, 051, 052, 054, 055, 059~
    061, 088, 102, 514, 538, 540, 545,
    560, 561, 569, 573
WEF 111, 113, 116~118, 140, 557
WTO 091, 092
가계 저축(률) 052, 053, 054, 055, 056
가계소득 (증가율) 020, 034, 037~039,
    050~052, 055, 058, 060, 528, 531,
    560, 593
가처분소득 024~026, 037, 055
각자의 몫 448, 452, 453
감독이사회 199~207, 259, 560
감사원 299, 300
갑질 486
강남 좌파 596
강북 우파 595, 596
개발 연대 078, 079, 099, 100, 141
개방화 126, 129, 130, 132, 133
개혁 · 개방 정책 411
경영 행태 개선 549, 557
경영권 보호 387
경영권 분쟁 309, 314, 315, 331, 332, 388
경영이사회 200, 202~205, 560
경영자 자본주의 184
경영할 권리 392, 393
경쟁(적인) 시장 022, 138, 246, 250, 425,
    469, 470
경쟁의 자기모순 499
경쟁의 자기 소멸 모순 433
경제 권력 069, 071, 100, 134, 136, 143,
    144, 254
경제 부흥 3개년 계획 083
경제 정의 019, 067, 068, 072, 408
경제 활성화 111, 130
경제개발 3개년 계획 082

경제개발 5개년 계획 077, 082, 083, 468
경제민주화 065~072, 111, 141, 422, 466, 489, 490, 524, 584, 593, 594, 598
경제사회 발전 5개년 계획 079
경제성장률 017, 030, 032, 037, 038, 045, 088, 248, 256, 564~567
경제의 서비스화 034
경제정의실천연합(경실련) 067
계급 배반 투표 596, 599
계급 투표 596
계열사 주식 의무 매수 제도 551, 555, 556
계획경제(체제) 022, 066, 077~080, 082, 084~090, 093, 102, 103, 128, 129, 132~134, 143, 245, 257, 411, 442, 468~470, 472, 492, 590
고용 없는 성장 022, 024, 029, 034, 035, 066, 072, 099, 403, 404
고용률 030 ~ 032
고위험-고수익 157, 298, 330~332
공급자협동조합 260
공동 결정 195, 199~204, 206, 259, 261, 560
공동선 426, 437, 438
공동체 주의 097, 427
공리주의 427
공산당 선언 409
공산당 085, 409, 411, 415~417
공산주의 084, 127, 181, 241, 244, 246, 257, 261, 265, 409~412, 415~417, 589
공산주의자 연맹 409
공정거래법 351, 383, 384, 385
공정거래위원회(공정위) 141, 337, 338, 381, 383, 482~485, 488, 546, 547
공정성 098, 404, 436, 439~441, 443~445, 447, 527, 602

공정한 수익 193
공평주의 193
과정의 정의 191, 192
관시[關系] 254, 255
관치 금융 142, 143, 305, 306
관피아 476, 491
구성의 모순 496, 499, 504, 519, 603
구자유주의 129, 144, 470
세계 경쟁력 연보(IMD 보고서) 111, 114, 115, 117, 118, 140, 252, 253, 557
국가 경제 5개년 계획 084
국가 소유 기업 210, 211, 243~246, 248~257, 411
국가독점자본주의 123
국가자본 107, 241, 255, 260, 265
국가자본주의 211, 244, 246~258, 260, 261, 265, 411, 416
국민 계정 037
국민총소득(GNI) 050~052, 057
국부 펀드 343, 348, 349
국영기업 245, 249, 250, 255, 359
국제분쟁 091
국제투명성기구 253
규모의 경제 496~499, 505
규제 개혁 보고서 116
규제 개혁 종합 연구 보고서 109
규제 완화 058, 066, 110, 114, 126, 127, 578, 583
규제 왕국 109~111, 116, 118
규제의 과잉 144
금융 위기 017~022, 025, 032, 033, 035~038, 041, 046, 051, 053~055, 057, 059~062, 065, 169, 172, 175, 256, 264, 265, 271, 273, 284~293, 342, 363, 364, 403, 405, 414, 418, 421, 489, 495, 562, 570, 581, 582

금융감독원(금감원) 142, 143, 277, 279, 301, 491
금융실명제 068, 079
금융위원회(금융위) 142, 143, 301, 303
기간제 (노동자) 보호법 042, 532, 534
기술 도둑 320
기억상실 투표 595, 597, 599, 600
기업 개선 작업(워크아웃) 212, 240, 241
기업 저축(률) 052, 053, 055
기업소득 036, 050~052, 061, 405, 544, 593
낙수 효과 544
내부 회사 제도 551, 552, 556
내부유보 053, 058, 062, 372, 374, 376, 528~530, 532
내부유보금 056, 063, 064, 529, 530, 532
냉소주의 492
네거티브 배당제 219
노동소득분배율 037, 047~049
노동자협동조합 182, 199, 211, 212, 215, 216, 218, 222~234, 260, 262, 451
노무현 향수 598
노사 대타협 573
노사정위원회 527, 574
노인 자살률 102
누진세(율) 529, 539~545, 563, 564, 601
뉴딜 581
능력주의 193
다중 주주 대표소송제 545
단기 성과주의 166, 167, 169~177, 179, 180, 182, 207, 225, 263
담합 428, 443, 484, 485
대리인 문제 174
대마불사 499
대압축 579
대처리즘 096, 129

도덕적 해이 062, 064, 174
독과점 104, 116, 123, 141, 333, 443, 451, 484, 498, 499
독점자본 080, 101, 143
돌려 막기 381, 382
동반성장위원회 550
동질성 확보 230
레몬 시장 196, 197
레이거노믹스 129
레이거니즘 096
마르크스주의 100, 101, 122, 123, 466, 576
마이너스성장 017, 018, 054, 403, 414
먹튀 101, 295~297, 299~301, 306, 308~313, 316, 318~330, 332~334, 338, 360
무노조 (주의) 101, 118, 133, 574
무상 급식 422, 524, 525
무자산 계층(프롤레타리아) 409
민영화 080, 126, 127, 129, 131, 132, 142, 143, 245, 246, 255, 278
민주사회주의 409, 410
민주주의 068~071, 090, 102, 126, 217, 416~418, 437~439, 454~456, 462, 465, 492, 524, 525, 582, 589~592, 600~603
박정희 향수 086, 087, 093, 095, 100, 110, 492
박정희(식)(계획경제)(발전)모델 066, 072, 088, 099, 132, 149
반노동자 137
반소비자 137
반시장 134, 136~138, 141, 455, 482, 484
반투자자 137
배당수익률 049, 162, 163, 187
범위의 경제 496~499, 503
법인세(율) 117, 186, 528, 531, 538, 539,

543~545, 563, 593

변형된 채권 240, 241

보수 우파 086, 092, 094, 095, 100, 104,
106~108, 135~137, 422, 477, 538,
581, 582

보이는 손(정부) 257, 469

보이지 않는 손(시장) 257, 469

보편적 복지 455, 524, 601

부당 내부 거래 481, 482, 484, 547

부채 자금 062, 239, 269~277, 281~283,
285~288, 291~294

부채 자본 107, 152~155, 158~163, 165,
210, 229, 239, 241, 264, 269

부패 인식 지수 253

분배 없는 성장 037, 039, 405

분배의 정의 071, 418, 426, 427, 430, 431,
437, 447, 448, 453~456

불공정거래 104, 107, 111, 114, 116, 117,
119, 122, 134, 141, 486, 488, 545,
546, 557

불공정한 경쟁 058, 108, 427, 436, 439,
445, 446, 451, 478, 501, 504

불완전경쟁 432, 434, 435

불의로 취득한 재산에 대한 시정 477

불평등 원리 589

불평등한 분배 580

브릭스(BRICs) 256

비정규직 (노동자) 022, 040~043, 118,
131, 133, 451, 455, 492, 526, 531~
536, 568, 574, 601

비정규직 해소 532

빌 앤 멜린다 게이츠 재단 391, 392

사내유보(율) 046, 049, 050, 052, 053, 055

사업 낚아채기 478

사업 다각화 206, 496~498, 557

사우디아라비아 정부 236, 343

사유재산제도 072, 425, 469

사회민주노동당 409, 412

사회민주당 409, 412, 414

사회민주주의 409, 412~414, 416~418,
420, 470, 590

사회적 대타협 573, 574

사회적 평의회 219, 220

사회적 합의 071, 422, 455, 523~525, 527,
572, 584, 587

사회주의 인터내셔널 409

사회주의 082, 084, 085, 166, 181, 195,
211, 248, 264, 265, 398, 407~412,
414~417, 419~421, 429, 463, 466,
469, 470, 572, 589, 590

산업구조의 고도화 034

산업자본 134, 236, 299, 302~304, 308

삼성 특검 474

상장폐지 270, 369~373, 375, 376, 396

새누리당(한나라당) 093, 137, 337, 422,
472, 489, 524, 587, 593, 594, 596,
599

새정치민주연합(민주당) 593~595, 599

생산자협동조합 199, 224, 226, 229, 260

생활협동조합 224

선택과 집중 078, 101

세계 경쟁력 보고서(WEF 보고서) 111,
113, 117, 118, 140, 557

세계은행(IBRD) 017, 275, 289, 586

세계화 107, 126, 130, 328, 333, 421, 569

세습 경영 396

소득 불평등 021, 022, 024~026, 029, 047,
049, 065, 066, 069, 072, 099, 137,
150, 404, 415, 416, 418, 426, 470,
525, 527, 529, 532, 537~539, 541,
542, 562, 563, 567, 568, 575~580,
583, 584, 593, 602

소득세(율) 117, 163, 220, 455, 473, 528, 529, 531, 532, 538~542, 543, 563

소득재분배 024, 026, 404, 431, 527, 530~ 532, 537

소비자협동조합 182, 199, 216, 222, 224, 226, 227, 437

소수 계층 우대 정책 442

소유 구조 개선 549

소유 지배 구조 378, 381

수직적 다각화 497, 499, 502

수평적 다각화 497, 499, 503

수확체감의 법칙 088

순환 출자 382, 383, 508, 549, 550

스웨덴 모델 412, 418

스태그플레이션 414

시장 지상주의 455

시장경제(체제) 019, 023, 058, 069~071, 078~081, 084, 085, 090, 093, 099, 104~110, 117, 119, 120, 122, 123, 126 ~129, 132~141, 143, 144, 211, 244 ~246, 248, 251, 257, 265, 340, 398, 404, 406~408, 411, 412, 420, 421, 424~426, 435, 437~439, 443~445, 453, 456, 468~470, 472, 492, 497~ 499, 525, 575, 580, 590, 601

시장만능주의 129, 135, 136, 144

시장사회주의 411, 416

시장의 정상화 067

신경제 5개년 계획 079, 083

신자유주의 019, 066, 067, 095~097, 099, 100, 104, 108, 109, 120~135, 138, 140, 143, 144, 405, 406, 414, 415, 420, 421, 470, 578, 582

신주 발행 370, 371, 374, 375, 391

신주인수권부 채권(BW) 474, 481

실업률 030~032, 157, 414

싱가포르 정부 343

아메리칸 드림 576, 591

애니콜 신화 479

액티비스트 펀드 353, 354

양극화 019, 021, 022, 024, 026~029, 044, 066, 069~072, 099, 109, 122, 137, 150, 404, 405, 422, 423, 425, 426, 470, 471, 489, 494, 495, 499, 525, 527, 528, 532, 537, 539, 544, 545, 576~578, 584, 591~593, 602

역누진성 538, 540, 541

역동적인 혁신 444

연고주의 490, 491, 558

연방준비제도(FRS) 127, 271

영구 채권 240

영미식 자본주의 416, 417

완전경쟁 431, 432, 434, 498

완전한 정의 431

외국 자본 101, 107, 274, 284, 305, 306, 324, 333

외국인 (주식 소유) 지분 339, 340, 354, 356, 363~367, 378~380, 384~386

외국인 부채 자금 270, 272~276, 281~ 283, 285~287, 291, 292, 294

외국인 주식 자금 272~274, 277~283, 286, 287, 291~293

외국인 주주 337~346, 349, 352~356, 365 ~368, 379, 380, 384 ~ 386, 388

외국인 투자 한도 363, 365, 366, 369

외국인 투자자 269, 277~279, 282, 286, 295~297, 308, 309, 311, 314~316, 322, 325, 326, 328~330, 334, 337~ 341, 344, 349, 356, 357, 361~363, 365, 369, 573

외환 위기 020, 024, 027, 030, 301, 060, 061, 066, 067, 079, 097, 099, 129,

131~133, 143, 158, 245, 247, 271~
293, 298, 304~306, 357, 360, 365,
369, 395, 470, 492, 499, 504, 518,
585, 592

외환은행 먹튀 295

외환카드 주가 조작 사건 301

욕조 효과 291, 293, 294

우리사주제(도) 208, 209

우리사주조합 208, 209, 561

우호적 인수 · 합병(M&A) 341, 390

윔블던 효과 333

유럽식 자본주의 412, 416, 417

유상증자 208, 342, 370, 374

유한회사 149

유휴자본 530

은행 인수 자격 논란 302

응분의 몫 448

의결권 174, 188, 189, 207, 217, 220, 223,
230~232, 338, 343, 373, 376, 383,
384, 392, 452

의결권 제한 384

의결권을 행사하는 지분 392

의무 공개 매수 제도 555, 556

이연 성과급제 176

이해당사자 경제 194

이해당사자 이론 185, 191~196

이해당사자 자본주의 167, 191, 193~199

이해당사자 044, 134, 137, 150, 159, 163,
167, 180~185, 187, 188, 190~199,
206, 207, 210~216, 225, 230, 237,
239, 243, 259, 321~323, 326, 356,
390, 394, 397, 398, 560

이해의 균형 193

인수 · 합병(M&A) 304, 341, 342, 351~
353, 355~362, 369, 371, 379, 387,
390, 555, 556, 573

인플레이션 097, 127, 414

일감 몰아주기 110, 114, 137, 140, 475,
479, 480~482, 498, 505, 506, 513,
551

일과 나눔 223

일일 거래자 167, 168, 170

임금 없는 성장 035, 036, 039, 072, 404

임금통제권 579

자기자본 153, 161, 228, 229, 300, 370,
383, 391

자본 수익률 564~567

자본세(재산세) 562~564, 566~570

자본조달 063, 229, 252, 370, 374, 375

자본주의 고쳐 쓰기 405, 419, 420, 423,
571, 572, 575, 576

자본주의 대안 찾기 405, 406

자본주의 017, 019~024, 044, 065, 068~
071, 073, 084, 097, 100, 101, 107, 121
~123, 126, 127, 134, 135, 149, 150,
154, 164~167, 194~196, 210, 231,
241, 244~246, 248, 262~266, 353,
403~413, 415~427, 429, 431, 433,
435, 437, 447, 456, 463, 468~473,
477, 489, 523, 524, 563~565, 570~
572, 575, 576, 583, 588~592, 600~
603

자유 지상주의 097, 430, 477

자유경제원칙 083

자유무역협정(FTA) 130

자유민주주의 093, 094, 466

자유의 과잉 144

자유주의 096, 126, 127, 427, 430, 463

자유화 066, 080, 126, 129, 130, 132, 134,
143, 191

작은 정부 126

잔여 청구권(자) 186, 187

재벌 그룹 064, 118, 139, 140, 172, 311, 356
  ~360, 383, 384, 391, 392, 395~398,
  445, 472, 475, 476, 479~481, 484,
  487, 491, 494, 495, 498, 499, 501,
  502, 504~508, 511, 512, 514, 515,
  517, 529, 547~550, 555, 556, 568,
  573
재벌 문제 073, 100, 527, 548~550, 573,
  575
재벌 정책 136, 548
(재벌) 총수 058, 064, 067, 072, 134, 140,
  173, 332, 334, 338, 357, 383, 384,
  394, 395, 397, 398, 472, 475~477,
  480, 482, 483, 495, 507, 508, 517,
  519, 548, 550, 551, 568, 573
재벌닷컴 371
적대적 인수 · 합병(M&A) 337~340, 343~
  356, 362, 366, 367, 369, 370, 376~
  380, 382, 384, 385, 387, 388
전국경제인연합회(전경련) 093, 106, 109
  ~114, 116~119, 384, 574
전국민주노동조합총연맹(민주노총) 108
전방 효과 496
전체주의 089, 093, 231, 254, 256, 463,
  466, 470
전환사채 176, 474, 480, 481
점령하라 065, 066, 404
정실주의 067, 098
정의로운 경쟁 427, 436
정의로운 경제 071, 438, 525
정의로운 분배 427, 431, 447, 448, 452,
  602
정의로운 사회 424, 447
정의로운 소유 429~431, 477
정의로운 이전과 양도 477
정의로운 자본주의 070, 421, 423~427,

437, 456, 471, 523, 525, 527, 584,
  587, 588, 591~593, 595, 597, 600,
  602, 603
정의로운 취득 477
제3의 길 414, 418, 420, 470
제3의 체제 419, 420
제조업 제일주의 034
조합원 총회 217, 219
종업원 주식 소유제 207, 209, 215
좌빨 094, 095, 135, 465
죄수의 딜레마 196, 197
주식 자금 269~274, 277~283, 286~288,
  291, 292, 294
주식회사 140, 149, 150, 152, 162, 166, 167,
  177, 180~182, 184~190, 194, 211,
  212, 215~218, 225, 226, 228~230,
  232~235, 240, 241, 246, 251, 260,
  262, 264, 369, 390, 391, 393, 413
주주 자본 100, 107, 150~155, 158~169,
  173, 177, 178, 182, 187, 193, 199,
  210, 215, 225, 227, 234, 239, 241,
  246, 249, 250, 256, 257, 259, 260~
  264, 375
주주 자본주의 044, 149~152, 165~168,
  173, 181~185, 191, 194, 197, 260~
  264
중국(적) 특색 사회주의 411
증세 537, 538, 542
지니계수(Gini係數) 021, 024
지역주의 490
지주회사 제도 551, 556
직접투자 245, 269, 270, 271, 329, 573
진보 좌파 095, 096, 101, 106~108, 136,
  137, 422, 524, 538, 581
집단소송제 545, 546
집중 투표제 559, 561

징벌적 배상제 545, 546
차등의 원칙 069, 454
참여연대 067, 068, 071, 302~304
책임성 134, 180, 196, 494, 508, 526, 527,
    548, 557, 594
천민자본주의 144
(초과) 내부유보세 528~532, 568
케인스주의 048, 121, 125, 126, 128, 129,
    131, 132
케인지언 096, 097
코스닥(KOSDAQ) 178, 208, 561
코스피(KOSPI) 178, 187, 208, 209, 561
타인자본 153
토빈세 569, 570
통제권 180, 181, 392, 579
통화 스왑 271, 290
통화주의 127
투명성 098, 134, 180, 253, 494, 508, 526,
    548, 557, 559, 581, 582
평등 원리 589
평등주의 193, 413, 418, 427, 462
풍랑 효과 291, 293, 294
한강의 기적 079
한국 자본주의 022, 023, 073, 097, 339,
    406, 422, 425, 456, 468, 471, 523,
    575
한국노동조합총연맹(한국노총) 108
코리아의 기적 084
함께 잘사는 사회 410, 423, 447, 602
함께 잘사는 정의로운 자본주의 421, 423,
    426, 427, 456, 523, 525, 527, 584,
    587, 588, 592, 593, 603
함께 일하는 세상 223
합명회사 149
합자회사 149
행동주의 169

헌법 제119조 068, 071
현금 흐름권 392
협동조합 181, 182, 195, 199~201, 215~
    222, 224, 226~229, 231~234, 237,
    238, 259~261, 265, 420, 437
형제의 난 394
황제 경영 394, 395, 397, 398
후견주의 098
후방 효과 496

인명 찾아보기

김대중 136, 584, 585, 587
김상조 494, 539, 540, 542
김영삼 066, 079, 083, 085, 129
김우중 140, 395
노무현 110, 111, 134, 136, 137, 142, 575,
    593, 597
박근혜 058, 082, 087, 110, 111, 141, 142,
    489, 490, 524, 537, 549, 593, 594,
    597, 598,
박정희 077, 082, 085~091, 093~095, 099
    ~101, 103, 107, 110, 129, 132, 492
설원량 473
신동빈 475
신용호 473
안철수 584, 595, 598
윤석금 395
이건희 342, 345, 347, 350, 353, 356, 361,
    364, 366, 367, 369, 371~373, 377,
    379, 381~383, 390, 392, 395, 472~
    474, 481, 502 ~ 504, 506, 508, 519
이명박 081, 082, 110, 111, 114, 136, 137,
    141, 142, 484, 545, 593, 594, 597,
    598

이병철 517
이승만 082
이재용 377, 382, 474, 475, 480, 481, 502,
    506, 508, 512, 519
정의선 475, 482
정주영 139, 517
최장집 126, 590, 592, 600
최태원 311, 316, 317, 385, 388, 389, 475,
    482, 483
현재현 395
황철주 478
덩샤오핑 248, 411
드미트리 메드베데프 254
레온 트로츠키 466, 467
로널드 레이건 124, 127, 578, 582
로버트 노직 430, 431, 432, 435, 477
로버트 달 465, 602
로버트 라이시 591
로버트 마고 579
리처드 데이비스 172
마가렛 대처 127
마이클 밀켄 546, 547
마이클 샌델 423, 489
블라디미르 레닌 084, 466
블라디미르 푸틴254, 265
빅토르 쥬브코프 254
빌 게이츠 391
아리스멘디아리에타 218, 222
아마티야 센 088
애덤 스미스 407~409
앤드류 카네기 517
앤드류 홀데인 172
모니카 프라사드 126
워런 버핏 178
원자바오 257
윌리엄 듀런트 517

윌리엄 벤더빌트 517
이고르 세친 254
이오시프 스탈린 084
제임스 토빈 569
제프리 삭스 065, 591
조셉 스티글리츠 065, 581
존 록펠러 517
존 롤스 069, 424, 452, 453, 455, 462, 463,
    465, 489
존 스튜어트 밀 463
첸통하이 255
칼 마르크스 408~410, 416, 419
클라우디아 골딘 579
토니 블레어 194, 197
토마 피케티 538, 562~567, 569
폴 볼커 127
폴 알렌 391
폴 크루그만 065
프란시스코 프랑코 231
프랭클린 루스벨트 579, 600
프리드리히 엥겔스 409
프리드리히 하이에크 463, 464
헨리 포드 516, 517

기업명 찾아보기

CJ GLS 505
CJ제일제당 485
e-삼성 474
e-삼성인터내셔널 474
GM-대우자동차 358
GS(그룹) 484, 552
GS칼텍스 484
KB금융지주 270, 379
KT&G 131, 246

LG CNS 512, 514, 554

LG(그룹) 312, 313, 316, 472, 495, 501, 512,
514, 552, 553, 554

LG반도체 357, 553

LG전자 117, 312, 313, 316, 329, 331, 359,
511, 513~515, 520, 553, 554

SC(제일)은행 305

SK C&C 475, 482, 483, 505, 512, 514, 547

SK(그룹) 295, 309~317, 324~329, 331,
332, 356, 357, 386, 388, 389, 475,
481~484, 495, 501, 505, 508, 512,
514

SK에너지 356, 484, 512~515, 520

SK텔레콤 270, 356

SK플래닛 512, 514

(SK)하이닉스 357

S-Oil 484

STX(그룹) 357, 481, 482

가치네트 474, 509

교보생명 473

국민연금 131, 306, 331, 343, 348, 349,
364, 368, 379

국민은행 142, 245, 312, 313, 379

기아자동차 357, 360, 483, 503, 504

네이버 343, 471

넥슨 471

농심 484

농업협동조합 224

다음 471

담배인삼공사 131, 246

대우건설 472

대우(그룹) 395

대우자동차 270, 358, 360, 503, 504

대우전자 359

대한석유공사 357

대한전선 473

대한제당 485

대한제분 485

대한통운 506

대한항공 472

대홍기획 482, 510

도드람 224, 229, 230

동부화재해상보험 485

동아제분(現 동아원) 485

롯데(그룹) 475, 482~484, 508, 510, 549

롯데시네마 483

롯데알미늄 475, 483, 510

롯데정보통신 482, 510

롯데피에스넷 483, 510

르노-삼성자동차 356~358

삼성그룹 118, 337, 356, 358, 378, 381~
387, 472~475, 480, 495, 496, 500
~504, 506, 508, 509, 512, 514, 519,
552, 568

삼성SDI 509, 550, 551

삼성SDS 474, 481, 506, 509, 512, 514

삼성디스플레이 509, 551

삼성메디슨 509, 551

삼성물산 382, 509

삼성복지재단 342

삼성생명 342, 381 ~ 384, 509, 550

삼성에버랜드(現 제일모직) 382, 383, 474,
475, 480, 481, 509, 512

삼성엔지니어링 474, 509

삼성자동차 356~358, 361, 396, 502~504

삼성전자 063, 117, 161, 162, 187, 329, 331,
337~344, 346~355, 358~375, 377
~386, 390, 392, 395, 396, 474, 478,
479, 500, 502, 503, 508, 509, 511, 513
~515, 520, 550~552, 556, 568

삼성전자로지텍 509, 551

삼성전자서비스 509, 552

삼성전자판매 509, 551, 552
삼성카드 358, 382, 383, 509
삼성항공 359
삼성화재해상보험 382~384, 485, 509
삼양사 485
삼양식품 484
상업은행 245, 247, 304
서울우유 237, 238
세메스 509, 551, 552
수산업협동조합 224
신진공업사 358
신한금융(지주) 307, 378, 379
신한은행 304, 378, 379, 393
쌍용자동차 270, 295, 318~327, 329, 360,
    503, 504
쌍용중공업 357
에스원 474, 509, 554
엔씨소프트 471
오뚜기 484
외환은행 295, 297~308, 324~327, 329,
    331, 332
외환카드 299, 301
우리금융지주회사 245
우리은행 244, 245, 247, 304, 305
유한양행 207
이노션 482, 505, 512, 514
인천제철 357
제일기획 474, 505, 509, 512, 514, 550, 551
주성엔지니어링 478
주택은행 245
지투알 512, 514
케이티(KT) 142, 255, 393
포스코 063, 117, 142, 255, 365, 374, 375,
    378~380, 384
포항제철 244
하나금융지주 297, 303, 325, 379

하나은행 304, 305, 325, 360, 379
한국GM 358
한국야쿠르트 484
한국이동통신 356
한국전력공사 211, 244
한국주택금고 245
한국철도공사 221, 244
한보철강 357
한빛은행 245, 304
한일은행 245, 304
한화(그룹) 472
한화손해보험 485
현대(그룹) 357, 495
현대글로비스 475, 482, 505, 512, 514
현대오일뱅크 484
현대오토에버 482
현대자동차 063, 117, 118, 133, 162, 163,
    188, 250, 307, 357, 358, 360, 365,
    375, 378, 380, 384, 472, 475, 479,
    481~484, 495, 496, 501, 503, 511~
    515, 520, 574
현대전자 479
현대제철 357
현대중공업(그룹) 117, 329, 481, 508
현대카드 483
현대해상화재보험 485
호텔신라 509, 550, 552, 556
AOL 352, 371
AP 216
AST 리서치 358
BMW 515
CGI 344
CRMC 344
DHL 507
EPGF 343
GE 552, 555

GM 250, 270, 327, 358, 360, 515, 517
MSCI 256
PDVSA 247
UPS 507
VEB 254
VTB은행 247
가스프롬 247, 253
교통은행 253
국제결제은행(BIS) 300
뉴브리지 305
닛산 250
다나 555
다이믈러 250
도이치은행 206
란싱그룹 327
로열 더치 셸 389
로즈네프트 254
론스타 295, 297~311, 318, 324~327, 329
　　~332, 360
르노 327, 356~358, 396
리먼 브라더스 175, 285~287
마이크로소프트 391, 392
마힌드라 270, 322, 323, 360
만네스만 351, 352, 363
몬드라곤 217~223, 226, 228, 230~233,
　　451, 452
베어 스턴스 287
보다폰 352, 353, 361
보잉 555
북경기차 250
북경현대차 250
브라질은행 247
사빅 247
상하이자동차 295, 297, 318~322, 324~
　　327, 329
소니 352, 515

소버린 295, 297, 309~317, 324~328, 331,
　　332, 385, 386, 388, 389
스베르방크 247
사이노펙 247, 251, 255
시티은행 384
썬키스트 237, 238
아람코 236
애플 352, 515
에코페트롤 247
엑슨모빌 389
엔론 388
올고) 218
워너-램버트 352
인도국립은행 247
제니스 359
중국건설은행 247, 253
중국공상은행 247, 251
중국석유 247, 251
중국석유천연가스회사 251
중국은행 253
중국전망공사 250
중국해양석유총공사 250
코메르츠방크 297~299, 305, 306, 360
타임워너 352
토요타 250
톰슨 멀티미디어 359
퍼트남 344
페멕스 236, 247
페트로나스 247
페트로브라스 247
포드 250, 516, 517
포커 359
폭스바겐 250
푸조 250
피델리티 캐시 리저브 347
화이자 352

| 참고 문헌 |

단행본

강상구, 《신자유주의의 역사와 진실》, 문화과학사, 2000.
공정거래위원회, 《2003년 공정거래 백서》.
공정거래위원회, 《2007년 공정거래 백서》.
공정거래위원회, 《2008년 공정거래 백서》.
공정거래위원회, 《2012년 공정거래 백서》.
공정거래위원회, 《2013년 공정거래 백서》.
공정거래위원회, 《2014년 대기업집단 주식 소유 현황 및 소유 지분도》.
곽정수, 김상조, 유종일, 홍종학, 《한국 경제 새판 짜기》, 미들하우스, 2007.
구본호, 이규억 편, 《한국 경제의 역사적 조명》, 한국개발연구원, 1991.
김상조, 《종횡무진 한국 경제》, 오마이북, 2012.
김성구, 김세균, 《자본의 세계화와 신자유주의》, 문화과학이론신서 7, 문화과학사 1998.
김수행, 신정완, 《자본주의 이후의 새로운 사회》, 서울대학교 출판부, 2007.
김의동, 《대안적 경제체제의 이론과 역사》, 한울아카데미, 2007.
김종인, 《지금 왜 경제민주화인가》, 동화출판사, 2012.
레리 바텔스, 《불평등 민주주의》, 위선주 옮김, 21세기북스, 2012.
로버트 노직, 《아나티에서 유토피아로: 자유주의 국가의 철학적 기초》, 남경희 옮김, 문
    학과지성사, 1983.
로버트 달, 《경제민주주의에 관하여》, 배관표 옮김, 후마니타스, 2011.
로버트 라이시, 《슈퍼자본주의》, 형선호 옮김, 김영사, 2008.
리처드 포스너, 《포스너가 본 신자유주의의 위기》, 김규진, 김지욱, 박동철 옮김, 한울,
    2013.
마이클 샌델, 《정의란 무엇인가》, 이창신 옮김, 김영사, 2010.
박범용, 《앗! 이것도 협동조합》, 한국협동조합연구소, 2012.
박범용, 《협동조합 기본법 긴급 해설서》, 한국협동조합연구소, 2012.
박호성, 《사회민주주의의 역사와 전망》, 책세상, 2005.
사샤릴리, 《자본주의와 그 적들》, 한상연 옮김, 돌베개, 2011.

사회통합위원회,《한국에서 공정이란 무엇인가》, 경제·인문사회연구회 엮음, 동아일보
　　사, 2012.
새뮤얼 플레이쉐커,《분배적 정의의 소사》, 강준호 옮김, 서광사, 2007.
서울사회경제연구소,《신자유주의와 세계화》, 서경연구총서 13, 도서출판 한울, 2005.
서진영,《21세기 중국 정치》, 폴리테이아, 2008.
신정완,《복지자본주의냐 민주적 사회주의냐》, 2012, 사회평론.
아나톨 칼레츠키,《자본주의 4.0》, 컬처앤스토리, 2011.
아르데 다니엘스, 슈테판 슈미츠,《자본주의 250년의 역사》, 조경수 옮김, 미래의창,
　　2007.
안병영, 임혁백 편,《세계화와 신자유주의 이념·현실·대응》, 나남출판, 2000.
앤드류 글린,《고삐 풀린 자본주의: 1980년 이후》, 김수행, 정상준 옮김, 필맥, 2008.
앤소니 기든스,《제3의 길》, 한상진, 박찬욱 옮김, 생각의나무, 1998.
앤소니 기든스,《좌파와 우파를 넘어서》, 김현욱 옮김, 도서출판 한울, 1997.
유종일,《진보 경제학: 철학, 역사 그리고 대안》, 모티브북, 2012.
유철규 편,《박정희 모델과 신자유주의 사이에서》, 함께읽는책, 2004.
이건희,《이건희 에세이: 생각 좀 하며 세상을 보자》, 동아일보사, 1997.
이병천 엮음,《세계화 시대 한국 자본주의》, 한울, 2007.
이준구,《소득분배의 이론과 현실》, 다산출판사, 1989.
정태헌,《문답으로 읽는 20세기 한국 경제사》, 역사비평사, 2010.
제프리 삭스,《문명의 대가》, 김현구 옮김, 21세기북스, 2012.
조셉 스티글리츠,《불평등의 대가》, 이순희 옮김, 열린책들, 2013.
존 롤스,《공정으로서의 정의》, 황경식, 이인탁, 이민수, 이한구, 이종일 옮김, 서광사,
　　1988.
존 롤스,《정의론》, 황경식 옮김, 이학사, 2003.
최장집 편,《위기의 노동》, 후마니타스, 2005.
최장집,《민주주의의 민주화》, 후마니타스, 2006.
최장집, 박찬표, 박상훈,《어떤 민주주의인가》, 후마니타스, 2013.
최장집, 박찬표, 박상훈, 서복경, 박수형,《논쟁으로서의 민주주의》, 후마니타스, 2013.
최태욱 엮음,《신자유주의 대안론: 신자유주의 혹은 시장만능주의 넘어서기》, 창비담론
　　총서 3, 창비, 2009.
크리스 하먼,《신자유주의 경제학 비판》, 심인숙 옮김, 책갈피, 2001.
토마스 마이어,《민주사회주의》, 이병희 옮김, 도서출판 인간사랑, 1988.
폴 크루그먼,《새로운 미래를 말하다》, 예상한 옮김, 엘도라도, 2013.
프리드리히 하이에크,《노예의 길: 사회주의 계획경제의 진실》, 김이석 옮김, 나남, 2006.
한국사회경제학회, 안현효 편,《신자유주의 시대 한국 경제와 민주주의》, 선인, 2010.
한국상장회사협의회,《2010 상장회사 주주총회 백서》, 2010.

한국증권금융,《우리사주제도 실무 매뉴얼》, 2005.

황경식,《공정과 정의 사회》, 황경식, 이승환 외 8인 공저, 조선뉴스프레스, 2011.

황경식,《사회정의의 철학적 기초: J. 롤스의 정의론을 중심으로》, 철학과현실사, 2013.

황경식, 이승환 외 8인 공저,《공정과 정의 사회》, 조선뉴스프레스, 2011.

황경식. 박정순 외,《롤스의 정의론과 그 이후》, 철학과현실사, 2009.

황의각,《북한 경제론: 남북한 경제의 현황과 비교》, 나남, 1992.

A. B. Atkinson and T. Piketty,《Top Incomes over the Twentieth Century》, Oxford University Press, 2007.

Amartya Sen,《On Economic Inequality》, Oxford University Press, 1997.

Andrew Wademan,《Double Paradox: Rapid Growth and Rising Corruption in China》, Cornell University Press, Ithaca and London, 2012.

Aoki, M.《The co-operative game theory of the Firm》, Oxford: Clarendon Press. 1984.

Baumol, W. and Bowen, W.,《Performing Arts: The Economic Dilemma》, Twentieth Century Fund, 1966.

David Schweickart,《After Capitalism》, Rowman & Littlefield Publishers, Inc. 2011.

David, Harvey,《A Brief History of NeoLiberalism》, Oxford University Press, 2005.

Ian Bremmer,《The End of the Free Market》, Portfolio, New York, 2010.

Jean J. du Plessis, Berhard GroBfeld, Claus Luttermann, Ingo Saenger, Otto Sandrock,《German Corporate Governance in International and Europen ontext》, Springer, Berlin Heidelberg, New York, 2007.

John Stuart Mill,《Utilitarianism》, 1863.

Leon Trotsky,《The Revolution Betrayed》, Labor Publications, Inc. 1991.

Lester C. Thurow,《The Future of Capitalism》, Penguin Books, 1996.

Philip Armstrong, Andrew Glyn, John Harrison,《Capitalism since 1945》, Blackwell, 1991.

R. Edward Freeman, J. S. Harrison, A. C. Wicks, B. L. Parmar and S. De Colle,《Stakeholder Theory: The State of The Art》, Cambridge University Press, 2010.

R. Edward Freeman.《Strategic management: A Stakeholder approach》, Boston: Pitman, 1984.

Richard C. Williams,《The Cooperative Movement; Globalization from Below》, Ashgate Publishing Limited, Hampshire, UK. 2007.

Thomas Piketty,《Capital in the Twenty-First Century》, The Belknap Press of Havard University Press, 2014

논문

강두용, 이상호, "부유한 기업, 가난한 가계: 외환 위기 이후 한국 경제의 가계·기업 간 소득 성장 불균형 현상과 원인 및 함의", 〈국제경제연구〉 19권 2호, 2013.

강두용, 이상호, "한국 경제의 가계·기업 간 소득 성장 불균형 문제: 현상, 원인, 함의", 〈Issue Paper〉 2012-296, 산업연구원, 2012.

강소현, 김준석, 양진영, "국내 상장회사 배당정책: 평가와 시사점", 〈이슈&정책〉 13-10, 자본시장연구원, 2013.

강우진, "경제정책에 대한 인식과 주택 소유 형태가 투표 불참에 미치는 영향 연구: 18대 총선의 경우", 〈한국정당학회보〉 제11권 제2호, 2012.

강원철, "공개 매수 현황 분석", 〈자본시장 Weekly〉 2014-15호, 자본시장연구원, 2014.

강원택, "한국 선거에서의 '계급 배반 투표'와 사회계층", 〈한국정당학회보〉 제12권 제3호, 2013.

강정민, "한국석유공사의 Dana Petroleum PLC 공개 매수 사례 분석", 〈이슈&분석〉 2010-3호, 경제개혁연구소, 2010.

곽진영, "한국 정당의 이합지산과 정당 체계의 불안정성", 〈한국정당학회보〉 제8권 제1호, 2009.

김기우, 하경효, 이광택, 김상호, "공동 결정 제도 도입을 위한 연구", 〈연구총서〉 2012-02, 한국노총 중앙연구원, 2012.

김낙년, "한국의 소득 불평등, 1963-2010: 근로소득을 중심으로", 〈경제발전연구〉 제18권 제2호, 2012.

김낙년, 김종일, "한국 소득분배 지표의 재검토", 〈한국 경제의 분석〉 19권 2호, 2013.

김두순, "청년층 첫 일자리 진입 행태 분석", 〈고용 동향 브리프〉 2014년 5월, 한국고용정보원, 2014.

김명수, 김선웅, "불법 경영자에 대한 책임 추구 및 사후 구제 강화를 위한 사법제도 개선 방안", 〈경제개혁리포트〉 2012-16, 경제개혁연구소, 2012.

김배근, "노동소득분배율 측정 및 결정 요인에 관한 연구", 〈경제분석〉 제19권 제3호, 한국은행 경제연구원, 2013.

김비환, "현대 자유주의-공동체 주의 논쟁의 정치적 성격에 관한 고찰", 〈철학연구〉 vol.45, 1999.

김상조, "국세청의 통합 소득 자료를 이용한 소득분배 및 실효세율 추이 분석: 모집단 기준 전환 100분위 자료를 기초로", 〈경제개혁리포트〉 2014-8호, 경제개혁연구소, 2014.

김상헌, 김은지, 사창우, "법인의 사내유보금에 대한 과세 방안 연구", 국회예산정책처, 2011년 11월.

김성연, 김준석, 길정아, "한국 유권자들은 정책에 따라 투표하는가?", 〈한국정치학회보〉 제47집 제1호, 2013.

김영태, 박진호, "가계소득 현황 및 시사점", 〈BOK 이슈리뷰〉 제2권 제1호, 한국은행, 2013.

김용현, "고용 없는 성장, 현실인가?", 〈노동정책연구〉 5권 3호, 2005.

김우찬, 강정민, "영국의 의무 공개 매수 제도와 이사회 중립", 〈경제개혁리포트〉, 2010-4호, 경제개혁연구소, 2010.

김우찬, 채이배, "일감 몰아주기에 대한 공정거래법 규율의 실효성 제고 방안", 〈경제개혁리포트〉 2013-05, 경제개혁연구소, 2013.

김위정, 염유식, "계급 간 사교육비 지출 격차에 관한 연구", 〈한국 사회학〉 제43집 5호, 2009.

김유선, "2013 비정규직 규모와 실태", 통계청, "경제활동인구조사 부가조사(2013.3) 결과", 〈노동사회〉 171, 2013.

김유선, "비정규직 규모와 실태: 통계청 경제활동인구조사 부가 조사(2009.8) 결과", 한국노동사회연구소, 2009.

김유선, "비정규직 규모와 실태", 〈KLSI 이슈 페이퍼〉 2013-07, 한국노동사회연구소, 2013.

김재호, 정주연, "금융 위기 이후의 소득재분배 정책의 효과", 〈한국정책학회보〉 22권 2호, 2013.

김태정, 이정익, "우리나라 고정 투자에 대한 평가와 시사점", 〈BOK 이슈리뷰〉 제2권 제1호, 한국은행, 2013.

김홍기, 김봉한, "자본 이동성과 경제성장", 〈한국 경제의 분석〉 제16권 제1호.

나승호, 정천수, 임준혁, "구조적 소비 제약 요인 및 정책 과제", 〈BOK 경제리뷰〉 2013-4호, 2013.

남상호, 임병인, "소득·소비 분배 구조 추이 및 양극화 분석", 〈경제학연구〉 제56집 제1호, 2008.

박세준, 박창현, 오용연, "경기-고용 간 관계 변화의 구조적 요인 진단과 정책적 시사점", 〈BOK 이슈리뷰〉 2권 2호, 2013.

박종규, "한국 경제의 구조적 과제: 임금 없는 성장과 기업 저축의 역설", 〈KIF연구보고서〉 2013-08, 한국금융연구원, 2013.

박하일, 이대엽, 정규일, "자본 자유화 이후 한국의 자본 이동 행태", 〈BOK 이슈노트〉 2012-1호, 2012. 5, 한국은행.

배기준, "최근 실물경제와 고용 지표 간의 연계 변화", 〈월간 노동리뷰〉2013년 9월호, 2013.

백웅기, "경제 양극화 완화를 위한 경제정책 방향", 〈금융연구 working paper〉 12-02, 한국금융연구원, 2012.

성명재, "우리나라 소득분배 구조의 주요 특징 및 요인별 분해", 재정포럼, 2010.

송치영, 김근영, "자본 유출입의 경기 순응성과 파급 경로", 〈금융경제연구〉 12, 한국은행 금융경제연구원, 2009.

신관호, 신동균, "소득분포 양극화의 특성과 경제·사회적 영향", 〈한국 경제의 분석〉 13권 1호, 2007.

신동균, "외환 위기 이후 소득분배 양극화의 추이, 원인 및 정책적 시사점", 〈경제학연구〉 제55집 제4호, 2007.

신동균, 전병유, "소득분포의 양극화 추이", 〈노동경제논집〉 제28권 제3호, 2005.

신정완, "1990년대 초 스웨덴의 금융 위기: 원인과 진행 경과, 그리고 스웨덴 모델에 미친 영향", 〈스칸디나비아 연구〉 제10호, 2009.

신정완, "스웨덴의 '제3의 길' 정책의 실패 원인: '정책 부조화' 문제를 중심으로", 〈사회경제평론〉 제32호, 2009.

신정완, "재벌 개혁 논쟁과 스웨덴 모델", 〈시민과 세계〉 제6호, 참여사회연구소, 2004.

오수근, 김성애, "기업형태의 선택에 관한 실증 연구", 〈상사법연구〉 21권 1호, 2002.

위평량, "재벌 및 대기업으로 경제력 집중과 통태적 변화 분석(1987~2012)", 〈경제개혁리포트〉 2014-02호, 경제개혁연구소, 2014.

위평량, 김우찬, "실효법인세율, 기업의 투자, 그리고 고용에 관한 실증 분석", 〈경제개혁리포트〉 2011-03호, 경제개혁연구소, 2011.

위평량, 이창헌, "경제력 집중 억제를 위한 재벌 규제 강화 법제도 개선 방향", 〈경제개혁리포트〉, 2012-05호, 경제개혁연구소, 2012.

위평량, 채이배, "상장회사의 실효 법인세율에 관한 분석: 장기 추세와 산업별·기업 규모별 비교, 〈경제개혁리포트〉 2010-09호, 경제개혁연구소, 2010.

유경준, 신석하, 류덕현, "성장과 고용 및 실업의 관계 연구", 〈성장과 고용의 선순환 구축을 위한 패러다임 전환〉, 한국개발연구원 보고서 2011-2, 2011.

윤평중, "공동체 주의 윤리 비판: 급진 자유주의의 관점에서", 〈철학〉 제76집, 2003.

이갑윤, 이지호, 김세걸, "재산이 계급의식과 투표에 미치는 영향", 〈한국정치연구〉 제22집 제2호, 2013.

이경선, 김주후, "유아의 사교육비 지출에 대한 가구 특성별 분석", 〈미래유아교육학회지〉 vol.17 no.1, 2010.

이내영, 안종기, "제18대 대통령 선거와 회고적 투표: 왜 제18대 대통령 선거에서 집권 정부에 대한 회고적 평가가 중요한 영향을 미치지 못했나?", 〈한국정당학회보〉 제12권 제2호, 2013.

이병희, 홍민기, 이현주, 강신욱, 장지연, "경제적 불평등과 노동시장 연구", 〈한국노동연구원 연구보고서〉 2013-01, 한국노동연구원, 2013.

이상신, "정치의 사인화와 대선 후보자의 인지적 평가: 박근혜, 안철수, 문대인의 스키마 분석", 〈한국정치학회보〉 제46집 제4호, 2012.

이수정, "사외 이사 및 감사의 실질적 독립성 분석(2012년)", 〈경제개혁리포트〉 2013-03,

경제개혁연구소, 2013.

이승철, "역주행 경제정책 이제 그만", 〈FKI Economy Focus〉 42호, 2013.

이승환, "한국에서 자유주의-공동체 주의 논의는 적실한가: 아울러 '유사 자유주의'와 '유사 공동체 주의'를 동시에 비판함", 〈철학연구〉 vol.45, 1999.

이시균, 윤진호, "비정규직은 정규직으로 전환할 수 있는가?", 〈경제발전연구〉 제13권 제2호, 2007.

이우진, "평등주의적 관점에서 다시 바라본 한국 발전 국가 논쟁의 몇 가지 쟁점들", "신자유주의와 국가의 재도전", 〈사회경제평론〉 제15호, 한국사회경제학회, 도서출판 풀빛, 1999.

이은정, "박근혜 당선인의 금산 분리 공약 중 공정거래법상의 의결권 제한 실효성 분석", 〈이슈&분석〉 2013-1, 경제개혁연구소, 2013.

이은정, "법인세 실효세율 추이 및 감세·공제 감면 세액의 귀착 효과", 〈경제개혁리포트〉 2013-10, 경제개혁연구소, 2013.

이은정, "이사 및 감사에 의한 견제 방안", 〈경제개혁리포트〉 2012-09, 경제개혁연구소, 2012.

이은정, "재벌 승계는 어떻게 이뤄지나: 삼성그룹", 〈경제개혁리포트〉 2011-07호, 경제개혁연구소, 2011.

이정우, 이성림, "경제 위기와 빈부 격차: 1997년 위기 전후의 소득분배와 빈곤", 〈국제경제연구〉 제7권 제2호, 2001.

이지수, "일본의 의무 공개 매수 제도 연구", 〈이슈&분석〉 2012-3호, 경제개혁연구소, 2012.

임 진, "가계 저축률 하락 추이와 정책 과제", 〈주간 금융브리프〉 21권 50호, 한국금융연구원, 2012.

임주영, 박기백, 김우철, "소득세 감면 제도의 재분배 효과", 〈세무와 회계 저널〉 제15권 제2호, 한국세무학회, 2014.

장승진, "2012년 양대 선거에서 나타난 계층 균열의 가능성과 한계", 〈한국정치학회보〉 제47집 제4호, 2013.

장승진, "경제민주화와 제18대 대선: 쟁점 투표와 정치 지식", 〈한국정당학회보〉 제12권 제1호, 2013.

장승진, "제19대 총선의 투표 선택: 정권 심판론, 이념 투표, 정서적 태도", 〈한국정치학회보〉 제46집 제5호, 2012.

장신철, "비정규직 범위와 규모에 대한 새로운 고찰", 〈산업관계연구〉 제22권 제1호, 2012.

조은상, "일자리 창출을 위한 몬드라곤 협동조합 복합체의 사례", 〈Working Paper〉 2009-1, 한국직업능력개발원, 2009.

주동률, "평등과 응분의 유기적 관계에 대한 변호", 〈철학〉 제85집, 2005.

주인식, "정당의 분열과 통합: 기원적 특징과 조직 변화", 〈21세기정치학회보〉 제22집 1 호, 2012.

채창균, 김태기, "대졸 청년층의 취업 성과 결정 요인 분석", 〈직업교육연구〉 vol.28 no.2, 2009.

최 광, "민주주의와 자본주의 시장경제: 한국의 경험", 〈한국 경제의 분석〉 제10권 3호, 2004.

최형재, "사교육의 대학 진학에 대한 효과", 〈국제경제연구〉 제14권 제1호, 2008.

최희갑, "외환 위기와 소득분배의 양극화", 〈국제경제연구〉 제8권 제2호, 2002.

허재준, 고영우, "고용 탄력성 추정과 정책적 시사점: 비안정적 시계열 분석 방법론을 이용한 고찰", 〈노동경제논집〉 3 · 4월 3호, 2011.

홍석철, 전한경, "인구 고령화와 소득 불평등의 심화", 〈한국 경제의 분석〉 19권 1호, 2013.

홍장표, "한국 제조업에서의 노동소득분배율 변동 요인 분석", 〈산업노동연구〉 19권 1 호, 2013.

황경식, "소유권은 절대권인가: 사유재산권과 분배적 정의", 〈철학연구〉 제72집, 2006.

황경식, "정치적 자유주의와 경제적 자유주의: 정치경제학적 입장에서 본 자유주의", 〈철학과 현실〉 봄호, 2009.

황수경, "실업률 측정의 문제점과 보완적 실업 지표 연구", 〈노동경제논집〉 33권 3호, 2010.

황인태, 강선민, "기업의 사내유보와 현금성 자산, 어떻게 볼 것인가", 한국경제연구원 대외세미나, 2011.12.13.

Alfred Rappaport, "The Economics of Short-termPefromance Obsession", 〈Financial Analysts Journal〉 vol.61 no.3, 2005.

Black, Alan and Fraser, Patricia, "Stock Market Short-Termism-an International Perspective", 〈Journal of Multinational Financial Management〉 12, 2002.

Claudia Goldin and Robert Margo, "The Great Compression: The wage Structure in the United States at Mid-Century", 〈Quarterly Journal of Economics〉 Feb, 1992.

Demirag, Istemi S., "Boards of Directors' Short-term Perceptions and Evidence of Managerial Short-Termism in the UK", 〈The European Journal of Finance〉 4, 1998.

Demirag, Istemi S., "Boards of Directors' Short-term Perceptions and Evidence of Managerial Short-Termism in the UK", 〈The European Journal of Finance〉 4, 1998.

Esteban, Joan-Maria and Debraj Ray, "On the Measurement of Polarization", 〈Econometrica〉, vol.62 no.4 1994.

Giles Slinger, "Spanning the Gap-the theoretical principles that connect Stakeholder policies to business performance", 〈Corporate Governance〉 vol.7 no.2, 1999.

Gorton, G., Schmid, F., "Capital, labor, and the firm: A study of German Codetermination", 〈Journal of the European Economic Association〉 2, 2004.

Jang, H.W., "The Under Current of the Crisis in Korea, 1980~1996", 〈ICSEAD Working Paper〉 Series vol.99-21, 1999.

Joan Robinson, "Korean Miracle", 〈Monthly Review〉 vol.16 no.9, January 1965.

Jun Lin & Steven X. Si, "Can guanxi be a problem? Contexts, ties, and some unfavorable consequences of social capital in China", 〈Asia Pacific Journal of Management〉 vol.27, 2010.

Larry Fauver, Michael E. Fuerst, "Does Good Corporate Governance Include Employee Representation? Evidence from German Corporate Boards", 〈Journal of Financial Economics〉 82, 2006.

Larry Fauver, Michael E. Fuerst, "Does good corporate governance include employee representation? Evidence from German corporate boards", 〈Journal of Financial Economics〉 82, 2006.

Lucian A. Bebchuk, Alma Cohen, and Holger Spamann, "The Wages of Failure: Executive Compensation at Bear Stearns and Lehman 2000~2008", 〈Yale Journal on Regulation〉 vol.27, 2010.

Marston, C.L. and Crave, B.M., "A Survey of Corporate Perceptions of Short-Termism among Analysts and Fund Managers", 〈The European Journal of Finance〉 4, 1998.

Martin Gilens, "Inequality and Democratic Responsiveness", 〈Public Opinion Quarterly〉 vol.69 no.5, 2005.

Miles, D., "Testing for Short Termism in the UK Stock Market", 〈The Economic Journal〉 vol.103, Nov. 1993.

Paturot, D., K, Mellbye and B. Brys, "Average Personal Income tax Rate and Tax Wedge Progression in OECD Countries", 〈OECD Taxation Working Papers〉 no.15, 2013.

R. Edward Freeman, Kirsten Martin, Bidhan Parmar, "Stakeholder Capitalism", 〈Journal of Business Ethics〉Springer, 2007.

Richard Posner, "The Constitution as an Economic Document", 〈The George Washington Law Review〉 vol.56, 1987.

Robert Phillips, R. Edward Freeman, and Andrew C. Wicks, "What Stakeholder Theory is Not", 〈Business Ethics Quarterly〉 Voiume 13, Issue 4, 2003.

Selim Elekdag, "Social Spending in Korea: Can it Foster Sustainable and Inclusive

Growth?", 〈IMF Working Paper〉 WP/12/250, October 17, 2012.

Sen, Amartya, "Public Action and the Quality of Life in Developing Countries", 〈Oxford Bulletin of Statistics and Economics〉, vol.43 no.4, 1981.

Tak-Wing Ngo, "Rent-seeking and economic governance in the structural nexus of corruption in China", 〈Crime, Law, Social Change〉 vol.49, 2008.

Thomas Donaldson and Lee E. Preston, "The Stakeholder Theory of Corporation: Concepts, Evidence, and Implications", 〈Academy of Management Review〉 vol.20 no.1, 1995.

Thomas Piketty and Emmanuel Saez, "Income Inequality in the United States, 1913-1998", 〈Quarterly Journal of Economics〉, vol.118, 2003.

Thomas Piketty and Emmanuel Saez, "The Evolution of Top Incomes: A Historical and International Perspective", 〈AEA Papers and Proceedings〉 vol.96 no.2, 2006.

Wolfson, Michael, "When Inequalities Diverge", 〈The American Economic Review〉 vol.84 no.2, 1994.

기타 자료

"기업 현금 보유 수준의 진단 및 시사점", 〈Issue paper〉, 삼성경제연구소.

〈국세통계연보〉, 2013.

SK, '임원·주요주주의 주식 등의 소유 상황 보고', 2003년 4월 14일자 공시 자료.

공정거래위원회, "2013년 대기업집단 내부 거래 현황 정보 공개", 보도자료, 2013년 8월 29일.

금융감독원, "2001년도 외국인 투자 동향 분석", 2002년 2월.

금융감독원, "98년도 자본시장 개방 실적 및 분석", 1999년 2월.

동양증권, 〈한국 기업의 지배 구조〉, 2012.

민주화운동기념사업회, 〈시민교육〉 5호, 2011.

빌 앤 멜린다 게이츠 재단의 'Trust Financial Statement 2012'

산업연구원, 〈주요 산업 동향 지표〉 통권 제24호, 2013.

삼성전자, 2013년 사업보고서.

서울우유협동조합, '2013년도 서울우유협동조합 현황', 2014.

전국경제인연합회, "규제 개혁 종합 연구: 시장경제 창달과 국가 경쟁력 강화를 위한 규제 개혁 로드맵", 한국경제연구원, 2007년 10월 9일.

전국경제인연합회, "기업하기 좋은 환경 조성을 위한 규제 개혁 종합 건의", 규제개혁시리즈 12-03, 2012년 9월.

전국경제인연합회, "우리나라 규제 현황과 개선 방안", 2013년 6월 7일.

참여연대, "제일기획, 삼성SDI 각각 760억, 4,440억 시가 하락: 이재용 씨의 경영 실패 책임을 계열사 주주들에게 전가한 것이 사실로 들어나", 보도자료, 2001년 4월 2일.

한국거래소, "2013년도 12월 결산 법인 현금 배당 현황(유가증권시장)", 보도자료, 2014년 4월 28일.

한국거래소, "유가증권시장 상장 12월 결산 법인 정기 주주총회 관련 자산운용사 등 집합 투자업자 의결권 행사 공시 분석", 2010년 3월 25일자 보도자료 참조.

한국금융연구원, "KIF 금융 상황 지수" 6, 2011.

한국노동연구원, "우리사주제도 실태 조사 및 개선 방안", 노동부 연구용역, 2007년 12월.

한국은행, 통계청, "국민 대차대조표 공동 개발 결과", 2014년 5월 참조.

한국증권금융, 〈증권금융〉 328호, 2013.

현대경제연구원, "가계 저축률 급락과 파급효과", 〈현안과 과제〉 13-14, 2013.

현대자동차, 2013년 사업보고서.

"Consumption Tax Trend 2012", OECD.

〈OECD Economic Surveys Korea〉, 2014.

ABInbev, "InBev completes acquisition of Anheuser-Busch", November 18, Press Release, 2008.

Andrew G Haldane and Richard Davies, "The Short Long", Bank of England, 2011.

Carl Davidson, "The Mondragon Cooperatives and 21st Century Socialism: A Review of Five Books with Radical Critiques and New Ideas", Solidarity Economy Network, 2011.

Deutsch Bank, 'Annual Report', 2011 on SEC Form 20-F.

Form 10-K, "Boeing Capital Corporation", 2014.

Form 10-K, "General Electric Capital Corporation", 2014.

Harvard Business School, "Harvard Business Case: The Mondragon Cooperative movement".

Harvard Business School, "HBS Case: The Modragon Cooperative Movement".

ILO, 〈Global Employment Trends〉, 2014.

IMD 〈World Competitiveness Yearbook〉, 2012.

IMD, "World Competitiveness Online", (Institute of Management Report).

IMD, 〈IMD World Competitiveness Yearbook〉, 25th Edition, 2013.

Jang, H.W., "Phases of Capital Accumulation in Korea and the Evolution of Government Growth Strategy, 1963~1990", unpublished D. Phil Thesis, Oxford University, 1995.

Jeffrey Hollender, "A Visit to Mondragon: Interview with Mondragon's Director of Cooperative Dissemination", 2011.

Klaus Schwab, 'The Competitiveness Report 2012-2013', World Economic Forum.

Marsh, P., "Short Termism on Trial", Instituional Fund Managers' Association, London, 1990.

Mondragon, '2010 Annual Report'.

Mondragon, 'Company Profile 2011'.

OECD, "Real gross domestic product-forecasts", 〈Economics: Key Tables from OECD〉 no.4.

OECD, 〈Crisis squeezes income and puts pressure on inequality and poverty〉, 2013.

OECD, 〈Divide We Stand: Why Inequality Keeps Rising〉, 2011.

Sharrin Kasmir, "The Myth of Mondragon", State Univerity of New York Press, Albany, 1996, Chapter 4, Remaking the Basque Working Class.

Sinopec Corporation, '2011 Annual Report and Accounts'.

Sunkist, '2011 Annual Report'.

Transparency International, 'Transparency in Corporate Reporting: Assessing the World's Largest Companies', 2012.

WEF, "The Global Competitiveness report" 2013-2014, World Economic Forum.

언론 기사

"[국감]삼성전자, 국내 투자 미미…창조경제 역행", 〈연합인포맥스〉, 2013년 10월 14일자 인터넷 기사.

"[국감포커스]삼성電 M&A 공방 대리전", 〈이데일리〉, 2004년 10월 18일자 인터넷 기사.

"[사설] 비상장 계열사 통한 재벌 '배당 잔치' 제동 걸어야", 〈조선일보〉, 2014년 4월 15일자 인터넷 기사.

"[사설] 삼성 이재용 부회장이 풀어야 할 숙제", 〈경향신문〉, 2014년 6월 3일자 인터넷 기사.

"'4대 천왕' 떠난 금융지주 회장…내부 출신 늘고 지역·학교 다양", 〈조선비즈〉, 2013년 6월 6일자 인터넷 기사.

"'포스트 이건희' 이재용 경영 스타일은 아버지와 다르다는데…", 〈주간조선〉, 2014년 5월 20일자 인터넷 기사.

"100억 달러 조기 지원으로 외환 위기 급속히 진정될 듯", 〈연합뉴스〉, 1997년 12월 25일자 인터넷 기사.

"3.6명만 거치면 한국인은 '아는 사이'", 〈중앙일보〉, 2004년 1월 9일자 인터넷 기사.

"5년간 MB 물가지수 52개 중 32개 품목이 평균 상승률 상회", 〈쿠키뉴스〉, 2012년 10월 5일자 기사.

"6대 로펌 소속 고문, 전문위원 83%가 관피아", 〈조선일보〉, 2014년 6월 2일자 인터넷 기사.

"9월 1일부터 목욕, 숙박료 전면 자율화", 〈연합뉴스〉, 1990년 8월 27일자 기사.

"CJ대한통운, 합병 6개월 만에 매출 1조 원 삭감 왜?", 〈The Bell〉, 2013년 11월 4일자 인터넷 기사.

"M&A 우려하는 삼성의 공정위 방문", 〈연합뉴스〉, 2004년 4월 29일자 인터넷 기사.

"SK, 1조 5,500억 원 분식 회계 수사", 〈머니투데이〉, 2003년 3월 11일자 인터넷 기사.

"검증대 오른 이재용 부회장, 경영 능력 발휘할까", 〈연합뉴스〉, 2013년 4월 24일자 인터넷 기사.

"검찰, 쌍용차 핵심기술 중국 유출", 〈한국일보〉, 2009년 11월 11일자 인터넷 기사.

"경찰→보험, 검찰→대기업 '취업 커넥션'", 〈중앙일보〉, 2013년 10월 8일자 인터넷 기사.

"관치 금융 논란 다시 휩싸인 KB금융", 〈연합뉴스〉, 2013년 7월 18일자 인터넷 기사.

"규제 군살 빼 '氣 UP'…현오석, 기업인 '번쩍'", 〈이투데이〉, 2013년 8월 1일자 인터넷 기사.

"규제 완화 위해 개헌 필요", 〈매일경제〉, 2002년 11월 5일자 인터넷 기사.

"금감원 '이장호 BS지주 회장 물러나라'…도 넘은 '관치 금융' 비판 확산", 〈한국경제〉, 2013년 6월 5일자 인터넷 기사.

"기술 유출, 쌍용차 직원들 2심도 무죄", 〈연합뉴스〉, 2012년 8월 10일자 인터넷 기사.

"기자수첩, 허점투성이 통상 전략", 〈매일경제〉, 2000년 6월 8일자 인터넷 기사 참고. "한·중 마늘 분쟁 타결", 〈연합뉴스〉, 2000년 7월 31일자 인터넷 기사 참고.

"나 금감원 출신이야…은행 감사 꿈도 꾸지 마", 〈한국일보〉, 2008년 3월 28일자 인터넷 기사.

"나라 빚더미 빠뜨린 사람 책임 묻겠다", 〈한겨레〉, 1998년 1월 19일자 기사.

"노대래 '기업과 긴밀 소통'…경제민주화 후퇴 노골화", 〈경향신문〉, 2013년 8월 29일자 인터넷 기사.

"대선 자금 서정우 씨 징역 2년 확정", 〈연합뉴스〉, 2004년 12월 10일자 인터넷 기사.

"대통령 긴급조치 7호 발동, 고려대에 휴교령, 군 진주", 〈동아일보〉, 1975년 4월 10일자 참조.

"롯데시네마 매점 직영 전환, 총수 일가 팝콘 장사 손 뗀다", 〈한겨레〉, 2013년 3월 25일자 인터넷 기사.

"목욕료 인상 싸고 업소, 행정기관 마찰", 〈연합뉴스〉, 1996년 11월 5일자 기사. 기사는 네이버에서 검색한 결과다.

"박근혜에게서 노무현을 본다", 〈기자협회보〉, 2013년 7월 17일자 인터넷 기사.

"부산서 관치 금융 규탄 목소리 확산 일로", 〈연합뉴스〉, 2013년 6월 10일자 인터넷 기사.

"삼성-CJ, 새해엔 동남아 물류 경쟁 '확전'", 〈한겨레〉, 2012년 12월 24일자 인터넷 기사.

"삼성SDS 상장 추진, '3세' 이재용이 풀어야 할 과제", 〈오마이뉴스〉, 2014년 5월 8일자 인터넷 기사.

"삼성전자 AST사 인수", 〈경향신문〉, 1995년 3월 1일자 기사.

"삼성전자 미 AST 사업 정리",〈매일경제〉, 1999년 1월 12일자 기사.

"삼성전자 미 AST 주식 100% 매입",〈매일경제〉, 1997년 2월 1일자 기사.

"삼성전자 적대적 M&A 보고서 파장",〈매일경제〉, 2004년 4월 30일자 인터넷 기사.

"삼성전자 해외 인력 60% 돌파",〈MK뉴스〉, 2013년 6월 30일자 인터넷 기사.

"서울시, 대중음식점 가격 인하 유도",〈연합뉴스〉, 1991년 11월 8일자 기사. 기사는 네이버에서 검색한 결과다.

"스마트폰 1위…국내 생산은 감소",〈etnews〉, 2014년 4월 13일자 인터넷 기사.

"시민 단체 외로운 승리",〈한겨레〉, 1997년 10월 25일자 기사.

"시민 단체, 들어난 불법 자금 865억 원",〈한겨레〉, 2005년 7월 28일자 인터넷 기사.

"신세계 1조 낸다, 재벌가 상속-증여세 규모는",〈한국일보〉, 2006년 5월 15일자 인터넷 기사.

"쌍용차 노조 상하이차에 손해배상 청구",〈연합뉴스〉, 2009년 1월 12일자 인터넷 기사.

"쌍용차 소액주주 1,781명 주주 대표 손배소",〈연합뉴스〉, 2009년 3월 31일자 인터넷 기사.

"은행 수익성 나빠지니 고객 주머니부터 터나",〈서울신문〉, 2013년 7월 19일자 기사.

"이건희 일가, 상장 차익 5조 원…삼성에버랜드 내년 1분기 상장",〈중앙일보〉, 2014년 6월 3일자 인터넷 기사.

"이건희 회장 재산 규모 12조 9,000억 원 육박",〈연합뉴스〉, 2014년 5월 13일자 인터넷 기사.

"이재용 씨 BW 헐값에 받아 1,539억 부당이득",〈한겨레〉, 2008년 4월 18일자 인터넷 기사.

"재벌 비상장사 '그들만의 배당금 잔치'…순익 13배까지 꿀꺽",〈세계일보〉, 2014년 4월 14일자 인터넷 기사.

"재벌 총수 일가, 비상장 계열사 통해 거액 배당금…상장사 이어 '배당잔치'",〈경향신문〉, 2014년 4월 14일자 인터넷 기사.

"재벌은 재벌만 된다",〈한겨레21〉, 2014년 4월 24일자 인터넷 기사.

"저축은행 감사 · 사외 이사 금감원 출신 무려 54명",〈한국일보〉, 2011년 7월 25일자 인터넷 기사.

"정기 상여금 통상 임금에 포함되면 임금 양극화 초래",〈전경련〉 5월호, 2014, 기사.

"주가 산정에 무리…법적 공방 10년 종지부",〈한국일보〉, 2009년 8월 15일자 인터넷 기사.

"주총서 SK, 소버린에 승리",〈매일경제〉, 2005년 3월 11일자 인터넷 기사.

"차폐기 서정우 4년, 김영일 3년6월 선고",〈한겨레〉, 2004년 5월 13일자 인터넷 기사.

"최병일 한경연 원장, '1%대 성장 만족하는 공직자 옷 벗어라' 돌직구",〈조선일보〉, 2013년 7월 26일자 인터넷 기사.

"친YS · 친이 · 친박까지 전 방위 영입 'KT는 낙하산 집합소'",〈한겨레〉, 2013년 8월 21일자 인터넷 기사.

"포스코 잔혹사 전 회장의 고백",〈한겨레〉, 2012년 6월 2일자 인터넷 기사.

"포스코 회장, 정권 바뀔 때마다 교체······권력 게임 되풀이", 〈경향신문〉, 2012년 5월 21
    일자 인터넷 기사.
"하루 10분, 아이의 감성을 깨우는 태교 영어", 〈한국경제〉, 2011년 3월 18일자 인터넷 기사.
"한·미 창업투자 24명 대 71명", 〈동아일보〉, 2010년 11월 1일자 인터넷 기사.
"한국 기업 생태계, 정글만도 못해. 대기업 CEO는 창조할 능력 없다", 〈조선일보〉, 2013
    년 3월 22일자 기사.
"한국재벌 미 기업 사들이기 열풍", 〈한겨레〉, 1995년 7월 23일자 기사.
"한미 창업투자 24명 대 71명", 〈동아일보〉, 2010년 11월 1일자 인터넷 기사.
"한은 11월 말 외환보유액 가용분 62억 달러 불과", 〈동아일보〉, 1997년 12월 13일자 기사.
"해외 부실기업 인수 바람", 〈한겨레〉, 1996년 10월 19일자 기사.
"Corrupt Sinopec ex-chairman convicted", 〈China Daily〉, 2009.07.16.
"Corruption up among China government officials", 〈BBC News〉, 2010.01.08.
"Dozens of Rich Americans Join in Fight to Retain Estate Tax", 〈The New York
    Times〉, 2001.02.14.
"Michael Milken's Guilt", 〈The New York Times〉, 1990.04.26.
"Milken to Pay $500Million More in $1.3 Billion Drexel Settlement", 〈The New York
    Times〉, 1992.02.18.
"Milken's Sentence reduced by Judge; 7 Months are Left", 〈The New York Times〉,
    1992.08.06.
"Special Report: State Capitalism, Pros and Cons", 〈Economist〉, 2012.01.21.
"Special Report: State Capitalism, State Capitalism's Global Reach: New Masters of
    the Universe", 〈Economist〉, 2012.01.21.
"Special Report: State Capitalism: The Visible Hand", 〈Economist〉, 2012.01.21.
"Who are Microsoft's largest Shareholders?", 〈Seattle Times〉, 2013.10.02.

인터넷 사이트

공정거래위원회 http://www.ftc.go.kr
재벌닷컴 http://www.chaebul.com
증권거래소 http://www.krx.co.kr
통계청 http://kosis.kr
한국노동사회연구원 http://www.klsi.org
한국노동연구원 http://www.kli.re.kr
한국은행 경제통계 시스템 http://ecos.bok.or.kr
한국증권금융 http://www.ksfc.co.kr

沙鋼集團 http://www.sha-steel.com

〈BLOOMBERG ONLINE〉 http://www.bloomberg.com

〈FORBES〉 http://www.forbes.com/profile

ASWATH DAMODARAN http://pages.stern.nyu.edu/~adamodar

BANKS AROUND THE WORLD http://www.relbanks.com

EPGF https://www.americanfunds.com

IBRD(International Bank For Reconstruction And Development)
http://data.worldbank.org

ICA(International Cooperative Alliance) http://www.ica.coop

INVESTMENT STRATEGIES http://www.investinganswers.com

JEFFREY HOLLENDER http://www.jeffreyhollender.com

MARKETWATCH http://www.marketwatch.com

MICROSOFT http://www.microsoft.com

MONDRAGON http://www.mondragon-corporation.com

NCBA(National Cooperative Business Association) http://www.ncba.coop

OECD http://stats.oecd.org

SAUDI ARAMCO http://www.saudiaramco.com

SOLIDARITY ECONOMY http://www.solidarityeconomy.net

TRANSPARENCY INTERNATIONAL http://www.transparency.org

UN http://data.un.org

WFE http://www.world-exchanges.org

WIKIPEDIA http://en.wikipedia.org

WORLD COMPETITIVNESS ONLINE http://www.worldcompetitiveness.com

한국 자본주의

경제민주화를 넘어 정의로운 경제로
© 장하성, 2014

펴낸날	1판 1쇄	2014년 9월 25일
	1판 34쇄	2021년 12월 10일
	2판 1쇄	2023년 6월 15일

지은이	장하성
펴낸이	윤미경

펴낸곳	(주)헤이북스
출판등록	제2014-000031호
주소	경기도 성남시 분당구 황새울로 234, 607호
전화	031-603-6166
팩스	031-624-4284
이메일	heybooksblog@naver.com

만든이	김영희 책임 편집, 류지혜 디자인, 손현승 조판, 윤 찬 자료 정리
찍은곳	한영문화사

ISBN 979-11-88366-79--8 03320
이 도서의 국립중앙도서관 출판예정도서목록(CIP)은 서지정보유통지원시스템 홈페이지
(http://seoji.nl.go.kr)와 국가자료공동목록시스템(http://www.nl.go.kr/kolisnet)에서
이용하실 수 있습니다.(CIP제어번호: CIP2014024299)